JN417214

COMPETITION LAW

# 공정거래법

김동훈 · 김은경 · 김봉철

HUFS BOOKS

# 머리말

경제법은 법체계 중에서 상대적으로 새로운 분야이다. 이는 일부 선진 외국을 제외하고 세계적으로 유사하다고 할 수 있는데, 특히 우리나라의 경우에는 경제법의 개념 자체가 논의되기 시작한 것이 30여 년에 불과하므로 그 연륜은 일천하다고 할 수 있다. 법적 개념에 대한 논의상의 혼란, 법영역 획정상의 불명료성, 관련 법이론의 단순성과 깊이의 미흡성 등은 여기에서 비롯된 결과라고 보아도 무리가 없다. 그러나 그 짧은 기간 동안에도 우리나라 경제법학은 주요 법령의 체계적 정비, 심도있는 심결례 및 판례의 증가, 학설논의의 다양화와 심화 등을 통한 진전이 있었다. 국민생활에 있어서의 경제법의 중요성이 확대되고 향후의 발전가능성까지 고려하면, 이와 같은 변화는 불가피한 것이며 앞으로 더욱 강화될 것이다. 그리고 그에 따라 경세법의 연구저변도 신속하게 확대되고 활성화될 것으로 기대한다.

현대 경제법의 핵심은 경쟁법이라고도 하는 공정거래법이라고 하여도 무리가 없다. 공정거래법에서 현대 각국의 경제질서를 올바르게 규정하고 적절히 규제하기 위한 기본적인 법원칙 및 제도를 정립하고 있으며, 이를 충실하게 실현하는 것이 현대 경제사회의 합리적이고 공정한 발전을 담보하는 것이기 때문이다. 이 점에서 우리 공정거래법은 국제적으로도 별 손색이 없다. 이 책에서는 이러한 점을 감안하여 경제법 총론과 공정거래법만을 대상으로 기술하기로 한다.

지금까지 다수의 경제법 또는 공정거래법 관련 서적이 출간되어 있고 최근에는 깊이를 더한 교과서가 많이 나와 있는 현실에서 이 책을 출간한다는 것이 상당히 조심스런 일이라고 생각된다. 다만 저자들로서는 그동안의 강의 및 연구경험을 전체적으로 조망하고 이를 체계화하는 작업이 필요하다고 판단하였다. 그리고 한편으로 독자의 입장에서 기존 교과서들에서 미흡하다고 여겨진 부분들 - 예컨대, 법과 경제학의 관련성, 외국의 법제도 등 - 을 보완하는 것이 경제법 내지 공정거래법을 좀 더 깊이 이해하는데 도움이 될 것이라는데 의견일치를 보았다. 그리하여 이 책에서는 그러한 사항들을 최대한 보완하려고 하였으며, 현 시점에서 가장 최신의 관련 판례 및 심결례 그리고 관련 법령을 소개하고자 하였다. 향후 법령 개정 등이 발생하면 최대한 신속하게 개정본으로 반영하고자 한다.

저자들이 이 책을 준비하는 과정에서 짧지 않은 기간 동안 자료정리 및 분류 등을 위해 도움을 준 여러 사람들을 기억하지 않을 수 없다. 영국 글라스고 대학 출신의 최요섭 박사, 중국 인민대학 출신의 윤상윤 박사, 한국외대 박사과정의 이준표 군과 박재형 군, 석사과정의 박동민 군과 최아름 양의 유용한 의견 개진과 헌신적인 노력에 감사한다. 또한 책의 편집을 깔끔하게 처리해주신 출판부의 탁경구 팀장님께도 감사드린다.

2011년 8월

저자 일동

# 차 례

# 표차례

# 주요 참고문헌


경제법판례연구회, 『경제법판례연구』 제5권, 법문사, 2008.

공정거래위원회, 『공정거래 관련 법률 조문별 판례요지집』, 2011. 5.

공정거래위원회, 『대규모내부거래에 대한 이사회의결 및 공시제도 해설』, 2005.

권오승, 『경제법』 제5판 · 제8판, 법문사, 2006 · 2010.

권재열, 『경제법』, 법원사, 2006.

김동희, 『행정법』 I, 박영사, 2009.

김두진, 『FTA 당사국의 경쟁법 적용 연구』, 한국법제연구원, 2005.

박균성, 『행정법론』 (上), 박영사, 2010.

박명광, 『경제학원론』, 무역경영사, 2002.

박세일, 『법경제학』, 박영사, 1995.

서돈각, 『상법강의』 (상권) 제3전정판, 법문사, 2000.

손주찬, 『경제법』, 법경출판사, 1994.

신현윤, 『경제법』 제3판, 법문사, 2010.

심경섭 · 김용재 · 이용훈 · 이태화, 『경제학원론』, 법문사, 2009.

양명조, 『공정거래법 강의』, 법문사, 1996.

양명조, 『경제법강의』 제8판, 신조사, 2010.

윤보옥, 『미국독점금지법』 (I), 삼지원, 2004.

이균성 · 홍승인 · 김동훈, 『기업법강의』, 인텔에듀케이션, 2004

이기수 · 유진희, 『경제법』 제5판 · 제6판 · 제8판, 세창출판사, 2003 · 2004 · 2009.

이남기 · 이승우, 『경제법』 제3개정판, 박영사, 2001.

이동규, 『독점규제 및 공정거래에 관한 법률 개론』, 행정경영자료사, 1997.

이만수, 『경제학원론』, 경제학총서, 1993.

이만수, 『경제학원론』, 문현사, 1987.

이승철, 『공정거래경제학』, 한국경제연구원, 1999.

이철송, 『상법총칙 · 상행위』, 박영사, 2010.

정호열, 『경제법』 제3판, 박영사, 2010.

정희철, 『상법학』 (상), 박영사, 1991.

허영, 『한국헌법론』, 박영사, 2010. 2.
황적인 · 권오승, 『경제법』, 법문사, 1995.

Adam Smith, *The Wealth of Nations*, Glasgow, 1776.
Andreas F. Lowenfeld, *International Economic Law*, Oxford University Press, 2008.
Eleanor. M. Fox & Daniel. A. Crane(ed.), *Antitrust Stories*, Foundation Press, 2007.
Herbert Hovenkamp, *The Antitrust Enterprise*, Harvard University Press. 2008.
James B. Kobak Jr., *Antitrust Laws*, Aspatore Inc., 2005.
Jeffrey L. Harrison, *Law and Economics*, West Group, 2002.
Konrad & Kotz, *An Introduction to Comparative Law* 3rd edn, Oxford University Press, Oxford, 1998.
Maher M. Debbah, *International and Comparative Law*, Cambridge University Press, Cambridge, 2010.
Mark Furse, *Competition Law of the EC and UK*, 7th edn, Oxford University Press, Oxford, 2008.
Mark Furse. *Antitrust law in China, Korea, and Vietnam,* Oxford University Press, 2009.
Oliver Black, *Conceptual Foundations of Antitrust,* Cambridge University Press, 2005.
OECD, *Round table on Resale prize maintenance*, Discussion paper, 2008.
R. Posner, *Economic Analysis of Law* 4th ed., 1992.
Richard Whish, *Competition law,* Oxford University Press, 2009.
根岸哲 · 杉浦市郎, 『經濟法』 [第4版], 法律文化社, 2006.
林田清明, 法と經濟學, 信山社, 1997.

# 제 1 편
# 총설

# 제 1 장 경제체제

## 제1절 의의

### I. 형식적 의의의 상법

세계 각국은 어떤 형태로든 일정한 경제체제에 따라 재정운용, 산업, 무역활동 등 국가의 모든 경제활동을 해나가고 있다. 이와 같이 국가의 정치적 이념을 근거로 경제주체의 발전·욕구충족을 위한 자원의 활용과 관련하여 조직화된 경제규범의 총체를 경제체제라고 한다. 엄밀히 구별하자면 경제체제란 사회적 경제의 순수한 형태 또는 이념석 모델이며, 경제질서는 경제체제를 구체적으로 실현하는 실제의 경제방식을 말한다. 그러나 실제로는 경제질서와 경제체제를 구분하지 않고 사용하는 것이 보통이다.

경제체제는 그 구별기준에 따라 몇 가지로 구분된다. 우선 생산수단의 소유모형에 따라 생산수단의 사유를 기본으로 하는 자본주의 경제체제와 국유 또는 공유를 근간으로 하는 사회주의 경제체제로 구분된다. 또한 경제활동의 조정기구를 기준으로 할 때, 시장원리에 기반한 가격기구를 바탕으로 하는 시장경제체제와 공공당국의 계획·지시에 의한 계획경제체제로 구분된다.[1] 그리고 위의 두 가지 구분에 의한 각 유형을 조합하여 자본주의적 시장경제체제, 자본주의적 통제경제체제, 사회주의적 시장경제체제, 사회주의적 통제경제체제가 존재할 수 있다. 이들 중 자본주의적 통제경제체제와 사회주의적 시장경제체제를 혼합경제체제라고 부른다.

---

1) Sombart는 국가경제요소에 따른 경제체제의 차이를 다음과 같이 정리하였다. 시장경제는 이윤추구가 그 정신(규범)이며, 형태(구조)는 시장에 의하여 결정되고, 수요와 공급이라는 방법(형태)으로 작동한다. 이에 대하여 중앙통제경제는 자원의 가용을 목표로 하는 것이 그 정신이며, 자원의 확보 및 사용은 국가에 의하여 결정되고, 그 방법은 통제를 이용한다.

## II. 내용

### 1. 순수자본주의경제

순수자본주의는 자유방임주의를 근간으로 하는데 그 특징은 사적소유의 재산제도, 시장기구, 경제행위의 가격조정기능 등이라 할 수 있다. 순수자본주의는 모든 사람들이 개인적 이기심에 의하여 행동하며 경제주체는 자의적인 의사결정을 통하여 최대의 만족을 추구하는 것을 전제로 한다. 이를 위해서는 시장의 자유로운 기능이 결정적 요소이므로 순수자본주의를 시장경제라고도 한다.

순수자본주의 시장경제에서는 경제의 기본문제를 해결하는데 있어서 개인의 수요와 공급 등이 모두 경쟁시장 안에서 이루어진다. 경쟁이 이루어진다는 말은 모든 생산물과 생산요소에 대하여 구매자와 판매자가 독립적으로 행동한다는 것이다. 즉 개인적 이기심에 기초하여 서로가 자신의 욕망을 극대화하는 것이 곧 사회 전체의 만족도를 최대화할 수 있다는 의미이다. 무슨 상품을 얼마나, 누구를 위하여 생산할 것인가 하는 문제는 기업가가 시장에서 소비자의 기호 등에 따른 수요를 고려하여 결정하며, 소비자 또한 자신의 소득의 정도에 따라 소비를 함으로써 결정되는 가격, 즉 보이지 않는 손의 역할로 경제적 효율성을 달성할 수 있다. 순수자본주의경제체제에서는 계획이나 규제, 그리고 정부의 개입 등이 전혀 필요 없다. 만약 정부가 경제에 개입한다면 시장의 가격조절기능이 제대로 발휘되지 못하는 결과 비효율성이 증가하기 때문이다. 따라서 정부의 역할은 사적재산의 보호와 자유시장의 기능을 활성화시키는 역할로서 충분하다는 것이다.

그러나 경쟁의 효율성 최대화가 언제나 공평성을 의미하지는 않는다. 순수자본주의경제에서는 자본의 논리에 따라 부익부 빈익빈의 현상이 매우 적나라하게 나타나므로 정부의 조정기능이 어느 정도 필요하다. 따라서 순수자본주의체제는 혼합경제체제로 발전하였으며 현재 어느 곳에도 순수자본주의경제는 존재하지 않는다.[2)]

### 2. 사회주의경제

사회주의경제는 순수자본주의에 반대되는 개념으로 사회주의 경제는 일반적으로 계획경제체제를 취하여 왔다. 이 체제의 특징은 모든 재산의 공유와 중앙계획당국에 의한 경제적 의사결정이라고 할 수 있다. 이 체제에서는 자원의 이용수준, 생산물의 구성과 분배, 생산조직 등이 모두 중앙당국에 의해서 결정되기 때문에, 기업은 정부소유하에 있게 되고 생산도 계획당국의 명령에 의하여 이루어진다. 무슨 상품을 얼마나 생산할 것인가는 기업이 아니라 정부당국의 지시에 따르며 소비자들 또한 정부의 소비계획에 따라 원하든 원하지 않든 주어진 상품을 소비한다.

동유럽에서 사회주의경제체제를 유지하던 국가들은 1989년 구소련의 "개방과 개혁"이

---

2) 박명광, 『경제학원론』, 무역경영사, 2002, 16-17면.

이루어진 이후 사회주의경제체제를 폐기하고 자본주의적 요소를 대폭 가미하여 혼합경제체제로 들어섰다. 중국은 사회주의 체제를 유지하고 있지만 공유제를 기반으로 하는 사회주의에 시장경제체제를 접목하여 사회주의 시장경제체제로 전환하였기 때문에 전통적 의미의 사회주의 계획경제체제는 아니라고 할 것이다. 따라서 북한과 쿠바를 제외하고는 과거의 사회주의경제체제를 유지한 나라들은 모두 혼합경제체제를 실행하고 있다.[3)]

## 3. 시장경제

경제주체가 각자의 판단에 따라 자유로이 시장활동을 영위하는 경제체제를 시장경제라고 한다. 그 주된 특징은 각자가 자기의 판단에 따라 자유로이 경제활동을 하는 것, 시장이 성립하고 교환이 이루어질 것, 가격기구에 의하여 경제적 질서가 유지될 것, 화폐가 존재할 것 등이다.

시장경제의 첫 번째 특징은 경제주체가 자기의 자유의사에 따라 경제활동을 행하고 국가에 의하여 어떠한 통제도 받지 않는다는 것이다. 소비자선택의 자유 및 기업의 자유는 완전히 인정되며, 소비자의 자유선택에 따라 소비재 수요가 결정되고 그 수요를 충족시키기 위한 생산이 뒤따라야 한다. 이것을 소비자주의(consumerism)라고 한다.

시장경제의 두 번째의 특징은 시장의 성립이다. 시장이란 재화와 용역에 대한 수요와 공급이 이루어지는 장소를 말한다. 시장은 다양하게 분류될 수 있는데, 각종 생산용역을 공급하고자 하는 가계와 이들 용역을 수요하고자 하는 기업 사이에 성립하는 생산용역시장, 소비재를 공급하는 기업과 그것을 수요하는 가계 사이에 성립하는 소비재시장, 자본재를 공급하는 기업과 그것을 수요하는 기업 사이에서 성립하는 자본재시장, 가계에 소비용역을 공급하는 가계와 이것을 수요하는 가계 사이에서 성립하는 소비재용역시장이 있다.

시장경제의 세 번째의 특징은 가격이 성립된다는 것이다. 사회전체에 있어서 경제적 욕구를 충족시키는 수단은 그에 대한 욕망에 비하여 희소하다. 이 희소한 수단을 가지고 사회의 모든 사람들의 경제적 욕망을 충족시키기 위해서는 일정한 질서가 성립되어야 한다. 시장경제에서는 이 질서가 가격이며, 기업과 가계는 가격을 기준으로 움직이지만 사회전체로 보면 이러한 질서에 관한 계획이 없다. 그럼에도 불구하고 경제질서가 유지되는데, 아담 스미스는 이러한 질서를 '보이지 않는 손'의 작용이라고 하였다.[4)] 이 '보이지 않는 손'과 같은 기능을 가격의 척도(parametric function of price) 또는 가격의 매개변수적 기능이라 한다.

시장경제의 네 번째의 특징은 화폐가 사용되는 것이다. 분업과 교환이 발달한 사회에서는 화폐에 의하여 경제활동이 이루어질 수밖에 없다. 화폐가 존재하지 않은 시대에는 물물교환 또는 직접교환에 의하여 경제활동이 행해졌지만, 이는 매우 불편할 뿐만 아니라 자기가 소유한 재화가 교역 상대자가 원하는 재화가 아닐 경우 교환은 이루어 질 수 없다. 따라서

---

3) 박명광, 앞의 책, 17면.

4) Adam Smith, *The Wealth of Nations*, Glasgow, 1776, Book IV, Chapter II, para. 9.

경제주체들은 모두가 선호하는 재화를 선택하여 이것을 매개로 자기가 원하는 재화를 교환할 수 있게 되는데 이를 간접교환이라고 하며, 이 교환의 매개가 되는 재화가 발전하여 오늘날의 화폐가 된 것이다.

## 4. 계획경제

계획경제에서는 경제주체의 자유로운 경제활동이 인정되지 않고 시장·가격·화폐도 존재하지 않는다.[5)] 계획경제에서는 중앙계획기구가 있어 가계와 기업은 이러한 계획기구가 수립한 계획에 따라 행동한다. 시장경제에서는 사람들이 자유의사에 따라 소비하며 생산하고 소득을 얻지만, 계획경제에서는 이러한 자유결정은 인정되지 않고 소비자가 소비할 것을 중앙기관이 결정하며 소비자는 다만 배급된 소비재를 어떻게 사용할 것인가를 결정할 뿐이다. 소비자의 주관에 따른 소비자선택은 존재하지 않으며, 생산자는 중앙기관의 명령에 따라 재화의 종류와 생산량을 결정할 수 있을 뿐이고 자기이익을 위하여 생산하는 행위는 허용되지 않는다.

계획경제체제에서는 국민경제가 비능률적으로 운영되는데 그 이유는 첫째, 중앙계획기관은 국민경제의 세부까지 계획을 세워야 하는데 그것은 불가능하다. 둘째, 상황변화에 대응하여 민첩하게 계획을 변경하여야 하는데 그것이 불가능하다. 셋째, 경제주체의 이기심의 동기를 이용할 수 없다. 넷째, 어떤 수단을 사용하여 생산하는 것이 가장 경제적인가를 효과적으로 판단할 방법이 없다. 이러한 판단을 경제계산이라고 하는데 계획경제체제에서는 화폐가 존재할 수 있지만 상품의 생산과 가격결정기구가 시장이 아닌 국가의 계획에 의하여 운용되므로 경제계산을 효과적으로 할 수 없다.

이와 같이 계획경제체제는 자원의 배치와 이용에 있어서 비효율성을 드러낸다. 그러나 이러한 계획경제가 시장경제에서 부분적으로 이루어지면 시장경제의 결점을 보완하는 경우가 있으므로 많은 국가가 시장경제와 계획경제를 혼합한 형태의 경제체제를 사용하려고 한다.[6)]

## 5. 혼합경제

혼합경제라는 용어는 두 가지 의미, 곧 순수자본주의경제와 사회주의경제의 단점을 보완하여 절충한 경제체제라는 의미로 사용되기도 하고, 시장경제적 요소와 계획경제적 요소가 혼합되어 있는 경제체제라는 의미로 사용되기도 한다. 우리나라를 포함하여 거의 모든 국가들이 채택하고 있는 경제체제는 혼합경제체제라고 보아야 한다. 일반적으로 말하면 자본주의는 시장경제가 지배적이고 계획경제는 부분적이며 사회주의는 이와 반대의 모습이다.

---

5) 시장·가격·화폐가 존재한다 하여도 생산과 소비활동에서 그것들의 기능과 역할은 시장경제와는 두드러진 차이를 보인다.

6) 이만수, 『경제학원론』, 문현사, 1987, 49면.

자본주의 시장경제적 배경을 가진 혼합경제의 특징은 다음과 같다. ① 경제의 효율성이 이루어지는 동시에 부와 소득의 분배에 정부가 개입하여 복지국가를 지향한다. ② 개인의 경제활동 유인을 충분히 제고하고 경제활동이 시장에서 원활히 이루어지도록 한다. ③ 경제가 불안정해질 때 정부는 비교적 적극적으로 개입하여 실업을 방지하며 경기변동을 안정성 있게 한다. ④ 경제주체가 경제원칙에 따라 행동할 때 부수적으로 발생하는 환경오염 등의 경제외부효과나 공익을 해치는 마약류의 거래 등에 대해서는 정부가 적극적으로 개입하여 이를 교정한다. ⑤ 혼합경제체제에서 경제활동의 주도적인 역할은 시장기구 또는 가격기구에 의해서 수행된다. 이 중 다섯 번째의 특성 때문에 혼합경제체제는 자본주의적 성격이 강하다. 과거 사회주의국가였던 국가들이 개혁과 개방을 추진하면서 자본주의적 요소를 도입하였는데, 이는 결정적으로 시장기구를 도입한 것으로 볼 수 있다. 시장기구를 도입하는 과정에서 재산과 자원의 개인적 소유를 인정하는 측면 또한 자본주의적 요소이기 때문이다.

혼합경제로서의 다수를 점하는 것은 시장경제를 원칙적으로 유지하면서 계획경제적 요소를 가미하는 경우, 곧 시장경제에 대하여 국가가 통제를 가하는 경우이다. 국가통제에는 직접통제와 간접통제가 있는데, 직접통제란 국가가 국민의 경제행위를 직접 간섭하는 것을 말하고, 간접통제란 국가가 국민의 경제행위와 관련된 여러 가지 조건에 대하여 간섭하는 것을 말한다.

종래 시장경제에서 직접통제는 언제나 부분적 · 일시적으로 실시되어 왔다. 예컨대 직접경제는 전시에 주로 이루어졌으며, 이 경우 국가는 전쟁에서의 승리와 국민의 경제생활의 안정을 위하여 가격의 통제, 생산 및 소비의 제한, 긴급물자의 생산 또는 출고명령, 생활필수품의 배급제, 군수품 혹은 생필품 생산부문에 대한 자금의 우선적 대부 등의 정책을 실시한다. 이러한 통제가 국민경제의 모든 영역에 걸쳐서 행해질 때 이를 통제경제(regulated economy)라고 한다. 이 경우 시장에는 가격도 성립하고 화폐도 사용되지만 가격이나 화폐는 본연의 기능을 하지 못한다. 가격은 수요공급의 조절기능을 상실하고 화폐를 가지고 있어도 재화를 자유롭게 사지 못하여, 생산자와 소비자 모두 자유로운 경제적 선택을 하지 못하며 계획경제에 가까운 상태를 보인다. 그러나 이와 같은 직접통제는 그것을 야기했던 요인이 없어지면 해제된다.

간접통제는 경제생활이 영위되도록 하는 조건에 대한 통제로서, 이를 넓게 해석하면 헌법 · 민법, 화폐제도, 인구대책, 기술진보, 교육 등 경제생활의 기반이 될 수 있는 모든 조건에 대한 통제를 포함한다. 그러나 좁은 의미로는 어느 국가의 금융정책과 재정정책을 뜻한다. 이러한 간접통제는 정도의 차이가 있을 뿐 어떤 국민경제에 있어서도 시행되고 있지만, 최근에는 더욱 계획적으로 행하여지고 있다. 시장경제는 직접통제와 간접통제를 병용하여 시장경제에 수반되는 여러 가지 결점을 보완하려고 하는 것이다.

계획경제를 주로 사용하며 시장경제를 부분적으로 병용하는 형태도 있다. 이는 사회주의 내지 공산주의국가에서 나타나는 현상이다. 예컨대 자본재에 대한 시장은 인정하지 않으나 소비재에 대하여는 어느 정도 시장경제를 도입하고, 시장에서의 거래를 인정하며 노동시장의 형성을 어느 정도 인정하고 직업선택의 자유를 주는 것이다.

혼합경제체제를 유지하는 나라들은 시장적 요소와 계획적 요소의 배합에 따라 경제운용에 차이를 보이고 있다. 미국은 시장적 요소를 가장 많이 도입하고 있으며 개인의 재산권도 매우 자유롭게 행사하고 있다. 이에 대하여 북유럽 국가들은 계획적 요소를 더 많이 도입하고 있으나 생산측면은 자유롭고 소득의 분배측면에서 정부의 간섭이 강하다. 한편 러시아와 중국 등 과거 사회주의국가들은 국가가 대부분의 자원을 소유하고 있으며, 개인의 재산처분권에 일정한 제한이 있다.[7)]

## 제2절 자본주의 시장경제질서

### I. 자유시장경제 질서의 내용

자유시장경제 질서에서는 대부분에 생산수단을 개인과 기업이 소유하며, 경제활동의 자유가 보장된다. 각 경제단위의 경제활동에 대하여 국가는 개입하지 않으며, 이는 시장기구에 의하여 조절된다. 구체적으로는 가격에 의하여 시장에서의 수요와 공급이 조절되는 것이다. 시장경제 질서에서 가격은 다음과 같은 기능을 한다.

첫째, 가격의 역할 중 가장 중요한 것이 경제주체(정부, 기업, 소비자, 가계) 사이에 신호를 전달하는 기능이다. 가격의 높낮이는 그 재화 또는 서비스에 대한 소비자의 욕구 또는 생산자의 생산비용 관련 정보를 제공해 준다. 이러한 정보는 합리적인 경제활동에 기초를 제공한다는 점에서 중요한 의미가 있다. 둘째, 유인제공기능으로서 어떤 재화의 가격이 상승하면 이를 더 많이 생산할 유인이 발생하여, 시장경제 속의 기업들은 이 유인에 따라 생산활동을 확대하게 된다. 또한 특정기능을 보유한 자에게 지급되는 높은 가격(임금)은 사람들이 그러한 기능을 습득하게 만드는 유인이 된다. 셋째, 분배기능이 있는데, 노동의 가격이나 자본의 가격은 그들의 공급자가 얼마나 많은 소득을 얻게 될 것인가를 결정한다. 즉 생산요소의 가격이 어느 경제 안의 소득분배를 결정하는 1차적 요인이 된다. 또한 상품가격이 간접적인 방법으로 소득분배에 영향을 미치기도 하는데, 예컨대 주요한 생활필수품의 가격이 상승하면 가계의 실질적 소득이 줄어드는 결과가 된다.

---

7) 이만수, 앞의 책, 50면.

## II. 시장경제의 효율성

시장경제의 효율성은 가격기구의 역할에서 나온다. 즉 가격이 자원배분과정을 결정하는 과정에서 핵심적인 역할을 한다는 점에서 그 효율성이 나온다는 것이다. 가격기구의 그러한 역할을 '보이지 않는 손'이라고도 하는데, 이는 가격기구의 작동에 의하여 생산물 수급의 균형을 꾀할 수 있으며, 자원의 최적배분이 가능하게 되고, 그 결과 각 개인의 사익추구가 전체적으로도 효율적인 결과를 가져올 수 있다는 의미이다.

시장경제에서는 각 경제주체들에게 경제행위의 유인을 제공하고, 이익추구 동기를 가진 경제주체들이 가격변화에 분권적으로 반응하게 만든다. 결국 이러한 상황은 경제활동에 관한 의사결정의 민주화에 기여하고, 이는 경제의 효율성 제고로 이어진다. 시장경제체제에서는 계획경제제체와 달리 경제능률의 합리적 평가 및 반영이 가능하게 된다. 이는 통제경제에서 나타나는 문제점, 즉 정부에 의한 능률평가에 따른 사회적 낭비가 발생하고, 평가기준도 노동시간·생산량 등의 양적 기준에만 의존함으로써 비효율적인 결과에 이르는 것을 피할 수 있다는 점에서 바람직하다.

## III. 자본주의경제의 한계와 수정

자본주의경제체제에는 많은 장점이 있음에도 불구하고 일정한 한계가 있다. 첫째, 자본주의경제는 사유재산제를 근간으로 하는데, 이것은 인간의 기본적 욕구 충족, 즉 경제적 의욕을 자극하지만, 그 모든 의욕을 충족시키려하면 자원분배의 적절한 조정이 이루어지지 않는다. 그리하여 빈부갈등, 자원의 합리적 이용을 저해하는 결과가 나타나기도 한다. 따라서 이를 해결하기 위하여 일부재화의 사적소유 제한, 소유허용 및 이용제한과 같은 국가의 통제가 불가피하게 된다. 둘째, 시장경제가 성립하려면 경제주체간의 자유로운 경쟁이 전제가 되어야 되지만, 실제로는 시장에서의 자유로운 경쟁은 거의 존재하지 않는다. 왜냐하면 규모의 경제에 의하여 시장지배력이 하나 또는 소수의 기업에 집중되고 이들에 의해 독과점이 발생하는 결과, 가격기구의 자동조절기능이 상실되기 때문이다. 그러므로 국가가 독과점의 폐해를 억제하고 경쟁을 촉진함으로써 자원의 효율적 배분, 기술개발의 촉진을 가능케 하고 경제적 후생의 극대화를 꾀할 필요가 있게 된다. 셋째, 일반적으로 시장기구가 제대로 기능하더라도 거기에는 일정한 한계가 있다. 그리하여 때에 따라서는 가격기구가 자원의 효율적 배분을 하지 못하는 경우가 발생한다. 이를 시장실패라고 하며 시장경제체제의 내재적 한계라고 할 수 있다.

이러한 순수자본주의의 한계와 문제점을 피하기 위해서 현대사회에서는 경제영역에 대한 정부의 개입폭이 점차 확대되고 있으며, 순수한 시장경제의 실례를 찾아보기 어렵게 되었다. 즉 외형적으로는 시장경제를 표방하는 국가라도 엄밀하게는 시장과 정부가 역할을 분담하는 혼합경제의 성격을 가지는 것이 보통이다.[8] 이는 종래의 사회주의 국가였던 국가들에서도 마찬가지로 나타나는 현상이다.

### 시장실패와 그 대응

시장실패란 이상적인 완전경쟁시장의 실현이 불가능한 상태에서 시장에서의 거래에 맡겨서는 바람직한 자원배분이 실현될 수 없는 다음과 같은 상황을 말한다.

① 경제적 외부성의 내부화

경제적 외부성은 어떤 경제적 활동이 그 활동에 직접 관여하지 않는 제3자에게 직접적인 비용이나 편익을 발생시키고 있는 경우에 존재한다. 나아가 비용을 발생시키고 있는 경우를 외부불경제, 편익을 발생시키고 있는 경우를 외부경제라고 한다. 외부경제의 예로는 식당업자와 축산농가가 있다.

사적 비용(편익)이란 생산이나 소비를 하기 위하여 부담(향수)하고 있는 비용(편익)을 말한다. 외부비용(편익)이란 당해 재화를 생산하거나 소비하고 있는 자 이외의 자가 부담(향수)하고 있는 비용(편익)이다. 외부성은 사적비용과 사회적 비용 사이에 간격이 존재하는 경우에 생긴다. 예컨대 어떤 공장이 하천에 폐수를 배출함으로써 오염을 시키고 있지만, 그 오염의 비용은 생산가격에 반영시키고 있지 않다면 실제로는 싼 비용으로 많은 양이 생산되게 된다. 가격시스템은 오염에 의하여 사회에 발생되는 실제 비용을 생산자와 공장에 신호하지 않는 것이다. 외부불경제의 대표적인 예는 공장에 의한 오염이나 소음 등의 공해이다.

그리하여 이런 외부성을 내부화할 필요가 있게 된다. 내부화란 당해 행동이나 행위에 진정한 비용을 반영시키도록 "가격표"(외부비용)를 붙이는 것이다. 내부화의 방법에는 여러 가지가 있지만, 공적인 방법과 사적인 방법이 있다. 공적인 방법에는 직접 규제하는 방법과 과징금을 부과하는 방법이 있다. 사적인 방법에는 당사자의 교섭이나 코즈(Coase)의 정리가 작동하는 경우와 법률상의 배상책임제도를 이용하는 방법이 있다.

② 공공재의 공급

어떤 재화나 서비스는 어떤 사람이 그것을 소비하려고 의욕하는가에 관계없이 사회전체에서 그 편익을 향수한다. 예컨대 환경, 국방, 공중위생 등은 이들에 대하여 지불하고 있는 여부와 관계없이 어떤 시민이 그 재화를 소비하는 것을 방해할 수 없다. 이런 재화나 서비스가 공공재이다. 공공재 이용에 대해서는 서비스에 대한 요금청구를 할 수 없기 때문에 시장이나 가격 메카니즘을 통해서는 이들 재화의 적정량이 공급될 수 없다.

공공재의 특징으로서 소비의 비경쟁성과 무임승차자(free-rider)의 문제가 있다. 빵이나 고기 등의 사적 재화는 누군가가 소비하려면 다른 자는 소비할 수 없지만, 환경이나 그림 등은 누군가가 바라보고 감상하더라도 그것이 타인의 향유를 방해하는 것은 아니다(소비의 비경쟁성). 그 결과 어떤 재화의 편익은 향수하면서 그 대가를 지불하지 않는 무임승차가 발생한다. 많은 공공재의 공급은 시장을 통해서는 실현될 수 없으므로 국가나 공적 기관을 통해서 공급되며 여기에 시장기구의 한계가 있는 것이다.

③ 독점과 소득분배

독점은 시장에서의 경쟁질서에 관한 것이며, 분배문제는 사회의 부를 학교나 도로 또는 사회보장 등의 형태로 국민 간에 어떻게 재분배하는가의 문제이다. 시장작동원리로는 이 모든 것을 해결할 수 없다. 이와 같이 시장의 실패의 경우에는 그 실패를 개선, 회복하기 위하여 국가가 여러 가지 정책과 법률에 의하여 개입하는 계기를 부여한다.

---

8) 심경섭 · 김용재 · 이용훈 · 이태화, 『경제학원론』, 법문사, 2009, 12면.

# 제3절 우리나라의 경제질서

## I. 본질

우리나라의 경제질서를 기본적으로 규정하고 있는 1987년 마련된 현행헌법에 의하면, 우리나라의 경제질서는 '사회적 시장경제'라고 할 수 있다.[9] 즉 우리헌법은 정의사회의 이념을 구현하기 위하여 경제생활영역에서는 수정자본주의원리를 채택하고 있고, 이를 구체화한 경제질서가 사회적 시장경제질서인 것이다.[10] 원래 수정자본주의 원리란 자유방임적이고 고전적인 자본주의원리에 따라 시장과 경제현상의 자율성을 최대한 존중하면서도 필요한 경우에는 국가가 시장과 경제현상을 규제하고 간섭할 수 있도록 하는 경제원리를 말한다. 이는 생산수단의 사유 및 경제활동의 자유경쟁을 기반으로 자본주의적인 자유시장 원리를 기본으로 하면서도 시장과 경제영역에 대한 국가의 규제, 조정, 간섭을 최소한으로 허용하는 것이다.

헌법 전문에서는 정치적·사회적·경제적 민주주의를 선언하고 있고, 제23조 제1항에서는 사유재산제 곧 자본주의를 경제질서의 원칙으로 하고 있으며, 제119조 제1항에서는 경제활동에 관하여 시장경제를 기본으로 한다는 점을 규정하고 있다. 이는 우리 헌법이 국민의 경제활동에 관하여 사유재산제와 자유경쟁에 입각한 시장경제를 존중하는 자본주의적 자유시장경제질서를 원칙으로 하고, 복지국가의 실현을 위하여 경제에 대한 국가의 규제와 조정을 광범하게 인정하고 있음을 의미한다.

**헌법재판소 1996. 04. 25. 선고 1992헌바47 결정**

우리 헌법상의 경제질서는 사유재산제를 바탕으로 하고 자유경쟁을 존중하는 자유시장경제질서를 기본으로 하면서도 이에 수반되는 갖가지 모순들을 제거하고 사회복지·사회정의를 실현하기 위하여 국가적 규제와 조정을 용인하는 사회적 시장경제질서로서의 성격을 띠고 있다.

구체적으로 살펴보면, 헌법 제23조에 의하면 모든 국민의 재산권은 보장되지만, 재산권의 행사는 공공복리에 적합하도록 하여야 한다(제1항 및 제2항). 그리고 국민의 경제적인 개성신장을 위한 합리적 경제질서를 확립하기 위하여 국가는 '개인과 기업의 경제상의 자유와 창의를 존중'하여야 하고(제119조 제1항), '균형있는 국민경제의 성장 및 안정과 적정한 소득의 분배를 유지하고, 시장의 지배와경제력의 남용을 방지하며, 경제주체 간의 조화를

9) 이기수·유진희, 『경제법』 제8판, 세창출판사, 2009, 22-23면; 신현윤, 『경제법』 제3판, 법문사, 2010, 37-39면 참조.
10) 허영, 『한국헌법론』, 박영사, 2010. 166면.

통한 경제의 민주화를 위하여 경제에 관한 규제와 조정을 할 수 있다'(동조 제2항). 또한 국가는 원칙적으로 '사영기업을 국유 또는 공유로 이전하거나 그 경영을 통제 또는 관리'하지 못하게 되어 있다(제126조).

국가의 경제질서는 국민의 경제생활을 위해서 마련된 것이고, 경제질서의 주요 목표라고 할 수 있는 경제성장, 물가안정, 완전고용 등은 국민의 창의적 경제활동에 의하여 달성될 수 있다.[11] 따라서 위와 같은 헌법상의 경제조항의 해석 및 적용을 위해서는 이를 구체적으로 실현할 수 있는 국민의 기본권 보장도 필요하다. 거주이전의 자유(제14조), 직업의 자유(제15조), 근로활동권(제32조, 제33조), 인간다운 생활을 할 권리(제34조) 등이 그것이다.

## II. 기본원칙

현행 헌법상 우리나라의 경제질서의 기본 원칙을 정리해 보면 다음과 같다.

첫째, 국가는 국민의 기본권으로서 재산권 내지 사유재산제를 보장한다. 국민경제생활 영역에서의 인간의 존엄과 가치가 존중되어야 하는데, 각 개인의 경제적 개성신장을 촉진함으로써 모든 국민에게 인간다운 생활을 할 수 있는 경제적 자립터전을 마련해 주기 위해서 필요하기 때문이다. 그러나 이러한 목표의 달성은 합리적인 경제질서를 전제로 할 때만 가능하므로 시장 및 경제 기구의 자율조정에 대한 맹신에 따른 자유방임주의를 취할 수는 없다. 따라서 경제활동의 기초가 되는 사유재산권에 대해서는 재산권의 사회기속성을 인정하여 일정한 제한을 가하고 있다(제23조 제2항).

둘째, 우리나라의 경제질서는 사회적 시장경제를 원칙으로 하고 있다. 우리 헌법이 사회적 시장경제질서를 취하여 재산권을 기초로 한 경제활동에 일정한 제한을 가할 수 있도록 하고 국가의 경제간섭을 허용하는 것은 우리 헌법이 추구하는 경제질서의 원활한 기능을 보장하기 위한 것이다. 그러나 이러한 국가의 간섭을 허용한다고 하여 시장경제를 부인하거나 제한하여 통제경제 내지 사회주의 경제를 취한 것은 아니다. 시장지배. 경제력남용 등을 막기 위한 국가적 규제는 시장경제를 유지하기 위한 것이다. 따라서 국가의 시장, 경제에 대한 간섭은 허용되지만 그것은 어디까지나 필요최소한에 그치는 예외적인 것이어야 한다.

셋째 경제질서 확립 및 운용의 궁극적 목표는 사회조화의 실현에 있다. 국가의 경제질서는 국민의 경제생활을 위해서 마련된 것이고, 경제질서의 주요 목표는 현대에 있어서 효과적인 사회복지 실현에 있다고 할 수 있기 때문이다. 이를 위하여 국가는 경제계획의 수립, 자연자원 등의 사회화, 독과점과 무역규제 조정, 농지소작제도 제한, 중소기업 보호와 육성, 농어민 자조조직의 육성과 자율적 활동보장, 소비자보호, 사영기업의 보장, 국가표준제도 확립 등을 수행해야 하는 것이다. 여기서 고려해야 할 것은 이 목표를 위한 국가의 규제조정이 어느 범위까지 이루어져야 하며 어느 정도까지 허용될 수 있는가 하는 것이다.

---

11) 허영, 앞의 책, 467-468면.

# 제 2 장 경제법의 의의

## 제1절 개념

경제법은 법학 중에서 비교적 오래되지 않은 법분야이다. 경제법이라는 개념은 강학상의 개념이며 '경제법'이라는 법전이 존재하는 것은 아니다. 경제법의 개념정의에 대해서는 아직까지 여러 가지 견해가 제기되고 있기 때문에 모두가 만족할 만한 정설은 없다고 할 수 있다. 그러나 실제로 경제와 관련된 여러 가지 법적현상이 발생되고 있고, 그에 대한 입법 활동을 통하여 특정한 규제가 누적되고 있으므로, 경제법이라는 법분야의 존재를 부인할 수 없다.

여기서 경제법이라는 용어의 개념과 경제와 관련된 각종 법적현상을 분석·종합하는 것이 경제법의 의의를 밝히는 첩경이 될 것이다. 이를 위해서는 경제법이라는 용어 또는 경제법학이 발생 및 전개되어 온 배경부터 살펴볼 필요가 있다.

### I. 형성배경

경제법(Wirtschaftsrecht)이라는 용어가 처음 언급되고 체계적으로 발전해온 것은 독일에서였다. 즉 1868년 Lorenz v. Stein이 경제법의 존재에 대하여 최초로 논의하였으며, 경제법이라는 용어는 1918년 Richard Kahn이 처음 사용하였다고 한다. 경제법의 내용이 본격적으로 논의되기 시작한 것은 1910년경부터이며, 제1차 세계대전 기간을 거쳐 1919년에 Weimar 헌법에서 입법적으로 그 내용이 반영되었다. 제1차대전 당시 독일에서는 전쟁 중의 전시경제정책을 위하여 경제에 대한 각종 입법 등이 이루어졌고, 종전 후에는 경제재건을 위한 각종 법령의 제·개정이 행해졌으며, 이어서 Weimar 헌법체제에 기하여 사회화법 등의 새로운 법적 현상이 나타나게 된 것이다.

이러한 현상은 종래 볼 수 없었던 새로운 것이고 기존의 법분류에 적합하지 않았던 것이므로, 경제법이라는 포괄적인 용어를 사용하여 그 법규들 또는 법적현상의 통일적인 의미와 관련성을 모색하려는 학문적 움직임이 발생하였다. 따라서 독일에서의 경제법의 형성과 그 내용에 대한 논의는 주로 경제통제법에 대한 것으로 되었다. 이상과 같이 경제법의 발생 과정을 살펴보면, 그것은 경제의 발전과정에서 자본주의의 고도화현상에 따라 나타난 것이라고 할 수 있다.[12)]

이에 비하여 미국을 비롯한 영미법계 국가에서는 경제법이라는 용어 또는 개념이 잘 사용되지 않는 것이 보통이다. 그 이유는 이 국가들에도 독일에서와 같은 법적현상이 존재하지만, 전통적으로 학문분야에 대한 이론적 구분을 하기 보다는 실용적인 접근법을 선호하기 때문이라고 생각된다. 영미법계에서는 관련 규범의 성질 및 취지에 따라서 '경쟁법'(competition law) 등 별도의 용어들을 사용하는 경우가 많다.

독일에서도 그렇지만 우리나라의 경우에도 경제법의 개념에 대하여는 학설상 정설이라고 할 수 있는 것이 없다. 그 개념에 대한 통일적 파악과 체계구성에 따른 명확한 범위설정이 쉽지 않다는 것을 의미한다.

## II. 학설논의

독일에서의 논의를 중심으로 경제법의 개념에 관한 학설을 정리해 보면, 대체로 다음의 두 가지 유형으로 나누어 볼 수 있다.[13)]

### 1. 독자성 긍정설

경제법의 개념을 확립하여 경제법이라는 특유의 규율대상을 가진, 또는 특유한 법적·경제적 기능을 하는 독립된 법영역으로 체계화하려는 견해에는 다음과 같은 것이 있다.

첫째, 경제법을 그 규제대상면에서 파악하는 대상설이 있으며, 대상설은 다시 두 가지 견해로 나눌 수 있다. 우선 경제법은 기업의 노동자를 위한 특별법인 노동법에 대립하는 법분야로서 기업의 경영자인 기업자의 기업경영에 관한 특별법이라는 견해(Kaskel)가 있다. 이와 함께 상인에 관한 특별법을 상법이라고 한다. 이 견해는 경제법의 대상을 경제적 기업자를 그 중심 개념으로 하는 법률 주체로 파악하고 있는 것이다.

이에 대하여 경제법의 개념을 좀 더 구체적으로 파악하여, 조직화된 경제 곧 생산개선을 목적으로 하는 규제된 사경제와 공동경제에 고유한 법이 경제법이라는 견해(Goldschmidt)도 있다. 이 견해는 국민경제의 형태를 사경제와 공동경제로 구분하면서 그 경제조직화에 착안하여 조직된 경제에 국민경제에서의 독자적인 지위를 부여하여 거기에 고유한 법을 경제법이라고 하는 것이다.

둘째, 법의 기능을 중시하여 경제법의 중심개념을 경제의 통제에서 찾는 기능설이 있다. 그리하여 경제법의 중심개념은 국가적 경제통제, 특정한 경제정책의 의미에서의 경제질서

---

12) Konrad & Kotz, *An Introduction to Comparative Law 3rd edn*, Oxford University Press, Oxford, 1998, Ch. 24 참조.
13) 상세한 것은 권오승, 『경제법』 제8판, 법문사, 2010, 4-11면 참조.

및 이와 관련된 경제제도라고 한다. 구체적으로 말하면 경제법이란 자유로운 시장경제를 실현하고 시장경제의 폐해를 시정하기 위한 사회조화적 요구의 충족 등을 목적으로 국가가 경제활동에 대한 규제를 하는 법이라는 견해(F.Bohm), 국민경제 전체의 질서를 정당하게 유지하기 위한 법규범과 법제도의 총체라는 견해(F.Rittner) 등이 있다.

### 2. 독자성 부정설

경제법의 자주성 내지 독자성을 부인하고 그것을 독립된 법분야로 파악하지 않는 견해로서는 다음과 같은 것이 있다.

첫째, 경제법은 국민경제에 직접적으로 간섭하는 것을 목적으로 하는 규범의 총체라는 견해(Nussbaum)로서 집성설이 있다. 이는 경제법을 경제생활에 관한 새로운 종류의 법적 현상을 총괄하는 집합적 개념으로 본 것이다.14) 따라서 국민경제에 간접적으로 간섭하게 되는 법규들이나 개인생활만을 대상으로 하는 법규들은 경제법에서 제외된다.

둘째, 세계관설에 의하면 어느 시대에나 그 시대의 정신적 조류를 반영하는 법정신이 존재하는데(예컨대 18세기에는 자연이 그 시대의 기조), 현대에는 법규범의 특색을 규정짓는 것이 경제정신이라고 한다. 그리고 그러한 경제성을 기조로 하는 법이 경제법이며 현대의 일반 시대조류의 반영이라고 한다(Hedemann).

셋째, 경제법은 실존하는 법 중에서 경제적 부분에 대한 全法的인 고찰방법에서 생기는 통일적 개념으로서, 국가적 경제법(행정법 등)과 사적 경제법(민법·상법)을 포함한 것이라는 견해가 있다(Rumpf). 이는 경제법의 개념정립을 시도함에 있어서 경제생활에 관한 법역에 법사회학적인 방법을 적용하였다는 점에서 방법론설이라고도 한다.

## III. 검토

경제법의 개념에 대해서는 모두가 동의하는 정설이 없다. 그러나 현재 경제법 및 이른바 경제법적 현상의 존재가 인정되고 있는 것은 부인할 수 없는 사실이며, 이를 학문적·논리적으로 체계화할 수 없는 것도 아니다. 또한 경제법이라고 부르는 법들 사이에 다른 법분야와는 확실히 구별되는 공통적인 특성이 존재한다. 따라서 그 전제로서 경제법의 학문적 독자성을 인정하기 위한 개념정의는 불가피한 것이라고 생각한다. 그렇다면 전술한 독일의 학설논의 중에서 경제법의 독자성을 인정하는 견해만이 검토대상이 될 것이다.

위에서 언급한 경제법 개념에 관한 독일의 논의에 영향을 받은 우리나라에서는 그중 Fritz Rittner의 기능설과 유사하게, 경제법은 '국민경제를 정당하게 질서지우기 위한 법규범 또는 법제도의 총체'라는 견해가 일반적이다.15) 다만 경제를 규율한다는 것은 현대법의 일반

14) 즉 제1차 세계대전과 전후에 독일에서 나타난 새로운 법적현상을 경제법이라는 집합적 개념으로 파악한 것이다.
15) 신현윤, 앞의 책, 11면.

적·공통적 특성이기 때문에, 그런 개념정의에 의하면 경제법의 영역이 지나치게 넓어지기 때문에 경제법의 개념규정이 불필요하다는 견해도 있다.[16)]

경제법의 독자성을 인정하는 학설 중 대상설은 경제법의 규율대상의 특수화·명확화에 기여하는 바가 크다. 그러나 경제법의 구체적인 법적 현상은 일정한 시기의 사회적·경제적 여건을 바탕으로 하여 나타나며, 그 규율대상에는 사회경제적 실체가 반영되어야 할 것이다. 그런데 그 규율대상을 일반적이고 추상적인 기업자로 파악하는 것은 적절치 않다고 생각한다.

조직경제설은 국민경제의 두 구성요소인 거래경제와 공동경제를 전제로 하여, 규제된 거래경제와 공동경제를 함께 조직경제로 인식한다. 그런데 경제법을 "조직경제에 고유한 법"이라고 할 경우에는 엄밀히 말해서 법의 대상을 규명한 것이라고 할 수 없을 것이다. 경제법의 '대상'을 '규제된 사경제'라고 할 경우 그 실체는 거래경제가 될 것인데, '규제'란 대상에 대하여 행해지는 작용 또는 기능을 말하기 때문이다. 그리고 '공동경제'란 통일적인 공동체의 경제를 의미하는데, 공동체가 성립하기 위해서는 구성원의 공동의식이 필요하다. 이러한 의식은 제한된 부분사회에서는 그 존재가 비교적 명백하지만 국민경제적 규모에서 그 존재를 인정하기는 쉽지 않다.

원래 근대법이 예상하고 있었던 것은 어느 곳에서나 배경이 되는 다수의 경제주체가 있고, 완전하고 자유로운 경쟁이 작동하는 경제사회였다. 그러한 사회 내에서는 사적자치의 원리를 중심으로 한 법적 틀이 있으면 시장의 자동조절기능이 작동할 것으로 기대하고 있었다. 즉 근대의 법이 상정하고 있던 사회관계는 경제사회의 구성에 있어서 동질의 이익을 가진 주체간의 관계였다. 그리하여 민법은 모든 주체를 추상적으로 '인'이라고 파악하고 상법은 모든 기업을 추상적으로 '상인'으로서 파악하였다. 그러나 자본주의의 발달에 따른 독과점경제의 성립 결과 경제주체의 계층분화가 진전되고, 독점적 기업·중소기업·일반 소비자간의 형태로, 이익의 질과 경제적 힘에서 차이가 있는 주체로 사회가 구성되고 있음이 명백해졌다.[17)] 그리하여 근대법이 상정하고 있던 추상적으로 자유롭고 평등한 주체간의 관계의 배후에 지배와 종속의 관계가 널리 전개되고 있으므로, 이러한 사회관계의 변화에 대응한 법의 변화로서 경제법을 파악할 수 있다.

근대법에서는 경제가 가격의 자동조절로 움직이고, 국가는 주로 이러한 자동조절이 작동하기 위한 법적 틀을 유지하면 충분하였으며, 그 이상 국가가 경제에 간섭하는 것은 불필요하거나 오히려 유해하다고 생각되었다. 그러나 변화된 현대의 경제체제에서는 그와 달리 국가가 적극적으로 경제에 간섭하지 않을 수 없으며, 국가의 경제정책의 역할이 증대된다. 경제법은 이러한 현대의 경제정책을 실현하기 위한 법으로서 등장한 것이다.

근대법에서는 국가가 경제와 관련을 맺게 되는 것은 민사소송을 중심으로 한 것이었다.

16) 정호열, 『경제법』 제3판, 박영사, 2010, 9-10면 참조.

17) 이런 현상은 자본주의 경제 성립 당초부터 노사 간의 관계에서도 이미 나타난 현상이다.

예컨대 사적 자치에 의하여 매매·임대차 등의 관계가 발생되고, 이에 관한 분쟁이 발생하여 그 당사자인 사인이 소송을 제기한 경우에 비로소 재판의 형태로 국가가 관여하는 소극적인 간섭의 형식이었다. 그러나 민사재판과 달리 행정은 사인의 의사를 묻지 않고 행해져야 하는 적극적인 형식의 국가 권력의 발동인데, 이러한 행정이 작용할 수 있는 영역이 원칙적으로 경제사회 이외의 것에 한정되어 있었다. 이 행정의 작용영역이 결국 경제사회에까지 미치게 된 것이다. 경제법에 속하는 다수의 법률은 공법적 규제, 특히 행정적 활동의 개입을 중요한 규제수단으로 삼고 있다.

요컨대, 경제법은 이른바 기능설의 입장에 따라 "현대 자본주의적 시장경제체제 하에서 국가가 국민경제 전체적 입장에서 공정한 경제질서를 조화롭게 확립하기 위해 경제를 규제하는 법"이라고 정의할 수 있을 것이다. 그리고 최근에는 이른바 경쟁법이 경제법의 핵심적 내용이 되고 있다.

## 제2절 성질 및 범위

### I. 성질

경제법의 개념을 위와 같이 볼 때, 구체적으로는 자본주의 시장경제를 전제로 하여, 이를 자유방임하지 않고 국민경제 전체의 입장에서 규제를 가하고 기본방향을 정립·변화시켜 나가는 경제정책적인 법이라고 할 수 있다. 시장경제에서는 거래의 자유에 의하여 독과점이 형성되면(시민법 질서의 침해), 자유경쟁에 의한 자원배분의 합리화(시민법 질서의 회복)를 꾀하기 위하여 공정거래법이 제정된다. 또한 불황 등에 의한 경제불안정을 해소하기 위하여 소비촉진법이 제정되거나 인플레이션 등으로부터 경제안정을 꾀하기 위하여 물가안정법이 제정되는 것이다.

여기서 '국민경제 전체'는 것이 무엇을 의미하는지 명확하게 한 필요가 있다. 민법상의 규제가 일반적 사적 관계에 있어서 '일반사인'의 입장을 전제로 하여 그들의 권리의무 관계를 합리적으로 조정하는 것을 목적으로 한 것이고, 상법상의 규제는 영업관계에 있어서 '상인'의 입장을 전제로 하여 그들 사이의 이해를 조정하려는 것이다. 그러나 경제법은 국가·기업·가계라는 국가의 여러 경제주체를 포괄하는 국민경제 전체를 유기적으로 파악하고 국민경제 전체의 이익을 위하여 기능하는 법이다.

'공정한 경제질서'의 기준을 무엇으로 할 것인가도 문제이다. 경제법의 목적이 국민경제 전체의 유지와 발전에 있다는 점을 고려하여, 이를 '일반적 정의'등으로 명확히 할 수 있다. 다만, 그 내용을 구체화하는 경제정책의 제도화는 국가의 경제여건 변화 등의 여러 가지 요인들에 의하여 시기에 따라 달라질 수밖에 없다.

## II. 실정법적 범위

경제법의 구체적인 규제범위 곧 포함되는 법영역에 대해서도 견해가 다양하다. 예컨대 공정거래법만으로 한정하는 입장,[18] 공정거래법 외에 소비자보호관련법 · 하도급거래법 · 가맹사업거래법 · 제조물책임법 등의 특별법까지 포함하는 입장,[19] 이를 크게 대내적 경제법과 대외적 경제법[20]으로 구분하고, 대내적 경제법으로는 공정거래법, 각종 산업진흥 및 육성을 위한 지원법, 특정형태 · 규모의 기업지원법 뿐만 아니라 금융관련법, 소비자보호관련법 등을 포함시키며, 대외적 경제법으로는 무역법 · 외환관리법 · 투자관련법 등을 포함시키는 입장도 있다.[21] 그런데 경제법의 범위를 지나치게 넓게 설정한다면 경제법의 법분과로서의 체계화가 어려워질 뿐 아니라 다른 법 분야와의 경계도 모호해 질 염려가 있다. 그리하여 경제법의 독자성을 확립하는데 장애가 될 수 있다. 전술한 경제법의 개념을 부인하는 견해가 나타난 것이 이를 반증한다.

제2차 세계대전 후 각국의 경제법학의 성립과 전개는 공정거래법의 성립 및 전개와 중첩되고 있으며, 경제법학의 주요한 대상은 공정거래법으로 한정되고, 경제법의 '사회법'적 성격이 강조된다. 이와 같은 현대 경제법학의 경향은 주로 전시의 통제경제법과 이를 대상으로 한 경제법학에 대한 반성의 결과이다. 그러나 경제법을 곧 공정거래법 또는 경쟁법으로만 한정하는 것은 경제법의 형성 과정이나 필요성에 비추어 지나치게 협소하다고 하지 않을 수 없다.

경제법에 속하는 법들 중에는 그 적용대상이 되거나 보호법익을 누리는 자가 국가의 모든 경제주체나 특정 규모의 형태의 기업, 일반소비자 등으로 다르게 되어 있지만, 결국 모두 최종적으로는 국민경제 전체의 이익을 보호 · 확대하는 것을 목적으로 한다. 그런데 국가가 경제를 규제하는 법들 중에는 경제정책의 실현과는 무관한 치안질서 유지, 환경보존 등의 목적으로 운용되는 법들이 있는데, 이러한 법들은 경제외적 규제를 목적으로 하는 법이므로 경제법에서 제외되어야 할 것이다. 그리고 경제법은 자유로운 경제활동이 전개되는 과정에서 생기는 문제점을 사회경제적 요구에 따라 규제하는 법이다. 따라서 경제에 대한 국가의 규제를 위한 법이지만 자유시장경제를 성립시키고 거기에서의 자유경제활동을 확보하기 위한 기반이나 조건을 형성하는 법[22]들도 제외되어야 한다.

---

18) 손주찬, 『경제법』, 법경출판사, 1994, 31면.

19) 이남기 · 이승우, 『경제법』 제3개정판, 박영사, 2001, 11면; 이기수 · 유진희, 앞의 책, 9면; 권오승, 앞의 책, 13면.

20) 경제조직 및 활동의 규제에 관한 국제규범인 국제경제법은 대외경제법과는 구별된다.

21) 황적인 · 권오승, 『경제법』, 법문사, 1996, 제2편 이하에서는 공정거래법, 하도급거래공정화법, 산업발전법, 특수기업법, 중소기업법, 금융기관규제법, 자본시장법, 물가규제법, 물자규제법, 자원규제법, 소비자기본법, 외자도입법, 수출보험법 등에 대하여 전반적으로 기술하고 있다.

22) 예컨대 산업육성을 위한 각종 산업지원법, 자본주의경제의 기본적 제도에 관한 계량법 · 화폐법, 교환경제의

이런 관점에서 보면, 경제법의 중심이 되는 것은 공정거래법과 소비자보호 관계법이며, 또한 전통적으로 자연독점적 성격과 필수적 성격 때문에 경쟁이 적절하게 기능할 수 없는 규제산업 또는 공익사업에서 경쟁제한적 규제의 원칙을 정하는 각종 사업법,[23] GATT · WTO 등의 국제기구에 의한 국제적 원칙의 제약 하에 관세 · 수입 · 투자 · 통화 등에 관한 원칙을 정하는 국내통상법[24]을 경제법의 실정법적 범위로 획정하는 것이 타당하다고 본다.

## 제3절 구별개념

경제법(Wirtschaftsrecht; Economic Law)과 유사하지만, 명백히 구별해야 할 개념 또는 용어들이 있다.

우선 법경제학(Law and Economics)은 경제법과 구별된다. 경제법이 국가의 경제질서를 올바르게 정립시키려는 법의 한 분야인데 대하여, 법경제학은 모든 법분야를 경제학적 관점에서 해명 · 평가하는 학문분야이다. 역사적으로 법률과 경제학은 분화하여, 각각 개별적인 원리와 원칙을 세워 발전하여 왔다. 그리하여 양자는 밀접한 관계가 있다고 인식되면서도, 법률은 주로 무엇이 공평과 정의인가에 관심을 두고, 경제적 비용 또는 편익 등의 분석 또는 자원의 배분에는 관심을 기울이지 않았으며, 경제학은 그 반대의 경향을 보여왔다. 그러나 실제로 입법자와 사법부에서 법률의 원칙을 제정하거나 집행함에 있어서는 자원의 최적배분 등의 경제적 관점을 배제하지 않았다. 그러므로 '법과 경제학'과 종래의 법학의 기본적인 차이는, 가격이론을 법률에 실제로 적용하려고 하는가의 여부라고 할 수 있다.[25] 다만, 법경제학은 경제법 연구에 있어서 필수적인 방법론이라고 할 수 있다.[26]

경제법은 경쟁법과도 구별된다. 경쟁법(Competition Law)은 개방된 시장의 존속 그리고 그 안에서의 자유롭고 공정한 경쟁을 담보하는 법분야를 말하는 것으로서, 경제법의 핵심적 부분을 이룬다고 할 수 있다. 미국법에서 일반적으로 통용되고 있는 반독점법(Antitrust Law)이라는 용어도 이와 같은 의미로 파악할 수 있다.

경제법은 한때 산업법(Industrierecht)이라고 불린 적도 있지만(Heinrich Lehmann), 현재 산업법(Industrial Law)이라 할 때에는 산업 전반 또는 특정 산업의 지원 · 육성 또는 규제에 관한 법을 의미하는 경우도 있고(무역진흥법, 컴퓨터산업지원법 등), 경영학적 관점에서 산업

---

보조적 제도에 관한 은행법 · 보험법 · 운송법 등이다.

23) 운송업, 전력사업, 금융업, 석유업, 유통업, 방송업, 전기통신업 등.

24) 관세법, 외국환관리법, 외국인투자보호법 등.

25) 林田清明, 法と經濟學, 信山社, 1997, 6面.

26) Jeffrey L. Harrison, *Law and Economics*, West Group, 2002, p.637.

현장 또는 기업활동과 내부적으로 직접 관련된 다양한 법규의 총체(계약법, 노무관리법, 남녀평등법 등)를 의미하는 경우도 있다. 따라서 전자의 경우에는 경제법의 일부라고 할 수 있고, 후자의 경우에는 경제법과 상당한 차이가 있는 개념이다.

그 밖에 경제통제법 또는 통제경제법이라는 용어도 사용되는데, 경제통제법은 독점자본주의 단계에 상당하는 '고도 자본주의' 이후의 경제를 통제하는 법의 총칭으로서 넓은 의미이다. 이에 대하여 통제경제법은 국민경제 총체 특히 기업활동 전반이 원칙적으로 국가통제를 받는 경제체제인 통제경제를 전제로 하는 좁은 의미이며, 이 의미에서의 통제경제법은 전시 국가독점자본주의에서 경제통제법을 가리키는 것이다.

법경제학의 이론적 근거(Coase theorem)

시장에서 매도인과 매수인이 만나는 것과 관련된 비용을 거래비용이라고 한다. 거래비용은 대부분의 거래에서 발생하는데, 일반적인 매물, 차나 주식의 매매, 상담에도 존재한다. 그러나 거래비용의 존재는 거래로부터 얻어지는 이익을 감소시킨다. 따라서 거래비용이 거래에서 생기는 이익보다 큰 경우에는 거래 자체가 발생하지 않는다. 또한 거래비용은 일반적으로 당사자의 수가 많으면 많을수록 높아진다. 그러나 당사자의 수가 적더라도 거래비용이 높아지는 경우가 있다. 쌍방독점은 시장의 공급측과 수요측 모두에 독점[27)]력이 존재하는 경우이다.

코즈의 정리는 거래비용이 0이거나 낮은 경우에는 외부성[28)] 또는 경제적 비효율성은 규율이나 법원칙과는 관계가 없이 당사자 간의 거래나 합의에 의하여 올바르게 된다는 것이다. 이렇게 법에 의하지 않아도 임의의 합의에 의하여 어떻게든 외부성의 문제가 해결된다는 것을 명백하게 한 것이 코즈의 정리이다. 동 정리의 또 다른 의미는 일반적으로 거래비용이 존재하는 경우에는 법원칙에 기하여 효율적인 결과가 생기는 것으로 한정되지는 않지만, 거래비용이 0 또는 낮은 경우에 거래비용을 적게 하는 법원칙이 선택된다는 것이다.

코즈의 정리가 법률과의 관계에서 시사하는 점은 두 가지이다. 하나는 법률이나 그 원칙에 의하지 않고도 효율적인 결과나 자원배분이 달성되는 경우가 있다는 것이며, 일반적으로 어떤 경우에도 법률이 개입하는 것이 해결로 이어지는 것은 아닌 것이다. 다른 하나는 거래비용이 큰 경우에는 시장이 제대로 기능하지 않으므로 사법이나 법원제도는 자원의 효율적 배분을 달성하기 위한 한 가지 방법이라고 할 수 있다. 여기서 코즈의 정리가 법경제학의 이론적인 기초를 부여한 것이다.

27) 어떤 시장에 생산자, 기업이 오직 일인밖에 없는 경우를 말한다. 이 때문에 경쟁시장의 경우와는 달라서 독점자는 가격에 대한 지배력을 갖는다.

28) 개인이나 기업의 경제활동의 다른 사람이나 기업에 비용이나 편익을 주고 있는 경우를 말한다. 이 중 소음이나 공해 등은 비용을 발생시킴으로 외부불경제라고 한다.

# 제 3 장 경제법의 특징

## 제1절 공사법의 융합

근대법의 체계는 공법과 사법의 엄격한 구별을 기본적인 원리로 하고 있었는데, 경제법은 공법과 사법의 융합 내지 이들과는 구별되는 제3의 법역이라고 한다. 공법과 사법의 엄격한 구별을 탈피한 점에 경제법의 특징이 있다.

원래 법에서 공법과 사법을 엄격히 구별하는 이유는, 매매나 임대차 등 경제 분야에서의 사회관계가 원칙적으로 민법이나 상법 등 사법의 규율대상이며, 공법은 원칙적으로 경제사회와는 무관한 것으로 그 작용영역이 한정된다는 점에 있었다. 이는 경제활동과 발전이 경제자체의 자동조절에 의하도록 하고, 국가는 그 자동조절이 작동하기 위한 기본적 틀을 소극적인 형태로 유지해야 한다는 고전적 자본주의의 경제 - 국가 - 법의 관계를 나타낸 것이다. 그런데 경제의 자동조절기능이 작동하지 않을 경우에는 국가가 적극적으로 경제에 관여해야 한다. 국가의 경제에 대한 적극적 간섭의 대부분은 공법적 규제를 가져오게 된다.

이와 같은 공법의 작용영역 확대가 경제법의 중요한 특정이다. 그리하여 과거 사법의 대상이었던 사회관계가 공법적 규제의 대상이 되고 있다. 예컨대, 지금 각종의 사업법에서 복수의 기업이 가격에 대하여 협정을 체결하고 그 협정을 지키지 않은 경우, 계약위반이 되는가는 사법상의 문제가 될 뿐 아니라, 그에 관한 규제명령이 내려지고 있다면 그 명령에 위반하는가는 공법적 규제의 각도에서도 문제가 된다. 이와 같이 하나의 사회관계가 사법상의 문제도 되고 공법상의 문제도 되는 것이다.

하나의 법이 공법적 규제와 사법적 규제의 쌍방을 갖추고 있다는 의미에서의 융합현상이 경제법의 또 다른 특징이다. 상술한 공법과 사법의 엄격한 구별은 근대법에서 양자의 작용영역이 원칙적으로 다르다는 것을 전제로 한 것이었다. 그리하여 예컨대 매매나 임대차 등에 관한 채권법은 사법적 규정, 경찰법은 오직 공법적 규정으로만 구성되었다. 그러나 현재는 하나의 법률이 공법적 규정과 사법적 규정 쌍방을 갖추고, 또한 하나의 규정이 공법적 규정과 민사특별법적 규정의 쌍방의 성격을 가지는 경우가 많아졌다. 예를 들어 공정거래법의 각 실체규정에 위반하는 사실이 있는 경우, 한편으로는 공정거래위원회가 내리는 시정조치명령이라는 행정처분의 대상이 되며, 다른 한편으로는 위반행위에 의하여 타인에게 손해를 입힌 사업자는 손해배상책임을 지게 된다. 이와 같이 공정거래법은 공법이라고도 할 수 있고, 민사특별법이라고도 할 수 있는 것이다.

경제사회에서 새롭게 발생한 하나의 현상이 한편으로는 공법의 작용영역의 확대를 초래하는 동시에, 한편으로는 고전적 사법원리의 수정을 초래한 것이다. 이러한 공법과 사법의 양면에서 나타난 변화가 하나의 법률 중에 집약적으로 표현된 것을 이른바 융합이라고 할 수 있을 것이다.

경제법의 실체적 내용은 종래 시민법을 바탕으로 하여 이를 수정한 것으로 되어 있으므로 사법적 성격을 띤다. 그러나 그 내용을 실현하는 절차적 규정들은 주로 행정법 등을 중심으로 한 공법규정으로 이루어져 있다.

## 제2절 시민법적 원리의 수정

경제법과 관련된 법현상과 그 기본적 원리는 시민법 내지 시민법원리를 전제로 전개되거나, 그 논리를 수정하면서 성립되고 있다고 할 수 있다.

시민법은 독립하여 자유로운 개인을 권리의무의 주체로 하고, 그러한 법주체간의 경제관계(상품거래)를 도모하여, 경제법칙이 관철되는 것을 보장하려는 법체계이다. 근대법과 관련된 일련의 실정법의 규범체계, 헌법을 비롯하여 민법·상법 등의 기본적인 법원리·법이념은 이 법원리를 기초로 하여 구축되어 있다. 사적소유(사유재산)의 보장, 영업의 자유를 보장하는 헌법규범, 그리고 이를 부여받은 민상법에서의 사인간 계약의 자유, 또는 책임의 법적 구성 등이 그것이다. 경제법과 관련된 일련의 법규범은 시민법의 기본원리와 거기에 기초한 모든 법규범의 여러 원칙을 수정하는 것으로서 등장한 것이다.

산업자본주의 단계에서는 자유방임을 기조로 하는 경제법칙이 관철되어, 사적자본은 국가권력으로부터의 자유를 완전히 향유하고 서로 자유로운 경쟁을 통하여 활동하여 자본의 축적을 한다는 것이 경제의 이념이었다. 이 단계에서 국가의 역할은 자유·독립된 개인간 내지 그 자본상호간의 관계로부터 생기는 이익대립의 조화와 균형을 유지하기에 필요하고 최소한도의 정도로 간섭하는 것, 또는 자본주의 경제의 합리적 운영에 필요하고 최소한의 제도설정을 하는데 그쳤다.[29]

---

29) 대립하는 이익의 조정기관으로서의 사법권, 주식회사를 비롯한 자본주의기업의 제도, 화폐제도, 은행·보험·운송·운송의 각종 제도, 기타 상표·특허권 등 사적 소유를 전제로 하여 파생되는 각종의 재산권과 이를 담보로 하는 제도의 확립이라는 형태의 국가의 간섭은 이러한 역할의 구체적인 표현이다.

그런데 자유경쟁을 기조로 하는 자본의 운동은 자본의 집중을 수반하여(카르텔, 트러스트, 콘체른) 독점의 방향으로 진전되었다. 이 독점화의 현상은 널리 산업분야에 공통된 현상이 되었으며, 독점자본주의라는 역사적인 발전단계로 이어졌다. 자본주의의 고도화라고 부르는 이 단계에서는 자유롭고 독립된 경제주체간의 대등한 관계는 정립하기 어렵다. 자유, 평등 등의 기본적인 시민법원리와 그 파생적 각종 권리는 독점자본인 기업에게 독점이윤의 획득을 담보하는 것이지만, 비독점적 지위에 놓이게 된 종속적 기업에게 단순히 형식적 내지 추상적 개념상의 권리로서밖에 작용할 수 없다.

이러한 단계에서 과거의 경제법칙이었던 '보이지 않는 손'에 의한 조화와 번영은 모순을 낳았고, 연속적으로 발생되는 공황과 사회주의 국가의 출현에 따른 자본주의경제에 공통된 체제 위기는, 그 극복을 위한 강력한 국가 권력의 개입을 필요로 하였다. 국가 권력의 적극적 개입은 자본주의 체제의 위기를 회피하고 체제유지를 도모하며 자본주의의 가치를 관철시키려 하는 것이므로, 보다 구체적으로는 상품의 생산과 유통의 모든 면에서 걸쳐 강력한 통제로 나타난다. 보다 근본적으로는 금융·재정 제도와 그 정책인 신용기구에 대한 국가 통제로서 구체화되게 된다.

경제법을 출현시키고 시민법의 기본원리를 수정하는 경제적 계기는 이러한 것이며, 경제법은 국가 권력의 발동에 의한 그 통제의 근거로서의 하나의 커다란 체계를 구성하였다. 경제법과 같이 독점자본의 지배에 종속되는 지위에 놓이는 경제적 약자의 이익확보를 위한 법제는 경제적 지배종속관계에 있는 구체적인 인간관계를 전제로 하여 그 실질적인 평등관계의 회복과 유지를 꾀하려고 하는 점에서, 추상적인 평등의 보장에 그치는 시민법 원리의 수정이라고 볼 수 있다. 예를 들어, 소규모조합의 행위에 대하여 공정거래법의 적용을 제외하는 것 또는 중소기업법제는 이러한 지도원리가 작용하는 것이라고 할 수 있다.

## 제3절 국가경제정책 실현의 수단

고전적 시민법원리를 구현하는 법규범체계는 또한 권리·의무의 체계였다. 그러나 경제법제라는 것은 권리의 체계라기보다는 국가의 일정한 경제정책체계를 실현하기 위한 것이다. 중소기업법, 소비자기본법, 대외무역법 등은 그 대표적인 예이다.

그리고 국가 기타 공법상의 주체가 사법상 행위의 주체로서 활동하는 경우가 많고, 그것이 하나의 중요한 정책실현의 수단이 되고 있다. 원래 근대법에서는 사법상의 행위를 하는 주체로서 주로 사인을 예상하고, 또한 공법상의 주체가 되는 행위로서 주로 행정행위를 예상하고 있었다. 그런데 현대에는 국가가 재정의 메커니즘을 통하여 경제를 작동시키는 것이 경제정책의 매우 중요한 수단이 된다. 이른바, 재정투융자는 그 대표적인 예인데, 재정투융자의 경우 정부자금이 여러 행정부문이나 공기업을 거쳐 경제사회에 투입된다. 경제사회에 투입되는 형식은 도로건설 등의 경우에는 도급계약 등이며, 기초산업에 대한 융자 등의 경우에는 소비대차계약 등을 이용한다.

## 제4절 규제의 강행성

경제법은 자본주의의 일정한 역사적 단계, 곧 과점자본 형성기의 소산이며, 자본주의체제의 위기를 넘어서 체제 유지를 위한 국가권력의 발동을 정당화시키기 위한 법체계이다. 따라서 이를 현실화하는 정책입법과 이를 기초로 한 행정권력의 사적 권리에 대한 억제가 경제법의 내용이 된다. 경제법은 이러한 기본적 성격을 갖기 때문에 정도의 차이는 있지만 사적권리에 대한 입법과 행정에 의한 통제가 존속한다.

경제법은 각종 거래관계에 대한 행정권력의 개입의 근거가 되는 것이므로, 시민법원리의 하나인 사적 자치는 약화된다. 즉, 경제법은 사적 계약의 성립·소멸이나 내용의 자유에 제약을 가하여 입법목적을 달성하고자 한다. 공정거래법상 부당한 국제계약체결 금지에 관한 규정에서 나타나는 각종 규제와 그 원리는 전형적 사례이다. 또한 계약을 성립시키는 법률행위에 관한 법규의 강행성이 일반적인 것도 그 예이며, 경제법제에 기초한 영업의 인허가제, 수급안정을 위한 자원배분·가격규제·유통규제 등은 사적자치의 작용을 대폭 수정하는 성격을 갖고 있다.

# 제 4 장 경제법의 지위

경제법의 성격을 바르게 이해하고, 경제법을 타당하게 해석 · 운용하려면, 법체계상 경제법의 위치를 명확하게 할 필요가 있다. 이를 위하여는, 경제에 관한 많은 법들 중에서 경제법이 경제에 관한 어떠한 측면(규제대상)을, 어떠한 원리(규제원리)로 규제하고 있는가를 구체적으로 밝히고, 다른 경제 관련 법들과는 어떻게 서로 관련되어 있는가를 정확하게 파악하여야 한다.

## 제1절 헌법과 경제법

헌법은 국가의 기본법이므로, 경제법 역시 헌법에 기초하여 그 존립이 인정되며, 헌법에서 정해진 사회경제제도의 모습이 그 나라 경제법의 성격을 규정하게 된다. 따라서 경제법은 그 시대와 그 국가의 사회경제적 실체에 따라 그 본질을 부여받게 되는 동시에 헌법에 의하여 제도적인 틀이 규정된다. 다만 사회경제적 실체와 헌법적 제도의 사이에는 실질적인 간격이 생기는 경우도 있다.

우리 헌법은 기본적으로 자본주의 시장경제질서를 바탕으로 하고 있는데(헌법 제23조, 제119조),[30] 이것은 단순히 근대헌법과 같은 자유국가의 이념이 아니라 현대의 고도자본주의 경제현상에 대응하기 위한 복지국가의 이념에 입각한 것이다. 헌법은 또한 일정한 기본이념을 가지고 있으며 그에 기초한 경제법도 그 기본이념에 의하여 규제된다. 우리 헌법의 기본이념은 민주주의이며 경제법도 이에 따라 규제된다. 헌법상 보장된 각종 경제활동의 자유를 국민들이 제대로 누리도록 하기 위하여는 구체적인 법률이 필요하며 그 법률의 시행에 따라 발생되는 여러 가지 구조적 · 행태적인 모순을 시정하기 위한 법률들이 추가적으로 필요하게 된다.

---

30) 구체적으로는 각 사람의 재산권을 절대적으로 보장되며(헌법 제23조), 각자에게 직업선택의 자유가 보장된다(헌법 제15조). 그리고 경제활동을 함에 있어서 차별을 받지도 않는다(헌법 제11조).

경제법과 헌법의 관계에서 특히 중요한 것은 기본권과의 관계이다. 경제법은 기본권에 대한 국가의 간섭으로서 작용하는 경우가 많기 때문이다.[31] 헌법은 기본권을 보장하는 동시에 공공복리를 위한 제한을 인정하고 있다(헌법 제23조 2항). 자유방임경제에 대한 국가의 간섭의 법인 경제법은 이 헌법에 기하여 "공공복리"에 의한 기본권의 제한의 일환으로서 지위를 부여받고 있다. 또한 경제법은 위임입법의 형식인 경우가 많으며, 이 점에서 합헌성이 문제되는 경우가 있다.

경제법 중에서 특히 공정거래법은 자유방임주의의 원칙하에 독점자본주의가 폐해를 발생시킴에 따라, 자유경쟁체제를 유지하는 것이 자본주의경제의 건전한 유지를 위하여 필요한 법으로 등장한 법분야이며, 공정거래법의 헌법상 지위 문제도 20세기 후반의 독점단계에 새롭게 등장한 문제이다. 구체적으로는 사적소유권의 자유, 계약의 자유, 영업의 자유의 제한에 대한 헌법상 근거의 문제이며, 더 나아가 공정거래법이 소비자 주권을 보장하고 있는 것에 대한 헌법상 근거의 문제와도 관련된다.

## 제2절 민상법과 경제법

### I. 민법과 경제법

민법이란 '모든 인간의 평등한 권리능력과 그것을 전제로 하는 사적소유권과 계약의 자유에 관한' 법으로, 모든 자연인의 자유·평등한 인격의 보장 위에 사적소유권에 관한 자유로운 계약의 자유를 보장하는 법률이고, 그 법에 기초하여 자유로운 거래시장이 형성되었다. 영업의 자유가 법적으로 보장되면서 자율적인 경제사회로서의 거래사회 곧 고전적 자유시장이 형성되었고, 화폐제도나 도량형제도는 거래를 용이하도록 하기위한 사법의 보완법으로서 정립되었다.

이러한 근대사법 위에서 성립한 시장은 "보이지 않는 손"에 의해 재화의 수급이 조절되고, 수급변화에 따라 분업의 발전과 함께 시장은 그 규모나 구조가 변화해 간다는 시장관이 정립되었다. 또한 국가는 시장에서의 경제활동에 대하여는 직접개입하지 않고, 거래규범의 위반 여부를 판정하여 공평한 거래질서를 유지하면 충분하다고 생각되었다(사법국가). 여기서는 매도인과 매수인 간의 거래는 민법규정이 적용 되었지만, 시장질서 자체는 자유롭고·공정하게 작동되는 것으로 법적 규제의 범위밖에 있었다. 민법이나 상인법규정은 있어도 시장(질서유지)법은 없었던 것이다. 시장질서는 법의 범위 밖의 문제로서 법적 규제의 대상으로 보지 않은데 대하여, 경제법은 바로 이를 규제하려는 법인 것이다.

---

31) 손주찬, 앞의 책, 52면.

경제법은 행정법으로의 형식을 취하는 경우가 많지만, 사법적 규제의 형식을 취하는 경우도 있다. 이런 경우에는 그것은 민사특별법으로서의 일면을 가지며, 그 한도에서 경제법은 사법과 중복된다. 다만 민법은 원칙적으로 시민사회에 있어서 개체간의 활동에 대한 일반적이고 추상적인 규범을 정한 것이며, 경제법은 비록 그것이 민사특별법으로서의 일면을 가지는 경우에도 시민사회에 있어서 구체적인 사회조화적 요구를 충족시키기 위한 특수하고 구체적인 법규범을 적용하는 것이다.

## II. 상법과 경제법

상법과 경제법은 모두 경제생활을 대상으로 하는 점에서 공통성이 있고, 경제법의 출현에 의하여 가장 영향을 받은 것은 상법이었다고 할 수도 있다. 그리하여 상법의 경제법으로의 발전적 해체를 주장하는 견해도 있다. 상법개념을 확장하여 '기업법'이라고 하여 경제법적 분야도 상법에 흡수하려는 견해도 생겨났다.

우리나라에서는 상법을 기업법으로 파악하는 것이 일반적이며,[32] 경제법도 각종 경제활동을 규제하는 법이지만 그 적용대상의 중심이 기업이라는 점에서 기업에 관한 법이라고 할 수 있다. 이와 같이 양자 모두 기업에 관한 법이라는 점에서 공통점이 있기 때문에 양자의 관계를 어떻게 볼 것인가 하는 문제가 있다.

종래 이에 대하여 양자가 동일한 법 분야에 속한다고 보는 합일설[33]과 법의 이념과 규제방법, 그리고 그 대상이 다른 별개의 법 분야에서 서로 대립된다고 보는 분리설[34]의 대립이 있었다. 전자의 견해에서는 상법이 경제법을 흡수하는 것이 필연적인 결과라고 한다. 그러나 후자의 견해에서는 상법이 사기업의 조직이나 활동을 그 규제의 대상으로 하는 사법인데 대하여, 경제법은 공법에 의한 사법에 대한 간섭으로서 국민경제를 조직화하고 기업활동을 구속하고 시장경제를 통제하려는 법이므로 경제법은 상법에 통합될 수 없다고 한다.

상법을 기업생활에 관한 법으로 보더라도, 그것은 기업의 조직 및 상호 간의 거래를 일반적 추상적으로 규정한 것이며, 그 자체로서는 개체의 사적권리의무, 개체간의 이익조정에 관한 법규범을 중심으로 하는 것이다. 그러나 경제법은 시민사회에 있어서 구체적인 사회조화적 요구를 충족시키기 위하여 일정한 정책적 의도에 기하여, 국민경제적 입장에서 기업을 포함한 모든 경제주체의 활동의 질서화를 달성하는 것이어서, 양자간에는 규제의 목적과 방법의 차이가 있다.

시민사회에 있어서 기업의 '영리성'은 영리추구의 자유나 자유기업제도에서 이해할 수 있고, 근대 시민법은 이 자유기업제도를 법적으로 확보한 것에 불과하다. 그리고 자유기업제도에서는 그것을 통하여 경제전체의 번영이 초래된다는 점에서 기업의 '공공성'이 그 배

---

32) 이균성 · 홍승인 · 김동훈, 『기업법강의』, 인텔에듀케이션, 2004, 77-78면 참조.

33) 서돈각, 『상법강의』 (상권) 제3전정판, 법문사, 2000, 47면.

34) 정희철, 『상법학』 (상), 박영사, 1991, 47면; 이철송, 『상법총칙 · 상행위』, 박영사, 2010, 17면.

후에 예정되어 있었다. 따라서 근대시민사회에서는 자유기업제도(영리성)를 성립시키기 위한 법적 질서를 획득하면 충분한 것이며, 기업에서의 공공성은 시민법의 반사적 효과로서 예정되어 있었던 것이다. 이 의미에서 기업의 공공성에 대해서는 일종의 법적 공백상태가 존재했다고 할 수 있다. 그런데 자본주의 경제의 고도화에 따라서 이 시민법에 의하여 성립된 자본주의 경제의 내재적 모순이 발생되어 '보이지 않는 손'에 의한 조화로운 발전이 불가능하면서, 그 해결을 시민법에서 찾는 것도 불가능하게 되었다. 그러한 모순은 바로 시민법의 기능을 매개로 하여 생긴 것이기 때문이다. 여기서 잠재화된 기업의 "공공성"을 이끌어내기 위한 요구(사회조화적 요구)에 의하여, 법적 공백상태를 충족시켜야 할 법이 등장하였다. 그리고 기업의 공공성은 지금도 영리성과 함께 '법'의 영역에서 발현하게 되는 것이다.

이를 다른 각도에서 보면, 근대 시민사회의 고전적 시장은 사인 간·중소기업 간의 거래의 장이었지만, 시장질서는 법적 규제의 범위 밖에 있는 것이었다. 그런데 "자본의 집합체로서의 주식회사"의 보급 확대와 경제의 발전에 따라, 경제적으로나 법적으로나 시장의 의미와 기능이 변화되었다. 그리하여 법적으로는 소유와 경영의 분리에 따라 기업경영에 관한 법에 고전적 사법자치의 원리가 작용하지 않게 되었다. 기업은 이윤을 높이기 위하여 시장을 조정하는 힘, 이른바 경제권력을 증대함으로써 점차 독과점시장을 형성하였다. 19세기 후반 이래 이른바 독점단계에 들어선 후, 대기업이 시장에서의 경제력을 행사하여 시장은 그 본래의 조정기능을 작동할 수 없게 되었다. 그리하여 법적규제의 범위 밖에 있었던 시장이 그러한 기능을 회복할 수 있도록, 법이 시장을 법적규제의 대상으로 인정하게 된 것이다.

## 제3절 행정법과 경제법

경제법상 규제는 경제에 대한 행정권의 간섭이라는 방법을 취하는 경우가 많다.[35) 따라서 경제법은 동시에 행정법으로서의 성격을 가지게 된다. 제2차 세계대전 종료 전에 행정법(학)에서는 경제법을 경제통제법으로서 행정법의 일환으로 파악하였고, 경제법이라는 독립된 법분야는 필요치 않다고 생각하였다. 경제통제법의 전통을 가진 독일 행정법학에서 경제에 대한 국가개입법인 경제법을 행정법의 일부로 파악했던 것이다. 그러나 이와 같이 경제법을 행정법이론에 의하여 파악하고 분석하는 것은 경제법의 존재의 의의를 상실하게 만드는 것이다.

자본주의사회의 고도화에 따른 경제에 대한 공법(행정법)적 규제의 확대현상은 시민사

35) 예를 들어 심결에 따른 시정명령이나 금지명령은 행정처분(행정행위)이라고 해석되고 있으며, 카르텔 가격의 인가, 합리화 카르텔이나 불황 카르텔의 인가 등 많은 인허가는 전형적인 행정청의 권력작용(행정행위이론)에 부합하는 측면이다.

회의 '보이지 않는 손'에 대신하여 국가권력의 행사를 요구한 것일 뿐이다. 그것이 주로 국민경제에 관한 행정적 간섭의 확대로서 나타난 것이며, 이는 행정법의 발전형태에 지나지 않는다. 그러나 경제법은 그 본질에 비추어 국가경제에 관한 사회조화적 요구를 경제정책적으로 충족시키기 위한 국가의 간섭을 위한 법이며, 그것이 비록 행정법과 중복되더라도 본질에 있어서는 차이가 있다.

행정법학은 행정에 관한 법일반에 공통된 기본적 원리를 발견하여 그것을 체계화하고 행정작용의 유형을 구분하는 것이다. 반면, 경제법학은 행정법학의 성과를 차용하면서도 경제법의 본질에 비추어 경제실태적 측면에서 이를 체계적으로 정리하는 것이라고 볼 수 있다. 또한 경제법이 주로 행정작용법에 관련된 것이라고 할 수 있으나 그 전부에 미치는 것은 아니며, 한편에서는 사법분야에도 영향을 미치는 경우가 많다.

규제범위 면에서 보면 행정법은 행정청 대 국민간의 권리의무 관계를 폭넓게 규제하는 공법의 일반법이다.[36] 그러나 제2차 세계대전 후 행정청의 활동영역은 크게 확대되고, 행정청의 사회경제에 대한 개입행위 유형도 권력작용으로서의 개입행위로부터 비권력작용으로서의 개입행위[37]에까지 확대되어, 계획행정이나 행정지도가 행정법학상의 중요한 과제로 되었다. 따라서 행정법을 행정청 대 국민간의 권리의무관계에 대한 규제법으로 간단히 규정해서는 안되지만, 행정법의 기본구조는 행정청 대 국민간의 법률관계 내지 준법률관계의 규제라는 섬에는 변힘이 없다. 반면에 경제법은 시장의 경쟁질서유지에 관한 공정거래법을 중심으로 하는 일련의 법률이다. 예컨대 경제법의 중심이 되는 공정거래법과 행정법의 차이는, 행정법이 국가 대 국민(사인·기업)간의 직접적 관계(금지·급부·면제·보조 등)에 관여하고 사인이나 기업에 대하여 국가가 우위에 있는데 대하여, 공정거래법은 시장에 있어서 경쟁사업자간의 공정하고 자유로운 경제활동을 중심으로 하면서, 국가는 시장에 있어서 경쟁질서위반을 감시하는 위치에 그칠 뿐이다.

## 제4절 형법과 경제법

경제법은 그 위반에 대하여 형벌의 제재를 가하는 경우가 많은데, 이 경우 경제법은 형사특별법을 형성한다. 경제사범에 관한 법을 특히 경제형법이라고 부르는 경우가 있는데,[38] 이는 일반적으로는 행정형법의 일종에 속하는 것으로 볼 수 있다. 경제사범에 대해서는 기

36) 민법이 사법의 일반법인 것과 같은 원리이다.

37) 이는 법률행위(형식적 행정행위, 공법상 계약, 행정에 관한 사법행위) 및 사실행위적 행정행위(권고 · 알선 · 행정지도 및 법적구속력이 없는 계획)를 포함한다.

38) 손주찬, 앞의 책, 53면.

본적으로 일반형법의 규정이 적용될 것이지만, 자연범에 대한 특이성을 갖는가 여부에 따라 구체적인 규정적용 여부에 영향이 미칠 것이다.[39] 이러한 점에 대해서는 행정형법, 행정벌도 문제가 된다.

예를 들어 공정거래법 제66조 내지 제69조는 형벌규정이며, 공정거래법이 형사법으로서의 성격을 가지고 있음을 나타내고 있다. 특히 동법 제66조 제1항 제9호는 부당한 공동행위에 대하여 벌금과 징역의 병과를 인정하고 있다. 부당한 공동행위는 시장에 있어서의 경쟁제한 행위로서 경쟁질서유지법상 금지되는 행위일 뿐만 아니라, 이는 반사회적 성격이 강한 행위로서 형사법상으로도 처벌되어야 할 행위라고 인정된다. 이와 같이 공정거래법 제66조 내지 제69조는 경제법이며 동시에 형법규범도 되는 것이다.

## 제5절 노동법과 경제법

### I. 노동법과 경제법

노동법과 경제법의 관계에 대해서는 제1차 세계대전 후 독일에서 경제법에 관한 논쟁이 시작된 이래 여러 가지 견해가 제기되어 왔다. 그러나 경제사회의 전개에 대응하여 형성되어 온 경제법이 독점단계에 도달한 자본주의 사회를 전제로 하여 필연적인 형태로 형성되었고, 한편으로는 바이마르 체제하에서 처음으로 구체적인 노사관계를 전제로 한 노동법이 성립하였다. 그리하여 경제법과 노동법 모두 종래의 사법도 아니고 공법도 아닌 제3의 유형에 속하는 법의 새로운 영역이라고 파악한 것이 출발점이 되고 있다. 양자 모두 법의 형태면에서는 '사법의 공법화'라는 형태를 취하고, 경제법은 경제정책, 노동법은 노동정책이라는 형태로 정책과 결부되어 있다. 이와 같이 노동법과 경제법은 모두 자본주의 경제의 내재적 모순을 해결하기 위한 법으로서 발생했다는 점에서 공통된 역사적 기반을 가지고 있다. 그러나 노동법은 노동자의 생활질서에 관한 법 또는 노사관계의 법으로서 독자적인 발전을 하였으며, 경제법과는 별개의 존재의의를 가지고 있다.

이와 같이 국가정책과 결부된 제3의 법영역이라는 점에서 공통되는 노동법과 경제법은 그 규율대상인 법주체에서 차이가 있다. 노동법은 노동시장 또한 구체적인 노사관계에서 구체적인 형태로 노동자를 파악하지만, 경제법은 국민경제사회에서 일정한 요건을 부여하여 법주체를 파악하고 있는 것이다.

그러나 경제법이 노동에 관련한 모든 현상과 소재를 제외하는 것은 아니다. 예컨대 임금의 경우에 그것이 노사간에 노동조건의 일환으로서 노동계약을 통하여 이루어지는 과정은

---

39) 예컨대 책임주체의 문제에 있어서 행위자와 사업주, 법인의 관계 등이 있다.

노동법의 문제이지만, 인플레이션 억제 등의 일정한 가격정책을 위하여 임금을 통제하는 경우(최저임금제 등)는 경제법상의 문제가 된다. 또한 전시경제 등의 상황 하에서 경제정책적 입장에서 노동력의 배치를 통제하는 경우에도 경제법적 문제가 된다.

## II. 사회법과 경제법

경제법을 노동법, 사회보장법과 함께 사회법이라고 하는 경우가 있다. 그런데 사회법이라는 용어는 다의적으로 사용되고 있다.

첫째, 공법과 사법에 대한 제3의 법분야 또는 공법과 사법이 융합한 법분야라는 의미로 사용되는 경우가 있다. 공법과 사법의 상호침투현상으로서 그 어디에도 속하지 않는 법분야로 파악하는 것이다. 자본주의 사회 또는 독점자본주의 경제사회의 지배구조에 대응시켜 구체적인 법주체와 구체적인 사회관계를 파악하고 이를 전제로 하는 법이라는 의미에서, 사회법은 시민사회의 추상적이고 평균적 인격자를 전제로 하여 구성되는 시민법에 대비될 수 있다. 노동법의 경우 구체적인 사회관계가 지배·종속관계로서 규정되고, 노동자의 지위가 생존권에 관한 것으로 파악된다. 이에 대하여 경제법이 전제로 하고 있는 사회관계는 지배적 자본을 지배자라고 하고, 중소기업·농어민·소비자를 종속자라고 하는 지배·종속관계로 파악될 수 있다. 이와 같이 구체적인 사회관계 및 구체적인 인간상을 전제로 하는 법이라는 점에서 경제법을 노동법과 함께 사회법을 구성하는 것으로 파악할 수 있다.

둘째, 사회관계의 유형에 따른 의미로 사용되는 경우가 있다. 근대법은 추상적으로 이익의 질이 동일한 주체에 의하여 구성되는 사회를 상정하고, 그러한 주체간의 관계를 모델로 구성된 구조였다. 그러나 실제의 사회관계는 이익의 질이 다른 주체간의 관계였고, 근대법이 예상했던 추상적으로 자유롭고 평등한 주체간의 관계의 배후에 지배와 종속이라는 사회관계가 있는 것이다. 자본주의가 과점경제에 이르면서 독점기업과 비독점기업, 중소기업 그리고 일반소비자로 경제주체의 계층분화가 명확하게 되었다. 이러한 이질적인 주체간의 관계 또는 실질적으로 지배와 종속적인 사회관계에 착안한 법이라는 의미에서 사회법이라는 용어가 사용된다.

이러한 의미에서 경제법은 사회법의 성격을 갖는다. 모든 규율대상의 주체를 민법에서는 人으로 파악하고 상법에서는 상인으로 파악하는 것과는 달리, 경제법에서는 시장지배적 기업, 중소기업, 일반소비자 등으로 주체의 구체적 지위에 따라 법규제가 행해지고 있다. 경제법의 그러한 법규제는 당연하다고 할 수 있다. 근대법이 추상적으로 등질이며 자유로운 주체를 상정한 구조를 설정하고 경제의 자동조절에 기대하고 있었으나, 결국 경제의 자동조절에 기대할 수 없게 되고 국가가 적극적으로 경제에 관여해야 하는 상황이 되었다면, 이러한 관여를 위한 법에서는 일정 정도에서 경제주체의 구체적 지위에 착안하지 않을 수 없기 때문이다.

셋째, 사회법이라는 용어는 근대법의 고전적 기본권과는 다른 사회적 기본권, 특히 생존권의 요청에 부응하는 법이라는 의미에서도 사용된다. 이는 경제법이 일정한 한도에서 이러한 사회법원리를 도입하려는 노력을 해야 한다거나, 경제법이 지향하는 경제정책의 목표는 생존권을 바탕으로 해야 한다는 요청에서 비롯된 것이다.

그런데 경제법의 규제영역에서의 각 계층의 이해대립은 매우 복잡하다. 예컨대, 중소기업의 위치를 위의 사회법적 원리에서는 어떻게 파악할 것인가의 문제가 있다. 또한 일반소비자가 당면하고 있는 문제는 물가, 상품선택의 오류, 안전·위생에 관한 결함상품, 환경오염 등 매우 다양하다. 따라서 이들을 종래의 사회법적 원리에 의해서 어떻게 포괄적으로 파악할 수 있는가가 문제가 된다.

## 제6절 국제경제법과 경제법

새로운 신국제질서의 형성에 따라 국제간의 경제활동에 관한 법규범의 중요성에 대한 인식이 높아지고 있다. 이와 같이 국제경제질서에 관한 법을 국제경제법이라고 하는데, 개념규정상 경제법을 국민경제적 입장에서 사회조화적 요구에 따라 경제를 질서지우기 위한 법이라고 한다면, 국제경제법은 국제경제적 입장에서 세계 경제를 조화롭고 정당하게 질서지우기 위한 법이라고 할 수 있을 것이다. 따라서 양자는 경제질서를 정당하게 질서지우기 위한 규범이라는 점에서 공통된다. 그러나 경제법과 국제경제법은 규제대상이 다르고, 성격상 경제법은 국내법이며 국제경제법은 국제법에 속한다는 점에서 차이가 있다.

국제경제법의 실체는 국제간 또는 세계에서 '자유무역(=거래)체제'의 확립 또는 '공정하고 자유로운 경쟁질서유지'를 목적으로 하는 조약이나 협정이다. 국내경제법과 대비하여 국제경제법의 통일적 규제대상을 확정하기 곤란한 것은 국제경제거래가 전개되는 장(국제적시장 또는 세계시장)이 국내시장과 같이 통일시장으로 획정하기 어려운 점 때문이다.

오늘날 국제경제법의 규제원리는 기본적으로는 시장원리가 지배하고는 있지만, 각국의 시장경제의 발전단계와 성격에 따라 일정한 정도 다른 내용의 규제원리가 작동하지 않을 수 없다. 국제경제법을 규율하는 원리로는 ① 최혜국대우, ② 내국민대우, ③ 호혜주의, ④ 문호개방, ⑤ 공평대우, ⑥ 특혜대우 등의 여러 원칙이 있다. 국제경제법의 규제원리는 기본적으로는 '통상의 자유'와 '공정하고 자유로운 경쟁질서유지'를 원칙으로 하고, 이러한 원칙에 어긋나는 국가행위 곧 조약 또는 협정이나 국가의 법제도는 국제경제법의 규제원리에 의하여 개선되어야 하며, 그 방향으로 국제간의 노력이 진행되어 왔다.

상술한 국제경제법의 개념규정에 따라 포섭되어야 할 국제경제법의 범위는 주로 GATT·WTO(World Trade Organization) 체제를 기본으로 하는 자유무역체제의 확립을 위한 국제무역법과 관련 국제규범이 된다. 또한 국제적인 자금의 흐름과 관련 문제를 규율하는 국제투자법, 국제통화체계 구축과 관련된 규범들도 국제경제법의 범위에 속한다.[40] 최근에는 지역통합의 자유무역에 관련된 국제규범, 예컨대 RTA(Regional Trade Agreement)·FTA(Free Trade Agreement) 등도 국제경제법의 주요한 논의대상에 포함된다.[41]

### 경제법과 국제조약

**1. 조약의 국내적 실시**

조약은 국제법의 절차에 의하여 체결되며, 그 효력 또한 국제법에 의하여 기초지워진다. 체결된 조약이 경제법과 관련될 수 있는 경우는 조약이 경제적 성격을 갖는 동시에 그것이 국내적으로 실시된 경우이다.

조약의 발효와 동시에 그 규정의 취지를 받아들인 국내법이 성립되면 조약상의 규정은 국내적으로 실시할 수 있게 되며, 조약에서 요구되는 국제적 의무가 국내적으로 실시될 수 있다. 조약체결에 있어서는 국회의 비준을 얻어야 하므로 그러한 국내법 입법에는 특별한 사정이 없는 한 정치적 문제는 생기지 않는다. 조약이 그대로 국내법으로서의 효력을 갖게 되면 조약규정은 국내법으로서 실시할 수 있고, 법원도 곧바로 조약을 적용할 수 있다. 그 가능 여부는 각국의 헌법 체제의 여하에 따라 결정된다. 일부 국가에서는 이러한 방식을 채용하고 있고 반면에 다수 국가에서는 국제협조주의에 따라 시행하고 있다.

**2. 경제조약의 형태**

경제조약의 고전적 경제는 통상(항해)조약이며, 조약전체 중에서도 강화조약과 함께 오랜 역사적 기원을 가지고 있다. 해방 이후에 우리나라가 외국과 체결한 여러 조약들이 대부분 이러한 유형에 속한다.

통상조약에는 역사적 발전을 통하여 일정한 형태가 갖추어져 왔다. 통상조약에는 상호주의 하에 양 당사국민의 자유로운 경제활동을 보증하려고 하는 공통의 목적이 있고, 국제법은 그를 위하여 필요한 일정한 법원칙을 완성시키고 있다. 가장 대표적인 것은 최혜국 대우의 원칙이며 이를 규정한 조항이 최혜국 조항이다. 이 조항의 가장 큰 특색은 동일한 내용의 언급을 매번 되풀이 하지 않고, 약정된 가장 유리한 조건으로 모든 통상조약(2국간 조약) 당사국의 대우가 그렇게 되어 있는 것이다. 이 대우는 무조건적으로 부여되는 것이 원칙이다. GATT가 관세에 대하여 최혜국 대우를 '즉시 그리고 무조건으로' 부여한다(GATT 1조 1항)고 한 것도 자유무역회복을 위하여 무조건의 최혜국 대우가 불가결이라고 생각되었기 때문이다.

내국민 대우는 상호간에 당사국 체류민 등을 자국민과 동등하게 본다는 것이며, 통상조약 중 거의 예외 없이 삽입되는 규정이다. 현행의 각종 조약에서는 내국민 대우를 부여하는 대상으로 국민, 회사, 생산물, 선박 등을 예시하고 있다. 통상조약은 그 밖에도 국민의 출입국을 비롯하여 입국 후의 일상활동, 영업활동, 경제활동의 자유와 그 보호에 대하여 규정을 두고 있다.

---

40) Eleanor M Fox, "Competition Law" in Andreas F. Lowenfeld, *International Economic Law*, Oxford University Press, 2008, pp. 418-419.

41) 상세에 관하여는 김봉철, 『자유무역협정의 이해』, 기업법무협회, 2007; Maher M. Debbah, *International and Comparative Law*, Cambridge University Press, Cambridge, 2010, 1장 참조.

### 3. 경제법규에 대한 조약내용의 반영

조약은 직접적이든 법률을 통해서든 국내적으로 실시되어야 비로소 규정상의 목적을 달성할 수 있는 것이 많은데, 국내법 체계는 그 결과로서 내용상의 영향을 벗어날 수 없다. 경제조약이 국내경제법을 보충, 확대하려는 내용을 가지고 있으며, 후자는 전자에 의하여 한층 완전한 것이 된다. 과세, 선박입항시의 규제, 환거래제한 등에 관하여 정한 국내법은 통상조약의 체결에 의하여 상대 당사국 국민에 대해 자국민과 동등한 조건으로 적용되는 것이 명백하게 되어, 그 결과 양국의 경제관계가 안정되고 확대될 것을 기대할 수 있다.

이에 대하여 조약의 내용이 국제경제관계의 조정이라는 목적 하에 한 국가 내의 경제법과 저촉되는 경우도 있다. 외국무역에 대한 관리를 자유주의 원리에 따르도록 한 근래의 각 조약 하에서는 각 국가의 국내경제법에 있어서 부분적 수정이 불가피하다. 오늘날 독점금지가 국제적으로 협정되면 당사국에서는 필연적으로 공정거래법의 제정 내지 개정을 하게 된다. 외국인 투자에 대해서는 통상조약 외에 OECD 등 다자간 조약의 구속을 받게 되어 외자도입법이나 관계법령의 수정 또는 적용방침에 변화를 초래한다. 또한 개발도상국에 대한 특혜 등이 국제적 압력 하에 협정되면, 일부 국가에 대해서는 그 국가와의 사이의 통상조약 외에 그 국민에 대한 법률의 특별한 적용이나 새로운 입법이 되어야 할 것이다.

그 밖에 국가가 가입하고 있는 국제기구가 의결을 하여 그것이 구속력을 갖게 되면, 가입국은 조약과 마찬가지로 국내적으로 실시할 의무가 생긴다. 예컨대 GATT가 2/3의 다수결로 불충분한 관세동맹의 신설을 특별히 승인하면, 그 지역에 대한 수출에는 관세동맹 성립의 경우와 동일한 결과가 생긴다. 또한 국제수지상의 곤란의 유무, 덤핑 인정의 성부는 GATT 회원국의 경제적 정책을 규정하고, 경제법규나 관련법령의 개정 등을 필요로 하게 된다. 이러한 의결은 형식상 "조약"에는 속하지 않지만 실질적으로는 국내의 경제법규에 대한 내용상의 규제를 행할 수 있는 점에서 조약과 동일하다.

# 제 5 장 경제법의 규제 방법

## 제1절 규제의 유형

보통 규제라고 하면 좁은 의미에서는 일정한 행동에 특정한 질서를 부여하기 위하여 이를 제한하는 작용을 의미하지만, 넓은 의미에서는 모든 대상에 대한 국가의 간섭을 말한다.[42] 경제법은 그 입법목적을 위하여 경제현상 또는 경제활동을 규제하는 방법을 사용하고 있다. 여기서 규제란 경제에 대한 국가의 간섭과 통제를 의미한다.

규제의 유형에는 소극적 간섭과 적극적 간섭이 있다. 소극적 간섭은 국민 내지 경제주체의 권리를 제한함으로써 규제하는 방법이고, 적극적 간섭은 특정 산업 · 업종 또는 경제주체를 보호 · 육성하여 지원하는 방법이다. 소극적 간섭의 예로는 특정거래의 제한, 인허가의 요구 등이 있으며, 적극적 간섭의 예로는 자금지원, 세제상의 혜택, 특정한 지위의 부여 등이 있다.

규제의 또 다른 유형 구분으로는 권력적 간섭과 비권력적 간섭이 있다. 권력적 간섭이란 국가의 권력에 의하여 강제적으로 사적자치에 수정이나 변경을 가하는 것이다. 비권력적 간섭이란 국가가 강제적이 아닌 사법적 수단으로 경제에 개입하거나 행정지도를 통하여 국민의 경제생활을 일정한 방향으로 이끌어 가는 것을 말한다.

## 제2절 규제의 대상

경제법은 국민의 경제생활을 그 규제대상으로 한다. 구체적으로는 그 국가 내의 생산 · 교환 · 분배 · 소비 등 전 과정과, 이에 부수되는 금융 · 운송 · 보험 등 경제활동을 말한다. 오늘

---

42) 황적인 · 권오승, 앞의 책, 46면.

날의 자본주의 경제에서는 이들은 밀접하게 서로 관련되어 경제를 성립시키고 있어서, 경제법 일반은 그중의 특정한 분야 또는 그에 관련된 특정한 자만을 분리하지 않고 대상으로 삼는 것이므로 그 어느 쪽에도 미칠 가능성을 가지고 있다. 이 점에서 인간의 사회생활 전반을 규율대상으로 하는 법일반과 구별되며, 상법 내지 기업법과 공통된다.

경제법의 규제대상인 모든 국민은 주로 기업과 일반사인을 가리킨다. 재화의 유통 등의 경제생활의 주체가 주로 그들이기 때문이다. 이와 같이 경제법은 특정 분야 또는 특정인만을 대상으로 하지 않는 점에서 기업의 기업활동 만을 대상으로 하는 기업법, 상법, 노동법과 구별된다. 다만 오늘날의 자본주의 경제법은 기업을 중심으로 영위되고 있음을 부인할 수 없으므로 실정경제법의 대다수는 기업활동을 대상으로 하는 것임을 부정할 수 없다. 그러나 경제법적 규제는 때로는 소비에 관한 경제생활의 규제를 위하여 일반 소비자도 대상으로 경우도 있다(식품관리법, 할부판매법 등).

경제법의 규제대상은 고용, 임대차, 매매 등 경제생활에 관한 법률관계뿐만 아니라 사실관계 예컨대 제조, 가공 등 사실관계도 포함한다.[43] 그 결과 규제대상이 다른 법 분야와 중복·교차 될 수도 있다. 가령 임금이나 재화의 분배 문제는 경제법의 규제대상이면서 동시에 노동법의 규제대상이 되기도 한다.

## 제3절 규제의 기능

우리나라 헌법은 대한민국의 경제질서는 개인과 기업의 경제상의 자유와 창의를 존중함을 기본으로 한다고 규정하면서(헌법 제119조 제1항), 국가는 균형있는 국민경제의 성장 및 안정과 적정한 소득의 분배를 유지하고, 시장의 지배와 경제력의 남용을 방지하며, 경제주체간의 조화를 통한 경제의 민주화를 위하여 경제에 관한 규제와 조정을 할 수 있다고 규정하고 있다(동조 제2항).

경제법의 규제목적은 일반적 추상적으로는 자본주의 사회에 있어서 국민경제 전체의 정당한 질서 형성이라고 할 수 있다.[44] 이에 대하여 경제실정법의 목적은 시대적·사회적 여건에 따라 다르며, 공정거래법과 같이 비교적 장기적인 경우도 있지만, 전시경제통제법과 같이 특별한 경제상태에 대비한 일시적인 경우도 있다.

시민법은 일반적 추상적인 평등관계에서의 시민적 권리의무를 정하는 법이다. 경제법은 이런 시민법적 평등관계 또는 이 관계성립의 조건을 일정한 정책목적에 따라 수정, 변경하

43) 황적인 · 권오승, 앞의 책, 47면.

44) 1919년 독일의 바이마르헌법에서는 경제생활이 모든 국민에게 인간다운 생활을 보장하려는 정의의 원칙에 합치하도록 규율할 책임을 국가에게 지우고 있다(제151조).

는 것이어서, 결과적으로 형성되는 관계는 특권 관계이다. 예컨대 일정한 산업의 보호육성법, 자금통제법에 있어서 긴급 산업부문에 대한 우선대부, 일정한 산업분야에 대한 재정투융자 등에서 나타나는 것이다.

## 제4절 규제의 방법

경제법의 목적을 달성하기 위한 규제방법에는 크게 두 가지 유형이 있다. 국가의 권력적·강제적 규제와 비권력적 규제가 그것이다.

### I. 권력적·강제적 규제

경제법은 시민법에 의한 사적자치에 대하여 변경·수정을 가하는 것이므로, 그 효과를 충분히 확보하기 위해서는 권력적·강제적이 되는 경우가 많다. 이 규제 방법은 효과가 직접적이라는 장점이 있으나 반드시 법률에 근거가 필요하다는 제약이 있다. 이 규제방법은 다시 법률에 의하여 직접적으로 행정권의 발동 없이 형벌에 의거하는 방법, 법률에 기하여 일정한 형식의 행정권의 활동에 의하여 하는 방법, 법률에 의하여 사법분야에 대해 강행법적 규제를 하는 방법으로 세분화할 수 있다. 오늘날 가장 널리 취해지는 방법은 두 번째 방법이다.

#### 1. 법률에 의한 직접적 규제

일정한 행위를 일률적으로 금지 또는 명령하고 그 효과를 확보하기 위하여 그 위반자에게 일정한 형벌을 가하는 것이다. 경제법적 규제가 법률에 의하여 직접적으로 행정권의 발동과 관계없이 형벌의 뒷받침을 받아 강행되는 경우는 드물지만 형벌규정이 전혀 없지는 않다. 물가안정법에 의한 부당고가계약의 금지, 폭리행위 금지, 매점매석금지, 고금리 금지 등이 여기에 속한다. 그리고 공정거래법상 시장지배적 사업자에게 그 지위남용행위를 금지하고(법 3조의2), 그 위반자에 대하여 벌칙을 부과하는 경우도 있다.

#### 2. 행정권에 의한 규제

법률에 기하여 일정한 형식으로 행정권을 발동하는 것이다. 현재 경제법상의 규제 방법으로는 가장 많이 이용되는 방법이다. 이 규제는 구체적인 목적을 가지고 있으며 규제대상인 경제생활의 범위가 매우 유동적이고 복잡하며 다양하므로, 그에 대한 규제방법도 고도의 전문성을 가진 행정기관의 탄력적인 행정처분에 의하는 것이 바람직하기 때문이다.

행정권에 의한 규제에는 경제법적 규제와 경찰법적 규제가 있다. 경제법에서의 행정권에 의한 규제는 경제정책적 간섭이며, 경제적 관점에서 사회조화적 요구를 적극적으로 충족시켜 경제질서를 조정·형성하는 것이다. 따라서 아무리 행정권에 의한 규제라 하더라도, 단순히 소극적 일반적으로 사회공공의 질서를 유지하는 것을 목적으로 하는 경찰법적 규제와는 다르다. 다만 일반적·표면적으로는 경찰법적 규제 등이라고 보여지는 경우에도 구체적·실질적으로는 경제법적 규제로서 작용하는 경우가 있다.

행정권에 의한 경제법적 규제의 방법을 행정행위의 내용에 따라 구분하면 다음과 같다.45)

#### (1) 명령적 행위

명령적 행위는 '국민에 대하여 일정한 작위·부작위, 급부, 수인 등의 의무를 명하거나 또는 이러한 의무를 면제시키는 행정행위'이다. 그 효과를 확보하기 위하여 그 위반에 대해서는 원칙적으로 형벌이 적용되지만, 때로는 일정한 행정처분이 부과되는 경우도 있고 형벌의 뒷받침이 없는 경우도 있다. 명령적 행위에는 ① 하명 및 금지와 ② 허가가 있다.

#### (2) 형성적 행위

형성적 행위는 '국민에 대하여 자연히 갖게 된 것은 아닌 특정한 권리, 권리능력, 행위능력 또는 포괄적인 법률관계 기타 법률상의 힘을 설정하거나 설정, 변경 또는 소멸시키는 행정행위'이다. 경제법상 형성행위가 행해지는 것은 주로 인가에 대한 것으로서, 예컨대 협동조합의 설립의 인가 등이 있다. 형성적 행위로서 일반적으로 특허(설권행위), 인가(보충행위)가 있지만 경제법적 규제로서 특허에 해당하는 것은 별로 없다.

#### (3) 사법관계에 대한 입법적 규제

경제법은 때로는 입법에 의하여 사법상의 법률관계에 직접 변경과 수정을 가하거나 또는 일반사법인 민법·상법의 원칙에 변동을 주는 경우가 있다. 이런 종류의 경제법적 규제에는 두 가지 종류가 있다.

첫째, 일정한 규제목적을 달성하기 위해서 행정권에 의한 규제와 그를 뒷받침하는 형벌로써도 무의미하기 때문에, 오로지 사법분야에서의 사법적 해결이 필요하게 되는 경우이다. 예컨대 금융공황시의 지급유예명령과 은행의 최저자본금의 법정 등이 여기에 속한다.

둘째, 일정한 규제목적을 달성하기 위하여 행정권에 의한 규제의 효과를 사법적 관계에 대해서도 미치도록 함으로써 보다 더 확실하게 할 필요가 있는 경우, 또는 일정한 사법적 효과의 발생에 대하여 행정권에 의한 규제가 보완적으로 관여하는 경우이다. 예컨대 공정거래법에서 그 위반에 대하여 공정거래위원회의 시정조치 및 형벌이 적용되는 동시에 다른 한편으로는 동법에 위반하는 사법계약의 내용을 무효로 하는 것 등이다.

---

45) 김동희, 『행정법』 I, 박영사, 2009, 275면 이하; 박균성, 『행정법론』 (上), 박영사, 2010, 316면 이하.

## II. 비권력적 규제

이는 국가의 권력적 수단에 의하여 국민에 대하여 강제적 규제를 가하는 것이 아니라, 국가가 비권력적·사법적 수단에 의하여 경제에 개입하여 이를 규제하는 경우 또는 국가가 비권력적으로 행정지도를 하는 경우에 나타난다.

### 1. 국가의 비권력적·사법적 수단에 의한 경제적 간섭

자본주의 경제에 있어서 경제활동은 사기업에 의한 자유경쟁을 중심으로 행해지는 것이 원칙이다. 그러나 국가는 비권력적 사법적 수단에 의하여 직접 또는 간접적으로 경제에 개입하는 경우가 있다. 그것은 자본주의의 고도화에 따라 자유주의경제에 있어서 자동조절작용이 불충분하게 되기 때문이며, 이런 경우에는 시장경제의 메커니즘 자체에 국가가 적극적으로 개입하여 그 결함을 보완·변경할 필요가 생긴다. 또한 국가나 사기업이 담당하기에 적당하지 않거나 채산이 맞지 않는 사업분야를 담당하는 경우도 있다. 이런 국가의 경제에 대한 개입에는 국가 또는 국책기관이 경제활동의 주체가 되는 경우와 국가가 사경제에 대하여 경제적 원조를 하는 경우가 있다.

전자의 경우로는 ① 물건의 유통과정에 관해 국가가 비권력적으로 특정한 물자의 매입·매도를 함으로써(「농수산물 유통 및 가격안정에 관한 법률」 등) 또는 정부가 출자한 일정한 기관을 통해 과잉물자를 매입함으로써 수급의 안정과 가격안정을 도모하는 경우, ② 사금·금융과정에 관해 특정한 특별회계, 또는 특수금융기관(수출입은행 등)에 대한 출자·대부금을 통하여 일정한 경제정책을 수행하기 위하여 국가 자금을 공급하는 경우, ③ 생산과정에 관해 정부가 스스로 공공사업투자에 의하여 또는 생산부문의 특수기업형태(공단, 특수회사 등)에 대한 출자를 통하여 특정한 생산·건설사업 등의 강화를 꾀하는 경우 등이 있다.

후자의 경우에는 각종 보조금제도가 여기에 해당한다. 그리고 손실보상 역시 소극적인 의미에서 국가의 경제적 원조라고 할 수 있다. 이런 경우 국가의 입장은 경제에 대하여 비권력적인 수단에 의한 규제를 가하는 것이며, 구체적으로는 소유관계(투자), 계약관계(매매, 금전소비대차, 증여 등) 등에 의하는 것이다.

국가의 비권력적인 개입방법에는 한계가 있어서 보다 효과적으로 일정한 목적을 달성하기 위해서는 권력적 규제에 의하여 보충하거나(수급조절상의 양도명령), 권력적 규제로 대신할 수밖에 없는 경우가 있다(공황대책으로서의 보조금 정책의 강제). 비권력적·사법적 수단에 의한 국가의 경제에 대한 개입은 자본주의의 고도화에 따라 점점 증가하게 되어 경제법 분야에서 주요한 지위를 차지하게 된다.

### 2. 비권력적 행정지도

국가 곧 행정부는 법률적으로 국민을 구속하지 않고 비권력적인 행정지도에 의하여 규제

목적을 실제로 달성하는 경우가 있다. 특히, 경제행정에서는 이런 유형의 행정지도는 자주 행해진다. 그 이유는 우선 경제실태의 급격한 변동이 법률적 강제의 틀에서는 맞지 않는 경우가 있는 점, 그리고 법률적 강제라는 엄격한 방법에 의하지 않는 것이 오히려 실제적 효과를 거둘 수 있기 때문이다. 행정지도는 보통 '권고'에 의하여 지시의 형식으로 행해지는데, 행정관청의 민간에 대한 조언·요망 등도 넓은 의미에서의 행정지도에 속한다.

행정지도에 대해서는 법치행정의 원리를 강조하여 법적 근거가 필요하다는 견해와 필요하지 않다는 견해가 대립되고 있다. 비권력적 행정지도는 탄력성과 유연성이라는 장점이 있지만, 반면에 행정기관이 자의적 행위가 발생될 우려가 있다. 이를 고려하면 법적 근거가 필요하다고 보는 것이 타당하다.[46)]

오늘날 국가의 경제정책은 직접 법률에 의하거나 법률의 운용에 의하지 않고, 정부가 일정한 실태파악에 근거하여 계획을 수립하고 이를 민간에게 요구하거나 종용하는 경우가 많다. 실제 경제정책의 집행에 있어서 이러한 유형의 행위가 비교적 중요한 지위에 있다. 공정거래법의 경우 가장 문제가 되어 온 것은 행정지도에 의한 경쟁제한(가격협정, 생산판매수량 협정, 수출입수량 협정 등)이다. 무엇보다도 카르텔의 요건을 충족하는 한 공정거래법은 사업자가 행정지도에 따른 것을 가지고 위법성 조각사유로 인정하지 않기 때문에, 공정거래법 이론상으로는 문제가 해결되고 있다.

46) 김동희, 앞의 책, 200면; 박균성, 앞의 책, 472면 참조.

표 1. 규제의 분류

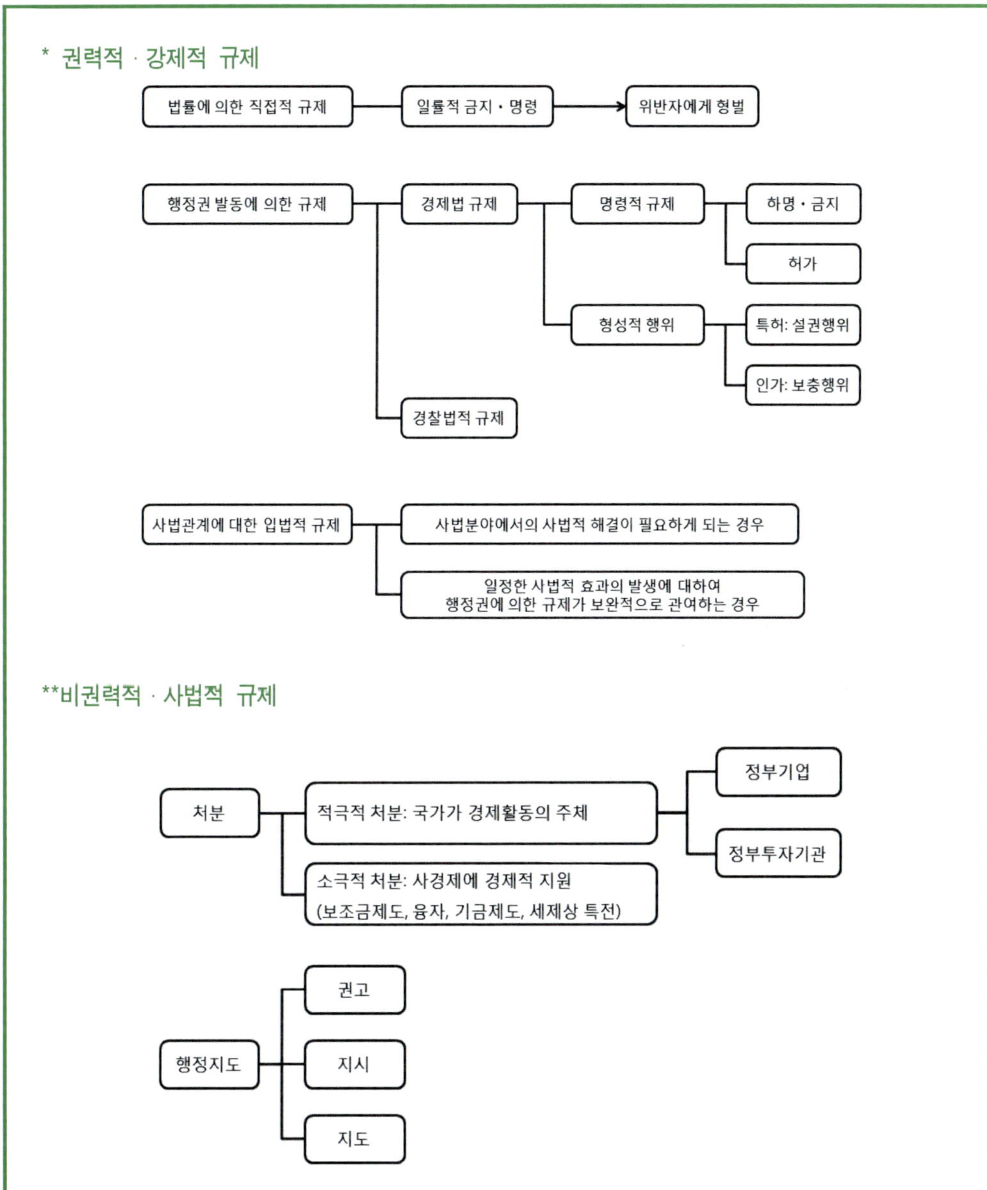
* 권력적 · 강제적 규제
법률에 의한 직접적 규제
일률적 금지 · 명령
위반자에게 형벌
행정권 발동에 의한 규제
경제법 규제
명령적 규제
하명 · 금지
허가
형성적 행위
특허: 설권행위
인가: 보충행위
경찰법적 규제
사법관계에 대한 입법적 규제
사법분야에서의 사법적 해결이 필요하게 되는 경우
일정한 사법적 효과의 발생에 대하여
행정권에 의한 규제가 보완적으로 관여하는 경우
**비권력적 · 사법적 규제
처분
적극적 처분: 국가가 경제활동의 주체
정부기업
정부투자기관
소극적 처분: 사경제에 경제적 지원
(보조금제도, 융자, 기금제도, 세제상 특전)
행정지도
권고
지시
지도

# 제 6 장 경제법의 동향

경제법이 어떻게 제정 운용되는가 하는 것은 주로 국가의 경제사회에서 지배적 지위를 차지하는 자본의 요구에 따르게 된다. 또한 지배적 자본의 요구는 국제환경 등의 변화, 정치적 사회적 조건 등의 변화에 따라 계속 변화하게 된다. 그리하여 경제법의 범위와 내용은 끊임없이 변화하는 것이 하나의 특징이다.

그런데 경제법의 내용은 대자본뿐만 아니라 각계각층의 이해가 관계되는데, 그들의 이해관계는 매우 복잡하며 또한 각 계층이 경제법에 대하여 요구하는 내용은 불합리한 것이 많다. 예컨대, 공정거래법의 정책목적 중에 경제학에서 말하는 자원의 최적배분은 이론적으로 보면 사회적 합의를 이루기 어렵다. 대자본의 경우 공정거래법에 의하여 설정되는 질서에 의한 자원배분은 총자본적 입장에서 보면 합리적인 것이지만, 개개의 대자본으로서는 눈앞의 이익을 희생시켜야 하므로 공정거래법에 조화나 타협을 요구하는 압력을 가하게 된다. 반면 중소기업의 경우 전체적 장기적으로는 공정거래법이 엄격하게 시행되는 것이 중소기업의 이익이 되지만, 과점경제에서는 중소기업에 불이익이 발생되기 쉽고 중소기업은 다시 카르텔 등에 의하여 소비자에게 그 불이익을 전가하기 쉽다. 그리하여 중소기업의 압력단체가 한편으로는 공정거래법을 완화하는 개정에 반대하면서, 다른 한편으로는 중소기업 카르텔 등을 인정하는 법의 제정을 요구한다. 또한 예컨대 재판매가격유지계약의 체결과 같이 실제로는 주로 대자본의 이익이 되는 반경쟁적 행위에 대하여, 이를 인정해야 한다고 오히려 중소기업의 압력단체가 강하게 주장하는 현상이 나타난다. 이와 같이 대기업이나 중소기업의 이해가 걸려있는 사안은 거의 모두 일반소비자가 공정거래법에 대하여 갖는 이해와는 대립되는 것이 물론이다.

이와 같이 복잡하게 대립되는 이익을 조율하기 위하여 법이 제정·운용되는 것이므로, 경제법은 때때로 통일성을 잃고 정리된 체계로서의 성격을 잃기 쉽다. 예를 들면, 공정거래법이 시행되는 중에 그 공정거래법의 적용제외를 규정하는 각종 사업법이 제정되어, 한편에서는 공정거래법이라는 카르텔을 금지하고, 다른 한편으로는 각종 사업법이 카르텔에 따르도록 강제하는 등 정반대의 원리에 입각한 두 개의 법제가 병존하게 되는 것이다. 또한 대자본의 이익에 치우친 투융자를 가능하게 하는 법도 있지만, 소비자를 보호하기 위한 법도 제정된다. 그리고 하나의 법률 중에 대립 또는 모순되는 복수의 요구를 각각 만족시키는 규정이 병존하고 있는 경우도 많다.

경제법은 형식적으로 말하면 국가가 국민경제적 입장에서 행하는 정책실현을 위한 법이기 때문에, 경제법에 속하는 각종 법률은 '국민경제의 발전' 등 사회조화적 요구의 충족이 법의 목적으로 되어 있다. 그러나 거기에는 하나의 통일적인 원리가 확정되어 존재하고 있는 것은 아니고, 서로 다른 원리 때로는 대립되는 원리가 사회적 이익이라는 추상적인 용어에 의하여 함축되어 있다고 할 수 있다.

# 제 2 편

# 독점규제 및 공정거래에 관한 법률

# 제 1 장 공정거래법 서설

## 제1절 공정거래법의 의의

### I. 개념

공정거래법이란 '독점규제 및 공정거래에 관한 법률'의 약칭이다. 공정거래법은 국민경제의 민주적이고 건전한 발전을 위하여, 사업활동에 대하여 공정하고 자유로운 경쟁을 촉진하고자 마련된 법이다. 즉 공정거래법은 국가의 자유경제질서를 유지하기 위한 경제활동에 관한 기본법이며, 일반소비자의 이익을 확보하는 동시에 공개된 시장에서 자유롭고 공정한 경쟁을 유지하는 법이다. 공정거래법의 중심은 시장에서의 자유경쟁제한(시장지배)과 공정경쟁저해(불공정경쟁)에 대한 국가적 규제의 근거를 제공하는 것이다.

앞에서 설명한 경제법의 개념과 관련하여, 일정한 범위의 경제통제법규들을 경제법이라 하고 공정거래법은 그중의 일부로 파악하는 입장[47]과 경제법은 곧 공정거래법을 의미한다고 보는 입장[48]으로 견해로 나눌 수 있다. 당초 경제법의 개념이 논의되고 발전되어 온 독일에서는 제2차 세계대전 후에 경제민주화를 도모하기 위하여 종래의 경제통제법규들과는 성격이 기본적으로 다른 공정거래법이 제정되면서, 경제통제법규들의 중요성은 점차 감소되었다. 그 결과 경제법 분야에서 공정거래법이 포함되면서 그 중심적 위치를 차지하게 되었다. 이와 같이 현재는 공정거래법이 경제법질서의 기본으로 되어있음을 고려하면, 경제법이 공정거래법이라는 견해도 어느 정도 타당성이 있다.

그러나 경제법의 범주에는 공정거래법뿐만 아니라 다수 법들이 포함되어 있으며, 그 이념과 규제방향도 반드시 일치한다고 할 수는 없다. 산업분야에 따라서는 전적으로 경쟁에 맡겨서 공정거래법의 규제를 받도록 하는 것이 일반 소비자의 이익이나 경제의 건전한 발전을 위해서 도움이 되지 않는다고 인정되는 분야도 있다. 예를 들면 전력·가스·전기통신

47) 이기수·유진희, 『경제법』 제8판, 세창출판사, 2009, 9면; 권오승, 『경제법』 제8판, 법문사, 2010, 11면.

48) 정호열, 『경제법』 제3판, 박영사, 2010, 9면.

등의 공익사업 분야에서는 규제완화에 따라 경쟁을 도입하는 동시에 각종 사업법에 의하여 여전히 독점적 지위에 있는 사업자에게 네트워크 개방 등의 일정한 의무를 부과함으로써 적극적으로 경쟁을 촉진하고 있다. 한편 지적재산권·중소기업·보험 등의 산업분야에 대해서는 공정거래법의 적용을 배제하는 규정을 두고 있다. 이와 같이 일정한 산업분야에서의 경쟁촉진적 규제 또는 공정거래법 적용제외 규정은 경제법의 개념구성상 기본이 되는 공정거래법에 대한 특별법 또는 예외라고 할 수 있다.[49] 따라서 공정거래법은 경제법의 일부라고 보는 전자의 입장이 타당하다고 생각한다.

## II. 필요성

공정거래법은 고도로 발달한 자본주의 경제사회를 기반으로 한다. 자본주의 경제가 초기의 자유시장경제 단계에서 고도로 발달한 단계에 도달하면, 소수의 거대기업에 의하여 시장과 산업이 침해되는 상황이 나타난다. 이와 같이 경제가 독과점화되면, 시장에서의 수요와 공급의 동향에 따른 객관적인 가격의 성립 그리고 시장의 가격기구를 통한 수요와 공급의 조절이 이루어지지 않고, 시장 또는 산업을 지배하는 대기업에 의한 가격 결정 및 생산량 결정이 이루어진다. 그 결과 경쟁이 행해지지 않거나 행해질 수 없게 된다. 따라서 자유경쟁에 의한 경제의 질서유지, 시장에서 성립되는 가격에 의한 질서유지의 이념은 의미가 없게 된다.

또한 경제의 독과점화는 많은 문제점을 초래한다. 첫째, 대등한 평등자간의 거래에서만 의미를 갖는 사적 소유권 절대의 원칙과 계약자유의 원칙이 흔들리게 된다. 즉 이러한 원칙은 경쟁력에 차이가 있는 대기업과 중소기업 그리고 일반 소비자간에는 대기업의 경제적 약자에 대한 지배와 약탈의 수단으로 변질되었다. 둘째, 과점경제의 성립은 경제적으로는 자원의 최적배분·기술의 혁신·경제효율·완전 고용·소득의 공정분배라는 바람직한 경제적 성과를 달성하지 못하고, 나아가 중소기업 문제, 소비자 문제 등 많은 문제를 낳았다. 셋째, 정치적으로는 소수의 대기업으로 경제력이 집중되면서 정치권력과의 연계를 초래하여 민주주의의 기초를 위협할 우려가 나타났다.

경제의 독과점화에 의하여 경쟁이 기능하지 않게 된 시장 또는 산업의 질서를 바로 세우기 위한 방법으로 두 가지 법제가 이용되었다. 첫째는 제2차 세계대전 중에 독일과 일본에서 행해졌던 법제인 통제경제법제로서 카르텔과 트러스트를 용인하고 이를 통하여 경제질서를 유지하려는 것이다. 둘째는 독점규제법제로서 국가의 손으로 가능한 한 유효한 경쟁을 유지하고, 그에 의하여 경제질서를 유지하려는 것이다. 공정거래법은 이러한 바탕에서 발전하게 된 것이다.

---

49) 根岸哲·杉浦市郎,『經濟法』[第4版], 法律文化社, 2006, 6面.

# 제2절 공정거래법의 목적

## I. 1차적 목적과 최종목적

공정거래법의 목적은 이 법과 관련 법규의 존재이유를 밝히고 규정의 기본적 해석원리를 제공한다는 점에서 중요하다. 공정거래법 제1조에서는 법의 목적을 '사업자의 시장지배적 지위의 남용과 과도한 경제력의 집중을 방지하고, 부당한 공동행위 및 불공정거래행위를 규제하여 공정하고 자유로운 경쟁을 촉진함으로써 창의적인 기업활동을 조장하고 소비자를 보호함과 아울러 국민경제의 균형있는 발전을 도모함'에 있다고 규정한다. 이 규정의 내용을 분석하면, 그 목적이 단계적 구조를 이루고 있다는 것을 알 수 있다. 즉 공정거래법은 ① '사업자의 시장지배적 지위의 남용…방지하고, 부당한 공동행위…규제'하여, ② '공정하고 자유로운 경쟁을 촉진'함으로써, ③ '창의적인 기업활동을 조장'하고, ④ '소비자를 보호'하는 동시에, ⑤ '국민경제의 균형있는 발전을 도모'하는 것이 그 존재의 목적이라고 한다.

그러나 ①에서의 사업자의 일정한 시장경쟁질서지배행위를 규제한다는 부분은 공정거래법의 목적이라기보다는 규제대상 내지 규제내용이라고 할 수 있다. ②에서 나타난 공정하고 자유로운 경쟁을 촉진한다는 것이 공정거래법의 우선적이고 1차적인 목적(직접목적)이 된다. 공정·자유로운 경쟁의 확보는 사업자의 창의적 기업활동을 조장하고 소비자이익을 보호하기 위한 것이다. 경쟁에 의하여 기업의 사업활동 과정에서 창의성과 효율성이 높아질 수 있고, 이것이 기업 자신의 이익과 나아가 소비자의 이익에 직결되기 때문이다. 예를 들어 기업의 기술혁신에 의한 생산비절감·제품가격의 인하·제품의 다양화 등이 그것이다. 따라서 ③과 ④는 공정하고 자유로운 경쟁의 경제적 성과 또는 존재이유를 기술한 부분이라고 보아야 할 것이다.[50] 그러나 네트워크산업과 제약산업 등에서는 새로운 전송기술의 적용과 신개발 약품의 고가판매 등 기업활동의 창의성 및 효율성 제고가 항상 소비자[51]의 이익으로 귀결되는 것은 아니기 때문에, 양자의 이익을 모두 고려할 필요가 있다. 이와 같이 양자의 이익이 충돌·경합하는 경우에는 이를 조정할 최종적 판단기준 내지 가치가 ⑤ 국민경제의 균형적 발전이며, 이것이 공정거래법의 최종적 또는 궁극적 목적이다.[52]

---

50) 독점규제 및 공정거래에 관한 법률의 목적은 경쟁을 촉진하여 소비자후생을 증대하기 위한 것이고, 위 법 제29조 제1항이 재판매가격유지행위를 금지하는 취지도 사업자가 상품 또는 용역에 관한 거래가격을 미리 정하여 거래함으로써 유통단계에서 가격경쟁을 제한하여 소비자후생을 저해함을 방지하기 위한 것이다(대법원 2011. 3. 10. 선고 2010두9976 판결).

51) 여기서 소비자는 일반 소비자에 소규모 영세사업자도 포함하는 것으로 보아야 할 것이다. 공정거래법에서는 대규모 사업자에 비하여 열등한 지위에 있는 소규모사업자를 보호하려는 목적도 가지고 있다(소규모 조합에 대한 적용제외-제60조).

52) 이에 대하여 국가가 국민경제의 균형있는 발전을 도모하기 위해 경쟁력이 없거나 약한 산업이나 기업 등을 적극적으로 보호·육성할 필요가 있지만, 이러한 조치는 결국 경쟁제한적 조치가 될 가능성이 크므로 공정거래법이 추구하는 목적에 위배될 수 있다는 점을 근거로 하여 국민경제의 균형있는 발전의 도모는 공정거래법의

결국 공정거래법의 목적은 자유롭고 공정한 경쟁의 촉진(1차적 목적)과 국민경제의 균형적 발전(최종목적)이라고 할 것이다. 그리고 공정거래법 적용상 1차적 목적과 최종목적은 원칙적으로 일치하는 것이지만, 지적재산권의 보호·특정 산업의 보호육성·기업의 국제경쟁력 강화 등이 필요한 경우와 같이 1차적 목적과 최종목적이 서로 충돌할 때에는 최종목적이 우선한다고 보아야 할 것이다.

위 조항의 의미해석과 관련하여 공정거래법의 목적을 산업보호를 통한 경쟁질서의 확립에 있다는 견해가 있으나, 오히려 경쟁질서의 확립을 통하여 산업발전, 소비자보호 그리고 국민경제의 균형적 발전이 도모된다는 점에서 본말이 전도된다고 할 수 있다. 또한 공정거래법의 목적은 "공정하고 자유로운 경쟁의 촉진" 뿐이며, "소비자의 보호와 국민경제의 균형적 발전"은 공정거래법이 실현하려는 경쟁정책의 의의라는 견해[53]가 있다. 그러나 동조를 문리적으로 해석하면 경쟁의 촉진은 일정한 목적을 달성하기 위한 것이며, 그 자체만으로는 공정거래법이 지향하는 궁극적 목적을 표현한다고 보기 어렵다.[54]

대법원은 '경쟁유지'라는 공정거래법의 1차적 목적에 반하는 행위라도 최종목적에 합치하는 경우에는 부당하다고 판단할 수 없다는 입장이다.

**대법원 2005. 9. 9. 선고 2003두11841 판결**

제주도 관광협회의 결의가 가격제한행위에는 해당하지만, 관련시장에서 경쟁이 제한되는 정도가 크지 아니한 점, 위 가격결정행위는 과다한 승객수수료의 지급으로 인한 관광부조리를 방지하고 관광상품 판매가격의 인하를 유도하기 위하여 취해진 조치로서 그 혜택이 최종소비자인 관광객들에게 귀속되며 제주도의 관광산업에도 이바지하는 점 등에 비추어 소비자를 보호함과 아울러 국민경제의 균형 있는 발전을 도모한다는 법의 궁극적인 목적에 실질적으로 반하지 아니하는 예외적인 경우에 해당한다면, 부당한 가격제한행위라 할 수 없다.

결국 공정거래법의 목적은 공정하고 자유로운 경쟁의 촉진 그 자체가 아니라, 궁극적으로 소비자의 이익을 포함한 국민경제의 균형있는 발전이다. 그러나 공정거래법제는 모든 면에서 국민경제의 균형있는 발전에 기여할 수 있는 것은 아니다. 공정거래법제는 자원의 최적배분·과학 기술의 진보·경제효과의 촉진을 통하여 이러한 목적을 달성하는 것이다. 따라서 이와 같은 바람직한 경제적 성과가 성취되는 한도에서 공정거래법제는 존재 의의를 갖는다.

공정거래법의 직접적 목적은 아니지만, 대기업과 중소기업 사이의 사회적 힘의 재분배나

---

궁극적인 목적이라고 하기 보다는 오히려 공정거래법이 머물러야 할 한계라고 설명하는 것이 타당하다는 견해가 있다(권오승, 앞의 책, 89면).

53) R. Posner, "The Chicago School of Antitrust Analysis", *University of Pennsylvania Law Review*(1979), p. 925(197a).

54) 권오승, 앞의 책, 77면; 양명조, 『경제법강의』 제8판, 신조사, 2010, 18면.

정치적 민주주의의 발달이라는 사회적·정치적 목적에 기여한다는 점도 중요하다. 이에 대하여 판례 중에는 공정거래법의 목적이 공정하고 자유로운 경쟁을 촉진함으로써 창의적인 기업활동을 조장하는데 있다고 한 경우가 있다.

**서울고등법원 1997. 7. 31. 선고 96구21388 판결**

입찰예정가가 약 15억여 원 정도인 소프트웨어의 입찰에서는 단 1원에 의한 응찰행위가 부당한 염매행위로서 경쟁사업자의 배제 우려가 지극히 큰 행위로서, 이러한 행위를 시정함이 없이 그대로 존속시킬 경우, 공정하고 자유로운 경쟁을 촉진함으로써 창의적인 기업활동을 조장하기 위한 공정거래법의 규제목적을 달성하기가 어려운 점 등에 비추어 볼 때, 시정명령에 이른 당해 처분이 재량권 남용의 처분이라고 단정할 수 없다

## II. 내용

공정거래법 제1조에 규정된 목적을 구체적으로 살펴보면 다음과 같다.

### 1. 공정하고 자유로운 경쟁의 촉진

우리나라 헌법상의 경제질서는 자유시장경제질서를 기본으로 하고 있고(제119조), 공정거래법 제1조는 '공정하고 자유로운 경쟁을 촉진'하기 위한 것임을 명시하고 있다. 여기서 공정한 자유경쟁질서라는 것은 공정하고 자유로운 경쟁이 확보되어 있는 시장질서를 말한다. 이를 올바르게 실현하기 위해서는 공개된 시장에서 각 경제주체의 공정하고 자유로운 경쟁을 보장하는 것이 무엇보다 선결되어야 한다.

시장에서 공정하고 자유로운 경쟁이 확보되기 위해서는 몇 가지 원칙이 지켜져야 한다. 우선 시장에서 경쟁이 자유로워야 한다(자유로운 경쟁). 시장에서 경쟁이 완전하게 자유롭기 위해서는, 시장에 대한 진입과 이탈이 쉬워야 한다(공개된 시장). 시장 내에서는 동질의 상품에 대해 규모가 같은 다수의 소규모 공급자와 여기에 상응하는 다수의 수요자가 오직 수급관계만을 고려한 독자적인 판단으로 행동하는 것(공정한 경쟁)이 가능한 상황이어야 한다. 이를 공개(open)·자유(free)·공정(fair)의 3원칙이라고 한다.

이는 완전경쟁 또는 순수경쟁이라고 부르는 상태로서, 이 상태에서는 완전하게 시장법칙에 따른 가격경쟁에 의하여 거래가 실현된다. 이 경우에 다른 경쟁수단을 사용하는 것은 시장법칙을 혼란시켜 거래의 기회를 얻으려 하는 것을 의미하며, 경쟁이론에 따르면 공정한 것이라고 할 수 없다. 그러나 이와 같이 순수하게 공정한 자유경쟁질서라는 것이 현실에서는 존재하지 않는다. 실제의 시장질서는 자유경쟁이 만들어낸 소수 대기업에 의한 시장지배의 장이며, 규모의 이익으로 인하여 소기업들은 생존의 어려움을 겪고 있다. 다만, 경쟁은

자본주의사회에서 진보의 원동력이며, 경쟁을 통하여 양질·염가의 상품이 공급되는 것은 사회의 부를 증가시키는 것이므로, 그 순수한 형태인 완전경쟁에 모델로서의 의의가 인정되는 것이다.

현대의 경쟁개념은 18세기의 자유방임적 자유경쟁, 즉 '완전경쟁' 개념이 아니고 이른바 '유효경쟁'의 개념이다. 공정거래법에서 말하는 자유경쟁(질서유지)이란, 근대적 의미의 자유방임적 완전경쟁개념에 의하여 야기된 독점과 경쟁제한을 억제하거나 금지하는 원리로서 등장하였다. 즉 형식적 자유(소유권의 자유·계약의 자유·영업의 자유)에서 비롯된 독점과 공정경쟁저해를 규제하여 실질적인 자유경쟁질서의 유지를 목적으로 하는 것이다. 20세기 중반에 등장한 '유효경쟁' 개념은 시장에서의 실질적 자유경쟁(질서유지) 개념을 의미하며, 공정거래법은 이를 지향한다. 현대적인 유효경쟁 개념은 독점적 요소를 본래적으로 포함하고 있는 불완전경쟁시장에 유효경쟁을 가능한 한 유지하기 위한 것이라고 할 수 있다. 그것은 불완전경쟁시장이라는 경제실태를 충분히 인식하면서 자유롭고 공정한 경쟁이라는 기능이 가져오는 경제사회적 효과를 최대한으로 발휘시키려는 것이다.

공정거래법은 이것을 '일정한 거래분야에서 경쟁의 실질적 제한'과 '공정한 경쟁을 저해할 염려'라는 두 개의 지표를 사용하여 달성하려고 한다.

### 2. 창의적 기업활동의 조장

실질적 의미의 자유경쟁을 유지하면, 시장에서의 거래당사자 쌍방에게 평등한 거래를 할 수 있는 기회를 보장하게 된다. 사업자에게는, 이윤을 획득하기 위하여 자신의 창의력을 발휘할 수 있도록 촉진한다. 자유경쟁체제하에 있는 사업자는 좋은 품질과 낮은 가격의 상품을 공급하기 위해 끊임없이 기술혁신과 경영합리화에 노력하지 않을 수 없다. 따라서 시장지배(독점)를 위한 경쟁제한을 금지하고 시장에서 공정하고 자유로운 경쟁을 유지하는 것이 일차적으로는 사업자들에게 제약이라고 느껴질 수 있으나, 결과적으로는 사업의 효율성 증가 및 국가 경제의 발전에 기여하게 된다.

### 3. 소비자권익의 보호

공정거래법의 목적을 규정한 제1조에서 소비자보호라는 문구가 삽입되어 있지만, 이는 공정거래제도와 소비자보호제도를 혼동한 것으로서 소비자보호는 동법의 목적이 될 수 없다는 견해가 있다.[55] 양 제도는 소비자보호 및 국민경제의 균형발전을 꾀한다는 점에서 공통점이 있지만, 공정거래제도는 기업과 기업 간의 건전경쟁을 바탕으로 하여 기업간의 관계를 규율하는 것, 소비자보호제도는 소비자(개인)의 소비생활에 따른 피해보상이 주목적이며 기업과 특정개인 사이의 관계를 규율하는 것이기 때문이라고 한다.

55) 박세일, 『법경제학』, 박영사, 1995, 542면.

그러나 시장에서 공정하고 자유로운 경쟁이 유지되면 경쟁사업자들은 좋은 품질과 낮은 가격의 상품 또는 서비스의 공급을 위한 경쟁을 해야만 한다. 이러한 경쟁상황은 구입자인 소비자가 매도인선택의 자유를 가지므로 유리하다. 유효한 경쟁이 행해지고 있는 시장경제에서는 소비자의 수요가 제품이나 서비스의 내용과 가격을 결정하게 되는 것이다.

### 4. 국민경제의 균형적 발전

국민경제를 균형적으로 발전시킨다는 것은 경제민주주의를 실현한다는 의미이다. 공정거래법은 국민경제의 균형적 발전을 최종목적으로 규정하고 있는데, 이를 실현하기 위해서는 지역간·산업간 경제의 균형이 이루어져야 한다. 그러나 공정거래법은 자유롭고 공정한 경쟁의 유지를 통하여 효율적인 자원배분을 달성하려는 법이기 때문에, 이 법이 실효적으로 운용되면 오히려 경제적 불균형이 초래될 가능성도 있다. 공정거래법이 지향하는 결과와 실제로 운용된 결과는 상반될 가능성이 큰 것이다.

# 제3절 공정거래법의 성격

공정거래법은 경제활동에 관한 기본법으로서, 국민경제를 조화롭게 질서지우는 경제법의 핵심적인 부분을 이루고 있다. 공정거래법의 주요한 특성으로는 다음과 같은 것이 있다.

## I. 사법체계 기본원리의 수정

공정거래법은 종래의 사법체계에 대한 특례를 규정하는 법이다. 즉 종래 사법체계가 계약자유를 중심으로 하는 사적자치의 원리인 것에 대하여, 공정거래법의 중심적 원리는 표시존중·공익존중·권리남용금지원칙이라고 할 수 있다.

우리 사법체계는 대륙법의 영향 아래, 의사표시이론(법률행위론·상행위론)을 중심으로 구성되어 왔다. 사법은 거래당사자 간의 의사표시를 중심으로 하는 법률행위이론과 쌍방당사자의 권리의무관계 구조에 관한 것으로서, 시장기구를 중심으로 하는 공정거래법이 출현할 때까지는 경쟁질서유지를 위한 시장법의 발상은 전혀 존재하지 않았다. 더구나 시장기능을 파괴하거나 왜곡시키는 사법행위, 특히 대기업의 독점적 행위를 경쟁질서유지 원리에 의하여 규제하려는 생각은 전혀 나타나지 않았다. 그런데 공정거래법이 발생된 후 종래의 사법원칙은 시장질서유지의 관점으로부터 다음 3가지의 측면에서 수정·제한되었다.

첫째, 자유경쟁제한행위 규제 원칙의 관점에서 민상법 원리의 수정이 이루어졌다. 부당한 공동행위의 금지(법 19조), 불공정거래행위의 금지(법 23조), 사업자단체의 불공정거래행위의 금지(법 26조) 등의 금지유형은 계약의 자유나 영업의 (형식적)자유에 대한 제한이다. 둘째, 경쟁제한적 시장구조에 대한 규제조치가 가능하다. 주식취득(법 7조 1항 1호), 임원겸임(법 7조 1항 2호), 합병(법 7조 1항 3호), 영업양수(법 7조 1항 4호) 등에 대한 제한은 상법상의 계약의 자유·영업의 자유에 대한 제한이다. 또한 독점적 상태의 규제(법 3조)는 시장상태에 변경을 명하는 규제이며, 어떤 의미에서는 일종의 독점상태에 대한 행정행위적 규제라고 할 수 있다. 셋째, 공정경쟁저해규제의 관점에서 민상법원리의 수정이다. 부당염매, 끼워팔기, 재판매가격유지, 구속조건부 거래 등이 공정경쟁저해의 관점에서 규제되는데, 이것은 계약자유의 제한에 해당한다.

공정거래법은 시장(경쟁)질서유지법이라는 점에서는 민상법과 정반대의 위치에 있다. 시장이 거래의 장이므로 거래가 없는 시장은 성립할 수 없다. 다만 공정거래법은 거래가 공정하고 자유로운 경쟁시장에서 이루어질 것을 요구하여 보장하려 할 뿐이다. 따라서 거래당사자가 공정거래법 위반을 이유로 민사소송을 제기할 수도 있다. 공정거래법 위반행위에 대한 손해배상청구(법 56조)가 그 예이다.

## II. 소비자의 권익 보호

최근에는 소비자권익을 직접적으로 보호·증진시키려는 입법이 증가하고 있는데, 할부거래법, 방문판매법, 약관규제법, 전자상거래법, 제조물책임법 등이 그것이다. 이와 함께 공정거래법에서도 소비자보호의 관점에서 종래의 사법원리를 수정하고 있다. 이는 공정거래법 전체에서 나타나고 있지만, 특히 「부당한 표시·광고에 관한 규제법」 등이 대표적인 예라고 할 수 있다.

## III. 위임입법주의

공정거래법의 개별규정은 행정법규와 일반조항이 다수를 이루고 있다. 행정법규가 많은 것은 공정거래법의 실효성을 확보하기 위한 것이며, 일반조항이 다수인 이유는 급속히 변화하는 다양한 경제현상을 취급하기 위하여 해석상 상당한 재량권이 필요하기 때문이다. 그리하여 공정거래법의 규정은 탄력성·융통성을 띄게 되는데, 이는 공정거래위원회가 법운용을 담당하도록 하기 위한 것이다. 이와 같은 규정의 탄력적 운용을 위해서는 위임입법주의가 광범하게 적용될 필요가 있다. 그 결과 공정거래법의 시행을 위한 다양하고 많은 시행령, 고시, 지침 등이 제정되어 운용되고 있다.[56)]

---

56) 예컨대, 시행령에는 독점규제 및 공정거래에 관한 법률 시행령(대통령령 제22467호, 2010. 11. 2. 타법개정)이 있으며, 고시에는 "과징금부과 세부기준 등에 관한 고시"(2010. 10. 20. 공정거래위원회고시 제2010-9호)·"시장지배적 지위남용행위 심사기준"(2009. 10. 06. 공정거래위원회고시 제2009-62호)·"부당한 공동행위 자진신고자 등에 대한 시정조치 등 감면제도 운영고시"(2009. 08. 20. 공정거래위원회 고시 제2009-46호) 등이 있다. 이 외에 지침에는 "부당한 지원행위의 심사지침"(개정 2010. 12. 22.)·"불공정거래행위 심사지침"(2009. 08. 12.

## IV. 규제의 한계

아담 스미스(Adam Smith) 이래의 고전파 경제학에서는 경제에 대한 국가개입은 필요최소한이어야 한다고 주장하였다. 시장은 효율적 자원배분을 가격 메커니즘 곧 cheap government로 조정할 수 있는 기능을 가졌다고 평가되었지만, 1929년의 세계 공황을 계기로 그 한계가 노출되었다. 그 결과 초래된 국가 개입의 하나가 공정거래법 등에 의한 규제인 것이다. 그러나 과거 전체주의적 국가에서 경제에 대한 국가의 전면적 개입 결과가 실패로 돌아간 것처럼 공정거래법의 적용에도 일정한 한계가 있다는 것이다.

첫째, 경쟁원리를 기본으로 하는 경제(시장)에 대한 국가의 개입은 이른바 '시장의 실패'가 발생한 일정한 사업 분야에서는 불가피하다. 다만 일반적으로 공공사업에 해당하는 이른바 '규제산업'인 전기 · 가스 · 수도 · 운송 · 통신 등의 사업분야에는 경쟁원리가 그대로 기능할 수 없으므로, 경쟁원리를 도입하지 않고 공공기업형태에 의한 기업운영 및 효율성 달성이 추구되고 있다. 그 범위에서 공정거래법의 적용은 유보된다.

둘째, 자유시장원리는 도입은 시장이나 기업에서 뿐만 아니라 정치나 행정의 조직과 운영에도 도입되었다. 그리고 경제의 합리적 발전을 위하여 시장과 기업 및 국가의 관계에 대해서 제기되고 있는 중대한 문제가 규제의 완화이다. 구체적으로는 성숙한 자본경제의 효율적 발전을 저해하는 국가의 규제 권한의 축소철폐의 요구이다. 이것이 이른바 국가와 사회 전체에 걸친 규제 완화의 요구이며, 이미 상당한 정도로 신선되있다. 공정거래법은 시장에서의 경제활동에 관한 규제의 법이므로, 규제완화 시책의 영향을 받아 그 운용에 한계가 생기지 않을 수 없다. 다만 그 한계를 어떤 기준에 의하여 어느 정도에서 획정하여야 할 것인가는 신중하게 결정하여야 한다.

# 제4절 공정거래법의 체계와 규제형태

## I. 규제의 종류

### 1. 구조규제와 행위규제

공정거래법상의 규제는 내용을 기준으로 구조규제와 행위규제로 나눌 수 있다. 구조규제는 특정 시장이 비경쟁적인 시장구조로 변화하는 것을 저지하거나 현재 비경쟁적인 시장구조에 대하여 규제를 가하는 것이다. 반면 행위규제는 경쟁제한적이거나 경쟁저해적인 사업

공정거래위원회 예규 제72호) · "재판매가격유지행위 심사지침"(2009. 08. 12. 공정거래위원회 예규 제68호) 등 다양한 지침이 존재한다.

자의 행위를 금지하는 것이다.

### (1) 구조규제

#### 1) 일반구조규제

일반구조규제는 어떤 사업 분야가 일반적으로 독점적이거나 고도로 과점적인 시장구조이고 또 일정한 폐해가 발생되고 있는 경우를 독점적 상태인 경우에, 공정거래위원회가 경쟁회복 조치를 취할 수 있는 제도를 말한다.

#### 2) 집중규제

집중규제는 다시 일반집중규제와 시장집중규제로 나누어진다. 일반집중규제는 주로 소수의 대규모 기업집단에 의한 경제전체에 있어서 사업지배력의 과도한 집중을 방지하려고 하는 것이며, 시장집중규제는 시장(산업)에 있어서 상위 소수기업으로의 집중을 규제하려는 것이다.

일반집중규제는 시장에서의 경쟁유지와 직접적인 관계는 없지만, 국민경제에 있어서 사업지배력의 과도한 집중을 억제하려는 규제이다. 여기에는 사업지배력을 과도하게 집중시키게 되는 회사의 금지, 은행·보험회사에 의한 주식보유 제한 등이 있다.

시장 집중의 규제는 주식의 취득 또는 소유·합병·사업 양수 등의 기업 결합이 경쟁을 실질적으로 제한하게 되는 경우에 기업결합을 금지하는 것이며, 시장구조가 비경쟁적으로 변하는 것을 저지하기 위한 규제이다. 시장집중 규제에 관한 것은 사업자가 다른 사업자의 사업활동을 배제하거나 지배함으로써 일정한 거래분야에서 경쟁을 실질적으로 제한하는 행위인 독과점을 금지하려는 규정, 일정한 거래분야에서 경쟁을 실질적으로 제한하는 주식보유·임원겸임·합병·회사분할·사업양수 등의 기업결합을 금지하는 각 규정, 독점적 폐해를 제거하기 위하여 기업분할 등의 독점적 상태에 대한 조치를 정하는 규정 등이 있다.

### (2) 행위규제

#### 1) 공동행위의 규제

여기서는 복수의 사업자가 공동으로 상호간에 사업활동을 구속하거나 수행하는 행위(경쟁회피적 행위)에 의하여 경쟁에 실질적 제한을 가져오는 부당한 거래 제한의 금지가 중심이 된다. 공동행위 규제에는 일정한 거래분야에서 경쟁을 실질적으로 제한하는 행위인 부당한 거래제한을 금지하는 규정, 사업자간의 공동행위의 실질을 갖는 공동행위로서 사업자단체가 일정한 거래분야에서 경쟁을 실질적으로 제한하는 행위, 일정한 사업분야에서 현재 또는 장래의 사업자 수를 제한하는 행위, 구성 사업자의 활동을 부당하게 제한하는 행위를 금지하는 각 규정이 있다. 또한 사업자 또는 사업자 단체에 의한 부당한 거래 제한에 해당하는 사항을 내용으로 하는 국제적 협정, 계약의 체결을 금지하는 규정 등도 존재한다.

2) 불공정한 거래방법 규제

이는 두 가지 유형으로 구분할 수 있다. 첫째, 사업자가 다른 사업자의 사업 활동을 방해하거나 지배하는 행위 곧 경쟁제압적 행위에 의하여 경쟁의 실질적 제한을 가져오는 행위에 대한 규제로서, 이는 경제력 있는 사업자의 단독행위도 대상으로 하는 점에 특징이 있다. 둘째, 불공정한 거래 방법의 금지 외에 그 보완적 규제로서 사업자 단체에 의한 불공정한 거래방법의 권장금지, 불공정한 거래방법을 내용으로 하는 국제 계약의 금지, 불공정한 거래방법에 의한 주식취득 금지가 있다. 불공정한 거래방법이란, 다양한 성격을 가진 행위의 집합체이지만, 효과에 관한 요건으로서는 공정한 경쟁을 저해할 염려로서 충분하며 경쟁의 실질적 제한을 요하지 않는 점에 특징이 있다.

여기에는 사업자가 불공정한 거래방법을 사용하는 것을 금지하는 규정과 사업자단체가 사업자에게 불공정한 거래방법에 해당하는 행위를 하려는 것을 금지하는 규정이 있다. 또한 사업자나 사업자단체가 불공정한 거래방법에 해당하는 사항을 내용으로 하는 국제적 계약을 금지하는 규정과 불공정한 거래방법에 의한 기업결합을 금지하는 규정도 있다. 불공정한 거래방법에는 모든 사업분야에 적용되는 일반 지정과 특정한 사업분야에만 적용되는 특수 지정의 두 종류가 있다. 현행법상 불공정한 거래방법이란, 구체적으로는 일반지정으로 열거된 16가지 유형의 행위와 6가지의 특수 지정으로 열거된 행위가 있다.

이와 같이 불공정한 거래방법에는 다양한 유형의 행위가 포함되어 있어서, 그 규제는 공정한 경제를 저해할 염려가 있는 것을 실질적인 위법요건으로 하는 것이다. 이것은, 경쟁을 실질적으로 제한하는 것을 위법요건으로 하는 지위남용의 금지, 부당한 거래제한의 금지를 보완 또는 예방하기 위한 규제인 동시에 부당한 고객유인, 경쟁자에 대한 부당한 거래방해 또는 내부간섭 등의 불공정한 경쟁수단의 금지 또는 거래상의 지위의 부당이용 금지와 같이 거래상 지위남용이나 부당한 거래제한의 금지를 보완하거나 예방하는 것과는 별개의 독자적인 존재이유도 가지고 있다.

## 2. 행정규제주의와 직권규제주의

### (1) 행정규제주의

공정거래법의 규제유형은 주도적 집행기관의 여하에 따라 사법규제주의와 행정규제주의로 구분할 수 있다. 사법규제주의는 법원이 공정거래법의 운용의 주체로서 그 기본원칙, 적용기준을 정하고 공정거래를 해치는 행위에 대하여 그 위법성을 판단하게 된다. 따라서 그 규제절차도 사법절차가 중심이 되며, 대체로 원인금지주의를 취하는 국가들에서 취하는 입장이다. 행정규제주의는 행정청이 공정거래법 운용의 중심이 되어 경쟁저해적인 행위의 위법성을 판단하게 되고, 규제절차도 행정절차가 중심이 되며 대체로 폐해규제주의를 취하는 국가에서 취하는 입장이다.[57)]

---

57) 폐해주의를 취하는 국가의 대표적인 규제당국으로는 독일의 연방카르텔청(Bundeskartellamt), 영국의 공정거

우리나라 공정거래법의 제정 당시에는 그 시행을 경제기획원 장관이 담당하도록 되어 있었으나, 1990년 제2차 개정에 의하여 공정거래위원회가 독립적인 규제기관으로서 공정거래법의 시행을 담당하게 되었다. 그리하여 공정거래위원회가 경쟁제한행위와 불공정거래행위 전부에 대한 위법성 판단과 법위반 행위에 대한 시정조치, 과징금 등의 제재를 결정하게 되어 있다. 이는 공정거래법의 탄력적이고 효율적인 운용을 위해서 행정규제주의를 취하고 있는 것이다.

### (2) 직권규제주의

공정거래위원회는 공정거래법 위반 혐의사실이 있는 경우에는 직권으로 필요한 조사를 할 수 있고(법 49조 1항), 공정거래법의 시행을 위하여 필요한 경우에는 당사자, 이해관계인 또는 참고인의 출석 및 의견청취, 감정인의 지정 및 감정의 위촉 등을 할 수 있으며(법 50조 1항), 소속 공무원으로 하여금 사업자 · 사업자단체의 사업장에서 필요한 조사를 하게 할 수 있다(법 50조 2항).

또한 공정거래위원회는 동법 위반행위에 대하여 당해 사업자 · 사업자단체에게 시정조치를 명하거나(법 5조, 16조, 21조, 24조, 27조, 31조, 34조), 시정방안을 정하여 이에 따르도록 권고할 수도 있다(법 51조). 그리고 공정거래법 위반행위에 대한 형사소추나 처벌은 공정거래위원회의 고발이 있어야 문제 삼을 수 있다(고발전치주의; 법 71조). 이와 같이 우리 공정거래법은 법 위반행위에 대한 행정절차와 형사절차 모두 공정거래위원회 중심으로 이루어지는 직권규제주의를 취하고 있는 것이다.[58)]

그리고 직권규제주의 보충적인 수단으로서 직권조사 외에도 공정거래법 위반사실이 존재한다고 인정되는 경우 누구든지 그 사실을 공정거래위원회에 신고할 수 있으며(법 49조 2항), 시정조치 또는 과징금 납부명령을 하기 전에 당사자 또는 이해관계인에게 의견을 진술할 기회를 주도록 규정하고 있다(법 52조). 만약 공정거래위원회의 처분에 대하여 불복한 자는 공정거래위원회에 이의신청을 할 수 있으며(법 53조), 처분의 통지를 받은 날 또는 이의신청에 대한 재결서의 정본을 송달받은 날부터 30일 이내에 불복의 소를 제기할 수 있다(법 54조).

그런데 공정거래법 위반행위는 당사자 이외의 자가 외부에서 발견하기 어렵고 발견하더라도 그 규제에 많은 비용이 소요된다. 따라서 직권규제주의는 공정거래법의 효율성을 저해하고 피해자 구제에도 부정적으로 작용할 수 있다. 이에 따라 공정거래법을 시행하고 있

---

래청(Office of Fair Trading), 우리나라의 공정거래위원회 등이 있다. 그러나 원인금지주의를 원칙으로 하는 국가라도 공정거래법의 엄격하고 확실한 집행을 담보하기 위하여 별도의 집행당국을 설치하는 경우가 많은데, 이러한 경우의 대표적인 예로는 미국의 연방거래위원회(Federal Trade Commission), 일본의 公正取引委員會 등이 있다.

58) 종전에는 공정거래법 위반으로 인한 손해배상청구도 원칙적으로 공정거래위원회의 시정조치가 확정된 후에만 재판상 청구할 수 있었으나(구법 57조), 2004년 12월 개정에 따라 피해자는 공정위원회의 시정조치와 관계없이 바로 법원에 손해배상을 청구할 수 있게 되었다(법 57조). 이는 직권규제주의가 완화된 것이다.

는 각국은 직권규제주의를 당사자주의로 전환하거나 당사자주의적 요소를 도입 · 강화하고 있는 추세이다. 우리나라의 경우에도 이러한 추세에 부응하여 1996년 제5차 개정에서 법 위반행위가 발생한 일정한 경우에는 공정거래위원회가 고발할 의무를 지게하고(법 71조 2항), 2004년 12월 개정에서는 공정거래위원회의 시정조치 전치주의를 폐지하고 손해액 인정제도를 도입하였다(법 57조). 그리고 2007년 8월의 개정으로 한국공정거래진흥원의 설립과 분쟁조정제도의 등(법 48조의2 이하)을 함으로써 직권규제주의의 결함을 보완하고 있다.

## 3. 원인금지주의와 폐해규제주의

공정거래법이 경쟁질서 위반행위의 핵심으로 보고 있는 독과점 행위에 대한 규제는 크게 원인금지주의(원칙금지주의)와 폐해규제주의로 나누어진다. 원인금지주의는 독점 또는 과점의 시장구조가 형성되는 것을 원칙적으로 금지하는 입장으로서, 독과점적 시장 구조의 개선을 목적으로 한다. 미국 · 캐나다 · 일본 등이 이 입장을 취하고 있다. 원인금지주의에 따르면, 독과점적 지위에 의한 거래제한행위는 당연위법이 되고, 그 실효적 규제를 위하여 독립적 위원회를 설치 · 운영하는 것이 일반적이다. 원인금지주의를 취하고 있는 국가에서는 독과점과 같은 경쟁제한행위의 위법성판단을 기본적으로 법원이 하므로 규제절차도 사법상의 절차가 중심이 된다.

이에 대하여 폐해규제주의는 독점이나 과점의 시장구조를 인정하면서도 그 상태가 공익을 침해하는 경우에만 규제하는 입법주의로서, 거래행태의 개선을 목적으로 한다. 독일 · 영국 등이 이 입장을 취하고 있다. 이러한 입법주의를 취하는 국가에서는 원인금지주의를 취하는 국가와 달리 위법성을 판단하는 1차적 기관이 행정기관이므로 규제절차 역시 행정절차가 주심이 된다. 따라서 이들 국가들은 독과점 등의 폐해를 규제하기 위하여 행정관청으로서의 성격을 가진 기구를 설치하는 경우가 많다.

우리나라의 공정거래법에서는 시장지배적 지위남용금지 규정(법 3조 이하)의 경우에 독과점적 지위의 형성은 금지하지 않고 그 지위를 남용한 행위가 있는 경우에만 규제한다는 점에서 폐해규제주의라고 할 수 있다. 그러나 기업결합(법 7조 이하), 부당한 공동행위 금지(법 19조)의 경우 독과점 시장구조의 형성 자체를 제한하는 것이므로 원인금지주의를 취하고 있다고 할 수 있다. 그리고 공정거래법을 집행하는 공정거래위원회는 독립된 규제위원회이면서도 국무총리의 산하기구인 점에서 행정관청의 성격도 가지고 있다. 따라서 우리 공정거래법은 폐해규제주의와 원인금지주의를 절충한 것이라고 보아야 할 것이다.[59)]

공정거래법 규제내용을 원인금지주의와 폐해규제주의의 성격으로 나누면 다음과 같다.

---

59) 이에 대하여 우리나라의 공정거래법은 독과점의 형성 자체를 금지하는 것은 아니며, 그 폐해(시장지배적 지위남용)만을 금지하므로, 폐해규제주의를 따른다는 견해도 있다. 그러나 이 견해를 지지하는 입장에서도 우리나라 공정거래법이 명확히 폐해금지주의를 취하고 있는가에 대하여는 의문을 가진다(권오승, 앞의 책, 80면).

표 2. 원인금지주의와 폐해규제주의

| 원인금지주의 | 폐해규제주의 |
|---|---|
| ㅇ 독과점적 시장구조의 금지<br>- 경쟁제한적 기업결합의 금지<br>- 지주회사에 대한 제한<br>- 경제력집중의 억제<br><br>ㅇ 경제규제완화 및 경쟁제한제도의 개선<br>- 독과점시장구조의 개선을 위한<br>- 경쟁촉진 시책의 수립과 추진 | ㅇ 공익침해행위의 규제<br>- 시장지배적지위 남용의 금지<br>- 부당한 공동행위의 규제<br>- 사업자단체의 행위 규제<br>- 불공정거래행위의 금지<br>- 재판매가격유지행위의 제한<br>- 부당한 국제계약체결의 제한 |

# II. 공정거래제도의 주요내용

## 1. 공정거래법의 주요골자

현행 공정거래법의 구조는 크게 실체법적 내용과 절차법적 내용으로 구분된다. 그리고 실체법적 내용은 다시 두 가지 기능으로 대별할 수 있다. 위에서 설명한 것처럼, 원인금지주의에 따라 시장구조 개선으로 경쟁적인 시장환경을 조성하려는 구조규제, 그리고 폐해규제주의에 따라 사업자의 거래형태를 개선하여 시장에서의 공정한 거래질서를 확립하려는 행위규제이다.

한편 규제의 시점을 기준으로 구분하면, 경쟁저해적인 결과가 발생할 때 이를 시정하여 경쟁질서를 회복하려는 사후적 규제와, 비경쟁적 결과 발생의 염려가 있을 때 이를 사전에 저지하려는 사전적 규제가 있다. 이를 도식화하면 다음과 같다.

### (1) 실체법적 내용

#### 1) 시장구조의 개선(구조규제)

① 독과점적 시장구조의 개선(제3조)

② 경쟁제한적 기업결합의 금지

- 경쟁을 제한하는 기업결합의 금지(제7조)
- 강요·불공정한 방법에 의한 기업결합의 금지(제15조)

③ 경제력집중의 억제

- 지주회사에 대한 규제(제8조~제8조의3)
- 기업집단 지정제도의 운용

·상호출자의 금지(제9조)

·계열회사에 대한 채무보증의 제한(제10조의2)

·소속금융회사의 의결권 제한(제11조)

·대규모내부거래의 공시(제11조의2)

· 주식소유현황의 신고(제13조)

· 특정기업집단의 지정(제14조)

· 계열회사에 대한 규제(제14조의2, 3)

2) 거래행태의 개선(행위규제)

① 시장지배적 지위의 남용금지(제3조의2~제6조)

② 부당한 공동행위의 금지(제4장)

③ 불공정거래행위의 금지(제5장)

- 일반불공정거래행위

- 특수불공정거래행위

④ 사업자단체의 경쟁제한행위 금지(제6장)

⑤ 재판매가격유지행위의 제한(제7장)

⑥ 부당한 국제계약의 체결제한(제8장)

### (2) 절차법적 내용(운용절차)

1) 운용기관

① 전담기구

- 공정거래위원회(제9장)

② 분쟁조정기구

- 한국공정거래조정원(제9장의2)

- 강요·불공정한 방법에 의한 기업결합의 금지(제15조)

2) 사건처리절차

① 조사(제10장)

② 과징금 부과/징수(제10장의2)

3) 손해배상(제11장)

4) 적용제외 및 보칙(제12장, 제13장)

5) 벌칙(제14장)

## 2. 유형구분

### (1) 실체법상 위법유형

1) 집중규제

집중규제란 광의의 기업결합의 행위유형이 '일정 거래분야에서 경쟁을 실질적으로 제한하게 되는 경우'에 시장에서 비경쟁적 시장구조가 형성되는 것을 예방하고(사전규제), 발생된 독점적 시장구조를 경쟁적 구조로 되돌리기 위한 시정조치이다(사후규제).

여기에 속하는 것이 ① 지주회사의 행위 제한, ② 특정기업집단에 대한 규제, ③ 상호출자의 금지, ④ 채무보증의 제한 등이다.

### 2) 공정경쟁저해 규제

이는 사업자의 사업활동이 공정경쟁을 저해하고 있든가 또는 저해할 염려가 있는 것을 규제하는 것이다. 즉 사업자의 일정한 행위유형이 '공정경쟁의 저해를 가져오든가 또는 그런 염려가 있는 경우'에 위법하게 되는 것으로서 규제를 받게 된다. 여기에는 ① 시장지배적 지위 남용, ② 불공정거래행위, ③ 재판매가격 유지 등이 해당한다.

### 3) 경쟁제한 규제

경쟁제한의 규제는 사업자와 그 단체의 일정 행위유형이 '일정거래분야에서 경쟁을 실질적으로 제한한 경우'로서 통상 시장지배를 초래하여 위법하게 되는 경우를 규제하는 것이다. ① 기업결합, ② 부당공동행위, ③ 사업자단체, ④ 부당한 국제계약에 대한 규제가 여기에 속한다.

## (2) 적용제외 제도

공정거래법은 궁극적으로 '국민경제의 균형적 발전'을 목적으로 하고 있으므로 다른 법과의 관계 또는 특정한 국가시책과의 조화를 고려하여 일정한 사항에 대해서는 적용되지 않도록 하고 있다. 또한 사업활동의 성격이나 사업주체의 성격상 공정거래법을 적용하는 것이 적당하지 않은 경우에도 적용이 제외된다.

첫째, 특정한 목적을 위하여 제정된 특별법에 의하여 동법의 적용대상이 되는 행위에 대해서는 공정거래법이 적용되지 않도록 되어 있다(특별법에 의한 적용제외; 산업발전법 등).

둘째, 행위자 또는 행위의 성격상 공정거래법을 적용하기가 적절치 않거나 불가능한 경우가 있다(본래적 적용제외). 공공행정 · 국방 · 사회보장업무를 관장하는 정부기관은 원칙적으로 공정거래법상의 사업자에 해당하지 않는다. 그리고 법령의 근거에 따라서 행한 행위(법 58조), 무체재산권을 행사하는 행위(법 59조), 소규모조합의 행위(법 60조)에 대하여는 공정거래법이 적용되지 않는다.

셋째, 예외적 적용제외로서 산업합리화와 국제경쟁력을 확보하기 위하여 개별규정에 따라 공정거래법 규정을 적용하지 않는 경우가 있다. 예를 들면, 공정거래법상 원칙적으로 금지되는 기업결합이 산업합리화 등의 필요가 인정되어 허용되는 경우이다.

## (3) 절차법 유형

이는 공정거래법을 시행하기 위하여 필요한 각종 절차에 관한 규정이다.

### 1) 담당기관

공정거래법의 운용을 전담하는 기구로서 공정거래위원회가 설치되어 있고, 그 조직 및 권한에 관하여 규정한다. 공정거래위원회가 집행하는 절차로는 ① 심결절차 · 시정조치, ② 과징금 심판절차가 있다. 또한 공정거래법에 관련된 분쟁을 해결하기 위하여 한국공정거래조정원이 설치되어 분쟁조정을 하도록 하고 있다.

#### 2) 공정거래법에 관한 사법절차

공정거래법 운용에 관한 사법적 절차에는 3가지 유형이 있다. ① 공정거래위원회의 시정조치 등의 행정절차에 대하여는 심결에 대한 불복소송을 제기 할 수 있다. ② 법 위반행위에 대한 형사처벌을 내용으로 하는 형사절차가 있다. ③ 민사절차로는 손해배상청구소송 등이 있다.

# 제5절 공정거래법의 연혁

## I. 우리나라 공정거래제도의 도입

### 1. 1973년 「물가안정에 관한 법률」 제정

우리나라에서 독과점규제와 거래의 공정화를 위한 입법을 하려는 시도는 이미 1963년부터 시작되었다. 그리히어 1966년과 1969년 등 수차례 "공정거래법안" 또는 "독점규제법안"이 국회에 제출되었으나, 정치적 혼란 또는 업계의 압력 또는 성장우선이라는 국가시책과의 부조화 등으로 인하여 법제정에 실패하여 왔다.[60] 그러한 노력이 첫 결실을 맺게 된 것이 1973년 물가안정법의 제정이었다.

1972년에 발생한 세계적인 1차 원유파동으로 인하여 물가가 급등함에 따라 물가안정과 공정거래질서의 확립이 절실하게 요구되었다. 그리하여 동법에서는 상품가격 및 서비스요금의 최고가격지정을 할 수 있게 하는 등 물가안정을 도모하고 판매거절금지 · 가격표시제도 도입 등 공정거래 질서확립을 위한 내용을 규정하였다.

### 2. 1975년 「물가안정 및 공정거래에 관한 법률」 제정

1973년에 물가안정법은 시장기능의 변칙적 운영에 의하여 2중 가격현상을 초래하였고, 공정거래질서 확보도 기대할 수 없었다. 따라서 물가안정과 공정거래에 관한 보완적 입법이 필요하게 되었다. 이에 따라 1975년 12월 31일 「물가안정 및 공정거래에 관한 법률」이 제정되어 1976년 3월 15일부터 시행되었다.

동법은 물가안정에 관한 규정과 공정거래에 관한 규정의 두 부분으로 구성되어 있었다. 주요내용으로는 공정거래질서 확립을 위해 물가안정법을 보완하여 불공정거래행위의 금

60) 당시 제출되었던 법안의 골자와 주요내용에 대하여는 손주찬, 『경제법』, 법경출판사, 1994, 57-60면; 권오승, 앞의 책, 90-94면 참조.

지를 규정하고 법위반 사업자에게 시정명령을 할 수 있는 법적 근거를 마련하였다. 그리고 최고가격지정, 독과점품목에 대한 가격승인제, 공공요금의 승인제, 공급 및 출고지시, 긴급 수급 조정조치의 근거를 마련하였다.

그러나 동법은 단기적 물가안정에 치중하였기 때문에 결과적으로 근본적인 시장구조개선에 실패하였다. 당시 우리나라의 경제력의 미비로 효율을 중시함으로써 당시의 사회경제적 여건이 갖추어지지 않은 상태였다. 결국 동법은 실효성을 갖추지 못한 법으로 평가되었다.

## 3. 1980년 「독점규제 및 공정거래에 관한 법률」 제정

### (1) 공정거래법의 제정

1976년 「물가안정 및 공정거래에 관한 법률」을 시행한 결과, 동법이 물가안정을 위주로 운용됨에 따라 가격기구의 작동이 제한되는 등 부작용이 초래되었다. 구체적으로 살펴보면, 가격승인제로 인하여 시장기능이 왜곡되고 인플레심리가 만연되어 생산기피·이중가격형성·매점매석이 빈번하게 발생되었다. 또한 독과점으로 인한 폐해 규제 위주로 독점화가 심화되는 반면 경제력집중 억제장치가 없어 경제력집중 문제가 심각하게 대두되었다. 각종 가격지정·결정제도에 의하여 정부가 시장에 직접 개입함으로써 경쟁제한행위 및 불공정거래행위를 규제하여 경쟁을 촉진하는 공정거래제도의 발전은 제약을 받게 되었다.

이러한 문제점을 해결하고 경쟁원리의 정착을 촉진하기 위하여, 그리고 경제운용의 기조를 정부주도에서 민간주도로 전환하기 위하여 「물가안정 및 공정거래에 관한 법률」에서 물가안정 부분과 공정거래 부분을 분리하여 공정거래를 중심으로 새로운 법을 제정하게 된 것이다. 이것이 1980년 12월 31일에 제정되어 1981년 4월 1일부터 시행된 「독점규제 및 공정거래에 관한 법률」이며, 1976년 「물가안정 및 공정거래에 관한 법률」에서는 독과점의 원인 자체를 막는 제도적 장치가 마련되어 있지 않아 이를 보완하여 독과점의 원인이 되는 시장구조와 행태 면까지도 규제할 수 있도록 한 것이 동 법의 특징의 하나이다. 동법은 또한 시장지배적 사업자의 지위남용행위와 사업자의 불공정한 거래행위 등을 규제함으로써 일반 소비자를 보호하는 것도 목적으로 하고 있다.

동법은 제정된 이후 현재까지 20회를 넘게 개정되었으며, 현재는 거의 매년 개정이 이루어지고 있다.

### (2) 관련법령

공정거래법상 불공정한 거래금지와 관련하여 거래상 지위의 부당 이용으로 인한 폐해를 막기 위하여 공정거래확보의 차원에서 하도급자보호 및 소비자의 보호를 위해 「하도급거래 공정화에 관한 법률」과 「약관의 규제에 관한 법률」이 1984년과 1986년에 각각 제정·시행되어 현재까지 수차례 개정되어 왔다.

공정거래법상 불공정한 거래행위의 일종인 부당한 표시·광고를 방지하고 소비자에게 바르고 유용한 정보의 제공을 촉진하여 소비자를 보호하기 위하여 「표시·광고의 공정화에 관한 법률」이 1999년에 새롭게 제정되어 1999년 7월 1일부터 시행되고 있다. 또한 2002년 11월 1일부터 「가맹사업의 공정화에 관한 법률」이 시행되고 있다.

각 개별법에 의해 제도적으로 인정된 카르텔을 폐지 또는 개선하여 시장경제를 활성화하고 국제적 추세에 부응하기 위해 「독점규제 및 공정거래에 관한 법률의 적용이 제외되는 부당한 공동행위 등의 정비에 관한 법률」(카르텔일괄정리법)이 1999년에 제정되어 1999년 2월 5일 공포되어 시행되고 있다.

## II. 공정거래법의 개정경과

1980년에 제정된 공정거래법은 주로 독일과 일본의 입법례를 참고로 한 것이었으나 상당히 현대적인 내용을 담고 있었으며, 그 당시 독자적인 공정거래법을 제정을 시행하고 있던 나라가 소수였던 점을 고려하면 상당히 선진적인 것이었다. 더욱이 동법 제정은 외국의 압력이나 영향에 따른 것이 아니라 그 필요성에 대한 독자적 판단에 따른 것인 점에서 가치가 크다. 동법은 1980년 제정된 이래 경제여건의 변화, 공정거래시책의 변화 등에 따라 초기에는 4년 내지 2년마다 개정되어 오다가 최근에는 거의 매년 개정되고 있다. 개정 횟수는 다른 법 개정에 의한 개정까지 포함하면 20회를 훨씬 상회하지만, 중요한 개정만을 정리해보면 다음과 같다.

### 1. 1986년 개정(제1차)

경제발전의 초기단계에서의 성장위주정책을 추진한 결과 소수의 대규모기업집단에 경제력이 집중되고 그 폐해가 커짐에 따라 국민경제의 균형있는 발전을 위하여 부당한 방법에 의한 기업 확장수단을 규제하는 장치를 마련할 필요가 있었다. 그리고 1980년 공정거래법 시행 이후 공정거래제도의 운영과정에서 나타난 문제점을 보완하기 위하여 동법은 1986년 12월 3일 개정되고 1987년 4월 1일부터 시행되었다. 그 주요 골자는 다음과 같다.

#### (1) 경제력집중 억제- 재벌규제

① 지주회사의 설립 또는 전환의 금지
② 대규모 기업집단에 속하는 회사의 상호출자금지
③ 대규모 기업집단에 속하는 회사의 출자총액제한
④ 주식처분명령을 받은 자의 의결권행사 제한

#### (2) 기존제도의 보완·개선

① 시장지배적 사업자의 지위남용행위의 금지

② 공동행위의 관리
③ 과징금제도의 신설

## 2. 1990년 개정(제2차)

1980년 공정거래법 제정 이후의 법운용성과에 대하여 여러 가지 비판이 있었다. 우선 법위반 행위자에 대한 제재가 미약하여 상습적인 위반행위자가 생기게 되는 등, 제도의 실효성의 확보에 문제가 많다는 것이었다. 그리고 경제정책을 종합적으로 수립·조정하는 경제기획원장관이 공정거래정책도 수행함으로써 공정거래정책의 추진이 다른 경제시책보다 경시되고, 시책추진의 일관성·전문성의 확보에 문제가 있다는 것이었다.

이러한 상황에서 1989년 초에 전국 10개 대형 백화점의 부정표시 및 허위과장 광고행위 등의 불공정거래행위에 대한 경제기획원장관의 조치가 미흡했다는 점을 계기로 공정거래법이 1990년 1월 13일에 개정되고, 1990년 4월 1일부터 시행되었다. 개정 골자는 다음과 같다.

① 대규모 기업집단에 속하는 회사로서 금융업·보험업을 영위하는 기업상호간의 출자가 종전에는 허용되던 것이 개정에 의하여 금지되었다
② 대규모 기업집단에 속하는 계열회사의 상호출자금지, 출자총액의 제한에 위반하여 주식을 취득 또는 소유한 회사에 대하여 과징금을 부과할 수 있게 하였다.
③ 체결이 금지되는 국제계약의 범위가 확대되고, 신고대상 국제계약의 범위가 축소되었다.
④ 각종 법위반행위에 대한 시정조치의 방법으로서 "법위반사실의 공표"를 추가하였다.
⑤ 공정거래법의 운용기관이 종전의 경제기획원장관에서 공정거래위원회로 바뀌었고, 그에 따라 공정거래기구가 개편되었다.

## 3. 1992년 개정(제3차)

상호출자의 금지나 출자총액의 제한을 통하여 대규모기업집단이 자기자본을 통하여 계열을 확장해 나가는 것은 어느 정도 완화할 수 있었으나 금융기관의 여신을 대규모기업집단에게 과도하게 편중시키는 계열회사 상호간의 채무보증은 여전히 지속되었다. 따라서 대규모기업집단에 대한 편중여신과 그로 인한 경제력집중을 막기 위하여 대규모기업집단에 대한 규제를 강화하는 방향으로 공정거래법이 1992년 12월 8일 개정되었다. 주요 개정내용은 다음과 같다.

① 대규모기업집단에 속하는 계열회사 상호간의 채무보증을 자기자본의 200%로 제한하는 제도를 도입하였다.
② 출자총액제한 제도의 예외인정의 범위를 확대하였다.
③ 부당한 공동행위에 대한 규제요건을 완화하였다.

## 4. 1994년 개정(제4차)

당시 새로운 국제질서의 정비를 위한 국제회의로서 우루과이 라운드(Uruguay Round)가 개최되어 세계무역기구(World Trade Organization; WTO)라는 국제통상기구가 출범하게 되었다. 동 기구의 설립정신에 따라 우리나라에서도 자율성 · 개방성 강화를 위한 각종 시책이 수립되고, 관련법제의 정비의 일환으로 공정거래법이 1994년 12월 22일에 개정되어 1995년 4월 1일부터 시행되었다.

① 출자총액제한에 있어서 출자총액의 한도를 순자산의 40%에서 25%로 인하하였다.

② 사회간접자본시설에 대한 민간자본의 유치를 촉진하고 소유분산과 재무구조의 개선을 유도하기 위하여 일정한 요건을 갖춘 기업에 대하여는 출자총액제한을 적용하지 않도록 하였다.

③ 종래 상품의 판매나 용역의 제공 등 공급측의 공동행위만을 규제할 수 있도록 되어 있던 공동행위의 규제범위를 구매관련 공동행위에까지 확대하였다.

④ 국제계약의 체결에 대한 신고의무제를 폐지하고 자율적인 심사청구제도를 도입하였다.

⑤ 과징금제도를 대폭 확대 · 강화하였다.

## 5. 1996년 개정(제5차)

우리나라가 OECD에 가입하게 된 것을 계기로 OECD 회원국가의 수준에 부합하도록 경쟁규범의 국제화가 필요하게 되었다. 그 결과 각종 경쟁제한적인 규제와 간섭을 축소 또는 폐지하는 공정거래법의 개정이 1996년 12월 30에 이루어지고 1997년 4월 1일 부터 시행되었다. 주요 개정 골자는 다음과 같다.

① 경제의 각 부분에 경쟁질서를 확립하기 위하여 공정거래위원회가 독과점적 시장구조를 개선하기 위한 시책을 수립 · 시행할 수 있게 하였다.

② 경쟁제한입법을 할 경우 소관행정기관의 장은 공정거래위원회의 협의하도록 하였다.

③ 경제력집중 억제의 효율성을 제고하기 위하여 대규모기업집단의 계열회사의 대한 채무보증의 한도액을 자기자본의 200%에서 100%로 인하하였다.

④ 부당한 내부거래에 대한 규제의 대상을 종래 상품이나 용역의 거래에서 가지급금 · 대여금 · 인력 · 부동산 · 유가증권 · 무체재산권에까지 확대하였다.

⑤ 부당공동행위에 대하여 그 규제범위를 확대하고, 내부고발자에게는 면책(leniency)을 인정하였다.

⑥ 공정거래위원회가 정부조직법에 의한 중앙행정기관임을 명확히 규정하는 동시에 위원의 수를 7명에서 9명으로 증원하였다.

⑦ 사건의 신속한 처리를 위하여 공정거래위원회의 회의를 전원회의와 소회의로 구분하여 운영할 수 있도록 하였다.

⑧ 법 집행의 실효성 확보를 위해 매출액이 없거나 매출액 기준으로 과징금을 부과하는 것이 곤란한 경우에 정액과징금을 부과할 수 있도록 하고, 중대한 법 위반행위에 대한 공정거래위원회의 고발강제 및 검찰총장 고발요청권을 신설하였다.

## 6. 1998년 개정(제6차)

1997년 우리나라는 전례 없는 금융통화위기를 맞게 되어 국제통화기금(IMF)으로부터 구제금융을 받아 그 위기를 극복하였다. 당시 IMF가 자금지원을 하면서 그 조건으로 요구한 일련의 법제정비가 이루어졌으며, 공정거래법도 1998년 2월 24일에 개정되어 동년 4월 1일부터 시행되었다.

① 대규모기업집단의 구조조정을 제약하는 계열회사에 대한 출자총액제한제도를 폐지하였다.

② 무리한 차입경영의 원인을 제공하고 있는 계열사간의 상호채무보증제도를 전면적으로 금지하였다. 1998년 4월 1일부터 계열사간 신규채무보증을 금지하면서, 기존보증은 2000년 3월 31일까지 해소하도록 하였다.

## 7. 1999년 2월 개정(제7차)

공정거래법이 경제질서의 기본법으로서 제 역할을 충실히 수행할 수 있도록 제도적인 미비점을 보완하고, 기업의 구조조정을 차질없이 추진할 수 있도록 하기 위하여 관련제도를 개선 · 정비하는 방향으로 동법을 1999년 2월 5일에 개정하여, 동년 7월 1일부터 시행하였다. 이는 기업구조조정 및 지배구조개선에 관한 IMF의 요구를 반영하는 동시에 우리나라 자체적으로도 법개정의 필요성을 인정한 결과였다.

① 법적용이 배제되는 사업자의 범위와 행위 유형을 축소하였다.

② 지주회사의 설립을 제한적으로 허용하였다.

③ 대규모기업집단의 계열회사간 부당한 지원행위를 효과적으로 차단하기 위하여 금융거래정보요구권을 2년간 한시적으로 도입하였다.

③ 시장지배적 사업자의 지정 · 고시제도를 폐지하였다.

④ 기업결합의 예외인정기준을 합리화하고, 경쟁제한적 기업결합에 대한 시정조치 이행의 실효성을 확보하기 위해 과징금제도 대신에 이행강제금제도를 도입하였다.

⑤ 이의신청 절차를 개선하고 이해관계인의 자료열람요구권을 신설하는 등 권리구제를 원활하게 하였다.

## 8. 1999년 12월 개정(제8차)

1998년 개정에서 외국기업에 의한 적대적 M&A로부터 국내기업의 경영권 방어를 위해

출자총액제도를 폐지하였으나, 이후 대규모기업집단의 계열회사간 출자가 증가하고 동일인과 특수관계인의 내부지분율이 크게 증가함으로써 적은 지분으로 순환출자를 통하여 많은 계열회사를 지배하는 구조가 심화되었다. 또한 계열회사간 부당지원행위가 관행화되고 그 방법도 더욱 정교하게 되었다. 이에 따라 공정거래법은 기업의 구조조정이 적절하고 합리적으로 이루어질 수 있도록 하기 위하여 1999년 12월 28일에 개정되어 2000년 4월 1일부터 시행되었다.

① 1998년에 폐지되었던 출자총액제한제도를 재도입하였다.
② 대규모 내부거래에 대하여 이사회결의 및 공시의무를 부과하였다.
③ 부당지원행위의 과징금부과한도를 매출액의 5% 이내로 인상하였다.
④ 불공정거래의 한 유형인 부당한 표시·광고에 대한 규제를 실효적으로 하기 위하여 「표시·광고의 공정화에 관한 법률」을 제정하였다.

## 9. 2001년 개정(제9차)

1999년 법 개정 이후 동 개정이 역점을 두었던 경제력 집중 억제 효과를 평가한 결과, 그 효과는 미흡했던 것으로 판단되었다. 즉, 공정거래위원회의 조사결과 대규모기업집단의 경제력집중의 중요한 수단으로 이용되는 부당내부거래가 줄어들지 않고, 비계열 금융기관이나 역외펀드 등을 이용한 우회적인 방법 등을 통해 법 위반행위가 지속되고 있음이 밝혀졌다. 이 문제점을 해결하기 위하여 공정거래법은 2001년 1월 16일 개정되어 2001년 4월 1일부터 시행되었다.

① 지주회사의 요건을 일부 완화하여 구조조정의 수단으로 활용할 수 있도록 하였다. 즉 모든 상장법인은 상장시점을 불문하고, 자회사의 주식을 30% 이상 수유하도록 하고, 벤처기업을 자회사로 하는 벤처지주회사는 자회사의 주식을 20% 이상 소유하도록 하였다.
② 금융거래정보 요구권을 2004년 2월 4일까지 3년간 연장하였다.
③ 부당한 공동행위의 신고자 면책규정에 "증거제공을 통하여 공정거래위원회의 조사에 협조한 자"를 추가하였다.
④ 과징금부과 후 환급시에 납부일부터 환급일까지의 환급가산금을 지급하도록 하였다.
⑤ 중요한 표시·광고사항의 고시를 개정하였다.

## 10. 2002년 개정(제10차)

1998년 이후 기업의 지배구조 개선과 경영투명성 제고 등을 위한 각종 제도가 도입된 점을 감안하여 지배력의 확장을 위한 과도한 출자는 계속 억제하되, 기업의 경쟁력 강화와 핵심역량을 집중하기 위한 출자는 자유롭게 할 수 있도록 공정거래법을 2002년 1월 26일에 개정하여 2002년 4월 1일부터 시행하였다. 또한 기업의 책임경영·투명경영을 유도하기 위하여 대규모기업지단 지정제도를 폐지하고 상호출자 및 채무보증금지대상 기업집단을 조정하는 등 현행제도의 운영과정에서 나타난 일부 미비점을 개선하였다.

① 30대 기업집단의 일괄지정제도를 폐지하였다.

② 출자총액제한 규정의 적용제외를 확대하여 기반시설 투자사업에의 출자, 공기업민영화 대상회사의 인수를 위한 출자를 적용대상에서 제외하였다.

③ 상호출자제한기업집단 소속의 금융회사의 의결권행사 허용을 확대하였다.

④ 출자총액제한기업집단 소속 회사가 보유한 한도초과주식의 의결권을 제한하였다.

⑤ 출자총액제한 예외인정시한을 2001년 3월 말에서 2003년 3월 말로 연장하였다.

## 11. 2004년 개정(제11차)

2002년 법 개정 이후 기업경영의 투명성과 책임성의 강화, 기업집단의 소유지배구조 개선 및 시장경쟁의 촉진이 우리나라 시장개혁을 위한 중요한 명제로 등장하게 되어, 2004년 12월 31일 공정거래법 전 분야에 걸쳐 광범위한 법 개정이 이루어졌다(2005년 4월 1일 시행). 동 개정은 시장경쟁을 촉진하고 기업집단시책을 개편하며, 시장자율규제를 강화할 것을 목표로 하고 있다.

① 공정거래법을 외국사업자에게도 적용할 수 있는 역외적용의 근거를 신설하는 동시에, 외국사업자에 대한 문서 송달에 관한 규정을 신설하였다.

② 지주회사의 설립 또는 전환이 원활히 이루어질 수 있도록 지주회사가 충족하여야 하는 부채비율에 대하여 종전에는 1년의 유예기간을 인정하였던 것을 2년으로 연장하였다.

③ 기업결합에 대한 심사절차를 개선하기 위하여 대규모회사의 주식취득에 의한 기업결합의 경우에는 대금납입 이전에 신고하도록 하는 반면에 기업결합 당사회사 중 일방이 소규모 기업인 경우에는 신고의무를 면제하였다.

④ 대기업집단에 소속된 비상장·비등록 회사(금융, 보험사 제외)의 소유 및 지배구조와 재무구조 및 경영활동에 관한 중요사항에 대한 공시의무를 강화하였다.

⑤ 출자총액제한제도에 대한 졸업기준(내부견제시스템을 잘 갖춘 기업, 계열회사 수가 적고 소유구조가 단순한 기업집단, 소유와 지배간 괴리가 작은 기업집단을 출자총액제한 대상에서 제외하는 근거)을 새로 도입하는 동시에 적용제외제도와 예외인정제도를 보완하였다.

⑥ 대기업집단 소속 금융·보험회사에 대하여 예외적으로 인정되고 있는 의결권 행사의 범위를 현행 30%에서 2006년 4월 1일부터 3년 동안 매년 5%씩 단계적으로 축소하도록 하였다.

⑦ 부당내부거래를 효과적으로 조사하기 위하여 금융거래정보요구권을 3년 시한으로 재도입하면서 그 남용을 방지하기 위하여 그 발동요건과 통제장치를 강화하였다.

⑧ 카르텔의 억지력을 제고하기 위하여 과징금 부과의 한도를 관련 매출액의 5%에서 10%로 높였다.

⑨ 공정거래법 위반행위로 인하여 손해를 받은 피해자가 공정거래위원회의 시정조치와 상관없이 법원에 손해액을 인정할 수 있는 제도를 도입하였다.

⑩ 경쟁사업자나 소비자 등 시장참여자의 법위반에 대한 감시기능을 강화하기 위하여 법위반행위 신고자에 대한 포상금 제도를 새로 도입하였다.

## 12. 2007년 4월 개정(제12차)

지속적인 시장개혁 추진에 따라 기업의 지배구조 및 회계투명성 관련 제도가 선진국 수준으로 정비되는 등 제도적 기반이 마련됨에 따라 경제활동의 촉진과 발전을 위해 기업규제를 완화할 필요가 있다고 널리 인정되었다. 이를 위하여 대규모기업집단정책을 합리적으로 개편하되, 기업활동에 대한 사후규제 및 시장에 의한 자율감시기능을 보완하는 방향으로 공정거래법이 2007년 4월 13일 개정되어 3개월 후 부터 시행되었다.

① 지주회사의 부채비율을 200%로 상향조정하고, 지주회사의 자회사에 대한 주식보유기준과 자회사의 손자회사에 대한 주식보유기준을 각각 50% 이상에서 40% 이상으로 인하하였다.

② 출자총액제한 기업집단의 범위를 자산총액기준 6조원에서 10조원 이상으로 인상하고, 출자한도 역시 순자산의 25%에서 40%로 인상하였다.

## 13. 2007년 8월 개정(제13차)

2007년 8월 3일 개정되어 2007년 11월 4일부터 시행된 제13차 개정에서는 공정거래법 적용에 의한 기업부담의 완화와 법 위반행위로 인한 피해구제의 실효성과 법 집행의 실효성을 제고하기 위하여 다수의 중요한 제도적 개선을 하였다.

복잡한 순환출자구조에 비해 한 단계 진일보한 기업집단체제로 볼 수 있는 지주회사의 설립 및 전환을 촉진하고, 지주회사의 사회기반시설에 대한 민간투자를 활성화하기 위하여 지주회사 관련제도를 합리적으로 개편하며, 부당한 공동행위나 경쟁제한적 기업결합 등 각종 불공정거래행위의 효율적 규제방안을 마련함으로써 공정한 경쟁질서가 구축되도록 하였다. 또한 기업결합 신고제도를 합리적으로 조정하고, 지적재산권의 행사와 관련하여 이 법의 적용이 제외되는 범위를 명확히 하며, 불공정거래행위로 인해 발생하는 피해구제의 실효성과 법집행의 효율성을 높이기 위하여 분쟁조정제도를 도입하는 등 현행 제도의 운영상 나타난 일부 미비점을 개선·보완하였다.

① 종전에는 매출액 또는 구매액이 10억원 미만인 경우 시장지배적 사업자로부터 제외하였으나, 매출액 또는 구매액이 40억원 미만인 사업자를 단지 시장지배적 사업자 추정

으로부터 제외하였다.

② 회사설립형태의 기업결합 신고제도를 개선하여 복수의 회사가 회사를 설립할 경우 신설회사의 최다출자자만 기업결합신고를 하도록 하여 실질적 결합관계에 있는 출자회사간의 경쟁제한성을 심사하도록 하였다.

③ 지주회사의 경우는 손자회사의 완전증손회사 소유를 허용하되, 증손회사의 계열회사 주식취득을 금지하였다. 또한 종래 자회사는 사업관련성이 있는 경우에만 손자회사를 보유할 수 있었으나, 사업관련성 요건을 폐지하여 지주회사로의 설립 · 전환이 용이하게 되었다.

④ 이사회의 결의가 필요한 대기업집단 소속 계열회사의 대규모 내부거래 발생시마다 기업이 수시로 이사회를 개최해야 하는 부담을 완화하기 위해 상법상 이사회내 위원회 의결을 이사회 의결로 인정하고, 상호출자 위반행위 조사를 위해 금융거래정보요구권을 행사할 수 있도록 하였다.

⑤ 부당한 공동행위 중 입찰담합을 별도의 행위유형으로 분리 규정하고, 관계부처, 발주기관 등에 입찰담합 방지를 위한 자료제출 요구 기타 협조 요청 근거 및 발주기관의 입찰관련 정보 제출 의무조항을 신설하였다. 부당한 공동행위 추정과 관련하여 종전에는 2 이상 사업자의 실질적 경쟁제한 행위가 있는 경우 명시적 합의가 없더라도 부당한 공동행위로 추정되었으나, 앞으로는 외관상 일치되는 행위가 있더라도 해당 거래분야 또는 상품 · 용역의 특성, 해당 행위의 경제적 이유 및 사업자 간 접촉의 양태 등 제반사정에 비추어 합의의 상당한 개연성이 있는 경우에만 사업자 간 합의가 추정되도록 하였다.

⑥ 분쟁당사자 간 자율적인 합의를 통하여 적은 비용으로 신속하게 분쟁을 해결할 수 있도록 한국공정거래조정원에 공정거래분쟁조정협의회를 두도록 하고, 당사자 간의 합의로 분쟁을 해결하는 것이 적정한 것으로 인정되는 일부 불공정거래행위에 대하여 조정제도를 도입하며, 조정이 이루어진 사건에 대하여는 시정조치 및 시정권고를 하지 않도록 하였다. 공정거래분야에서 발생하는 사업자 간 분쟁을 조정하고, 시장 · 산업에 대한 조사 · 연구 등을 수행하기 위하여 한국 공정거래조정원을 설립하였다.

⑦ '저작권법' 등에 의한 권리의 행사라고 인정되는 행위에 대하여는 이 법을 적용하지 아니하도록 하고 있어, 불공정한 무체재산권의 거래행위 등에 관하여 이 법을 적용하지 아니하는 것으로 오해할 우려가 있으므로 이 법의 적용이 제외되는 행위를 '저작권법' 등에 의한 권리의 정당한 행사에 한정하는 것으로 명확하게 규정하였다.

⑧ 장기체납으로 징수가능성이 없는 과징금, 과태료 등이 계속 증가되고 있고, 이로 인한 행정력의 낭비가 확대됨에 따라 이를 결손처분을 할 수 있도록 불납결손조항을 신설하였다.

### 14. 2009년 개정(제14차)

그동안 공정거래법의 집행이 많은 성과를 거두어 시장에서의 공정경쟁질서가 상당한 정도로 확립되었으며, 업계에서도 그 존재 및 중요성에 대한 인식이 강하게 자리잡게 되었고 산업발전을 위하여 규제완화가 요구되어왔다. 이에 따라 공정거래법도 대기업집단에 대한 사전적이고 직접적인 규제보다 시장에서 스스로 판단하여 규율하는 자율규제방식으로 전환하였다. 동 법은 2009년 3월 25일에 개정되어 동년 3월 25일부터 시행되었다.

① 종래 대기업집단 소속회사의 자유로운 기업활동을 제약해왔던 출자총액제한제도를 폐지하는 대신, 상호출자제한기업집단 소속회사에 대한 시장감시기능의 활성화를 위해 대기업집단의 일반현황 및 출자현황 등을 공시하도록 하였다.

② 종래 대규모회사의 기업결합 신고기한을 기업결합행위일로부터 30일 이내로 제한하였으나, 이러한 제약을 폐지하여 실제 기업결합일 이전에는 언제든지 신고할 수 있도록 함으로써 신고절차를 간소화 하였다.

③ 시정조치 등에 대한 특례(법 17조의2)를 삭제하였다.

# 제6절 주요국의 공정거래법

## I. 미국(반트러스트법)

### 1. 개관

현재 각국의 독점금지법 중에서 가장 오랜 역사를 가진 것이 미국의 반트러스트법(Antitrust Laws)이다. 반트러스트법에는 주간 통상 및 외국과의 거래의 영향을 미치는 행위에 적용되는 연방 반트러스트법과 주 내의 행위에 적용되는 각 주의 반트러스트법이 있다. 연방 반트러스트법은 3가지 법으로 구성되어 있다. 반트러스트법은 시장에서 '자유롭게 열린 경쟁'을 유지하기 위하여 '시장지배력' 즉 가격을 통제할 힘 또는 경쟁을 배제할 수 있는 힘이 형성, 행사 된 것을 저지할 것을 목적으로 하고 있다. 이 목적을 달성하기 위하여 반트러스트법은 여러 가지 경쟁제한의 '시장지배력'과의 관계에서는 그것을 형성한 의미 또는 그것을 행사하는 행위를 규제하고 있다. 규제 대상이 되는 행위를 유형화 하면 첫째 복수 사업자의 공동행위에 의하여 시장지배력이 형성되는 경우가 있다. 여기에는 카르텔이나 보이콧(boycott)과 같이 경쟁관계에 있는 사업자 간의 행해지는 수평적 거래제한과 재판매가격유지 제한이나 끼워팔기와 같이 거래단계가 다른 사업자 사이에 이루어지는 수직적 거래제한이 있다. 이러한 공동행위는 셔먼법(Sherman Antitrust Act) 제1조에 의하여 규제되고 있다

(끼워팔기와 배타조건부 거래에 대해서는 클레이튼법(Clayton Antitrust Act) 제3조가 특별한 규정을 두고 있다).

둘째, 이미 시장지배력을 가지고 있는 사업자가 단독으로 사업자를 배제하는 등의 행위를 하는 경우가 있다. 이는 독점행위로서 셔먼법 제2조가 규제하고 있다.

셋째, 기업의 조직 면에서 결합에 의해 시장지배력이 형성되는 경우가 있다. 구체적으로는 합병 및 다른 기업의 주식이나 자산을 취득하는 행위가 클레이튼법 제7조에 의하여, 또한 임원 겸임이 클레이튼법 제8조에서 규제하고 있다. 이들 규정에 위반하는 행위에 대해서는 연방법무부, 주, 사인(私人)이 행위의 유지 또는 손해배상을 청구하는 소송을 제기할 수 있다.

이런 규제와 별도로 독립된 행정위원회인 FTC(Federal Trade Commission)는 FTC법 제5조 '불공정한 경쟁방법' 및 '공정하거나 기만적인 행위 또는 관행'을 규제할 권한이 있다. FTC의 규제권한은 매우 범위가 넓어 FTC법 제5조 외에 클레이튼법 제11조에 기하여 클레이튼법 위반 행위를 집행할 권한이 있다. 또한 판례에 따라 FTC법 제5조에 기하여 셔먼법 위반 행위와 "셔먼법 또는 클레이튼법의 정신에 위배되는 행위"를 규제할 권한도 갖고 있다. FTC에 의한 규제는 심사·심판·심결 절차를 거쳐 내려지는 시정명령에 의하여 이루어진다.

## 2. 반트러스트법의 제정경위 및 변천

남북전쟁 후 미국은 주식회사조직이 널리 보급되어 막대한 자본이 필요한 기간산업의 발전이 촉진되었다. 풍부한 천연자원과 새로운 생산기술 발명은 대량생산을 가능하게 하고, 철도망의 확대와 전화의 발명은 시장을 확대시켜 대량판매가 가능하게 되었다. 그러나 1870년대에 발생한 심각한 불황으로 자본과 생산의 과잉을 초래하여 경쟁을 회피하기 위한 수단으로서 여러 가지 경쟁제한행위가 발생되었다.[61] 처음에는 카르텔이 이용되었지만 실효성이 없었기 때문에 1880년대 들어와서는 주식의 신탁(trust)을 이용한 강력한 결합조직인 트러스트가 주요산업에서 형성되었다. 이는 다수의 주주로부터 주식의 신탁을 받아 수탁자 그룹이 주식의 의결권을 행사하여 다수의 기업의 지배를 실현하는 기업결합조직이다. 거대한 주식회사 기업과 트러스트의 출현은 한편으로 새로운 상품개발·생산성상승에 의한 비용절감·낮은 가격의 실현을 가져왔지만, 다른 한편 거대 기업의 약탈적 행동과 그로인해 생긴 부의 불평등이 사회문제화 되었다.

카르텔과 트러스트에 대해서는 이를 보통법상 무효라고 하는 판결과 주의 반트러스트법 제정에 의하여 규제가 시도되었다. 그러나 전자는 소송이 제기되지 않으면 문제될 것이 없고, 후자는 그 적용범위가 주내로 제한된다는 한계가 있었다. 그리하여 연방차원의 트러스트 문제해결이 추진되어 1889년 셔먼상원의원이 기초한 반트러스트 법안이 연방의회에 제

61) Eleanor. M. Fox & Daniel. A. Crane(ed.), *Antitrust Stories*, Foundation Press, 2007, pp. 9-10.

출되어 여기에 수정을 가해 통과된 것이 1890년 셔먼법이다. 셔먼법은 주의 반트러스트 성문법과 같이 반경쟁적 행위를 무효라고 보는 보통법 이론에 입각한 것이었다. 동법은 거래제한행위와 독점행위의 금지를 규정했지만, 동법 제정 이후 정부는 카르텔만 문제 삼았을 뿐 트러스트에 대해서는 별로 문제 삼지 않았기 때문에 기업 간의 결합이 크게 증가하였다. 그리하여 1900년대에 다시 트러스트 문제가 정치적·사회적 문제로 제기되었다.

독점의 형성을 사전에 방지할 필요성이 제기되는 한편 1911년 스탠다드 오일회사 사건[62]에서 연방대법원이 채용한 '합리의 원칙'(rule of reason)[63]과 관련하여 위법행위를 구체적으로 정한 법률을 제정할 필요성이 주장된 결과 제정된 것이 1914년의 클레이튼법과 FTC법이다.

클레이튼법은 위법행위로서 가격차별·배타조건부거래·합병·임원겸임을 규정하고 이런 행위가 경쟁감소효과 또는 독점을 형성할 우려가 있는 경우에 금지하는 것이다. 그러나 장래 이런 행위 이외의 경쟁제한행위가 생길 가능성이 있으므로 '불공정한 경쟁방법' 일반을 금지하는 FTC법을 제정하는 동시에 정부로부터 독립된 행정위원회로서 FTC를 설치하여 여기에 불공정한 경쟁방법을 정의할 권한을 부여하였다.

이와 같이 1914년 반트러스트 정책을 강화하기 위하여 클레이튼법과 FTC법이 제정되었으나, 그 후 약 30년간 반트러스법은 제대로 기능하지 못하였다. 1920년대에는 사회·경제적으로 자유방임이 강조된 결과로서, 그리고 1930년대에는 대공황을 벗어나기 위하여 특별법으로 반트러스트법의 집행을 정지시키는 한편 공정경쟁규약이라는 업계의 자율규범으로 카르텔 형성이 용인되었다. 또한 1930년대에는 중소유통업자를 보호하기 위하여 로빈슨-패트맨법(Robinson-Patman Act)이 제정되었다. 동법은 클레이튼법 제2조가 지역적 가격차별만을 금지해오던 것을 1920년대에 등장한 체인점(chain store)으로부터 중소판매업자를 보호하기 위해, 매도인의 가격차별이 매수인간의 경쟁에 영향을 미치는 경우와 체인점 등의 매수인이 매도인에 대하여 가격인상을 요청하는 행위 등도 규제할 수 있도록 하였다.

1940년대부터 루즈벨트 대통령에 의하여 반트러스트법이 본격적으로 운용되기 시작했다. 1950년에는 클레이튼법 제7조의 합병규제를 강화한 개정법이 제정되었으며, 1960년대부터 1970년대 전반기에는 소비자운동이 활발해져서 반트러스법도 매우 활발하게 운용되었다. 1962년의 존 에프 케네디 대통령이 발표한 '소비자보호교서'는 소비자의 권리를 확립하는 동시에 소비자의 권리를 확보하는 수단으로서의 반트러스트 정책의 중요성을 재인식시켰다. 1970년대 후반부터 1980년대에 걸쳐서는 레이건 대통령 정권하에서 정부의 재정위기에서 비롯된 규제완화가 행해져서 각종 정부규제의 완화와 함께 반트러스트법의 운용이 위축되었다. 1990년대 이후에는 다시 반트러스트 정책이 강화되어왔다.

---

62) *Standard Oil Co. v. United States,* 221 U.S. 1 (1911).

63) Eleanor. M. Fox & Daniel. A. Crane(ed.), *op. cit.*, pp. 50-51.

## 3. 반트러스트법의 주요 내용

미국의 반독점법은 현재 대부분의 반경쟁적 관행을 규율하는 일련의 중복된 규정들로 되어있으며, 반경쟁적이라는 점에 논란이 있는 소수의 관행도 규제하고 있다. 매우 간단하게 주요 반독점법의 실체규정을 정리해 보면 다음과 같다.[64]

### (1) 셔먼법

셔먼법은 제1조와 제2만으로 구성된 간단한 법률이다. 제1조에서는 카르텔과 시장분할협정, 보이콧, 수직적 제한,[65] 기업결합(merger)에 대해서 규정하고 있다. 이와 같은 위법적 관행에 공통된 것은 그들이 둘 이상의 행위자 간의 "합의"를 필요로 한다는 것이다. 제2조가 규제하는 것은 "독점" 또는 "배타적 관행"인데, 일방적으로 행위하는 지배적 기업의 관행으로서, 다른 기업들을 그 시장에서 배제시키려는 것이다. 이 관행들은 기업결합을 포함하여 셔먼법 1조에 열거된 관행들의 일부를 포괄할 수 있다.

### (2) 클레이튼법

셔먼법은 보충하기 위한 법률로서 부당한 가격차별, 배타조건부거래, 기업결합 등에 대하여 개별규정을 통해 위법행위의 구체적인 기준을 제시하고 있다. 주요 조항으로서는 제2조[66]는 재판매가격 유지행위에 관한 것으로 때로는 공급자가 그 생산품을 더 효과적으로 분배할 수 있도록 도매가격을 사용하는 것을 제한하는 기능을 하고 있는 경쟁상 해로운 조항이다. 제3조는 끼워팔기(tying)와 배타적 거래(exclusive dealing)를 금지하고 있다. 끼워팔기에 관한 법은 다른 맥락에까지 확장되어 왔음에도 불구하고, 그 두 가지 관행은 하나의 공급자가 그 판매자들이 팔 수 있는 생산품의 범위를 제한하는 것이다. 본 조항에 의해 금지되는 모든 관행은 또한 셔먼법 제1조에서도 언급하고 있어서, 클레이트법 제3조의 적용을 매우 혼란스럽게 하고 있다. 제4조에서는 반독점소송에서 승소한 원고를 위한 3배 배상과 변호사 비용을 규정하고, 제7조에서는 합병에 관하여 까다로운 절차를 규정하고 있다.

### (3) 연방거래위원회법

이 법은 셔먼법을 보충하기 위한 법률로서 독점금지법의 실효적 집행을 위하여 독립 행정위원회인 연방거래위원회(Federal Trade Commission)의 설치근거를 규정하고 있다. 또한 제5조에서는 연방거래위원회가 불공정한 경쟁방법 및 불공정하거나 기만적인 거래관행을 포괄적으로 금지한 권한을 인정함으로서 독점과는 관계가 없는 부당한 거래행위에 대해서

---

64) Herbert Hovenkamp, *The Antitrust Enterprise*, Harvard University Press, 2008, p. 20

65) 전통적으로 "상방"(upstream)기업(예컨대, 제조업자)에 의해 "하방"(downsteam) 기업(가령 도매업자)에 부과되는 것이 전형적이었던 거래제한행위이다.

66) 1936년 로빈슨-패트맨 법에 의해 개정되었다.

도 규제할 수 있게 하였다.

#### (4) 로빈슨-패트맨법

이 법은 독점금지정책을 강화하기 위하여 1939년에 제정된 법으로서 대체로 경쟁에 대한 억제에 대해서는 언급하지 않고 있다.

위의 법률 중에서 로빈슨-패트맨법을 제외한 반트러스트법은 반경쟁적인 결과를 산출하는 거래상 제한을 다자간·수평적 억제, 일방적·배타적 관행, (일방적인 또는 다자간의) 수직적 관행의 세 부류로 분류하여 규제하고 있다.

셔먼법 제1조, 연방거래위원회법 제5조[67]에서는 불합리한 거래제한(restraints of trade)을 금지하고 있다. 경쟁사업자간의 가격결정에 관한 합의와 같은 일정한 합의는 당연히 법으로 간주되어 정당화될 수 없으며, 형사소추의 대상이 될 수도 있다. 기타의 거래제한은 합리의 원칙에 따라 평가되며 불합리하게 반경쟁적이라고 인정된 경우에만 위법이 된다.

셔먼법 제2조, 연방거래위원회법 제5조[68]에서는 독점, 독점의 기도 또는 모의(attempt or conspiracy)를 규제하고 있다.

클레이튼법 제3조, 셔먼법 제1조, 연방거래위원회법 제5조에서는 실질적 시장지배력의 입증을 전제로 하는 끼워 팔기를 규제하고 있다. 끼워 팔기가 ① 두 가지 별개의 제품이 관련될 것, ② 일방 당사자가 끼워 팔기 제품에 대하여 상당한 시장지배력이 있을 것, ③ 상당한 정도의 경제적 협력 또는 의미 있는 선택권의 결여가 입증되는 경우에는 당연위법의 원칙이 적용된다.

클레이튼법 제7조, 하트-스코트-로디노법(Hart-Scott-Rodino Act)는 인수합병(mergers and acquisitions)에 대하여 규제하고 있다.

로빈슨-패트맨법(Robinson-Patman Act)에서는 유사한 상황에 처한 경쟁적인 소비자들에 대한 가격차별 또는 고객유인을 금지하고 있으며, 일련의 중요한 사법적 제한 및 예외를 규정하고 있다.[69]

## II. 독일(경쟁제한방지법)

### 1. 경쟁제한방지법의 성립배경

독일에서는 독점규제법제로서 경쟁제한방지법(Gesetzes gegen Wettbewerbsbeschränkung, GWB)이 제정되어 있는데, 이는 장기간에 걸친 국내적 논쟁의 산물이다. 독일에서 시장을 둘러싼 분쟁이 법적 문제로 다루어진 이래 경쟁제한방지법이 제정되기까지의 과정에서는 카르텔에 대하여 법원과 의회가 어떻게 대처하여 왔는가가 핵심적인 문제였다.

1890년대에 동업자의 카르텔 행위에 의한 시장에서의 경쟁배제를 내용으로 하는 분쟁사

67) EU협약 제101조에도 같은 취지의 규정이 있다.

68) EU협약 제102조에도 같은 취지의 규정이 있는데, 지배적 지위남용도 규제하고 있다.

69) James B. Kobak Jr., *Antitrust Laws*, Aspatore Inc., 2005, pp. 10-11.

례가 점차 소송에서 문제화되었다. 이들 사례에 대하여 법원은 카르텔 행위가 영업의 자유의 원리에 위배되지 않는다는 취지의 판결을 하였다. 이와 별도로 제국의회에서도 제1차 세계대전 전에 카르텔 및 경제력집중의 문제가 논의 되었으나, 제1차 세계대전 이후 바이마르 헌법이 제정되기까지는 아무런 입법조치도 행해지지 않았다.

1923년에 경제력남용방지령(Verordnung gegen den Missbrauch wirtschaftlicher Macht)이 제정됨으로써 변화가 생겼다. 그러나 동 방지령도 카르텔에 의한 경제적 지배력의 형성을 기본적으로 용인하면서, 카르텔 계약에 감독의무를 지우고 일정한 요건하에 지배력의 남용을 규제할 뿐이었다. 따라서 원칙적으로 사업자의 경쟁제한행위를 허용하는 점에서는 위의 법원의 태도를 변경한 것은 아니었다. 이어서 국가사회주의 나찌정권하에서 1933년 이래 독일의 경제법제는 카르텔을 강제하는 법을 일반화시키는 등 독점적 지배력에 국민경제통합의 수단으로서의 역할을 인정하고 이를 적극적으로 조장하였다.

제2차 세계대전 후에 독일의 경제법제는 전환기를 맞아, 연합국점령지역에서는 점령법규 중 하나인 非카르텔화법 및 주요 산업에 있어서의 독점적 기업집중을 해체하기 위한 점령법규가 제정되어 1957년까지 적용되었다. 非카르텔화법은 경쟁제한을 목적으로 하는 사업자간의 모든 결합을 금지하는 엄격한 내용으로 되어있으나, 한편 미국의 반트러스트법상의 '합리의 원칙'의 견해에 따라 경쟁제한을 정당화할 여지가 남아 있었다.

서독정부는 1950년부터 非카르텔화법을 대신할 자주적 입법으로서 카르텔법 제정을 시도한 결과 1957년에 경쟁제한방지법(Gesetzes gegen Wettbewerbsbeschränkung)을 제정하여 1958년 1월 1일부터 시행하였다. 그 배경에는 '프라이브루크학파(Freiburg Schule)'의 '사회적 시장경제'의 원칙에 입각한 경쟁정책을 중심으로 하는 경제정책을 채용한 것이 작용하였다. 경쟁제한방지법의 제정의 주요한 특징은 입법과정에서 연방의회를 중심으로 법률의 지향점에 관해 격렬한 논쟁이 전개되었다는 것이다. 최대의 쟁점은 카르텔계약을 무효로 할 것인가 여부였는데, 최종적으로 제정된 법에서는 카르텔의 원칙적 금지를 기본으로 하였지만, 법안초안 보다는 상당히 완화된 내용이 되었다.[70] 전체적으로 보면 카르텔을 원칙적으로 금지하고 있으며, 독과점에 대한 폐해규제주의를 채택하고 있고 병행행위를 금지하고 있다. 이와 같이 1957년 경쟁제한방지법은 실질적으로 기업집중규제를 결여하고 있는 점에서 그 실효성에 한계가 있었다.

## 2. 경쟁제한방지법의 개정

전체적인 규제내용면에서 상당히 엄격한 1957년 경쟁제한방지법은 제정된 이래 여러 차례의 개정을 거치면서 많은 면에서 규제강화의 방향으로 진정되어 왔다고 할 수 있다.

---

70) 즉 카르텔 금지의 예외로서 다수의 적용제외규정이 두어졌으며, 합병·주식보유 등에 관련된 기업집중규제의 도입이 보류되고 시장지배적 지위남용행위만을 규제하였다. 그리고 재판매가격 유지의 금지에 대한 예외로서 상표품에 관한 가격구속을 허용하는 적용제외규정을 두었다.

1965년의 개정은 시장지배적 기업의 남용행위규제에 관련된 구성요건을 정리하는 등 비교적 경미한 변경에 불과했으나, 1973년의 개정은 그 규모와 영향력 면에서 매우 중요한 의의를 갖고 있다. 첫째, 기업집중규제가 도입되어 1957년 법의 최대결함이 되어왔던 규제의 공백을 해소하게 되었다. 이와 관련하여 기업집중규제의 요건이 되는 시장지배적 지위의 추정규정이 신설되었다. 둘째, 상표품에 관련된 가격 구속의 적용제외규정이 삭제되어 수직적 가격구속의 금지에 대한 예외는 출판물에 관련된 것만 남게 되었다. 셋째, 가격구속의 탈법행위를 규제할 필요가 있어 상표품 제조업자의 거래거절을 방해·차별행위로서 금지할 수 있도록 하였다. 넷째, 중소기업의 사업능력의 향상을 경쟁정책적으로 고려하는 관점에서, 카르텔금지와 권장가격규제에 관하여 중소기업의 공동행위를 허용하는 특칙을 두었다. 다섯째, 경쟁제한적 협조행위를 금지한다는 것을 명백히 하고, 이에 따라 법률행위 곧 경쟁제한적 계약으로 파악되어온 종래의 카르텔 행위에 추가하여 사실행위로서의 협조행위에 기한 카르텔 행위도 금지대상으로 하였다. 이와 같이 1973년 개정은 동법의 근간이 되는 규제를 새로 도입하는 동시에 종래의 중심적인 여러 제도를 크게 개선한 법개정으로서 경쟁제한방지법을 새로운 단계에 진입시킨 획기적인 것이었다.

1976년 개정에 의하여 표현의 자유의 현실적 기반을 확보한다는 관점에서 신문·출판시장에 관한 기업집중규제의 실효성 확보를 위한 특칙이 도입되었다. 1980년에는 여러 규정이 강화되었는데, 시장지배적 지위의 남용행위의 예시규정을 두었으며 대규모 기업의 수직적·다각적 결합에 의한 시장지배적 지위의 형성·강화에 관한 추정규정을 도입하는 등 기업집중규제가 강화되었다. 그리고 중소기업에 대하여 거래상대방이나 경쟁자로서의 대규모 기업이 행하는 방해·차별행위의 규제를 확대하였다. 1989년의 개정에서는 기업집중규제, 방해·차별행위규제 등에 관하여 미세한 변경이 있었고, 경쟁제한방지법의 적용제외 분야(금융·보험사업 등)에서의 경쟁원리의 도입이 확대되었다. 1999년과 2006년의 개정은 독일연방정부가 자국법을 유럽법과 동화시킴과 동시에 경쟁원칙을 강화하려는 목적에서 이루어진 것이다.

이상에서 본 바와 같이 경쟁제한방지법은 기업집중규제를 도입한 1973년 개정이후 경쟁제한적·경쟁저해적 행위를 포괄적으로 규제대상으로 하는 엄격한 독점규제법제로서 자리잡았으며, 독일의 사회적 시장경제를 떠받치는 기본법으로서 중요한 역할을 하고 있다. 동법은 공동행위, 재판매가격유지계약, 시장지배적 지위남용, 시장지배적 지위를 형성·강화하는 기업결합 등을 원칙적으로 금지하였다. 공동행위에 대해서는 EU조약 제101조 제3항의 일반적 적용제외가 있는 외에, 중소기업 카르텔에 대하여 적용제외가 되고 있다. 재판매가격유지계약에 대해서도 출판물에 대한 적용제외가 인정되고 있다. 시장지배적 지위에는 독점적 시장지배적 지위와 과점적 시장지배적 지위를 포함한 추정규정을 두고 있다. 시장지배적 지위를 형성·강화하는 기업결합으로서 금지되는 경우에도 그 기업결합의 폐해가 전체적인 경제적 이익에 의하여 보상되거나 그 폐해를 상회하는 공공이익에 의하여 정당화되는 경우에는 허가될 수 있다.

독일은 유럽국가 중에서 공정거래법을 가장 실효성 있게 집행하여 온 국가로 평가되어 왔으며, EU의 공정거래법의 발전에도 큰 영향을 미치고 있다. 그런데 독일이 중심적 회원국인 EU의 공정거래법이 적극적으로 발전함에 따라 독일의 경쟁제한방지법 자체의 중요성은 상대적으로 낮아지고 있다.

독일의 경쟁제한방지법의 집행에서는 연방카르텔청(Bundeskartellamt)이 중심적인 역할을 맡고 있다. 연방카르텔청은 동법을 위반한 행위에 대하여 시정조치를 명할 권리를 가지고 있으며, 위반 행위 중 카르텔, 재판매가격유지행위, 시장지배적 지위남용행위에 대하여는 직접 그리고 시장지배적 지위를 형성·강화하는 기업결합에 대하여는 시정조치 명령에 위반한 경우에는 일정금액을 상한으로 하는 행정 제재금을 부과할 권한을 갖는다. 또한 카르텔의 적용제외 허용여부도 연방카르텔청이 결정할 권한도 있다. 전체적으로 연방카르텔청에 의한 법운용도 효과적으로 이루어져왔다고 할 수 있다.

## III. 영국(독점법)

### 1. 법제정의 역사와 배경

영국은 독점 및 공정거래에 관련된 법제정에서 오랜 역사를 지니고 있다. 1300년대 중반부터 독점적 지위에 있는 많은 수의 사업자들이 그 지위를 허용을 받았다. 특히 엘리자베스 여왕 시대의 잉글랜드에서(1558~1603년) 산업독점 라이선스(Industrial Monopoly Licences)가 왕권확립에 필요한 재정을 확보하기 위해서 남용되기도 했다. 당시 여왕은 의회를 설득하여 독점적인 행위를 금지하는 법안을 통과시키지 못하도록 하였다.

그러나 이 당시에도 독점행위에 대한 반대하는 논의가 자주 일어났으며, 법원도 가격상승과 품질저하와 같은 결코 환영받을 수 없는 독점적 행위의 결과에 대해서 달갑게 생각하지 않게 되었다. 왕권과 의회의 대립은 마침내 1624년 독점법(Statute of Monopolies)의 제정으로 인하여 해결이 된다. 그 주요 내용은 모든 독점은 위 법규에 위반하며 관련한 어떠한 독점의 실행은 그 자체가 무효라는 것이다. 현대의 영국 경쟁법은 독점적 지위의 남용에 대해서 관련 규정이 규제를 하며 독점의 존재에 대해서는 금지하지 않는다. 자유방임 경제학의 신뢰를 가지고 있는 영국은 사실 제2차 세계대전 이전에는 관련 법규정을 제정하지는 않았으나, 1948년이 되면서 반경쟁적인 행위에 대한 고려와 함께 법을 제정하게 된다.71)

현대 영국의 독점규제법제는 '1948년 독점 및 제한적 거래행위(조사 및 규제)법(Monopolies and Restrictive Practices(Inquiry and Control)Act, 1948)'을 시발점으로 하여, 현행법으로는 5개의 법률을 중심으로 체계가 형성되어있다.

첫째, 1948년에 시작된 독점상태에 대한 규제입법으로서 '1973년 공정거래법(Fair

71) Mark Furse, *Competition Law of the EC and UK* 7th ed, Oxford University Press, Oxford, 2008, pp. 4-5.

Trading Act, 1973)'이 현행법으로 되어 있다. 둘째, 1948년에 시작된 제한적 거래관행의 규제로서 현행법으로는 '1976년 제한적 거래관행법(Restrictive Trade Practices Act, 1976)' 및 '1977년 제한적 거래관행법(Restrictive Trade Practices Act, 1977)'이 있다. 셋째, 제한적 거래관행규제에서 분리되어 독자적인 법영역을 형성하고 있는 재판매가격 유지규제로서 현행법은 '1976년 재판매가격법(Resale Prices Act, 1976)'이다. 넷째, 합병규제를 목적으로 하는 '1965년 독점 및 합병법(Monopolies and Mergers Act, 1965)'을 모법으로 하는 현행의 '1973년 공정거래법'이 있다. 다섯째, 반경쟁적 행위의 규제를 새롭게 시도한 '1980년 경쟁법(Competition Act, 1980)'이 있다. 이와 같이 영국의 독점규제는 독점상태규제, 제한적 거래관행 규제, 재판매가격 유지규제, 합병규제, 반경쟁적 관행의 규제로 이루어져있다.

영국의 독점규제법제는 다소 복잡하게 구성되어 있는 것으로 보이는데, 이는 현행법만으로도 다수의 제정법이 각각의 법적 가치와 개념을 가지고 있고, 더욱이 각각 독자적인 법적 절차와 집행기관을 가지고 있기 때문이다. 더욱이 법제가 장기간에 걸쳐 천천히 그 체계를 정비하여 왔으며, 때에 따라 적절한 목적을 추가하거나 삭제하여 왔던 사정도 작용한 결과라고 볼 수 있다. 1948년 이후 영국의 독점규제법제는 다수의 입법을 거듭하였지만, 그들의 총체를 검토해 보면 제도의 진정한 의미를 이해할 수 있다. 적어도 제2차 세계대전 이후에는 수많은 정권교체에도 불구하고 법제가 일관성 있게 강화되어 온 드문 예라고 할 수 있다.

영국의 독점규제법제의 역사적으로 간과할 수 없는 측면으로서, 현대의 제정법에 의한 독점규제법제가 적어도 수백 년에 걸친 보통법(판례법)의 역사를 전제로 성립하고, 보통법과 연동하여 기능하고 있다는 것이다. 그리고 영국의 법제는 특히 규제 면에 있어서 상당히 '사법적(私法的)'이라는 것, 즉 사법질서에 미치는 영향이 매우 중요시된다는 특징이 있다. 이는 법제의 역사적 성격에 따른 것이라고 할 수 있다.

영국법을 이해하기 어렵게 만드는 원인의 하나로서 규제의 불투명성, 비공식성을 들 수 있다. 영국의 독점규제법제는 법에 정한 정차에 의하지 않고 비공식적인 절차, 즉 당국자에 의한 사업자와의 비공식적인 교섭 또는 설득이라는 방법을 취하는 경우가 많다. 또한 그때에 중시되는 법적 가치나 규제기준도 항상 법의 규정에 적합한 것도 아니다. 이는 전술한 법제가 사업자간에서 형성되어 온 사법질서를 전제로 하여, 여기에 유효하게 작동할 것을 중시하고 있는 것과 무관하지 않다. 강제적인 규제보다도 업계 전체에 대한 설득을 통하여 천천히 법질서를 변화시키는 영국의 법제의 의의는 바로 여기에 있는 것이다. 영국의 법제가 이러한 특징을 가지고 있기 때문에 이것이 일반적으로 이해되기 보다는 규제가 유효한 것이 되고 있고, 더욱 엄격하다고 할 수 있다.

영국의 독점규제법제는 1980년 법을 제외하고 규제기준을 광범하고 다양한 내용을 가진 공공이익에서 찾고 있다. 공공의 이익이 어떤 의미인가에 관하여는 영국에서도 오랜 기간에 걸쳐 논의가 되었지만 명백한 결론에 이르지는 못했다. 다만 공공의 이익은 궁극적으로는 사업자의 영업활동의 자유와 소비자의 이익을 포괄하는 것이라고 생각하는 데는 별 이론이 없다. 영국의 독점규제법제가 다양한 법적가치를 포함하고 있는 것은 입법 당시의 정치적 타협의 산물이므로, 미국과 같이 경쟁법으로서 정리할 필요는 없다는 견해도 제기되었다.

### 2. 1998년 경쟁법과 2002년 기업법

1980년 경쟁법은 종래부터 지나치게 복잡하다는 지적을 받아 온 각종 절차를 정리하는 동시에 미국식의 경쟁법체계를 확립하는 계기로 삼고자 한 의도도 있었다. 이러한 의도를 보다 구체화하고 복잡한 법구성을 개선하고자 하여, 현재는 두 개의 주요 법규정으로 이 분야를 규율하게 되었다. 1998년 경쟁법(Competition Act, 1998)과 2002년 기업법(Enterptise Act, 2002)이다.

1998년 경쟁법은, 담합 혹은 둘 이상의 사업자간의 반경쟁적 합의에 대해서 Chapter Ⅰ Prohibition이 규정하고 있으며 시장지배남용에 대한 규정은 Chapter Ⅱ Prohibition으로 되어 있다. 제한적 거래관행법(the Restrictive Trade Practices Act 1976 and 1977) 등이 규율하는 대상은 1998년 경쟁법을 통해서 보충적인 효력을 가질 수 있게 되었으며, 1998년 경쟁법은 조사 및 집행에 관한 절차를 일원적으로 처리할 수 있게 하였다.

1998년 경쟁법은 2000년 3월 1일 효력이 발생하였는데, 당시 정부는 유럽연합법에 합치하여 관련 산업의 부담을 줄이는데 목적을 두었다. 따라서 관련 유럽경쟁법규정(현재 유럽기능조약 101조와 102조)의 적용과 같은 방식으로 영국 경쟁법을 집행하는 것으로 계획하였다. Enterprise Act 2002는 1998년 경쟁법에 다루지 않는 기업합병규정 및 법의 집행과 관련된 조사방침 및 규정에 대한 내용을 담고 있다.

## Ⅳ. E U

### 1. 변천과정

유럽경제공동체(EEC)는 상품·서비스·사람·자본이 자유롭게 이동할 수 있는 통일적인 시장을 구축하려는 계획을 실현하기 위하여 만들어졌다. EEC는 1957년 3월 25일 로마에서 체결되어 1958년 1월 1일부터 발효한 '유럽경제공동체의 설립에 관한 조약'(EEC조약 혹은 로마조약)에 따라 6개국이 참여하여 설립되었다. 출범이후 계속된 개혁과 발전을 바탕으로, 유럽공동체는 미국을 견제하기 위한 수단으로, 유럽시장의 영역을 확장하고 인접국가간 단일화폐를 사용하기 시작하였으며, 1994년 1월 1일부터는 유럽연합(EU)으로 공식명칭을 바꾸었다. 이에 따라 유럽연합은 공동체의 개발, 교육, 보건, 소비자보호 정책분야에서부터 환경보호, 사회적 경제적 결속, 기술연구 분야까지 광범위한 권한을 행사하게 되었다.

EEC조약은 1992년에 '유럽공동체에 관한 조약'(마스트리히트 조약)으로, 다시 1997년에 '유럽연합에 관한 조약'(암스테르담 조약)으로 개정되었다. 그리고 2009년 12월 1일 리스본

조약의 발효에 따라 과거 마스트리히트 조약이 EU의 목적과 원칙에 관한 'EU조약'(the Treaty on European Union, 이하 TEU)과 EU의 조직과 기능에 관한 'EU의 기능에 관한 조약'(the Treaty on the Functioning of the European Union, 이하 TFEU)으로 개정·대체 되었다.

유럽의 통일된 시장으로서 공동시장을 구축하는 것은 상품·서비스·사람·자본의 이동을 자유롭게 하는 구체적 조치에 의하여 달성될 수 있으며, 이러한 자유가 사업자의 행위에 의하여 제한되지 못하게 할 필요가 있었다. 따라서 과거 EEC조약은 유럽공동체가 취해야 할 기본적 조치로서 공동시장에 있어서 경쟁이 왜곡되지 않도록 지키기 위한 제도를 설치할 것을 명백히 하고, 이를 위하여 제85조(카르텔 등 경쟁제한행위의 금지) 및 제86조(시장지배적 지위의 남용금지)에 경쟁에 관한 사항을 규정하고 있었다.[72] 이후 1992년과 1997년 개정으로 통하여 관련 규정이 제81조와 제82조로 변경되었으며, 최근 TFEU로의 개정을 통하여 다시 제101조와 제102조로 변경되었다.[73] 그리고 1989년에 '기업결합의 규제에 관한 규칙'[74]을 이사회 규칙으로 제정하였고, 이후 2004년에 이를 개정[75]하여 현재에 이르고 있다.

결국 EU는 이러한 규제체계를 통하여 카르텔 등의 경쟁제한, 시장지배적 지위남용, 기업결합에 대한 규제를 효율적으로 이루고 있는 것이다. 그러나 EU차원의 경쟁규범은 몇 개의 일반조항만을 두고, 구체적인 사항은 보충규범과 위원회 및 법원의 실무에 맡기고 있다.

## 2. 내용

EU 공정거래법은 TFEU을 근거로 하여 주로 TFEU 제101조와 제102조와 이사회 규칙인 '기업결합의 규제에 관한 규칙'(그 전체를 EU 경쟁법이라고 부른다)으로 구성되어 회원국의 사업자, 사업자단체 등에 직접 적용된다.

우선 TFEU 제101조 제1항은 사업자간의 모든 협정, 사업자단체의 결정 및 상호협조행위가 회원국간의 통상에 영향을 주고 공동시장에서의 경쟁을 저해, 제한 또는 왜곡을 목적으로 하거나 또는 그러한 효과를 가지는 것은 공동시장과 양립할 수 없는 것으로 금지하고 있다. 또한 사업자간의 모든 협정, 사업자단체의 결정 및 상호협조행위 외에 경쟁제한적 협정에 대한 예시를 ① 가격협정, ② 생산, 판매, 기술개발 또는 투자의 제한 및 통제, ③ 시장분할협정, ④ 차별적 취급, ⑤ 끼워팔기 등 총 5가지 유형으로 정하고 있다. 제2항에서는 제1항에 의하여 금지된 협정 및 결정을 하였을 경우에는 그 행위를 사법상 당연무효라고 규정하고 있다. 그러나 모든 협정, 결정 및 상호협정행위 또는 이에 준하는 것들이 일정한 요건을 충족

---

72) EEC조약 3조 g.호의 규정에 따라 제85조 이하가 공동시장의 경쟁질서를 보호하는 제도로 규정되었고, 기업집중에 관하여는 기업집중규제규칙에서 규정하고 있다.

73) 현재 EU 경쟁정책에 관한 규정은 TFEU 제101조 내지 제106조에 규정되어 있다.

74) Regulation Nr. 4064/89.

75) Regulation Nr. 139/2004.

하면 제1항의 적용이 면제된다(제3항). 여기서 일정한 요건이란, 상품의 생산·판매의 개선 또는 기술적·경제적인 진보의 촉진에 기여하여 생기는 이익에 이용자가 공정하게 참여할 것을 확보할 경우로서, 그 목적 달성에 불가결하지 않은 제한을 관계사업자에게 부과하는 것이 아니고, 해당 상품의 주요부분에 관하여 경쟁을 배제할 가능성이 없는 것을 말한다.

TFEU 제102조는 시장지배적지위의 남용을 금지하도록 규정하고 있다. 즉, 동조는 규제의 대상이 되는 행위에 대하여 하나 또는 다수의 사업자에 의한 공동시장이나 그 중요부분에 있어서 지배적 지위를 가지며, 그 지위를 남용하고, 이러한 남용행위가 회원국의 통상을 저해하는 등 영향을 미치는 경우에 공동시장과 조화되지 않는다고 하여 시장지배적지위의 남용을 금지하고 있다. 나아가 남용행위가 인정되는 행위도 각 호에 열거되어 있다. 즉, ① 직접 또는 간접으로 불공정한 구매나 판매가격 혹은 다른 불공정한 거래조건을 부과하는 것, ② 소비자에게 불리하게 생산, 시장 또는 기술개발을 제한하는 것, ③ 동일한 거래에 대하여 다른 거래상대방에게 다른 거래조건을 제시하고, 그 결과 그들에게 경쟁상 불이익을 초래하는 것, ④ 그 계약의 성격이나 상관행에 비추어 계약의 내용과 관계없는 급부를 거래상대방이 추가로 구입할 것을 조건으로 하여 계약을 체결하는 것 등이다.

'기업결합의 규제에 관한 규칙'은 TFEU 제101조 및 제102조와 함께 EU의 독점금지법제의 기본적 내용을 구성하고 있다. 이 규칙은 공동체규모의 모든 기업집중을 규제대상으로 하는 것으로, 여기에 해당하는 기업집중의 형태라는 것은 합병 등 각종 기업결합의 형태를 말한다. 공동체규모의 집중이란, 집중을 하는 관계사업자가 세계에서 얻는 매출액이 50억 유로를 초과하고, 관계사업자 중 적어도 두 개 회사 각각 EU에서의 2.5억 유로를 초과하는 매출액을 얻는 경우로서, 관계사업자 각자가 그 EU의 매상액 합계 중 2/3를 초과하는 금액을 동일한 회원국에서 얻지 않는 경우이다. 이러한 기준을 충족하지 않은 기업결합이라도 일정한 요건을 충족할 경우 공동체규모의 집중에 해당된다. 첫째 기업결합에 있어서 모든 관계기업의 총매출액 합계가 25억 유로를 초과하는 경우, 둘째 모든 관계기업의 총매출액이 최소한 3개 이상의 회원국에서 각각 1억 유로를 초과하는 경우, 셋째 앞의 3개 이상의 회원국 중 최소 2개 이상의 관계기업의 총매출액이 각각 2천 5백만 유로인 경우, 넷째 최소한 2개 이상의 관계기업의 공동체시장에서의 총매출액이 각각 1억 유로를 초과하는 경우이다. 이 규칙에 의하면 공동체 규모의 집중에 의하여 지배적 지위를 형성 또는 강화하여 EU 시장 전체 또는 그 주요부분에서 유효한 경쟁을 상당한 정도로 저해하는 결과를 가져오는 경우, 특히 지배적 지위를 형성하거나 강화하는 경우에는 공동시장과 양립할 수 없는 것으로 판단하여 금지하고 있다. 이 규칙은 2004년 개정으로 기업결합 사전신고 및 신고 전 신고인의 신청에 의한 회원국으로의 이송절차(제4조), 기업결합에 대한 유럽집행위원회와 회원국의 경쟁당국간의 관할권 및 상호협조(제9조), 심사절차 기간(제10조), 정보요구권에 관한 절차(제11조), 사후심사권(제12조, 제13조), 과태료(제14조)에 관한 규정이 개정되었다.

EU 공정거래법의 집행에서는 EU경쟁총국이 가장 중요한 역할을 맡고 있으며, 집중규칙의 적용권한은 원칙적으로 유럽집행위원회에만 부여되어 있다. 다만 TFEU 제101조와 제102조의 적용권한에 대하여는 회원국의 경쟁당국 및 법원도 이를 공유하고 있다. 제101조 및 제102조 위반행위에 대해서는 시정조치가 명령되는 동시에 그 중대성, 지속기간 등에 따라 일정금액을 상한으로 하는 행정제재금이 부과된다. 제101조 제3항의 적용제외 요건을 충족하는가 여부를 판단할 권한도 유럽집행위원회와 함께 회원국의 경쟁당국 및 법원이 공유한다. 그러나 일정한 유형의 계약 등에 관하여 일괄적으로 적용제외로 하는 규칙을 제정할 권한은 유럽집행위원회에만 부여되어 있다. 유럽집행위원회의 시정조치나 행정제재금 부과 결정에 불복하는 사업자 단체는 유럽재판소에 무효소송을 제기할 수 있다.

제101조와 제102조 위반행위에 대하여 손해를 입은 자는 계약 무효, 손해배상, 유지청구 등을 구하는 소송을 회원국 법원에 제기할 수 있다. 회원국의 경쟁당국과 법원이 제101조와 제102조를 적용하는 경우에는 EU 공정거래법의 통일적 적용을 확보하기 위하여 유럽집행위원회와의 정보망을 구축하여 유럽집행위원회의 기존결정과 모순되지 않도록 하여야 하며, 회원국 법원이 그 해석에 관해 유럽법원에 부탁하여 선결적 판결을 요청할 수도 있다.

EU에서는 각 회원국의 공정거래법도 별도로 존재하고 있으므로 EU 공정거래법과의 관계가 문제된다. 회원국 사이의 거래에 영향을 미칠 염려가 없는 경우에는, 제101조와 제102조를 적용할 수 없고 오직 회원국의 공정거래법이 적용된다. 그러나 회원국 사이의 거래에 영향을 미칠 염려가 있는 경우에는 제101조, 제102조와 회원국의 공정거래법이 동시에 적용된다. 이 경우 두 규범이 충돌하면 EU법이 우선한다는 원칙이 확립되어 있다. 집중의 경우에는 공동체 규모의 집중에 대해서는 오직 EU법만이 적용된다.

## V. 일본(사적독점금지법)

### 1. 독점금지법의 제정

독점금지법은 2차 대전 후에 일본 경제의 민주화의 일환으로서 연합군의 관리 하에 제정되어, 재벌 해체 후의 일본 경제를 질서지울 것을 목적으로 한 입법이다. 재벌 해체는 일본경제에서의 재벌의 경제적 지배력을 배제하고, 기업 간의 지배관계를 절단하여, 개별 기업의 과도한 시장지배력을 배제함으로써 평화롭고 민주적인 경제의 기초를 만드는 것이었다. 따라서 재벌 해체 후에 요청된 것은 똑같은 지배관계의 회복의 저지와 일본 경제의 평화롭고 민주적인 질서를 형성·유지하기 위한 항구적인 입법이었다.

이러한 항구 입법의 제정은 일본에서 재벌 해체를 명령한 1945년 11월 6일자 연합국 최고사령관 각서(지주회사의 해체에 관한 각서) 중에 이미 구체적인 요구로서 나타나있었다. 정부는 이 각서에 기하여 곧바로 법률 제정에 착수하고 1946년 1월 산업질서법안으로서 비공식적으로 발표되었다.

따라서 이 안은 총사령부의 만족을 얻지 못하여 결국 총사령부에 의해 미국의 반트러스트법을 기초로 한 법률안이 제시되고, 이를 중심으로 그 후에 입법 작업이 추진되었다. 이 후 독점 금지법은 1947년 3월 22일 제국의회에 제출 되어 동월 31일 본회의와 귀족원에서 원한 대로 가결되었다. 동법은 4월 14일 공포되고, 7월 20일 전면 시행 되었다.

## 2. 원시독점금지법

이와 같이 성립된 독점금지법을 원시독점금지법이라고 하는데, 현행법에 비하여 매우 엄격한 내용으로 되어 있었다. 즉, 원시독점금지법은 현행법과 마찬가지로 사적독점, 부당한 거래제한의 금지, 불공정한 경쟁방법(현행법의 불공정한 거래방법)의 금지 규정에 중심적 규정이었다. 그러나 사적 독점, 부당한 거래제한의 금지규정의 예방적, 보조적인 규정이 광범위하게 두어져 그것이 너무 엄격한 내용을 가지고 있었다. 경쟁에 대한 영향이 문제되는 정도에 이르지 않은 경우를 제외하고 카르텔적 행위의 전면적 금지, 단독매수·단독판매 기관의 금지, 부당한 사업능력의 격차의 배제, 기업결합의 철저한 제한과 금지를 정하고 있었다.

요컨대, 원시독점금지법은 모든 의미에서 시장지배력의 성립을 또한 개별기업간의 인적·자본적 지배관계의 성립을 저지하고, 만약 성립된 경우에는 철저하게 배제하기 위한 규정을 두고 있었다. 특히, 경제 제한과는 직접 결부되지 않은 행위까지 규제하는 다수의 보조적이고 예방적인 규정을 두고 있었다.

이 점에서, 독점금지법제의 모국인 미국의 반트러스트법보다도 엄격한 내용이었다. 이렇게 원시독점금지법이 매우 엄격한 내용이었던 이유는 첫째, 독점과 함께 다각적 기업결합체의 성립을 저지하여 재벌에 대한 점령군의 정책을 지원하려는 바람이 있었기 때문이고, 둘째, 미국의 반트러스트법은 불충분하다고 생각하고 있던 미국인이 일본의 법률에서는 불충분함에서 생기는 사태를 회피하려고 한 바람을 담고 있었기 때문이었다.

1948년 독점금지법의 예방적·보조적 성격의 사업자단체법이 제정되고, 사업자단체의 경쟁제한적 행위의 엄격한 제한과 금지가 행해졌다.

## 3. 개정경과

독점금지법이 제정된 후 1949년에 중요한 개정이 이루어졌다. 당시의 일본은 여전히 미국의 영향 하에 있어서 그 대일관리 정책의 전환에 따라 일본의 경제 부흥이 시급한 시기였다. 구체적으로는 미국 기업의 일본 기업에 대한 기술원조·주식보유의 요청과 일본 기업의 외자도입·증권소화의 요구가 있어 그 장애가 되는 독점금지법의 규정을 중심으로 개정되었다. 즉, ① 사업활동에 필요한 과학기술에 관한 지식과 정보의 교환을 제한하는 국제적 계약, 협정을 합법화하고, ② 국제적 계약, 협정의 사전 인가제를 사후 신고제로 완화하고, ③ 사업회사에 의한 주식보유를 원칙적으로 금지하던 것을 주로 보유회사간의 경쟁을 실질적으로 감소시키게 되는 경우의 금지로 완화하였다.

1953년 개정은 일본이 미군의 점령을 벗어나 처음으로 행한 것이었다. 1949년 개정을 거치고도 여전히 엄격한 규제에서 묶여 있던 경제계는 이 구속의 완화를 요구했다. 동시에 한국전쟁 후의 심각한 불황이라는 상황도 겹쳐져서 거의 전면적으로 대폭적인 완화가 이루어졌다. 우선 카르텔 규제와 규제에 관해서는 ① 엄격한 금지를 규정했던 구법 4조의 삭제, ② 불황 및 합리화 카르텔의 용인, ③ 사업자 단체법의 폐지와 독점금지법으로의 흡수가 이루어졌다. 기업집중 규제에 관해서는 ① 제4장의 시장집중 규제기준을 '일정한 거래분야에서의 경쟁을 실질적으로 제한하는 것이 되는 경우'로까지 완화하고, ② 부당한 사업능력의 격차 배제규정을 삭제하였다. 다만, ③ 불공정한 경쟁방법은 거래상의 지위의 부당이용과 경쟁회사의 내부혼란이 주가 되어 불공정한 거래방법으로 강화되었지만, ④ 재판매가격유지행위에 대해서는 일정한 지정상품과 저작물에 관하여 적용제외제도가 신설되었다.

1977년 개정은 처음으로 강화된 개정이었다. 1970년대 초반에 발생된 국제적 석유위기 당시에 석유업계를 비롯하여 다수의 산업의 대기업이 여기에 편승하여 카르텔을 결성하고, 생활물자의 가격 인상을 거듭하고, 종합상사가 소비물자를 매점매석하는 등의 행위가 많았다. 이러한 대기업의 반사회적 행위에 대한 소비자의 분노가 계기가 되어 ① 기업분할을 포함한 독점적 상태에 대한 조치 ② 일정한 카르텔에 관한 과징금 제도 ③ 동조적 가격인상에 관한 보고징수제도 ④ 대규모 사업회사의 주식보유총액규제 등이 신설되었다.

1980년대 말에 이루어진 미일 구조협의회에서는 외국기업이 일본시장에 무역, 투자를 하는데 장애가 되는 배타적, 폐쇄적 상관행에 대하여 공정거래위원회가 엄정하게 법집행을 하기로 약속하였다. 그 결과 과징금의 인상, 부당한 거래제한죄의 법인의 벌금이 인상되었다. 그 밖에 21세기 초기까지의 중요한 개정에는 1997년 개정에서 순수지주회사의 해금, 1997년 적용제외제도 정리법에서 독점금지법 적용제외제도의 대폭 폐지, 감소, 2000년 개정에서 불공정한 거래방법의 사인에 의한 유지청구제도의 도입 등이 있다.

최근 2005년의 개정에서는 ① 종래 가격 카르텔과 가격에 영향을 미치는 공급량제한 카르텔로 한정되어 있던 대상행위가 가격카르텔 등의 일정한 지배형 사적 독점으로 명확하게 확대되었다. ② 제조업 등의 과징금의 산정률을 인상하였다. ③ 과징금감면제도를 도입하여, 카르텔을 행한 사업자가 조사개시 전에 사실을 보고하고 증거를 제출한 경우 그 순서에 따라 과징금을 면제 또는 감액하기로 하였다. ④ 종래부터의 행정조사권에 추가하여 부당한 거래제한죄 등에 관계된 사건을 조사하기 위하여 공정위가 지정한 직원이 법관의 허가장에 의하여 수색압수를 할 수 있게 되었다(범칙조사권). 이는 범죄 수사를 위하여 인정된 것은 아니고, 행정 조사의 결과에 의하여 형사 고발을 할 수 있는 것이 영장주의의 잠탈이라는 비판이나 행정조사에서 작성된 임직원의 공술조서에 증거능력상의 문제가 있다는 지적에 대처하기 위한 것이다. ⑤ 2005년 개정 전에는 배제권고→심판절차→배제조치명령이라는 위반 행위의 인정 절차 후(과징금대상 행위에 관하여) 과징금 납부 명령→심판절차라는 별개의 절차가 행해지고, 거기서도 위반사실이 다투어지는 경우가 있었다. 이를 사전 통지→사업자의 의견 진술, 증거제출 기회의 보장→배제조치명령(및 과징금납부명령)→심판절차로 변경하였다. 또 과징금 납부 명령은 심판절차가 개시되면 실효하는 것으로 되어있었는데 개정에 의하여 행정처분의 불실효원칙에 따라 심판절차의 개시는 납부 명령을 실효시키지 않는 것으로 하였다.[76]

## VI. 중국(반독점법)

중화인민공화국에서는 2007년 8월 30일 '반독점법'을 제정하여 2008년 8월 1일부터 시행되고 있다. 동법은 입법과정에서부터 각계각층의 다양한 논의가 있었던 만큼 전국인민대표상무위원회 입법계획에 편입된 지 13년이 지나서야 비로소 제정될 수 있었다. 중국의 반독점법은 부칙을 포함하여 8장 57개조 79개 항으로 구성되어 있고 제2장에서부터 제5장에서 각각 규정된 독점합의(부당공동행위), 시장지배적 지위 남용, 경영자집중(기업결합), 행정권력의 남용에 의한 경쟁의 배제와 제한을 규제대상으로 삼고 있다. 그 내용은 대체로 EC조약 제81조 및 제82조 그리고 미국의 셔먼 법 제1조 및 제2조와 유사하다는 평가를 받고 있다.[77] 그러나 반독점법은 형식적으로는 57개 조에 불과하고 반독점법 제9조 제1항에 국무원에 반독점법 시행이후에 각 위반행위별로 시행세칙을 제정하는 단계에 있기 때문에 법시행과 적용에 불확정성이 존재하고 수범자, 특히 기업의 예견가능성 제고에 장애가 되고 있다.

중국의 반독점법 집행은 우리나라의 공정거래위원회와 같은 독립된 단일 행정기관이 담당하는 방식이 아니고, 국무원 산하 반독점위원회와 3개 행정기관에서 그 집행을 하고 있다. 즉 상무부는 기업결합을, 국가발전 및 개혁위원회에서는 가격독점행위를, 국가 공상총국에서는 가격독점행위를 제외한 시장지배적지위 남용행위와 독점합의를 각각 규제하는 방식을 취하고 있다. 이와 같은 반독점법 집행기관 구성방식에 대해서는 반독점법의 통일적인 법집행이 곤란하다는 점, 각 집행기관 사이의 권한범위 구분이 불명확하다는 점 등의 많은 비판이 있었고, 기존의 행정기관에서 독립된 별도의 집행기관을 창설해야 한다는 견해가 다수였으나, 국무원은 반독점법의 집행권한을 기존의 행정기관에 분배하는 방식을 택했다.[78]

중국 반독점법이 시행된 초기에는 별로 활발하게 적용되지 않아 왔으나 최근에 들어 '인베브맥주회사 사건, 코카콜라회사 사건'[79] 등에서 보는 바와 같이 점차 그 적용이 활발해 지는 추세이다.

---

76) 根岸哲 · 杉浦市郎, 前揭書, 19面.

77) Mark Furse, *Antitrust law in China, Korea and Vietnam*, Oxford University Press, 2009, p. 67.

78) 김동훈 · 윤상윤, "중국반독점법상 기업결합 심사에 관한 고찰", 『외법논집』 제33권 제3호, 한국외국어대학교 법학연구소, 2009, 235-236면.

79) 2008년 11월 8일 중국 상무부가 벨기에 맥주생산회사 Inbev와 미국의 맥주생산회사 Anheuser-Busch Companies Inc의 기업합병 건에 대해서 조건부 승인결정을 내렸다. 이후 2009년 3월 18일 상무부는 코라콜라 회사와 중국의 과즙음료 생산회사인 후이위안(汇源)의 기업결합 건에 대해서는 기업결합금지 결정을 내렸다.

# 제 2 장 공정거래법의 기본관념

## 제1절 시장과 경쟁

### I. 시장의 의의

#### 1. 시장의 개념

경제적인 의미에서 시장이란 재화와 용역에 대한 수요와 공급이 이루어지는 장소를 말한다고 볼 수 있다. 시장은 네 가지 유형으로 성립한다. 즉 ① 생산용역시장으로 각종 생산용역을 공급하고자 하는 가계와 이들 용역을 수요하고자 하는 기업 사이의 시장, ② 소비재시장에서 소비재를 공급하는 기업과 그것을 수요하는 가계 사이의 시장, ③ 자본재시장에서 자본재를 공급하는 기업과 그것을 수요하는 기업 사이의 시장, ④ 소비재용역시장에서 가계에 소비용역을 공급하는 가계와 이것을 수요하는 가계 사이의 시장이 그것이다. 이들 네 가지 시장은 상호 밀접한 관계가 있다. 예컨대 노동용역은 생산용역으로서 공급되는 것인지 소비용역으로 공급되는 것인지는 각기의 시장에서 성립하는 노동용역의 대가에 따라 결정될 것이고 어떤 종류의 재화, 예컨대 석유가 자본재로 사용되느냐 소비재로 사용되느냐는 어느 쪽이 유리하느냐에 따라 결정될 것이다. 이들 시장은 또 다시 몇 개의 유형으로 분류할 수 있으며, 그중에서 중요한 것이 완전경쟁시장과 불완전경쟁시장이다.

위와 같이 일반적으로는 거래가 행해지는 장이 시장이고 그러한 시장은 역사적으로 오랜 옛날부터 지금까지 존재하고 있다. 중세봉건시대의 시장은 교환의 필요상 자연발생적으로 나타난 것이며 권력에 의하여 재화를 강탈당하지 않는다는 법적보장은 존재하지 않았다. 이에 대하여 근대국가의 시장은 모든 "사람"의 자유대등한 인격보장 · 사적소유권 · 계약의 자유 · 영업의 자유의 법적보장 하에서 성립한 것이었다. 그리고 이들을 내용으로 하는 헌법적 보장 하에서 고전시민법 · 통화법 · 도량형 제도 등의 안전하고 편리한 거래를 가능케 하는 세밀한 법적제도에 의하여 보완되었다. 이러한 법률적 구조를 가진 근대의 고전적 시장경제는 "신의 보이지 않는 손"에 의하여 자동적으로 조절되는 것이라고 하여, 국가는 시장

(경제)에 공공연히 개입하지 않고(자유방임과 "약한 정부"이론), 거래에서 발생된 분쟁은 법원에 의하여 해결되도록 하였다(자력구제의 금지).

그러나 이런 고전적 시장경제는 19세기 중엽 이래 독점기업의 출현에 의하여 전반적으로 점차 독점적 시장으로 변화하였다. 시민법·소상인법의 시대로부터 대기업법의 시대로 전환되고, 영리적 성격을 띈 대량생산, 대량판매, 전형적·반복적 거래가 일반화 됨에 따라 거래의 안전·신속성의 요구에 따른 여러 제도(약관, 어음·수표, 보험·해상법 등)가 정비되어 현대적 기업법으로 발전하였다. 즉 고전적 자유경쟁시장에서 독점적(비경쟁적) 시장으로 변화된 것이다. 공정거래법의 규제 대상이 되는 "시장"이란 바로 이러한 국가에 의한 경쟁질서유지를 필요로 하기에 이른 단계의 "시장"을 가리키는 것이다.

### 2. 시장과 경쟁의 관계

자유시장경제란 경쟁경제와 같은 의미로서, 그 의미는 "둘 이상의 사업자가 동일한 수요자에게 동종 또는 유사한 상품 또는 서비스를 공급하는 것 또는 동일한 공급자로부터 동종 또는 유사한 상품 또는 서비스의 공급을 받는 것" 이라고 할 수 있다.

이와 같은 경쟁의 정의는 동업자 관계를 전제로 하는 것으로서, 거시적인 관점에서의 경쟁의 정의라고 할 수 있다. 이에 대하여 경제학의 접근방법을 기초로 한 미시적 관점에서는 시장에의 진입과 퇴출의 자유, 시장에서의 행동의 자유를 자유경쟁 체제의 근간으로 삼는다. 전자가 경쟁을 기업행동의 면에서 파악한 것임에 대하여, 후자는 경쟁의 사회적 기능에 착안한 것이다. 공정거래법의 이론은 많은 부분 후자를 토대로 하여 형성된 것이다.

## II. 완전경쟁시장과 비경쟁시장

### 1. 완전경쟁시장

전술한 바와 같이 시장에는 여러 유형이 있는데, 그중 완전경쟁(perfect competition)시장이란 수요자와 공급자 사이에 완전한 경쟁이 이루어지고 있는 시장을 말한다. 현실에서 이러한 시장은 존재하지 않지만, 시장의 유형의 하나로 이러한 유형을 상정하는 것은 완벽한 경쟁시장모델을 제시함으로써 현실시장과의 비교를 통해 시장의 구조 및 문제점을 이해하는데 필요하기 때문이다. 완전경쟁시장이 성립하기 위한 조건은 다음과 같다.

① 개인인 경제주체는 가격을 단독으로 좌우할 수 없고 일단 성립한 가격을 주어진 여건으로 하여 행동해야 한다. 동질의 상품이 무수히 많고 공급자와 수요자도 무수히 많기 때문에 한 사람의 시장점유율은 아주 미미하여 시장가격을 조작할 수 없고, 주어진 가격으로 어떤 방법으로 어느 만큼 공급 또는 수요할 것인가 만을 결정할 수 있기 때문이다. 따라서 공급자 또는 수요자는 가격을 매개변수(parameter)로 하여 행동하여야 한다. ② 경제주체의 행동을 저지하는 마찰적 요인이 존재하지 않아야 한다. 예컨대 좀 더 유리한 사업을 하고자 할 경

우 그에 필요한 교통이나 주택·원료조달·기술자확보 등 다른 제약요건이 없다는 것이다. ③ 시장에의 진입과 퇴출이 자유로워야 한다. 가령 특정 산업부문이 높은 이윤율을 올리고 있으면 그 부문에 새로운 기업의 진입이 자유롭게 이루어진다. ④ 경제주체들이 시장에 대하여 완전한 정보를 가지고 있다. ⑤ 각 기업들은 그 산업의 다른 모든 생산자들의 생산물과 동등하다고 인정되는 생산물을 생산해야 한다(동질적 생산물의 조건). 이것은 어떤 기업이라도 그의 가격을 일반적인 수준 이상으로 올릴 수 없기 때문이다. ⑥ 생산자와 소비자의 시장에서의 행동이나 시장에의 진입에 대해서는 아무런 인위적인 장애가 존재하지 않는다. 특히 장애가 될 수 있는 경제행위의 법적 규제라든가 기타의 경제주체간의 지위의 우열을 고정화시키려는 인위적인 통제는 존재하지 않는다. 이 중 ①, ③, ⑤의 조건이 충족되는 상태를 순수경쟁이라고 한다.[80]

이러한 완전경쟁개념은 가격의 파라미터적 작용을 작동시키려 규정된 개념이며, 그것은 현실을 기술하기 위한 개념이 아니고, 어디까지나 이론적 분석의 도구개념에 불과하였다. 이와 같은 완전경쟁시장은 실제로 존재하지 않는다. 따라서 공정거래법이 실현하고자 하는 시장에서의 경쟁상태는 완전경쟁이 아닌 후술하는 바와 같은 유효경쟁(Effective or workable competition)이다.

## 2. 독과점시장

경제학적으로는 '독점'이란 1개 또는 소수의 사업자가 공급 또는 구매를 지배하고 있는 시장의 형태 또는 상태를 말하며, 위의 완전경쟁에 대립되는 개념이다. 그러나 공정거래법이 금지하는 독점은 사업자의 일정한 행위를 말하는 것이어서, 시장지배력 그 자체를 독점이라고 하여 금지하는 것은 아니다. 독과점 시장의 정의는 시장 규모, 시장 구조, 시장의 폐해요건에 의하여 종합적으로 판단하여 결정한다.

독점적이거나 고도로 과점적인 시장 구조에서는 카르텔 협정이 없더라도 소수 기업이 서로 다른 기업의 행동을 예측하거나 인식함으로써 협조적인 행위가 발생하기 쉽다. 그리고 1위 기업이 가격을 인상하면 경쟁 기업들도 일제히 따라가는 현상도 자주 발생한다. 이런 상황에서는 수요와 공급의 관계에 따라 가격이 결정되는 시장 기구가 충분히 기능을 발휘할 수 없게 되어, 가격인상이 쉽게 이루어지며 가격인하가 되어야 함에도 불구하고 가격인하가 이루어지지 않게 된다. 독과점에 대하여는 이를 옹호하는 입장과 이를 배격하는 입장으로 나뉘어져 있다.

독과점을 옹호하는 이론에 따르면 독과점은 규모의 경제의 이익을 실현하며 기술혁신을 촉진한다. 즉 생산규모의 확대로 평균생산비가 저하되어 국제경쟁력이 강화된다는 것이다. 또한 독과점기업은 초과이윤을 쉽게 획득할 수 있으므로 이를 연구개발비에 투자하여 기술

80) 이만수, 『경제학원론』, 경제학총서, 1993, 49면.

혁신을 이루기 쉽다고 한다. 그러나 이와 같은 규모의 경제의 이익실현은 경제개발초기단계에서는 일정 부분 타당하다고 하겠으나, 생산의 최적단위를 벗어나거나, 복합기업 또는 여러 개의 생산공장을 가진 기업의 경우에는 규모경제의 실현이 불가능하게 된다. 그리고 독과점가격은 상방탄력적·하방경직적이어서 독과점이윤의 계속적 향수가 가능하기 때문에, 기업으로서는 기술혁신의 유인이 되지 않아 신제품개발에 소극적이 되기 쉽다는 문제가 있다.

이에 대하여 독과점을 반대하는 견해는 독과점으로 인하여 발생하는 문제점을 지적한다. 즉 시장지배력의 남용으로 시장질서를 교란하기 쉬우며, 원가절감 및 생산력향상에 대한 노력을 소홀히 하게 되는 결과 경제능률 제고되지 않아 국제경쟁력이 저하되거나 상실된다. 또한 독점이윤의 계속적 향수가 가능하여 이는 소비자의 피해로 귀결되며, 시장의 자동조절기능을 저해하여 수급·가격기능의 경직화를 초래함으로써 자원분배를 왜곡시킨다. 그리고 소수기업에 경제력이 과도하게 집중되면 경제체질이 약화되고, 분배의 형평을 저해하게 된다. 따라서 이와 같은 독과점 시장의 폐해를 제거하기 위해서는 시장구조 자체를 경쟁적인 것으로 변화시키거나 회복시켜야 한다는 것이다.

## III. 유효경쟁시장

공정거래법 제1조에서는 동법의 목적의 하나로서 '공정하고 자유로운 경쟁의 촉진'을 들고 있는데, 이는 공정한 자유경쟁질서를 확보한다는 것을 의미한다. 시장에서 공정하고 자유로운 경쟁이 확보되기 위해서는 우선, 시장에서 경쟁이 자유로워야 한다. 시장에서 경쟁이 완전하게 자유롭기 위해서는 시장에 대한 진입과 이탈이 쉽고, 시장 내에서는 동질의 상품에 대해 규모가 같은 다수의 (따라서 소규모의) 공급자와 여기에 상응하는 다수의 수요자가 오직 수급관계만을 고려한 독자적인 판단으로 행동할 수 있는 상황에 있어야 한다. 이것이 상술한 완전경쟁 또는 순수경쟁이라고 부르는 상태로서, 거기서는 완전하게 시장법칙에 따른 가격경쟁에 의하여 거래가 실현된다. 이 경우에 다른 경쟁수단을 사용하는 것은 시장법칙을 혼란시켜 거래의 기회를 얻으려 하는 것을 의미하며, 경쟁이론 상으로는 공정한 것이라고 할 수 없다.

그러나 실제로는 이렇게 순수·공정한 자유경쟁질서라는 것은 존재하지 않는다. 다만, 경쟁은 자본주의사회에서 진보의 원동력이며, 경쟁을 통하여 양질의 싼 상품이 공급되는 것은 사회의 부를 증가시키는 것이므로, 그 순수형태인 완전경쟁의 모델로서의 의의가 인정되는 것이다. 그런데 독과점시장이 형성됨에 따라 완전경쟁이론은 실제의 경제의 분석개념으로서는 통용되지 않고, 그 대신 1940년대부터 유효경쟁이론이 전개되었다. 그 이론은 독과점적 시장구조를 전제로 하면서 가능한 만큼 유효한 경쟁을 시키기 위한 경쟁이론이었다.

경쟁과 시장의 관계를 파헤치고 연구한 것은 산업조직론이다. 산업조직론은 공정거래법을 분석대상으로 하여 형성되어 온 학문으로서, 이제까지의 주류였던 전통적인 경제학을 비판하고, 실용적인 경제학을 추구함으로써 발생되었다. 이 견해에 의하면, 종래의 경제학은 자유경쟁을 전제로 하지 않으면서도, 이것을 '완전경쟁'의 의미로 이해하여 이론을 세워 왔기 때문에, 현실성이 결여되었다고 한다. 따라서 보다 현실성 있는 자유경쟁을 생각하려고 하는 데서 출발한 것이 '유효경쟁'이라는 개념이다. 이에 따르면, 자유경쟁은 완전한 형태로 존재하지는 않더라도 유효한 기능을 발휘할 수 있는 모습으로 존재하면 충분하다. 예컨대, 시장의 구조는 완전하게 구분된 형태로 나누어진 다수의 기업으로 구성되어 있지 않아도 되며, 집중도가 그리 높지 않은 정도로 존재하고 있으면 되는 것이다. 그러나 이 정도를 넘는 경우에는 공정거래법에 의하여 통제하고 보다 유효하게 작동하는 시장을 추구해야 한다. 시장에의 진입에 관해서 마찬가지로, 완전하다고는 할 수 없지만 시장진입은 유효한 경쟁이 행해질 정도로 쉬워야 하며, 이를 방해하는 행위는 법적으로 배제되어야 한다.

공정거래법을 필요로 하는 사회적 현실은 자유경쟁이 만들어낸 소수 대기업에 의한 시장지배의 장이며, 규모의 이익은 중소기업 발전을 비현실적인 가치로 만들고 있다. 공정거래법 제1조는 '공정하고 자유로운 경쟁의 촉진'에 의하여 '사업자의 창의력 발휘, 일반소비자의 이익확보, 국민경제의 균형적 발전'을 도모한다고 정하고 있다. 이는 곧 모든 '독점적' 요소를 본래적으로 포함하고 있는 '불완전시장'에 '기능적 경쟁' 또는 '유효경쟁'(Effective or workable competition)을 가능한 한 유지하기 위한 정책이라고 할 수 있다. 그것은 '불완전시장'이라는 경제의 실태를 충분히 인식하면서 자유롭고 공정한 경쟁이라는 기능이 가져오는 경제사회적 효과를 최대한으로 발휘시킨다는 것이다.

즉 시장의 과점화를 현실로 받아들이고 거기에서 가능한 한 완전경쟁의 유지를 꾀한다는 것이 공정거래법의 입장이라고 할 수 있다. 공정거래법은 이것을 '일정한 거래분야에서 경쟁의 실질적 제한'과 '공정한 경쟁을 저해할 염려'라는 두 개의 지표를 사용하여 달성하려고 하고 있다. 이 양자는 각각 시장에서 자유경쟁을 유지하고 공정경쟁을 확보하기 위한 기준이 되고 있는 것이다.

양자의 관계를 생각하기 위하여, 유효경쟁론에서는 무엇을 기준으로 유효경쟁의 존부가 판단되고 있는가를 알 필요가 있는데, 이에 대하여는 구조기준(structural criteria)설과 성과기준(performance criteria)설의 대립이 있다. 유효경쟁이론은 경쟁개념을 시장행동, 시장구조, 시장성과의 3가지 측면에서 분석하는 것인데, 전통적인 행동기준에 구조기준과 성과기준을 더하여 3가지 측면을 종합적으로 판단함으로써 경쟁의 존부를 검토하려는 것이다. 구조기준(structure test)이란 "바람직한 시장구조의 조건을 탐구한다는 관점에서 접근하려는" 기준으로서 당해시장에서 다수의 매도인과 매수인이 존재할 것, 양자 모두가 시장의 큰 부분을 점유하지 않을 것, 모든 집단 간에도 공모가 존재하지 않을 것, 신규기업의 시장진입의 가능성이 있을 것 등을 그 요소로 한다. 그 4가지 기준에 적합한 경우 당해시장은 경쟁이 유효하게 행해지는 시장구조라고 판단된다. 성과기준(performance test)으로서는 제품과 생산과정의 개선을 위해 지속적인 압력이 가해지고 있을 것, 비용의 대폭절하와 동시에 생기는 가격의 하향조정이 이루어지고 있을 것, 낮은 비용이 조업에 필요한 기업보다도 크지도 작지도 않은, 가장 효율적인 규모의 기업에 생산이 집중되고 있을 것, 생산능력의 산출량에의 효율적 조정이 행해지고 있을 것, 판매활동에서의 자원의 낭비를 피할 것 등이 그 요소가 된다.[81] 이와 같이 유효경쟁개념은 과점상태를 전제로 하여 그 위에서 가급적 경쟁원리를 작동시키려는 경쟁질서유지정책을 위한 정책개념으로서 정립된 것이다.

## IV. 구조기준과 성과기준(하버드학파와 시카고학파)

### 1. 양 기준의 내용과 적용

구조기준은 유효경쟁이 가능하기 위한 조건을 명백하게 하는 것을 목적으로 하며, 그를 위해서는 시장구조가 ① 유효한 경쟁이 존재할 수 있을 정도의 수의, 따라서 규모에 매우 현격한 차이가 없는 사업자가 존재할 것, ② 이들 사업자가 서로 독립하여 경쟁적일 것, ③ 새로운 경쟁자의 시장진입이 가능할 것이라는 조건을 만족하고 있을 필요가 있다고 한다. 이에 대하여 성과기준은 시장성과에 착안하여 ① 진보적인가 아닌가(결국 그 산업내의 각 기업은 생산물이나 생산과정의 혁신에 적극적이고 효과적으로 대처하고 있는가 여부) ② 생산량과 가격의 관계(임금 또는 자재가격의 하락이나 기술혁신에 의한 비용절감이 가격인하의 형태로 충실히 매수인에게 전해지고 있는가 여부) ③ 생산능력과 생산량의 관계(생산량에 비하여 과잉투자가 행해지고 있지 않은가) ④ 이윤수준(매상액·비용·기술진보 등의 점에서 유사한 추세를 보이고 있는 다른 산업에 비하여 이윤이 영속적이고 실질적으로 높은가 여부) ⑤ 판매비 지출(경쟁노력이 생산물이나 서비스의 개량 및 가격인하 보다도 오히려 판매비 지출에서 나타나고 있는가 여부)의 여러 점에서 개개 기업이 양호한 성과를 거두고 있는 산업분야에서는 유효경쟁이 존재하는 것을 인정하는 것이다.

법개념으로서의 경쟁제한은 가격지배 기타의 시장지배를 의미하는 것인데, 그것은 경제현상을 법적으로 파악하는 것을 의미한다. 그렇지만 경제현상은 복잡하므로 현재 가격지배 기타의 시장지배가 행해지고 있는가 여부를 인정함에 있어서, 여러 가지 곤란이 따르는 경우가 적지 않다. 따라서 법적용상으로 유효경쟁론의 도움을 받아야 할 필요성이 생기는 것이다. 그러므로 공동행위의 존부가 명백하지 않은 경우에는 성과기준에 비추어 시장가격의 변동에 경쟁의 효과가 반영되고 있지 않다고 인정되면 '경쟁제한'이 있다고 할 수 있으므로, 이를 가지고 암묵적인 합의를 의심할만한 하나의 근거는 될 수 있을 것이다.

이에 대하여 기업결합의 경우에는 경쟁을 실질적으로 제한하는 것이 되는 경우에 위법이 되므로, 실제로 '경쟁제한'이 존재하는가 여부를 묻는 것은 아니다. 따라서 제도 자체가 구

---

81) 구조기준에 중점을 둘 것인가 성과기준에 중점을 둘 것인가는 문제이지만, 오늘날 주요 선진국의 독점규제당국과 법원은 구조기준과 성과기준을 종합적으로 고려하여 판단하고 있다.

조규제를 목적으로 하는 것이므로, 이 경우에는 당연히 성과기준이 아니라 구조기준에 의해야 할 것이다.

## 2. 하버드학파 · 시카고학파 · 후기 시카고학파

미국 반트러스트법의 내용과 운용에 영향을 미친 요인 중의 하나는 반트러스트 정책을 분석대상으로 하는 경제이론들이었다. 그 주요한 반독점이론에는 하버드학파(Harvard School), 시카고학파(Chicago School)와 후기 시카고학파(Post Chicago School)가 있다.

### (1) 하버드학파

#### 1) 하버드학파의 형성

미국에서 1940년대부터 반트러스트법이 활발하게 적용되기 시작한 배경에는 하버드학파의 영향이 크게 작용하였다. 당시 지배적이었던 신고전파 경제학(New Classical Economy Theory)에서는 경쟁에 의하여 통제되는 시장경제가 한정된 자원의 최적배분을 실현한다는 것을 분명히 밝혔지만, 그 이상으로 반트러스트법의 운용에 도움을 주지는 못했다. 1930년대에 나타난 '산업조직론'은 신고전파 경제학의 이론을 바탕으로 반트러스트정책에 유용한 분석도구를 사용하여 실제의 시장성과를 실증적으로 규명하려한 것으로서, 원래 하버드대학의 경제학자들이 연구한 것이므로 하버드학파라고 불렀다.

하버드학파는 시장의 '구조―행위―성과(Structure - Conduct - Performance, SCP)' 패러다임을 만들었다. 그 본질은 어떤 주어진 시장구조[82]가 기업의 일정한 행위 유형을 지배하며, 또한 그 기업의 행위가 시장의 성과를 지배한다고 주장하는 것이다. 예컨대 3~4개의 기업만이 활동하는 시장에서 과점적 행위는 매우 자연스럽고 구조 그 자체에 내재된 것이다. 이런 행위에는 과도한 차별화 및 광고 · 과장된 개선 · 가격인하에 대한 거부감, 신규진입을 억제하려는 인위적 시도들이 포함되는데, 그 결과 시장의 성과는 매우 비경쟁적인 것이 된다. 즉 시장구조에 따라 규정된 기업의 행동양태가 시장의 성과 즉 비용대비 가격수준, 기술혁신의 진보에 부정적인 영향을 미친다는 것이다.

SCP 이론에서는 반경쟁적 위협을 이해하기 위한 독자적 기초로서 시장행위 분석이 상대적으로 덜 중요하다. 어떤 시장구조는 일정한 시장행위 유형을 불가피한 것으로 만들었으므로 반독점 규제는 주로 반경쟁적 산업구조를 겨냥해야 했다. 그리하여 반트러스트정책은 경쟁제한행위를 규제함으로써 시장구조와 기업의 행동을 바람직한 시장성과를 달성하는 방향으로 변혁시킬 것을 목적으로 하는 정책이라고 규정한다. 이는 공격적인 기업결합정책으로 귀결되었으며, 그 결과 시장이 과도하게 집중되는 것을 배제하는데 우선권을 두었다. 그리고 집중된 시장에서의 합병으로부터 야기된 결과의 대부분이 반경쟁적이라고 단순히

82) 시장구조란 시장을 구성하는 기업의 수 및 시장점유율, 시장집중도, 진입장벽, 제품 차별화의 정도 등을 가리킨다.

추정하였다. 따라서 정부는 독점기업들이 어떤 위법행위도 하지 않은 경우에도 그 독점기업들을 파괴할 권한을 가져야 한다고 주장했다.

전통적으로 하버드학파는 심한 '구조주의'였다. 이는 동 학파가 시장이 기본적인 경쟁조건이라고 생각되는 것에서 이탈하면 언제나 시장을 비경쟁적이라고 보는 경향이 있다는 것을 의미한다. 예컨대 어떤 시장에서 기업의 수가 더 적어지고 더 다양해질수록, 또는 제품이 좀 더 차별화되거나 시장진입이 더 어려워질수록 하버드학파는 비경쟁적 활동의 중요한 기회로 보는 경향이 있다. 반트러스트법의 목적에 대해서는 하버드학파는 경제효율의 달성이 주된 목표라는 것을 인정하면서도 경제권력의 분산, 기회의 평등, 소득분배의 공정 등도 그 목적에 포함된다고 한다.

#### 2) 문제점

하버드학파의 구조주의는 Cournot의 과점이론[83]에 대한 강한 추종에서 발달되었다.[84] Cournot의 이론에 따라 하버드학파는 기업의 희소성 또는 제품차별화와 같은 과정의 구조적 결백성에 훨씬 큰 관심을 기울였으며, 시장 구조를 매우 낮은 집중수준에서 문제 삼는 경향이 있었다. 하버드학파의 기업결합정책은 역사적으로 매우 공격적이었으며, 낮은 시장점유율을 갖게 되는 기업결합이나 덜 집중된 시장에서의 기업결합도 비난하였다. 또한 하버드학파는 시카고학파보다 진입장벽에 훨씬 더 관심을 가졌다. 그리하여 신규진입은 집중된 시장의 반경쟁적 관행을 완화시키지 않을 것이라고 일반적으로 추정했다. 따라서 하버드학파 역시 다양한 형태의 수직적 결합에 대하여 매우 부정적이었다. 이들 모두는 진입장벽을 증가시키고 따라서 독점가격을 조장하는 것으로 간주되었다.[85]

#### 3) 하버드학파의 변신

1970년대 후반 하버드학파는 중대한 변화를 겪었다. 사실상 현재 '하버드학파'라는 용어는 주로 1930년대부터 1960년대까지의 경제학자와 반독점 법률가를 주로 지칭하는데 사용되며, 지난 30년간의 특징인 반독점에 대한 하버드적인 접근방법을 가리키는 것은 아니다.

하버드학파의 반독점정책에 대한 입장변화의 계기는 1970년대 후반의 Donald F. Turner의 '반트러스트법(Antitrust Law)'이라는 영향력 있는 저작물로서, 이 책은 하버드학파의 입장에서 크게 벗어났지만 시카고학파의 입장을 전적으로 수용하지도 않았다. 즉 진입장벽에 대하여 훨씬 완화된 태도를 보였으며, 수직적 결합이 내재적으로 반경쟁적이라는 주장을

83) Cournot는 19세기 중반의 프랑스 경제학자로서 그의 이론은 신고전주의 산업조직론과 현대의 게임이론의 기초를 형성하기도 했다.

84) 그 이론이 경제학에 기여한 것은 시장에서 각 기업은 다른 모든 기업의 산출을 주어진 것으로 받아들이고 그 추정에 근거하여 자기의 이윤최대화가격을 산출함으로써 자기 자신의 이익을 최대화한다는 생각이었다. 이 이론은 산술적으로는 세련되지만, 시장성과에 대한 결론이 시장내 기업의 수, 그들의 상대적 비용 또는 규모의 차별화, 제품차별화의 정도와 같은 요인들의 엄격한 작용이라는 의미에서 철저히 "구조적"이기도 하다.

85) Herbert Hovenkamp, *op. cit.*, pp. 30-33.

반박하고, 크게 완화된 합병규제기준을 제안하였다. 또한 반경쟁적 행위는 시장구조의 필연적 결과라는 견해를 폐기하고, 시장에서의 행위에 대한 더 정밀한 조사를 요구하는 시카고학파의 입장에 동조하였다. 이 새로운 하버드학파의 입장이 오늘날 대부분의 연방법원들이 따르고 있는 입장이다.

### (2) 시카고학파

#### 1) 시카고학파의 발생과 성과

이에 대하여 1970년대 후반에 나타난 시카고학파는 산업조직론의 SCP이론을 부정하고 신고전파 경제학으로 돌아갈 것을 주장하였다. 즉 시장이 기능하면 사적인 경제권력은 생기지 않는다. 시장구조는 효율을 반영하고 있는 것이므로, 그 집중도가 높다는 것은 시장지배력의 존재를 의미한다기 보다 규모의 경제성에 의한 효율의 존재를 의미한다고 본다. 집중도가 높은 시장에서 이윤이 크다는 것은 그 시장에 있어서 기업이 효율적이기 때문에 높은 이윤을 획득할 수 있었다고 생각하는 것이다. 따라서 이런 효율을 반트러스트법으로 규제해서는 안 된다고 주장한다. 반트러스트법의 목적에 대해서도 시카고학파는 경제효율의 달성만을 그 목적이라고 생각한다.

시카고학파에 의하면, 하버드 학파의 이론도 여전히 관념론적이고 실증성이 결여되어 있다고 하면서 구체적인 분석과 제언을 하고 있다. 예컨대, 시카고학파는 시장집중도가 어느 정도 높은 경우이더라도, 경제적 효율성이 인정되면 합병을 용인한다. 진입의 자유에 관해서도 이를 진입과 퇴출이 자유라고 생각하는 동시에 자유란 비용이 필요치 않은 것이라고 정의한다. 이러한 상황에 있는 시장을 가쟁(Contestable)시장이라고 하는데, 여기서는 다른 기업의 진입을 저지하는 것은 불가능하므로 독점상황이더라도 효율적인 자원분배가 실현된다고 한다. 이러한 논의를 전개한 시카고학파는 1980년대에 전성기를 누렸다.

시카고학파는 반독점에 대하여 친시장적이고 대체로 반개입적인 견해를 주장하였다. 그들에 의하면 신고전주의 경제학에 입각하여 볼 때, 장기적인 관점에서 시장은 그 자신의 결함을 시정하는 경향이 있다. 그런데 법원은 그것을 충분히 이해하지 못하면서 의심스럽게 보이는 거래관행을 단죄하는 일이 많았고, 이 관행들을 이해했을 때에는 유화적이거나 친시장적인 입장을 보여왔다. 종래의 판례법과 문헌에서 '배타적'이라고 인정된 거래관행의 다수가 사실은 공격적 경쟁 또는 개량을 반영한 것이었다. 이 관행들은 전혀 배타적인 것이 아니거나 단지 효율적인 기업과 경쟁하는 것이 어렵다는 이유만으로 경쟁 기업을 배제하는 것이었다. 그리고 대부분의 수직적 거래관행, 가격차별, 대부분의 전략적 가격책정, 다수의 특허권 거래관행, 기업의 불법행위는 거의 존재하지 않거나 전혀 반경쟁적인 것이 아니다.

시카고학파는 다수의 반독점판결의 저변에 깔린 경제적 불합리성을 지적함으로써 반독점정책에 기여하였다. 한 가지 예는 수직적 결합의 'leverage' 이론의 붕괴이다. 동 이론은 결합판매 같은 수직적 거래관행을 비판했는데 그 이유는 한 제품의 독점기업은 결합판매를 이용하여 결합된 제품에 대한 두 번째 독점을 창출할 수 있으며, 그 결과 결합된 제품에 대한 경쟁을 파괴하면서 두 가지 독점이윤을 획득할 수 있다는 추정에 기한 것이었다.[86] 그러나 큰 규모는 수직적 통합이 진정으로 목표하는 것, 또는 기업은 수많은 상호 관련된 시장에서 활동한다는 사실에서 생긴 것이다. 시카고학파는 그 당시의 반독점이론의 또 다른 중대한 문제를 지적하였다. 예컨대 1970년대 이전의 정책은 시장지배력과 독점화에 대한 과장된 관념을 세우고, 독점될 수 있는 어떤 상품이나 사업에 대하여 피고인이 통제했는가 여부를 따지지 않는 경우가 너무 빈번했다. 이는 합병기업이 얻게 되는 경쟁상의 유리함을 강조하면서, 한편 이 유리함의 대부분은 낮은 가격 또는 우수한 제품으로 귀결된다는 것을 무시하는 것이었다. 미국의 법원들이 합병을 그 효율성에도 불구하고 부정적으로 취급한 것은 불합리한 것이었다.

2) 문제점

시카고학파의 반독점이론의 가장 큰 문제의 하나는 신규회사의 진입이 대부분의 경쟁문제를 해결할 것이라고 확신하는 것이다. 그러나 실제의 시장의 대부분은 시카고학파 이론이 추정하는 것 보다 훨씬 복잡한 경우가 많다. 그리고 소비자를 중심으로 한 경제주체들에게는 좋은 정보가 결여되어 있기 쉽고, 때로는 그 이전의 투자 때문에 발목이 잡혀서 큰 전환비용(switching costs)에 직면하기도 한다.

leverage 이론의 붕괴와 관련한 문제점으로서는, 시카고학파는 기업이 두 시장을 서로 연결시킴으로써 그 독점가격을 확대시킬 수 있었는가 여부만이 유일한 고려 대상인 매우 단순한 시장을 상정했다는 것이다. 이 문제점이 지적된 후 시카고학파의 분석은 그 위력을 상당히 상실하였다. 예컨대, Microsoft사가 플랫폼 마켓(Windows)을 인터넷 브라우저 마켓(Internet Explorer)에 결합시켰을 때 그 반독점의 견지에서 우려되었던 것은 Microsoft사가 두 제품을 결합하여 판매함으로써 이중적인 독점이윤을 얻게 될 수 있으리라는 것은 아니었다. 오히려 관심사는 Microsoft사가 플랫폼 시장에서의 그 독점적 지위를 이용하려고 브라우저 마켓에서의 개량을 제한하고 경쟁 플랫폼의 출현을 막을 수 있다는 것이었다.[87]

### (3) 후기 시카고학파

1) 취지

후기 시카고학파 이론은 시카고학파의 모델이 현실세계의 현상을 다루기에는 너무 단순하다는 것을 파악한데서 나타난 경제이론이다. 동 이론에 따르면 시장은 시카고학파가 인정하는 것보다 훨씬 혼란스럽고 더 복잡하다고 생각한다. 그러나 동 이론이 하버드학파의 구조주의로 회귀한 것은 아니며 오히려 후기 시카고학파 이론은 전형적으로 게임이론을 이용하여 전략적 행위들을 유형화하고, 전통적인 Cournot 과점이론을 훨씬 뛰어넘는 대안을

86) *Carbice Corp. v. Patents development corp.*, 283U.S. 27(1931).

87) Eleanor M. Fox & Daniel A. Crane(ed), *op. cit.*, p. 287 이하 참조.

제시한다.

일정한 시장구조와 의도적인 행위유형들은 시카고학파가 상상했던 것보다 반경쟁적이기 쉽다. 예컨대, 투입의 비율이 다양할 수 있는 경우 수직적 결합은 사회적으로 유해할 수 있으며, 정보가 불균형할 경우 반경쟁적 전략행위가 가능하다. 어느 시장이 규모의 경제가 있고 기업들이 자산을 전문화했다면, 비용을 크게 상회하는 가격으로 전략적 가격책정을 함으로써 반경쟁적효과를 발생시킬 수 있다.

후기 시카고학파에서는 '경쟁자의 비용인상강요(raising rivals costs)' 이론을 발전시켰는데, 이 이론에서는 지배적인 기업들이나 카르텔 기업들이 경쟁자들에게 더 높은 비용을 강요하는 전략을 채택하여 전략에 가담한 기업들을 위한 가격우산을 만들어 낸다고 한다. 그리고 제품차별화된 시장에서의 기업결합은 전통적인 기업결합심사로는 파악 할 수 없는 경쟁에 대한 독특한 위협을 제기한다고 주장한다. 심지어 지배적 지위에 있지 않은 기업조차 만일 소비자들이 자기들의 거래 후 부분 또는 서비스에 "묶여있을"(locked in) 경우 높은 가격을 매길 수 있다. 결국, 컴퓨터 기동시스템 또는 전화시장과 같은 네트워크 시장에서 지배적 기업은 그들이 더 우월한 기술을 시장에서 배제할 수 있게 만드는 결정적 이점을 얻을 수 있다는 것이다. 이는 네트워크 시장에서의 고도의 "경로 의존"(path dependence)에 의하여 설명된다. 이전의 결정은 사용자들을 특정 기술에 묶어 놓게 되는데, 이는 그 기술이 우월해서가 아니라 호환성이 필수적이고 매우 많은 다른 사람들 역시 이미 확립된 기술을 사용하고 있기 때문이다.

후기 시카고학파 경제학의 진정한 가치는 시카고학파가 생각한 것 보다 시장은 더 다양하고 복잡하다는 것을 새롭게 재인식시킨 점에 있다. 반경쟁적 거래관행의 숫자와 다양성은 미지수이며 무한한 가능성이 있고, 특히 상대적으로 새로운 시장에서 그러하기 때문이다.

2) 문제점

후기 시카고학파 반독점 경제학의 최대의 문제점은 반경쟁적 거래관행의 다양성과 가능성이 과장되어 있다는 것이 아니라, 오히려 후기 시카고학파 이론의 복잡성 때문에 미국 연방 법원들이 스스로 해결할 수 없는 문제에 직면해야만 한다는 것이다. 반트러스트 정책은 그것이 시장을 더욱 경쟁적으로 만들 경우, 즉 반트러스트법의 개입이 더 낮은 가격, 더 큰 산출량 개량된 품질을 창출할 경우에만 기업들에게 수용될 수 있다. 소비자 후생을 증진시키면서 동시에 기업의 부를 증가시키는 반트러스트 규범을 발전시키는 것은 법원들이 충분히 이해하고 있는 범위 내에서 그 이론을 적용할 경우에만 가능한 것이다.

### (4) 정리[88]

위의 세 학파는 소비자후생의 보호가 반독점 정책의 궁극적 목적이라는 점에 대체로 동

88) Herbert Hovenkamp, *op. cit.*, p. 29.

의하고 있다. 그러나 그들은 반독점 정책이 그 목적을 가장 잘 성취할 수 있는 방법에 대하여 견해 차이를 보인다. 그 차이는 시장의 복잡성과 활력에 대한 상반된 가정 그리고 시장 실패에 대한 법원 기타 정부기관의 시정능력에 대한 다양한 평가를 반영하고 있다. 가장 극단적인 시카고학파의 견해는 시장은 상대적으로 단순하며 자연적으로 경쟁적 산출을 향해 가는 경향이 있다는 두 가지 가정을 전제로 한다. 이와 대조적으로 정부기관들은 시장이 보통 독자적으로 달성할 수 있는 것 보다 낮은 수준의 성과 밖에 거두지 못한다. 이에 대하여 정도의 차이는 있지만, 다른 학파들은 이 두 가지 가정에 동의하지 않는다.

요약하면 반독점 정책의 의사결정은 1980년부터 상당히 완화된 방향으로 진전되었으나 시카고학파 학자들이 원하는 만큼 충분한 정도는 아니었다. 오히려 정부정책과 법원의 판결은 거의 현재의 하버드학파의 입장을 더욱 반영하는 중도적 입장을 취해왔다. 그 입장은 시장이 비록 시카고학파가 주장하는 만큼 자주적이지는 않지만, 과거의 하버드학파의 입장이 생각했던 것 보다는 훨씬 더 자주적임을 인정한다. 오늘날의 하버드학파는 시장에 강한 간섭적인 내용을 주장으로 하고 있지 않으나, 세부적인 면에서 살펴보면 부분적으로 간섭적이라고 할 수 있다.

## 제2절 일정한 거래 분야

### I. 개념

공정거래법 상의 핵심적 규제인 시장지배적지위 남용금지(법 2조 7호), 부당한 공동행위(법 19조 1항 9호), 기업결합 및 경제력집중의 제한(제3장), 사업자단체의 금지행위(법 26조 1항 2호)는 모두 '일정한 거래분야'에 있어서 경쟁의 제한을 요건으로 하고 있으므로 이 개념은 공정거래법 상 기본적으로 중요한 개념이다.

공정거래법 제2조 제8호에서 일정한 거래분야는 '거래의 객체별 · 단계별 또는 지역별로 경쟁관계에 있거나 경쟁관계가 성립될 수 있는 분야를 말한다'고 규정하고 있다. 이와 같이 일정한 거래분야란 사업자나 사업자단체의 일정한 행위가 시장지배력을 형성하거나 유지 · 강화하는가 여부를 판단하기 위한 개념이며, 그 시장지배력이 작용하는 일정한 범위를 의미한다. 즉 일정한 거래 분야란 특정 상품 또는 용역에 관한 공급자군과 소비자군 사이의 거래가 이루어지는 시장을 의미한다. 달리 말하면 경쟁이 행해지거나 경쟁이 그 기능을 발휘하는 장이라고도 할 수 있다.

공정거래위원회의 고시에서는 일정한 거래분야를 '경쟁관계에 있거나 경쟁관계가 성립될 수 있는 거래분야'라고 규정하고 있다.[89]

## II. 시장의 획정

일정한 거래 분야는 일반적으로 가격인상에 대한 경쟁상의 억제를 발생시키는 범위 내에서 성립한다. 일정한 거래분야는 보통 거래대상인 상품·용역의 범위, 거래의 지리적 범위, 거래의 단계, 거래의 상대방에 의하여 획정된다. 그 범위의 획정에 관련한 공정거래위원회의 고시로서는 시장지배적 지위남용행위 심사기준과 기업결합심사기준이 공포되어 있는데, 규정상 약간의 차이가 있다. 즉 시장지배적 지위남용행위 심사기준에서는 거래대상·거래지역·거래단계·거래상대방 등을 구분기준으로 하고 있음에 대하여 기업결합심사기준에서는 거래대상, 거래지역 등을 구분기준으로 하고 있다. 그러나 세부적인 규정을 살펴보면 후자에서 전자의 내용을 포괄하고 있기 때문에 실질적으로는 차이가 없다고 할 수 있다.

일정한 거래분야가 성립하는 범위는 처음부터 고정적으로 결정되어있는 것은 아니며, 구체적인 행위나 거래의 대상, 지역, 양상 등에 따라 상대적으로 결정되어야 할 것이다(서울고등법원 2007. 1. 17. 선고 2004누17480 판결). 따라서 같은 사업자에 대하여 중첩적으로 복수의 일정한 거래분야가 성립하는 경우도 있다.

**서울고등법원 2007. 1. 17. 선고 2004누17480 판결**

일반적으로, 관련 시장이라 함은 거래의 객체별·단계별 또는 지역별로 경쟁관계에 있거나 경쟁관계가 성립될 수 있는 분야로서(법 2조 8호), 특정지역에서 거래되는 특정상품의 가격이 상당기간 어느 정도 의미 있는 수준으로 인상될 경우 당해 상품 또는 지역의 대표적 구매자가 이에 대응하여 다른 상품이나 지역으로 구매를 전환할 수 있는 상품의 집합(상품시장) 또는 지역(지리적 시장), 기타 거래단계나 거래상대방별로 구분되는 시장을 의미하고, 이는 상품의 특성 내지 기능·효용 및 가격의 유사성, 구매자 또는 판매자들의 대체가능성에 대한 인식, 그와 관련한 구매 또는 경영의사 결정 행태 및 시간적, 경제적, 법제적 측면에서 전환의 용이성 등을 종합적으로 고려하여 판단한다.

### 1. 거래의 대상

거래대상과 관련된 일정한 거래 분야는 수요자의 관점에서 보아 용도, 가격의 측면에서 거래의 대상인 상품 또는 용역의 기능 및 효용이 유사한 분야에서 인정된다. 그리고 그 판단에는 수량의 변동, 대체가능성에 대한 수요자의 인식과 행태, 대체가능성에 대한 판매자의 인식과 행태 등을 고려하여야 한다.

거래대상이 되지 않는 제품의 처리에 관하여는 일정한 거래분야가 성립되지 않는다. 동일 제품이더라도 용도나 유통경로가 다르면 복수의 별개의 일정한 거래 분야를 구성하는

89) 시장지배적지위 남용행위 심사기준 고시 제2009-62호, 기업결합심사기준 고시 제2009-39호, 공동행위심사기준 예규 제71호 IV-2-나.

경우가 있을 수 있다. 거래의 대상이 되는 이상 기술이나 정보도 제품 시장을 구성할 수 있으며. 엄밀하게 동일한 제품이 아니더라도 용도·성질·가격 등의 면에서 기능 및 효용이 동종 또는 유사한 제품을 포함하여 일정한 거래 분야가 구성될 수 있다. 제품 시장의 획정 시에는 수요면에서 보아 합리적인 대체 가능성이 있는가가 중요한 핵심이 되지만, 공급면에서 본 합리적 대체 가능성도 보충적으로 고려되어야 한다.90)

A 제품과 B 제품이 동종 또는 유사한 제품이라고 할 수 있는가 여부의 판단 시에는 수요의 교차 탄력성이 하나의 기준이 된다. 수요의 교차 탄력성은 다른 조건이 일정하다고 가정하고, A 제품이 변화한 경우에 B 제품에 대한 수요의 변화를 각각의 변화율의 비례로 취한 계수이고, 이것이 클수록 A B 간의 대체성의 정도가 높다는 것을 나타낸다. 그러나 수요의 교차 탄력성은 다른 조건이 일정할 것을 전제로 하여 계산되는 것이며, 가령 그 계산이 가능하더라도 그 숫자가 어느 단계에 도달하면 A B가 동일한 제품 시장을 형성한다고 할 수 있는가는 여전히 명확하지 않다. 따라서 제품 시장의 획정시 수요의 교차 탄력성을 아는 것은 필요하지만 이를 그대로 기준으로서 이용할 수는 없으며, 때로는 공급의 대체성도 고려할 필요가 있다. 제조업체가 제품 차별화에 성공하거나, 구입자가 다른 제조업체의 제품으로 바꾸어 구입하기가 매우 곤란한 경우에는 해당 제조업체의 제품만으로 제품 시장이 구성된다. 이런 경우에는 브랜드 내의 경쟁의 제한이 일정한 거래 분야에 있어서 경쟁의 제한이 될 수 있다.

미국의 사례를 보면, 합병의 경우 제품 시장을 획정하는 방법으로서 SSNIP(Small Significant and Non-Transitory Increase in Price-작지만 의미 있고 비일시적인 가격인상) Test가 있다.91) 이는 가상의 독점적 매도인이 가격을 인상하여 이익을 얻게 되는 즉 경쟁 압력으로부터 충분히 격리되어 있는 제품군을 발견하기까지 시장의 범위를 확대하는 방법이다. 다시 말해 합병기업의 제품을 출발점으로 하여 가격차별이 나타나지 않는 해당 제품의 가상의 독점적 매도인이 상당기간 소폭이지만 의미 있는 가격 인상을 했다면, 어떤 현상이 생길 것인가를 검토한다. 만약 다수의 매수인이 대체 제품으로 전환한 결과 독점적 매도인에게는 가격 인상에 의하여 이익이 생기지 않는다면, 그것은 임시로 상정한 시장의 정의가 좁다는 것을 의미한다. 거기서 합병기업의 제품의 차선의 대체 제품의 집합에 더하여 다시 똑같이 검토한다. 가격을 인상해도 다른 대체 제품으로의 전환이 이루어지지 않게 되기까지 대체 제품을 추가로 포함시킨 결과로서 형성되는 제품군이 해당 제품에 관한 제품시장

---

90) 대법원 2009. 9. 10. 선고 2008두9744 판결; 대법원 2008. 5. 29. 선고 2006두6659 판결.

91) SSNIP test는 1980년대 미국의 Harris-Simons에 의하여 소개되어 미국 경쟁당국이나 기업 결합을 대변하는 전문가들이 이용하였고, 주로 시장범위가 경쟁당국이 주장하는 것보다 확장되어야 한다고 주장하는 결합기업 측에서 적극적으로 활용하였다. SSNIP test는 미국 법무부와 연방거래위원회가 공동으로 마련한 '수평적 기업결합에 관한 심사지침(Horizental Merger Guidelines)' 중 지리적 시장 획정의 일반적 기준으로 채택되었고, 미국 법원이 적용하면서 유럽을 포함한 많은 국가에서 활용하고 있다. 우리나라에서는 무학의 대선주조에 대한 경쟁제한적 기업결합행위에서 관련시장의 획정에 관하여 적용한 사례(서울고등법원 2004. 10. 27. 선고 2003누2252 판결)가 대표적이다.

이다.[92)]

또한 가상의 독점적 매도인으로서 가격차별이 유익한 경우, 즉 상당기간 소폭이지만 의미 있는 가격 인상 또는 인하에 대하여 대체품 구입으로 전환하지 않는 고객층이 있는 경우, 해당 고객층에 의한 특정한 사용, 용도에 의하여 구성되는 추가적인 관련 제품시장이 있을 수 있다. 이는 제품시장에 포함되는 제품군 중 어떤 제품에 대한 특별한 기호를 가진 한 그룹의 소비자층에 대하여 이른바 부차시장(sub-market)의 성립을 인정할 것인가의 문제와도 관련이 있다.

**대법원 2008. 5. 29. 선고 2006두6659 판결**

일정한 거래분야에 관하여 거래의 객체인 관련 상품에 따른 시장 등을 획정하는 것이 선행되어야 한다. 여기서 '관련 상품에 따른 시장'은 일반적으로 서로 경쟁관계에 있는 상품들의 범위를 말하는 것으로서, 구체적으로는 거래되는 상품의 가격이 상당 기간 어느 정도 의미 있는 수준으로 인상될 경우 그 상품의 대표적 구매자가 이에 대응하여 구매를 전환할 수 있는 상품의 집합을 의미하고, 그 시장의 범위는 거래에 관련된 상품의 가격, 기능 및 효용의 유사성, 구매자들의 대체가능성에 대한 인식 및 그와 관련한 구매행태는 물론, 판매자들의 대체가능성에 대한 인식 및 그와 관련한 경영의사의 결정행태, 사회적·경제적으로 인정되는 업종의 동질성 및 유사성 등을 종합적으로 고려하여 판단하여야 하며, 그 밖에도 기술발전의 속도, 그 상품의 생산을 위하여 필요한 다른 상품 및 그 상품을 기초로 생산되는 다른 상품에 관한 시장의 상황, 시간적·경제적·법적 측면에서의 대체의 용이성 등도 함께 고려하여야 한다.

**대법원 2007. 11. 22. 선고 2002두8626 판결**

열연코일의 기능 및 효용의 측면, 수요대체성의 측면, 공급대체성의 측면 및 한국산업표준산업분류 등을 참작하여 열연코일 전체를 거래대상으로 삼는 이외에 이를 세분하여 그중 자동차냉연강판용 열연코일만을 거래대상으로 삼는 별도의 시장을 상정할 수는 없다.

**서울고등법원 2004. 10. 27. 선고 2003누2252 판결**

가상의 독점사업자인 무학과 대선이 부산 및 경남지역 소주시장에서 가격에 민감한 일부 소비자집단과 지역제품에 충성도가 강한 다수의 소비자집단으로 구분되어 있는 것을 이용하여 충성도가 강한 다수의 집단을 상대로 '작지만 의미있고 비일시적인 가격 인상'율을 10~30%로 잡아 그러한 가격인상을 시도하여 이윤증대를 도모할 수 있는 등 독점력을 행사할 수 있다

92) 국내에서는 시장지배적 지위남용행위와 기업결합에 대한 심사기준에서 주로 SSNIP test 방식을 활용한다.

## 2. 거래의 지역

거래의 지역에 관한 일정한 거래 분야는 거래지역을 공통으로 하는 사업자간에 성립하며, 관계사업자의 사업구역에 있어서 경쟁관계의 구체적 양상에 따라 획정된다. 그 범위의 획정에 있어서는 공급자의 사업지역, 수요자의 구매 범위, 상품 또는 용역의 특성(부패성, 변질성, 파손성 등), 운송수단 및 비용, 구매지역 전환가능성에 대한 구매자와 판매자의 인식과 행태, 시간적·경제적·법적 측면에서의 구매지역 전환의 용이성(수요대체성 또는 공급대체성) 등 다양한 측면이 고려된다.[93]

일정한 거래분야에서 거래의 지역은 전국에 걸친 경우도 있고 지리적으로 좁은 지역으로 한정되는 경우도 있다. 일반적으로 말하면 생산자 단계에 있어서 지리적 시장의 범위는 넓고, 전국을 사업 구역으로 하고 있는 경우에는, 전국이 일정한 거래분야로서 획정되는 것이 보통이다. 이에 대하여 소매업자 단계에 있어서 지리적 시장의 범위는 보통 좋게 획정되는데, 이는 소비자의 생필품 등의 구입의 선택범위가 거주지 주변으로 한정되어 있는 경우가 보통이기 때문이다. 제조업자로서 전국을 사업구역으로 하고 있는 경우에는 보통 전국이 일정한 거래분야로 획정되는 경우가 많다.[94] 그러나 경쟁관계의 구체적 양상에 따라 한정된 지역이 일정한 거래분야로 획정되는 경우도 있다.[95]

경우에 따라서는 외국의 경쟁기업이 국내 수출을 증가시킴으로써 국내의 가격인상을 초래 할 수도 있기 때문에, 현재의 수입량 외에 가격인상에 의하여 예상되는 신규 수입량도 동일한 지리적 시장에 포함시킬 수도 있다. 또한 특정 상품의 지리적 시장을 전 세계시장이라고 보아야 할 경우도 있을 것이다.

**대법원 2007. 11. 22. 선고 2002두8626 판결**

'관련 지역에 따른 시장'은 일반적으로 서로 경쟁관계에 있는 사업자들이 위치한 지리적 범위를 말하는 것으로서, 구체적으로는 다른 모든 지역에서의 가격은 일정하나 특정 지역에서만 상당기간 어느 정도 의미 있는 가격인상 또는 가격인하가 이루어질 경우 당해 지역의 대표적 구매자 또는 판매자가 이에 대응하여 구매 또는 판매를 전환할 수 있는 지역 전체를 의미하고, 그 시장의 범위는 거래에 관련된 상품의 가격과 특성 및 판매자의 생산량, 사업능력, 운송비용, 구매자의 구매지역 전환가능성에 대한 인식 및 그와 관련한 구매자들의 구매지역 전환행태, 판매자의 구매지역 전환가능성에 대한 인식 및 그와 관련한 경영의사 결정 행태, 시간적·경제적·법적 측면에서의 구매지역 전환의 용이성 등을 종합적으로 고려하여 판단하여야 하며, 그 외에 기술발전의 속도, 관련 상품의 생산을 위하여 필요한 다른 상품 및 관련 상품을 기초로 생산되는 다른 상품에 관한 시장의 상황 등도 함께 고려하여야 한다.

93) 대법원 2009. 9. 10. 선고 2008두9744 판결; 불공정거래행위 심사지침 IV-2 참조.

94) U.S. v. Grinnell Corp., 384 U.S. 563(1966); 공정거래위원회 2006. 11. 14. 의결 제2006-264호 2006결합2164.

95) 미국의 판례를 살펴보면 관련시장을 다양하게 획정하고 있음을 살펴볼 수 있다(Interstate Circuit. Inc. v. U.S., 306 U.S. 208(1939); William Goldman Theatres v Loew's, Inc., 150 F.2d 738(3rd Cir. 1945))

**대법원 2007. 11. 22. 선고 2002두8626 판결**

국내에서 열연코일의 가격이 상당기간 어느 정도 인상되더라고 이에 대응하여 국내 구매자들이 동북아시아 지역으로 열연코일의 구매를 전환할 가능성은 없다는 이유에서 열연코일에 관한 동북아시아시장을 관련지역시장에 포함시킬 수 없다.

**공정거래위원회 2010. 11. 29. 의결 제2010-061호 2009국카3104**

공정거래법(이하 '법') 제2조 제1호에 의하면 '사업자'라 함은 제조업, 서비스업, 기타 사업을 행하는 자를 의미하는 바, 이와 같이 법은 그 적용대상 사업자를 "제조업, 서비스업, 기타 사업을 행하는 자"로 규정하고 있을 뿐 내국사업자로 한정하고 있지는 아니하며, 규율대상 거래분야 또한 "거래의 객체별, 단계별 또는 지역별로 경쟁관계에 있거나 경쟁관계가 성립될 수 있는 분야"라고 하여 역시 국내시장만으로 국한하지 아니하고 있다. 나아가 법 제19조 제1항의 규율 대상으로서 부당한 공동행위를 하여서는 아니 되는 자 역시 '사업자'로 규정하고 있어 내국사업자로만 한정하고 있지 아니하다.

## 3. 거래의 단계

상품은 보통 제조업자, 도매업자, 소매업자의 경로를 거쳐 소비자에게 판매되며, 각 거래 단계마다 경쟁이 이루어지므로 일반적으로는 거래단계마다 일정한 거래분야가 획정된다. 그러나 해당 행위가 대상으로 하고 있는 거래나 그에 의해 경쟁의 자유가 제한되는 범위에 따라, 둘 이상의 거래단계를 포함하여 일정한 거래분야가 획정되는 경우도 있다.[96)]

생산자재의 유통과정에서는 생산자가 중간의 거래단계를 넘어서 직접 수요자와의 거래에서 경쟁을 하고 있다고 보아야 할 경우도 있다. 그 경우에는 거래단계마다 거래분야를 획정하는 것은 부적절하고 모든 거래단계를 포괄하여 일정한 거래분야로 인정할 필요가 있다. 예컨대 복수의 생산자가 소비자 가격 또는 희망 소매가격을 협정하는 경우 그 가격에서 중간 판매업자의 이윤을 공제함으로써 자동적으로 생산자의 출고 가격도 결정된다면, 생산자 단계의 판매 분야에 있어 경쟁의 제한을 논할 여지도 있다.

## 4. 거래의 상대방

수요자 또는 판매자의 특성과 상품이나 용역의 특수성에 의해 상품이나 용역, 지역 또는 거래단계별로 특정한 구매자군(판매자군)이 존재하는 경우, 예컨대 특정 상품의 애호가들이 존재하는 경우에는 각각에 대하여 독립된 일정한 거래분야가 획정될 수 있다.[97)]

---

96) 공정거래위원회 2008. 10. 27. 의결 제2008-285호 2008지식1978.

97) 서울고등법원 2004. 10. 27. 선고 2003누2252 판결.

동일 상품 또는 용역의 공급에 관해 거래조건이나 거래방법 등의 측면에서 거래처가 둘 이상의 그룹으로 나누어지고, 각 그룹에 대하여 사업자가 경쟁하고 있는 경우에는, 거래 상대방의 특정 유형 마다 일정한 거래분야가 성립한다. 수요자나 판매자의 특성 및 상품·용역의 특수성에 착안하면, 거래상대방이 공통되는 범위에서 다시 특정한 수요자군의 존재를 예상할 수 있다. 예컨대 일반 소비자를 대상으로 하는 것과 구별된 대규모 수요자를 대상으로 하는 판매분야, 제조업체 계열의 판매점과 구별된 종합판매점에 있어서의 판매분야, 대규모 수요자의 일부분을 구성하는 관공서를 대상으로 하는 판매분야 등이 일정한 거래분야라고 할 수 있다.[98]

**서울고등법원 2004. 10. 27. 선고 2003누2252 판결**

부산과 경남지역의 지역업체인 대선/무학의 점유율 증가현상은 소비자들의 지역정서가 결집된 것에 기인한 것으로 보이고, 소주시장은 지역소비자들의 지역제품에 대한 강한 선호도 내지 충성도를 보이고 있다 할 것이고, 이러한 지역적 특성은 자도소주 의무구입제도라는 외생적 규제환경에 의하여 형성되고, 지역업체들의 제품개발, 판매촉진노력강화, 정치적 여건변화에 따른 지역정서의 결핍 등의 요인들이 상승작용을 일으키면서 강화되었다고 볼 수 있다.

**서울고등법원 2008. 9. 3. 선고 2006누30036 판결**

일반적으로 상품의 기능 및 효용의 유사성이 존재하는 경우 동일한 시장으로 획정할 수 있으나, 유통업의 경우, 유통업태의 유통환경 특성, 소비자 및 사업자의 인식 등을 종합적으로 고려하여 유통업태 사이에 경제적으로 유의미한 경쟁관계가 있는지 여부를 기준으로 시장을 획정한다. 즉, 유통업의 경우 소비자의 소비행태나 유통사업자가 창출하는 부가가치는 상품 그 자체가 아니라 유통환경의 특성이 가미된 서비스이므로, 관련시장 획정에 있어서는 상품의 물리적 기능과 효용의 유사성이 아닌 유통서비스에 대한 구매자들의 인식이나 구매행태가 중요하게 고려되어야 한다.

98) 소매유통시장은 대형마트, 편의점, 무점포 시장, 대형마트 시장, 슈퍼마켓, 백화점, 재래시장으로 구분될 수 있다(공정위거래위원회 2008. 10. 27. 의결 제2008-285호 2008지식1978).

# 제3절 경쟁의 실질적 제한

## I. 경쟁의 개념

경쟁이란 용어는 사업자간의 경합행위로서 경제분석의 관점에서는 어떤 사업자도 시장지배력을 갖지 않는 것을 말한다. 여기에는 복수의 사업자가 가격·품질·서비스·선전 등을 통하여 다른 자를 배제하고 제3자와의 거래를 획득하려는 노력을 의미하는 행위개념으로서의 경쟁개념과 경쟁에 의하여 시장에서 가격이 형성되는 것을 의미하는 상태개념 또는 기능개념으로서의 경쟁개념이 있다. 전자를 사업자간 경쟁이라고 하며 후자를 시장경쟁이라고 한다. 공정거래법의 규정상 경쟁의 실질적 제한에 있어서의 경쟁은 후자의 개념, 즉 누구든 가격이나 생산량 등을 통제할 수 없는 상태를 말하는 시장에서의 경쟁이다.[99]

공정거래법 제7조에서는 관련시장에서 '경쟁을 실질적으로 제한하는' 기업결합을 금지하고, 동법 제19조에서는 '부당하게 경쟁을 제한하는' 사업자들의 합의를 금지하고 있다. 이와 같이 경쟁을 실질적으로 제한하는 행위 또는 상태가 기업결합금지와 카르텔금지의 핵심적 구성요건으로 되어 있다.

그리고 동법 제23조 제1항에서는 '공정한 거래를 저해할 우려'가 있는 행위를 금지하고 있다. 여기서는 경쟁이라는 용어를 사용하고 있지 않지만, 공정한 거래란 공정한 경쟁을 의미한다고 볼 수 있다.

## II. 경쟁의 실질적 제한

### 1. 개념

경쟁에 의하여 시장에서 가격이 형성되고, 이 가격에 따라 각 경제 주체의 경제활동이 규제된다는 경쟁의 기능이 상실되는 것이 경쟁의 실질적 제한이다. 그 구체적 의미는 전술한 '유효경쟁론' 에 따라 일정한 거래 분야에서 유효한 경쟁을 기대하는 것이 거의 불가능한 상태를 초래하는 것을 말한다. 전술한 유효경쟁이론은 경쟁개념을 시장행동, 시장구조, 시장성과의 3가지 측면으로 나누어 분석한다. 따라서 "경쟁의 실질적 제한"을 "유효경쟁의 실질적 제한"이라고 해석하면, 이 문제도 측면에서 접근할 필요가 있다.

경쟁의 제한을 유효경쟁의 제한이라고 해석할 경우, 경쟁제한이란 시장행동, 시장구조, 시장성과의 각 측면에서 보아 유효한 경쟁이 훼손될 염려가 있는 때를 의미하게 된다. 일반적으로 유효경쟁이 경쟁질서의 유지에 의하여 실현하려는 가치는 공정거래법의 측면에서는 공정하고 자유로운 경쟁질서를 확보하고 소비자의 이익을 보장하려는 것이다. 경제학적

99) 경쟁개념에는 매도자간 경쟁과 매수자간 경쟁이 포함되며, 현재의 경쟁과 잠재경쟁도 포함된다.

측면에서 보면 그것은 경제의 효율적 발전, 자원의 최적배분, 소득분배의 공정, 완전고용의 달성 등을 추구하고 있다고 할 수 있다. 이러한 경쟁목표를 달성하기 위한 유효경쟁정책은 3가지 측면 중 시장행동과 시장구조의 양면에서 대증요법을 시행하려하는 것이라고 할 수 있다.

판례에서는 "'경쟁을 실질적으로 제한하는 행위'란 일정한 거래분야의 경쟁이 감소하여 특정 사업자 또는 사업자단체의 의사에 따라 어느 정도 자유로이 가격·수량·품질 기타 거래조건 등의 결정에 영향을 미치거나 미칠 우려가 있는 상태를 초래하는 행위를 의미한다"고 하며,[100] 그러한 상태가 형성되었는지 여부는 문제된 행위마다 각각 여러 요소를 고려하여 개별적으로 판단해야 한다고 한다.

이는 시장에 있어서 전체로서의 경쟁기능이 저해되는 것이며, 기업 간의 경쟁 제한행위 자체를 가리키는 것은 아니다. 구체적으로는 가격 기타의 거래조건을 지배하거나 시장의 개방성을 방해하여 경쟁을 배제하는 힘을 형성·유지·강화하는 것을 말하며, 실제로 가격이 인상되거나 사업자가 시장에서 배제되는 것을 필요로 하는 것은 아니다.

경쟁제한의 요건으로는 첫째 가격경쟁의 제한을 들 수 있다. 과점형 시장구조 하에서 수요나 가격의 변동에 대하여 하방경직적인 가격을 발생시키는 예는 드물지 않으며 이러한 가격을 관리가격이라고 부르는데, 관리가격의 존재는 경쟁의 실질적 제한을 나타내는 징표이다. 선도적 기업이나 소수 과점기업에 의하여 시장이 지배되고 있는 상태에서 기업 간의 경쟁 회피적 행동을 통하여 관리 가격이 형성되는 경우에는 어떤 합의도 존재하지 않는다. 그러나 이러한 경우에도 실제로는 암묵적인 합의에 기한 경우가 많으며, 경쟁자의 수가 많은 경우에는 명시적인 가격협정 또는 사업자단체의 가격결정행위에 의하여 '경쟁제한'이 행해지게 된다. 둘째, 경쟁제한은 경쟁력이 강한 기업이 힘을 부당하게 행사함으로써 시장에서 경쟁자의 사업활동을 지배하거나 또는 경쟁사업자의 존립을 곤란하게 하는 경우에도 인정된다. 셋째, 가격경쟁이 제한되고 있는 한 광고선전, 빈번한 모델 변경, 판매점에 대한 이익 공여(리베이트 등) 등의 수단에 의한 경쟁이 심하게 이루어지고 있다고 하더라도 그것은 문제되지 않는다. 이러한 비가격경쟁에 소요되는 비용이 판매경비로서 상품가격 중의 상당부분을 점하는 것은 거꾸로 유효경쟁의 부존재를 나타내는 것에 지나지 않는다.

## 2. 경쟁의 실질적 제한의 판단 기준

경쟁의 실질적 제한을 판단하려면 시장의 경쟁상태를 고려하여야 하며, 이를 분석하는 수단으로서 유효경쟁론에서는 구조기준과 행태기준 그리고 성과기준이 논의되고 있다.[101]

경쟁이 실질적으로 제한되지 않는 유효경쟁시장이 되기 위한 요건으로서 구조기준으로는 ① 다수의 매도인과 매수인이 존재할 것, ② 그들 모두 시장의 대부분을 점유하지 않을 것,

---

100) 대법원 2009. 9. 10. 선고 2008두9744 판결.

101) 신현윤, 『경제법』 제3판, 법문사, 2010, 129면.

③ 신규 진입이 용이할 것, ④ 극단적인 제품 차별화가 없을 것 등이 제시된다. 이에 대하여 행태기준으로 ① 가격에 관해 공모가 없을 것, ② 제품에 관해 공모가 없을 것, ③ 경쟁자에 대한 강압 조치가 없을 것 등을 제시되고 있다. 그리고 성과기준은 ① 제품 및 생산과정의 개선을 향한 지속적인 압력이 존재할 것, ② 비용인하와 동시에 가격이 하향 조정될 것, ③ 효율적인 적정규모의 기업에 의하여 생산이 행해 질 것, ④ 생산 능력에 따라 산출량이 효율적으로 조절 될 것, ⑤ 판매활동면에서 자원이 낭비되지 않을 것을 요건으로 한다.

공정거래법상 경쟁의 실질적 제한이라고 할 때 "실질적"의 내용에 관하여 명확한 기준이 제시되어 있는 것은 아니다. 유효경쟁이론에 의하면 부당한 기업결합 또는 부당한 공동행위가 문제된 경우의 "경쟁의 실질적 제한"이란 특정한 시장구조에서 특정기업의 시장행동이 혁신의 효율성을 포함한 경제적 효율성을 악화시키고 있는 경우에는 "경쟁의 실질적 제한"이 있다고 하게 될 것이다. 공정거래법에서는 시장점유율이 명확한 기준이므로 이제까지 가장 많이 사용되어 왔으며, 특히 합병의 위법판단기준으로서 많이 사용되었다. 그러나 그 경우에도 "실질적"인가 아닌가는 시장점유율 같은 양적 기준만으로는 불충분하다고 하여, 진입의 난이도나 제품차별화라는 요소도 포함하여 성과기준을 고려할 필요가 있다고 하고 있다.

### 3. 판단요인

경쟁의 실질적 제한은 시장에 있어서 경쟁기능의 실질적 제한이므로 어떤 기업이 일정한 거래분야에서 어느 정도로 사업을 지배하면 경쟁의 실질적 제한이 되는가를 일률적으로 논할 수는 없다. 어떻든 일정한 거래분야에서 경쟁을 실질적으로 제한한다는 것은 특정한 사업자 또는 사업자 단체가 시장지배력을 형성하고 있음을 의미한다. 시장지배력의 존부는 시장구조·시장행동·시장성과를 규정하는 여러 요인을 종합적으로 고려하여 판단된다. 시장지배력이 형성되는가 여부는 시장점유율, 기업의 수, 기업순위, 경쟁업자와의 사업능력의 비교, 관련업계의 기업거래의 실태, 신규업자에 의한 진입의 난이도, 대체품과의 경쟁관계, 수입품과의 경쟁관계 등을 종합적으로 고려하여 판단하게 된다. 시장지배력의 형성은 공급시장뿐만 아니라 구매시장에서도 문제가 된다.

다만 일률적으로 모든 고려요인을 다루는 것은 위법성 판단을 복잡하게 할 뿐이므로, 실제로는 시장 점유율이나 집중도의 수량적 요인에 의거하여 우선 혐의가 있는 안건을 선별하고, 다음에 선별된 안건에 대하여 질적 요인도 고려하여 신중하게 최종적인 판단을 내리는 것이 합리적이라고 할 수 있다. 예컨대 현시점에 어떤 사업자의 시장점유율이 높더라도 시장 규모가 급속히 확대되고 있고, 진입장벽도 낮아서 유력한 사업자가 점점 더 신규진입하고 있는 경우에는 시장지배력의 성립은 부정될 것이다.

판례에서는 각 위법행위 유형마다 약간 다른 요인들을 고려하여 경쟁제한성 여부를 개별적으로 판단하고 있다. 즉 사업자 단체의 금지행위 위반 사건의 경우 해당 업종의 생산구조

·시장구조·경쟁상태 등을 고려요소로 한 판례[102]가 있고, 수평적 기업결합에 대하여는 법상의 경쟁제한성 추정요건의 충족 여부 외에도 해외경쟁의 도입수준 및 국제적 경쟁상황, 신규 진입의 가능성·경쟁사업자들 사이의 공동행위 가능성·유사품 및 인접시장의 존재 여부 등을 종합적으로 고려해야 한다는 판례[103]도 있다.

또한 판례는 부당한 공동행위의 경우 '경쟁제한성' 유무는 사업자들의 합의가 없는 상태를 상정하여 판정하여야 하며, 구체적으로 당해 행위가 그 자체로 '경쟁제한성'을 가지는지 여부는 당해 행위를 한 사업자의 시장점유율, 당해 사업자가 생산·판매하는 상품 및 시장의 특성과 현황, 당해 행위가 시장 및 사업자들의 경쟁에 미치는 영향 등을 고려해야 한다고 하고 있다.[104]

**대법원 2008. 11. 13. 선고 2006두13145 판결**

당해 행위가 그 자체로 '경쟁제한성'을 가지는지 여부는 당해 행위를 한 사업자의 시장점유율, 당해 사업자가 생산·판매하는 상품 및 시장의 특성과 현황, 당해 행위가 시장 및 사업자들의 경쟁에 미치는 영향 등 여러 사정을 고려하여, 당해 행위로 인하여 일정한 거래분야에서의 경쟁이 감소하여 특정 사업자의 의사에 따라 어느 정도 자유로이 가격·수량·품질 기타 거래조건 등의 결정에 영향을 미치거나 미칠 우려가 있는 상태가 초래되는지를 살펴 개별적으로 판단하여야 할 것이다.

**대법원 2009. 9. 10. 선고 2008두9744 판결**

'경쟁을 실질적으로 제한하는 행위'란 일정한 거래분야의 경쟁이 감소하여 특정 사업자 또는 사업자단체의 의사에 따라 어느 정도 자유로이 가격·수량·품질 기타 거래조건 등의 결정에 영향을 미치거나 미칠 우려가 있는 상태를 초래하는 행위를 의미하며, 수평적 기업결합에서 이러한 실질적 경쟁제한성 유무를 판단하는 경우에는 공정거래법이 규정하고 있는 경쟁제한성 추정요건의 충족 여부 외에도 해외경쟁의 도입수준 및 국제적 경쟁상황, 신규 진입의 가능성, 경쟁사업자들 사이의 공동행위 가능성, 유사품 및 인접시장의 존재 여부 등을 종합적으로 고려하여 개별적으로 판단하여야 한다.

## III. 경쟁의 부당한 제한

상술한 '경쟁의 실질적 제한'과 유사한 개념으로서 '경쟁의 부당한 제한'이 있다. 공정거래법 제19조에서는 부당한 공동행위를 금지하고 있는데, 동조의 법문상 1999년 이전에는 '일정한 거래분야의 경쟁을 실질적으로 제한하는' 행위를 금지하는 것으로 되어있었다. 이

102) 대법원 1995. 5. 12. 선고 94누13794 판결.
103) 대법원 2009. 9. 10. 선고 2008두9744 판결.
104) 대법원 2008. 11. 13. 선고 2006두13145 판결.

후 1999년 개정에 의하여 '부당하게 경쟁을 제한하는' 행위를 금지하는 것으로 수정되었는데, 이것은 이른바 당연위법의 원칙을 도입하여 경성카르텔(hardcore cartel)을 그 자체로 위법한 것으로 규제하려는 취지라고 한다.[105]

이 개념이 경쟁의 실질적 제한과 구별되는 점은, 카르텔은 그 자체가 구성원들 간의 경쟁제한을 위한 것이라는 속성 때문에 카르텔의 위법성심사에 있어서는 시장지배력의 부존재 확인이 중요한 판단요소가 될 것이라는 점이다.

## IV. 공정한 거래를 저해할 우려

공정거래법 제23조는 불공정한 거래행위를 금지하고 있는데, 그 행위의 요건은 '공정한 거래를 저해할 우려'로 규정되어 있다. '공정한 거래'는 '공정한 경쟁'보다 넓은 개념이며, 불공정한 거래행위는 경쟁의 불공정성을 포함하면서 거래의 내용과 조건 및 교섭과 정보제공 등에서 상대방의 합리적 선택을 방해하는 행위까지도 의미한다. 공정거래저해성을 판단하기 위해서는 거래당사자의 지위와 법률관계, 상대방의 선택가능성이나 사업규모와 같은 시장상황, 행위의 목적 및 효과, 관련 법규의 특성 및 내용 등을 고려해야 한다. 공정한 거래를 저해할 '우려'라는 것은 공정한 거래를 저해한 사실이 발생하는 것만이 아니라, 그 위험성이 존재하는 것을 말한다.

동 조에 열거되고 있는 구체적인 행위유형에는 모두 '부당하게' 또는 '정당한 이유 없이'라는 요건이 부가되어 있다. 구체적 행위유형상의 '부당하게' 또는 '정당한 이유 없이'는 본문의 '공정한 거래를 저해할 우려'를 추정하게 하는 개념으로 해석할 수 있다. '부당하게'와 '정당한 이유없이'의 의미는 비슷한 것으로 볼 수 있으나, 입증책임에 있어서 큰 차이가 있다. 즉 '부당하게' 이루어진 행위는 원칙적으로 적법한 것이지만 특별하게 부당성이 있는 경우에만 공정거래저해성이 인정되며 위법한 것이라고 해석해야 하므로, 공정거래위원회가 그 부당성을 입증하여야 한다. 반면에 '정당한 이유 없이' 이루어진 행위는 원칙적으로 공정거래저해성이 인정되고 공정한 거래를 저해할 우려가 없다는 정당한 이유를 행위자가 입증해야 하는 것이다.[106]

'공정한 거래를 저해할 우려'와 '경쟁의 실질적 제한'의 관계를 어떻게 볼 것인가의 문제가 있다. 이에 대해서는 양자가 동일한 의미라고 보는 견해와 양자가 다르다고 보면서 전자가 후자보다 넓은 개념이라고 하는 견해[107]가 있다. 법문상 양자가 달리 표현되어 있으며, 전자는 불공정한 거래행위 일반에 대한 판단기준임에 대하여, 후자는 시장지배적 지위남용이라는 특정한 행위의 판단기준임을 고려하면 양자를 구별하는 것이 타당하다.

---

105) 정호열, 앞의 책, 121면 참조.

106) 대법원 2001. 12. 11. 선고 2000두833 판결.

107) 양명조, 앞의 책, 235면; 정호열, 앞의 책, 121면.

## 제4절 당연위법의 원칙과 합리성의 원칙

### 1. 개관

공정거래법은 모든 종류의 경쟁 제한 행위를 규제할 수는 없으므로 반드시 규제해야 할 행위 유형을 구분할 원칙이 필요하다. 미국에서 이러한 원칙으로 구체화된 것이 당연위법 원칙(rule of per se illegal) 과 합리의 원칙(rules of reason)이다. 미국에서는 셔먼법 제1조에 대한 이 두 원칙의 적절한 적용범위에 관하여 오랫동안 논의되어 왔다.[108] 그 논쟁은 아직 결말을 보지 못하고 있는데, 그 중요한 이유는 두 원리의 본질과 상호관계에 대한 이해가 공유되지 못했기 때문이다. 이 2가지 원칙은 모두 셔먼법 제1조에 적용되는 원칙이다.

셔먼법 제1조는 경쟁을 제한하는 협정을 일반적으로 금지하는 포괄적인 형식을 취하고 있다. 따라서 법원이 동조를 각 사건마다 적용하여 그 내용을 발전시켜왔다. 동조가 위법이라고 규정하고 있는 행위는 주간 또는 외국과의 거래나 통상을 제한하는 모든 계약, 트러스트 기타의 형태의 결합 또는 공모이다. 따라서 계약·결합·공모가 필요하므로, 둘 이상의 독립된 기업에 의한 협력행위나 공동행위가 있어야 한다. 그리고 그러한 행위에 의한 거래제한이 주간 또는 외국과의 거래에 영향을 미쳐야 한다.

이 셔먼법 제1조의 거래제한(in restraint of trade or commerce)에 관하여 문리해석을 하면, 경쟁에 미치는 효과 또는 소비자 후생과는 관계없이 거래제한의 효과를 초래하는 모든 계약 기타의 공동행위를 금지하는 취지이다. 그런데 모든 매매계약은 계약 기간 중에는 그 매도인과 매수인을 시장으로부터 분리하게 되므로, 그 범위에 한하여 경쟁을 제한하게 된다. 미국 연방대법원은 처음에는 이와 같은 문리해석을 취했지만, 그럴 경우 거의 모든 합의가 동조 위반이 되어 불합리한 결과가 되었다. 그리하여 1911년의 스탠다드 오일 사건[109]에서 연방대법원은 부당하게(unreasonably) 경쟁을 제한하는 거래만이 동조 위반이라고 명백히 선언하였다.

부당하다는 개념은 이후 오랜 기간에 걸쳐 발전되었는데, 부당성은 두 가지 다른 방법으로 분석되어 왔다. 첫째는 사실관계를 엄밀하게 조사하지 않고 당연히 부당한 거래제한이어서 위법이라고 하는 분석 방법이다. 이러한 거래제한은 그들이 명백하게 반경쟁적이어서 정당화할 아무 가치도 없다는, 과거의 경험에 입각한 법원 결론이 내려진 후에 곧바로 당연위법의 유형으로 편입되는 제한이다. 둘째는 합리성의 원칙으로서, 당연위법 유형이라고 하지 않는 행위에 대해서는 반트러스트 분석은 그 행위가 경쟁 촉진적인가 반경쟁적인가를

---

108) 유럽에서는 EC 조약 제81조 1항에도 미국법원이 셔먼법 제1조를 적용하는 데 이용하는 합리의 원칙을 적용해야 할 것인가 여부에 관하여 논의가 계속되어 왔다(Oliver Black, *Conceptual Foundations of Antitrust*, Cambridge University Press, 2005, p. 65).

109) *Standard Oil Co. on New Jersey v. United States*, 221 U.S. 1 (1911).

판단하기 위하여 관련된 상황을 고려한다.

## 2. 당연위법의 원칙

당연위법의 원칙이란 일정한 유형의 경쟁저해적 행위는 당연히 위법이며 이러한 협정은 참가자의 시장 지배력·최종 목적·시장에서 경쟁에 미치는 영향을 심리할 필요도 없이 위법이라고 하는 원칙이다. 이 당연위법 유형에는 직접적인 가격협정·경쟁자간의 입찰담합·시장분할·고객할당이 포함된다.[110] 가격협정이 당연위법이라는 원칙은 1940년의 판례[111]에서 확립되어 이후 미국 카르텔 규제의 기본원리로 유지되어 오고 있다.

이 원칙의 적용을 정당화하는 논거로는 경제력 남용의 위험·예측의 확실성·소송운용상의 경제적 이유 등이 있다. 경제력이 남용될 위험이란 시장을 지배하는 힘이 창출되는 것이나 경제력의 공동행사는 늘 경계해야 한다는 것이다. 즉 합리적인 가격은 시장환경의 변화에 따라 반드시 변동하지만, 경제력이 공동으로 행사되고 있으면 시장에 의한 가격결정이 실현될 수 없으며 현재 정당하게 경제력이 공동 행사되고 있는 것은 장래 그 경제력이 남용되지 않는 것을 보장하지는 않는다. 예측의 확실성이란 사업자가 특정한 상관행을 따를 경우 그것이 법적으로 어떻게 평가될 것인가에 관해 명확한 지침이 제공될 필요가 있다는 것이다. 소송상 경제적 이유란 가령 거래의 목적과 효과를 분석할 필요가 있다면, 다양한 요인을 고려하여 심리할 의무가 생겨서 법원의 충분한 전문지식 결여와 결합되어 법적 판단이 불가능하거나 심리에 장기간이 걸리게 되므로 이를 회피해야한다는 것을 의미한다.

당연위법의 원칙은 합리성의 원칙을 적용하면서 얻어진 경험을 통해 도출된 것이다. 법원들이 일정유형의 합의를 합리의 원칙에 기하여 분석해 보니 거의 대부분 셔먼법 제1조 위반에 해당하지 않는다는 사실을 알게 되었다. 일단 이런 유형의 합의라고 인정되면, 그 개별 합의에 대하여 합리의 원칙을 적용하여 심리를 계속하는 것은 자원의 낭비가 되었다. 그리하여 법원은 그러한 유형의 합의는 셔먼법 제1조에 기하여 당연히 위법(illegal per se)이라는 효과를 가져오는 원칙을 채택하였다. 일단 그 원칙이 정착되자 법원은 해당합의가 셔먼법 제1조 위반이 되는 특정유형의 행위 중의 하나임을 인정하는 것으로 충분하였다. 따라서 합리의 원칙보다 당연위법의 원칙이 훨씬 유익하다고 할 수 있다.[112]

## 3. 합리성의 원칙

일반적으로 합리성의 원칙이란 반트러스트법상 문제되는 거래제한 행위가 합리적 상관

---

110) William H. Traft 판사는 거래제한을 노골적 제한(naked restraint)과 부수적 제한(ancillary restrain)으로 나누고, 전자의 경우 적나라하게 경쟁을 제한하는 합의로서 경쟁제한 이외에 다른 어떤 목적에도 부응하지 않는 거래제한에 대해서는 그 자체로서 당연히 위법한 것(per se illegal)으로 보았다(*United States V. Addyston Pipe & Steel Co.*(6th Cir.1898)).

111) *United States V. Socony-Vacuum Oil Co.*,310 U.S. 150(1940).

112) Oliver Black, *op. cit.*, p. 71.

행 등 여러 요인을 고려할 때 부당한 거래제한이라고 판단될 경우에만 법 위반이라고 인정하는 원칙이라고 하고 있다. 그리고 합리의 원칙을 적용할 경우 상호 충돌하는 요인을 비교형량 할 필요가 있다. 이와 같이 합리성의 원칙의 의미는 한가지로 논해지는 것이 보통이지만, 사실 합리의 원칙에는 3가지 주요 부류가 있다.113)

첫째 불합리한 경쟁 제한에 대해서만 적용되는 경우와 같이 셔먼법 제1조의 적용에 대한 해석원칙이다. 둘째 합리성과 불합리성의 기준을 특정하는 부류의 원칙이다. 이 원칙은 다시 2 가지 유형으로 세분화된다. 하나는 경쟁에 대한 효과에 의하여 제한 행위의 불합리성을 판단하는 것이며, 다른 하나는 더 광범한 기준을 사용하는 것이다. 셋째 평가기준원칙을 적용하기 위한 원칙으로서, 이들은 '각 행위자의 합의는 그것이 셔먼법 제1조 상 위법인가 여부를 결정하기 위한 평가적 합리의 원칙 하에서 개별적으로 분석되어야 한다'는 형태의 것이다.

### 4. 양자의 관계

미국의 반트러스트 정책상 당연위법이라고 인정되는 행위와 합리의 원칙에 의하여 판단되어야 하는 행위 사이의 구별은 명확하지 않다. 법원이 당연위법의 취급을 할 경우에도 시장지배력의 정도나 경쟁에 미치는 영향이 실질적인가 여부를 포함한 시장 상황을 고려하여 평가되는 행위도 있다. 그 밖의 행위는 전혀 상세한 분석을 하지 않고 곧바로 위법이라고 한다. 그러나 이 후자의 예는 매우 적었다. 최근에는 셔먼법 제1조 사건에서 합리의 원칙이 적용되는 건수가 증가하고 있다.

그러나 이는 밀실에서 복수의 경쟁자가 행한 가격협정까지도 법원이 그 합리성을 검증한다는 것을 의미하지는 않는다. 다만 예컨대 사업자단체로부터 경쟁자를 배제한다는 경쟁자간의 협정의 경우에서 법원은 '간략화된 합리의 원칙'(quick look rule of reason)이라는 원칙을 적용하고, 의혹이 있는 제한이 불가피하게 생산제한이나 가격상승을 초래하는가 여부를 명백히 하기 위하여 몇 개의 사실만을 조사하는 경향이 증가하였다.

이 간략화된 합리의 원칙에 의하여 분석되는 행위 외에 불명확한 행위유형이 있다. 그것은 당연하게 불합리한 행위는 아니며, 또한 표면상으로는 생산제한도 아니고, 시장지배력에 기한 것도 아닌 행위이다. 결국 이러한 행위는 경쟁에 미치는 실제의 효과를 판단하기 위하여 철저한 합리의 원칙에 따라 분석된다. 이렇게 철저하게 합리의 원칙이 적용되는 사례는 보통 매우 복잡하고 비용이 많이 소요된다. 즉 법원은 해당 행위가 특정한 산업에 미치는 경쟁 효과를 종합적으로 판단하기 위하여 빈번하게 전문적인 증인과 난해한 경제학이론의 도움을 받아야 하게 된다.

거래제한은 합의에 의한 공동행위를 규제 할 경우의 공통요건이다. 주요한 행위유형으로

113) Oliver Black, *op. cit.*, p. 63.

는 수평적 가격협정·수평적 시장분할협정·재판매 가격유지협정·수직적 판매지역 제한협정·결합판매계약·배타조건부거래·공동거래거절 등이 있다. 이런 합의가 거래제한에 해당하는가 여부를 판단 할 때에는 그 합의에 대하여 당연위법의 원칙 또는 합리성의 원칙 중 어느 기준이 적용되는가가 판례법에 따라 결정된다. 결국 각 행위유형마다 판례법상의 실질적 위법성 판단기준을 적용함으로써 위법성이 판단되는 것이다.

## 5. 공정거래법에서의 적용

우리나라 공정거래법의 각 규정이 당연위법의 원칙에 따르는가, 합리성의 원칙에 따르고 있는가의 문제가 있다. 특히 부당한 공동행위의 경우 열거된 각 행위유형별로 어느 원칙에 따라 위법성을 심사할 것인가는 그 경쟁제한성의 정도차이가 있기 때문에 일률적으로 단정할 수 없다.

이에 대하여 우리나라의 경우 법문의 구조상 당연위법의 원칙은 인정될 수 없다는 견해가 있다. 동 원칙은 일정한 사실의 존재 자체로 위법성을 인정하는 것인데, 우리 공정거래법상 규제대상인 위법행위의 구성요건에는 모두 '경쟁의 실질적 제한', '공정한 거래를 저해할 우려', '부당하게 경쟁을 제한하는'과 같은 일정한 평가의 기준이 포함되어 있어서 문제된 행위의 위법성을 심사함에 있어서는 해당행위가 존재하는 것 자체만으로 위법성을 인정할 수 있다고 보기는 어렵다고 한다.[114] 이런 법문의 표현방식은 당연위법의 원칙이 파생된 미국 셔먼법 제1조의 규정상 거래를 제한하는 모든 계약 등을 그 자체로 금지하는 표현을 사용하고 있는 것[115]과도 다르다는 것이다. 즉 우리 공정거래법의 해석상으로는 위법성 심사에 있어서 해당행위의 존재외에 그 행위의 경쟁제한성이 인정되어야 하고 그밖에 행위의 부당성, 실질적 제한성 등을 판단하여야 하므로, 공정거래법 제19조를 포함한 모든 위법행위유형에 대하여 당연위법의 원칙의 적용을 인정할 수는 없다고 보는 견해이다.

상술한 미국의 경우 셔먼법 제1조의 적용상 시장분할, 가격협정 등의 이른바 경성카르텔(hardcore cartel)에 대해서는 당연위법의 원칙을 적용하여 왔고, 또 그것이 일반적인 추세이다. 따라서 부당한 공동행위에 관한 한, 공정거래법 제19조 제1항이 공동행위가 '부당하게 경쟁을 제한하는' 것만으로 위법성을 인정할 수 있도록 규정한 것[116]은 공동행위 유형 중 경성카르텔(가격협정·공급제한협정·시장분할협정·설비제한협정·입찰담합)에 대하여 당연위법의 원칙의 적용근거를 제공하려는 취지라고 볼 수 있다.[117] 이것이 법 제19조 개정

114) 정호열, 앞의 책, 129-130면.

115) "수 주간 또는 외국과의 교역 또는 통상을 제한하는 트러스트 기타 여러한 형태의 모든 계약, 합의 또는 공모는 위법이다(Every contract, combination in the form of trust or otherwise, or conspiracy, in restraint of trade or commerce among the several States, or with foreign nations, is to be declared illegal)."

116) 공정거래법 제19조 제1항은 종전에 '일정한 거래분야에서 경쟁을 실질적으로 제한하는'이라는 요건으로 되어 있던 것을 1999년 개정에 의해서 '부당하게 경쟁을 제한하는'으로 수정되었다.

117) 同旨 이남기·이승우, 『經濟法』, 박영사, 2001, 191면.

의 의도였으며,[118] 공정거래위원회의 각종 고시에서도 당연위법의 원칙이라는 용어를 사용하면서 그런 취지를 표명하고 있는 것도 이를 뒷받침한다고 하겠다.[119]

118) 공동행위 심사기준 Ⅳ. 공동행위의위법성심사. '성격상 경쟁제한 효과만 발생시키는 것이 명백한 경우에는 (예컨대 가격·산출량의 결정·제한이나 시장·고객의 할당 등) 특별한 사정이 없는 한 구체적인 시장상황에 대한 심사 없이 부당한 공동행위로 판단할 수 있다.'

119) 재판매유지가격 심사지침 3-가-(2)-② '최저가격유지행위에 해당되면 유통단계에서의 가격 경쟁을 제한하고 사업자의 자율성을 침해하므로 경쟁 제한성이나 불공정성에 대한 분석 없이 당연위법으로 본다.'

# 제 3 장 공정거래법의 적용범위

## 제1절 적용대상

공정거래법의 물적 적용범위는 시장에서 경쟁을 제한하거나 저해할 우려가 있는 각종 행위 중에서 법이 특정하고 있는 일정한 행위 유형들을 말한다. 여기서는 동법의 인적 적용범위, 즉 수범자에 대해서만 기술한다.

### I. 사업자와 사업자단체

#### 1. 사업자

공정거래법의 규제대상인 인적 주체는 사업자와 사업자단체이다.[120] 그런데 사업자단체는 사업자로서의 공통이익을 증진할 것을 주된 목적으로 조직한 둘 이상의 사업자의 결합체 또는 그 연합체를 말한다고 정의되고 있으므로(법 2조 4호), 결국 사업자 개념을 기초로 하여 구성된다. 이와 같이 사업자의 개념은 공정거래법의 적용범위를 획정하는 중요한 개념으로서, 공정거래법상 사업자는 '제조업, 서비스업, 기타 사업을 행하는 자'를 말한다(법 2조 1호 1문).

각국의 입법례상 공정거래법의 적용 대상인 사업자 개념에 대한 규정 방식으로는 적용대상인 산업을 열거하는 방식(positive system)과 적용대상이 되지 않는 산업을 규정하고 그 외 기타는 모두 적용대상으로 하는 방식(negative system)이 있다. 우리나라의 공정거래법은 전자의 방식을 취한 것인데, 1999년의 개정에서 모든 업종으로 확대되었다(법 2조 1항). 개정 전에는 법문상 1차 산업과 2차 산업의 포함 여부가 불확실하였고, 사업을 '영위하는' 자라고 되어 있었으므로 영리성의 필요성에 관해서도 논의가 있었다. 경제환경의 변화에 따라 산업의 모든 영역에서 경쟁저해적인 행위가 발생하고 있으므로 1999년 개정에서는 종류를 불문하고 모든 산업 분야에 적용되도록 한 것이다.[121]

---

120) 기업결합 규제의 경우에는 회사, 주식회사, 회사의 임원과 종업원, 회사 이외의 자이다.

그런데 공정거래법은 여기의 '사업'이 무엇인가에 대하여는 아무런 규정도 두고 있지 않다. 공정거래법은 시장에서의 경제활동 일반을 규제 대상으로 하여 경쟁의 유지 촉진을 도모할 것을 목적으로 하는 법률이다. 따라서 경쟁제한의 문제가 생길 수 있는 한 사업자 요건을 형식적으로 한정하여 법의 적용범위를 좁게 해석하는 것은 적절하지 않다. 이렇게 본다면, 여기의 사업은 어떤 경제적 대가의 교환을 반복적, 계속적으로 행하는 경제활동을 의미하며, 반드시 영리를 목적으로 하는 것일 필요는 없다고 할 수 있다.[122)][123)] 업무가 법령에 규정되었는가, 목적의 공익성 여부 등도 묻지 않는다.[124)] 그러므로 판매업자·제조업자·은행·회사 등의 서비스업자 뿐만 아니라 광업·농수산업 등에 종사하는 자도 포함된다. 또한 사업자에는 국내사업자뿐만 아니라 외국사업자도 포함된다.[125)]

(1) 영리성

일반적으로 시장에서의 경쟁은 이윤추구를 목적으로 행해진다고 이해되고 있다. 그러나 어떤 형태든 대가를 반복·계속하여 받는 것을 원칙으로 하여, 거래회사에서의 경제활동으로서 행해지는 행위의 주체라고 평가될 수 있으면 사업자에 해당하고, 영리를 목적으로 하는가 여부는 불문한다. 대가를 얻는 것을 원칙으로 하는 경제활동을 전개하고 있으면 그에 관해 가격·품질·서비스 등을 둘러싼 경쟁이 생기며, 따라서 경쟁의 제한이 문제될 수 있기 때문이다.

1980년의 제정된 공정거래법에서는 사업자를 '제조업, 도소매업, 운수, 창고 기타 대통령령이 정하는 사업을 영위하는 자'로 한정적으로 규정하였는데, 1999년의 개정에서 모든 산업에 대하여 적용되는 것으로 하며, '사업을 행하는 자'로 수정되었으므로 영리성이 결정적인 판단기준이 되지 않는 것으로 하였다.

교육사업 등은 기본적으로는 경제사업과 구별되지만, 경제사업으로서의 측면도 겸하고 있다. 학교법인[126)]이나 종교단체, 자선단체가 일반사업자의 사적인 경제활동에 유사한 사업을 할 경우, 예컨대 부차적인 수익사업을 하는 경우에는 적어도 그 범위에서 사업자로 인정된다. 영리를 목적으로 하지 않는 협동조합이나 공제조합 등이라도 상품이나 서비스를 공급하는 사업에 대해서는 사업자에 해당한다.

또한 공정거래위원회는 해석·운용 기준으로서 학교법인, 종교법인이라도 수익사업을

---

121) 공정거래법상 '사업자'에 관한 규정의 변천에 관하여는 정해방, "공정거래법의 적용대상인 사업자 규정의 변천과 해석방향", 「경쟁법연구」 제22권, 한국경쟁법학회, 2010. 11, 97면 이하를 참고.

122) 이는 동종의 영리행위를 계속 반복하여 함으로써 자본적 수지적합을 꾀하는 상법상의 '영업'보다 더 넓은 개념이 된다.

123) 대법원 2005. 12. 9. 선고 2003두6283 판결; 서울고등법원 2003. 5. 27. 선고 2001누15193 판결.

124) 공정거래위원회 1987. 3. 25 재결 87-1호 참조.

125) 나아가 법 제19조 제1항의 규율 대상으로서 부당한 공동행위를 하여서는 아니 되는 자 역시 '사업자'로 규정하고 있어 내국사업자로만 한정하고 있지 아니하다(대법원 2006. 3. 24. 선고 2004두11275 판결 참조).

126) 공정거래위원회 2010. 8. 9. 의결 제2010-088호 2010안정1410.

할 경우에 그 수익사업에 대해서는 사업자에 해당한다는 것과 학교법인, 종교법인 또는 지방 자치단체 기타의 공적 기관이 일반 사업자의 사적인 경제활동과 유사한 사업을 하는 경우에는 그 사업에 대해서는 일반 사업자의 준하여 취급할 것을 명백히 하고 있다.

**공정거래위원회 1987. 3. 25. 의결 제87-1호**

공정거래법상 "사업"이라 함은 … 경제행위를 계속하여 반복적으로 행하는 것을 의미하며 이는 어떤 경제적 이익의 공급에 대하여 그것에 대응하는 경제적 이익의 반대급부를 받는 행위를 말하고, 반드시 영리를 목적으로 하지 않아도 되며, "영위"한다는 것은 자기 계산하에 사업을 경영한다는 의미이고, 사업자의 업무가 법령에 의하여 규정되어 있는지의 여부 및 그 목적의 공익성 여부는 사업자성 판단과는 관계없다.

### (2) 법인성

이와 같이 공정거래법상 사업자는 경제적 사업을 하는 자라면 누구든 무방하며, 법인격의 유무 또는 법인일 경우 사법인·공법인 또는 사단법인·재단법인 여하를 불문한다.[127)]

**대법원 2003. 2. 20. 선고 2001두5347 전원합의체 판결**

사업자단체는 2 이상의 제조업, 서비스업, 기타 사업을 행하는 자가 공동의 이익을 증진할 목적으로 조직한 결합체 또는 그 연합체를 말한다 할 것인바, 사단법인 대한의사협회는 의료법 제26조 제1항에 의하여 설립된 의사회의 중앙회로서, 정관의 규정과 대한의사협회의 활동내용을 종합하여 보면, 대한의사협회는 서비스업 기타 사업을 행하는 사업자인 의사들이 구성원이 되어 공동의 이익을 증진할 목적 등을 가지고 의료법에 의하여 조직된 사단법인이므로 공정거래법 적용대상인 사업자단체에 해당한다.

### (3) 자유업

의사, 변호사, 공인회계사, 건축사, 세무사 등 전문적인 지식·기능을 제공하는 것을 업으로 하는 이른바 자유전문직업의 경우 그들의 활동이 전문성과 공공성을 띠고 있고, 개인적인 직업이라는 성격이 강하여 상공업과 같은 기업성을 갖지 않기 때문에 공정거래법상의 사업에 해당되지 않는다는 견해가 있다. 그러나 이런 직업활동도 대가를 얻게 되는 경제활동인 점에서 차이가 없고, 그 경쟁제한적 행위의 폐해도 생길 수 있다. 즉 자유업도 경제사업이며, 자유업에서도 요금협정 신규개업의 방해 등의 경쟁제한적 행위가 행해지고 있기 때문에 자유전문직이라도 경제적 사업을 하는 한에서는 공정거래법이 적용된다.

127) 대법원 2003. 2. 20. 선고 2001두5347 판결; 대법원 1997. 5. 16. 선고 96누150 판결; 대법원 1995. 5. 12. 선고 94누13794 판결.

공정거래위원회도 건축사 사무소·병원·세무사 사무소 등이 각각 사업자임을 전제로 하여, 그들의 사업자단체에 의한 설계 보수의 결정, 신규 개업 등의 제한 행위에 대하여 공정거래법을 적용하였다. 법원에서도 의사회에 의한 의료기관의 신규 개업 등의 제한에 대하여 공정거래법의 적용이 인정된 예가 있다. 다만 이는 해당 자유업 종사자가 독자적으로 개업하여 활동을 할 경우에 한정된다. 그렇지 않고 일정한 기관에 소속되어 활동하는 자유전문직 종사자, 예컨대 종합병원의 의사·회계법인의 회계사·법무법인의 변호사 등은 피용자의 지위에 있는 것이므로 사업자라고 볼 수 없을 것이다.

자유업에 종사하는 프로 운동선수·연예인 등의 경우도 공정거래법의 적용대상이 될 수 있다.[128] 그러나 매니지먼트 회사·구단에 소속된 가수·배우·운동선수는 노동법상의 사용종속관계에 있고 독립한 경제주체라고는 할 수 없으므로 사업자라고 볼 수 없다.[129] 이에 대하여 독립하여 활동하는 배우·운동선수 등은 자기계산으로 사업을 행하는 자이므로 사업자로 볼 수 있으므로, 가령 이들이 출연료에 관해 협정을 체결하면 공정거래법 위반이 될 가능성 있다. 한편 매니지먼트 회사 등은 연예활동에 관해 사업자이므로, 가령 입장료에 관해 협정을 체결하면 부당공동행위로서 위법이 된다.[130]

## 2. 사업자단체

공정거래법상 사업자단체란 2 이상의 사업자가 공동이익의 증진을 목적으로 조직한 결합체나 그 연합체를 말한다(법 2조 4호). 그 개념 요소는 다음과 같다.

#### (1) 복수의 사업자

사업자단체는 복수의 사업자로 구성된 단체이다. 그 구성원은 독립된 사업자이어야 한다. 단체를 조직한 자들이 사업자이기만 하면 그 조직 구성원은 법인이든 조합이든 회사이든 법적 형태를 상관하지 않는다.[131] 결합체에 참가한 사업자가 결합체 조직에 몰입하여 독자적인 사업활동을 하지 않는 경우에는 사업자단체에 해당하지 않는다. 예컨대 유령회사(paper company)가 이에 해당한다.

구성사업자가 동종업종 또는 관련사업을 하여야 하는가 여부에 대하여는, 그것이 필요하다는 견해가 있다. 그러나 경쟁제한적 행위를 할 가능성이 있는 단체는 그런 단체에 국한되

128) 심재한, "사업자단체의 사업활동 제한행위", 「상사판례연구」 제18집 제2권, 한국상사판례학회, 2005. 6, 55면.

129) 일반 소비자, 노동자는 사업자가 아니므로 공정거래법의 적용대상이 되지 않는다.

130) 입단계약은 고용계약이므로 공정거래법의 적용대상이 아니지만, 드래프트제는 구단측 협정에 기한 것이며 신인선수의 영입여부는 구단의 흥행에 영향을 미치므로 공정거래법상의 문제가 생길 가능성이 있다. 또한 구단과 선수와의 계약은 고용계약이므로 원칙적으로 공정거래법의 적용대상이지만, 구단(구성사업자)이 속해 있는 협회(사업자단체)의 협약, 규약 등에 근거해 선수(거래상대방)와 입단계약, 재계약 등을 체결하는 경우에는 공정거래법상 사업자단체의 규정을 적용받을 수 있다(공정거래위원회 2001. 3. 9. 의결 제2001-30호 2000단체1406).

131) 공정위 고시 제2002-14호 사업자단체활동지침 2-가.

는 것이 아니므로, 경쟁질서의 확립이라는 공정거래법의 목적에 비추어 그렇게 제한적으로 해석할 것은 아니다. 따라서 그 구성원은 경쟁사업자 또는 동업자로 한정되지를 않으며, 상공회의소, 전경련과 같이 업종이나 거래단계가 다른 사업자이어도 무방하다.

### (2) 공동이익의 증진

공동의 이익을 증진할 목적의 결합체, 연합체이면 되고, 조직형태나 명칭은 불문한다. 사단, 재단, 조합, 계약상 결합 어느 형태라도 무방하다.[132] 공동의 이익이란 구성사업자의 경제활동상의 이익을 말하는 것으로서, 전부에 대한 이익일 필요는 없으며, 그 여부는 단체의 실제목적을 기준으로 판단한다.

사업자는 제조업, 서비스업 기타 사업을 하는 자이므로, 공동의 이익은 영리성 유무를 묻지 않는다. 따라서 영리성을 띠지 않는 공동 이익을 목적으로 하는 의사회,[133] 변호사회 등도 포함한다. 다만, 둘 이상의 사업자의 결합체이더라도 자본 또는 구성 사업자의 출자를 가지고, 영리를 목적으로 하여 상업 등의 영리사업을 할 것을 주된 목적으로 하고, 또 현재 그 사업을 영위하고 있는 것은 포함되지 않는다. 이들은 사업자단체로서의 규제는 받지 않지만, 사업자로서 공정거래법의 각 규정의 적용을 받는다. 공동 사업 수행을 위하여 설립된 공동자회사가 그 대표적인 예이다. 즉 복수의 제조업자가 공동 출자하여 설립한 공동 판매 회사는 그 자체 사업자이며, 사업자단체에 해당하는 것은 아니다.[134]

### (3) 독자성

사업자단체는 구성사업자와 별개의 단체성 · 조직성을 가져야 한다. 동종 상품의 제조업자, 판매업자가 각각 결합체로서 단체를 조직하고 있는 경우 그 단체는 각각 별개의 사업자단체가 되며, 그 단체들이 연합하여 하나의 단체를 조직하고 있는 경우에는 그 하나의 단체도 사업자단체가 된다. 해당 단체가 공공 목적을 가지고 있는데, 그것이 동시에 구성 사업자로서의 이익의 증진에 기여한다면, 사업자단체에 해당한다.

사업자단체의 하부조직(지부 · 지회)이라도 독자성이 있으면 별개의 사업자단체로 인정된다. 그 판단은 독자의 규약 제정, 임원선임, 회비징수 등의 여부를 기준으로 한다. 사업자단체의 지부 또는 부회 등의 하부기관이어도 그것이 단순히 사업자단체의 실무를 처리하는데 그치지 않고 지부 규약 또는 회칙을 두어 임원을 두고 지부비를 회원으로부터 징수하는 등 독립적으로 의사 결정을 하여 활동하고 있는 경우에는 해당 하부기관 자체도 사업자단체로 보아야 한다. 예컨대 약사회 서울지부,[135] 법무사회 지부 등이 있다.

---

132) 2이상의 사업자가 조직한 결합체(00조합, 00협회, 00협의회, 00회의소, 00지부, 00지회 등)들의 연합체(00연합회, 00중앙회 등)도 사업자단체에 해당된다(공정위 고시 제2002-14호 사업자단체 활동 지침 2-다).

133) 대법원 2003. 2. 20. 선고 2001두5347 판결.

134) 공정거래위원회에서도 공동판매회사를 사업자로 판단하여 의결하였다(공정거래위원회 2008. 1. 4. 의결 제2008-008호 2004공동1735; 공정거래위원회 2006. 12. 6. 의결 제2006-385호 2004공동2062, 2092, 2186).

사업자단체는 사업활동을 하는 것이다. 고유한 사업활동을 하고 있는 단체(협동조합)가 해당 사업에 관련하여 다른 사업자(비회원)와 카르텔을 체결하면 그것은 단체로서의 행위가 아니고 사업자로서의 행위이므로, 공정거래법 제19조가 적용된다. 한편 대규모 사업자가 가입하고 있는 사업자 협동조합이 다른 사업자단체와 원자재의 보관비를 인상하는 협정을 체결하고, 그 구성원으로 하여금 보관비를 인상하도록 하였다면 공정거래법 제26조 제1항과 제1호가 적용된다. 어디까지나 사업자단체로서의 입장에서 비회원과 카르텔을 체결하고 있다면 제19조는 적용될 수 없다.

**대법원 1995. 5. 12. 선고 94누13794 판결**

일정한 거래분야에 해당하는 약국업 분야에서 사업자단체인 원고 약사회가 보건사회부의 약사법 개정안에 반대하여 전국의 약국을 무기한 폐문하기로 결의하고 이를 시 · 도지부에 통보하여 그 구성사업자(약국)들로 하여금 폐문실행에 들어가도록 함으로써, 내심으로나마 폐문에 반대하는 구성사업자들에게 결과적으로 자기의 의사에 반하여 집단폐문에 따를 수밖에 없도록 하여 구성사업자들에게 집단폐문기간 중 의약품을 판매할 수 없도록 제한한 이상, 이러한 행위는 공정거래법 제19조 제1항 제3호 소정의 '판매를 제한하는 행위'에 해당되고, 한편 위와 같은 집단폐문결의가 당초 정부의 약사법개정안에 반대하여 그 항의의 표시로써 나온 행위라고 하더라도 모든 약사들이 원고 약사회의 구성사업자이어서 위 결의에 반대하는 사업자들에 대하여까지 약국의 폐문을 강제하여 의약품의 판매를 제한한 결과 의약품판매시장인 약국업 분야에서 사업자단체인 원고 약사회가 그 의사대로 시장지배력을 형성한 것으로 보이므로 원고 약사회의 위와 같은 행위는 약국업 분야에서의 경쟁을 실질적으로 제한하는 행위에 해당한다고 할 것이다.

### (4) 사업자의 임원 등

사업자의 이익을 위한 행위를 하는 임원·종업원·대리인 기타의 자는 사업자단체에 관한 규정의 적용에 있어서는 이를 사업자로 본다(법 2조 1호 2문). 여기서 임원이란 '이사·대표이사·업무집행을 하는 무한책임사원·감사나 이에 준하는 자 또는 지배인등 본점이나 지점의 영업전반을 총괄적으로 처리할 수 있는 상업사용인'을 말한다(법 2조 5호).

사업자의 임원·종업원·대리인 등이 개인적인 명의로 단체를 구성하고, 단체에 대한 참가가 그 자가 속한 사업자의 이익을 위하여 이루어지는 경우에는 임원 사업자로 간주되며, 해당 단체도 사업자단체로 취급된다(법 2조 1호). 그러나 임원·종업원·대리인들이 그가 속한 사업자를 대표하거나 대리하여 단체에 참가하고 있는 경우에는, 종업원이 아니고 본인인 사업자 자신이 사업자 단체의 구성 사업자가 된다. 사업활동의 조정이 아니고, 순수하게 사적인 친목을 위한 단체라고 항변할 경우 단체 형성의 경위, 구성원의 담당 업무, 구체적인 협의 내용으로부터 사업자단체인가 여부를 판단하게 된다.

---

135) 대법원 1995. 5. 12. 선고 94누13794 판결.

## II. 국가 기타의 공법인

공정거래법 적용상 사적인 경제활동을 하는 이상 그 주체의 법적 성격을 불문하고 사업자로 인정되기 때문에 국가·지방자치단체 기타의 공법인도 본래는 사업자가 아니지만 사경제적 주체로 행위를 할 경우 공정거래법상의 사업자에 해당한다. 대법원도 종래부터 이러한 입장을 취해왔다.[136] 예컨대 지방자치단체의 기관인 연구소가 민간 기업과 사이에 동물용 백신 가격 인상을 결정한 행위에도 공정거래법이 적용된다.

그런데 국가나 지방자치단체의 사업자로서의 활동이 법정되어 그에 따라 사업자로서 자유로운 활동의 여지가 없는 경우 즉, 공행정 관계에 관한 한 그 범위에서 법의 적용을 할 여지가 없다. 예컨대, 우표나 우편엽서 판매는 우체국의 업무로서 국가의 독점에 속하는 우편사업에 포함된다. 이러한 행위는 국가의 독점사업에 고유한 행위이므로, 연하장의 가격을 인상하여 판매하는 것에 대해서는 공정거래법이 적용되지 않는다. 그 밖의 공공단체로서 공단, 사업단 등이라도 사경제적 사업을 하는 관계에서는 사업자에 해당된다.

## III. 특수관계인

일반적으로 우리나라의 법령들에서 '특수관계인'(specially related person, affiliate person)이라 함은, 어느 기업의 내주주와 친인척, 기업의 임원, 출자관계에 있는 법인이나 개인 등을 지칭하는 넓은 범위의 용어이다.[137] 각종 법령에서는 일정한 요건에 따라 설정되는 특수관계인에게 별도의 의무를 부과하거나 권리를 제한하고 있다.[138]

### 1. 규정의 내용

공정거래법에 나타난 특수관계인 관련 규정은, 이 범위에 해당하는 자가 규제를 회피하기 위해 형식적으로 소유권을 등을 분산시키고 실질적으로는 경제적 동일체를 형성하여 공정경쟁을 저해하는 지배력을 행사하는 등의 상황을 방지하기 위한 목적을 가지고 있다. 공정거래법은 부당지원행위(법 23조), 기업결합(법 7조), 그리고 경제력집중에 대한 규제(법 8조의2) 등에서 '특수관계인'이라는 개념을 사용하고 있다. 공정거래법상 특수관계인과 관련되는 용어는 '동일인', '동일인 관련자', 좁은 의미의 '특수관계인' 등이 있으며, 여기서의 특수관계인은 동일인 관련자 등을 포함하는 넓은 개념으로 본다.

공정거래법상 특수관계인 개념은 친족관계로 연결된 자연인이나 계열회사 등이 지분소유나 부당한 지원행위를 통하여 집중된 경제력을 유지 또는 확대해 나가는 우리나라의 특

136) 대법원 1990. 11. 23. 선고 90다카3659 판결.

137) 김봉철, "경제·기업법령상 친족인 '특수관계인' 관련 규정의 문제점과 개선방향", 「외법논집」 제33권 4호, 한국외대 법학연구소, 2009. 11, 231면.

138) 상법, 은행법, 자본시장법, 국세기본법, 법인세법, 소득세법 등 많은 경제 및 기업 관련 법률 등.

유한 현상에 적극적으로 대응하여 만들어진 것이다. 따라서 공정거래법은 기업결합이나 부당지원행위의 위법성을 판단함에 있어서, '특수관계인'에 대해서 특정인이나 계열회사 등이 본인과 동일한 경제적 이익을 추구하는 행위주체라는 법적 평가를 내린다고 할 수 있다.[139)]

공정거래법 제7조 제1항은 특수관계인을 통한 간접적인 방법을 포함하여 일정한 거래분야에서 경쟁을 실질적으로 제한하는 기업결합을 금지한다. 이 규정에 관련된 특수관계인은 결합의 당사자를 대신해서 기업결합을 매개하는 역할을 수행한다.[140)] 또한 공정거래법 제8조의3에 따르면, 채무보증제한기업집단에 속하는 회사를 지배하는 동일인 또는 동일인의 특수관계인이 지주회사를 설립하고자 하거나 지주회사로 전환하려는 경우에 채무보증의 관계를 해소하여야 한다.

공정거래법은 제11조에서 금융 및 보험회사의 국내계열회사주식에 대하여 의결권제한의 예외를 설정하면서도 특수관계인을 언급하였다. 즉, 본조 제3호는 의결권 행사금지의 예외로 상장법인인 국내계열회사의 주주총회에서 특정한 사항을 결의하는 경우에 의결권을 행사할 수 있다고 하면서, 의결권을 행사할 수 있는 주식 수는 그 계열회사에 대하여 특수관계인 중에서 시행령이 정하는 자를 제외한 자가 행사할 수 있는 주식 수를 합하여 그 계열회사 주식총수의 15%를 넘을 수 없다고 한다. 또한 제11조의2는 특수관계인을 위하여 대규모 내부거래를 하는 경우에 이사회의 의결 및 공시의무를 규정하고 있다.

이밖에 공정거래법 제12조 제1항은 기업결합신고 대상회사의 특수관계인이 기업결합을 하는 경우에도 신고의무를 부과하고 있다.[141)] 불공정거래행위 유형을 규정하고 있는 공정거래법 제23조 제1항 제7호는 부당하게 특수관계인 또는 다른 회사에 대하여 자금·자산·인력·상품·용역 등을 제공하거나 현저하게 유리한 조건으로 거래하여 특수관계인 또는 다른 회사를 지원하는 행위를 금지하고 있다.[142)]

## 2. 시행령상 특수관계인의 범위

공정거래법은 특수관계인의 해당 여부를 판단하기 위해서 자세한 사항을 시행령에서 규

139) 이호영, "공정거래법상의 특수관계인에 대한 부당지원행위의 규제", 「행정법연구」 제12호, 행정법이론실무학회, 2004. 10, 394면.

140) 홍명수, "독점규제법상 특수관계인과의 기업결합에 대한 규제 가능성 검토", 「경쟁법연구」 제19집, 한국경쟁법학회, 2009. 5, 29면.

141) 이 규정에 대하여, 직접적으로 특수관계인과 관련된 금지규정이 아니라는 견해도 있다(이호영, 앞의 논문, 393면).

142) 공정거래위원회는 '롯데' 기업집단에 소속되어 있는 '롯데쇼핑(주)'가 비계열 특수관계회사인 '(주)유원실업'과 계열회사인 '(주)시네마통상'을 부당하게 지원한 행위에 대해 시정명령과 함께 과징금을 부과하였다(공정거래위원회, 보도자료, 2007. 12. 28; 공정거래위원회 2008. 1. 22. 의결 제2008-19호 2007조사2932). 또한 1999년 3차 '삼성' 기업집단 계열회사 등의 부당지원행위 사건에서, 특수관계인에 대한 신주인수권부사채발행을 하면서 상속세 및 증여세법상 비상장주식 평가방식에 따라 삼성 SDS에 대한 신주인수가격을 결정한 것을 인정하지 않았다(공정거래위원회 1999. 10. 28. 의결 제99-212호 9908조이1247, 9909조이1275).

정하도록 위임하였다. 그러나 시행령 제11조는 특수관계인에 속하는 '회사를 사실상 지배하고 있는 자' 그리고 동일인관련자에 대해서 구체적인 판단기준을 미루고 있다. '회사를 사실상 지배하고 있는 자'의 의미에 관하여 일반적인 판단기준을 찾을 수는 없으며, 다만 기업결합의 범위와 관련하여 시행령 제3조에서 동일인이 '사실상 그 사업내용을 지배하는 회사'의 판단기준만 규정하고 있을 뿐이다. 여기서의 '동일인'이 회사를 사실상 지배하는 자에 해당한다고 보는 의견이 있다.[143)]

이와 관련하여, '회사를 사실상 지배하고 있는 자' 또는 동일인 및 동일인 관련자인 특수관계인의 범위를 획정하는 구체적인 기준은 시행령 제3조에 규정되어 있다.[144)] 공정거래법 제2항 제2호에서 정의하는 기업집단은 '동일인이 사실상 사업내용을 지배하는 회사의 집단'을 의미한다. 이를 구체화하는 시행령 제3조는 본법 제2조 제2호의 '대통령령이 정하는 기준에 의하여 사실상 그 사업내용을 지배하는 회사'에 포함되는 기준을 나열하고 있다. 시행령 제3조 제1호의 기준에 따르면 '사실상 그 사업내용을 지배하는 회사'라 함은 동일인이 단독으로 또는 동일인 관련자와 합하여 당해 회사 발행주식 총수의 30% 이상을 소유하는 경우로서 최다출자자인 회사라고 한다.[145)] 시행령 제3조 제2호는 대표이사의 임면이나 주요 의사결정에 미치는 영향 등을 '사실상 사업내용을 지배하는 관계'의 판단기준으로 제시한다. 특히 제2호 라목은 '사회통념상 경제적 동일체로 인정되는 회사'라는 일반적 기준을 제시하고 있다고 볼 수도 있다.[146)]

한편, 시행령 제3조의 특수관계인 범위에서 제외시키기 위한 기준이 시행령 제3조의2와 제3조의3에서 구체적으로 명시되어 있다. 이 기준 역시 동일인과 동일인 관련자의 범위를 판단하거나 제외하기 위해 고려해야 할 기준으로 작용한다.

---

143) 권오승, 앞의 책, 166면; 정호열, 앞의 책, 226면.

144) 다만, 시행령 제3조의 본래 목적은 특수관계인 범위 판단만을 위한 것이 아니라, '동일인이 사실상 사업을 지배하는 회사'(즉 계열회사)의 범위를 정하는 것이다.

145) '동일인 관련자'에 해당하는 특수관계인의 구체적인 요건은 다음과 같다.
가. 배우자, 6촌 이내의 혈족, 4촌 이내의 인척(친족)
나. 동일인이 단독으로 또는 동일인관련자와 합하여 총출연금액의 30%이상을 출연한 경우로서 최다출연자가 되거나 동일인 및 동일인 관련자 중 1인이 설립자인 비영리법인 또는 단체(법인격이 없는 사단 또는 재단을 말한다. 이하 같다)
다. 동일인이 직접 또는 동일인관련자를 통하여 임원의 구성이나 사업운용 등에 대하여 지배적인 영향력을 행사하고 있는 비영리법인 또는 단체
라. 동일인이 본 규정에 의하여 사실상 사업내용을 지배하는 회사
마. 동일인 및 동일인과 나 내지 라의 관계에 해당하는 자의 사용인(법인인 경우에는 임원, 개인인 경우에는 상업사용인 및 고용계약에 의한 피용인을 말한다)

146) 홍명수, 앞의 논문, 30면.

## 제2절 적용범위의 축소 – 적용제외

### I. 의의 및 유형

#### 1. 의의

사업자들의 자유로운 경쟁 활동에 의해 이루어지는 시장경제를 채택하는 국가에 있어서 공정거래법은 원칙적으로 모든 사업자의 사업 활동에 적용되지만 모든 경우에 경쟁을 통한 시장기능이 작동할 수는 없으므로 일정한 내재적 한계를 가질 수밖에 없다. 그리고 설령 시장기능이 작동할 수는 있는 경우라도 공정거래법이 추구하는 '자유롭고 공정한 경쟁의 촉진' 만이 국가 추구하는 유일한 목표일수는 없다. 따라서 이와 상충되는 정책목표를 추구하는 경우에 특정한 사업자의 행위 또는 특정한 범주에 속하는 행위에 대하여 공정거래법의 적용을 부분적 또는 전면적으로 배제하게 되는데 이를 공정거래법의 적용제외라고 한다.

이와 같이 공정거래법상 적용제외의 이론적 근거로는 상충되는 정책목표 사이의 정책적 결단 또는 시장실패에 대한 대처가 거론된다.[147] 그리고 여기에는 경쟁정책 이외의 다른 정책목적을 달성하기 위한 경우가 있으며, 또한 그것이 실질적으로 공정거래법에 저촉되지 않음을 확인할 목적으로 설정되는 경우도 있다.

공익사업은 국민의 일상생활에 깊이 관련성을 갖거나 또는 불가결한 공공적, 공익적 사업이다. 원래 자본주의 시장경제는 소유의 자유와 거래의 자유를 제도적으로 보장함으로써 성립된다. 이러한 소유 및 거래의 자유의 제도적 보장을 통하여 초래되는 사익을 사회를 구성하는 국민에게 공평하게 분배하기 위한 수단으로서 경쟁원리 확립과 그 제도적 보장, 공적 독점의 용인과 행정개입 등을 고려할 필요가 있다. 자본주의 경제에서는 경쟁원리의 확립과 그 제도적 보장이 기본이며, 그것을 담보하기 위해 공정거래법이 제정되어 있는 것이다.

이 공익사업을 보통 자연 독점사업이라고 부르는데, 여기에는 물리적으로 경쟁이 불가능한 성격의 사업과 사업의 성질상 자유경쟁을 가능케 하는 경제적 기반이 결여되어 있는 사업이 있다. 이러한 사업에 대해서는 사업의 공익성에 비추어 그 사업을 독점사업으로 인정해야 할 필요성이 있다고도 생각된다. 그러나 이런 사업분야의 경우도 특별한 적용제외 규정이 없는 한 공정거래법의 적용대상이 된다. 그 예로는 철도사업, 전기사업,[148] 가스사업 등이 있다.[149]

---

147) 이에 대하여 정부규제에 관한 포획이론 및 공공선택이론에 입각하여 '이익집단의 영향력'을 공정거래법 적용제외의 근거로 제시하는 견해도 있다(김두진, "독점규제법의 적용제외 영역", 「상사법연구」 제21권 제4호, 2003, 348-354면).

148) 대법원 2006. 11. 23. 선고 2004두8323 판결; 대법원 1997. 5. 16. 선고 96누150 판결.

149) 이러한 사업의 공통점은 ① 사업자체의 공공성, ② 사업에서의 독점의 용인이 공공의 이익에 의하여 적극적으

한편, 일정한 사업은 그 근거법에 의하여 국가의 공적 독점사업으로 규정되어 있다(우편법 등). 이와 같은 공적 독점사업은 독점을 인정받는 대신 자유경쟁에 의한 이익이 수요자에게 보장되지 않는 것에 대응하여 정부의 일정한 감독을 받는다. 공적 독점사업을 인정하는 목적은 합리적인 요금으로 적정한 서비스를 공평하게 제공하고자 하는 것이다. 그러나 이 사업에 공정거래법이 적용되지 않는 것은 법률에 따른 정당한 행위를 적용제외로 규정한 공정거래법 제58조에 근거한 것으로 보아야 할 것이다.

## 2. 유형

### (1) 적용제외 근거에 따른 분류

공정거래법의 적용이 제외되는 행위를 그 제외근거에 따라 분류하면 다른 법령에 기한 정당한행위와 공정거래법 자체에서 규정한 일정한 행위로 구분된다.

첫째, 다른 법령에 기한 '정당한' 행위(법 58조)이다. 이 행위의 예로는 국가·공공단체가 행하는 공공성 있는 행위(토지수용 등)와 행정관청의 엄격한 감독을 받는 행위(약관의 변경 등)가 있다. 이와 관련하여 독점규제 및 공정거래에 관한 법률의 적용이 제외되는 「부당한 공동행위 등의 정비에 관한 법률」(제정 1999. 2. 5. 법률 제5815호)이 제정되어 있다.[150)]

둘째, 공정거래법 자체의 적용제외 행위(법 59조, 60조)이다. 공정거래법 자체에서 적용제외로 규정한 행위는 다시 공정거래정책상 당연한 한계를 정한 경우(본래적 제외)와 다른 정책원리에 기하여 적용의 한계를 인정한 경우(정책적 제외)로 나뉜다. 본래적 제외의 예로는 무체재산권 행사행위(법 59조)가 있으며, 정책적 제외의 예로는 소규모조합의 행위(법 60조)가 있다.

그밖에 공정거래법의 개별규정에서 적용대상에서 제외되는 것으로 규정한 유형들이 있다. 이 법은 산업정책적 관점에서 일정한 사업분야에서의 부당한 공동행위에 대하여 공정거래법을 적용하지 않도록 하고 있다.

### (2) 적용제외 방법에 따른 분류

공정거래법의 적용이 제외되는 방법에 따라 분류하면, 인가·신청·지정 등에 의하는 경우와 법정요건 충족 시 예외가 인정되는 경우(법 59조, 60조)로 구분된다. 전자의 경우는 공정거래위원회가 인가권 등을 보유하는 경우(기업결합 등)와 다른 행정기관이 인가권 등을 보유하는 경우로 다시 구분된다. 그리고 다른 행정기관이 인가권 등을 보유한 경우 공정거래위원회와의 협의 또는 동의가 요건으로 되어 있는 경우와 그렇지 않은 경우가 있다.

---

로 요청되는 점, ③ 인가에 의하여 독점이 인정되는 점, ④ 정부의 감독 하에 있는 점 등이다.

150) 공동행위는 비효율적인 한계기업을 유지시켜서 경제의 효율성을 해치게 된다. 그리하여 소비자이익의 침해, 사업자 및 산업의 역량저해, 사업자간의 경쟁제한적 행위의 확대 등의 문제가 발생한다. 따라서 이 법을 통해 적용제외의 범위를 합리적으로 정비하려는 것이다.

## II. 다른 법령에 기한 정당한 행위

### 1. 의의

법률 또는 법률에 의한 명령에 따라 행하는 정당한 행위에 대해서는 공정거래법이 적용되지 않는다(법 58조). 여기서 '정당한 행위'는 공정거래법상의 기준에서 볼 때 정당한 것인가 또는 해당 법률의 입법 목적 등의 판단기준에 따라 정당하다고 인정되는 행위인가의 문제가 있다. 본 조의 취지는 다른 법률이나 법률에 의한 명령에 구체적인 근거가 있고 그 근거의 취지에 비추어 정당하다고 인정되는 행위에 대해서는, 그것이 비록 공정거래법이 규제하는 경쟁제한성을 가지고 있더라도 공정거래법상의 판단기준에 따른 위법성 판단을 하지 않는다는 취지로 보아야 한다.[151)]

'법률에 따른 정당한 행위'는 개별 법률 특히 산업법 자체의 규정에 직접 근거하여 사업자들이 하는 행위이다. 이는 해당 법률이 공정거래법과는 다른 입법목적을 가지고 있으므로, 이를 실현하기 위하여 그러한 사업자들의 행위를 허용해야 하는 경우이다. 예컨대, 보험업법에서는 보험회사들이 상호협정을 체결할 수 있는 명시적 근거를 규정하고 있다(법 125조). 따라서 특정 사안에 관해 보험회사들 간에 체결된 협정이 경쟁저해적인 내용으로 되어 있더라도 보험업법에 따른 정당한 행위로서 공정거래법 상의 부당한 공동행위 금지의 예외가 된다.[152)] 다만 그 행위는 근거법의 취지에 비추어 정당한 행위여야 한다.

'법률에 의한 명령에 따라 행하는 정당한 행위'란 시행령 · 시행규칙 · 고시 등의 법규명령과 행정관청의 개별적 행정행위 내지 행정처분을 포함한다. 여기서 문제가 되는 것은 사업자가 행정관청의 지도에 따라 행위한 경우 그 행위가 법률에 의한 명령에 따른 정당한 행위에 해당하는가 여부이다.

### 2. 행정지도

#### (1) 의의

일반적으로 행정지도란 행정관청이 그 임무나 소관 사무의 범위 내에서 일정한 행정 목적을 달성하기 위하여 특정한 자에 대한 권고 · 조언 · 지도 등의 비권력적 수단으로 영향을 미쳐서 상대방의 임의적 협력을 얻어 행정관청이 바라는 방향으로 상대방의 일정한 작위 · 무작위를 유도하는 행위로서 처분에 해당하지 않는 것을 가리킨다. 이는 사실행위로서 사업자에 대하여 구속력이 없으며 지도에 따를 것인지를 사업자가 자유롭게 판단할 수 있는 것이다. 그리고 행정지도를 하기 위하여 반드시 법적 근거가 필요한 것도 아니다.[153)] 따라

151) 따라서 해당법률의 취지상 허용되지 않는 행위는 공정거래법 제58조에서 규정하는 정당한 행위가 될 수 없다(대법원 2006. 11. 24. 선고 2004두8323 판결). 다른 법령에 근거한 행위라 할지라도 그 법령에 규정된 내용을 일탈하여 구성사업자를 부당하게 구속하는 경우에는 위법이 될 수 있다(사업자단체활동지침 고시 제2002-14호 4-가-(1)).

152) 정호열, 앞의 책, 90면.

서 행정지도에 따른 사업자의 행위가 공정거래법을 위반한 경우, 그 행위는 공정거래법 제58조에 규정된 정당한 행위가 될 수 없으며 이에 대하여는 제재가 가해져야 할 것이다.[154)]

그러나 우리나라의 현실상 행정지도는 사업자들에 대하여 실질적 구속력을 가지면서도 법적 근거가 결여되어 있는 경우가 많다. 그리하여 위와 같은 원칙론을 고수할 경우 사업자들에게 가혹한 결과가 양산될 가능성이 크므로, 이 불합리한 결과를 피하기 위해서는 합리적인 해석론이 필요하게 된다. 즉 행정지도가 내려지고 이에 따라 사업자가 공정거래법 상의 규제행위를 한 경우 이를 일률적으로 위법으로 판단해서는 안 되며, 행정지도의 양상, 영향력, 사업자에 대한 실제적 구속력 등을 고려하여야 할 것이다.

우선 법령에 구체적인 근거규정이 있는 행정지도의 경우에는 행정지도를 받은 사업자가 각각 자주적으로 판단하여 따르는 한, 해당 행정지도에 따른 사업자의 행위는 다른 '법률에 의한 명령에 따라 행하는 정당한 행위'이므로 공정거래법상 위법성을 문제삼을 수 없다고 보아야 한다. 이에 대하여 법령에 구체적인 근거규정이 없는 행정지도에 따른 사업자의 행위가 경쟁저해성을 띠는 경우에는 공정거래법이 적용된다고 보아야 할 것이다. 그러한 행위는 법률에 따른 정당한 행위라고 볼 수 없기 때문이다.[155)] 그러나 해당 행정지도의 실질적 구속력, 경쟁저해성의 정도 등을 고려하여 공정거래법상의 제재를 감경하거나 형벌적용을 완화할 수는 있을 것이다. 또한 행정지도의 범위를 벗어난 사업자의 행위도 적법하다고 할 수 없다.[156)]

판례의 태도를 보면 행정지도에 따른 사업자의 행위를 용인한 다수의 사례가 있다. 주로 부당공동행위 사건을 다룬 판례에서 문제된 사업자들의 행위를 공정거래법 위반이 아니라고 판단하였는데, 그 경우에는 행정지도에 따라 행한 행위가 결과적으로 일치된 것에 불과하므로 공정거래법 제19조 제5항의 부당공동행위 추정조항이 적용되기 위하여 필요한 사업자간의 일치된 행위가 아니기 때문이라는 것이다(합의추정의 복멸). 즉 해당행위가 행정지도에 따른 것이므로 법령에 따른 정당한 행위가 되기 때문이 아니라, 부당공동행위의 추정이 깨어짐으로써 합의 그 자체가 없었다고 판단한 것이다. 이러한 취지는 그 행정지도가

---

153) 김동희, 『행정법』 I 제16판, 박영사, 2010, 204면.

154) 서울고등법원 1992. 1. 29. 선고 91구2030 판결.

155) 행정지도는 비권력적 사업행위에 불과한 것이어서 그에 따름이 강제되는 것이 아니므로 사업자단체로서는 독자적으로 공정거래법 위반 여부를 판단하여 행동하여야 하고, 동 법의 운영은 행정부 내에서 독립된 지위를 가진 공정거래위원회의 권한으로 되어 있으므로, 사업자단체가 주무관청인 상공부의 행정지도에 따라 시정명령의 대상이 되는 행위를 하게 된 것이라 하더라도 그것만으로 위법성이 조각된다거나 또는 그 시정을 명함이 금반언의 원칙에 반한다고 할 수는 없다(서울고등법원 1992. 1. 29. 선고 91구2030 제3특별부 판결).

156) 이 사건 시외전화 사업이 그 특수성으로 인하여 경쟁제한이 합리적이라고 인정되는 사업 또는 인가제 등에 의하여 사업자의 독점적 지위가 보장되는 사업이라고 할 수 없는 점, 원고가 행정지도의 근거로 들고 있는 전기통신사업법 제34조 제2항이 자유경쟁의 예외를 구체적으로 인정하고 있는 법률에 해당한다고 볼 만한 사정이 없는 점, 원고는 정보통신부 담당공무원으로부터 접속료 부담문제에 관한 행정지도를 받게 되자 이를 이용하여 시외전화 맞춤형 정액요금제 상품을 출시하기로 하는 등 위 행정지도의 범위를 벗어나는 별도의 내용으로 이 사건 2002년 합의를 한 점 등의 이유를 들어, 이 사건 합의가 공정거래법 제58조에서 말하는 '법률 또는 그 법률에 의한 명령에 따른 정당한 행위'에 해당하지 않는다(대법원 2008. 12. 24. 선고 2007두19584 판결).

해당산업법에 근거하여 사업자들의 행위일치를 초래한 경우[157]나 해당 산업법상의 명시적 근거가 없는 경우[158] 모두에 반영되고 있다.

이러한 판례의 처지는 사업자들의 공동행위가 발생한 경우 공정거래법 위반 여부를 판단함에 있어서 행정지도의 유무 및 행정지도의 적법성을 떠나 사업자의 행위자체에 착안하여, 그 행위가 부당공동행위의 성립요건을 충족하는가 여부를 문제 삼는 것이라고 할 수 있다. 이에 따르면 부당공동행위의 경우 행정지도의 양상을 따라서 사업자간의 공동행위를 인정할 수 없는 경우도 있을 수 있다. 예컨대 행정지도가 각 사업자마다 개별적인 권고로 행해지고 사업자간에 의사의 연락이 없었다면 행정관청의 권고내용이 공정거래법의 이념과 상충되더라도 부당한 공동행위로 볼 수는 없을 것이다. 그러나 개별사업자에 대한 행정지도라는 형식을 취했더라도 각 사업자의 생산량을 표시한 배정표를 제시하는 방법으로 지도를 했다면, 각 사업자는 다른 사업자의 할당량을 알 수 있고 또한 다른 사업자도 이에 따를 것임을 전제로 해서만 자기도 이에 따를 것이므로 묵시적인 양해를 인정할 여지가 있다. 이 경우에는 공동행위의 성립을 인정해야 할 것이다.

#### (2) 행정지도와 관련한 심사지침

이와 관련하여 부당한 공동행위에 행정기관의 행정지도가 개입되어 있는 경우에 대한 법 집행의 원칙을 명확히 함으로써 법 집행의 일관성과 사업자들의 예측가능성을 제고하기 위하여 공정거래위원회는 "행정지도가 개입된 부당한 공동행위에 대한 심사지침"[159]을 제정하여 시행하고 있다. 동 지침의 기본원칙은 행정지도가 부당한 공동행위의 원인이 되었다 하더라도 그 부당한 공동행위는 원칙적으로 위법하지만, 그 부당한 공동행위가 법 제58조의 요건을 충족하는 경우에 한하여 법 적용이 제외된다는 것이다.

그리고 지침의 적용범위에 대하여 살펴보면, ① 동 지침은 부당한 공동행위에 비권력적 사실행위인 행정지도가 개입된 경우에 적용한다. ② 따라서 동 지침은 사업자간의 부당한 공동행위에 행정기관의 법령에 따른 행정처분이 개입된 경우에는 적용하지 않는다. 다른 법령에서 행정기관에게 사업자들로 하여금 가격 등 경쟁요소에 관하여 행정처분을 할 수 있는 구체적 권한을 부여한 경우, 이러한 처분에 따라 사업자들이 가격 등을 합의한 때에는 공정거래법 제58조에 의해 공정거래법 적용이 제외될 수 있다.

또한 행정기관이 사업자간 합의를 유도하는 행정지도를 한 경우에 대한 법 집행원칙으로는 ① 행정기관이 법령상 구체적 근거 없이 사업자들의 합의를 유도하는 행정지도를 한 결과 부당한 공동행위가 행해졌다 하더라도 그 부당한 공동행위는 원칙적으로 위법하다. ② 다만, 일정한 경우[160]에는 법 제58조에 해당하는 것으로 보아 공정거래법을 적용하지 아니

157) 대법원 2009. 7. 9. 선고 2007두26117 판결; 대법원 2005. 1. 28. 선고 2002두12052 판결.

158) 대법원 2003. 3. 14. 선고 2001두939 판결.

159) 2009. 8. 12. 개정 공정거래위원회 예규 제75호.

한다. ③ 그 외의 경우에는 사실상 구속력이 있는 행정지도가 부당한 공동행위의 동인이 된 경우에 한하여 과징금 감경사유가 될 수 있다.[161)]

기타 행정지도가 개입된 경우의 처리원칙은 ① 행정기관이 사업자들에게 개별적으로 행정지도를 한 경우, 사업자들이 이를 기화로 제19조 제1항 각호의 1에 해당하는 사항에 관하여 별도의 합의를 한 때에는 부당한 공동행위에 해당한다. ② 행정지도에 사업자들이 개별적으로 따른 경우에는 부당한 공동행위에 해당하지 않는다.

## III. 무체재산권의 행사행위

### 1. 무체재산권의 개념과 보호

재산은 유체물(가옥, 자동차 등)과 무형물(기술, 정보 등)로 구분되며, 후자의 인간의 지적·정신적 활동의 성과가 지적재산이며, 이에 관한 권리를 널리 '무체재산권'[162)]이라고 한다. 무체재산은 물리적인 형태를 갖지 않는 것으로, 상표·상호 기타 사업활동에 사용되는 상품이나 용역을 표시하는 것과 영업비밀 기타의 사업활동에 유용한 기술상 또는 영업상의 정보이다.

일반적으로 무체재산권에는 특허권, 실용신안권, 의장권, 저작권, 상표권 등이 있다. 이들 권리자에게는 무권한자에 의한 보호객체의 실시내지 사용, 곧 모방적 경쟁행위를 배제할 권능을 권리자에게 부여하는데, 그 권능은 구체적으로는 중지청구권 또는 손해배상청구권의 행사로 실현된다. 그 결과 본래적으로 초과이윤을 만들어 낼 능력을 갖추고 있는 무체재산권은 시장내부에서 독점적 요소를 가질 수밖에 없고, 공정거래정책의 관점에서는 시장지배력의 형성과 유지 및 행사가 쉽게 발생될 가능성을 갖는 것이라고 볼 수 있다.

이러한 측면에서 무체재산권제도와 공정거래제도는 법체계상 상호 충돌되는 성격을 가지고 있다. 그러나 양 제도는 이와 같이 대립되기만 하는 것이 아니고, 상호보완적인 관계에 있기도 하다. 기술정보, 학술상의 저작물 등의 무형의 것에 배타성을 부여하여 유체물과 동등한 관리가능성을 부여하는 것은 공정거래법이 목적으로 하는 자유로운 거래를 가능하게 한다. 그리고 이러한 무체물에 일정한 도안 등으로 화체된 신용 등을 포함하여, 그들을 도용내지 침해하는 것은 부정경쟁으로서 두 법제에 있어서 동일하게 규제하고 있다. 그러나 무체재산권의 배타성은 탁월한 기술발명 등으로 독점에 의한 시장지배를 가능하게 하는 것이

---

160) ① 다른 법령에서 사업자가 법 제19조 제1항 각호의 1에 해당하는 행위를 하는 것을 구체적으로 허용하고 있는 경우, ② 다른 법령에서 행정기관이 사업자로 하여금 법 제19조 제1항 각호의 1에 해당하는 행위를 하는 것을 행정 지도할 수 있도록 규정하고 있는 경우로서, 1) 그 행정지도의 목적, 수단, 내용, 방법 등이 근거법령에 부합하고 2) 사업자들이 그 행정지도의 범위 내에서 행위를 한 경우.

161) 과징금 부과 세부 기준 등에 관한 고시 Ⅳ. 3. 다. (4).

162) 이와 유사한 용어로는 지적재산권, 지식재산권, 산업재산권 등이 있다. 국내에서는 2011년 '지식재산기본법'이 제정되어 지식재산권이라는 표현을 사용하는 것이 옳다는 견해도 있으나, 현재 공정거래법상 '무체재산권'이라고 표현하므로 여기서는 '무체재산권'이라고 한다.

므로, 종래 양 제도 간의 조화가 문제가 되어왔다. 한편 최근 기업 간의 기술혁신에 관계된 높은 의욕은 혁신적인 발명이나 소프트웨어의 개발에 막대한 비용이 필요하다고 하여, 그 계속적 발전을 위해 종래와 비교하여 보다 많은 보상적 가치가 권리자에게 인정되어야 한다는 무체재산권 강화의 경향이 나타나고 있다.

## 2. 공정거래법 제59조의 취지

상술한 의미에서 경쟁제한적 효과를 수반하는 무체재산권법은 공정거래법과 법체계상의 충돌을 야기할 가능성이 있다. 그리하여 공정거래법 제59조는 동법의 규정이 저작권법, 특허법, 실용신안법, 디자인보호법 또는 상표법에 의한 권리의 정당한 행사라고 인정되는 행위에 대하여는 적용되지 않는다고 규정하여 양자의 조정을 꾀하고 있다. 여기서 동 조의 규정상 무체재산권법과 공정거래법의 관계를 어떻게 파악할 것인가가 문제이다.

이에 대하여는, 공정거래법 제59조는 공정거래법상 본래 문제될 수 없는 것에 대하여 규정하고 있으므로 불필요한 규정이라는 견해가 있다.[163] 즉 소유권의 보장은 물건에 대한 독점을 의미하는데, 그 자체가 경쟁질서에 반하는 것은 아니고 오히려 경쟁질서가 성립하기 위해서는 불가결한 전제이다. 무체재산권의 보장도 이와 동일하며 따라서 무체재산권행사가 배타적·독점적이더라도 공정거래법과의 관계에서는 문제되지 않는다는 것이다.

그러나 무체재산권 보호의 강화와 공정거래의 확보를 조화시키기 위해서는 동조의 존재가 무의미한 것은 아니다. 동조에 의해서 공정거래법이 적용되지 않는 행위는 무체재산권법에 따른 권리행사이고, 또한 정당한 것이어야 한다. 여기서 정당성의 판단은 공정거래법 제 58조의 경우와 마찬가지로 해당 무체재산권법상의 기준에 따라야한다. 무체재산권법상의 권리행사는 무체재산권의 침해에 대한 물권적 권리의 행사와 일반계약상의 권리인 채권적 권리의 행사로 구별할 수 있다. 법 제59조는 전자에 대해서 공정거래법을 적용하지 않고, 다만 그 행위가 실질적으로 권리남용이 되는 경우에는 정당한 권리행사가 아니므로 동법이 적용되며, 후자에 대하여도 적용제외가 되지 않는다는 취지로 보아야 할 것이다.

무체재산권법은 무체재산에 대한 일정한 독점적 이용을 보호함으로써 타인의 부당한 모방·편승을 방지하고 새로운 지식재산의 창출과 이용에 대한 인센티브를 주어 무체재산의 이용에 관한 공정하고 자유로운 경쟁을 촉진하는 것이다. 그리고 무체재산권법에 의한 권리의 행사란 부당한 모방·편승이 되는 무체재산권의 침해를 배제하기 위한 정당한 행위를 의미한다. 한편 공정거래법에서도 부당한 모방·편승이 되는 무체재산권의 침해는 부정적으로 평가되는 행위이다. 따라서 공정거래법 제59조는 무체재산권에 기한 부정경업의 배제는 자유롭고 공정한 경쟁질서의 침해에 해당하지 않는다는 당연한 것을 확인한 규정이다. 그밖에 무체재산권의 배타성에서 비롯된 라이선스 거부도 이 정당한 행위에 포함된다. 그

163) 정호열, 앞의 책, 96면.

러나 외형상 무체재산권의 권리행사로 보이는 행위라도 무체재산권 제도의 취지를 벗어나거나 어긋나는 경우에는 공정거래법의 적용이 배제되지 않는다.[164] 즉 오로지 경쟁억압의 의도·목적을 가지고 행하는 본래적 행사는 부정경업의 배제에 관한 행위가 아니고 '권리의 행사라고 인정되는 행위'에 해당하지 않는다. 예컨대 무체재산권 침해가 아님을 실제로 알면서 침해소송을 제기하겠다고 위협하여 타인의 경쟁적 실시행위의 의도를 저지하려는 경우에는 적용제외가 되지 않는 것이다.

무체재산권의 행사에 대하여 공정거래법 제59조의 적용 여부를 판단 할 때에는 우선 그 행위가 무체재산권법상의 보호를 받는가 여부 곧 정당한 권리행사인가 여부와 권리남용에 해당되지 않는가를 판단한다. 그리하여 정당한 권리행사로서 권리남용에도 해당하지 않는 경우 공정거래법의 적용을 하지 않는다. 그러나 이 단계에서 무체재산권법상 보호를 받지 않는다고 판단된 행위, 곧 공정거래법상 적용제외를 받지 않는 행위도 곧바로 위법이 되는 것은 아니며, 행위의 실체 및 가치 그리고 경쟁에 미치는 영향 등을 고려하여 비로소 공정거래법에 위반되는가 여부를 판단하게 된다.

이와 관련하여 공정거래위원회는 "지식재산권의 부당한 행사에 대한 심사지침"[165]을 제정하여, 무체재산권에 대한 공정거래법 적용의 기본원칙·판단기준 및 고려사항 그리고 행사가 불공정거래행위로서 위법한 것으로 인정될 수 있는 경우와 위법하다고 판단되지 않는 경우를 상세히 예시하고 있다.

이에 따르면, ① 지식재산권에 의한 정당한 권리 행사는 법 제59조의 규정에 따라 이 법의 적용이 배제된다. 그러나 지식재산권에 의한 권리의 행사라 하더라도 정당하지 않은 경우에는 이 법 적용 대상이 될 수 있다. ② 지식재산권에 의한 정당한 권리 행사에 해당하는지는 해당 지식재산권 행사가 (1) 새로운 발명 등을 보호·장려하고 관련 기술의 이용을 도모함으로써 산업발전을 촉진하고자 한 지식재산권 제도의 본래 취지에 부합하는지 여부 (2) 관련 시장의 경쟁상황과 공정한 거래질서에 미치는 영향을 중심으로 판단한다. 단, 해당 지식재산권 행사가 이 법에 위반되는지는 관련 규정별 위법성 성립요건을 별도로 검토하여 판단한다. ③ 지식재산권 행사가 공정거래저해효과와 효율성 증대효과를 동시에 발생시키는 경우에는 양 효과의 비교형량을 통해 법 위반 여부를 심사함을 원칙으로 한다. 해당 행위로 인한 효율성 증대효과가 공정거래저해효과를 상회하는 경우에는 위법하지 않은 행위로 판단할 수 있다. 단, 법 제29조의 재판매가격유지행위 중 최저가격유지에 해당하는 행위는 공정거래저해효과와 효율성 증대효과에 대한 구체적인 분석 없이 위법한 것으로 본다. 법 제23조 제1항 제3호 중 위계(僞計)에 의한 고객유인에 해당하는 행위는 위법성 판단시 효율성 증대효과를 고려하지 않음을 원칙으로 한다.[166]

164) James B. Kobak Jr., *op. cit.*, p. 12.

165) 2010. 3. 31. 공정거래위원회 예규 제80호.

166) 최승재, "지식재산권 부당한 행사에 대한 현행 가이드라인에 관한 연구", 「경쟁법연구」 제22권, 한국경쟁법

## IV. 소규모조합의 행위

공정거래법 제60조에서는 일정한 요건을 갖추어 설립된 조합 및 조합의 연합회의 행위에 대하여는 동법을 적용하지 않는다고 규정하고 있다. 다만, 불공정거래행위 또는 부당하게 경쟁을 제한하여 가격을 인상하게 되는 경우는 예외로 한다. 조합에는 조합원을 구성원으로 하는 사업자단체의 성격이 있는 동시에, 공동경제사업을 수행하는 사업자로서의 측면도 있다. 즉 조합은 조합원의 생산물자를 공동판매하거나 조합원이 필요한 물자를 공동구입하기도 한다. 그런데 이 경우에 조합원들의 개별적 교섭력은 약한 것이 보통이다. 일반적으로 조합은 소규모의 사업자 또는 소비자의 상호부조를 목적으로 하는 것으로서,[167] 이들은 대개 단독으로는 대기업에 대항하여 경쟁하기가 어렵기 때문에 소규모사업자 및 소비자를 조직화하여 대기업에 대한 대항력을 갖출 필요가 있다. 따라서 공정거래법은 이들의 경제적 교섭력을 강화하기 위하여 위와 같은 규정을 둔 것이다. 즉 사업규모가 작기 때문에 단독으로는 유효한 경쟁단위가 될 수 없는 사업자에 대하여 조합조직에 의한 사업공동화의 가능성을 제공함으로써 이들 사업자의 경쟁력을 강화하여 공정하고 자유로운 경쟁을 촉진하려는 것이다.

공정거래법 제60조의 적용대상인 조합이 되기 위한 요건으로는 ① 소규모의 사업자 또는 소비자의 상호부조를 목적으로 할 것, ② 임의로 설립되고, 조합원이 임의로 가입 또는 탈퇴할 수 있을 것, ③ 각 조합원이 평등한 의결권을 가질 것, ④ 조합원에 대하여 이익배분을 행하는 경우에는 그 한도가 정관에 정하여져 있을 것 등이 필요하다.

여기서 '소규모사업자'에 해당하는가의 판단은 종업원 수, 자본 또는 출자의 총액, 순자산액, 생산수량, 영업소 수 등이 판단기준이 되며, 구체적인 기준은 해당조합의 설립근거법의 취지에 따라 판단해야 할 것이다. 소규모의 사업자 또는 소비자로 구성된 조합이어야 하므로, 대규모사업자가 조합원으로 되어 있는 경우에는 공정거래법의 적용제외가 인정되지 않는다.

법 제60조에 따라 공정거래법이 적용되지 않는 조합의 행위는 그 설립근거법에서 규정한 조합에 고유한 행위와 조합 본래의 이념에 합치되는 행위로 한정된다. 그러한 조합의 행위는 조합원의 공동행위로서의 실질을 가진 것이어야 하며, 이를 벗어난 행위는 조합의 행위가 아니므로 공정거래법이 적용된다. 그리고 조합원에 대한 사업자금 대부, 사업에 관한 경영·기술의 향상을 위한 교육, 사업상의 정보제공 등은 조합이 할 수 있는 행위로 인정된다. 그러나 형식적으로는 조합의 행위로 보이더라도 실질적으로는 각 조합원의 개별적 행위로 인정되는 경우에는 조합원을 사업자로 보아 공정거래법이 적용된다.

위와 같은 요건을 갖춘 조합의 행위이더라도 불공정거래행위 또는 부당하게 경쟁을 제한

---

학회, 2010. 11, 307면 참조.

167) 농업협동조합·수산업협동조합·소비자협동조합·중소기업협동조합·신용금고 등이 있다.

하여 가격을 인상하게 되는 경우에는 공정거래법이 적용된다(법 60조 단서). 이는 조합이 단독으로 불공정거래행위 등을 하는 경우뿐만 아니라, 다른 사업자와 공동으로 그러한 행위를 하는 경우도 해당한다.

**대법원 2006. 11. 24. 선고 2004두10319 판결**

공정거래법 제60조 소정의 '일정한 조합의 행위'로서 법 적용이 제외되기 위하여는 당해 사업자단체에 소규모 사업자 외의 자가 가입되어 있어서는 아니 되는 등의 법 제60조 각 호 소정의 4가지 요건을 모두 충족하여야 하고, 또한 법 제60조 단서에 의하면 당해 행위가 불공정거래행위 또는 부당하게 경쟁을 제한하여 가격을 인상하게 되는 경우에 해당되지 않아야 한다고 전제한 다음, 원고들 중 일부는 매출액이 커서 원고 중앙협의회(전국학생복발전협의회)의 구성사업자 모두가 법 제60조 제1호 소정의 소규모 사업자인 경우에 해당되지 아니하므로 원고 중앙협의회가 법 제60조 소정의 조합에 해당되지 아니할 뿐 아니라, 원고 중앙협의회가 학생복 가격의 인하율 등을 일정수준으로 유지하기로 결의한 것은 당시의 경제상황에서 당해 행위가 없다면 인하될 수 있는 가격을 인하될 수 없게 하는 행위로서 실질적으로 가격을 인상하게 되는 경우에 해당되므로, 원고 중앙협의회의 판매가격 결정 등의 행위에 대하여 법 제60조에 따라 법 적용을 제외할 수 없다.

## V. 적용제외의 한계

적용제외, 특히 다른 정책원리에 의한 제외는 경쟁정책과는 대립되는 것이고, 그것이 확대될수록 공정거래법의 적용범위가 한정되어 법규제가 공동화될 우려가 있다. 따라서 특정 법률의 규정이나 구조가 공정거래법 위반행위의 존재를 용인하고 있다고 인정되는 경우에도, 적어도 '명문의 제외규정'이 존재하지 않는 한 공정거래법의 적용은 제외되지 않는 것이 원칙이다. 왜냐하면 공정거래법의 적용제외는 시장경제의 기본적 규칙인 공정거래법에 대한 예외이므로 그 적용제외의 허용에는 신중을 기해야 한다. 그리고 공정거래위원회는 공정거래법의 제정 이래 경제법령의 기획·입안의 단계에서 적용제외의 필요성이나 적부 등에 관해 관계행정기관과 협의·조정을 하고 있으므로, 적용제외가 필요한 경우에는 명문의 규정을 두어야 할 것이기 때문이다.

그밖에 다른 법률에서 공정거래법의 내용과 상충하는 내용의 규정을 두고 있고 그 해석상 공정거래법의 적용이 배제되는 경우도 있을 수 있다. 공정거래법의 적용제외제도가 축소되면 동 법의 적용범위가 확대되는데, 사업자들로서는 법해석에 의하여 그 적용제외를 주장할 가능성이 크다. 이는 특히 안정규제와 환경보호에 관하여 많이 제기되고 있다. 이 경우 문제를 해결하는 방법으로는 경쟁저해의 구조 안에서만 안전규제 및 환경보호를 고려하는 방법과 정당화 사유를 확대하는 방법의 2가지가 있다. 그러나 경쟁정책의 관점에서는 시장 작동기구를 제약하는 적용제외제도는 필요최소한에 그쳐야 하며, 적어도 적용제외에 의한 폐해를 감소시키기 위하여 그 범위를 가능한 한 한정할 필요가 있다.

## 제3절 적용 범위의 확대 – 역외적용

### I. 의의

국내법의 적용은 원칙적으로 속지주의에 따라야 하는 것이므로, 일반적으로는 한 국가의 공정거래법의 효력은 그 국내에만 미친다고 할 수 있다. 그러나 국제거래의 활성화 및 세계화는 이러한 속지적 제한성을 뛰어 넘어 법적용을 해야 하는 결과를 초래했다.

공정거래법의 역외적용이란 국내 공정거래법의 효력을 일정한 경우에 국외에도 미치게 하는 것을 말한다. 현재와 같이 국제거래가 활발하게 되고, 다국적기업 등이 발달하면, 공정거래법 위반행위도 국제적 색채를 띄게 되어 국경을 넘어 행해지게 된다. 이러한 경우, 국내의 공정거래법의 효력을 국내에만 미치도록 하면, 규제의 효과도 전혀 기대할 수 없으므로 결국 국외에서 행해진 공정거래법 위반행위에 대해서도 국내 공정거래법의 효력을 미치게 할 필요가 있다. 예컨대, 국외에서 외국기업만이 참가하는 국제 카르텔이 결성되고, 그에 의하여 상품의 국내 수입가격이 부당하게 높게 책정된 경우, 이 국제 카르텔에 대하여 국내의 공정거래법을 적용하면 역외적용이 된다. 또한 외국을 본거지로 한 다국적 기업이 국내의 자회사를 사용하여 재화의 매점·매석 또는 덤핑 등을 하는 경우, 이 외국의 본사에 대하여 국내의 공정거래법을 적용하면 역외 적용이 된다.

그러나 공정거래법의 역외적용은 미국의 반트러스트법의 예에서도 보듯이, 외국의 주권 침해나 국제분쟁을 초래하기 쉽다. 그러므로 공정거래법의 관할권의 국제적인 범위에 대해서는 국제적 규범을 확립하거나 당사국간의 조약을 체결함으로써 관할권의 저촉을 방지하는 것이 바람직하다.

1990년대 이후 경제분야에 있어서의 세계화 추세가 급속히 진전됨에 따라 국가간의 경제교류가 증대되고 경제적 분쟁도 크게 증가하였다. 그에 따라 공정거래법 내지 경쟁법의 역외적용 사례 또는 그 시도도 일반적인 추세가 되고 있는데, 그 이론적 근거 또는 적용기준이 다양하여 문제가 되고 있다. 따라서 OECD, WTO 등의 국제기구를 중심으로 공정거래법의 역외적용 기준에 대한 통일화 노력들이 나타나고 있으며, 개별국가별로는 양자간 협정(FTA) 또는 다자간 협정의 일부분으로서 공정거래법의 역외적용을 위한 조사 및 정보교환 체제의 구축이 시도되고 있다.[168)]

---

168) 김두진, 『FTA 당사국의 경쟁법 적용 연구』, 한국법제연구원, 2005. 참조.

## II. 이론적 근거

공정거래법의 역외 적용의 이론적 근거에 대해서는 전통적으로 속지주의 이론과 효과주의 이론의 2 가지 유형이 주장되어 왔으며, 실제 사례에서는 양자의 변형 내지 수정 이론이 다양하게 활용되고 있다.

### 1. 속지주의

속지주의란 자국의 영토 내에서 발생한 행위에 대해서만 자국의 법률을 적용하는 것이 인정된다는 입장이다. 즉 행위의 장소에 따라 법률 적용의 권한을 가진 국가를 결정하는 방법이다. 전통적으로 공정거래법을 가지고 있는 다수 국가가 동법의 관할권에 대한 국제법 원칙으로서 속지주의를 취하고, 이에 어긋나는 관할권의 행사는 국제법 위반이라고 하여 왔다. 그러나 이와 같이 순수한 속지주의의 입장을 고수할 경우에는 세계 경제의 긴밀화에 따라 타국의 사업자에 의한 국내 산업의 경쟁법적 피해를 효과적으로 규제할 수 없게 된다. 또한 미국에서 시작된 자국의 공정거래법 역외적용이 각국으로 확산되는 추세에 제대로 대처할 수 없게 된다. 따라서 미국과 EU를 중심으로 하여 역외적용의 범위가 확대되는 동시에 이를 뒷받침할 적용 근거가 다양하게 제시되고 있다.

기본적으로 속지주의의 입장에 속하는 수정적 이론에는 다음과 같은 것들이 있는데, 이들은 주로 유럽 사법재판소에서 채용하여 온 이론들이다.

#### (1) 객관적 속지주의

외국에서 행해진 위반 행위의 일부 및 그 효과가 자국 내에 존재하는 경우 이를 근거로 하여 역외적용을 정당화하는 이론이다. 예컨대 국제 카르텔 협정의 체결(행위의 착수)은 외국에서 행해졌지만, 그에 의하여 정해진 높은 가격에 의한 수출판매와 높은 가격 수준유지(실행행위)는 국내에서 행해지는 경우가 있다. 또한 다국적 기업에 의한 매점이나 덤핑의 경우에도, 매점 또는 덤핑의 결정은 외국에서 행해지지만, 그 실행행위는 국내에서 행해지는 경우가 많다. 따라서 이들 경우에 국내의 공정거래법을 적용하는 것은 객관적 속지주의의 입장에서 보아 정당하다고 할 것이다.

#### (2) 경제적 동일체 이론

자국 내의 자회사가 독립된 법인격을 가지고 있음에도 중요한 시장행동을 스스로 결정하지 않고 국외의 모회사의 지시에 따른다는 지배종속관계가 있는 경우, 그 자회사의 법인격을 부인하여 자회사와 모회사가 경제적 동일체를 구성하고 있다고 보아 그 모회사에 자국의 공정거래법을 적용하는 이론이다. 또는 전자를 후자의 대리인으로 의제함으로써 전자의 행위책임을 후자에게 귀속시켜 역외관할권을 주장하는 이론도 있다.[169)]

그러나 이러한 자국영토 내 또는 역내에 존재한 자회사를 매개로 한 경제적 단일체이론은 다국적기업의 자회사가 현지에 존재하지 않는 경우, 그 적용상 한계가 있다는 난점이 있다.

#### (3) 실행지 이론

국외에서 경쟁제한을 공모하여 자국으로의 수출 및 판매를 통하여 그 공모를 실행하는 경우, 국외로부터 국내로의 수출 및 판매를 국내에서의 행위로 의제하고, 이러한 행위개념을 확장함으로써 국외기업에 대한 국내 공정거래법의 적용을 속지주의에 기하여 정당화하는 이론이다.

유럽사법재판소는 판결을 통해 카르텔로 인한 피해의 발생은 카르텔의 결성과 실행의 2단계로 이루어지며, 만약 카르텔이 결성된 장소만을 기준으로 할 경우 시장에 대한 공정성 규제의 효과가 잠식될 우려가 있어 비록 카르텔의 결성이 해당 국가 내에서 이루어지지 않았더라도 실행이 이루어졌다면 해당 국가의 경쟁법을 역외적용하는 것은 정당하다고 판시한 바 있다.[170)]

### 2. 효과주의

효과주의란 자국의 영토 외에서 발생된 행위인 경우에도 자국 내에서 어느 정도 이상의 효과가 있으면 자국의 법률을 적용할 수 있다는 입장이다. 관할권의 존재에 관하여 이 입장을 취하는 대표적인 국가가 미국이며, 유럽집행위원회의 심결례도 이 입장을 취하고 있다.

미국에서 이 이론에 기하여 반트러스트법의 역외적용을 확립한 판례는 1945년 Alcoa 사건의 항소심 판결이다.[171)] 동 판결에서는 경쟁법 위반행위가 미국의 영토 밖에서 발생했다 하더라도 그 행위가 미국으로의 수입에 '직접적이고, 예측가능하며, 중대한 영향(direct, foreseeable and substantial effects)을 미치고, 그것이 행위자에 의해서 의도된 경우'에는 미국 법원이 관할권을 행사할 수 있다고 판시하였다.

그러나 이와 같은 적극적 효과주의 적용이 '직접 · 중대한 · 합리적 예측가능성' 등의 불확정적 개념을 사용함으로써 관할권의 획정에서 비교적 넓은 재량을 행사할 수 있다는 비판이 있었다. 이에 따라 1976년의 Timberland 사건[172)]에서는 기존의 효과주의 이론을 다소 완화한 '이익형량접근' 개념이 적용되었는데, 이를 '관할권 상의 합리의 원칙'(jurisdictional rule of reason)이라고 한다. 이 판결에서는 역외적용의 정당화 요건으로 첫째 미국의 대외통상에 대하여 어느 정도 실제의 또는 의도된 효과가 존재할 것, 둘째 해당 효과가 원고에 대하여 인식할 수 있는 피해를 입할 정도로 충분히 클 것, 셋째 국제 예양 및 국제적 공정의 관점

---

169) *ICI v. Commission (Dyseyuffs)* Case[1972] ECR 619.

170) *A Ahstrom Oaseyhito v. Commission of the European Communities*, 1988 ECR 5193.

171) *United States v. Aluminum Co. of America*, 148 F. 2d 416(2d Cir. 1945)

172) *Timberlane Lumber Co. v. Bank of America*, 549 F.2d 597(9th Cir. 1976)

에서 보아 미국의 역외관할권의 주장이 타당할 것을 제시하고 있다.

그러나 이러한 관할권 상의 합리의 원칙은 1993년 Hartford 판결[173] 등을 통하여 다시 원형적인 효과이론으로 회귀하였다. 즉 Hartford 판결에서 국제적 예양에 따른 관할권의 축소범위를 매우 엄격히 해석함으로써 실질적인 효과주의로 되돌아간 것이다. 1982년 외국 무역 반트러스트개선법은 수입거래 이외의 외국거래에 관한 거래제한행위, 독점행위, 불공정한 거래방법에 대한 셔먼법과 연방거래위원회법의 적용을 해당 행위가 미국에서의 거래에 '직접적, 실질적이고 합리적으로 예견 가능한 효과'를 미치는 경우로 한정하였다.

한편 유럽사법재판소는 종래 이 문제에 관하여 속지주의이론을 채용하여 왔으나, 1999년 Genco 판결[174]에서 효과주의 이론에 따라 역외적용을 인정하였다.

## III. 공정거래법상의 역외적용규정

### 1. 규정의 의의

공정거래법의 역외적용과 관련하여 우리나라 공정거래위원회는 2001년 외국사업자의 공정거래법 위반행위에 대한 조사 및 처리지침, 2003년 외국기업간 결합에 대한 기준 및 심사지침을 제정하였다. 그러나 이들은 모두 공정거래위원회의 내부지침이므로 역외적용에 대한 확실한 법적근거라고는 할 수 없었다. 그럼에도 공정거래위원회는 2002년의 흑연전극봉 사건[175], 2003년의 비타민 사건[176]에서 외국사업자에게 우리 공정거래법을 적용하였으며, 이에 대한 이의 제기의 소에서 법원도 공정거래위원회의 입장에 동조하였다.[177] 그러나 사건처리의 경험을 통하여 역외적용에 대한 명시적인 법적근거 마련의 필요성을 느끼게 된 공정거래위원회는 2004년 12월의 공정거래법 개정에서 제2조의2를 신설하였다. 동조에서는 '이 법은 국외에서 이루어진 행위라도 국내시장에 영향을 미치는 경우에는 적용한다'고 규정함으로써 우리 공정거래법이 역외에서 이루어진 행위에 대해서도 적용됨을 분명히 하고 있다.

한편 현실적으로 경쟁법을 실효적으로 역외적용하기 위해서는 실질적인 집행력의 보장이 필요하다. 여기서 집행력이라고 함은 소송 및 재판을 위한 역외로의 문서의 송달, 사건의 실체를 파악하기 위한 증거의 조사, 재판결과의 실질적 집행을 의미한다. 그러나 현재 일반

---

173) 영국재보험회사들이 미국보험회사들과 함께 영국에서 행한 공동행위가 미국에 영향을 미쳤는가가 쟁점이 된 사안으로 기존의 관할권 상의 합리의 이론의 주요한 요소인 국내적 합법성, 국가의 강제성, 예양(comity) 등과 관련하여 '적어도 해당 국가에서는 불법적이지 않아도 미국법에 위반되는 행위를 국가가 강요하지 않았을 경우에는 예양을 고려하지 않고 미국이 관할권을 행사한다고 판시하였다(*Hartford Fire Insurance Co. v. California*, 509 U.S. 764, 796(1993)).

174) *Gencor Ltd. v. Commission*, 5 C.M.L.R 971(1995).

175) 공정거래위원회 2002. 8. 23. 재결 제2002-26호 2002심삼0585.

176) 공정거래위원회 2003. 4. 29. 의결 제2003-098호 2003국협0396.

177) 서울고등법원 2003. 8. 26. 선고 2002누14647 판결.

적으로 이러한 집행력의 보장수단이 매우 미비한데, 이는 국내법적으로 집행력 보장을 위한 법제를 정비한다 하더라도 상대방 국가가 협조하지 않는 한 실질적 집행력 보장효과는 기대하기 어렵기 때문이다. 따라서 미국과 EU를 포함한 주요 선진국들은 양자 간 협정의 형태를 통한 경쟁 당국 간 협력관계 구축과 함께 장기적 측면에서 경쟁법의 역외적용 및 집행력 보장과 관련한 통일된 규범을 정립하는데 노력을 기울이고 있다.

## 2. 내용

### (1) 역외적용의 근거

공정거래법 제2조의2는 국외에서 이루어진 행위더라도 국내시장에 영향을 미치는 경우에는 우리나라 공정거래법을 역외적용 할 수 있도록 명시하고 있다. 여기서 '국내시장의 영향을 미치는 경우'에 역외적용을 인정하고 있는 것은 상술한 역외적용의 근거이론 중 효과주의를 취한 것이라고 볼 수 있다.[178)]

### (2) 역외적용의 절차

우리 공정거래법을 외국에 소재하고 있는 사업자에게 적용하기 위해서는 그 증거조사 및 심리진행 그리고 제재절차의 실행이 필요하다. 그런데 증거제출이나 당사자 소환 등과 관련하여, 경쟁제한행위가 행해지거나 증거가 소재하는 외국과 사이에 국제분쟁이나 대립이 초래되는 경우가 적지 않다. 따라서 우선 이 절차들을 위한 법적 근거를 명시적으로 규정할 필요가 있다.

위와 같이 외국 사업자에게 우리 공정거래법을 적용할 경우 조사절차 또는 심리의 통지, 의결서 등의 관련문서의 송달과 같은 법상의 절차를 집행하기 위해서는 외국사업자에게 문서를 송달할 필요가 있다. 이를 위하여 공정거래법 제53조의3에서는 문서송달에 관하여 원칙적으로 행정절차법 제14조 내지 제16조를 준용하도록 하고 있고(동조 1항), 국외의 주소·영업소 또는 사무소를 두고 있는 사업자 또는 사업자 단체에 대해서는 국내에 대리인을 지정하도록 하여 동 대리인에게 송달하도록 하고 있다(동조 2항). 그러나 외국의 사업자 또는 사업자단체가 국내대리인을 지정하지 않는 경우에는 일반적인 경우와 같이 우편송달을 하고, 그것이 불가능한 경우에는 공시·송달하도록 하고 있다(동조 3항). 이들 규정에 의하여 사법·집행 관할권의 문제로서 국내에 거점이 없는 외국 사업자에 대한 송달도 가능하게 되었다.

공정거래법의 역외적용 규정에 따라 위의 절차를 실제로 집행할 경우 해당국의 외국사업자나 정부와 분쟁이 생길 가능성이 크다. 따라서 역외적용의 실제의 집행에 있어서 관련 외국과의 협력관계를 모색할 필요가 있다. 그 방법은 외국경쟁당국과의 양자간 협정을 체결하는 경우와 다자간 협정에서 관련협력규정을 두는 경우가 있다. 이를 뒷받침하기 위한 것

178) 대법원 2006. 3. 24. 선고 2004두11275 판결; 대법원 2006. 03. 23. 선고 2003두11124 판결.

이 공정거래법 제36조의2의 규정이다. 동조 제1항 및 제2항에서 정부는 우리나라의 법률 및 이익에 반하지 않는 범위 안에서 외국정부와 공정거래법의 집행을 위한 협정을 체결하거나 체결한 협정에 따라 외국정부의 법집행을 지원할 수 있도록 하고 있다. 그리고 제3항에서 공정거래위원회는 이러한 국제협정이 체결되어 있지 않은 경우에도 외국정부와 법집행 요청시 동일 또는 유사한 사항에 관하여 우리나라의 지원요청에 응한다는 요청국의 보증이 있는 경우에는 지원할 수 있도록 하고 있다.

**대법원 2006. 3. 24. 선고 2004두11275 판결**

공정거래법은 사업자의 부당한 공동행위 등을 규제하여 공정하고 자유로운 경쟁을 촉진함으로써 창의적인 기업활동을 조장하고 소비자를 보호함과 아울러 국민경제의 균형 있는 발전을 도모함을 그 목적으로 하고 있고(법 1조 참조), 부당한 공동행위의 주체인 사업자를 '제조업, 서비스업, 기타 사업을 행하는 자'로 규정하고 있을 뿐 내국사업자로 한정하고 있지 않은 점(법 2조 참조), 외국사업자가 외국에서 부당한 공동행위를 함으로 인한 영향이 국내시장에 미치는 경우에도 공정거래법의 목적을 달성하기 위하여 이를 같은 법의 적용대상으로 삼을 필요성이 있는 점 등을 고려해 보면, 외국사업자가 외국에서 다른 사업자와 공동으로 경쟁을 제한하는 합의를 하였더라도, 그 합의의 대상에 국내시장이 포함되어 있어서 그로 인한 영향이 국내시장에 미쳤다면 그 합의가 국내시장에 영향을 미친 한도 내에서 공정거래법이 적용된다.

**공정거래위원회 2002. 04. 04. 의결 제2002-077호 2002국협0250**

UCAR, SGL, 니폰카본, 토카이카본, 에스이씨 등 세계적인 메이저 흑연전극봉 생산업자들이 1992년 5월 런던의 스카이라인 호텔에서 공동행위에 관한 기본원칙을 정하고 이를 기반으로 1998년 2월까지 판매가격을 공동으로 정함으로써 흑연전극봉 수입국들에게 과도한 가격으로 폭리를 취하였다. 이들 기업들은 한국시장에 대해 가격할인을 폐지하고 지속적으로 톤당 2,200불에서 3,300불까지의 범위에서 담합가격을 올렸는데, 흑연전극봉의 수요충당을 전량 수입에 의존하고 있는 국내 전기로 제철업자들은 과도한 구입가격의 지출에 인하여 피해를 입었다. 공정거래위원회는 공정거래법 제19조 제1항 1호의 다른 사업자와 공동으로 가격을 결정·유지하는 행위를 금지하는 것을 위반한 것으로 시장명령과 함께 과징금을 부과하였다.

당시 공정거래위원회는 이들 외국기업들에 대한 관할권 행사에 관하여 '외국법에 의해 설립된 사업자들 간의 합의가 비록 외국에서 이루어졌더라도, 합의의 실행이 대한민국에서 이루어지고 대한민국시장에 영향을 미친 경우에는 공정거래위원회는 이들 사업자에 대해 관할권을 행사할 수 있다고 할 것인바…' 라고 명시함으로써 공정위의 관할권 적용이 실행지이론과 효과이론에 입각하고 있음을 보여주고 있다.

**공정거래위원회 2003. 4. 29. 의결 제2003-098호 2003국협0396**

1999년 당시 32억 6,000만 달러 규모인 세계 비타민 시장의 90% 이상을 차지하고 있던 비타민 제조업체(스위스의 Roche, 독일의 BASF, 프랑스의 Aventis, 네덜란드의 Solvay, 일본의 Daiichi 및 Eisai 이상 총 5개국 6개 회사)들이 1989년부터 1999년까지 수차례의 회합을 통해 비타민 A, E, B5, D3, 베타카로틴 등의 업체별 판매량을 정하는 등 가격을 담합하였다.

우리나라 공정거래위원회에서는 총 세 가지를 중심으로 판단하였는데, 첫째 한국시장에 미친 영향에 대하여 판단하였다. 공정거래위원회는 "한국의 비타민 수입업체들이 공동행위 기간 동안 비타민 A, E, B5, D3, 베타카로틴을 총 185백만불 상당을 수입한 것으로 추산되는데, 동 수입액은 같은 기간 중 이들 비타민의 한국 전체수입액에서 약 75%를 차지하는 것으로 추산된다고 판단되고, 비타민 수입가격이 대부분 공동행위 전에 비해 공동행위 후에는 급격히 상승하였으며 공동행위가 종료된 이후에는 급격한 하락 추세에 있다"고 하여 한국시장에 미친 영향을 인정하였다. 두 번째, 관할권에 존재에 대하여는 "외국법에 의하여 설립된 피심인들 간의 합의행위가 외국에서 이루어졌더라도, 동 합의의 실행이 한국에서 이루어지거나 한국시장에 영향을 미칠 경우 피심인들에게는 한국법이 적용된다"고 하여 국내 공정거래법에 의한 규제가 가능하다고 인정하였다. 마지막으로 위법성에 관하여 "피심인들의 행위는 다른 사업자와 공동으로 가격을 결정·유지·변경하는 행위 및 상품의 생산·출고·수송 또는 거래의 제한이나 용역의 거래를 제한하는 행위에 해당되며, 피심인들 간에 자유롭고 공정한 경쟁을 제한하여 법 제19조 제1항 제1호 및 제3호에 규정된 부당한 공동행위에 해당된다"고 하여 위법성을 인정하고 시정명령과 함께 총 39억 1,600만원의 과징금을 부과하였다.

# 제 4 장 시장 지배적 지위의 남용

## 제1절 규제의 취지

시장지배적 지위란 경제적 의미로는 독과점 상태를 의미하는 것이다. 독과점 상태는 시장에 하나 또는 소수의 생산자만이 존재하고 그가 생산하는 재화나 서비스에 가까운 대체물이 없는 경우에, 가격에 대하여 강한 영향력을 가지며, 나아가 경쟁으로부터 이 생산자를 보호하기 위하여 진입장벽이 존재하는 경우에 생긴다. 예컨대 수도, 지역전화, 가스, 전기 등은 자연독점에 가깝다. 규모가 큰 기업이 아니라도 예컨대 어떤 산에 스키장이 하나밖에 없다든가 고속도로가 있는 구간에 주유소가 하나밖에 없다든가 하는 경우도 독점자라고 할 것이다.

경제학적으로는 독점이란 완전 경쟁의 대립개념으로 사용되고 있으며, 1개 또는 소수의 사업자가 공급 또는 구매를 지배하고 있는 시장의 형태 또는 상태를 말한다.[179] 그러나 공정거래법이 금지하는 독점은 사업자의 일정한 행위를 말하는 것이어서, 시장지배력 그 자체를 독점이라고 하여 금지하는 것은 아니다. 공정거래법상 위법이 되는 것은 "독점하는"(monopolize)것이며 "독점"(monopoly)자체는 아니다.[180] 즉, 법은 기업의 단순한 "크기"(size)를 문제삼지 않고, 행위의 의도와 목적(intent and purpose)에 기하여 위법판단을 하도록 하는 것이다.

독과점 상태는 경제적으로 유용한 결과를 가져올 수 있다. 즉 독과점사업자는 사업 상 불필요한 경쟁으로 인한 생산력의 저하를 회피할 수 있고, 과점사업자들의 경우에는 그들 간의 결합에 의하여 규모의 경제를 달성할 수 있기 때문이다. 또한 사업자가 획득한 독점이윤은 연구개발에 투자하여 생산성을 높일 수도 있다. 이러한 독과점의 순기능론은 경제개발

179) 독점과는 약간 다른 것에 "독점적 경쟁"이 있다. 이는 시장에 많은 매도인이 있음에도 불구하고, 각각의 상품은 유사하지만 조금씩 달라서 완전하게는 대체물은 아닌 시장구조이다. 이로 인하여 각 사업자는 그 제품의 가격에 대하여 독점자와 같은 지배력을 갖는다. 이는 불완전경쟁의 하나이지만, 상품의 품질경쟁, 이미지광고 등의 가격에 의하지 않는 경쟁이 이루어진다.

180) 권오승, 앞의 책, 144면.

의 초기단계를 정당화하는 논리로서 이용되어 왔다.[181)]

그러나 독점시장에서는 경쟁이 없기 때문에 가격메카니즘이 거의 기능하지 않으므로 독점은 시장실패[182)]의 경우 중 하나이다. 독점의 문제점은 생산을 제한하여 적은 양의 상품·서비스 밖에 생산하지 않으므로 가격은 상승한다. 그리고 독점력을 보유하기 위하여 자원이 비효율적으로 이용되며, 생산에서의 효율성을 조장하지 않는 것이다. 결과적으로 이런 점 때문에 독점은 효율적이 아니다.[183)] 그리고 우수한 기술이나 설비를 가진 선발기업이 시장의 대부분을 점유하고 있는 경우에는 후발기업의 시장진입은 현저히 곤란하게 되는데, 규모의 이익이 크게 작용하는 장치산업 등에서는 이것은 오히려 당연한 것이 되고 있다. 또한 최고기업이 가격선도기업(price leader)이 되고, 경쟁기업이 자발적으로 이를 추종함으로써 시장에서의 가격경쟁이 소멸하는 경우도 자주 발생한다. 그리하여 경쟁질서를 유지하는 것이 필요하게 되어 국가와 정부가 개입할 여지가 생긴다.

## 1. 폐해규제주의

독과점 곧 시장지배적 지위로 인한 시장의 폐해를 시정하기 위하여는 사전에 시장구조가 그런 상태가 되지 않도록 하거나 그런 상태가 발생되었다면 그 상태를 제거하여 독과점이 없는 구조로 만드는 방법과 그런 상태의 발생·존재는 인정하되 그 상태에서 독과점 기업이 시장에 경쟁저해적 효과를 가져오는 행위를 하는 경우에는 규제를 하는 방법이 있다. 어느 방법이 더 효과적인지는 단적으로 말할 수 없으나, 미국과 일본의 경우에는 전자의 입장을 취하고 있고 우리나라는 독일·영국·프랑스 함께 후자의 입장을 취하고 있다.[184)]

공정거래법 제3조의2에서는 시장지배적 사업자의 지위남용을 금지하고 있는데, 이는 독과점 사업자에 대한 규제의 기본조항이라고 할 수 있다. 즉 독과점 기업의 발생에 주목하여 사전에 그 적절성을 심사하는 기업결합에 관한 규제(법 12조)를 하는 동시에 기존의 독과점 사업자가 경쟁제한적 행태를 보일 경우, 이를 규제함으로써 궁극적으로는 시장구조의 개선을 하고자 하는 것이 본조의 목적이다. 요컨대 법이 금지하는 시장지배적 지위란 경제학에서 말하는 시장지배력 그 자체의 존재나 시장이 그러한 구조로 되어있는 것이 아니고, 독과점 사업자가 부당하게 다른 사업자의 사업활동을 배제·지배하는 행위를 말한다.

---

181) 이승철, 『공정거래경제학』, 한국경제연구원, 1999, 193-199면.

182) 시장이 거의 기능하지 않는 경우, 결국 자원이 잘못 배분된다든지 효율적이 아니게 배분되는 경우를 말한다. 그 요인으로서 외부(불)경제, 불완전시장(독점), 공공재, 소득분배 등이 있다.

183) 독점기업은 고객을 둘 이상의 부분으로 나눌 수도 있다. 예컨대 상품에 대하여 국내와 해외에서 다른가격을 붙인다든지, 영화관이나 유원지 같이 대인요금과 소인요금을 차별한다든지, 계절에 따라 요금을 다르게 설정하는 경우가 있다. 독점에서는 동일한 재화를 다른 소비자에게 다른 가격으로 판매하는 차별가격이 가능하게 된다.

184) 이러한 태도는 시장지배적 지위 자체는 문제삼지 않고, 시장지배적 사업자에 의한 지위남용행위만을 금지한다(황태희, "시장지배적 지위남용 규제의 본질적 의미", 『경제법판례연구』 제5권, 법문사, 2008, 63면).

## 2. 사후심사

시장지배적 사업자를 판단함에 있어서는 독점력의 유무, 해당행위가 시장에 미치는 영향 등을 종합적으로 고려하여야 하므로, 판단의 곤란성과 시간적 지연의 문제가 발생한다. 이 문제들을 회피하기 위하여 공정거래법은 종래 사전지정제도를 이용하여, 공정거래위원회가 매년 말 시장지배적 품목과 사업자를 사전에 지정, 고시하여 이들에 대해서만 규제하여 왔다. 그러나 사전지정제도를 오랫동안 운영하였음에도 시장지배적 품목과 사업자는 오히려 증가하였던 점, 해당 사업자가 문제된 행위를 할 당시에 시장지배적 지위에 있었는지 여부의 법리적 문제 등이 제기되었다. 그리하여 1999년 2월의 법 개정에서 사전지정제도가 폐지되고, 해당 사업자마다 문제된 행위 시를 기준으로 시장지배적 지위를 가졌는지 여부를 판단하는 사후적 개별심사 방식으로 변경되었다.

## 3. 다른 규정과의 관계

공정거래법 제3조의2 시장지배적 지위남용금지의 규정은 독과점 사업자의 단독행위 또는 공동행위로 인한 경쟁제한을 규제한다는 점에서 공정거래법 상의 유사한 성격을 가진 다른 규정들과의 관계를 올바르게 정립할 필요가 있다.

우선 동법 제23조에서는 부당한 방법으로 경쟁을 제한하는 불공정거래행위를 금지하고 있는데, 이 규정은 법 제3조의2와 경합하게 될 경우가 많다. 양자는 사업자의 부당하거나 불공정한 거래행태를 규제한다는 점에서 공통되며 각 규정 상 열거되어 있는 행위유형도 유사성이 많다. 그러나 한편 시장지배적 사업자의 지위남용행위는 유효경쟁 상태에 있는 일반 사업자의 불공정거래행위보다 경쟁제한적 효과가 크게 나타날 가능성이 높다.

양자의 관계에 대해서는 동일한 법 내에서 규정되어 있는 점, 규제의 수단과 체계가 동일한 점, 이중처벌의 위험을 회피할 필요가 있는 점 등을 고려하면 이를 별개의 것으로만 파악할 것은 아니다. 즉 단일한 행위에 대하여 양자가 모두 적용될 수 있는 경우, 전자가 적용되어야 한다고 보는 견해가 있다.[185] 다만 시장지배적 지위남용행위가 항상 불공정한 행위에 해당하지는 않기 때문에, 양자의 관계를 특별법과 일반법의 관계로 보아서는 안 된다고 한다.

법 제3조의2의 시장지배적 사업자와 법 제23조의 규율대상인 사업자의 개념은 구분되어야 하며, 전자의 요건이 후자의 경우보다 좁게 규정되어 있다. 또한 시장지배적 사업자의 남용행위에 대한 제재는 일반 불공정거래행위에 대한 제재보다 무겁게 되어있다.[186] 따라서 법 제3조의2는 시장지배적 사업자가 그 지위를 남용한 경우에 적용되고, 시장지배적 사업

---

185) 권재열, 『경제법』, 법원사, 2006, 98면.

186) 시장지배적지위남용행위에 대한 과징금은 매출액의 3%이내 또는 10억원 이내이며, 벌칙은 3년 이하의 징역 또는 2억원 이하의 벌금으로 되어있는데 대하여 불공정거래행위에 대한 과징금은 매출액의 2%이내 또는 5억원 이내, 그리고 벌칙은 2년 이하의 징역 또는 1억 5천만원 이하의 벌금으로 되어 있다(법 6조).

자가 지위남용이 아닌 불공정한 거래행위를 한 경우와 일반 사업자가 불공정한 거래행위를 한 경우에는 법 제23조의 규정이 적용된다고 보아야 할 것이다.

한편 법 제7조의 기업결합금지 및 제19조의 부당공동행위금지의 규정과 시장지배적 지위남용금지의 규정 간의 관계도 문제이다. 제7조와 제3조의2의 규정은 사전적 규제인가 사후적 규제인가라는 점에서 차이가 있으나, 시장지배적 지위의 형성 곧 독과점적 시장구조의 형성과 관계가 있다는 점에서 공통성이 있다. 양자 간의 관계에 대해서는 예컨대, 제7조를 위반하여 결합한 기업이 시장지배적 지위를 남용한 경우 등에는 제3조의2와 제7조가 선택적으로 적용된다고 보아야 할 것이다. 또한 시장지배적 지위남용행위가 동시에 부당한 공동행위의 요건을 갖춘 경우가 있을 수 있다. 이 경우에도 제3조의2와 제19조가 선택적으로 적용될 수 있을 것이다.

**공정거래위원회 2006. 2. 24. 의결 제2006-042호 2002경촉0453, 2005경촉0375**

피심인들의 윈도우 서버 운영체제는 국내 PC 서버 운영체제 시장에서 2001년부터 2003년까지 평균 시장점유율이 출하량 기준 77%이므로, 피심인들은 공정거래법 제4조에 따라 시장지배적 사업자로 추정되고, 이는 매출액 기준(시장점유율 78%)에 의할 때에도 마찬가지다. 피심인들은 PC 서버 운영체제 시장을 세계로 확장하더라도 2003년도 출하량 기준 70.6%, 매출액 기준 72.1%이므로 시장지배적 지위를 가진다.

또한, PC 서버 운영체제를 여러 용도로 사용하기 위해서는 이를 위한 다양한 응용 프로그램이 존재하여야 하기 때문에 PC 서버 운영체제에 진입하고자 하는 자는 이러한 다양한 응용프로그램을 개발하여야 하는 부담을 안게 되고 이는 신규 사업자에게 진입장벽으로 작용한다. 이와 같은 사실은 피심인들이 PC 서버 운영체제 시장에 진입하기 위해 4년 또는 5년의 기간동안 막대한 연구개발 비용을 투자한 사실 및 중대형 서버 운영체제 시장에서 상당한 점유율을 차지하고 있는 유닉스 계열의 사업자들이 PC 서버 운영체제 시장에서는 7% 이하의 낮은 점유율에 그치고 있다는 점을 고려할 때 인정할 수 있다.

따라서 피심인들은 시장점유율에 의할 때 공정거래법상 시장지배적 사업자로 추정될 뿐만 아니라 시장 점유율 및 기술적, 경제적 진입장벽이 높다는 점을 종합적으로 고려할 때도 시장지배적 사업자로 인정된다.

(또한) 피심인들이 윈도우 서버 운영체제에 WMS를 결합하여 판매한 행위는 부당하게 PC 서버 운영체제 시장에서의 지배력을 이용하여 별개제품인 WMS를 거래상대방인 소비자에게 강제로 구입하게 한 것으로서 이는 부당하게 소비자의 미디어 서버 프로그램에 대한 선택권을 침해하고, 미디어 서버 프로그램 시장에서 품질 및 가격에 의한 경쟁을 침해하여 소비자가 우수한 제품을 접할 기회를 현저히 제약하며, 윈도우 서버 운영체제 소비자에게 불필요한 비용을 지불하게 하는 불이익을 초래하는바, 피심인들의 결합판매행위는 불이익한 거래를 강제한 행위에 해당한다.

이 사건 결합판매행위는 공정거래법 제3조의2 제1항 제3호, 공정거래법 시행령 제5조 제3항 제4호, 공정거래위원회 고시 제2002-6호 시장지배적 지위 남용행위 심사기준 IV-3-라-(3)(다른 사업자의 사업 활동을 부당하게 방해한 행위)와 공정거래법 제3조의2 제1항 제5호 후단(부당하게 소비자의 이익을 현저히 저해할 우려가 있는 행위)의 시장지배적 지위 남용행위 및 공정거래법 제23조 제1항 제3호 후단, 공정거래법 시행령 제36조 제1항 [별표 1] 제5호 (가)목 '끼워팔기'의 불공정거래행위에 해당한다.

## 제2절 시장지배적 사업자

### I. 개념

시장지배적 사업자란 일정한 거래분야의 공급자 또는 수요자로서 단독으로 또는 다른 사업자와 함께 상품·용역의 가격·수량·품질 기타 거래조건을 결정·유지·변경할 수 있는 시장지위를 가진 사업자를 말한다. 시장지배적 사업자를 판단함에 있어서는 시장점유율, 진입장벽의 존재 및 정도, 경쟁사업자의 상대적 규모 등을 종합적으로 고려한다(법 2조 7호). 즉 시장지배적 지위는 독과점시장에서 가격·공급·거래조건을 결정할 힘(market power)을 가진 상태를 말한다. 종전에는 일정한 거래분야의 공급자만을 규정하였으나 대규모 유통업체의 발생 등으로 인하여 수요측면에서의 독과점적 지위 발생도 증가하고 있으므로, 1999년 개정에서 수요자도 추가하였다.[187)]

시장지배적 사업자의 지위남용은 단독으로 행하는 경우뿐만 아니라, 다른 사업자와 공동으로 행하는 경우도 포함되는데, 사업자 상호간에 경쟁관계가 있어야 하는 것은 요건이 아니다.[188)] 각 사업자가 단독으로는 독과점사업자에 해당되지 않더라도 다른 사업자와 함께 집단적으로 시장지배적 지위를 가질 수 있는 경우에는 시장지배적 사업자로 규제하기 보다는 부당한 공동행위로 규제해야 할 것이다.

한편 종전에는 일정한 거래분야에서 연간매출액 또는 구매액이 10억원 미만인 소규모 사업자에 대해서는 시장지배적 지위남용에 대한 규제에서 제외하였다. 그러나 2007년 법개정에 의하여 소규모 사업자에 대한 적용제외를 시장지배적 사업자 추정에 대한 예외로 변경하고, 연간매출액 또는 구매액이 40억원 미만인 사업자에 대하여는 시장지배적 사업자의 추정제도가 적용되지 않도록 하였다(법 4조 본문).

### II. 요건

어떤 사업자가 시장지배적 사업자로 인정되기 위해서는 우선 일정한 거래분야 곧 관련시장이 획정되어야 하고, 그 시장에서 지배적 지위를 가지고 있다고 판단되어야 한다. 현실적으로 이러한 판단은 쉽지 않기 때문에 공정거래법 및 그 시행령에서는 일정한 판단기준을

---

187) 공공사업으로 분류되는 전력회사나 가스회사 등도 사업자에 해당한다. 그러나 이러한 공익사업에서는 각종 사업법(전기사업법, 가스사업법 등)에 의해 독점적 지위가 보장되고 있었다. 최근에는 규제완화의 추진과 경쟁정책의 적극 추진을 꾀하기 위하여, 각종 사업법상 자유화가 이루어지고 있다.

188) 우리 대법원은 동 요건이 시장을 독점의 형태로 지배하고 있거나 과점의 형태로 지배하고 있는 개별사업자를 의미하고 있는 것이지, 개별적으로는 그러한 지위를 갖고 있지 않은 여러 사업자들이 집단적으로 통모하여 독점적 지위를 형성한 경우까지를 의미하는 것은 아니라고 판시하였다(대법원 2005. 12. 9. 선고 2003두6283 판결).

구체적으로 제시하고 있는데, 이들은 주로 시장의 구조 내지 상태에 관한 것으로 되어 있다. 즉 시장지배적 사업자를 판단함에 있어서는 시장점유율, 진입장벽의 존재 및 정도, 경쟁사업자의 상대적 규모 등을 종합적으로 고려하도록 하고 있으며(법 2조 7호), 특히 시장지배여부의 판단이 매우 곤란한 문제이므로 일정한 시장점유율을 기준으로 시장지배적 지위를 추정할 수 있도록 되어 있다(법 4조). 그러나 이와 함께 시장행태적 성과기준도 아울러 고려할 필요가 있을 것이다.

## 1. 관련시장의 획정

시장은 시장지배력 평가의 전제가 되는 범위로서 동일 수요자에게 여러 공급자가 또는 동일 공급자에게 여러 수요자가 상품 또는 용역의 거래에 관심을 갖고 서로 만나는 이념적 장소이다. 여기에는 수요시장과 공급시장, 전국시장 · 지방시장 · 지역시장, 제조업 · 도매업 · 소매업시장, 항구적시장과 일시적시장 등의 구별이 있다.

관련시장은 공정거래법 제2조 8호의 일정한 거래분야 곧 경쟁관계에 있거나 경쟁관계가 성립될 수 있는 거래분야를 의미한다. 시장지배적지위남용행위에 대한 관련시장 획정을 위하여 "시장지배적 지위남용행위 심사기준"(2009. 10. 6. 공정거래위원회 고시 제2009-62호)이 제정되어 있다. 이에 따르면 지배적지위남용의 판단을 위한 관련시장은 거래대상시장 · 거래지역시장 · 거래단계시장 · 거래상대방시장으로 구분된다.

### (1) 거래대상시장

이는 상품시장 또는 용역시장을 의미하는 것이며, 특정한 상품이나 용역이 그 기능 · 가격 등에서 서로 경쟁이 될 수 있을 경우 즉 상호간의 대체성이 있다고 인정될 때 하나의 상품시장의 형성이 인정된다. 남용행위 심사기준에서는 상품 · 용역시장의 판단기준을 다음과 같이 정하고 있다(심사기준 II-1).

우선, 거래되는 특정 상품의 가격이나 용역의 대가(이하 "가격")가 상당기간 어느 정도 의미있는 수준으로 인상(인하)될 경우 동 상품이나 용역의 대표적 구매자(판매자)가 이에 대응하여 구매(판매)를 전환할 수 있는 상품이나 용역의 집합을 하나의 일정한 거래분야로 인정한다. 그리고 특정 상품이나 용역이 동일한 거래분야에 속하는지 여부를 판단함에 있어서는 ① 상품이나 용역의 기능 및 효용의 유사성, ② 구매자들의 대체가능성에 대한 인식 및 그와 관련한 구매행태, ③ 판매자들의 대체가능성에 대한 인식 및 그와 관련한 경영의사결정 행태, ④ 통계법 제17조 제1항의 규정에 의하여 통계청장이 고시하는 한국표준산업분류를 고려하여 판단한다.

### (2) 거래지역시장

이는 지리적 시장을 의미하며 그 판단에 관하여 심사기준은 다음과 같이 정하고 있다(심사기준 II-2).

우선, 다른 모든 지역에서의 가격은 일정하나 특정 지역에서만 상당기간 어느 정도 의미 있는 가격인상(가격인하)이 이루어질 경우 당해 지역의 대표적 구매자(판매자)가 이에 대응하여 구매(판매)를 전환할 수 있는 지역전체가 일정한 거래분야가 된다.

그리고 특정 지역이 동일한 거래분야에 속하는지 여부를 판단함에 있어서는 ① 상품이나 용역의 특성(부패성, 변질성, 파손성 등) 및 판매자의 사업능력(생산능력, 판매망의 범위 등), ② 운송비용, ③ 구매자의 구매지역 전환가능성에 대한 인식 및 그와 관련한 구매자들의 구매지역 전환행태, ④ 판매자의 구매지역 전환가능성에 대한 인식 및 그와 관련한 경영의사결정 행태, ⑤ 시간적, 경제적, 법적 측면에서의 구매지역 전환의 용이성을 고려하여야 한다.

우리나라는 국토가 협소하고 교통수단이 비교적 잘 발달되어 있어서 관련시장을 획정할 때에 전국에 걸치는 것이 대부분이다.[189] 그러나 공정거래위원회의 심결이나 대법원의 판결 중에서는 일부 지역만을 관련시장으로 획정하기도 하였다.[190]

#### (3) 거래단계시장

일정한 상품 또는 용역이 유통되는 단계별로 경쟁업자 간에 별개의 거래분야가 형성될 수 있다. 그리하여 세조, 도메, 소매 등 거래단계별로 일정한 거래분야가 획정될 수 있다(심사기준 II-3).

#### (4) 거래상대방시장

구매자(판매자)의 특성 또는 상품이나 용역의 특수성에 의하여 상품이나 용역, 지역 또는 거래단계별로 특정한 구매자군(판매자군)이 존재하는 경우에는 이러한 구매자군(판매자군)별로 일정한 거래분야가 획정될 수 있다(심사기준 II-4).

### 2. 시장지배적 지위

#### (1) 판단기준

시장지배적 사업자로서 인정되기 위해서는 시장에서 가격 기타의 거래조건 등을 지배할 수 있거나 시장에서 경쟁을 실질적으로 제어할 수 있는 힘을 가지고 있어야 한다. 그 힘을 발휘하는 방법은 주로 다른 사업자의 활동에 대한 침해 또는 배제가 될 것이다. 시장지배적 지위란 추상적 개념이므로 그 평가나 인정이 매우 곤란하다. 따라서 그 판단에 있어서는 관련시장에서의 시장점유율 등을 일응의 기준으로 삼고 있다. 그러나 이 역시 입증 상의 문제 등

---

189) 권재열, 앞의 책, 96면.

190) 공정거래위원회 2003. 1. 28. 의결 제2003-027호 2002기결1295; 서울고등법원 2004. 10. 27. 선고 2003누2252 판결.

당사자 간의 분쟁가능성으로 인하여 사후판단이 쉽지 않다. 그리하여 공정거래법은 그 지위에 대한 추정조항을 두고 있다.

시장지배적 사업자인지 여부는 시장점유율, 진입장벽의 존재여부 및 정도, 경쟁사업자의 상대적 규모, 경쟁사업자간의 공동행위의 가능성, 유사품 및 인접시장의 존재, 시장봉쇄력, 자금력 등을 종합적으로 고려하여 판단한다(법 2조 7호, 심사기준 III). 이 중에서 가장 우선적인 고려요소는 해당 사업자의 시장점유율이다.

**대법원 2009. 10. 29. 선고 2007두20812 판결**

거래상 지위 남용행위의 주체인 사업자는 상대적으로 우월한 지위 또는 적어도 상대방의 거래활동에 상당한 영향을 미칠 수 있는 지위에 있어야 하고, 그러한 지위에 해당하는지 여부는 당사자가 처하고 있는 시장의 상황, 당사자 간의 전체적 사업능력의 격차, 거래의 대상인 상품의 특성 등을 모두 고려하여 판단하여야 할 것이다.

원심은, 금융기관과 개인 사이에 이루어지는 대출거래의 경우 양자 사이의 사업능력에 현저한 차이가 있고, 대출금액, 담보제공 여부, 대출기간, 이율 등 거래조건의 중요한 부분이 대부분 금융기관의 주도하에 결정되는 점, 이 사건 대출은 주택을 담보로 하는 것으로서 대출금액규모가 다른 가계대출에 비하여 크고, 대출기간 중 금리가 적정하지 않다고 하여 다른 은행으로 대출을 전환하기도 사실상 어려우며, 다양한 대출상품들의 복잡한 금리구조, 상환방법, 상환수수료 등을 비교하기 위해서는 금전적 비용과 기회비용이 발생할 뿐만 아니라 대출전환을 위하여는 중도상환수수료 이외에도 담보해제·설정비 등 상당한 추가비용이 드는 점, 이 사건 대출금리의 결정권은 원고에게 있고 고객은 해당 금리의 적정성을 알기 어려운 점 등을 고려할 때, 원고가 이 사건 대출에서 고객들에 대하여 상대적으로 우월한 지위 또는 적어도 상대방의 거래활동에 상당한 영향을 미칠 수 있는 지위에 있다고 판단하였다.

#### 1) 시장점유율

시장점유율은 시장지배적지위의 남용금지에 관한 법 제3조의2 규정에 위반한 혐의가 있는 행위의 종료일이 속하는 사업연도의 직전 사업연도 1년 동안에 국내에서 공급 또는 구매된 상품 또는 용역의 금액 중에서 당해사업자가 국내에서 공급 또는 구매한 상품 또는 용역의 금액이 점하는 비율을 말한다. 다만, 시장점유율을 금액기준으로 산정하기 어려운 경우에는 물량기준 또는 생산능력기준으로 이를 산정할 수 있다(령 4조 2항). 여기서 '연간 매출액 또는 구매액'이란 해당 사업자가 법 제3조의2를 위반한 혐의가 있는 행위의 종료일[191]이 속하는 사업연도의 직전 사업연도 1년 동안에 공급하거나 구매한 상품 또는 용역의 금액에서 그에 대한 간접세를 제외한 금액을 말한다(령 4조 1항).

시장점유율이 높다는 것이 곧 시장지배적 지위를 의미하는 것은 아니며, 사업자의 사업능력·시장의 객관적 조건 등과 결부되어 그러한 상태에 이르는 것이다. 예컨대, 한 사업자

191) 해당 행위가 인지일이나 신고일까지 계속되는 경우에는 인지일이나 신고일을 해당 행위의 종료일로 본다.

가 시장점유율은 낮더라도 관련시장에서 다른 사업자 대부분의 사업활동을 지배함으로써 결과적으로 시장의 거래조건에 결정적 영향을 미칠 수 있는 경우에는 해당 사업자에게 시장지배적 지위가 인정되는 것이다.

#### 2) 진입장벽의 존재 및 정도

당해 시장에 대한 신규진입이 가까운 시일내에 용이하게 이루어질 수 있는 경우에는 시장지배적 사업자일 가능성이 낮아질 수 있다. 신규진입의 가능성을 평가함에 있어서는 법적·제도적인 진입장벽의 유무, 필요 최소한의 자금규모, 특허권 기타 지식재산권을 포함한 생산기술조건, 입지조건, 유통계열화의 정도 및 판매망 구축비용 등을 고려한다. 최근 3년간 당해 시장에 신규진입한 사업자가 있는 경우 등에는 신규진입이 용이한 것으로 볼 수 있다(심사기준 III-2).

#### 3) 경쟁사업자의 상대적 규모

당해 사업자에 비해 경쟁사업자의 규모가 상대적으로 큰 경우에는 시장지배적 사업자일 가능성이 낮아질 수 있다. 경쟁사업자의 상대적 규모를 평가함에 있어서는 경쟁사업자의 시장점유율·생산능력·자금력 등을 고려한다. 당해 시장에 대량구매사업자나 대량공급사업자가 존재하는 경우에는 시장지배적 사업자일 가능성이 낮아질 수 있다(심사기준 III-3).

#### 4) 경쟁사업자간의 공동행위의 가능성

사업자간의 가격·수량 기타의 거래조건에 관한 명시적·묵시적 공동행위가 이루어지기 용이한 경우에는 시장지배적 사업자일 가능성이 높아질 수 있다. 사업자간의 공동행위 가능성을 평가함에 있어서는 당해거래분야에서의 거래가격이 다른 거래분야에서의 평균가격보다 현저히 높았는지 여부, 경쟁관계에 있는 사업자의 사업활동에 관한 정보수집의 용이성, 과거 부당한 공동행위가 이루어진 사실이 있었는지 여부 등을 고려한다(심사기준 III-4).

#### 5) 유사품 및 인접시장의 존재

유사품 및 인접시장이 존재하여 당해 시장에 영향을 미치는 경우에는 시장지배적 사업자일 가능성이 낮아질 수 있다. 유사품 및 인접시장의 존재를 판단함에 있어서는 기능 및 효용측면에서 유사하나 가격 또는 기타의 이유로 별도의 시장을 구성하고 있다고 보는 경우에는 생산기술의 발달가능성, 판매경로의 유사성 등 그 유사상품이나 용역이 당해 시장에 미치는 영향 등을 고려한다(심사기준 III-5).

#### 6) 시장봉쇄력 등

당해 사업자(계열회사를 포함)의 원재료 구매비율이나 공급비율(원재료 구매액이나 공급액/원재료의 국내 총공급액)이 법 제4조에 규정된 시장점유율 요건에 해당되거나 당해 사업자의 자금력이 다른 사업자에 비해 현저히 크다면 시장지배적 사업자일 가능성이 높아질 수 있다. 자금력을 평가함에 있어서는 자본 또는 부채의 동원능력 · 매출액 · 이윤 · 순이익율 · 현금흐름 · 자본시장에의 접근가능성 · 계열회사의 자금력 등을 고려한다.

사업자가 거래선을 당해 사업자로부터 다른 사업자에게로 변경할 수 있는 가능성, 시장경쟁에 영향을 미치는 당해 사업자의 신기술 개발 및 산업재산권 보유여부 등을 고려할 수 있다(심사기준 III-6 내지 8).

**대법원 2007. 11. 22. 선고 2002두8626 전원합의체 판결**

시장지배적 사업자는 거래의 객체별, 단계별 또는 지역별로 경쟁관계에 있거나 경쟁관계가 성립될 수 있는 분야(일정한 거래분야)의 공급자나 수요자로서 단독으로 또는 다른 사업자와 함께 상품이나 용역의 가격·수량·품질 기타의 거래조건을 결정·유지 또는 변경할 수 있는 시장지위를 가진 사업자를 말하고, 시장지배적 사업자인지 여부를 판단함에 있어서는 시장점유율, 진입장벽의 존재 및 정도, 경쟁사업자의 상대적 규모 등을 종합적으로 고려하여 판단하여야 한다. 다만, 일정한 거래분야에서 연간 매출액 또는 구매액이 10억 원 미만인 사업자는 제외되며(공정거래법 2조 7호), 한편 일정한 거래분야에서 1 사업자의 시장점유율이 50% 이상이거나, 3 이하의 사업자(시장점유율이 10% 미만인 자를 제외한다)의 시장점유율의 합계가 75% 이상인 경우에는 그 사업자는 시장지배적 사업자로 추정된다.

무역자유화 및 세계화 추세 등에 따라 자유로운 수출입이 이루어지고 있어 국내 시장에서 유통되는 관련 상품에는 국내 생산품 외에 외국 수입품도 포함되어 있을 뿐 아니라 또한 외국으로부터의 관련 상품 수입이 그다지 큰 어려움 없이 이루어질 수 있는 경우에는 관련 상품의 수입 가능성도 고려하여 사업자의 시장지배 가능성을 판단하여야 한다. 따라서 이와 같이 현재 및 장래의 수입 가능성이 미치는 범위 내에서는 국외에 소재하는 사업자들도 경쟁관계에 있는 것으로 보아 그들을 포함시켜 시장지배 여부를 정함이 상당한 바, 이러한 경우에는 위에서 본 관련지역시장 판단에 관한 여러 고려 요소들을 비롯하여 특히 관련상품시장의 국내외 사업자 구성, 국외 사업자가 자신의 생산량 중 국내로 공급하거나 국내 사업자가 국외로 공급하는 물량의 비율, 수출입의 용이성·안정성·지속성 여부, 유·무형의 수출입장벽, 국내외 가격의 차이 및 연동성 여부 등을 감안하여야 할 것이다.

### (2) 시장지배적 지위의 추정과 제외

시장점유율은 사업자의 시장지배력을 판단하는 가장 중요한 요소이기는 하지만, 시장점유율의 유무, 정도만으로 그 시장지배력을 일률적으로 단정할 수 없다. 따라서 공정거래법에서는 시장점유율을 기준으로 시장지배력을 추정하는 제도를 두고 있다. 즉 일정한 거래분야에서 시장점유율이 ① 1사업자의 시장점유율이 50% 이상, ② 3 이하의 사업자의 시장점유율의 합계가 75% 이상인 경우에 시장지배적 사업자로 추정한다. 다만 ②의 경우 시장점유율이 10% 미만인 자는 제외한다(법 4조).

여기의 추정은 법률상의 추정이므로 입증책임의 전환을 가져오고, 따라서 본조의 요건을 충족하는 사업자가 있을 경우 그 자가 시장지배적 사업자에 해당하는가 여부는 여전히 확정되지 않는다. 입증책임의 전환에 따라 시장지배적 사업자의 혐의를 받는 사업자 자신이 자기에게 시장지배력이 없다는 사실을 인정하면 그 추정은 깨어지게 된다. 그리하여 시장점유율이 50%를 상회하는 사업자도 자신에게 시장지배력이 없음을 증명하여 법 제3조의2의 적용을 피할 수 있다. 한편 본조의 요건을 충족하지 못하는 사업자라도 실제로 시장지배력이 있음이 입증되면 법 제3조의2의 적용을 받을 수 있다.[192)]

그리고 일정한 거래분야에서 연간 매출액 또는 구매액이 40억원 미만인 사업자도 시장지배적 사업자의 추정에서 제외한다(법 4조 본문). 이러한 사업자는 시장점유율에 의한 지배적 사업자 추정에서 기본적으로 제외되는데 대하여 시장점유율이 10% 미만인 사업자는 과점사업자 추정에서 제외되는 점에 차이가 있다.

이와 같은 시장지배적 사업자의 추정의 규정을 적용함에 있어서 당해사업자와 그 계열회사는 이를 하나의 사업자로 본다(령 4조 3항).

## 제3절 시장지배적 지위남용행위

### I. 개관

전술한 바와 같이 공정거래법은 사업자가 시장지배적 지위를 갖게 되거나 유지하는 것은 규제하지 않으며, 다만 그 지위가 남용된 경우에만 시장에 경쟁저해적 효과를 가져오는 것으로 보아 규제하고 있다. 시장지배적 지위남용행위란 다른 사업자에 대하여 부정한 수단을 사용하여 사업의 계속을 곤란하게 하거나 신규진입을 곤란하게 하는 행위이다. 따라서 부정한 수단을 사용한 경우에만 해당하는데, 부정한 수단이란 자유경쟁의 방법으로서는 인정되지 않는 수단을 말한다. 그러한 남용행위에는 여러 가지가 있고 공정거래법상 다른 위법행위 유형과 중복되는 것들도 있을 수 있다. 예컨대, 불공정거래행위로 열거된 행위유형과의 중복이 현저하다.

시장지배력의 단순한 행사와 인위적·작위적 경쟁저해적 행위는 구별할 필요가 있다. 시장지배력의 단순한 행사. 예컨대 가격선도기업의 가격인상에 다른 사업자가 단순히 추종하거나 기존 사업자의 제품이 우량하기 때문에 다른 사업자가 신규진입을 할 수 없는 경우 등은 시장지배적 지위남용에 해당하지 않는다. 시장지배적 지위남용행위는 상대방에게 직접 가해지는 경우뿐만 아니라, 다른 사업자의 사업활동에 압력을 가하여 그 결과 해당 사업자

---

192) 정호열, 앞의 책, 181면.

가 경쟁 불가능한 상태에 빠지도록 하는 행위도 포함한다. 다른 사업자의 사업활동에 영향을 미칠 수 있는 힘을 가지고 있어야 하므로 어떤 형태로든 경쟁관계의 존재는 필요하지만, 남용행위자와 그 상대방 간에 직접 경쟁관계가 있어야 하는 것은 아니다. 영향력의 행사는 전면적인 것이 아니고 부분적인 것이라도 무방하다. 즉 상대방 사업자가 해당시장에서 완전히 축출되지는 않더라도 사업 활동이 크게 영향을 받는 것이면 충분하다.

시장지배적 지위를 가진 사업자는 그 사업활동으로서 여러 가지 행위를 하게 되는데, 이는 헌법상 보장된 영업의 자유를 행사하는 것이다. 그것이 시장의 경쟁질서에 무관하게 행해지는 한 문제가 없으나, 다른 사업자의 신규 시장 진입을 부당하게 저지한다거나 경쟁 사업자의 사업활동을 부당하게 침해하는 경우에는 자유경제 시장질서를 저해하게 될 염려가 있다. 이러한 행위의 효과와 정당성 판단에 있어서 시장지배적 사업자의 행위로 얻을 수 있는 이익과 그 행위로 침해받는 경쟁자의 이익 그리고 소비자의 이익 간 적절한 이익형량이 이루어져야 한다.193)

공정거래법은 이러한 지위남용행위를 규제하고 있는데, 그 행위의 양상이 다양하므로 규제의 필요상 남용행위의 유형을 한정적으로 열거하고 있다. 즉, 공정거래법은 시장지배적 지위남용으로서 금지되는 행위를 5종류로 유형화하여 규정하고 있으며(법 3조의2 1항), 그 남용행위의 구체적인 유형 또는 기준은 시행령으로 정하고 있다(동조 2항). 그리고 그 행위의 세부적 유형 및 기준은 고시로 정하도록 하여(령 5조 6항) 이에 따라 공정거래위원회가 '시장지배적 지위남용행위 심사기준'을 고시로 제정·시행하고 있다.

공정거래법상 시장지배적 지위남용행위로 유형화된 행위는 다른 사업자의 사업활동을 곤란하게 하여 시장에서 배제하는 행위유형과 다른 사업자의 시장 진입을 곤란하게 만드는 행위유형으로 구분할 수 있다. 대체로 부당한 가격결정행위·출고조절행위·다른 사업자 방해행위·경쟁사업자 배제행위는 전자에 해당하고, 신규진입방해행위는 후자에 해당한다.

**표 3. 시장지배적 지위남용행위와 불공정거래행위**

| 시장지배적 지위남용행위 | 불공정거래행위 |
|---|---|
| 부당한 사업활동 방해(제3조의2 제1항 제3호)<br>- 다른 사업자의 사업활동에 필수적인 인력을 채용하는 행위(제5조 제3항 제2호) | 사업활동 방해(제23조 제1항 제5호 후단)<br>- 인력의 부당유인·채용(령 별표1의2 제8호 나목) |
| 부당한 경쟁사업자의 배제(제3조의 2 제1항 제5호)<br>- 부당하게 낮은 대가로 공급하거나 높은 대가로 구입하는 행위(령 제5조 제5항 제1호) | 경쟁사업자 배제(제23조 제1항 제2호)<br>- 부당염매(령 별표1의2 제3호 가목)<br>- 부당고가매입(령 별표1의2 제3호 나목) |
| 부당한 경쟁사업자의 배제(제3조의 2 제1항 제5호)<br>- 부당하게 거래상대방이 경쟁사업자와 거래하지 아니하는 조건으로 그 거래상대방과 거래하는 행위(령 제5조 제5항 제1호) | 구속조건부거래(제23조 제1항 제5호)<br>- 배타조건부 거래(령 별표1의2 제7호 가목) |

193) 황태희, 앞의 논문, 86면.

| 시장지배적 지위남용행위 | 불공정거래행위 |
|---|---|
| 부당하게 특정사업자에 대하여 거래를 거절하거나 거래하는 상품 또는 용역의 수량이나 내용을 현저히 제한하는 행위(심사기준 IV-3-라-(1)) | 거래거절 및 차별적 취급(제23조 제1항 제1호)<br>- 기타의 거래거절(령 별표1의2 제1호 나목) |
| 거래상대방에게 정상적인 거래관행에 비추어 타당성이 없는 조건을 제시하거나 가격 또는 거래조건을 부당하게 차별하는 행위(심사기준 IV-3-라-(2)) | 거래거절 및 차별적 취급(제23조 제1항 제1호)<br>- 가격차별(령 별표1의2 제2호 가목) |
| 부당하게 거래상대방에게 불이익이 되는 거래 또는 행위를 강제하는 행위(심사기준 IV-3-라-(3)) | 고객유인 또는 거래강제(제23조 제1항 제5호)<br>- 기타의 거래강제(령 별표1의2 제5호 다목) |

# II. 금지행위의 유형

## 1. 부당한 가격형성행위

시장지배적 사업자는 상품의 가격이나 용역의 대가를 부당하게 결정·유지 또는 변경하는 행위를 하지 못한다(법 3조의2 1항 1호). 여기서 '부당하게'의 판단기준이 필요하게 되는데, 이에 대하여는 시행령 제5조 제1항에서 규정하고 있다. 즉 시장지배적지위의 남용금지의 규정에 의한 가격의 부당한 결정·유지 또는 변경은 정당한 이유없이 상품의 가격이나 용역의 대가를 수급의 변동이나 공급에 필요한 비용(동종 또는 유사업종의 통상적인 수준의 것에 한한다)의 변동에 비하여 현저하게 상승시키거나 근소하게 하락시키는 경우로 한다. 그리고 여기의 상품가격·용역의 대가의 산출기준, 수급의 변동 등 세부적 사항에 관하여는 '심사기준 IV. 시장지배적 지위남용행위의 세부 유형 및 기준'에서 상세히 규정한다.

공정거래위원회는 시장지배적 사업자가 상품 또는 용역의 가격을 부당하게 결정·유지 또는 변경하였다고 볼만한 상당한 이유가 있을 때에는 관계행정기관의 장이나 물가조사업무를 수행하는 공공기관에 대하여 상품 또는 용역의 가격에 관한 조사를 의뢰할 수 있다(령 6조).그러나 가격책정의 부당성을 판단하는 것은 어렵기 때문에, 실제로 공정거래위원회가 이에 대하여 규제를 한 경우는 많지 않다.[194]

**공정거래위원회 1992. 1. 15 의결 제92-1호 9111독759**

한국표준산업분류의 세분류상 빵, 과자 및 국수제조업에 속하는 업을 영위하는 자로서 비스켓류 품목에 대한 1991년도 시장지배적 사업자로 지정된 사업자이다. 피심인은 1991.2월 비스켓류 제품인 '에이스', '사브레', 및 '오예스' 제품의 용량을 변경하기로 계획하고 1991.4월 중순경부터 출고하여 판매하였다. 공정거래위원회는 이 제품들의 가격은 원가상승요인에 비하여 '에이스'의 경우 5.2%, 사브레의 경우

194) 권오승, 앞의 책, 150면.

0.8%, 오예스의 경우 3.3%가 각각 더 인상되었다고 인정하였다.

공정거래위원회의 판단에 따르면 피심인은 시장지배적 지위를 남용하여 자기가 공급하는 비스켓류 제품의 가격은 그대로 유지한채 제품의 용량을 감소시킴으로써 실질적으로 가격을 인상한 '에이스', '사브레' 및 '오예스'제품의 가격을 인하하거나 가격의 인하에 상응하는 수준으로 제품의 용량을 증량하여야 한다. 단, 가격의 인하 또는 증량수준 및 이의 시행일자는 공정거래위원회와 협의하여야 한다고 결정하였다.

**공정거래위원회 2001. 3. 28. 의결 제2001-040호 2001독점0280**

(주)BC카드는 신용카드업무를 공동으로 처리하기 위해 12개 은행이 고동으로 설립한 회사로서 회원은행들은 BC카드라는 브랜드와 전산망을 고동으로 사용하며 이사회 구성에 참여하고 있었다. 개별회원들이 시장지배적 지위를 가지고 있지 아니하나 BC카드와 12개 회원 은행들이 가진 점유율을 합할 경우 약 35.5%에 이르러 이는 당해 시장 제1위에 해당되었던 바, 이에 대해 공정거래위원회는 이들을 단일한 시장지배적 사업자로 보고 15개 은행이 현금서비스 수수료율, 할부수수료율 및 연체이자율을 인상한 뒤, 자금조달금리와 연체율, 대손율이 상당한 기간에 걸쳐 하락하였음에도 불구하고 이를 더 높이거나 비슷한 수준에서 유지하였다.

15개 은행이 현금서비스 수수료율, 할부수수료율 및 연체이자율을 인상한 뒤, 자금조달금리와 연체율, 대손율이 상당한 기간에 걸쳐 하락하였음에도 불구하고 이를 더 높이거나 비슷한 수준에서 유지한 행위에 대해 공정거래위원회는 이를 시장지배적지위남용행위로 보아 시정조치를 내렸다.

**법원의 판단(대법원 2005.12. 9. 선고 2003두6283 판결)**

'시장지배적 사업자'라 함은 일정한 거래분야의 공급자나 수요자로서 단독으로 또는 다른 사업자와 함께 상품이나 용역의 가격·수량·품질 기타의 거래조건을 결정·유지 또는 변경할 수 있는 시장지위를 가진 사업자를 말한다고 규정하고 있음은 앞서 본 바와 같고, 법 제4조 제2호에서는 일정한 거래분야에서 3 이하의 사업자의 시장점유율의 합계가 75% 이상(다만, 이 경우에 시장점유율이 100분의 10 미만인 자를 제외함)에 해당하는 사업자는 제2조 제7호의 시장지배적 사업자로 추정한다고 규정하고 있다.

(주)BC카드와 회원은행들이 각기 별개의 사업자임을 전제로 한 2000년도 신용카드시장에서의 각 카드사업자별 시장점유율은 원고 엘지카드(주) 19%, 원고 삼성카드(주) 18.1%, 소외 국민신용카드(주) 16.7%, 소외 외환신용카드(주) 5.9% 정도이고, BC카드와 12개 회원은행은 최고 7.9%(조흥은행)에서 최저 0.1%(하나은행과 비씨카드) 정도에 불과한 사실, 신용카드시장에서 BC카드와 12개 회원은행들은 상위 3개사에도 포함되지 아니할 뿐 아니라 그 시장점유율 또한 10% 미만이고, 원고 엘지카드와 삼성카드 및 소외 국민신용카드 등 상위 3개사 또한 시장점유율이 불과 53.8% 정도에 불과하여 법 제4조 제2호에서 정한 시장점유율의 합계 100분의 75에 미달하는 사실, 상위 3개사를 제외한 나머지 사업자들(조흥은행, 우리은행, 외환신용카드 등)의 숫자나 상대적 규모 또한 적지 아니한 사실을 인정할 수 있는바, 위와 같은 사정에 비추어 보면, 원고들을 이 사건 카드시장의 이자율과 수수료율 등 거래조건을 결정, 유지 또는 변경할 수 있는 시장지위를 가진 시장지배적 사업자로 볼 수는 없다고 할 것이다.

**공정거래위원회 1999. 9. 3. 의결 제99-130호 9506독점0901**

현대자동차(주) 및 기아자동차(주)(이하 피심인들) 중 현대자동차 주식회사는 1999. 1. 20. 마이티 등 3종의 차량가격을 3.0~4.4%, 기아자동차 주식회사는 1999. 1. 25. 타우너 등 5종의 차량가격을 3.1~11.3% 각각 인상하였다.

1998. 12. 1. 현대가 기아의 주식을 인수하는 계약을 체결한 이후 시장지배력이 강화된 피심인들이 다른 사업자와 경쟁이 되는 승용차 부문의 가격은 인상하지 아니하고, 다른 사업자와 경쟁이 되지 않는 트럭 버스 부문을 중심으로 가격을 인상한 점, 경쟁시장이라고 할 수 있는 수출시장에서는 가격인상이 거의 없거나 하락하였음에도 불구하고, 독과점시장이라고 할 수 있는 국내시장에서 가격을 과도하게(200천원~1,000천원) 인상한 점, 경쟁시장이었던 신형모델 출시 시점과 독과점시장으로 전환된 금번 가격인상 시점간의 가격변동폭이 비용변동폭보다 높은 점 등을 고려할 때, 피심인들의 행위는 독과점시장에서 시장지배력을 남용한 행위로서 시장을 선택할 수 없는 소비자의 이익을 현저히 저해하였다고 판단된다. 특히 과거에는 모델변경 등 비용인상 요인이 있을 경우 가격을 인상하였으나, 이번에는 모델변경 등 특별한 가격인상 요인이 없음에도 가격을 인상한 점, 신형 모델이 출시된 시점부터 금번 가격인상 시점까지의 생산자물가지수와 비교하여 본 결과 가격인상율이 높은 점 등을 고려할 때, 피심인들의 행위는 부당하게 가격을 인상하였다고 판단된다. 따라서 피심인들의 행위는 시장지배력을 남용하여 부당하게 가격을 인상함으로써 소비자의 이익을 현저히 저해할 우려가 있는 행위로 인정된다고 판단하였다.

## 2. 부당한 공급조절행위

시장지배적 사업자는 상품의 판매 또는 용역의 제공을 부당하게 조절하는 행위를 하지 못한다(법 3조의2 1항 2호). 여기서 상품판매 또는 용역제공의 부당한 조절은 ① 정당한 이유없이 최근의 추세에 비추어 상품 또는 용역의 공급량을 현저히 감소시키는 경우, ② 정당한 이유없이 유통단계에서 공급부족이 있음에도 불구하고 상품 또는 용역의 공급량을 감소[195]시키는 경우이다(령 5조 2항). 그리고 여기서 최근의 추세, 공급량의 현저한 감소 등의 구체적 의미는 심사기준에 의하여 판단한다(심사기준 IV 참조).

부당한 공급 조절행위는 모두 "정당한 이유 없이" 이루어진 것이어야 한다. 예컨대 해당 사업자가 계속 활동하지 못하게 할 목적으로 금융을 거절하거나 원자재를 팔지 않는 경우가 여기에 해당한다.

195) 대법원 2001. 12. 24. 선고 99두11141 판결.

**공정거래위원회 1998. 6. 9. 의결 제98-112호 9804독관0559**

조제분유 품목의 시장지배적 사업자로 지정·고시된 남양유업(주)(이하 피심인)는 경쟁사인 매일유업이 조제분유 가격을 인상한 날인 1997년 12월 26일부터 5일간 수도권에 조제분유 출고량을 감소시킨 반면에, 재고량을 전년 같은 기간에 비하여 34.6% 증가시켰고, 또 서울지역 4개 지점에서는 남양유업의 대표적인 조제분유 상품인 '아기사랑'의 판매를 중단하거나 극소량만 판매하였다.

공정거래위원회는 조제분유 재고량이 늘어나고 출고량이 감소된 점, 5일의 기간중 조제분유 재고량이 부족함에도 피심인측에서 주문을 하지 못하게 함으로써 공급받을 수 없었고 따라서 시중에 품귀현상이 일반적으로 빚어졌음이 인정되는 점, 원가에 반영하여 판매될 경우 이전의 낮은 환율하에서 생산된 제품이 원가상승분 만큼 이득을 볼 수 있는 상황인 점 등을 종합적으로 감안해 볼 때, 피심인의 행위는 정당한 이유 없이 ① 당해 품목의 생산량 또는 판매량을 최근의 추세에 비추어 현저히 감소시키는 경우, ② 당해 품목의 재고량을 최근의 추세에 비추어 현저히 증가시키는 경우, ③ 성수기에 유통단계에서 품귀현상이 있음에도 불구하고 당해 품목의 국내판매량을 유지 또는 감축하는 경우에 각각 해당하여 법 제3조의2 제1항 제2호에서 규정하는 부당한 출고조절행위에 해당한다고 판단하였다.

**법원의 판단(서울고등법원 1999. 10. 7. 선고 99누13 판결)**

이러한 공정거래위원회의 판단에 대하여 피심인은 출고가 월초에 집중되고 월말에 감소하는 당해 시장의 특수성을 공정거래위원회가 제대로 파악하지 못하였고, 재고량 산출에 있어서 수도권을 커버하는 수색과 기흥 등 2개의 창고 중 수색창고만을 기준으로 계산한 오류가 있었다는 등의 항변과 더불어 행정소송을 제기하였다.

이에 대하여 서울고등법원은 ① 원고 회사는 전국에 9개의 창고가 있고, 그중 수도권지역 출고를 담당하는 창고로는 수색창고와 기흥창고가 있는데, 원고 회사의 1997년 전체 출고량 중 26.4%가 수색창고에서, 18.8%가 기흥창고에서 각 출고되었고, 고시에서 직영대리점이나 판매회사의 재고량까지 모두 시장지배적 사업자의 재고량으로 보도록 규정하고 있으므로, 원고 회사의 출고량 감소 및 재고량 증가가 최근의 추세에 비추어 현저한지 여부는 원고 회사 창고 전부를 기준으로 하거나 적어도 조제분유 품귀현상이 발생하였다는 수도권지역에 대한 출고를 담당하는 수색창고와 기흥창고 모두를 기준으로 하여 판단하여야 할 것인데, 피고는 수색창고 한 곳만을 기준으로 하여 판단하였으므로 부당하고, ② 조제분유 제품은 출고되어 소비자에게 판매되기까지 일정한 재고기간 내지 진열기간이 소요되기 마련이며, 특히 원고 회사의 경우 거래처의 대금결제가 다음달 말일에 행하여지는 관계로 항상 월말의 출고량이 월초나 월중에 비하여 현저하게 소량이므로, 원고 회사의 출고량 감소 및 재고량 증가, 서울지역 4개 대리점의 '아기사랑' 판매량의 감소가 각 최근의 추세에 비추어 현저한지 여부는 1997년 12월 한달 동안 또는 그 이상의 기간 동안을 기준으로 하여 판단하여야 할 것인데, 피고는 단지 5일 동안에 불과한 짧은 기간으로서 그것도 출고량이 항상 감소하기 마련인 월말에 속하는 기간을 기준으로 하여 판단하였으므로 이 또한 부당하고, ③ 이 사건 기간 동안 수도권 지역에 조제분유 품귀현상이 발생하였음을 인정할 자료가 없고, 오히려 이 사건 기간이 경과한 1998년 1월초 이후에 그러한 품귀현상이 발생한 사실이 인정될 뿐이며, 그 원인도 원고 회사 등 공급업체들의 비정상적인 공급감소에 있다기보다는 가격인상을 앞두고 일부 소비자들이 평상시보다 월등히 많은 양을 사재기한 데에 있는 것으로 추인된다는 등의 이유로 공정거래위원회의 시정명령과 과징금부과처분을 취소하는 판결을 내렸다. 대법원 역시 서울고등법원의 사실인정과 판단을 정당하다고 보고 상고를 기각하였다(대법원 2001. 12. 24. 선고 99두11141 판결).

**공정거래위원회 1998. 11. 4. 의결 제98-251호 9803독관0299**

제일제당(주)(이하 피심인)은 1997년 12월 6일까지는 주문물량에 대해 정상적인 출고를 하였으나 출고조절기간(1997년 12월 8일부터 12월 20일까지) 중에는 주문물량의 68.9%로 출고량을 제한한 사실이 있고, 출고조절기간 중에는 같은 해 12월 1일부터 12월 6일 동안의 일평균출고량의 65.6%, 1996년도 및 1997년도 연평균 일일판매량의 각각 83.6%, 74.1%에 불과한 수준의 양만을 출고하였다. 이에 반하여 피심인의 대두유 재고량은 1997년 12월초에 비해 피심인의 출고제한 지시가 있은 이후인 같은 해 12월 8일부터 12월 31일까지 계속하여 증가되었다.

이에 대하여 공정거래위원회는 첫째 1997년 12월에는 환율급등으로 인해 주원료를 전량 수입에 의존하는 대두유 제품에 대한 가격불안심리가 시중에 확산되어 대두유 수요가 급증한 상태였음에도 피심인의 대두유 출고량은 오히려 감소 하고 반면 대두유 재고량은 계속 증가한 점, 둘째 위 출고조절기간 중 피심인이 대두유 출고량을 제한할 수 밖에 없었던 불가피한 경영상의 이유가 발견되지 않는 점, 셋째 피심인 제일제당(주)의 행위는 위 출고조절기간 중 대두유 출고량을 줄이는 대신 이를 설날 수요에 대비한 선물셋트 생산에 충당함으로써 설날 전 성수기에 가격인상요인이 최종 반영된 가격으로 판매하기 위한 영업전략에 의한 것이라고 판단되는 점, 넷째 그 결과 피심인의 1998년 1월 중 매출실적과 경상이익률이 다른 달에 비해 월등히 증가된 것으로 나타난 점 등을 이유로 하여에 대두유 제품의 국내 출고량을 부당하게 조절한 행위로서 법 제3조의2 제1항 제2호에 해당하는 부당한 출고조절행위라고 인정하였다.

**법원의 판단(서울고등법원 1999. 10. 6. 선고 99누3524 판결)**

서울고등법원 판결에 따르면 원고가 출고조절기간 동안에 거래업체의 주문량에 따라 주문량 전부를 출고하지 아니하고 출고를 다소 감소시킨 점은 인정되나, (1) 원고가 출고조절기간 동안 감소시킨 생산·출고량을 피고가 비교기간으로 설정한 1997년 12월 1일부터 12월 6일까지 사이의 생산·출고량과 비교하여 보아도 그 감소 정도가 현저하다고 할 수 없을 뿐만 아니라, 위 비교기간 자체가 이미 외환위기 등으로 인하여 대두유에 대한 수요가 증가하였던 시점의 것이므로 비교기준으로서 타당한 것이라고 단정하기도 어렵고, (2) 또, 출고조절기간 당시 외환위기라는 비상상황을 맞이하여 대두의 수급전망이 불투명하였는데도, 원고의 대두 보유량은 1달 정도의 사용량에 불과하였고, 당시의 가수요에 따라 대두유를 공급하고 나면 재고가 거의 소진될 형편이어서, 그 다음해 1월의 설 명절을 전후한 기간 동안에 엄청난 공급부족 파동에 직면할 우려가 있었다는 사정 등을 감안하면, 원고가 출고량을 다소 조절한 것은 사업자로서 최악의 상황에 대비한 합리적인 기업경영행위라 보이는 점, 위와 같은 대두유에 대한 가수요는 물가 불안 심리에 따른 일부 유통업자의 매점매석행위와 소비자의 사재기에 기인한 것인데, 원고가 그와 같은 비정상적인 가수요에 그대로 응하여 생산·출고를 증대시키면 부산물의 처리 및 원가 상승 등으로 인한 손실의 확대가 예상되는바, 이러한 상황에서 원고에게 손실의 확대를 감수하면서까지 생산·출고를 증대할 것을 기대하기는 어려운 점, 1997년 12월에 원고는 대두유 매출과 관련하여 적자를 보았고, 그 다음해 1월에는 소폭의 흑자를 보았으나 이와 같은 흑자는 원고의 출고조절행위에 기인한 것이 아니라, 설 명절 수요증가에 의한 매출액의 증대와 환율 상승에 따른 대두유의 가격인상에 기인한 것이고, 또한 원고가 가격인상 효과를 극대화하거나 가격인상 후의 대량출고를 목적으로 출고를 조절하였다고 볼 수도 없는 점 등에 비추어 보면, 원고가 출고조절기간 동안에 대두유의 출고를 다소 감소시켰다 하여, 그러한 행위가 법 제3조의2 제1항 제2호 소정의 부당한 출고조절행위에 해당한다고는 볼 수 없고, (3) 따라서 원고의 위와 같은 행위가 부당한 출고조절행위에 해당함을 전제로 한 피고의 이 사건 과징금부과처분은 위법하다고 판단하였으며. 대법원 역시 이 판단에 대하여 위법이 없다고 판단하여 기각하였다(대법원 2002. 5. 24 선고 2000두9991판결).

### 3. 부당한 사업활동 방해행위

시장지배적 사업자는 다른 사업자의 사업활동을 부당하게 방해하는 행위를 하지 못한다(법 3조의2 1항 3호). 다른 사업자의 사업활동에 대한 부당한 방해란 직접 또는 간접으로 다음에 해당하는 행위를 함으로써 다른 사업자의 사업활동을 어렵게 하는 경우를 말한다.

① 정당한 이유없이 다른 사업자의 생산활동에 필요한 원재료 구매를 방해하는 행위

② 정상적인 관행에 비추어 과도한 경제상의 이익을 제공하거나 제공할 것을 약속하면서 다른 사업자의 사업활동에 필수적인 인력을 채용하는 행위

③ 정당한 이유없이 다른 사업자의 상품 또는 용역의 생산·공급·판매에 필수적인 요소의 사용 또는 접근을 거절·중단하거나 제한하는 행위

④ 그 밖의 부당한 방법으로 다른 사업자의 사업활동을 어렵게 하는 행위로서 공정거래위원회가 고시하는 행위

여기서 「간접적」이라 함은 특수관계인 또는 다른 자로 하여금 당해 행위를 하도록 하는 것을 말한다(심사기준 IV-3). 그러한 행위의 예로는 압도적인 시장점유율을 가진 생산업자가 판매업자에 대하여 경쟁상품의 거래거절을 요구하는 경우나 사업자가 독점적 지위에 있는 금융기관과 공모하여 금융기관의 금융상의 압력에 의해 경쟁사업자의 고객을 탈취한 경우 등이 있다.

그리고 위에 열거된 행위 유형의 세부적 판단은 심사기준 IV. 시장지배적지위 남용행위의 세부 유형 및 기준에 의한다. 특히 위 ③은 '필수설비이론'[196]을 규정한 내용으로서, 심사기준에 의하면 「필수적인 요소」라 함은 네트워크, 기간설비 등 유·무형의 요소를 포함하며, 다음의 요건을 충족하여야 한다(심사기준 IV-3-다). ⓐ 당해 요소를 사용하지 않고서는 상품이나 용역의 생산·공급 또는 판매가 사실상 불가능하여 일정한 거래분야에 참여할 수 없거나, 당해 거래분야에서 피할 수 없는 중대한 경쟁열위상태가 지속될 것, ⓑ 특정 사업자가 당해요소를 독점적으로 소유 또는 통제하고 있을 것, ⓒ 당해 요소를 사용하거나 이에 접근하려는 자가 당해 요소를 재생산하거나 다른 요소로 대체하는 것이 사실상·법률상 또는 경제적으로 불가능할 것 등이다. 또한 「다른 사업자」라 함은 필수요소 보유자 또는 그 계열회사가 참여하고 있거나 가까운 장래에 참여할 것으로 예상되는 거래분야에 참여하고 있는 사업자를 말하며, 「거절·중단·제한하는 행위」라 함은 실질적으로 거절·중단·제한하거나 이와 동일한 결과를 발생시키는 행위를 말한다.

위 ④에 해당하는 행위로는 부당하게 특정사업자에 대하여 거래를 거절하거나 거래하는 상품 또는 용역의 수량이나 내용을 현저히 제한하는 행위, 거래상대방에게 정상적인 거래관행에 비추어 타당성이 없는 조건을 제시하거나 가격 또는 거래조건을 부당하게 차별하는 행위, 부당하게 거래상대방에게 불이익이 되는 거래 또는 행위를 강제하는 행위, 거래상대

196) 본 장 II.의 말미에서 상세히 기술한다.

방에게 사업자금을 대여한 후 정당한 이유없이 대여자금을 일시에 회수하는 행위, 다른 사업자의 계속적인 사업활동에 필요한 소정의 절차(관계기관 또는 단체의 허가, 추천 등)의 이행을 부당한 방법으로 어렵게 하는 행위, 지식재산권[197]과 관련된 특허침해소송, 특허무효심판 기타 사법적·행정적 절차를 부당하게 이용하여 다른 사업자의 사업활동을 어렵게 하는 행위가 있다(심사기준 IV-3-라).

**대법원 2010. 3. 25. 선고 2008두7465 판결**

'독과점적 시장에서의 경쟁촉진'이라는 입법 목적에 맞추어 해석하여야 하므로, 시장지배적 사업자가 개별 거래의 상대방인 특정 사업자에 대한 부당한 의도나 목적을 가지고 사업활동을 방해한 모든 경우 또는 그 사업활동 방해로 인하여 특정 사업자가 사업활동에 곤란을 겪게 되었다거나 곤란을 겪게 될 우려가 발생하였다는 것과 같이 특정 사업자가 불이익을 입게 되었다는 사정만으로는 그 부당성을 인정하기에 부족하고, 그중에서도 특히 시장에서의 독점을 유지·강화할 의도나 목적, 즉 시장에서의 자유로운 경쟁을 제한함으로써 인위적으로 시장질서에 영향을 가하려는 의도나 목적을 갖고, 객관적으로도 그러한 경쟁제한의 효과가 생길 만한 우려가 있는 행위로 평가될 수 있는 행위로서의 성질을 갖는 사업활동 방해행위를 하였을 때에 그 부당성이 인정될 수 있다. 그러므로 시장지배적 사업자의 사업활동 방해행위가 그 지위남용행위에 해당한다고 주장하는 공정거래위원회로서는 그 사업활동 방해행위가 상품의 가격 상승, 산출량 감소, 혁신 저해, 유력한 경쟁사업자의 수의 감소, 다양성 감소 등과 같은 경쟁제한의 효과가 생길 만한 우려가 있는 행위로서 그에 대한 의도와 목적이 있었다는 점을 증명하여야 하고, 사업활동 방해행위로 인하여 현실적으로 위와 같은 효과가 나타난 것이 증명된 경우에는 그 행위 당시에 경쟁제한을 초래할 우려가 있었고 또한 그에 대한 의도나 목적이 있었다는 것을 사실상 추정할 수 있지만, 그렇지 않은 경우에는 사업활동 방해의 경위 및 동기, 사업활동 방해행위의 태양, 관련 시장의 특성, 사업활동 방해로 인하여 그 거래상대방이 입은 불이익의 정도, 관련 시장에서의 가격 및 산출량의 변화 여부, 혁신 저해 및 다양성 감소 여부 등 여러 사정을 종합적으로 고려하여 사업활동 방해행위가 위에서 본 경쟁제한의 효과가 생길 만한 우려가 있는 행위로서 그에 대한 의도나 목적이 있었는지를 판단하여야 한다.

**공정거래위원회 2001. 4. 12. 의결 제2001-068호 2001경촉0389**

제철·제강업을 영위하는 사업자로서 공정거래법 제2조 제1호의 규정에 의한 사업자인 포항제철(주)(이하 피심인)은 자신과 경쟁관계에 있는 현대하이스코(주)의 열연코일의 공급요청을 수차례에 걸쳐 충분한 검토없이 무시하여 왔다. 열연코일은 냉연강판 제조에 필수적인 재료로서 현대하이스코(주)는 원료의 공급을 받지 못하여 냉연강판 제조 등이 어렵게 되어 피해를 입었다.

공정거래위원회는 본 사안에서 피심인의 행위는 열연코일시장에서의 국내 독점공급(생산)자로서의 자

197) 지식재산권이 포함될 경우 기타의 사업활동 방해 중 거래거절 및 차별적 취급과 구별하기가 곤란하기 때문에, 원재료는 여기에 포함되지 않는다는 견해가 있다(권오승, 앞의 책, 155면).

신의 지위를 이용하여 제품시장인 냉연강판시장에서의 경쟁사업자인 현대하이스코(주)에 대하여 냉연강판 생산에 필수적인 열연코일의 공급을 거절함으로써 냉연강판시장에서의 경쟁사업자인 현대하이스코(주)의 사업활동을 방해하고 냉연강판시장에서의 자신의 지배적 지위를 계속 유지하려는 행위로서 시장에서의 경쟁촉진을 통해 소비자 후생을 극대화하고 국민경제의 발전을 도모한다는 법 취지에 어긋날 뿐만 아니라, 피심인의 위와 같은 행위로 인해 현대하이스코(주)는 열연코일의 구입을 전적으로 수입에 의존할 수밖에 없는 상황에서 열연코일 수입에 따른 추가비용부담(선임, 관세, 하역비 등), 거래의 불안정성(물량의 안정적 확보 곤란, 원료혼용에 따른 생산성 저하, 과다한 운송기간에 따른 시장변화에 대한 신속한 적응 곤란, 환리스크 등) 등으로 인해 사업활동에 상당한 어려움을 당하였으며, 또한, 동 제품의 국내 구매가 불가능하다는 사실로 인해 외국으로부터 동 제품 수입시 구매력(buying power)이 약해지고 거래조건협상이 불리한 여건에 처함으로써 결과적으로 국민경제적 측면에서도 부정적인 영향을 미친 점 등을 고려할 때 그 부당성이 인정된다고 판단하였다. 따라서 공정거래법 시행령 제5조 제3항 제1호의 원재료구매방해 규정을 적용하여 시정조치를 내렸다.

**법원의 판단(서울고등법원 2002. 8. 27. 선고 2001누5370 판결)**

시정조치에 불복한 피심인이 제기한 소송에서 서울고등법원은 '원고의 피고보조참가인에 대한 거래거절행위는 열연코일 시장에서의 자신의 시장지배적 지위를 이용하여 후방시장인 냉연강판 시장에 새로 진입한 경쟁사업자인 피고 보조참가인에 대하여 냉연강판 생산에 필수적인 열연코일의 공급을 거절함으로써 열연코일시장에서의 시장지배적 지위를 남용하여 냉연강판 시장에서 경쟁사업자인 피고 보조참가인의 사업활동을 방해하고 자신의 시장지배적 지위(2000년 기준 시장점유율 58.4%)를 계속 유지하려는 의도 하에 행한 행위로서, 이는 시장에서의 경쟁촉진을 통해 소비자 후생을 극대화하고 국민경제의 발전을 도모한다는 법 취지에 어긋나는 행위일 뿐만 아니라, 이로 인하여 피고보조참가인은 열연코일의 구입을 전적으로 수입에 의존할 수밖에 없는 상황에서 열연코일 수입에 따른 추가비용부담(운임, 관세, 하역비 등), 거래의 불안정성(물량의 안정적 확보 곤란, 원료 혼용에 따른 생산성 저하, 과다한 운송기간에 따른 시장변화에 대한 신속한 적응 곤란, 환 리스크 등) 등으로 인하여 사업활동에 상당한 어려움을 겪고 있고, 또 동 제품의 국내 구매가 불가능하다는 사정으로 인하여 외국으로부터 동 제품 수입시 구매력이 약해지고 거래조건협상이 불리해지는 여건에 처해 있는바, 이는 단순한 불편이나 경제적 손실의 정도를 넘어 경쟁자로서 충분하게 기능할 수 없을 정도의 장애를 초래하여 경쟁저해의 결과를 가져온 것이라고 할 것이므로, 원고의 피고 보조참가인에 대한 거래거절행위는 '부당하게' 거래를 거절하는 행위에 해당한다고 할 것이다'라고 판단하여 공정거래위원회의 판단을 지지하였다.

**대법원의 판단(대법원 2007. 11. 22. 선고 2002두8626 전원합의체 판결)**

대법원은 원심에 대하여 '원심이 들고 있는 사정들은 모두 원고의 이 사건 거래거절행위에 의하여 참가인이 입게 된 구체적인 불이익에 불과한 것들로서 현실적으로 경쟁제한의 결과가 나타났다고 인정할 만한 사정에 이르지 못할 뿐만 아니라, 오히려 원심에 제출된 증거들에 의하면, 원고의 이 사건 거래거절행위에도 불구하고 참가인은 일본으로부터 열연코일을 자신의 수요에 맞추어 수입하여 냉연강판을 생산·판매하여 왔고, 냉연강판공장이 완공되어 정상조업이 개시된 2001년 이후부터는 지속적으로 순이익을 올리는 등 냉연강판 생산·판매사업자로서 정상적인 사업활동을 영위하여 왔던 사실을 알 수 있으며, 또한 원고의 이 사건 거래거절행위 이후 국내에서 냉연강판의 생산량이 줄었다거나 가격이 상승하는 등 경쟁이 제한되었다고 볼 만한 자료도 나타나 있지 않으므로, 경쟁 저해의 결과를 초래하였다는 원심의 판단을 수긍하기 어렵다'고 판단하여 원심을 부정하였다. 또한 '이 사건 거래거절행위는 냉연강판시장에 원재료인 냉연용 열연코일을 공급하던 원고가 냉연강판시장에 진입한 이후에도 경쟁사업자에 해당하는 기존의 냉연강판 제조업체들에게는 계속적으로 냉연용 열연코일을 공급하여 오다가 새로이 냉연강판시장에 진입한 경쟁사업자인 참가인에 대하여 신규공급을 거절한 것인바, 비록 원고가 열연코일시장에서의 시장지배적 지위를 이용하여 후방시장인 냉연강판시장에서의 신규 경쟁사업자에게 영향을 미칠 수 있는 거래거절행위를 한 것이기는 하나, 이는 원재료 공급업체가 새로이 냉연강판시장에 진입하면서 기존의 냉연강판 제조업체에 대한 원재료의 공급을 중단하여 경쟁사업자의 수를 줄이거나 그의 사업능력을 축소시킴으로써 경쟁을 제한하는 결과를 낳는 경우와는 달리, 원고와 기존 냉연강판 제조업체들에 의하여 형성된 기존의 냉연강판시장의 틀을 유지하겠다는 것이어서 그 거래거절에 의하여 기존 냉연강판시장의 가격이나 공급량 등에 직접적으로 영향을 미치지는 아니하므로, 참가인의 신규 참여에 의하여 냉연강판시장에서 현재보다 소비자에게 유리한 여건이 형성될 수 있음에도 참가인이 원고 외의 다른 공급사업자로부터 열연코일을 구할 수 없어, 거래거절에 의하여 신규 참여가 실질적으로 방해되는 것으로 평가될 수 있는 경우 등에 이르지 않는 한, 그 거래거절 자체만을 가지고 경쟁제한의 우려가 있는 부당한 거래거절이라고 하기에는 부족하다고 보아야 할 것이다'고 하여 피고의 부당한 거래거절행위를 부정하였다.

**공정거래위원회 2007. 5. 18. 의결 제2007-281호 2006독감0746**

현대자동차(주)(이하 피심인)는 2004년 이전부터 독립 사업자인 판매대리점에 대하여 피심인과 사전협의를 거쳐야만 거점을 이전할 수 있다는 등을 내용으로 하는 판매계약서를 작성하게 하거나, 대리점이 판매인원을 채용하는 경우 피심인에 대한 등록을 의무화하는 약정 등을 강제하여 거점이전 및 인원채용을 제한하는 한편 과도한 판매목표를 일방적으로 설정·강제하였다.

이에 대하여 공정거래위원회는 피심인이 임대기간만료, 임대건물 철거 등의 사유로 판매대리점의 거점이전이 불가피한 상황에서 노동조합의 반대 등 이유로 판매대리점의 거점이전신청을 거부하거나 승인을 지연하고, 판매지역별로 피심인이 정한 영업직원 수의 상한선 초과, 지점고객의 판매대리점으로의 이동, 직영점(지점)의 경쟁력약화를 우려한 노동조합의 협의지연·반대 등을 이유로 판매대리점의 영업직원 등록을 지연하거나 등록을 거절하고, 다른 한편으로는 판매대리점에 대하여 피심인이 제조판매하고 있는 승용차와 5톤 이하 화물차의 판매량과 점유율을 높이기 위하여 판매대리점의 판매목표를 정해주고 선출고 강요 등의 방법을 통하여 이를 달성하도록 강제한 행위는 판매대리점의 사업활동을 어렵게 하거나 어렵게 할 우려가 매우 큰 행위라고 인정하여, 다른 사업자의 사업활동을 부당하게 방해하는 행위에 관한 규정인 법 제3조의2 제1항 제3호를 적용하였다.

## 4. 부당한 시장참가 방해행위

시장지배적 사업자는 새로운 경쟁사업자의 참가를 부당하게 방해하는 행위를 할 수 없다(법 3조의2 1항 4호). 부당한 방해행위는 직접 또는 간접적으로 다음에 열거된 행위를 함으로써 새로운 경쟁사업자의 신규진입을 어렵게 하는 경우를 말한다(령 5조 4항). 여기서 「간접적」이라 함은 특수관계인 또는 다른 자로 하여금 당해 행위를 하도록 하는 것을 말하며, 「새로운 경쟁사업자」라 함은 일정한 거래분야에 신규로 진입하려고 하는 사업자 및 신규로 진입하였으나 아직 판매를 개시하고 있지 아니한 사업자를 말한다(심사기준 IV-4).

① 정당한 이유없이 거래하는 유통사업자와 배타적 거래계약을 체결하는 행위(령 5조 4항1호). 「유통사업자」라 함은 최종소비자가 아닌 거래상대방을 말한다.

② 정당한 이유없이 기존사업자의 계속적인 사업활동에 필요한 권리 등을 매입하는 행위(동 2호). 「계속적인 사업활동에 필요한 권리」는 특허권·상표권 등의 지적재산권, 행정관청 또는 사업자단체의 면허권 등 인·허가, 기타 당해 거래분야에서 관행적으로 인정되는 모든 권리를 포함한다.

③ 정당한 이유없이 새로운 경쟁사업자의 상품 또는 용역의 생산·공급·판매에 필수적인 요소의 사용 또는 접근을 거절하거나 제한하는 행위(동 3호). 이는 위 3. ③의 필수설비이론의 적용과 같은 취지이다.

④ 그 밖에 다음과 같은 행위로서 새로운 경쟁사업자의 신규진입을 어렵게 하는 행위(동 4호). 그러한 행위로는 정당한 이유없이 신규진입 사업자와 거래하거나 거래하고자 하는 사업자에 대하여 상품의 판매 또는 구매를 거절하거나 감축하는 행위, 경쟁사업자의 신규진입에 필요한 소정의 절차(관계기관 또는 단체의 허가·추천 등)의 이행을 부당한 방법으로 어렵게 하는 행위, 당해 상품의 생산에 필수적인 원재료(부품, 부자재 포함)의 수급을 부당하게 조절함으로써 경쟁사업자의 신규진입을 어렵게 하는 행위, 지식재산권과 관련된 특허침해소송, 특허무효심판 기타 사법적·행정적 절차를 부당하게 이용하여 경쟁사업자의 신규진입을 어렵게 하는 행위가 있다(심사기준 IV-4-라).

## 5. 경쟁사업자에 대한 부당한 배제행위 및 소비자이익 저해행위

시장지배적 사업자는 부당하게 경쟁사업자를 배제하기 위하여 거래하거나 소비자의 이익을 현저히 저해할 우려가 있는 행위를 할 수 없다(법 3조의2 1항 5호). 경쟁사업자를 배제하기 위한 부당한 거래행위에는 ① 부당하게 상품 또는 용역을 통상거래가격에 비하여 낮은 대가로 공급하거나 높은 대가로 구입하여 경쟁사업자를 배제시킬 우려가 있는 경우(령 5조 5항 1호), ② 부당하게 거래상대방이 경쟁사업자와 거래하지 아니할 것을 조건으로 그 거래상대방과 거래하는 경우(동 2호)가 있다. 그에 대한 세부적인 판단기준은 심사기준 IV-5에 의한다.

'배제'란 다른 사업자의 사업 활동을 직접·간접으로 압박함으로써 사업자를 시장에서 축출하거나 사업활동을 곤란하게 만드는 것을 말한다. 다른 사업자의 사업 활동을 배제하는 방법에는 크게 두 가지가 있다. 첫째, 단독사업자에 의한 배제의 형태로서, 사업자를 시장에서 퇴출시키는 것 또는 지역 내의 가격차별 등에 의하여 경쟁자를 파멸시키는 경우 등이 있다(위 ①의 경우). 둘째, 다른 사업자와의 결합 내지 통모에 의한 배제형태로서, 기업이 자회사를 설립하여 자회사의 경쟁자를 퇴출 또는 경영곤란에 빠뜨리는 경우 또는 사업자가 금융기관과 결탁하여 낙농업자를 자기의 경쟁사업자와 거래하지 못하도록 한 경우(위 ②의 경우) 등이 있다.

'소비자의 이익을 저해하는 행위'는 공정거래법의 직접적인 규제목적이 아닌 점, 현실적으로 거의 모든 시장지배적 지위남용행위가 그러한 행위에 해당할 수 있는 점 등 때문에 이와 관련하여 시행령에도 규정이 없고, 구체적 내용을 정한 지침이 마련되어 있지도 않다.

**대법원 2010. 5. 27. 선고 2009두1983 판결**

공정거래법 제3조의2 제1항 제5호 후단이 규정하고 있는 '부당하게 소비자의 이익을 현저히 저해할 우려가 있는 행위'의 요건 중 소비자의 이익을 현저히 저해할 우려가 있는 행위의 '부당성'은 시장지배적 사업자의 지위 남용행위의 규제 목적이 단순히 그 행위의 상대방인 개별 소비자의 이익을 직접 보호하고자 하는 데 있는 것이 아니라, 독과점 시장에서 경쟁촉진과 아울러 시장지배적 사업자의 과도한 독점적 이익 실현행위로부터 경쟁시장에서 누릴 수 있는 소비자의 이익을 보호하고자 하는 데 있음을 고려할 때, 시장지배적 사업자의 행위의 의도나 목적이 독점적 이익의 과도한 실현에 있다고 볼 만한 사정이 있는지, 상품의 특성·행위의 성격·행위기간·시장의 구조와 특성 등을 고려하여 그 행위가 이루어진 당해 시장에서 소비자 이익의 저해의 효과가 발생하였거나 발생할 우려가 있는지 등을 구체적으로 살펴 판단하여야 한다. 다만, 시장지배적 사업자의 소비자 이익을 저해할 우려가 있는 행위가 존재하고, 그로 인한 소비자 이익의 저해 정도가 현저하다면, 통상 시장지배적 사업자가 과도한 독점적 이익을 취하고자 하는 행위로서 부당하다고 볼 경우가 많다.

**대법원 2010. 2. 11. 선고 2008두16407 판결**

'부당하게 소비자의 이익을 현저히 저해할 우려가 있는 행위'를 시장지배적 사업자의 지위남용행위의 한 유형으로 규정하고 있는바, 그 요건으로서는 시장지배적 사업자의 소비자이익을 저해할 우려가 있는 행위의 존재, 소비자이익 저해 정도의 현저성 및 그 행위의 부당성이 증명되어야 하고, 그러한 요건에 대한 증명책임은 시정명령 등 처분의 적법성을 주장하는 공정거래위원회에 있다. 이때 소비자의 이익을 '현저히' 저해할 우려가 있는지 여부는 당해 상품이나 용역의 특성, 이익이 저해되는 소비자의 범위, 유사 시장에 있는 다른 사업자의 거래조건, 거래조건 등의 변경을 전후한 시장지배적 사업자의 비용 변동 정도, 당해 상품 또는 용역의 가격 등과 경제적 가치와의 차이 등 여러 사정을 종합적으로 고려하여 구체적·개별적으로 판단하여야 한다.

**대법원 2009. 7. 9. 선고 2007두22078 판결**

배타조건부 거래행위가 구 공정거래법(2007. 4. 13. 법률 제8382호로 개정되기 전의 것, 이하 '법'이라 함) 제3조의2 제1항 제5호 전단의 시장지배적 사업자의 지위남용행위에 해당하려면 그 배타조건부 거래행위가 부당하게 거래상대방이 경쟁사업자와 거래하지 아니할 것을 조건으로 그 거래상대방과 거래하는 행위로 평가될 수 있어야 하는바, 여기서 말하는 '부당성'은 '독과점적 시장에서의 경쟁촉진'이라는 입법 목적에 맞추어 해석하여야 할 것이므로, 시장에서의 독점을 유지·강화할 목적, 즉 시장에서의 자유로운 경쟁을 제한함으로써 인위적으로 시장질서에 영향을 가하려는 목적을 가지고, 객관적으로도 그러한 경쟁제한의 효과가 생길 만한 우려가 있는 행위로 평가될 수 있는 배타조건부 거래행위를 하였을 때에 그 부당성이 인정될 수 있다.

그러므로 시장지배적 지위남용행위로서의 배타조건부 거래의 부당성은 그 거래행위의 목적 및 태양, 시장지배적 사업자의 시장점유율, 경쟁사업자의 시장 진입 내지 확대 기회의 봉쇄 정도 및 비용 증가 여부, 거래의 기간, 관련시장에서의 가격 및 산출량 변화 여부, 유사품 및 인접시장의 존재 여부, 혁신 저해 및 다양성 감소 여부 등 여러 사정을 종합적으로 고려하여 판단하여야 한다. 다만, 시장지배적 지위남용행위로서의 배타조건부 거래행위는 거래상대방이 경쟁사업자와 거래하지 아니할 것을 조건으로 그 거래상대방과 거래하는 경우이므로, 통상 그러한 행위 자체에 경쟁을 제한하려는 목적이 포함되어 있다고 볼 수 있는 경우가 많을 것이다.

**공정거래위원회 2010. 10. 22. 의결 제2010-120호 2009서경3168**

이베이지마켓(이하 피심인)은 오픈마켓 운영시장에 새롭게 진입한 경쟁사업자가 소비자들에게 다양한 서비스를 제공하면서 빠르게 성장하자, 2009년 6월경부터 경쟁사업자의 성장을 막기 위한 대응책 마련에 고심하였고, 그 결과 2009. 10. 12.부터 자신의 웹페이지(www.gmarket.co.kr) 초기 화면 중앙 최상단의 노출 공간에 판매자의 상품을 노출시켜 주는 프로모션(이하 '메인노출 프로모션')의 운영과 관련하여, 자신과 '단독으로 거래하는 판매자'에 대해서만 메인노출 프로모션에 참여할 수 있도록 하고, 판매자가 경쟁사업자와 거래할 경우 메인노출 프로모션에서 제외시키는 정책을 마련하여 시행하였다.

오픈마켓에 입점한 판매자들에게는 오픈마켓 운영자가 실시하는 프로모션, 특히 메인노출 프로모션 참여 여부가 자신이 판매하는 상품의 매출액 증대에 매우 큰 영향을 주는 상황에서, 피심인이 자신과 단독으로 거래하는 판매자만을 대상으로 메인노출 프로모션을 실시하기로 하고 이를 판매자에게 통지하면서 요구한 점, 피심인이 자신과 단독거래를 하는 판매자가 경쟁사업자와 거래하는지를 감시하여 경쟁사업자와 거래하는 판매자를 발견하면 메인노출 프로모션에서 제외시킨 점 등을 종합적으로 고려하면, 피심인이 거래상대방인 판매자가 경쟁사업자와 거래하지 아니하도록 하는 배타적인 조건으로 거래하였음이 인정된다고 판시하였다. 또한 오픈마켓에 입점한 판매자들로서는 인지도·신뢰도가 높은 오픈마켓을 통해 소비자에게 자신의 상품을 효과적으로 노출시키는 것이 판매량 증대에 큰 영향을 미치는 바, 오픈마켓 운영시장에서 시장지배적 사업자인 피심인이 배타조건부 거래행위를 판매자들에게 요구할 경우 판매자들로서는 이러한 요구를 거절하기 어려울 것이므로, 피심인의 이러한 배타조건부거래행위는 경쟁제한적 효과가 발생할 우려가 크다고 할 것이며, 또한 시장지배적 사업자인 피심인의 이러한 행위는 새로운 신규진입자에 대하여 오픈마켓 운영시장에서의 성공가능성에 대한 부정적인 신호로도 작용하여 시장 신규진입 자체를 중지하게 할 우려가 있으므로 공정거래법 제3조의2 제1항 제5호의 적용이 인정된다.

**공정거래위원회 1994. 10. 5. 의결 제94-307호 9404독점241**

한국방송광고공사(이하 피심인)는 한국방송광고공사법에 의거 1981. 1. 20 설립되어 방송광고업무를 독점적으로 대행하고 있는 사업자이다. 방송광고의 경우 광고주의 광고회사에 광고대행을 위탁하고 광고회사는 피심인에게 광고를 재위탁하며 피심인은 최종적으로 KBS, MBC 방송국에 광고를 의뢰하는 바, 피심인은 수탁수수료로서 광고수입료의 20%를 징수하여 이 중 일부는 광고회사에게 계열회사여부에 따라 대행수수료로 차등지급하며 수탁수수료에서 대행수수료를 뺀 차액은 피심인의 운영경비 및 공익자금조성 등의 용도로 사용하고 있다. 여기서 피심인은 한국방송광고공사 정관에 의하여 광고회사에 지급하는 대행수수료을 텔레비젼의 경우 계열사 신탁분 7%, 비계열사 신탁분 11%, 라디오대행수수료는 계열사 신탁분 9%, 비계열사 신탁분 11%로 각각 규정하고 이를 실행하였다. 그리고 광고회사와 체결한 방송광고업무대행계약서에서 '2개 이상의 광고회사가 해당광고주와 이미 품목대행계약을 체결하였을 경우' 피심인은 광고회사가 광고대행계약을 체결한 광고주라도 그 대행을 중지하거나 인정하지 아니할 수 있도록 규정함으로써 광고주들이 계약기간동안 2개 이상의 광고회사와 광고대행계약을 체결할 수 없도록 하고 실제에 있어 광고주들이 계약기간동안 3개 이상의 광고회사와 광고대행계약을 체결할 수 없도록 하였다.

공정거래위원회는 본 사안에 대하여 피심인이 광고업무대행서비스에 대한 대가를 지급함에 있어 계열사신탁분과 비계열사신탁분에 따라 정당한 이유없이 차등지급함으로써 전문성이 떨어지고 경쟁력이 약한 비계열 광고회사를 보호하여 광고업무대행시장에서의 퇴출을 제한한 행위는 자신의 시장지배적 지위를 남용하여 방송광고시장에서의 경쟁을 실질적으로 제한하는 행위로 인정된다고 판단하였다. 또한 광고주가 광고대행계약을 체결할 수 있는 광고회사를 2개 이상으로 할 수 없도록 방송광고업무대행계약서에 규정하고 실제에 있어 광고주가 2개 이하의 광고회사와 광고대행계약을 체결하도록 하고 있는 것은 광고주가 다양한 전문 광고회사를 선택할 수 있는 원천적으로 봉쇄하고 광고회사간의 자유로운 경쟁을 제한한 행위로서 피심인이 시장지배적 지위를 남용하여 방송광고시장에서의 경쟁을 실질적으로 제한하는 행위로 인정된다고 판단하여 구 공정거래법 제3조 제5호의 기타 경쟁을 실질적으로 제한하는 행위로 보았다.

## I. 필수설비이론의 의의

필수설비란 일반적으로 한 사업자가 관련시장에서 상품이나 서비스를 제공하기 위하여 반드시 요구되는 설비, 또는 둘 이상의 사업자가 중복하여 구축하기 어려운 설비를 말한다. 이러한 필수설비는 법률 또는 사실상 복제·대체가 현실적으로 불가능에 가까우므로, 관련시장에서의 수평적 경쟁을 곤란하게 하는 장벽으로서 기능하게 된다. 또한 수직적 차원에서 살펴보면, 설비를 보유한 사업자는 하위시장에 대한 신규사업자의 진입이나 당해 필수설비로 인하여 발생되는 새로운 시장형성을 방해할 수 있다. 따라서 경쟁에 반드시 필요한 필수설비를 독점적으로 보유한 사업자는 다른 사업자의 필수설비 이용 및 접근을 제한함으로써 당해 필수설비를 이용한 상품 및 서비스시장을 독점할 가능성이 크다.

이러한 독점으로 인한 폐해를 방지하기 위해서는 필수설비를 잠재적 경쟁자에게 차별없이 제공하거나 접근을 허용하여야 하며, 이를 위하여 고안된 이론이 필수설비이론(Essential Facilities Doctrine)이다. 이는 셔먼법 제2조에 관한 판례법으로부터 발생된 이론으로서, 이에 따르면 경쟁에 필수적인 설비를 보유한 독점사업자가 제3자에게 당해 설비의 제공을 거절하거나 부당한 조건을 부과하여 사실상 설비제공을 거절하는 행위는 금지된다.

## II. 공정거래법상 필수설비이론

### 1. 규정내용

공정거래법은 2001년 시행령 개정을 통하여 필수요소(설비)를 보유한 시장지배적 사업자가 다른 사업자에게 당해 필수요소의 제공 또는 접근을 거부하는 행위를 지위남용으로 규정하고 있다. 즉 시장지배적 사업자는 정당한 이유 없이 다른 사업자의 상품 또는 용역의 생산·공급·판매에 필수적인 요소의 사용 또는 접근을 거절·중단하거나 제한하는 행위(령 5조 3항 3호) 및 정당한 이유 없이 새로운 경쟁사업자의 상품 또는 용역의 생산·공급·판매에 필수적인 요소의 사용 또는 접근을 거절하거나 제한하는 행위(령 5조 4항 3호)를 원칙적으로 금지하고 있다. 여기서 필수요소란 네트워크, 기간설비 등 유·무형의 요소를 포함한 개념을 말한다.

### 2. 요건

공정거래법은 필수설비 제공의 거절·제한을 시장지배적 지위남용행위의 하나로 규정하고 있다. 이에 대한 세부적 유형 및 요건은 '시장지배적 지위 남용행위 심사기준'에 구체화되어 있는데, 심사기준상 필수설비에 해당되기 위해서는 3가지 요건을 모두 충족시켜야 한다.

#### (1) 필수성

필수요소로 인정되기 위하여는, 우선 당해 요소를 사용하지 않고서는 상품이나 용역의 생산·공급 또는 판매가 사실상 불가능하여 일정한 거래분야에 참여할 수 없거나, 당해 거래분야에서 피할 수 없는 중대한 경쟁열위상태가 지속되어야 한다(심사기준 IV-3-다-(1)-(가)). 여기서 '중대한 경쟁열위상태'는 그 해석에 따라 필수요소에 해당하는지 여부가 달리질 수 있으므로 이를 엄격하게 해석하여야 한다.

#### (2) 독점성

특정 사업자가 현재 당해 필수요소를 독점적으로 소유 또는 통제하여야 한다(심사기준 IV-3-다-(1)-(나)). 필수요소는 반드시 단독으로 보유할 필요는 없으며 2 이상의 사업자가 공동으로 보유하는 경우에도 해당된다. 또한 당해 사업자가 필수요소를 지속적으로 소유할 필요는 없으며 배타적 이용권을 보유하는 경우도 필수요소를 통제하는 것으로 인정된다.

#### (3) 복제·대체 불가능성

당해 필수요소를 사용하거나 이에 접근하려는 자가 당해 필수요소를 재생산하거나 다른 요소로 대체하는 것이 사실상·법률상 또는 경제적으로 불가능하여야 한다(심사기준 IV-3-다-(1)-(다)). 즉 당해 필수요소를 직접 재생산하는 것이 법률로 금지되어 있거나, 기술적으로 가능하더라도 그에 소요되는 비용이 막대하여 다른 사업자가 사실상 또는 경제적으로 이를 감당하기 어려운 수준이라면 복제불가능성이 인정될 수 있다. 그러나 복제가 불가능하더라도 대체요소가 있는 경우에는 필수요소로서 인정되지 않는다. 따라서 복제불가능성에 더하여 대체관계에 있는 다른 요소로의 전환이 불가능하여야 한다.

## 3. 공정거래위원회 심결례 분석

한국전기통신공사의 전화번호부수록 거절행위
(공정거래위원회 2001. 3. 31. 의결 제2001-043호 2001독점0265)

#### 1) 사건의 개요

1999년 10월 한국전기통신공사(사건 당시 시내전화시장 점유율이 98.2%; 이하 한국통신)는 자신이 발행하는 인명별 전화번호부 및 업종별전화번호부에 경쟁사업자인 하나로통신(주)의 가입자 정보의 통합수록을 거절하였다. 또한 한국통신이 2대 주주로 참여하고 있는 한국전화번호부(주)(사건 당시 관련시장 점유율이 83%)는 종합적인 번호안내서비스를 제공하기 위하여 하나로통신(주)의 가입자정보를 자사의 전화번호부에 통합하여 수록할 필요성을 인식하여, 한국통신에 하나로통신(주) 가입자의 통합수록이 가능한지를 문의하였으나, 한국통신이 이를 거부하여 통합수록이 이루어지지 않았다.

#### 2) 공정거래위원회의 판단

공정거래위원회는 시내전화시장에서 가입자간에 전화번호를 식별할 수 있도록 도와주는 전화번호부는 시내전화사업자에게 '필수적인 서비스'에 해당한다고 보았다. 특히 시장점유율이 매우 낮은 신규사업자의 경우에는 자신의 가입자가 한국통신의 가입자번호를 쉽게 파악할 수 있도록 전화번호부서비스를 제공할 필요성이 크고, 이는 시내전화시장에서 중요한 경쟁요소로 작용하게 된다는 것이다. 그리고 공정거래위원회는 하나로통신(주)은 시장점유율 1.8%에 불과하여 자신의 가입자만으로 전화번호부를 발행하는 것은 이용의 실효성 측면에서 의미가 거의 없다는 점을 들어 한국통신의 가입자와 통합 수록하여 전화번호부를 발행할 필요성이 매우 크다고 판단하였다. 이를 근거로 공정거래위원회는 한국통신이 한국전화번호부(주)에 대하여 업종별전화번호부에 경쟁사업자인 하나로통신(주)의 가입자를 통합수록하지 못하도록 한 행위를 공정거래법 제23조의 불공정거래행위로서 다른 사업자로 하여금 부당하게 거래를 거절하도록 하는 행위에 해당한다고 결정하였다.

3) 평석

공정거래법상 필수요소의 요건에 비추어, 본 사건의 전화번호부를 필수요소로 인정할 수 있는 가가 문제된다. 우선 필수성의 요건을 살펴보면, 당시 점유율 1.8%의 하나로통신의 경우 한국전화번호부(주)에서 발행하는 전화번호부에 통합되지 않은 채 자사에서 독립적으로 전화번호부를 발행할 경우 관련시장(시내전화시장)에서 중대한 경쟁열위상태에 빠질 가능성이 크므로 필수성 요건을 충족한다. 그리고 시내전화시장의 점유율이 98.2%인 한국통신이 보유하는 고객정보와 이를 표시하는 전화번호부는 한국통신이 독점적으로 소유하는 필수요소로 볼 수 있으므로 독점성 역시 인정된다. 또한 가입자목록이 한국통신의 영업비밀에 해당되는 요소로서 경쟁사업자의 접근이 제한될 수 밖에 없어 이와 같은 행위가 정당화될 수밖에 없을 수도 있으나, 차후 고객정보가 전화번호부에 기재되어 출간될 예정이었으므로, 정당화사유로서 인정될 수 없다. 마지막으로 복제·대체가능성을 살펴보면, 전화번호부는 비록 책자 등의 형태를 통하여 대중에게 공개되며, 앞에서 살펴본 바와 같이 영업비밀에 해당되지 않으므로 복제 및 대체가 가능하다고 볼 수 있다. 그러나 전화번호부의 특성상 정기적으로 갱신되어 출간되기 때문에 복제·대체가 사실상 무의미하게 된다. 즉 현실적으로 한국통신의 협조 없이는 전화번호부를 복제·대체할 수 없다고 보는 것이 타당하다. 따라서 전화번호부는 필수요소로서의 요건을 모두 충족한다.

# 제4절 위반행위에 대한 제재

## I. 행정적 제재

### 1. 시정조치

시장지배적 사업자가 시장지배적지위의 남용금지에 관한 법 제3조의2의 규정에 위반하는 행위를 한 경우에는 공정거래위원회는 당해 시장지배적 사업자에 대하여 가격의 인하,[198] 당해 행위의 중지, 시정명령을 받은 사실의 공표 기타 시정을 위한 필요한 조치를 명할 수 있다(법 5조). 예컨대 주식보유의 금지, 사업활동에 대한 간섭의 금지, 상품제조에 대한 제약의 금지, 거래방해의 금지 등 경쟁제한상태를 해소시키는 조치 등이 있다.

시정조치로서 거래거절을 금지하는 경우, 거래거절 일반을 금지하는 것은 아니고 일정한 부정한 수단에 의한 거래거절을 금지하는 것이 될 것이다. 그렇다면 그 일정한 부정한 수단에 의하지 않은 거래거절은 계약자유의 원칙상 인정될 수 있다.[199] 이 의미에서 다른 사업자의 배제에 의한 지배적 지위남용에 대한 시정명령에는 한계가 있다. 또한 시정조치로서 원상회복을 명하는 것은 위법한 행위의 시정이라는 차원을 넘어서, 결과로서 생긴 상태의 복원을 요구하는 것이므로 지나친 것이라고 하겠다. 더욱이 가격의 원상회복 같은 경우에는 기업의 가격결정에 관한 경영상 판단을 좌우하는 것으로서 영업의 자유에 대한 중대한 침해가 될 수 있다.

이 중 '시정명령을 받은 사실의 공표'는 2004년 개정 이전에는 '법위반 사실의 공표'로 되어 있었다. 그러나 형사재판의 개시 이전에 공정거래위원회의 행정처분에 따라 법위반을 무조건 단정하여 피의사실을 공표하도록 하는 것은 기본권의 과도한 제한이 되며, 관련 행위자에 대한 무죄추정의 원칙에 위반되어 위헌이라는 헌법재판소의 결정(헌법재판소 2002. 1. 31. 선고 2001헌바43 결정)이 내려짐에 따라 현재와 같이 개정된 것이다.

공정거래위원회의 시정조치는 현재의 위법상태를 제거하기 위한 것이므로, 위법상태가 이미 해소되었거나 재발의 우려가 없는 경우에는 시정조치명령을 내릴 필요가 없다. 따라서 공정거래법 위반행위가 종료한 날부터 5년을 경과한 경우에는 당해위반행위에 대하여 시정조치를 명하지 아니한다. 다만, 법원의 판결에 의하여 시정조치 또는 과징금부과처분이 취소된 경우로서 그 판결이유에 따라 새로운 처분을 하는 경우에는 그러하지 아니하다(법 49조 4항).

---

198) 제품의 용량을 줄인 경우 가격을 그대로 유지한 채로 제품의 용량을 원상회복하거나 증량하도록 명령하는 것도 가능하다(공정거래위원회 1992. 1. 15. 의결 제92-1호 9111독759).

199) 거래량·거래횟수·거래가격·납입방법·지급시기 등에 대하여 당사자 간에 합의 할 수 없어서 계약할 수 없는 경우도 있을 것이다.

## 2. 과징금

공정거래위원회는 시장지배적 사업자가 남용행위를 한 경우에는 당해 사업자에 대하여 관련 매출액에 3%를 곱한 금액을 초과하지 아니하는 범위 안에서 과징금을 부과할 수 있다. 다만, 매출액이 없거나 매출액의 산정이 곤란한 경우로서 대통령령이 정하는 경우에는 10억 원을 초과하지 아니하는 범위 안에서 과징금을 부과할 수 있다(법 6조).

여기의 관련매출액은 위반사업자가 위반기간동안 일정한 거래분야에서 판매한 관련 상품이나 용역의 매출액 또는 이에 준하는 금액을 말한다. 다만, 위반행위가 상품이나 용역의 구매와 관련하여 이루어진 경우에는 관련 상품이나 용역의 매입액을 말하고, 입찰담합 및 이와 유사한 행위인 경우에는 계약금액을 말한다(령 9조 1항). 매출액이 없는 경우란 영업을 개시하지 않거나 영업을 중단한 경우를 포함하며, 허위자료제출이나 자료 제출의 거부로 인하여 매출액을 산정하기 곤란한 경우를 말한다.

공정거래위원회는 위법행위의 종료일부터 5년을 경과한 경우에는 당해 위반행위에 대하여 과징금 등을 부과하지 아니한다. 다만, 법원의 판결에 의하여 과징금부과처분이 취소된 경우로서 그 판결이유에 따라 새로운 처분을 하는 경우에는 그러하지 아니하다(법 49조 4항).

**대법원 2010. 3. 25. 선고 2008두7465 판결**

공정거래법 제6조, 제55조의3 제1항, 공정거래법 시행령(2007. 11. 2. 대통령령 제20360호로 개정되기 전의 것) 제61조 제1항 [별표 2] 제2호 (가)목의 각 규정에 의하면, 공정거래위원회는 시장지배적 사업자가 남용행위를 한 경우 위반행위의 내용 및 정도, 위반행위의 기간 및 횟수, 위반행위로 인해 취득한 이익의 규모 등과 이에 영향을 미치는 사항을 고려하여 과징금을 산정하되, 관련매출액에 중대성의 정도별로 정하는 부과기준율을 곱한 금액을 기본과징금으로 하여 과징금을 부과하며, 관련매출액 산정과 관련한 관련상품의 범위는 위반행위로 인하여 직접 또는 간접적으로 영향을 받는 상품의 종류와 성질, 거래지역, 거래상대방, 거래단계 등을 고려하여 행위유형별로 개별적·구체적으로 판단하여야 한다.

원고의 이 사건 사업활동 방해행위로 인하여 판매대리점을 통한 매출액은 감소 영향을 받는 반면, 직영판매점의 매출액은 증가 영향을 받는 관계에 있다는 점, 이 사건 사업활동 방해행위와 관련한 원고의 공정거래법 위반사실은 원고가 전체 판매대리점들과 사이에 거점 이전과 인원 채용에 관하여 사전에 원고와 합의 또는 협의하거나 등록하도록 판매대리점계약을 체결한 사실 그 자체가 아니라, 원고가 그와 같은 계약조항을 근거로 하여 합리성이 없는 사유를 내세워 구체적으로 일부 개별 판매대리점들에 대하여 거점 이전 승인이나 인원 등록을 지연하거나 거부한 행위라는 점 및 개별 판매대리점에 대한 사업활동 방해행위로 인하여 전체 직영판매점의 매출액이 직접 또는 간접적으로 영향을 받았다고 보기 어려운 점 등을 종합하여 보면, 이 사건에서 관련매출액은 원고의 직영판매점 매출액을 기준으로 하되, 그중에서도 특히 사업활동 방해를 받은 개별 판매대리점과 경쟁관계에 있어 그 직접 또는 간접적인 영향을 받았다고 볼 수 있는 인근 직영판매점의 매출액을 관련매출액으로 봄이 상당하고, 그 위반기간도 구체적인 사업활동 방해행위에 따라 개별로 따져야 할 것이다.

## II. 민사적 제재

### 1. 손해배상책임

시장지배적 사업자의 지위남용행위로 인하여 피해를 입은 자가 있는 경우에는 그 사업자는 당해 피해자에 대하여 손해배상의 책임을 진다. 다만, 그 사업자 또는 사업자단체가 고의 또는 과실이 없음을 입증한 경우에는 그러하지 아니하다(법 56조).

공정거래법 위반으로 인하여 손해가 발생된 것은 인정되나, 그 손해액을 입증하기 위하여 필요한 사실을 입증하는 것이 해당 사실의 성질상 극히 곤란한 경우에는, 법원은 변론 전체의 취지와 증거조사의 결과에 기초하여 상당한 손해액을 인정할 수 있다(법 57조).

### 2. 위반행위의 사법상 효력

시장지배적 지위를 남용한 사업자의 행위의 사법적 효력에 대해서는 공정거래법에 특별한 규정이 없어 해석상 견해가 나뉘고 있다.

무효설에서는 공정거래법의 입법취지를 고려하고 그 실효성을 제고하기 위하여 그 행위는 무효라고 하며, 상대적 무효설에서는 원칙적으로 무효이지만 선의의 제3자가 개입하거나 법 위반행위를 기초로 새로운 법률관계가 형성된 경우에는 유효가 된다고 한다.[200] 그리고 개별적 판단설에서는 문제된 행위의 성격과 공정거래법의 규정을 고려하여 개별적으로 결정해야 한다거나[201] 경쟁법적 위법성 판단과 사법적 유효성 심사는 성격이 다른 것이므로 공정거래법 위반자체로 그 행위가 무효가 될 수는 없으며, 그 유효여부는 민법 제103조에 따른 유효성심사를 거쳐야 한다고 한다.[202]

그러나 공정거래법의 규제목적을 달성하기 위해서는 이를 원칙적으로 무효로 보아야 할 것이며, 다만 그 범위를 결정함에 있어서는 거래안전보호, 행위의 위법성의 정도 등을 종합적으로 고려하여야 할 것이다. 그리하여 소급효의 제한, 일부무효 등을 인정할 필요가 있다.

## III. 형사적 제재

공정거래법 제3조의2의 규정에 위반하여 시장지배적 지위남용행위를 한 자는 3년 이하의 징역 또는 2억 원 이하의 벌금에 처한다. 여기의 징역형과 벌금형은 이를 병과할 수 있다(법 66조 1항 1호, 2항). 공정거래위원회의 시정조치 또는 금지명령에 응하지 않는 경우에는 2년 이하의 징역 또는 1억 5천만 원 이하의 벌금에 처한다(법 67조 6호).

법인격이 없는 단체를 포함한 법인의 대표자나 법인 또는 개인의 대리인, 사용인, 그 밖의 종업원이 그 법인 또는 개인의 업무에 관하여 위 제66조 및 제67조에 해당하는 위반행위를

200) 김차동, "일본 공정거래법 위반행위에 관한 민사적 구제제도", 「경쟁법연구」 제9권, 2003. 4, 91-92면.

201) 서울고등법원 1995. 1. 12. 선고 94나186 결정.

202) 정호열, 앞의 책, 163면.

할 경우 그 행위자와 함께 그 법인 또는 개인에게도 동일한 벌금형을 부과한다. 법인 또는 개인이 그 위반행위를 방지하기 위하여 해당 업무에 관하여 상당한 주의와 감독을 게을리하지 아니한 경우에는 그러하지 아니하다(법 70조).

## 제5절 독과점적 시장구조의 개선

공정거래위원회는 공정거래법 시행을 위한 독립된 행정위원회로서 준입법적 권능과 준사법적 권능을 가진 기관이다. 그 결과 공정거래위원회의 권능행사 곧 관련 규정의 제·개정, 심리조사, 각종 제재조치 등은 동 위원회의 정당한 업무집행이다. 그러나 공정거래위원회가 각 산업분야에 대하여 경쟁과 관련된 정책을 수립·시행하거나 이를 위한 조사 및 자료제출을 요청하는 것은 해당 산업분야를 관장하는 주무 관청의 입법권능 및 감독권과 충돌할 우려가 매우 크다. 그렇지만 그 충돌 문제는 개별적인 역할의 분배 등으로 해결할 것이고, 국가 경제의 균형적 민주적 발전을 위하여는 공정한 거래질서 및 시장구조의 확립을 종합적으로 추진할 필요가 있다.[203] 그리고 이를 수행할 중심적 기관이 공정거래위원회이므로, 그 임무에 걸맞은 지위 내지 업무와 권한이 부여되어야 할 것이며, 공정거래법에서는 이에 관한 규정을 명시하고 있다.

공정거래위원회는 독과점적 시장구조가 장기간 유지되고 있는 상품이나 용역의 공급 또는 수요시장에 대하여 경쟁을 촉진하기 위한 시책을 수립·시행하여야 하며(법 3조 1항), 그 시책을 추진하기 위하여 필요한 경우에는 관계행정기관의 장에게 경쟁의 도입 기타 시장구조의 개선 등에 관하여 필요한 의견을 제시할 수 있다(동조 2항). 또한 공정거래위원회는 그 시책을 수립·추진하기 위하여 시장구조를 조사하여 공표하며(동조 3항), 사업자에 대하여 시장구조의 조사·공표를 위하여 필요한 자료의 제출을 요청할 수 있다(동조 4항). 공정거래위원회는 시장구조의 조사·공표, 이를 위한 필요 자료의 수집 등은 대통령령이 정하는 바에 의하여 다른 기관에 위탁할 수 있다(동조 5항).

---

203) 권재열, 앞의 책, 109면.

# 제 5 장 기업결합의 제한

## 제1절 개관

우리나라는 1970년대부터 수출입국 및 국내자본 형성정책을 추진해 온 결과 다수의 그룹기업과 대기업이 형성·발전되어 우리나라의 경제발전을 견인하여 왔다. 그 성과는 엄청난 것이어서 현재 경제면에서의 우리나라의 세계적 위상은 개발도상국을 벗어나 선진국에 진입하고 있다. 그러나 한편 이러한 발전의 이면에는 부정적인 측면도 병존하고 있으며, 아직도 그러한 기업들의 영향력 하에 자유롭고 공정한 경쟁질서가 충분히 확립되어 있지 않은 시장구조를 가지고 있다. 이러한 이유로 시장에서 그러한 사업자들의 반경쟁적인 행태가 적지 않게 나타나고 있다.

이러한 왜곡된 시장구조와 경쟁저해적 행태를 개선하기 위한 제도적 장치의 일환으로 공정거래법은 기업결합의 제한에 관한 규정을 두고 있다. 일반적으로 기업결합은 어떤 형태로든 복수의 사업자가 경제적인 측면에서 공통된 의사에 의하여 항구적으로 또는 일시적으로 합체되는 것을 말한다고 할 수 있는데 여기에는 카르텔·트러스트·콘체른 등이 있다.[204] 이를 광의의 기업결합이라 할 수 있을 것이다. 이에 대하여 좁은 의미의 기업결합은 주식보유·합병·임원겸임·영업양수 등을 통해 기업조직 상 실질적으로 합체가 이루어지는 것을 말한다. 공정거래법상의 기업결합은 후자를 가리키는 것이다. 이러한 기업조직 상의 합체는 복수의 기업이 지속적으로 통일적인 의사결정 하에 놓이게 되므로 강한 결합이 되는데 비해 카르텔은 각 기업이 법적 독립성을 유지한 채로 결합하는 점에서 약한 결합이라고 할 수 있다. 따라서 공정거래법에서는 제3장 「기업결합의 제한 및 경제력집중의 억제」에서 트러스트, 콘체른에 대하여 규정하고 있고, 카르텔에 대해서는 제4장 「부당한 공동행위의 제한」에서 규정하고 있다.

공정거래법 제3장의 규정은 기업결합의 제한과 경제력집중의 억제를 위한 규정을 망라하여 규제하고 있다. 이 중 기업결합의 제한(법 7조 이하)은 특정한 시장 또는 산업분야를 대

204) 이남기·이승우, 앞의 책, 112면.

상으로 경쟁적인 시장 구조의 유지를 도모하는 시장집중규제를 위한 규정이며, 지주회사(법 8조)·상호출자의 금지(법 9조)·금융회사의 의결권 보유비율의 제한(법 11조) 등은 국민경제에서의 사업지배력 집중의 위험성을 규제하는 일반집중규제를 위한 규정이다. 전자는 반경쟁적 영향을 초래하는 합병 등을 저지하여 시장구조를 경쟁적인 상태로 유지하려는 것이며, 후자는 경제력의 과도한 집중을 억제하려는 제도이다. 본장에서는 상술한 협의의 기업결합에 관하여 기술한다.

**서울고등법원 2004. 10. 27. 선고 2003누2252 판결**

경쟁제한적 기업결합을 금지하는 것은 기업결합 당사 회사들이 더 이상 서로 경쟁하지 않게 됨에 따라 결합된 회사가 시장지배력을 획득 또는 강화하여 결합회사가 단독으로 또는 다른 회사와 공조하여 가격 인상 등을 통한 초과이윤을 추구하게 되고 그 결과 소비자 피해와 경제적 효율성의 저하가 초래되는 것을 방지하고자 함에 있다.

## 제2절 기업결합 규제의 의의

### I. 개념 및 규제취지

좁은 의미에서 기업결합이란 널리 개별기업의 경제적 독립성의 소멸로 인하여 사업활동에 관한 의사결정권이 통합되는 기업간 인적·물적 또는 자본적·조직적 결합을 말한다.

일반적으로 기업결합에 의하여 기대되는 효용은 금전적·기술적면에서 규모의 경제(economy of scale)[205] 또는 범위의 경제(economy of scope)를 실현할 수 있고, 경영상의 위험을 분산시킬 수 있으며 시장지배력을 유지·강화할 수 있다는 것이다. 그리하여 회사조직상의 다양한 효율성을 얻을 수 있게 된다. 경제학에서 제한된 자원으로부터 최대의 가치를 실현하는 효율성으로 배분적 효율성, 생산적 효율성, 동태적 효율성으로 구분하는데, 기업결합이 반드시 위의 효율성을 모두 만족시키는 것은 아니지만 경우에 따라서 기업결합으로 배분적 효율성이 저해되지만 생산적 효율성 혹은 동태적 효율성이 제고될 수 있다.[206] 이러

205) 예컨대 어느 합병기업이 우수한 생산설비를 가지고 있지만 연구개발에는 취약하고, 다른 기업은 낡은 생산설비를 가지고 있지만, 강력한 연구개발 부서를 가지고 있다. 두 기업의 합병은 합병 후 기업을 양면에서 더 강력하게 만들 수 있을 것이다. 또한 합병은 기업이 그 공장에 전문화함으로써 생산을 더 효율적으로 조직할 수 있도록 만들 수 있다. 합병 전에는 각 회사가 공장 하나씩만을 가지고 A제품과 B제품 모두를 생산하였다. 합병 이후에는 기업은 공장 두 개를 갖게 되며, 모든 A제품은 한 공장에서 생산하게 하고, B제품 전부는 다른 공장에서 생산하게 한다. 이를 통하여 그 회사는 생산에서의 규모의 경제를 획득할 수 있다.

한 이점 때문에 우리나라의 경우에는 부실기업정리, 구조조정 또는 일정한 목적에 따른 정부권유에 의하여 이루어지는 사례가 많았다.

기업결합 그 자체는 경쟁측면에서 중립적이라고 할 수 있지만, 기업결합은 인위적인 수단에 의하여 시장에서의 의사결정 주체의 수를 감소시키고, 시장에서의 경쟁의 평가를 거치지 않고 기업규모를 확대시키는 행위이다. 더욱이 시장지배력이 있는 기업은 실제로는 내부적 성장에 의해서가 아니라 기업결합에 의하여 발생하는 경우가 많다. 따라서 이를 적절하게 규제하지 않으면 사실상 시장지배력이 있는 기업의 생성을 막을 수 없다.

그러나 기업결합으로 인하여 때로는 독과점이 용이하게 형성되고 경제력집중이 심화되며, 합병대상이 된 기업이 경영권방어에 치중하여 경영을 소홀히 하게 되는 등 그 폐해가 항구적인 성격을 띠는 경우가 많다. 그밖에 과점 내지 독점시장 구조의 형성은 시장지배적 지위의 형성뿐만 아니라 과점적 상호의존관계에 의한 부당한 공동행위를 하기 쉽게 만들고, 나아가 불공정거래행위도 하기 쉽게 만들게 된다. 특히 우리나라의 경우에는 그룹기업들이 무차별적으로 사업영역을 확장함으로써 자원의 독점이나 중소기업의 부실화·소멸을 초래하는 등의 문제를 발생시키고 있다. 따라서 공정거래법은 기업결합이 반경쟁적 효과를 가져올 경우 이를 중요한 시장구조의 왜곡으로 보아 규제하고 있는 것이다. 공정거래법의 목적을 시장에서의 경쟁규제에 의한 기술이나 영업의 혁신의 효율성, 그에 따른 생산의 효율성 그리고 소비자 후생(소비자에의 부의 배분의 효율성)의 증대에 중점을 둔다면, 경쟁적인 시장구조유지가 가장 중요한 현대적 공정거래정책이라고 할 것이다.[207]

기업결합 규제는 합병·주식보유·임원겸임 등의 행위를 규제대상으로 하고 있다. 그러나 기업결합규제는 그런 행위에 의하여 경쟁제한적인 시장구조가 형성·강화되는 것을 저지하기 위한 규제이므로 구조규제에 해당하는 것이다. 기업결합 그 자체는 경쟁상 중립적인 것곧 경쟁제한적인 것도 아니고 경쟁촉진적인 것도 아니라는 견해가 있다. 그러나 기업결합은 인위적 수단으로써 시장에서 의사결정 주체의 수를 감소시키고, 또 시장에서의 경쟁의 검증을 거치지 않고 기업규모를 확대하는 행위이다. 또한 시장지배력을 가진 기업은 실제로는 내부적 성장[208]에 의해서가 아니라 기업결합을 통하여 발생하는 경우가 많다. 따라서 기업결합을 적절하게 규제함으로써 경쟁적 시장구조를 유지할 수 있다.

---

206) 홍동표·김정현, "기업결합심사에서의 효율성 효과 판단: 방법론과 정책적 함의", 「경쟁법연구」 제22권, 한국경쟁법학회, 2010. 11, 181면 참조.

207) 이민호, "2008년 기업결합 관련 판례 검토", 「경쟁법연구」 제19권, 한국경쟁법학회, 2009. 5, 404-405면 참조.

208) 내부성장이란 기업의 일상적인 생산판매활동을 통하여 얻어진 우수한 성과에 의하여 점차로 시장에서의 지위를 향상시킨 결과 높은 시장점유율을 얻게 되는 것을 말한다.

## II. 기업결합의 유형

### 1. 결합의 양태에 따른 분류

광의의 기업결합은 그 결합된 조직의 성격에 따라 카르텔, 트러스트, 콘체른으로 구분된다. 그 결합의 강도는 트러스트·콘체른·카르텔의 순서로 낮아진다.

#### (1) 트러스트

트러스트(Trust)란 동종기업간 독점화·경쟁제한·가격설정 목적으로 형성되는 인적·자본적 결합체를 말하며, 주식 또는 자본의 수탁형태를 포함한다. 트러스트에서는 특정시장 지배를 위해 2 이상의 기업이 합병하여 새로운 대기업 형성하게 되므로, 결합되는 기업이 법률적·경제적 독립성을 상실하게 된다.[209] 그러므로 트러스트의 형성은 어렵지만 그 결합력은 매우 강하다. 이런 기업결합 형태는 미국에서 1870년대부터 시장지배력을 장악할 목적으로 효과적 기업결합수단을 모색한 결과로 나타난 것이다. 이 기업결합 수단의 대명사로서 실제로 독점의 별칭이 된 것이 트러스트이다. 이 트러스트란 원래는 영국에서 보통법상 발전되어 온 전통적인 신탁(trust)제도에 기원을 두고 있으며, 재산의 소유자가 타인(수탁자)을 신뢰하여 자기 재산의 관리 또는 처분을 맡기는 제도이다. 이것이 미국에서 기업결합 수단으로서의 트러스트 방식으로 변형되어 재등장한 것은 1879년에 록펠러가 스탠다드 오일 트러스트(Standard Oil Trust)를 설립한 때였다. 트러스트는 이후 활발하게 이용되었으나, 중소기업과 소비자에게 경쟁정책적 측면에서 많은 피해를 입혀왔다. 그 대표적인 폐해가 특정시장에서의 거래제한이다.

#### (2) 콘체른

콘체른(Konzern)이란 각 기업이 법률적으로는 독립성유지, 경제·경영적으로는 주도기업의 통일적 지배하에 독립성을 상실하는 기업결합 형태이다. 이는 주로 금융적 방법으로 결합을 하게 되며, 경제력집중에 의한 규모확대 또는 경영합리화를 목적으로 행해진다. 이 점은 카르텔이 시장지배를 주된 목적으로 하는 점과 비교된다. 콘체른을 유형(지배관계)별로 구분하면 종속적 콘체른과 병렬적 콘체른으로 구분되며, 지배관계 형성의 방법은 자본참가·기업계약·사실상 지배력 등으로 나눌 수 있다.

콘체른의 한 형태가 지주회사(Holding Company)인데, 지주회사는 다른 업체의 지배를 목적으로 설립된 회사로서 그 유형에는 순수지주회사와 사업지주회사가 있다. 지주회사는 지배구조의 투명성확보, 경영효율성의 증대 등의 면에서 장점이 있지만, 한편 경쟁을 과도하게 제한하거나 소액자본으로 기업지배를 달성하는 폐해도 초래한다.

콘체른이 가장 활발하게 이용된 국가는 독일이며 한때는 콘체른을 조장함으로써 콘체른

---

209) 이남기·이승우, 앞의 책, 112면.

의 왕국이라고 불리우기도 하였다. 그러나 콘체른은 경제력집중, 자원분배의 왜곡 등의 폐해를 초래함으로 이를 규제하기 위하여 콘체른법이 제정되어있다(DAktG).

### (3) 카르텔

카르텔(Cartel; Kartell)이란 경쟁업체간 가격·생산량 등에 독립적 의사결정 대신 공동협정을 체결하여 거래상 보조를 맞추는 공동행위를 의미한다. 이는 각 사업자가 법률적·경제적으로 독립성을 유지하면서, 특정 목적을 위하여 공동보조를 취하는 것이므로 형성은 용이하지만 결합력은 약하다는 단점이 있다. 그리고 카르텔이 이루어지는 시장은 과점시장과 유사하게 된다.

카르텔의 종류에는 가격·판매조건·기술·판로·이익분배 그리고 참가기업이 출자한 공동판매회사를 통해 1원적 판매를 하는 판매독점자(syndicate) 등이 있다. 예를 들어 가격을 결정하는 등의 명시적적 합의가 있거나, 경쟁자간에 시장을 분할하는 결정을 하는 수평적 시장분할이나 업계의 멤버 기업 간에 기계의 운전일수 등을 결정하여 생산조절을 꾀한다거나, 또한 명시적 합의는 없지만 경쟁을 없앤다거나, 높은 가격으로 유지한다거나, 나아가 묵시적 협조행동을 취하는 등 여러 가지 형태가 있다.

기업의 수가 많으면 많을수록 합의나 협조행동으로는 나아가기 어렵게 된다. 그러나 과점산업에서는 비교적 카르텔이 형성되기 쉽다. 이 시장에서 카르텔이 가능하다면, 독점기업과 같은 가격이나 품질의 상품에 가깝게 될 수 있다. 카르텔은 사업자들이 경영효과를 증대시키기 위하여 결성된 것이므로 그 자체가 공정거래법상 문제될 것은 아니지만, 특정사업자 배제 또는 새로운 사업자 진출저지 등을 목적으로 하는 경우에는 경쟁저해적인 것이므로 규제대상이 된다. 특히 카르텔 형성이 쉽고 빈번히 발생하는 악성 카르텔을 硬性(hard core)카르텔이라고 하는데 이에 대하여는 더욱 엄중한 규제가 필요하다. 국제적으로도 다국적 기업에 의한 경성카르텔이 다수 존재하고 있어서, 이에 대하여는 규제의 필요성이 강조되고 있고 통일적 규제를 위한 노력이 계속되고 있다.

## 2. 결합의 수단에 따른 분류

협의의 기업결합은 다음과 같은 방법 내지 수단에 따라 이루어진다.

### (1) 주식 또는 지분의 보유

기업은 다른 기업의 주식 또는 지분을 취득하거나 소유함으로써 기업결합을 이룰 수 있다. 이는 기업결합 방법 중에 가장 전형적인 것이며, 용이하게 목적을 달성할 수 있다. 그리고 이 주식·지분의 보유에 의하여 다른 기업에 대한 지배관계에 놓이거나 또는 영향력을 미칠 수 있는 지위를 획득하게 된다. 또 그 지위를 토대로 다른 기업에 임원을 파견하는 경우가 많다. 주식·지분보유에 의한 기업결합은 지주비율에 따라 결합의 정도에 차이가 있다.

#### (2) 임원겸임

기업은 그 임원 또는 종업원이 다른 기업의 임원지위를 겸하게 함으로써 기업결합을 이룰 수 있다. 이와 같은 지위의 겸병에 의하여 해당 기업 간의 지배관계가 형성되거나 의사의 연락이 긴밀하게 된다. 여기서 임원겸임이 되는 것은 기업의 임원·종업원이 다른 기업의 임원이 되는 경우이며, 다른 기업의 종업원이 되는 경우는 해당되지 않는다.

#### (3) 합병

기업의 합병이란 2개 이상의 기업이 포괄적인 계약에 의하여 1개의 기업으로 통합하는 것을 말한다. 합병으로 소멸되는 기업의 사원 및 재산·권리의무가 존속(흡수합병의 경우) 또는 신설(신설합병의 경우)되는 기업에 포괄적으로 포용·승계되며, 합병행위 이외에는 특별한 이전행위가 필요 없다. 따라서 수단적인 면에서 용이하며 효과의 면에서는 매우 강력하고 확실한 효율적인 기업결합 방법이라고 할 수 있다.

합병은 시장에 큰 변화를 초래하여 경쟁사업자의 수 자체가 감소하게 되기 때문에 경쟁이 감소될 가능성이 매우 높다. 예컨대 2개의 회사만 활동하는 시장에서 2개 회사가 합병하여 1개의 기업이 되면 독점기업이 되므로, 이 합병은 금지되는 것이 합리적일 것이다. 그러나 시장점유율이 3% 또는 5%에 불과한 기업들이 합병하는 경우에는 합병 후에도 시장점유율이 10%에 미달하여 독점이나 과점에 이르지는 못하므로 경쟁가격 이상의 가격을 책정하는 등의 가격지배력을 갖지는 못할 것이다. 오히려 그 합병을 통하여 규모의 경제[210)]를 얻을 수 있고, 합병 전 보다 효율적 생산에 도달하거나 싼 가격으로 상품을 제공할 수도 있다.

#### (4) 영업양수

다른 기업의 영업의 전부 또는 주요부분의 양수·임차 또는 경영의 수임이나 다른 기업의 영업용고정자산의 전부 또는 주요부분의 양수에 의해서도 기업결합이 이루어진다. 영업이란 기업이 영리목적을 달성하기 위하여 유기적 일체로서 기능을 하는 재산권의 총체를 말한다. 영업이나 영업자산 전부 또는 주요부분의 양수는 개별적인 양도계약에 의하여 행해진다는 점에서 절차 면에서는 합병과 다르지만, 그 효과는 같은 강력한 기업결합 수단이 된다. 영업의 임차나 경영수임은 영구적은 아니지만, 그 임대차기간 또는 수임기간 동안에는 양 기업이 동일체로 활동함으로써 경쟁저해적 결과를 가져올 우려가 있다.

#### (5) 신기업 설립에의 참여

기존의 기업이 새로운 기업설립에 참여함으로써 기업결합이 이루어지기도 한다. 이 경우에는 외형상 경쟁기업의 수가 증가되므로 경쟁에 유익하게 생각되지만, 기존기업이 신설기

---

210) 투입량의 일정한 비율의 변화가 보다 큰 비율의 생산량의 변화에 이르게 되는 것을 말한다. 이는 기존기업이 신규 또는 잠재적 진입자 보다 생산비용의 면에서 유리하게 되는 것이기도 하며, 진입장벽의 하나가 되기도 한다.

업의 지배적 지위를 갖거나 서로 공통의 이익에 따른 의사결정을 하게 될 가능성이 높아 규제할 필요가 있다. 설립참여의 방법으로는 새로운 기업설립절차에서 발기인이 되거나 지배적 주식·지분의 취득자가 되는 경우 등이 있다.

## 3. 시장효과에 따른 분류

기업결합의 유형에 따라 경쟁제한적 효과를 판단하는 것은 매우 복잡하고 어려운 작업으로서 전문적 지식이 필요하다. 따라서 공정거래위원회는 그 판단에 관한 법적 안정성 및 예측 가능성의 확보를 위하여 '기업결합심사기준'을 제정하여 운용하고 있다.

### (1) 수평결합

수평형 기업결합(horizontal merger)이라 함은 경쟁관계에 있는 회사 간의 결합을 말한다(기업결합심사기준 II-7). 즉 수평결합이란 동종의 상품·용역의 생산·유통에서 동일단계에서 활동하는 사업자간의 결합 또는 동일시장에서의 경쟁회사간의 결합으로서 동일한 시장에서의 집중을 초래한다. 수평결합의 예로는 자동차제작회사 간의 합병 또는 음료수판매회사 간의 합병 등을 들 수 있다. 수평결합에 의하여 결합된 사업자는 독점 이윤을 증대시키는 효과를 기대할 수 있으며, 이 결합은 경쟁제한성이 강한 것이 특징이다. 수평결합에 의하여 직접적인 경쟁자가 감소하고 결합기업의 시장점유율이 높아지게 됨으로 경쟁을 제한하게 되는가 여부를 판단하기가 다른 유형에 비하여 쉽다.

### (2) 수직결합

수직형 기업결합(vertical merger)이라 함은 원재료의 생산에서 상품 또는 용역의 생산 및 판매에 이르는 생산과 유통과정에 있어서 인접하는 단계에 있는 회사 곧 "원재료 의존관계에 있는 회사" 간의 결합을 말한다(기업결합심사기준 II-8). 즉 동종 상품·용역의 생산부터 판매 사이에 다른 단계를 영위하는 사업자 간의 결합이다. 수직결합의 예로는 정유업자와 유화제품 생산자 간, 출판사와 서점 간의 결합을 들 수 있다.

수직결합을 통하여 결합된 사업자들은 비용절감 효과를 거둘 수 있는 점에서 유리하지만, 시장구조면에서 보면 독점적 지배관계의 수직적 강화가 이루어져 하위 사업자들의 이익이 희생되거나 시장봉쇄가 발생되기 쉽다는 점에서 문제가 있다.

### (3) 혼합결합

혼합형 기업결합(conglomerate merger)이라 함은 수평형 또는 수직형 기업결합 이외의 기업결합을 말한다(기업결합심사기준 II-9). 즉 상호 경쟁관계나 거래관계가 없는 사업자 간의 결합으로서 혼합결합의 예로는 타이어업체와 문구류업체, 호텔과 은행 간의 결합을 들 수 있다. 혼합결합 중 동일한 상품시장에 속하지만 지역시장이 다른 사업자간의 결합과 대체성·관련성이 있는 근접한 상품시장에 속하는 사업자간의 결합은 수평결합에 가까우므로 경쟁제한성의 판단이 비교적 쉽지만, 이러한 관련성이 없는 시장에 속하는 사업자간의 결합에서는 경쟁제한성을 인정하기가 매우 어려운 것이 보통이다.[211)]

혼합결합의 긍정적 효과로는 사업상의 위험분산, 자원활용의 효율화 등을 들 수 있으나, 경쟁정책적 관점에서 부정적 측면으로는 시장지배력의 확대, 경제력 집중 등에 의하여 잠재적 경쟁저해의 가능성이 높다는 것이다.

**대법원 2009. 9. 10. 선고 2008두9744 판결**

공정거래법(2007. 4. 13. 법률 제8382호로 개정되기 전의 것) 제2조 제8호의2가 규정하고 있는 '경쟁을 실질적으로 제한하는 행위'란 일정한 거래분야의 경쟁이 감소하여 특정 사업자 또는 사업자단체의 의사에 따라 어느 정도 자유로이 가격·수량·품질 기타 거래조건 등의 결정에 영향을 미치거나 미칠 우려가 있는 상태를 초래하는 행위를 의미하며, 수평적 기업결합에서 이러한 실질적 경쟁제한성 유무를 판단하는 경우에는 위 법 제7조 제4항 제1호가 규정하고 있는 경쟁제한성 추정요건의 충족 여부 외에도 해외경쟁의 도입수준 및 국제적 경쟁상황, 신규 진입의 가능성, 경쟁사업자들 사이의 공동행위 가능성, 유사품 및 인접시장의 존재 여부 등을 종합적으로 고려하여 개별적으로 판단하여야 한다.

**서울행정법원 2008. 9. 2. 선고 2007구합30710 판결**

공정거래위원회는 2006. 9. 12. 원고 회사 모회사인 주식회사가 최근 몇 년 사이 뉴코아에 이어 소외 1 주식회사를 인수하려 하자 독과점방지를 위해 다음과 같은 일부 지역 점포 매각을 조건으로 원고 회사의 소외 1 주식회사 인수를 승인(기업결합 승인)하였다.

매각대상은 안양·군포의 뉴코아 평촌점, 뉴코아 산본점, 뉴코아 과천점, 2001안양점, 까르푸 안양점 등 5개 지점 중 1개, 성남·용인의 뉴코아 야탑점, 까르푸 야탑점, 2001분당점, 까르푸 분당점 등 4개 지점 중 1개, 전남 순천시의 뉴코아 순천점, 까르푸 순천점 등 2개 지점 중 1개로 하였다.

경쟁제한성이 인정되는 이들 3개 지역의 점포 중에서 원고회사가 선택해서 매각할 수 있도록 했고, 매각 기간은 시정명령일로부터 6개월 이내로 정했지만 필요한 경우 승인을 받으면 매각 기간을 1년 연장할 수 있도록 하였다.

---

211) 혼합결합의 경쟁제한성 관련 주요 이론으로는 잠재적 경쟁의 저해(restraints on potential competition), 포트폴리오 효과 등이 있다(신상훈, "SKT의 하나로텔레콤 기업결합 건: 주파수 독점과 지배력 전이의 문제", 『경제법판례연구』 제5권, 법문사, 2008, 220-221면 참조; 심재한, "혼합형 기업결합 규제의 판단기준", 「경제법연구」 제9권 제2호, 한국경제법학회, 2010, 5-6면 참조).

## 제3절 기업결합의 제한

공정거래법은 경쟁제한적 효과를 초래하는 기업결합을 금지하는(법 7조) 한편 탈법행위에 의한 기업결합도 금지하고 있다(법 15조 1항). 그런데 절차적 측면에서는 결합당사자의 기업규모에 따라 규제방법을 달리하고 있다. 즉 모든 규모의 사업자에 대하여 그러한 기업결합을 금지하고 있는데, 일정규모 이상의 기업결합에 대하여는 신고의무를 부과하고 있다(법 11조 · 12조 1항).

### I. 결합의 당사자

#### 1. 사업자

공정거래법에는 규제대상인 기업결합의 주체에 대하여 아무런 제한이 없다. 법 제7조에서는 '누구든지' 기업결합을 할 경우에 규제대상으로 하고 있기 때문이다. 일반적으로 기업이라 함은 영리를 획득할 목적으로 일정한 행위를 계속 · 반복하는 독립된 경제단위를 말하므로, 자연인이든 법인이든 또한 단체인 경우 법인격 유무도 상관이 없고, 법인인 경우 회사인가 여부도 문제가 되지 않는다. 따라서 기업결합에는 회사와 회사간은 물론 회사와 개인간의 결합도 포함되며, 업종도 제한이 없으므로 금융업 및 보험업에서의 결합도 포함된다.[212] 그런데 공정거래법이 규제대상으로 삼는 행위를 살펴보면, 실질적으로 기업결합의 당사자로서 규제대상이 되는 것은 회사로 한정되어 있다(법 7조 1항 각호 참조).

다만, 계열회사의 자산총액 또는 매출액을 합산한 자산총액 또는 매출액의 규모가 대통령령이 정하는 규모에 해당하는 회사(대규모회사)[213]가 아닌 자가 임원겸임에 의하여 기업결합을 하는 경우에는 규제대상이 되지 않는다(법 7조 1항 단서). 여기서 대규모회사는 자산총액 또는 매출액의 규모가 2조원 이상인 회사를 말한다(령 12조의2).

#### 2. 특수관계인

기업결합은 사업자 자신이 직접 할 수 있을 뿐 아니라 대통령령이 정하는 특수한 관계에

---

212) 1996년 법 개정 이전에는 금융업자, 보험업자, 일정규모 이하의 사업자, 정부투자기관을 제외하도록 되어 있었다.

213) 여기서 '자산총액'이라 함은 기업결합일이 속하는 사업연도의 직전 사업연도 종료일 현재의 대차대조표에 표시된 자산총액을 말하며, 금융업 또는 보험업을 영위하는 회사의 경우에는 직전 사업연도 종료일 현재의 대차대조표에 표시된 자본총액과 자본금중 큰 금액을 말한다(령 12조 1항). 이 경우에 기업결합일이 속하는 사업연도 중에 신주 및 사채의 발행으로 자산총액이 증가된 경우에는 직전 사업연도 종료일 현재의 대차대조표에 표시된 자산총액에 그 증가된 금액을 합한 금액을 자산총액으로 본다(동조 2항). 그리고 '매출액'이라 함은 기업결합일이 속하는 사업연도의 직전 사업연도의 손익계산서에 표시된 매출액을 말하며, 금융업 또는 보험업을 영위하는 회사의 경우에는 직전사업연도의 손익계산서에 표시된 영업수익을 말한다(동조 3항).

있는 자(특수관계인)를 통해서도 할 수 있다(법 7조 1항). 이는 관련 법상 지분보유의 제한 또는 세제상의 불이익 등을 회피하기 위하여 또는 사업참여자의 노출을 꺼려하여 사업자가 자신과 일정한 관계에 있는 자를 내세워 결합행위를 할 필요가 있다는 현실적 여건을 고려한 것이다.

특수관계인은 기업결합의 당사자인 회사 또는 회사 이외의 자와 일정한 관계에 있는 자를 말한다(령 11조). ① 당해 회사를 사실상 지배하고 있는 자(동일인; 제1호), ② 시행령 제3조의2 제1항의 규정[214]에 의하여 동일인관련자로부터 분리된 자를 제외한 동일인관련자[215](2호), ③ 경영을 지배하려는 공동의 목적을 가지고 당해 기업결합에 참여하는 자(3호). 여기서 ②는 독립경영회사 등을 제외하려는 취지이다.

## II. 경쟁제한적 기업결합의 금지

### 1. 기업결합 행위[216]

#### (1) 결합수단

회사는 다음의 행위를 함으로써 일정한 거래분야에서 경쟁을 실질적으로 제한하게 될 경우 그 행위를 하여서는 안 된다(법 7조 1항).

##### 1) 주식 또는 지분의 보유

회사는 실질적 경쟁제한을 초래하는 다른 회사의 주식취득 또는 소유를 할 수 없다(법 7조 1항 1호). 동 규정에서는 '다른 회사의 주식의 취득 또는 소유'라고 표현하고 있는데 여기의 회사는 주식회사에 국한하지 않으므로 합명 · 합자 · 유한회사의 지분도 포함된다. 주식의 취득이란 새로 주식을 소유하는 것이고, 주식의 소유란 주식의 계속적인 소유상태를 말한다. 주식소유도 규제대상이 되므로 주식취득 당시에는 위법이 아니더라도, 그 후 시장상황의 변화에 따라 그 주식소유상태가 경쟁의 실질적 제한을 초래하는 경우에는 규제를 받게 된다.

주식 또는 지분의 취득이나 소유는 그 명의와 관계없이 실질적인 소유관계를 기준으로 한다(법 7조의2). 따라서 누구의 계산으로 주식이 보유되고 있는가가 판단기준이 된다. 따라서 다른 회사의 주식을 직접 보유하는 경우뿐만 아니라 제3자를 통하여 간접적으로 보유하는 경우도 포함한다.

---

214) 공정거래위원회는 다음에 해당하는 회사로서 동일인이 그 사업내용을 지배하지 아니한다고 인정되는 경우에는 이해관계자의 요청에 의하여 당해 회사를 동일인이 지배하는 기업집단의 범위에서 제외할 수 있다(기업집단으로부터의 제외).

215) 시행령 제3조 제1호에 열거되어 있다.

216) 주식보유의 금지 또는 제한 규정으로서는 본 규정 외에 지주회사의 설립제한(법 8조), 금융회사의 주식보유 제한(법 8조의2) 등이 있는데, 이들은 일반집중 규제로서 경제력집중의 억제의 일환으로 규제되고 있다.

### 2) 임원겸임

회사는 그 임원 또는 종업원이 다른 회사의 임원지위를 겸하게 함으로써 실질적 경쟁제한을 초래해서는 안 된다(법 7조 1항 2호). 공정거래법상 임원은 이사· 대표이사· 업무집행을 하는 무한책임사원· 감사나 이에 준하는 자 또는 지배인등 본점이나 지점의 영업전반을 총괄적으로 처리할 수 있는 상업사용인을 말한다(법 2조 5호). 그리고 종업원은 계속하여 회사의 업무에 종사하는 자로서 임원이외의 자를 말한다(법 7조 1항 2호).

임원겸임은 일정 규모 이상의 자본을 가진 회사의 기업결합을 보완할 목적으로 주로 이용된다. 따라서 공정거래법은 '대규모회사'가 아닌 회사, 곧 자산총액이나 매출액이 2조원 미만인 회사가 하는 임원겸임은 기업결합규제대상에서 제외하고 있으며(법 7조 1항 단서), 이 경우 기업결합의 신고의무도 면제된다(법 12조 1항 단서).

### 3) 합병

회사는 실질적 경쟁제한을 초래하는 합병을 할 수 없다(법 7조 1항 3호). 합병의 개념은 회사법상의 합병을 말하며, 복수의 회사가 소멸하여 하나의 새로운 회사가 되는 신설합병과 하나의 회사가 다른 회사를 소멸시키고 일체로서 인수하는 흡수합병이 있다. 그 절차는 회사법 규정에 따라 계약에 의하여 청산절차를 거치지 않고 일체가 되는 것이다. 한편 회사법에서는 회사의 분할에 관하여 규정하고 있는데(상법 530조의2), 회사분할에는 단순분할과 분할합병이 있다. 후자는 흡수분할이라고도 하는데, 분할부분이 기존의 1개 또는 2개 이상의 다른 회사와 합병하는 경우를 말한다(상법 동조 2항 내지 4항). 이 분할합병도 합병의 한 유형으로서 영업양도와 같은 효과를 가져 오는 유용한 결합수단이 된다. 따라서 공정거래법 상의 합병규제의 대상이 된다.

이와 같이 공정거래법은 경쟁의 실질적 제한이 되는 경우의 합병을 금지하고 있다. 여기서 기준이 되는 것은 시장점유율을 중심으로 하여 기타의 요인도 고려한다. 이는 기본적으로 시장의 높은 집중은 보다 높은 가격이나 생산량의 저하를 가져오는 등 폐해를 발생시킨다는 생각에서 비롯된 것이다. 즉 합병은 합병 후의 기업을 경쟁자로부터 보호하기 위한 것이므로, 비록 합병이 효율성을 가져오더라도 위법이라고 해야 한다는 것이다. 이와 대조적인 생각은 효율성의 항변의 입장으로서, 효율성을 발생시키는 합병은 위법이 아니라는 것이다. 합병규제에 있어서는 이들을 함께 고려해야 할 것이다.[217]

---

217) 미국의 경우 미국 전체 신발제조업계에서 상위 3위로서 4%의 점유율을 가진 회사가 8위로서 0.5%의 점유율을 가진 회사의 자산과 영업을 취득하려고 한 사례가 있었다. 그러나 신발업계와 같이 분산된 산업에서는 합병 후의 회사가 약 5%의 점유율을 발생시키는데 지나지 않더라도 경쟁을 실질적으로 감소시키기 때문에 위법이라고 하였다(*Brown Shoe Co. v. U.S.*, 370 U.S. 294, 82 S Ct. 1502 (1962)). 이는 시장점유율과 당해산업의 집중도에 의한 기준을 취한 것이다.

#### 4) 영업양수

회사는 실질적 경쟁제한을 초래하는 다른 회사의 영업의 전부 또는 주요부분의 양수·임차 또는 경영의 수임이나 다른 기업의 영업용고정자산의 전부 또는 주요부분의 양수를 하지 못한다(법 7조 1항 4호). 영업양수는 양수대상이 되는 영업에 관하여 해당 회사의 경제활동의 일체화를 초래하는 점에서 합병과 동일한 효과를 가져 온다.

여기의 영업[218]에는 판매권, 특허권·상표권 등 무체재산권, 기타 인허가와 관련되어 재산상의 가치가 있는 것을 포함한다(기업결합신고요령 III-4-나).[219] 그리고 영업의 주요부분이란 양수 또는 임차부분이 독립된 사업단위로서 영위될 수 있는 형태를 갖추고 있거나 양수 또는 임차됨으로써 양도회사의 매출의 상당한 감소를 초래하는 경우를 말한다(동 III-4-다). 경영의 수임이란 영업의 양도·양수 기업간에 경영을 위탁하는 계약체결 등을 통하여 수임인이 경영권행사의 주체로서 활동하는 것을 말한다(동 III-4-라).

#### 5) 신기업설립에의 참여

회사는 실질적인 경쟁제한을 초래하는 새로운 회사의 설립에 참여할 수 없다(법 7조 1항 5호). 새로운 회사 설립에 의하여 시장에 경쟁 사업자가 증가하는 측면도 있지만, 해당 회사들이 공동 판매·구매 등을 목적으로 한 경우에는 합병과 같은 결합관계를 발생시켜 경쟁제한적 효과를 초래할 수 있기 때문이다.

공정거래법은 특수관계인 외의 자는 참여하지 아니하는 경우와 상법 제530조의2 제1항의 규정에 의한 분할(단순분할)의 방법으로 회사설립에 참여하는 경우는 규제대상에서 제외하고 있다(동호 가목, 나목). 단순분할이란 신설분할이라고도 하는데, 분할에 의하여 1개 또는 2개 이상의 새로운 회사를 설립하는 경우를 말한다. 공정거래법은 기업결합이 일정한 거래분야에서 경쟁의 실질적 제한을 초래하는 것을 막고자 하는 것인데, 전자의 경우는 특수관계인만이 신설회사에 참여하는 것이므로 그런 우려가 없기 때문이다.[220] 또한 후자의 경우는 기업 또는 기업집단의 조직변경이나 특정 사업분야의 전문화를 위한 분사(分社)의 목적으로 행해지므로 역시 시장구조에 있어서 경쟁제한적 결과의 위험이 없기 때문이다.

### (2) 지배관계의 형성

기업결합규제는 해당기업 간의 일정한 연결관계가 형성·유지·강화됨으로써 시장구조

---

218) 영업이란 일정한 영업 목적에 의하여 조직화된 유기적 일체로서의 기능적 재산을 뜻하는 바(대법원 1989. 12. 26. 선고 88다카10128 판결), 여기서 말하는 유기적 일체로서의 기능적 재산이란 영업을 구성하는 유형·무형의 재산과 경제적 가치를 갖는 사실관계가 서로 유기적으로 결합하여 수익의 원천으로 기능한다는 것과 이와 같이 유기적으로 결합한 수익의 원천으로서의 기능적 재산이 마치 하나의 재화와 같이 거래의 객체가 된다는 것을 뜻한다(대법원 1997. 11. 25. 선고 97다35085 판결; 공정거래위원회 2000. 4. 26. 의결 제2000-70호 2000기결0332).

219) 개정 2009. 8. 20. 공정거래위원회 고시 제2009-40호.

220) 정호열, 앞의 책, 230면.

가 비경쟁적으로 변하여 일정한 거래분야에 있어서 경쟁에 어떤 영향을 미친다는 것을 우려하여 규제하려는 것이다. 이와 같이 복수의 기업이 주식보유, 합병 등에 의하여 일정 정도 또는 완전하게 일체화하여 사업활동을 하는 관계를 지배관계라고 한다. 기업결합규제의 대상이 되려면 이러한 지배관계가 형성되어야 한다.

지배관계가 형성되었다는 것은 다른 사업자의 사업활동을 지배한다는 것은 상대방에게 강압을 가하여 자기의 의사에 따르도록 만드는 것이다. 상대방인 피지배자가 형식상으로는 자기의사에 따라 행위하고 있지만, 실질적으로는 의사의 자유를 박탈당하고 있는 경우에는 지배되고 있다고 보아야 한다. 지배는 반드시 사업활동의 전부에 미칠 필요는 없으며, 상당히 중요한 부문이라면 그 일부에만 미치는 경우도 포함한다. 그러나 상대방을 자기의 의사에 따르게 만드는 것이 핵심이므로 중요한 부분에 영향을 미칠 수 있는 경우여야 한다. 피지배자는 반드시 경쟁자일 필요는 없다. 자기의 사업지배력을 획득하기 위한 수단으로 이용할 수 있는 자인 경우에는 경쟁자 이외의 자이어도 무방하다.

지배관계의 형성여부에 관한 구체적 판단기준은 기업결합 심사기준에 규정되어 있는데 (동 심사기준 V), 결합수단에 따라 다르게 되어있다. ① 합병 또는 영업양수의 경우에는 당해 행위로 지배관계가 형성된다. ② 주식의 취득 또는 소유의 경우에는 취득회사 등의 주식소유비율이 50% 이상인 경우와 취득회사 등의 주식소유비율이 50%미만인 경우라도 취득회사 등이 피취득회사의 경영전반에 실질적인 영향력을 행사할 수 있는 경우에 지배관계가 형성된다. ③ 임원겸임의 경우에는 겸임자의 수가 피취득회사의 임원총수의 3분의 1이상인 경우와 겸임자가 피취득회사의 경영전반에 실질적인 영향력을 행사할 수 있는 지위를 겸하는 경우에 지배관계가 형성된 것으로 본다. ④ 새로운 회사설립에의 참여의 경우에는 기업결합 당사회사간의 지배관계 형성여부는 주식소유에 대한 지배관계 판단기준을 준용한다.

**서울고등법원 2004. 10. 27. 선고 2003누2252 판결**

무학이 대선주조의 주식 중 50%미만을 소유하고 있으나 주식분산도로 보아 제1위에 해당하고, 제1대주주(무학)와 제2대 주주(대선)간에 지분보유비율에 상당한 차이가 있으며 경영권획득을 위한 주식취득이라는 점을 무학 스스로 인정하고 있는 점 등을 종합하면 무학의 대선주조에 대한 지배관계는 형성될 가능성이 있다.

## 2. 경쟁의 실질적 제한

금지되는 기업결합에 해당하는가 여부를 판단하기 위해서는 일정한 거래분야가 획정되어야 하고, 해당기업결합이 그 거래분야에서 경쟁을 실질적으로 제한하거나 제한할 우려가 있는가를 살펴보아야 한다.

### (1) 일정한 거래분야

일정한 거래분야란 거래의 객체별·단계별 또는 지역별로 경쟁관계에 있거나 경쟁관계가 성립될 수 있는 분야를 말한다(법 2조 8호). 일정한 거래분야의 내용 및 획정에 관한 일반적 내용은 기술하였다(제4장 제2절 참조). 기업결합에 있어서의 일정한 거래분야의 판단기준에 관하여는 기업결합심사기준 VI에서 규정하고 있다.

> **대법원 2008. 5. 29. 선고 2006두6659 판결**
>
> 관련 상품시장은 일반적으로 서로 경쟁관계에 있는 상품들의 범위를 말하는 것으로서, 구체적으로는 거래되는 상품의 가격이 상당 기간 어느 정도 의미 있는 수준으로 인상될 경우 그 상품의 대표적 구매자가 이에 대응하여 구매를 전환할 수 있는 상품의 집합을 의미하고, 그 시장의 범위는 거래에 관련된 상품의 가격, 기능 및 효용의 유사성, 구매자들의 대체가능성에 대한 인식 및 그와 관련한 구매행태는 물론, 판매자들의 대체가능성에 대한 인식 및 그와 관련한 경영의사의 결정행태, 사회적·경제적으로 인정되는 업종의 동질성 및 유사성 등을 종합적으로 고려하여 판단하여야 할 것이며, 그 이외에도 기술발전의 속도, 그 상품의 생산을 위하여 필요한 다른 상품 및 그 상품을 기초로 생산되는 다른 상품에 관한 시장의 상황, 시간적·경제적·법적 측면에서의 대체의 용이성 등도 함께 고려하여야 한다.

> **대법원 2008. 5. 29. 선고 2006두6659 판결**
>
> 공급측면의 경우 중고 피아노는 신품 피아노와 달리 가격이 상승하더라도 공급량이 크게 증가될 수 없다고 보이는 점, 수요측면의 경우에도 가격과 구매수량에 더 민감한 수요층(중고 피아노)과 제품 이미지, 품질, 사용기간 등에 더 민감한 수요층(신품 피아노)으로 그 대표적 수요층이 구분되어 신품 피아노의 가격이 상승하더라도 신품 피아노를 구입하려는 소비자들이 그 의사결정을 바꿔 중고 피아노로 수요를 전환할 가능성은 크지 않다고 보이는 점, 원고들이 그동안 신품 피아노의 가격결정, 마케팅 등과 같은 영업전략을 수립함에 있어 중고 피아노의 시장규모 등을 고려했다는 자료가 없는 점 등에 비추어 중고 피아노는 신품 피아노와 상품용도, 가격, 판매자와 구매자층, 거래행태, 영업전략 등에서 차이가 있고 상호간 대체가능성을 인정하기 어렵다는 이유로, 피고가 이 사건 기업결합의 관련 시장을 국내의 업라이트 피아노, 그랜드 피아노, 디지털 피아노의 각 신품 피아노 시장으로 획정한 것은 정당하며, 아울러 거래의 지리적 범위인 관련 지역시장의 획정 문제와 실질적 경쟁제한성 판단의 한 요소인 해외 경쟁의 도입수준 등의 문제를 별도로 판단하여야 한다.

### (2) 경쟁의 실질적 제한

#### 1) 의의

일반적으로 경쟁을 실질적으로 제한한다는 것은 일정한 거래분야의 경쟁이 감소하여 특정 사업자 또는 사업자단체의 의사에 따라 어느 정도 자유로이 가격·수량·품질 기타 거래조건 등의 결정에 영향을 미치거나 미칠 우려가 있는 상태를 초래하는 것을 말한다(법 2조 8호의2).

이때 "경쟁을 실질적으로 제한하는 기업결합" 또는 "경쟁제한적 기업결합"이라 함은 당해 기업결합에 의해 일정한 거래분야에서 경쟁이 감소하여 특정한 기업 또는 기업집단이 어느 정도 자유로이 상품의 가격·수량·품질 기타 거래조건 등의 결정에 영향을 미치거나 미칠 우려가 있는 상태를 초래하거나 그러한 상태를 상당히 강화하는 기업결합을 말한다. 그리고 "경쟁제한성" 또는 "경쟁을 실질적으로 제한한다"함은 그러한 상태를 초래하거나 그러한 상태가 강화되어 유효경쟁을 기대하기 어려운 상태를 말한다(기업결합심사기준 II-6).

#### 2) 경쟁제한성 판단기준

기업결합심사기준에서는 기업결합의 경쟁제한성을 취득회사등과 피취득회사간의 관계를 고려하여 수평형 기업결합, 수직형 기업결합, 혼합형 기업결합 등 유형별로 구분하여 판단기준을 제시하고 있다(심사기준 VII).

#### A. 수평형 기업결합

수평형 기업결합이 경쟁을 실질적으로 제한하는지 여부에 대해서는 기업결합 전후의 시장집중상황, 결합당사회사 단독의 경쟁제한 가능성, 경쟁사업자간의 공동행위 가능성, 해외경쟁의 도입수준 및 국제적 경쟁상황, 신규진입의 가능성,[221] 유사품 및 인접시장의 존재여부 등을 종합적으로 고려하여 심사하도록 되어있다.[222]

① 시장의 집중상황에 관하여는 시장집중도와 그 변화추이를 고려한다. 즉 기업결합후 일정한 거래분야의 시장집중도 및 그 변화정도를 검토하여 HHI[223]가 1,200에 미달하

---

221) 기업결합에 따른 시장집중은 결합당사기업이 실제적 경쟁관계에 있는 자의 경우는 물론이지만 적어도 경쟁관계에 있는 자 혹은 신규진입가능자의 경우에만 가능하며, 현실적으로나 잠재적으로 경쟁관계가 존재하지 않는 기업들 간의 결합은 그 자체로 시장구조의 악화를 가져오지 않는다는 점에서 잠재적 경쟁자의 신규진입을 억제하는 진입장벽 요인을 기업결합의 반경쟁성의 평가에 있어서 중요하게 고려할 필요가 있음은 적절하다고 할 것이다(한병영, "시장진입장벽의 발생원인에 관한 고찰", 「경쟁법연구」 제19권, 한국경쟁법학회, 2009. 5, 227-228면).

222) 권오승, 앞의 책, 187면.

223) 허핀달-허쉬만 지수(Herfindahl-Hirschmann Index)는 일정한 거래분야에서 각 경쟁사업자의 시장점유율의 제곱의 합을 말한다. 허핀달 허쉬만 지수(HHI)는 시장집중도 산출을 위한 도구로서 산출된 것이다. 이 지수를 산출하려면 우선 관련시장을 획정하고, 관련시장에 있어서 사업자를 특정하고 각 사업자의 시장점유율을 계산하여야 한다. 다음 단계로 매출액, 매출단위, 생산능력 중 기업의 장래에 있어서의 경쟁상의 중요성을 가장 잘 나타내는 것을 사용하여 시장점유율을 산출한다. 전형적으로는 특정한 시장을 대표하지 않는 것이 아닌 한, 매년도의 데이터가 이용된다. 그리고 시장에서의 가격상승에 판매량이나 생산능력이 대응하지 않는 경우에는 이들은 시장점유율의 산출에 포함시키지 않는다. 다음으로 모든 사업자의 각각의 시장점유율을 제곱하고, 그들을 합계한 HHI를 산출한다. 제곱한 것을 합계함으로써 HHI는 큰 기업의 시장점유율에 대하여는 비례적으로 큰 비중을 두게 된다. 즉, HHI가 높으면 높을수록 시장집중은 진전하게 된다. 예컨대, 관련시장을 구성하는 5개 기업이 각각 20%의 시장점유율을 가진 경우, HHI는 202+202+202+202+202=2,000이 되고, 2개 기업이 각각 40% 그리고 3개 기업이 10%, 5%, 5%의 시장점유율을 가진 경우에는 HHI는 3,350이 된다. 이와 같이 큰 2개 기업의 높은 시장점유율이 제곱이 되므로, 후자의 시장이 높은 HHI를 갖게 되는 것이다. HHI가 높은 시장일수록 집중이 진전된 시장이고, 공모가 행해질 가능성이 높다고 인정된다. HHI에 의한 분석은 합병의 실질적인 경제적 기준으로서 대신할 것을 의도한 것은 아니며 분석의 도움이 될 것을 목적으로 한 도구에 불과하다.

는 경우, HHI가 1,200 이상이고 2,500 미만이면서 HHI 증가분이 250 미만인 경우, HHI가 2,500 이상이고 HHI 증가분이 150 미만인 경우(II-1-(5)-(가))에는 기업결합으로 인해 경쟁이 실질적으로 제한될 가능성이 있다. 다만, 시장집중도 분석은 기업결합이 경쟁에 미치는 영향을 분석하는 출발점으로서의 의미를 가지며, 경쟁이 실질적으로 제한되는지 여부는 시장의 집중상황과 함께 다른 사항들을 종합적으로 고려하여 판단한다. 시장집중도를 평가함에 있어서는 최근 수년간의 시장집중도의 변화추세를 고려한다. 최근 수년간 시장집중도가 현저히 상승하는 경향이 있는 경우에 시장점유율이 상위인 사업자가 행하는 기업결합은 경쟁을 실질적으로 제한할 가능성이 높아질 수 있다. 이 경우 신기술개발, 특허권 등 향후 시장의 경쟁관계에 변화를 초래할 요인이 있는지 여부를 고려한다.[224]

② 결합회사의 단독행위 가능성에 관하여는, 기업결합 후 당사회사가 단독으로 가격인상 등 경쟁제한행위를 하더라도 경쟁사업자가 당사회사 제품을 대체할 수 있는 제품을 적시에 충분히 공급하기 곤란한 등의 사정이 있는 경우에는 당해 기업결합이 경쟁을 실질적으로 제한할 수 있다. 단독의 경쟁제한행위가 가능해지는지 여부는 결합당사회사의 시장점유율 합계, 결합으로 인한 시장점유율 증가폭 및 경쟁사업자와의 점유율 격차 등과 같은 사항을 종합적으로 고려하여 판단한다.

**공정거래위원회 1998. 12. 18. 의결 제98-282호 9811기결1907**

이 사건 기업결합행위가 경쟁제한성이 있는 것으로 법률상 추정되는 점, 시장집중지수가 크게 증가하여 당사회사의 시장지배력이 형성·강화되는 점, 신규사업자의 진입이 곤란한 점, 그리고 1차 망간·알카전지에 대한 해외시장가격이 높아서 조만간 해외수입의 급격한 증가를 기대하기 어려운 점 등을 종합할 때 이 사건 기업결합은 일정한 거래분야에서 경쟁을 실질적으로 제한하는 행위로 판단된다. 시장점유율 중시·저가정책으로 가격인상의 장애가 되었던 로케트전기측이 이 사건 기업결합으로 판매부분에서 배제되고, 피심인이 국내 시장에서 경쟁력 있는 상표인 로케트, 썬파워, 듀라셀 을 배타적으로 사용할 권리를 모두 가지고 유통조직을 통합함에 따라 소비자나 대리점단계에서 상품을 선택할 여지가 없을 정도로 피심인의 시장지배력이 강화되어 피심인은 1차 망간·알카전지의 가격인상을 용이하게 도모할 수 있는 지위를 갖게 되었다. 그에 따라 동 상품의 가격이 인상될 개연성이 짙어졌는데 이는 질레트코리아(주)가 경쟁사에 비해 고가정책을 쓰는 가격선도업체이며, 실제로 1998년 2월 가격인상을 시도한 바 있으나 로케트전기측이 가격인상을 하지 않아 좌절된 사례가 있고, 향후 유력한 경쟁회사인 에너자이저도 1998년 1~6월까지 알카(AA)전지의 국내 1차도 매가격을 인상하였다가 점유율이 하락하자 가격을 환원한 사실(272원→240원)에서 알 수 있듯이 이들 두 업체는 시장의 상황변화에 따라 상시 가격인상을 시도할 가능성이 있는 점과 무엇보다도 국내가격보다 훨씬 높은 국제가격이 국내시장 가격인상을 도모할 유인으로 작용하고 있는 점으로 뒷받침되고 있다.

224) 공정거래위원회 2004. 9. 24. 의결 제2004-271호 2004기결1200.

③ 경쟁사업자간의 공동행위의 가능성에 있어서는 기업결합에 따른 경쟁자의 감소 등으로 인하여 사업자간의 가격·수량·거래조건에 관한 명시적·묵시적 공동행위가 이루어지기 쉽거나 그 공동행위의 이행여부에 대한 감독 및 위반자에 대한 제재가 가능한 경우에는 경쟁을 실질적으로 제한할 가능성이 높아질 수 있다. 경쟁사업자 간의 공동행위 가능성을 협력효과(coordinated effects)라고도 한다.[225] 사업자간의 공동행위의 용이성 여부는 관련시장내 상품 간 동질성이 높은지 여부 등을 고려하여 판단하며, 이행감독 및 위반자 제재의 용이성은 공급자와 수요자간 거래의 결과가 경쟁사업자간에 쉽고 정확하게 공유될 수 있는지 여부 등을 고려하여 판단한다.

**서울고등법원 2008. 9. 3. 선고 2006누30036 판결**

피고(공정거래위원회)의 심사기준에서는 경쟁사업자가 공급하는 상품의 동질성이 상당히 높은 경우에 공동행위의 가능성이 높다고 했는데, 이런 점에서 보면 할인점은 공동행위에 가장 적절치 않은 업종이라고도 할 수 있다. 대형할인점 시장은 이미 3~4개 업체의 과점시장으로서, 이 사건 기업결합으로 인해 특별히 달라질 것이 없고, 특히 이 사건 4개 지역은 모두 이 사건 기업결합 전에 이미 상위 3사의 시장점유율이 75%를 초과하고 있으나, 할인점 기타 유통업계에서 담합이 문제된 사례는 그동안 단 한 차례도 없었다. 피고의 심사기준에서는 공동행위 가능성 판단기준으로 최근 수년간 당해 거래분야에서 거래되는 상품의 가격이 동일한 거래분야에 속하지 않는 유사한 상품들의 평균가격에 비해 현저히 높았는지 여부를 들고 있는데, 대형할인점은 소매업태 중 평균가격이 가장 낮은 유형에 속한다. 피고의 심사기준에서는 당해 거래분야에서 거래되는 상품에 대한 수요의 변동이 적고 경쟁사업자가 수년간 안정적인 시장점유율을 차지하고 있는지 여부를 공동행위 가능성 판단기준으로 들고 있는데, 할인점 업계의 상위 5사는 매년 변경되어 왔고 그 점유율도 급격한 변동을 겪고 있으며, 인천·부천 및 포항지역의 경우 경쟁이 치열해지면서 원고의 시장점유율이 계속 하락하고 있다. 따라서 이 사건 기업결합으로 인하여 공동행위의 가능성이 증대한다고 할 수 없다.

④ 해외경쟁의 도입수준 및 국제적 경쟁상황에 있어서는 일정한 거래분야에서 상당기간 어느 정도 의미있는 가격인상이 이루어지면 상당한 진입비용이나 퇴출비용의 부담없이 가까운 시일내에 수입경쟁이 증가할 가능성이 있는 경우에는 기업결합에 의해 경쟁을 실질적으로 제한할 가능성이 낮아질 수 있다.[226] 당사회사의 매출액 대비 수출액의 비중이 현저히 높고 당해 상품에 대한 국제시장에서의 경쟁이 상당한 경우에는 기업결합에 의해 경쟁을 실질적으로 제한할 가능성이 낮아질 수 있다. 경쟁회사의 매출액 대비 수출액의 비중이 높고 기업결합후 당사회사의 국내 가격인상 등에 대응하여 수출물량의 내수전환 가능성이 높은 경우에는 경쟁을 제한할 가능성이 낮아질 수 있다.

225) 권오승, 앞의 책, 189면.

226) 공정거래위원회 2003. 9. 4. 의결 제2003-146호 2003기결1176.

⑤ 신규진입의 가능성의 측면에서 당해 시장에 대한 신규진입이 가까운 시일내에 용이하게 이루어질 수 있는 경우에는 기업결합으로 감소되는 경쟁자의 수가 다시 증가할 수 있으므로 경쟁을 실질적으로 제한할 가능성이 낮아질 수 있다. 신규진입의 가능성을 평가함에 있어서는 법적·제도적인 진입장벽의 유무, 필요최소한의 자금규모, 특허권 기타 지적재산권을 포함한 생산기술조건, 입지조건, 원재료조달조건, 경쟁사업자의 유통계열화의 정도 및 판매망 구축비용, 제품차별화의 정도 등을 고려한다. 다만 당해 시장에 참여할 의사와 투자계획 등을 공표한 회사, 현재의 생산시설에 중요한 변경을 가하지 아니하더라도 당해 시장에 참여할 수 있는 등 당해 시장에서 상당기간 어느 정도 의미 있는 가격인상이 이루어지면 중대한 진입비용이나 퇴출비용의 부담없이 가까운 시일 내에 당해 시장에 참여할 것으로 판단되는 회사가 있는 경우에는 신규진입이 용이한 것으로 볼 수 있다.

⑥ 유사품 및 인접시장의 존재에 관하여는, 기능 및 효용측면에서 유사하나 가격 또는 기타의 사유로 별도의 시장을 구성하고 있다고 보는 경우에는 생산기술의 발달가능성, 판매경로의 유사성 등 그 유사상품이 당해 시장에 미치는 영향을 고려한다. 그리고 거래지역별로 별도의 시장을 구성하고 있다고 보는 경우에는 시장간의 지리적 근접도, 수송수단의 존재 및 수송기술의 발전가능성, 인접시장에 있는 사업자의 규모 등 인근 지역시장이 당해 시장에 미치는 영향을 고려한다.

**대법원 2004. 12. 9. 선고 2002두12076 판결**

원고의 이 사건 행위는 주식회사 신세기통신과의 기업결합승인 조건을 이행하기 위하여 2001년 6월까지 이동통신서비스시장에서 시장점유율을 낮추면서도 일시적으로 그 하락속도를 완화하기 위한 원고의 필요에서 비롯되었고, 원고는 SKT를 위하여 부담하게 된 이자비용에도 불구하고 이동통신서비스 가입자증가로 인하여 SKT의 단말기 매출증가이익을 훨씬 능가하는 이익을 얻게 되었으며, SKT가 공급하는 사업자모델로 무이자할부채권의 양수대상을 한정한 것도 사업자모델과 유통모델의 제품특성 및 유통구조의 차이나 당시의 거래관행 등에 비추어 효과적인 영업활동으로 인정할 수 있을 뿐 아니라, SKT에 이익을 주기 위한 행위를 하여야 할 긴급한 경영상의 필요가 있었다고도 보이지 않으므로, 비록 2000년 6월 이후 단말기보조금 금지로 SKT의 매출이 감소하여 경영상 어려움이 예상되는 상황에서 이 사건 행위로 인한 결과가 SKT에 유리하게 귀속되었다고 하더라도 그것만으로는 이 사건 행위의 주된 의도가 SKT가 속한 일정한 거래분야에서 경쟁을 제한하고 기업집단의 경제력 집중을 강화하기 위한 것이라고 판단되는 경우에 해당하지 않는다고 할 것이다.

B. 수직형 기업결합

수직형 기업결합이 경쟁을 실질적으로 제한하는지 여부에 대해서는 시장의 봉쇄효과, 경쟁사업자간 공동행위 가능성 등을 종합적으로 고려하여 심사한다.

① 시장의 봉쇄효과와 관련하여 수직형 기업결합을 통해 당사회사가 경쟁관계에 있는 사업자의 구매선 또는 판매선을 봉쇄하거나 다른 사업자의 진입을 봉쇄할 수 있는 경우에는 경쟁을 실질적으로 제한할 수 있다. 시장의 봉쇄 여부를 판단함에 있어서는 원재료 공급회사의 시장점유율 또는 원재료 구매회사의 구매액이 당해시장의 국내총공급액에서 차지하는 비율, 원재료 구매회사의 시장점유율, 기업결합의 목적, 수출입을 포함하여 경쟁사업자가 대체적인 공급선·판매선을 확보할 가능성, 경쟁사업자의 수직계열화 정도, 당해 시장의 성장전망 및 당사회사의 설비증설 등 사업계획, 사업자간 공동행위에 의한 경쟁사업자의 배제가능성, 당해 기업결합에 관련된 상품과 원재료의존관계에 있는 상품시장 또는 최종산출물 시장의 상황 및 그 시장에 미치는 영향, 수직형 기업결합이 대기업간에 이루어지거나 연속된 단계에 걸쳐 광범위하게 이루어져 시장진입을 위한 필요최소자금규모가 현저히 증대하는 등 다른 사업자가 당해 시장에 진입하는 것이 어려울 정도로 진입장벽이 증대하는지 여부 등을 고려하여야 한다.

② 경쟁사업자간 공동행위의 가능성의 측면에서는 수직형 기업결합의 결과로 경쟁사업자간의 공동행위 가능성이 증가하는 경우에는 경쟁을 실질적으로 제한할 수 있다. 경쟁사업자간의 공동행위 가능성 증가 여부는 결합이후 가격정보 등 경쟁사업자의 사업활동에 관한 정보입수가 용이해지는지 여부, 결합당사회사 중 원재료구매회사가 원재료공급회사들로 하여금 공동행위를 하지 못하게 하는 유력한 구매회사였는지 여부, 과거 당해 거래분야에서 부당한 공동행위가 이루어진 사실이 있었는지 여부 등을 고려하여 판단한다.

C. 혼합형 기업결합

혼합형 기업결합에서 경쟁의 실질적 제한 여부를 판단함에 있어서는 잠재적 경쟁의 저해효과, 경쟁사업자 배제효과, 진입장벽 증대효과 등을 종합적으로 고려하여야 한다.

① 잠재적 경쟁의 저해와 관련하여 혼합형 기업결합이 일정한 거래분야에서 잠재적 경쟁을 감소시키는 경우에는 경쟁을 실질적으로 제한할 수 있다. 잠재적 경쟁의 감소 여부는 상대방 회사가 속해 있는 일정한 거래분야에 진입하려면 특별히 유리한 조건을 갖출 필요가 있는지 여부 등을 고려하여 판단한다.

② 경쟁사업자의 배제에서는 당해 기업결합으로 당사회사의 자금력, 원재료 조달능력, 기술력, 판매력등 종합적 사업능력이 현저히 증대되어 당해상품의 가격과 품질외의 요인으로 경쟁사업자를 배제할 수 있을 정도가 되는 경우에는 경쟁을 실질적으로 제한할 수 있다.

③ 진입장벽의 증대에 관해 당해 기업결합으로 시장진입을 위한 필요최소자금규모가 현저히 증가하는 등 다른 잠재적 경쟁사업자가 시장에 새로 진입하는 것이 어려울 정도로 진입장벽이 증대하는 경우에는 경쟁을 실질적으로 제한할 수 있다.

**공정거래위원회 2006. 1. 24. 의결 제2006-009호 2005기결1494, 2005기결2725**

(1) 경쟁사업자 배제 가능성

이건 기업결합으로 하이트맥주(주)와 (주)진로의 주류유통망에 대한 영향력이 매우 커질 것으로 예상된다. 특히, 기업결합 당사회사가 주류도매상에 대해 가지고 있는 외상 매출채권, 기업결합 당사회사의 주류도매상에 대한 매출기여 정도 등을 고려할 때, 매출채권의 회수, 주류 공급거절 등은 효과적인 압력수단이 될 것으로 예상된다. …이에 따라, 기업결합 당사회사는 주류도매상과 거래함에 있어 끼워팔기 등을 통해 판매력 등 종합적 사업능력이 현저히 증대될 우려가 존재한다.

(2) 진입장벽 증대 가능성

…따라서, 이건 기업결합이 이루어질 경우 기업결합 당사회사의 주류도매상에 대한 영향력이 더욱 커짐에 따라, 주류시장에 신규로 진입하려고 하는 사업자는 주류도매상을 확보하는 것이 그만큼 어려워지게 된다. 신규진입 사업자는 이건 기업결합이 이루어질 경우 기업결합 당사회사와 경쟁할 수 있을 정도의 규모를 갖추어야 하고, 주류유통망을 확보하는데 더 많은 시간과 비용이 소요되게 되므로 이건 기업결합이 맥주시장에서의 진입장벽을 증대시켜 경쟁을 제한하는 것으로 판단된다.

소주시장에서 부산 등 5개 지역의 경우 자도 소주업체가 지역주민들의 높은 선호도 등으로 인해 매우 높은 점유율을 확보하고 있고, 그 외 전국 시장에서는 (주)진로의 시장지배력이 강력하기 때문에 신규 업체가 소주시장에 진입하는 것이 쉽지는 않으나, 이건 기업결합이 이루어질 경우 기업결합 당사회사의 주류도매상에 대한 영향력이 더욱 강해지게 되어 신규진입업체는 주류도매상 확보의 어려움이라는 추가적인 장애요소를 극복해야 하므로 신규진입이 더욱 어려워지게 된다고 판단된다.

(3) 잠재적 경쟁 저해 가능성

기업결합심사기준 VII-3-가 '잠재적 경쟁의 저해'는 다음 네 가지 요건을 모두 충족하는 경우 잠재적 경쟁을 제한함으로써 일정한 거래분야에서의 경쟁을 실질적으로 제한될 수 있다고 규정하고 있다. …요건에 대해 살펴보면 하이트맥주(주)는 계열회사를 포함하여 자산총액이 2조원을 초과하는 대규모회사이므로 첫 번째 요건을 충족하며, (주)진로의 시장점유율이 50% 이상이므로 세 번째 요건도 충족된다. 하이트맥주(주)는 과거 소주업체인 보배(현 하이트주조)와 백학주조(현 충북소주)를 인수한 사례가 있고, 이건 기업결합과 같이 (주)진로를 인수하려는 등 소주시장에 진입하려는 시도를 지속적으로 하고 있는 점, (주)진로는 소주가격을 인상할 경우 맥주가격과의 유사성 여부 등 맥주가격을 고려하고 있고 하이트맥주(주)는 맥주시장의 가격선도업체이므로 결국, 하이트맥주(주)는 소주시장의 가격선도업체인 (주)진로가 가격인상 등 시장지배력을 행사하는데 일정한 제약요인으로 작용하고 있다고 인정되는 점 등에 비추어 두 번째 요건도 충족된다고 판단된다. 마지막으로 하이트맥주(주)는 소주시장에서 (주)진로의 경쟁업체인 (주)두산, 대선주조(주), (주)무학, 보해양조(주), (주)금복주 등의 주류사업부문과 비교하여 아래 <표 20>에서 보여주는 바와 같이 자산총액, 매출액 등이 월등히 크므로 네 번째 요건도 충족된다고 판단된다.

### 혼합결합의 경쟁제한성의 근거

혼합결합(합병)의 경쟁제한성에 관하여는 미국에서 여러 가지로 논의되어 왔다. 1950년대부터는 대부분 다국적기업인 미국의 거대기업에 대하여 정치적 영향력, 경제권력, 종업원들에 대한 사적통제 등 때문에 국민들이 강한 거부감을 갖게 되었다. 이러한 거대기업에 의한 경제력 집중 억제의 일환으로 엄격한 혼합합병규제가 실시되어 왔다. 그 논거로 제시되었던 이론은 매우 다양하다.

첫째, 가장 처음 제기된 이론이 잠재적 경쟁(potential competition)이론으로서 Penn-Olin 사건판결[227]의 논거가 되었다. 이는 이미 시장에 참여하고 있는 기업이 특정 기업을 잠재적 신규진입자라고 인식하고 있는 경우에는 그 시장참여 중인 기업은 그 특정기업의 신규진입을 저지하기 위하여, 그러한 잠재적 신규진입자가 없는 경우에 비하여 더욱 경쟁적인 시장행동을 취하게 되므로, 잠재적 경쟁의 소멸을 방지해야 한다는 것이다.

1970년대부터 이 이론은 두 가지로 나뉘어 더 엄격한 검토를 거쳐 적용되었다. 인지된 잠재적 경쟁자 이론(perceived potential entrant theory)은 M&A에 의한 잠재적 신규진입자의 시장신규진입이 경쟁자 수의 증가를 초래함이 없이, 종래 그 기업이 관련시장의 구성사업자에게 미치고 있던 잠재적 경쟁효과를 상실시키기 때문에 반경쟁적 효과를 가져온다고 한다.[228] 실제의 잠재적 경쟁자 이론(actual potential entrant theory)은 만일 M&A에 의한 신규진입이 금지된다면 장래 잠재적 신규진입자가 단독으로 시장에 진입한다고 판단되는 경우에, 장래의 경쟁자 수의 증가가 방해되기 때문에 반경쟁적 효과가 인정된다는 것이다.[229]

둘째, 상호거래(reciprocal dealing)이론은 어떤 상품에 대하여 구매력이 있는 기업이 그 상품의 공급업자에 대하여 자기 또는 관련회사루부터 다른 상품을 구입하도록 강제하고, 그것으로 그 다른 상품의 경쟁판매업자를 자기의 공급업자측의 시장에서 배제한 것을 저지하여야 한다는 이론이다. 이 이론은 Consolidated Foods 사건판결[230]에서 제기 되었다.

셋째, 참호(entrenchment)이론은 Proctor & Gamble 사건판결[231]에서 나타난 것이다. 거대기업이 다른 시장의 유력한 기업을 취득하는 경우 그 피취득기업이 모회사인 거대기업의 경제력을 배경으로 약탈적인 가격설정이나 막대한 광고 선전비 지출을 할 수 있게 되어, 그 결과 그 시장의 경쟁기업을 압도하는 동시에 그 시장의 진입장벽을 높이게 되므로 이를 저지하여야 한다는 이론이다.

이 이론들의 배경에는 거대기업의 발생이나 확장을 경계하고 경쟁중소기업을 보호하여 시장에서의 경쟁자의 감소를 막는다는 발상이 있었다. 특히 참호이론의 경우는 거대기업이 그 경제력을 행사하여 한계비용을 낮추어 낮은 가격으로 판매를 하는 것 즉 경제효율의 실현을 저지하는 것도 감수한다는 것이었다. 그러나 1980년대 이후에는 거대기업이 다각화하였고, 각 부분에서 공통된 경영기법·제조업기술 등을 활용하는 것을 범위의 경제로서 생산효율을 높인다고 하여 높게 평가하게 되었다. 이에 따라 혼합결합에 대해서도 산업 간의 자산을 신속하게 재분배하는 것이나 무능한 경영진을 유능한 경영진으로 교체하는 것이므로 긍정적으로 평가하게 되었다. 따라서 상술한 논의는 퇴색되었다.

---

227) *United States v. Penn-Olin Chemical Co.*, 378 U.S 158 (1964).

228) *United States v. Falstaff Brewing Corp.*, 410 U.S 526 (1973).

229) *United States v. Marine Bancorporation.*, 418 U.S 602 (1974).

230) *FTC v. Consolidated Foods Corp.*, 386 U.S 592 (1962).

231) *FTC v. Proctor & Gamble Co.*, 386 U.S 568 (1967).

### 3) 경쟁제한성의 추정

일정한 거래분야에서 특정한 기업결합이 실질적으로 경쟁제한을 초래하는가 여부에 대하여는 상술한 심사기준 등이 규정되어 있으나, 실제로 이를 심사하는 것은 기술적 측면에서 용이한 작업이 아니다.[232] 따라서 공정거래법은 일정한 경우에 경쟁제한성을 추정하는 규정을 두고 있다(법 7조 4항). 즉 기업결합이 다음 중 하나에 해당하는 경우에는 일정한 거래분야에서 경쟁을 실질적으로 제한하는 것으로 추정한다.

① 기업결합의 당사회사의 계열회사의 시장점유율을 합산한 시장점유율의 합계가 시장지배적사업자의 추정요건에 해당하며, 시장점유율의 합계가 당해거래분야에서 제1위이고, 시장점유율의 합계와 시장점유율이 제2위인 회사(당사회사를 제외한 회사 중 제1위인 회사)의 시장점유율과의 차이가 그 시장점유율의 합계의 25%이상일 것

② 대규모회사[233]가 직접 또는 특수관계인을 통하여 행한 기업결합이 「중소기업기본법」에 의한 중소기업의 시장점유율이 3분의 2이상인 거래분야에서의 기업결합으로서 당해기업결합으로 5%이상의 시장점유율을 가지게 될 것

위 ②의 추정규정은 중소기업분야의 대기업이 기업결합에 의하여 진출하여 경쟁저해적 결과를 초래하는 것을 막기 위한 규정이다.

**서울고등법원 2008. 9. 3 선고 2006누30036 판결**

원래 시장집중도가 높아서 경쟁제한성이 추정되던 시장에서의 기업결합에 대해서까지 위 추정규정을 적용한다면, 그 시장에서는 어떠한 기업결합도 모두 경쟁제한적인 것으로 추정된다는 점에서 불합리하다고 볼 여지가 전혀 없는 것은 아니지만, 이미 경쟁제한성의 추정요건이 충족된 시장에서 기업결합이 이루어지면 경쟁자가 줄어들어 시장이 더욱 집중화됨으로써 경쟁을 제한할 개연성이 더욱 높아진다고 보이는 점, 만약 이미 공정거래법 제7조 제4항에서 정한 경쟁제한성 추정요건을 충족하고 있는 시장점유율 제1위 사업자의 기업결합에 대하여 위 추정규정을 적용하지 않을 경우, 같은 시장에서 시장점유율 제2위 이하의 사업자가 기업결합을 하여 시장점유율 제1위 사업자가 되는 경우에만 위 추정규정이 적용되어 매우 불합리한 결과를 초래하는 점 등에 비추어 보면, 이미 경쟁제한성의 추정요건이 충족된 시장에서의 기업결합에 대해서도 위 추정규정은 적용된다고 할 것이다.

### 4) 간이심사대상과 일반심사대상 기업결합

기업결합심사기준에서는 기업결합을 간이심사대상과 일반심사대상으로 나누어 지배관계 및 경쟁제한성 판단에 관하여 다른 취급을 하고 있다.

232) 이남기, 앞의 책, 117면; 권재열, 앞의 책, 122면.

233) 자산총액 또는 매출액 규모가 계열회사의 자산총액·매출액과 합산하여 2조원 이상인 회사란 한다(령 12의2조).

A. 간이심사대상 기업결합

간이심사대상 기업결합(심사기준 II-1)은 경쟁제한성이 없는 것으로 추정하며 원칙적으로 신고내용의 사실여부만을 심사하여 적법한 신고서류의 접수 후 15일 이내에 심사결과를 신고인에게 통보한다(심사기준 III).

B. 일반심사대상 기업결합

금지되는 경쟁제한적 기업결합(법 7조 1항)에 해당하기 위해서는 기업결합 당사회사 간에 이 심사기준에 규정된 지배관계가 형성되어야 하며, 일반심사대상 기업결합(심사기준 II-2)은 이 심사기준에 규정된 지배관계 및 경쟁제한성 판단기준 등에 의하여 심사한다(심사기준 IV)

## 3. 금지의 예외

공정거래법은 일정한 거래분야에서 경쟁을 실질적으로 제한하는 기업결합을 원칙적으로 금지하고 있으나, 예외적으로 경제효율을 달성하는 경우와 피취득기업이 시장점유율이 낮고 상대적으로 소규모인 기업인 경우에는 위법성이 조각되도록 하고 있다. 그리고 이를 심사함에 있어서는 관련시장의 상황에 대하여 현저히 높은 시장집중도, 협조행위가 취해질 개연성, 진입장벽의 높이도 고려한다.

우리나라는 시장규모가 작고 기술 등의 면에서 대외경쟁력을 충분히 갖추고 있지 못한 분야가 많다. 따라서 특정 기업결합이 경쟁제한적 효과를 초래하더라도 그 효과를 상쇄하거나 초월하는 경제적 효과를 가져오는 일정한 경우, 즉 경제적 효율성 증대 효과가 경쟁제한에 의한 폐해보다 큰 경우와 부실한 기업으로 회생시킬 수 있는 경우에는 국민경제 전체의 균형적 발전이라는 견지에서 이를 예외적으로 허용하고 있다(법 7조 2항). 또한 이와 같이 허용되는 기업결합에 관한 기준은 공정거래위원회가 정하여 이를 고시할 수 있다(법 7조 5항).

### (1) 효율성의 증대

당해 기업결합 이외의 방법으로는 달성하기 어려운 효율성 증대효과가 경쟁제한으로 인한 폐해보다 큰 경우에는 경쟁제한적 기업결합이라 하더라도 허용된다(법 7조 2항 1호).[234]

기업결합심사기준 VIII.에서는 이에 관한 판단기준을 상세하게 제시하고 있다. 여기서 기

234) 실질적으로 경쟁당국이나 법원이 기업결합심사에서 효율성 효과를 적극적으로 인정하지 않고 있다. OECD는 그 이유로 효율성을 객관적으로 정량적으로 입증하는 것이 어렵고, 효율성 항변은 경쟁제한 효과가 추정되는 기업결합에만 적용되기 때문에 경쟁제한 효과를 인정하려고 하지 않는 결합회사는 효율성 효과를 중심으로 기업결합의 정당성을 변호하기를 꺼리며, 경쟁제한 효과와 효율성 효과를 비교형량 하는 것은 매우 어렵고 부정확한 작업이므로 이를 채택하기 어려우며, 마지막으로 경쟁제한 효과가 추정되는 기업결합이라도 상당한 효율성 효과를 인정하여 결합을 승인하기보다는 적절한 시정조치를 이용하기 때문으로 파악하였다(홍동표 · 김정현, 앞의 논문, 179면 참조).

업결합으로 인한 효율성 증대효과라 함은 생산·판매·연구개발 등에서의 효율성 증대효과 또는 국민경제전체에서의 효율성 증대효과를 말한다(1-가). 결합의 효율성 증대효과로 인정받기 위해서는 ① 당해 기업결합외의 방법으로는 달성하기 어려운 것이어야 하며, ② 가까운 시일내에 발생할 것이 명백하여야 하며, 단순한 예상 또는 희망사항이 아니라 그 발생이 거의 확실한 정도임이 입증될 수 있는 것이어야 하고, ③ 당해 결합이 없었더라도 달성할 수 있었을 효율성 증대부분을 포함하지 아니한다(1-나). 그리고 기업결합의 예외를 인정받기 위해서는 효율성 증대효과가 기업결합에 따른 경쟁제한의 폐해보다 커야 한다(1-다). 이는 기업결합의 효율성 증대효과가 경쟁제한의 폐해보다 큰 경우 해당 기업결합을 예외적으로 허용하고 있는 것이다. 그러나 실제 심사에서 효율성 항변이 거의 고려되지 않고 있는데 이것은 당해 기업결합회사가 주장하는 효율성 증대효과가 기업결합의 특유성으로 인정하기에 무리가 있는 경우 혹은 자료가 부족하거나 객관적인 계량이 곤란하여 증명가능이 어렵다는 이유에 따른 것이다.[235)]

**대법원 2008. 5. 29. 선고 2006두6659 판결**

공정거래법 제7조 제2항에서는 당해 기업결합 외의 방법으로는 달성하기 어려운 효율성 증대효과가 경쟁제한으로 인한 폐해보다 큰 경우(제1호)에 해당한다고 공정거래위원회가 인정하는 기업결합에 대하여는 법 제7조 제1항의 규정을 적용하지 아니하며, 이 경우 해당요건을 충족하는지에 대한 입증은 당해 사업자가 하여야 한다고 규정하고 있는바, 이러한 당해 기업결합으로 인한 특유의 효율성 증대효과를 판단함에 있어서는 기업의 생산·판매·연구개발 등의 측면 및 국민경제의 균형발전 측면 등을 종합적으로 고려하여 개별적으로 판단하되, 이러한 효율성 증대효과는 가까운 시일 내에 발생할 것이 명백하여야 한다.

원고들 주장의 효율성 증대효과 대부분이 이 사건 기업결합으로 인한 특유의 효율성 증대효과에 해당한다고 보기 어려울 뿐만 아니라, 국내 소비자 후생 등과 관련이 없으므로 효율성 증대효과로 인정하기에 부족하고, 달리 이 사건 기업결합의 효율성 증대효과가 경쟁제한으로 인한 폐해보다 큰 경우로 볼 수 없으므로 이 사건 기업결합이 효율성 증대를 위한 기업결합에 해당한다는 원고들의 주장을 배척한다.

### (2) 회생불능 회사의 회생

상당기간 대차대조표상의 자본총계가 납입자본금보다 작은 상태에 있는 등 회생이 불가한 회사와의 기업결합으로서 그것이 실질적 경쟁제한을 초래하더라도 일정한 요건 하에 허용된다(법 7조 2항 2호). 일정한 요건이란 ① 기업결합을 하지 아니하는 경우 회사의 생산설비 등이 당해시장에서 계속 활용되기 어려운 경우, ② 당해기업결합보다 경쟁제한성이 적은 다른 기업결합이 이루어지기 어려운 경우를 말한다(령 12조의4).

---

235) 기업결합의 효율성 효과와 경쟁제한 효과를 비교형량하는 정량적 방법론으로으로는 Froeb and Werden 모형과 Werden 모형, Farrell and Shapiro 모형 등이 있다(홍동표·김정현, 앞의 논문, 194-200면 참조).

여기서 회생이 불가한 회사라 함은 회사의 재무구조가 극히 악화되어 지급불능의 상태에 처해 있거나 가까운 시일 내에 지급불능의 상태에 이를 것으로 예상되는 회사를 말한다. 그리고 이를 판단함에는 상당기간 대차대조표상의 자본총액이 납입자본금보다 작은 상태에 있는가 여부, 회생절차개시의 신청 파산신청이 있은 회사인지 여부, 당해회사의 채권 금융기관이 부실채권 정리를 위해 당해회사와 경영 위임계약에 의하여 관리하는 회사인지 여부 등을 고려하여야 한다(기업결합심사기준 VIII-2-가).

**서울고등법원 2004. 10. 27. 선고 2003누2252 판결**

대선주조는 상당기간 자본총계가 납입자본금보다 작은 상태에 있다고 하더라도 1998년부터 2001년까지 영업이익이 지급이자를 지속적으로 상회하고 있으며 2001년에는 859억원의 경상이익을 달성하고, 대선주조의 영업이익규모는 2001년 동종업계 2위를 기록하고, 매출 영업이익율도 1999년부터 2001년까지 연속 1위를 기록하는 등 활발한 영업활동을 벌이고 있어 회생불가한 회사로 보기 어렵다고 할 것인바, 결국 본 전 기업결합은 공정거래법 제7조 제2항 제2호 동법시행령 제12조의4의 규정에 의한 기업결합의 예외적 허용사유에 해당되는 것으로 볼 수 없다.

**공정거래위원회 1999. 4. 7. 의결 제99-43호 9901기결0126**

이 사건 기업결합에 있어서 승용차시장 및 버스시장의 경우 경쟁제한성이 인정된다. 즉, 이들 시장에서의 집중도는 법에서 정하고 있는 경쟁제한성 추정의 요건에 해당될 뿐만 아니라 해외경쟁의 도입도 미흡하고, 신규진입도 곤란하다. 그러나, 승용차 및 버스시장에서는 이러한 경쟁제한성을 완화해주는 측면이 있는 바, 이들 시장에서의 다른 경쟁사업자의 시장점유율은 승용차의 경우 44.4%, 버스의 경우 25.8%에 달하여 기업결합 당사회사가 이들 시장에서 완전한 지배력을 행사할 수 있다고는 볼 수 없다. 또한 승용차 및 버스는 수출비중이 각각 68.4%, 54.4%로서 내수보다 수출이 더 큰 부분을 차지하고 있으며, 해외시장에서의 활발한 경쟁은 국내 시장에서 가격인상을 억제하는 효과를 가지고 있음도 인정할 수 있다. 한편, 이 사건 기업결합은 예외인정의 요건에 해당될 소지가 있다. 즉, 기아는 지급불능의 상태에 처하여 법정관리하에 있으며 1998년 6월 30일 기준으로 자본잠식 총계가 5조 1,652억원에 달한다. 또 기업결합이외의 방법으로는 회생이 곤란하여 제3자 매각을 위한 국제입찰에 부쳐졌고, 2번의 유찰을 거쳐 3번째 입찰의 결과로서 이사건 기업결합이 추진되었다. 나아가 이 사건 기업결합은 당사회사의 경영효율성을 증대시키고 국제경쟁력을 강화시키는 효과가 상당한 것으로 판단된다. 이러한 점 등을 종합적으로 고려할 때 승용차 및 버스시장에서는 산업합리화 효과 및 국제경쟁력 강화효과(1999년 4월 1일 개정 전 공정거래법 법 제7조 2항 참조)가 경쟁제한의 폐해보다 더욱 크며, 따라서 법 제7조 제1항 단서에 의한 기업결합의 예외를 인정함이 타당하다.

트럭시장의 경우 이 사건 기업결합으로 인해 당사회사의 시장점유율이 94.6%로 증가하며 특히 적재량 1톤~5톤 트럭의 경우 시장점유율이 99.7%로 증가하여 향후 트럭시장의 완전독점이 가능해지는 등 트럭시장의 경쟁제한성은 매우 크다. 더구나, 트럭시장에서는 현재 수입선다변화제도의 적용대상이 아니기 때문에 향후 승용차시장에서와 같은 경쟁제한성 완화 요인도 없으며 트럭의 수출비중도 24.5%로서 해외에서의 경쟁도 활발하지 않은 상태이다. 한편, 트럭시장에 있어서도 승용차 및 버스시장에서 본 바와 같은 산업합리화 및 국제경쟁력 강화효과가 발생할 것이 인정된다. 그러나 이 긍정적 효과가 승용차 및 버스시장에서보다 트럭시장에서 더 크게 나타나는 것은 아니다. 결론적으로, 트럭시장의 경쟁제한성은 매우 크고, 향후 이를 완화해 줄 요인도 보이지 않기 때문에 트럭시장에서 기대되는 산업합리화 등의 효과가 경쟁제한의 폐해보다 더 크다고 볼 수는 없으며, 결국, 트럭시장은 예외인정의 요건에 해당되지 않는다고 할 것이다. 다만, 기아가 부실기업으로서 법정관리하에 있고, 자력으로는 회생할 방법이 없어서 제3자 매각을 위한 국제입찰이 실시되었고, 그 결과 이 사건 기업결합이 추진되었다는 점 등을 고려, 트럭부문의 분리매각 등 다른 방법보다는 독과점의 폐해를 시정할 수 있는 보완조치를 강구하는 것이 더 타당하다.

### 4. 탈법행위의 금지

누구든지 법 제7조 기업결합의 제한규정의 적용을 면탈하려는 행위를 하여서는 아니 된다(법 15조 1항). 그 탈법행위의 유형 및 기준은 대통령령으로 정한다(법 15조 2항).

당초에는 탈법행위의 구체적 유형으로서 공정거래법 시행령에서 ① 당해 행위로 인하여 당해 회사의 시장점유율이 일정한 요건에 해당하게 되는 행위, ② 당해 행위로 인하여 중소기업기본법에 의한 중소기업의 시장점유율이 3분의 2 이상인 거래분야에서 5% 이상의 시장점유율을 가지게 되는 행위, ③ 대규모로 수요하는 상품 또는 용역의 생산에 참여하는 행위가 열거되어 있었으나(령 21조의3), 2005년 3월 31일의 개정에 의하여 삭제되었다(령 21조의4).

## 제4절 기업결합의 신고

## I. 제도의 취지

기업결합은 시장구조에 상당한 영향을 미치는 것으로서 경쟁규제에 매우 중요한 사항이므로 공정거래위원회는 시장에서의 모든 기업결합을 파악하고 그 경쟁제한성 여부를 판단할 필요가 있다. 그러나 업무량의 과다 등의 이유로 공정거래위원회가 능동적으로 이를 조사·확인하는 것은 거의 불가능하다. 따라서 공정거래법은 일정규모 이상의 기업결합은 공정거래위원회에 신고하도록 함으로써 그러한 업무수행이 가능하도록 하고 있다.

즉 일정규모 이상의 회사(기업결합 신고대상 회사) 또는 그 특수관계인이 일정규모 이상의 다른 회사(상대회사)에 대하여 기업결합을 하거나 상대회사 또는 그 특수관계인과 공동으로 신회사 설립에 참여하는 경우 공정거래위원회의 의무적으로 신고하도록 되어있다. 또한 기업결합 신고대상 회사에 해당하지 않는 일정규모 이상의 상대회사 또는 그 특수관계인이 기업결합 신고대상 회사에 대하여 기업결합을 하거나 기업결합 신고대상 회사 또는 그 특수관계인과 공동으로 신회사 설립에 참여하는 경우에도 공정거래위원회에 신고하도록 되어있다(법 12조 1항). 이 신고의무는 일정규모 이상의 회사에 대해서만 적용된다는 점에서, 일정한 거래분야에서 경쟁을 실질적으로 제한하는 기업결합 행위를 하여서는 안 될 의무가 모든 회사에 적용된다(법 7조 1항)는 점과 차이가 있다.

또한 기업결합 당사자중 외국회사가 포함되어 있는 경우 그 기업결합이 국내 시장의 경쟁에 영향을 미칠 수 있는 때에도 공정거래위원회에 신고하여야 한다(기업결합 신고요령 IV). 이런 경우에는 국내기업과 외국기업간의 기업결합 뿐만 아니라 외국기업간의 기업결합도 포함된다. 이는 공정거래법의 역외적용에 따른 동법 적용범위의 확대와 같은 맥락으로 볼 수 있다.

## II. 신고의무

### 1. 신고의무자

기업결합의 신고의무자는 기업결합 신고대상회사와 그 특수관계인이다(법 12조 1항). 기업결합 신고대상회사는 자산총액 또는 매출액이 2,000억원 이상인 회사를 말하며(령 18조 1항), 다만 임원겸임에 의한 기업결합의 경우에는 그 규모가 2조원 이상인 대규모회사만을 가리킨다(법 12조 1항). 이에 대하여 상대회사는 자산총액 또는 매출액이 200억원 이상인 회사를 말한다(령 18조 2항).

기업결합신고대상회사와 상대회사가 모두 외국회사(외국에 주된 사무소를 두고 있거나 외국 법률에 따라 설립된 회사)이거나 기업결합신고대상회사가 국내회사이고 상대회사가 외국회사인 경우에는 각각 상술한 자산총액 또는 매출액 요건을 충족함과 동시에 그 외국회사 각각의 국내 매출액이 200억원 이상인 경우에 한하여 기업결합 신고의 대상이 된다(령 18조 3항).

기업결합 신고대상 회사 및 상대회사의 자산총액 또는 매출액의 규모는 각각 기업결합일 전부터 기업결합일 후까지 계속하여 계열회사의 지위를 유지하고 있는 회사의 자산총액 또는 매출액을 합산한 규모를 말한다. 다만, 기업결합의 제한에 관한 제7조 규정에 의한 영업양수의 경우에 영업을 양도(영업의 임대, 경영의 위임 및 영업용고정자산의 양도를 포함)하는 회사의 자산총액 또는 매출액의 규모는 계열회사의 자산총액 또는 매출액을 합산하지 아니한 규모를 말한다(법 12조 2항).

기업결합 당사 회사 중 외국회사가 포함되어 있는 경우에는 외국회사의 대한민국에 대한 매출액을 의미하며, 그 규모는 기업결합 당사회사 각각 기업결합일 전부터 기업결합일 후까지 계열회사의 지위를 유지하고 있는 회사의 국내매출액을 합산한 규모를 말한다(영업양수의 경우 제외). 기타 계열회사의 판단기준, 환율적용기준 등에 관하여는 기업결합신고요령 IV에 규정되어 있다.

## 2. 신고대상

기업결합을 하는 경우 신고의무자가 신고해야 할 경우는 다음과 같다(법 12조 1항).

① 상대 회사가 비상장법인인 경우 그 회사의 발행주식총수(상법규정에 의한 의결권 없는 주식 제외)의 20% 이상, 상장법인인 경우 15% 이상을 소유하게 되는 경우(동항 1호)

② 상대 회사의 발행주식을 제1호에 따른 비율 이상으로 소유한 자가 당해 회사의 주식을 추가로 취득하여 최다출자자가 되는 경우(동항 2호)

③ 대규모 회사의 임원 또는 종업원이 계열회사가 아닌 회사의 임원을 겸임하는 경우(동항 3호)

④ 합병 또는 영업양수(동항 4호)

⑤ 새로운 회사설립에 참여하여 그 회사의 최다출자자가 되는 경우(동항 5호)

여기서 ①의 비상장법인의 경우 20% 이상, 주권상장법인의 경우에는 15% 이상을 소유하게 되는 경우라 함은 각각 20% 또는 15% 미만의 소유상태에서 20% 이상의 소유상태로 되는 경우를 말한다(령 18조 6항). ②의 "최다출자자가 되는 경우"라 함은 최다출자자가 아닌 상태에서 최다출자자가 되는 경우를 말한다(령 18조 7항). 이는 기업결합을 하려는 회사가 최초 신고 시에 지분조정에 의하여 자사가 최다 출자자가 아닌 상태로 만들어 기업결합심사를 통과한 후 지분의 추가취득에 의하여 최다출자자가 됨으로써 규제를 받지 않고 기업결합의 목적을 달성하려는 것을 막기 위한 것이다. 그리고 ①, ②, ⑤의 규정에 의한 주식의 소유 또는 인수의 비율을 산정하거나 최다출자자가 되는지 여부를 판단함에 있어서는 당해회사의 특수관계인이 소유하고 있는 주식을 합산한다(법 12조 5항).

## 3. 신고의무의 면제

### (1) 정당화되는 기업결합

다음과 같은 기업결합의 경우에는 신고대상에서 제외된다(법 12조 3항).

① 「중소기업창업 지원법」 제2조 제4호 · 제5호의 중소기업창업투자회사 또는 중소기업창업투자조합이 동조 제2호의 창업자 또는 벤처기업의 주식을 법 제12조 제1항 제1호에 따른 비율 이상으로 소유하게 되거나 창업자 또는 벤처기업의 설립에 다른 회사와 공동으로 참여하여 최다출자자가 되는 경우

② 「여신전문금융업법」 제41조 제1항 · 제3항의 신기술사업금융업자 또는 신기술사업투자조합이 「기술신용보증기금법」 제2조 제1호의 신기술사업자의 주식을 법 제12조 제1항 제1호에 따른 비율 이상으로 소유하게 되거나 신기술사업자의 설립에 다른 회사

와 공동으로 참여하여 최다출자자가 되는 경우

③ 기업결합신고대상회사가 ⓐ 「간접투자자산 운용업법」에 따른 투자회사(동법 142조 1항의 기업인수증권투자회사는 제외), ⓑ 「사회기반시설에 대한 민간투자법」에 따라 사회기반시설 민간투자사업 시행자로 지정된 회사, ⓒ 사회기반시설 민간투자 사업시행자로 지정된 회사에 대한 투자목적으로 설립된 투자회사, ⓓ 「부동산투자회사법」에 따른 부동산투자회사의 주식을 법 제12조 제1항 제1호에 따른 비율 이상으로 소유하게 되거나 그러한 회사의 설립에 다른 회사와 공동으로 참여하여 최다출자자가 되는 경우

이들 경우는 국가가 특정한 산업 또는 기업형태에 대한 특별한 지원·육성을 하기위하여 해당 특별법을 제정 시행하는 것이다. 그러한 지원 방법의 일환으로 해당 기업들이 기업결합을 통한 규모 확장을 함에 있어서 신고에 따른 부담을 덜어주려는 것이다.

#### (2) 관계행정기관과 공정거래위원회의 사전협의

관계중앙행정기관의 장이 다른 법률의 규정에 의하여 미리 당해기업결합에 관하여 공정거래위원회와 협의한 경우에는 기업결합의 신고의무가 면제된다(법 12조 4항). 이러한 경우에는 기업결합 당사회사는 관계 중앙행정기관에 신고 또는 인허가 신청을 하는 것으로 충분하며, 공정거래위원회의 따로 기업결합 신고를 하지 않아도 되는 것이다.

## III. 신고시기

### 1. 사후신고의 원칙

신고대상이 되는 기업결합의 신고는 당해 기업결합일부터 30일 이내에 이를 하여야 한다(법 12조 6항 본문). 그 신고를 사전에 하도록 하면 기업결합심사기간 동안 기업결합이 지연됨으로써 기업활동 상 불편이나 문제를 야기할 수 있기 때문이다.

신고의 기준일이 되는 기업결합일 곧 기업결합의 효력발생일은 다음과 같다(령 18조 8항).

① 다른 회사의 주식을 소유하게 되거나 주식소유비율이 증가하는 경우

ⓐ 주식회사의 주식을 양수하는 경우에는 주권을 교부받은 날. 다만, 주권이 발행되어 있지 아니한 경우에는 주식대금을 지급한 날을 말하며, 주권을 교부받기 전 또는 주식대금의 전부를 지급하기 전에 합의·계약 등에 의하여 의결권 기타 주식에 관한 권리가 실질적으로 이전되는 경우에는 당해권리가 이전되는 날

ⓑ 주식회사의 신주를 유상취득하는 경우에는 주식대금의 납입기일의 다음 날

ⓒ 주식회사외의 회사의 지분을 양수하는 경우에는 지분양수의 효력이 발생하는 날

ⓓ 위의 ⓐ~ⓒ에 해당하지 아니하는 경우로서 감자 또는 주식의 소각 그 밖의 사유로 주식소유비율이 증가하는 경우에는 주식소유비율의 증가가 확정되는 날

② 임원겸임의 경우에는 임원이 겸임되는 회사의 주주총회 또는 사원총회에서 임원의 선임이 의결된 날

③ 영업양수의 경우에는 영업양수대금의 지불을 완료한 날. 다만, 계약체결일부터 90일을 경과하여 영업양수대금의 지불을 완료하는 경우에는 당해 90일이 경과한 날

④ 다른 회사와의 합병의 경우에는 합병등기일

⑤ 새로운 회사설립에 참여하는 경우에는 배정된 주식의 주식대금의 납입기일의 다음 날

## 2. 예외적 사전신고

### (1) 신고시기

공정거래법은 대규모 회사의 기업결합에 대해서는 사전 신고를 하도록 하고 있다. 이는 이러한 기업결합은 경쟁제한적인 것이 되기 쉽고 일단 결합이 완료된 이후에는 원상회복시키거나 그 상태를 해소시키기가 어려우며 많은 부작용이 따르기 때문에, 공정거래위원회가 이를 사전에 심사할 수 있도록 하기 위한 것이다.

기업결합의 당사회사 중 1 이상의 회사가 대규모회사(자산총액 또는 매출액이 2조원 이상인 회사)가 임원겸임 이외의 방법으로 기업결합을 할 경우에는 대통령령이 정하는 날부터 기업결합일 전까지의 기간 내에 이를 신고하여야 한다(법 12조 6항 단서). 여기서 대통령령이 정하는 날이란 기업결합 행위를 한 날 곧 기업결합 실행행위 일을 말한다. 기업결합실행행위일은 ① 장외거래로 다른 회사의 주식을 취득하거나 최다출자자가 되는 경우에는 취득하려는 주식의 소유자와 계약·합의 등을 한 날,[236] ② 합병·영업양수가 있는 경우에는 합병계약을 체결한 날 또는 영업양수 계약을 체결한 날, ③ 새로운 회사설립에 참여하는 경우에는 회사설립의 참여에 대한 주주총회 또는 이에 갈음하는 이사회의 의결이 있는 날이다(령 18조 9항, 10항).

### (2) 기업결합 실행행위의 제한

사전신고의무자는 대통령령이 정하는 경우를 제외하고는 신고 후 30일이 경과할 때까지 각각 주식소유, 합병등기, 영업양수 계약의 이행행위 또는 주식인수행위를 하여서는 아니된다. 다만, 공정거래위원회가 필요하다고 인정하는 때에는 그 기간을 단축하거나 그 기간의 만료일 다음 날부터 기산하여 90일의 범위 안에서 그 기간을 연장할 수 있다(법 12조 7항). 여기서 30일의 유예기간을 둔 이유는 대규모회사의 기업결합이 실행된 이후 공정거래위원회가 그 기업결합을 금지할 경우 법적 상태의 혼란과 막대한 비용지출이 발생되기 때문에 이를 막기 위한 것이다.

---

236) 「자본시장과 금융투자업에 관한 법률」상의 공개매수 또는 장내거래로 다른 회사의 주식을 소유하게 되거나 최다출자자가 되는 경우에는 사후신고를 하도록 되어 있다(령 18조 9항).

#### (3) 변경사항의 신고

기업결합의 사전신고를 한 대규모회사는 신고 후 주식의 소유일, 합병의 등기일 · 영업의 양수일 또는 회사의 설립일까지 신고사항에 중요한 변경이 있는 경우에는 그 변경사항을 신고하여야 한다(령 18조 11항).

### 3. 사전심사의 요청

기업결합을 하려는 기업은 그 기업결합이 금지대상이 되는지 여부를 신고기간 이전이라도 사전에 아는 것이 유리하다. 만일 금지되는 기업결합일 경우 무익한 비용과 절차의 낭비를 막을 수 있기 때문이다. 따라서 공정거래법은 기업결합의 사전 심사 요청에 관한 규정을 두고 있다. 기업결합을 하고자 하는 자는 신고기간 이전이라도 당해 행위가 경쟁을 실질적으로 제한하는 행위에 해당하는지 여부에 대하여 공정거래위원회에 심사를 요청할 수 있다(법 12조 8항). 공정거래위원회는 사전심사를 요청받은 경우에는 30일 이내에 그 심사결과를 요청한 자에게 통지하여야 한다. 다만, 공정거래위원회는 그 기간의 만료일 다음날부터 기산하여 90일의 범위안에서 그 기간을 연장할 수 있다(법 12조 9항).

## IV. 신고절차

### 1. 공동신고의 원칙

기업결합의 신고의무자가 하나인 경우에는 그 신고의무자가 신고하는 것이 당연하다. 그러나 신고의무자가 2 이상인 경우에는 공동으로 신고하여야 하는 것이 원칙이다. 다만, 공정거래위원회가 시행령 제19조의 규정에 따라 신고의무자가 소속된 기업집단에 속하는 회사 중 하나의 회사를 기업결합 신고대리인으로 정한 경우에는 대리신고를 할 수 있다(법 12조 10항).

### 2. 신고내용

기업결합의 신고를 하고자 하는 자는 공정거래위원회가 정하여 고시하는 바에 따라 신고의무자 및 상대방 회사의 명칭 · 매출액 · 자산총액 · 사업내용과 당해 기업결합의 내용 및 관련시장 현황 등을 기재한 신고서에 신고내용을 입증하는데 필요한 관련서류를 첨부하여 공정거래위원회에 제출하여야 한다(령 18조 4항). 공정거래위원회는 제출된 신고서 또는 첨부서류가 미비된 경우에는 기간을 정하여 해당 서류의 보정을 명할 수 있다. 이 경우 보정에 소요되는 기간은 법 제12조 제7항 및 제9항의 결합행위 중지기간과 사전심사 통보기간에 산입하지 아니한다(령 18조 5항).

### 3. 중복신고의 면제

기업결합을 하려는 회사는 필요한 인허가를 받기 위하여 소관행정관청에 신고하는 동시에 공정거래법에 따라 공정거래위원회에도 신고하여야 하는 것이 원칙이다. 이와 같은 중복신고를 강제하면 해당회사로서는 큰 부담이 되기 때문에 이를 경감시켜 줄 필요가 있다. 이에 따라 공정거래법은 방송사업에 있어서의 기업결합에 관하여 신고절차를 간소화하는 규정을 두고 있다.

#### (1) 사후신고대상의 경우

일정한 방송사업자[237]의 설립이나 합병 또는 최다액 출자자 변경 등에 관한 승인·변경·허가·추천 등을 신청하는 자는 법인설립 등이 사후신고대상에 해당하는 경우에는 승인 등의 주무관청(방송통신위원회를 포함)에 승인 등을 신청할 때 기업결합 신고서류를 함께 제출할 수 있다(법 12조의2 1항). 승인 등의 신청인이 주무관청에 기업결합 신고서류를 제출한 때에는 그 서류가 주무관청에 접수된 날을 기업결합신고가 있은 날로 본다(동 2항). 주무관청은 기업결합 신고서류를 제출받은 때에는 지체 없이 공정거래위원회에 기업결합 신고서류를 송부하여야 한다(동 3항).

#### (2) 사전신고대상의 경우

기업결합이 사전신고대상인 경우 기업결합 신고를 하여야 하는 자는 공정거래위원회에 기업결합 신고를 하는 때에 법인설립 등의 승인 등에 관한 서류를 함께 제출할 수 있다(법 12조의2 4항). 공정거래위원회는 법인설립 등의 승인 등에 관한 서류를 제출받은 때에는 지체 없이 법인설립 등의 승인 등에 관한 서류를 주무관청에 송부하여야 한다(동 5항).

# 제5절 위반행위에 대한 제재

## I. 행정적 제재

### 1. 시정조치

#### (1) 당사자

기업결합제한규정에 위반하거나 위반할 우려가 있는 행위가 있는 경우에는 공정거래위

237) 「방송법」 제15조 제1항 제1호에 따른 법인(「방송법」 2조 3호 나목에 따른 종합유선방송사업자인 법인에 한함)의 합병(법 12조의2 1항 2호) 및 「방송법」 제15조의2 제1항에 따라 종합유선방송사업자의 최다액 출자자가 되고자 하거나 종합유선방송사업자의 경영권을 실질적으로 지배하고자 하는 경우(동 3호).

원회는 기업결합의 당사회사에 대하여 시정조치를 명할 수 있다. 또한 기업결합 당사회사에 대한 시정조치만으로는 경쟁제한으로 인한 폐해를 시정하기 어렵거나 기업결합 당사회사의 특수관계인이 사업을 영위하는 거래분야의 경쟁제한으로 인한 폐해를 시정할 필요가 있는 경우에는 그 특수관계인에 대해서도 시정조치를 명할 수 있다(법 16조 1항). 따라서 예컨대 합병 당사회사에게는 경쟁제한성의 문제가 없으나 각 회사의 임원이 파견되어 있는 다른 회사들이 동일한 거래분야에서 활동하고 있는 경우 경쟁제한적 효과가 발생될 수 있으므로 그 다른 회사들에게도 시정조치를 명할 수 있게 한 것이다.

### (2) 시정조치의 내용

시정조치의 내용으로는 ① 당해 행위의 중지, ② 주식의 전부 또는 일부의 처분, ③ 임원의 사임, ④ 영업의 양도, ⑤ 채무보증의 취소, ⑥ 시정명령을 받은 사실의 공표, ⑦ 기업결합에 따른 경쟁제한의 폐해를 방지할 수 있는 영업방식 또는 영업범위의 제한, ⑧ 공시의무의 이행 또는 공시내용의 정정, ⑨ 기타 법위반상태를 시정하기 위하여 필요한 조치가 있다(법 16조 1항 각호). 이때 ②, ③, ④를 강학상 구조적 시정조치라 할 수 있고, 기타 기업결합에 따른 경쟁제한의 폐해를 방지할 수 있는 영업방식 또는 영업범위의 제한은 행태적 시정조치라고 한다.[238]

여기서 ⑦의 조치는 기업결합이 위법함에도 불구하고 이를 인정하면서 그에 따른 경쟁제한의 폐해를 방지할 수 있는 영업상의 수단을 강구하도록 하는 점에 특색이 있다. 또한 ⑨ 기타 필요한 조치에는 합병의 원상회복 또는 기업의 분할명령이 포함되는가 여부가 문제가 된다. 종래에는 법제도상 기업분할제도가 존재하지 않았으므로 이를 인정하기 곤란하였으나, 현행상법에는 회사분할제도가 도입되어 있기 때문이다(상법 530조의2 내지 제530조의12). 이에 대하여는 원상회복명령 또는 기업분할명령이 효과면에서 기왕의 법률관계를 통째로 전복시키는 것이므로 이를 부정적으로 보는 견해[239]도 있으나, 기업결합으로 인한 폐해가 매우 큰 경우에는 이를 부인할 이유가 없을 것이다.

### (3) 이행절차

이 경우 법 제12조 제6항 단서의 규정에 따라 사전신고를 받아 시정조치를 하는 때에는 신고 후 30일 이내에 하여야 하며, 90일을 초과하지 않는 범위 내에서 그 기간을 연장할 수 있다(법 16조 1항, 12조 7항). 공정거래위원회는 시정조치를 부과하기 위한 기준을 정하여 고시할 수 있다(동조 3항).

시정조치의 이행을 확보하기 위하여 주식처분명령을 받은 자는 그 명령을 받은 날부터 당해 주식에 대하여는 그 의결권을 행사할 수 없다(법 16조 1항). 또한 기업결합제한규정에

---

238) 권오승, 앞의 책, 201-202면.

239) 김두진, "독점규제법상 독점기업분할제도의 도입론", 「상사법연구」 제22권 제4호, 2003. 11, 323면.

위반한 회사의 합병 또는 설립이 있는 때에는 당해 회사의 합병 또는 설립무효의 소를 제기할 수 있다(동조 2항).

**대법원 2009. 9. 10. 선고 2008두9744 판결**

원고 CCAL의 CCC 주식 취득은 구 공정거래법 시행령(2007. 11. 2. 대통령령 제20360호로 개정되기 전의 것) 제18조 제8항 제1호 (가)목 소정의 구주의 장외취득에 해당하는 것이 아니라, 같은 호 (나)목 소정의 기타 주식취득에 해당하므로, 원고 CCAL이 2006. 3. 28. 피고에게 한 기업결합 신고는 CCC에 대한 주식취득이 이미 완료되었음을 전제로 한 사후신고에 해당하고, 따라서 이 사건 처분은 공정거래법 제16조 제1항 후문, 제12조 제7항의 규정에 의한 처분기간의 제한을 받지 아니한다고 판단하였다.

**서울고등법원 2004. 10. 27. 선고 2003누2252 판결**

주식매각명령의 내용은 본질적으로 공정위 재량에 속하는 사항이고 본 건 기업결합은 경쟁사업자에 대한 적대적 인수로서 대선주조측에 대한 경영간섭을 통하여 경쟁관계를 보다 유리하게 이끌고 가려는 부당한 목적이 있으며, 무학이 적은 지분으로도 다른 주주와의 연합방식을 통해 대선주조에 대한 경영참가가 가능하고 위 경영참가를 통하여 소주시장에 대한 정보공유 및 그로 인한 독점력을 행사할 가능성은 여전히 존재한다는 점에서 무학이 대선에 대하여 소유하고 있는 주식 전부를 처분하도록 한 것은 재량권 남용·일탈에 해당되지 않는다.

## 2. 합병 · 설립무효의 소

공정거래위원회는 기업결합의 제한에 관한 규정에 위반한 회사의 합병 또는 설립이 있는 때에는 당해 회사의 합병 또는 설립무효의 소를 제기할 수 있다(법 16조 2항). 즉 경쟁제한적이거나 신고관련규정에 위반하거나 탈법적인 방법에 의한 합병 또는 회사설립이 행해진 경우에 제소가 가능하다(법 7조, 12조, 15조 참조). 이 합병 · 설립무효의 소에 대하여 제소기한 · 심리의 병합 · 판결의 효력 등 그 절차에 관련된 상법규정(상법 529조 내지 530조)이 그대로 적용되는가도 문제된다. 이 소는 공정거래법에 규정되어 있으며, 공정거래위원회가 상법에는 규정되어 있지 않은 제소권자라는 점에서는 차이가 있을 뿐 회사법상의 합병무효의 소 및 회사설립 무효의 소와 성질상 다를 바가 없다고 본다. 또한 공정거래법에는 이 소송의 절차에 관한 규정이 별도로 마련되어 있지 않다. 따라서 상법의 규정이 그대로 적용된다고 보아야 할 것이다.

## 3. 이행강제금

### (1) 취지

공정거래법은 동법 위반행위에 대한 행정적 제재 중 금전적인 성격의 것으로 과징금을 부과하는 것을 원칙으로 하고 있다. 그러나 과징금을 부과하는 것은 일회적인 것이고 시정조치와 함께 부과되는 것이 보통이어서 그 제재효과에 일정한 한계가 있다. 특히 일회성의 법위반에 대해서는 효과가 있지만 금지된 기업결합과 같이 위법한 상태가 지속되고 있는 경우에는 그 해소에 별다른 효과를 거두기 어렵다. 따라서 공정거래법은 기업결합의 제한규정을 위반하여 공정거래위원회로부터 시정조치를 받은 후 그 정한 기간 내에 이행을 하지 아니하는 자에 대하여 과징금대신 이행강제금을 부과할 수 있도록 하고 있다(법 17조의3 1항).

이행강제금은 이미 행해진 위법행위에 대한 제재로서 부과되는 과징금, 과태료 등과 달리 행정상 의무불이행에 대하여 일정액의 금전이 부과되리라는 것을 미리 예고하고 의무불이행시에 비로소 부과되는 것이다.

### (2) 부과기준

이행강제금은 시정조치를 받은 후 그 정한 기간 내에 이행을 하지 아니하는 자에 대하여 매 1일당 다음 각 금액에 1만분의 3을 곱한 금액을 초과하지 아니하는 범위 안에서 부과할 수 있다. 즉 ① 주식취득 또는 신회사의 설립에 의한 기업결합의 경우에는 취득 또는 소유한 주식의 장부가격과 인수하는 채무의 합계액, ② 합병에 의한 기업결합의 경우에는 합병의 대가로 교부하는 주식의 장부가격과 인수하는 채무의 합계액, ③ 영업양수에 의한 기업결합의 경우에는 영업양수금액이 기준이 된다(법 17조의3 1항). 다만, 임원겸임에 의한 기업결합을 한 자에 대하여는 매 1일당 200만원의 범위 안에서 이행강제금을 부과할 수 있다(동조 1항 단서).

### (3) 부과 및 징수절차

이행강제금의 부과·납부·징수·환급 등에 관하여 필요한 사항은 대통령령으로 정한다. 다만, 체납된 이행강제금은 국세체납처분의 예에 따라 이를 징수한다(법 17조의3 2항, 령 23조의4). 공정거래위원회는 이행강제금의 징수 또는 체납처분에 관한 업무를 국세청장에게 위임할 수 있다(법 17조의3 3항).

## 4. 과태료

기업결합의 신고의무자가 신고를 하지 않거나 허위 신고를 한 경우 또는 사전신고시의 기업결합실행행위 중지기간을 준수하지 않은 경우에는, 그 사업자에 대하여 1억원 이하, 회사의 임원 또는 종업원 기타 이해관계인에 대하여는 1천만원 이하의 과태료에 처한다(법 69조의2 1항 2호).

## II. 민사적 제재

### 1. 손해배상책임

기업결합의 제한규정에 위반한 행위로 인하여 피해를 입은 자가 있는 경우에는 해당회사는 당해 피해자에 대하여 손해배상의 책임을 진다. 다만, 그 사업자 또는 사업자단체가 고의 또는 과실이 없음을 입증한 경우에는 그러하지 아니하다(법 56조).

금지된 기업결합행위로 인하여 손해가 발생된 것은 인정되나, 그 손해액을 입증하기 위하여 필요한 사실을 입증하는 것이 해당 사실의 성질상 극히 곤란한 경우에는, 법원은 변론 전체의 취지와 증거조사의 결과에 기초하여 상당한 손해액을 인정할 수 있다(법 57조).

### 2. 위반행위의 사법상 효과

기업결합을 실행하는 과정에서는 다양한 법률행위들이 발생하게 되는데, 그 기업결합이 공정거래법에 위반한 것으로 판단될 경우 그 행위들의 사법상의 효력이 문제가 된다. 기업결합이 실질적인 경쟁제한을 초래하는 경우 또는 탈법적인 방법에 의한 기업결합이 있는 경우, 그 기업결합행위의 사법적 효력에 관해서는 합병 또는 신회사 설립에 대해 공정거래위원회가 합병무효 또는 설립무효의 소를 제기할 수 있다고만 규정되어 있을 뿐이다(법 16조 2항). 즉, 그 효력 여하에 대해서 공정거래법에는 명시되어 있지 않으므로 해석에 의하여 판단해야 한다.

이에 관하여는 공정거래법의 취지를 고려하여 이를 무효로 보아야 한다는 무효설[240], 거래의 안전을 고려하여 유효로 보아야 한다는 유효설[241], 기업결합행위를 무효로 보되 무효의 효과를 제한해야 한다는 제한적 무효설[242], 명문규정으로 법위반행위를 무효로 하고 있는 부당한 공동행위와 달리 합병 · 신회사 설립을 당연무효로 하지 않고 설립무효의 제소사유로만 규정하고 있는 점을 고려하여 원칙적으로 유효로 보되, 필요한 경우 민법상의 신의칙에 따른 유효성심사를 하여야 한다는 상대적 유효설[243] 등이 있다.

법 제16조 제2항에서는 위법한 기업결합에 대하여 공정거래위원회가 합병 · 회사설립의 무효의 소를 제기할 수 있다고 규정하고 있는데, 이는 그러한 기업결합이 무효임을 전제로 한 것으로 볼 수 있다. 그렇다면 이를 실행하기 위한 개개의 구성행위 들도 무효임을 면할 수 없다고 보아야 할 것이다. 그리고 그 무효의 효과는 사법의 일반원칙에 따라서 처리해야 할 것이다.

---

240) 권오승, 『경제법』 제5판, 법문사, 2006, 235면.

241) 손주찬, 앞의 책, 103면.

242) 이기수 · 유진희, 『경제법』 제5판, 세창출판사, 2003, 130-131면.

243) 정호열, 앞의 책, 255면.

## III. 형사적 제재

경쟁제한적인 기업결합(법 7조 1항) 또는 탈법행위에 의한 기업결합(법 15조)이나 주식처분명령을 받은 자가 당해 주식에 대하여 의결권을 행사한 경우(법 18조)에는 3년 이하의 징역 또는 2억원 이하의 벌금에 처한다(법 66조 1항 2호·7호·8호). 여기의 징역형과 벌금형은 병과할 수 있다(동조 2항).

공정거래위원회의 시정조치 또는 금지명령에 응하지 아니한 자에 대하여는 2년 이하의 징역 또는 1억 5천만원 이하의 벌금에 처한다(법 67조 6호).

# 제 6 장 경제력 집중의 억제

공정거래법의 규정은 실체적 규정과 절차적 규정으로 구분되며, 실체적 규정에 의한 규제는 행위규제와 구조규제로 구분된다. 구조규제는 다시 일정한 거래분야에서 경쟁제한적인 영향을 초래하는 기업결합 등을 제한하는 시장집중규제와 경제력의 과도한 집중을 억제하는 일반집중규제로 구분된다. 공정거래법은 시장집중에 대하여 제3장 중 제7조에서, 그리고 일반집중에 대해서는 제8조 이하에서 규정하고 있다.[244] 본 장에서는 일반적인 경제력의 집중 자체에 대한 규제인 일반집중규제에 대하여 살펴본다.

## 제1절 개관

### I. 규제의 취지

경제력 집중이란, 경제적 자원이나 수단의 지배로 발생하는 경제력이 특정 개인이나 그와 특수한 관계에 있는 자 또는 특정 기업이나 기업집단 등의 소수 경제주체에 집중되어, 다른 경제 주체의 경제자원의 선택과 배분에 영향을 미칠 수 있는 상태를 말한다. 이를 세분하면 개별 기업집단이 국민경제 전체에서 차지하는 비중이 과도하게 높은 '일반집중', 개별 기업집단이 특정시장에서 차지하는 비중이 과도하게 높게 되어 있는 '시장집중' 그리고 특정인 또 이해관계인이 차지하는 부의 정도가 과도하게 높은 '소유집중'이 있다. 공정거래법은 국민경제 전체에 있어서의 사업지배력집중의 위험을 방지하고 시정하려는 목적으로 일반집중을, 경쟁적인 시장구조의 유지를 도모하려는 목적으로 시장집중을 규제대상으로 한다.

경제력이 집중은 그 자체로는 많은 경제적 효용을 낳는다. 즉 경제력집중을 통하여 규모의 경제를 실현할 수 있으며, 기업 또는 기업집단의 대내외적 경쟁력을 강화할 수 있고, 산업

---

244) 시장구조가 고도의 독과점상태가 되어 비경쟁적인 경우에 기업분할 등의 조치를 취하는 것을 순수구조규제라고 한다. 이 경우에는 규제의 근거를 일정한 행위가 아니라 일정한 시장구조 또는 상태 자체에서 구하는 것이다.

구조의 고도화를 꾀할 수 있는 것이다. 그러나 한정된 자금과 인력 등의 자원이 소수의 기업이나 기업집단에 배분되면 여러 가지 문제를 야기할 가능성도 높다. 우선 기업집단과 기업 간 그리고 대기업과 중소기업 간의 불균형성장으로 인하여 산업구조가 왜곡되어 생산비가 증가하고, 산업조정이 불가능한 상황이 되어 결국 국제경쟁력이 하락한다. 둘째, 시장이 로비나 특혜로 움직이게 됨으로써 경제력이 집중된 기업(집단)의 거래비용이 증가하게 되고, 이에 대응하는 기업도 거래비용이 증가하여 시장질서의 붕괴를 초래한다. 셋째, 경제력이 집중된 기업의 독과점으로 인하여 기업집단과 기업 간의 갈등, 노사 간의 갈등, 경제정의의 파괴 등이 초래되고, 이는 사회적 불신과 근로의욕의 저하로 이어져 생산기반이 붕괴되기도 한다. 따라서 경제력의 집중은 긍정적인 효용에도 불구하고 엄격하게 규제할 필요가 있는 것이다.

결국 시장지배력이나 독점력이라는 강한 경제력이 소수에게 집중되면, 가격인상이나 상품의 공급수량제한 또는 품질저하를 초래하는 등 다수의 생활과 경제활동을 부정적으로 좌우하는 힘을 낳는다. 이것은 민주주의 사회의 원칙에 위배되어 바람직하지 않다. 또한 시장지배력은 경쟁자를 배제하고 새로운 경쟁의 발생을 억압하거나 곤란하게 만들어 경제민주주의와 건전한 시민사회를 파괴하므로 규제가 필요한 것이다. 일반집중규제는 시장집중규제를 여러 가지 면에서 보완하는 기능을 하고 있다.

특히 기업의 집단화에는 ① 시장이용에 따라 생기는 거래비용, 위험비용, 불확실성의 비용의 절감 ② 생산기술이나 시장에 관한 정보비용의 절감 ③ 경영비용의 절감 ④ 자금비용의 절감, 은행으로부터 특별하게 유리한 융자를 받는 이익 ⑤ 동일한 상표를 사용하는데 의한 광고, 선전비의 절감 ⑥ 집단 내의 상호거래에 의한 판로 확보 등의 장점이 있다. 기업집단의 이와 같은 장점은 기업집단 소속의 기업의 관점에서는 "효율적"이라고 할 수 있지만, 국민경제적 관점, 자원의 적정배분의 관점, 소비자 후생의 관점에서 보면, 효율적이라고는 할 수 없는 점이 적지 않다. 공정거래법은 생산의 효율성과 자원배분의 효율성 또는 소비자 후생에 결부되지 않는 기업의 이익을 보장하기 위한 법제도는 아니다.

## II. 규제의 경과

### 1. 배경

우리나라에서 경제력집중은 다양한 측면을 가지고 있다. 독일이 제2차 세계대전 이전에 산업발전을 위하여 정책적으로 콘체른을 장려하여 큰 성과를 거두었던 것처럼, 우리나라도 경제력이 빈약하였던 1960년대부터 국내자본의 형성, 무역입국을 위한 수출장려, 시장규모의 확대, 기술도입 등을 목적으로 대규모 기업 또는 기업집단을 의도적으로 형성 시키고 지원함으로써 경제력집중이 초래되었다. 그 결과로 나타난 것이 이른바 '재벌'이며, 이들은 정부로부터 다양한 특혜를 받아 규모를 확장하고 사업범위를 확대할 수 있었다. 1970년대 이후의 우리나라 경제발전은 이들의 능력과 활동의 산물이라고도 할 수 있을 것이다. 결국 우리나라에서 경제력집중은 개발초기에 경제활력을 조성하였고, 규모의 경제를 실현하였으며, 경쟁력강화와 산업구조의 고도화에 크게 기여하였다고 평가할 수 있다.[245)]

## 2. 경제력집중규제에 대한 찬반논의

경제력집중이 고착화되면서 1980년대 이후에는 여러 가지 부정적인 효과가 나타났다. 자원이 재벌과 로비기업에 집중되어 기업집단의 전문성과 효율성이 저해되고 재무구조가 악화되었으며, 불공정한 거래가 증가하게 된 것이다. 이에 따라 자원배분을 둘러싼 경쟁이 심화되었고, 소득분배의 불균형에 따른 빈부격차의 확대, 정경유착의 폐해가 고질적인 것이 되어 정치경제적인 갈등이 속출하였다. 그 결과 재벌규제라고도 부르는 경제력집중규제의 필요성이 대두되게 되었으며, 경제력집중의 장단점에 관한 논의가 지속적으로 전개되었다.

### (1) 경제력집중규제를 반대하는 견해

경제력집중규제를 반대하는 입장에서는 경제력집중의 긍정적인 측면을 주장한다. 이들은 현재 무한자유경쟁 시대를 맞이하여 민간기업의 시급한 국제경쟁력 강화를 위하여 재벌기업집단에 대한 경쟁력집중 억제정책들을 대폭 완화하고 폐지해야 한다는 점을 기본적인 논거로 든다. 또한 전문화된 산업분야에 대해서 국내시장이 선진기술력을 가진 외국기업에게 공격받을 수 있다는 점에서 경제력집중이 이루어진 국내기업집단만이 이를 방어하고 자체적으로 육성할 힘을 가지고 있다고 하며, 기업집단의 내부화전략을 통해 시장의 불완전성을 극복 가능한 것이다.

또한 경제력집중규제를 옹호하는 측에서 주장하는 폐해와 관련하여 우리나라가 특별히 심각하다고 볼 통계적 근거도 정확하게 제시된바 없으며, 일본을 제외하고는 이에 대한 규제를 입법화한 국가가 없다는 점에 착안하여 국제적 정합성을 결여하는 규제라고 비판한다.[246)]

### (2) 경제력집중규제를 옹호하는 견해

경제력집중규제를 옹호하는 견해는 국민경제의 건전한 발전과 기업체질 강화 차원에서 재벌기업의 경제력 집중과 소유·지배구조의 왜곡을 더욱 강력하게 규제하고 억제할 필요성이 있다는 점을 근거로 삼는다. 이는 주로 공정거래위원회의 입장으로서 첫째, 기업집단 밖의 독립기업에 대하여 경쟁을 제한하고 시장을 축소를 가져와 최소효율규모 달성을 어렵게 하여 사회전체의 효율성을 저해할 가능성이 있다고 주장하면서, 기업집단의 우월적 지

---

245) 신현윤, 앞의 책, 182면; 정호열, 앞의 책, 265면; 양명조, 앞의 책, 144면; 이남기·이승우, 앞의 책, 131면; 정도영, "한국의 공업화에서 재벌의 성장과정과 역할", 「부산대학교 논집」 제22권 제1호, 부산대학교국제지역문제연구소, 2004. 12, 101면.

246) 정호열, 앞의 책, 266면.

위는 개별기업을 경쟁에서 배제·도태시킬 우려가 있어 이럴 겨우 경제적 효율성 달성이 어렵다는 점을 지적한다. 둘째, 재벌기업집단 구조하에서 소수계열기업이 도산할 경우 재벌기업집단 전체의 연쇄도산을 유발함으로써 경제사회적 부작용이 발생할 가능성이 높다고 한다. 셋째, 기업지배 구조면에서 재벌기업집단의 비대화 및 대주주 1인의 지배체제의 지속은 조직관리상의 규모의 불경제를 가져오고 경영의 관료화를 수반하면서 가부장제적 권위주의 지배가 지속될 가능성을 강화시키고 있어서 경영의 경직성과 비효율성을 초래하고 있다고 주장한다. 넷째, 현재의 재별기업집단 구조 하에서 기업간 주식 상호보유로 소유분산이 이루어지지 않아 부의 집중으로 인하여 형평성 문제가 증폭되고 있으며, 대주주 지배체제의 지속은 재벌기업집단을 대주주가 정치사회적으로 유리한 방향으로 이용하고 정부정책에 영향력을 행사하려는 경향을 높여왔다고 비판하고 있다.[247)]

## 3. 입법적 대응

공정거래법상 경제력집중에 관한 규제는, 재벌이라는 특수한 기업집단의 발생과 성과, 그리고 그들이 야기한 각종 폐해의 경험을 가진 우리나라에 특유한 것이다. 우리나라처럼 재벌중심 국가경제발전의 경험을 가진 일본도 유사하다.

우리나라의 기업집단은, 그룹 전체의 사업활동에 대하여 의사결정을 하는 모회사가 없고 상호간에 주식소유비율도 작기 때문에 서로 지배종속관계가 없는 대등한 기업으로 구성되어 있다. 그리하여 공정거래법상의 일반집중규제에서는 대규모기업에 대한 규제와 함께 우리나라에 특유한 기업집단에 대한 규제가 행해지고 있다. '대규모기업'이란 주식 보유에 의하여 다수의 자회사를 지배하에 둔 '대규모 기업결합'이며 모회사는 자회사를 지배하거나 투자의 목적으로 그 주식보유를 한다. 공정거래법상 경제력집중의 억제는 대규모기업규제와 기업집단규제를 모두 포함하지만, 규제의 중점은 기업집단규제에 있다.

공정거래법이 제정된 당시에는 경제력집중이 규제의 대상이 되지 않았다. 그러나 1980년대부터 사회전반의 민주화와 함께 재벌들의 선단식 경영이라는 불합리한 경영행태, 효율성을 불문한 업종다각화 등에 대한 문제제기가 계속되어, 1986년 12월의 공정거래법 개정에서 경제력집중규제에 관한 규정이 도입되었다. 이후부터 경제력집중에 대한 지속적인 규제가 진행되었으나 부분적으로만 성공한 것으로 평가된다.

경제력집중 억제를 위한 규정은 공정거래법 내에서 가장 심한 변화가 있었다. 1986년의 공정거래법 개정에서 경제력집중에 대한 억제제도가 도입되면서, 지주회사의 설립과 전환이 금지되고, 대규모기업집단 계열회사의 출자총액제한제도가 도입되었으며, 계열회사 사이의 주식의 상호보유가 금지되는 동시에 주식처분명령을 받은 자의 의결권행사가 제한되었다. 또한 1992년 개정으로 계열회사 상호간의 채무보증을 자기자본의 200%로 제한하는

247) 권오승, 『경제법』 제8판, 법문사, 2010, 211면; 이상원, "재벌의 경제력 집중과 규제정책: 공정거래위원회와 재계의 찬반논의를 중심으로", 「평화연구」 제13권 제1호, 고려대학교 평화연구소, 2005 봄, 6면.

제도가 도입되었다. 1994년 개정에서는 출자총액제한에 있어서 출자총액의 한도가 순자산의 40%에서 25%로 인하되어 규제가 강화되었다. 이러한 규제강화 추세는 이후에도 계속되어, 1996년 개정에서는 대규모기업집단의 계열회사의 대한 채무보증의 한도액을 자기자본의 200%에서 100%로 인하하였고, 부당한 내부거래에 대한 규제의 대상을 가지급금 등으로 확대하였다. 1998년 개정에서는 대규모기업집단의 계열회사에 대한 출자총액제한제도를 폐지하고, 계열회사 사이의 상호채무보증제도를 전면적으로 금지하였다.

1999년 2월의 개정에서는 지주회사의 설립이 제한적으로 허용되고, 계열회사간 부당한 지원행위를 조사하기 위한 금융거래정보요구권이 한시적으로 도입되었다. 같은 해 12월 개정에서는 1998년에 폐지되었던 출자총액제한제도를 재도입하였다. 대규모 내부거래에 대하여 이사회결의 및 공시의무를 부과하였다. 2002년 개정에서는 30대 기업집단의 일괄지정제도를 폐지하고, 출자총액제한 규정의 적용제외를 확대하였고, 2004년 개정에서는 지주회사의 설립 또는 전환이 원활하도록 부채비율의 유예기간을 연장하고, 대기업집단에 소속된 비상장·비등록 회사(금융·보험사 제외)의 소유 및 지배구조와 재무구조 및 경영활동에 관한 중요사항에 대한 공시의무를 강화하였다. 그리고 출자총액제한제도에 대한 졸업기준을 새로 도입하는 동시에, 적용제외제도와 예외인정제도를 보완하였다. 이 밖에 대기업집단 소속의 금융 및 보험회사 의결권 행사의 범위를 30%에서 매년 5%씩 단계적으로 축소하도록 규정하였다.

이후에는 경제력집중규제의 흐름이 사전금지에서 사후감시로 바뀌었다. 2007년의 개정에서는 지주회사의 부채비율을 상향조정하고, 지주회사의 자회사에 대한 주식보유기준과 자회사의 손자회사에 대한 주식보유기준을 각각 50% 이상에서 40% 이상으로 인하하였다. 또한 출자총액제한 기업집단의 범위를 축소하고 출자한도를 25%에서 40%로 인상하였다. 지주회사에 관하여, 손자회사의 완전증손회사 소유를 허용하고, 이사회의 결의가 필요한 대기업집단 소속의 계열회사에 대규모 내부거래가 발생하면 상법상 이사회 내부의 위원회 의결을 이사회 의결로 인정하였다. 2009년 개정에서는 종래 대기업집단 소속회사의 자유로운 기업활동을 제약해왔던 출자총액제한제도를 폐지하는 대신, 상호출자제한기업집단 소속회사에 대한 시장감시기능의 활성화하기 위해 대기업집단의 일반현황 및 출자현황 등을 공시하도록 하였다.

출자총액제한제도의 변천

출자총액제한제도는 규제대상인 기업집단의 계열회사가 순자산의 일정비율을 초과하여 다른 국내 회사에 출자할 수 없도록 제한하는 제도이다. 이는 기업집단 계열회사가 다른 계열회사에 출자하지 못하도록 제한하는 제도와는 구별되며, 기업집단이 무분별하게 사업영역을 확대하거나 기업규모를 확장하는 것을 막기 위한 것이다. 출자총액제한제도는 오랫동안 공정거래법상 우리나라의 재벌 내지 기업집단에 경제력집중 규제의 핵심이라고 인식되었다. 그러나 민간자본 조달을 위한 경제정책과의 조화되지 못한 점, 국제적으로 유사한 규제가 없다는 점, 규제기준의 타당성에 대한 근거가 부족하다는 점 등으로 인하여 이 제도는 도입 시기부터 폐지되기까지 끊임없이 존폐논의의 대상이 되었다.

출자총액제한제도는 1986년 공정거래법 개정에서 도입된 후, 1994년 개정으로 출자총액제한의 한도가 순자산의 40%에서 25%로 인하되어 규제가 강화되었다. 그러나 외국인에게 적대적 M&A가 허용되면서 국내기업에게 경영권 방어의 수단을 확보하고, 외국인에 대한 역차별 문제를 시정하기 위하여, 1998년 개정에서 출자총액제한제도가 폐지되었다. 그 결과 적대적 M&A는 거의 발생하지 않았으나, 대규모기업집단의 출자총액이 크게 증가하여 경제력집중이 심화되었다. 결국 출자총액제한제도는 1999년 12월 개정으로 다시 도입되었다.

2002년 개정에서는 대규모기업집단의 일괄지정제도를 폐지하고, 출자총액제한 규정의 적용제외를 확대하였다. 그리고 2004년 개정에서는, 내부견제시스템을 잘 갖추거나 계열회사 수가 적고 소유구조가 단순하거나, 소유와 지배 사이의 차이가 적은 기업집단을 출자총액제한 대상에서 제외하는 출자총액제한제도에 대한 졸업제도를 새로 도입하였다. 동시에 출자총액제한 규정의 적용제외를 확대하여, 기반시설 투자사업으로 출자하는 경우와 공기업민영화 대상회사를 인수하기 위한 출자하는 경우를 규제대상에서 제외하였다. 2007년 개정에서는 출자총액제한 기업집단의 범위를 축소하고, 출자한도를 순자산의 25%에서 40%로 인상하였다. 2009년의 개정에서는 출자총액제한제도가 폐지되고, 그 대신 기업집단의 일반현황 및 출자현황 등을 공시하도록 하였다.

이와 같이 출자총액제한제도는 도입과 폐지를 반복하여 왔으며, 그 과정에서 규제내용의 변화에 큰 진폭이 있었다. 이러한 내용은 제도의 당위성이 절대적인 기준이 되지 못하고, 정책적 판단에 따라 제도의 존부 및 내용이 얼마든지 달라질 수 있음을 보여주는 것이다.

## III. 규제의 성격과 체계

경제력집중의 억제를 위한 규제는, 경제력집중으로 말미암아 경쟁제한적 결과가 발생할 가능성을 억제하는 것을 목표로 한다. 경제력집중 규제는 시장에서의 경쟁조건에 대한 영향을 불문하고 일정한 기준에 해당하면 그 행위를 금지하는 것이므로, 예방적인 성격의 규제라고 할 수 있다.

시장구조로 고도의 독과점상태가 되어 비경쟁적인 경우에 기업분할 등의 조치를 취하는 것을 순수구조규제라고 한다. 순수구조규제의 근거는 일정한 행위가 아니라 일정한 시장구조 또는 상태 자체에 있다. 따라서 경제력집중규제는 순수구조규제와 유사하다.

경제력집중억제를 위한 공정거래법의 제도는, 지주회사규제(법 8조의2), 계열회사간 상호출자의 금지(법 9조), 계열회사간 채무보증의 금지(법 10조의2), 금융보험회사의 계열회사 주식에 대한 의결권행사의 제한(법 11조), 대규모내부거래의 이사회 의결 및 공시의 의무화(법 11조의2), 비상장회사 등의 중요사항 공시(법 11조의3) 등이 있다. 또한 상호출자제한 기업집단에 속하는 회사에 대하여는 기업집단 정보공개의 제도가 있다(법 14조의5; 령 21조의4). 이밖에 지주회사 등의 행위제한, 채무보증제한기업집단의 지주회사 설립제한, 상호출자의 금지, 계열회사에 대한 채무보증의 금지, 금융회사 또는 보험회사의 의결권 제한 등 규정의 적용을 면탈하려는 행위를 막는 탈법행위의 금지규정이 있다(법 15조).

표 4. 경제력집중규제의 체계

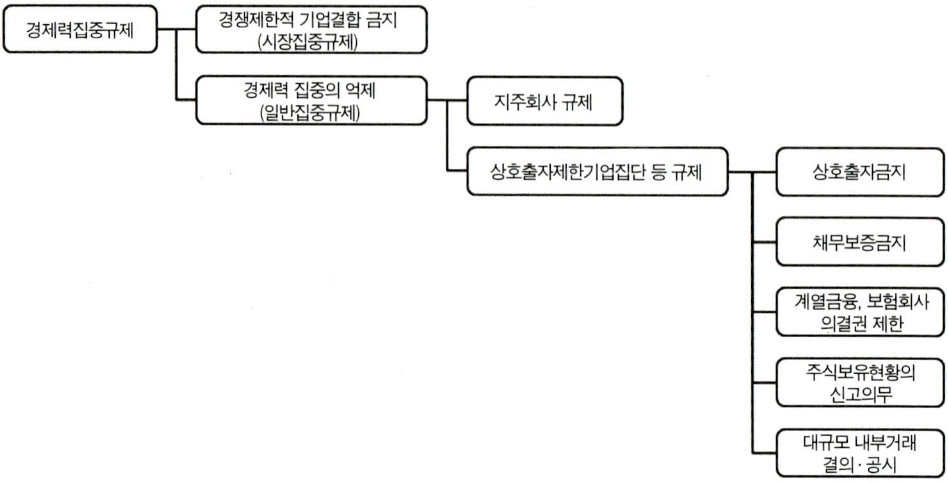


## 제2절 지주회사의 규제

### I. 개관

#### 1. 지주회사의 의의와 종류

##### (1) 지주회사의 의의

지주회사(Holding Company)의 개념은 넓은 의미에서는 다른 회사의 주식을 취득하거나 소유하는 모든 회사를, 좁은 의미에서는 충분한 주식의 소유를 통하여 다른 회사를 지배할 것을 목적으로 하는 회사를 말한다. 다른 회사를 지배하는 방법으로는 다른 회사의 의결권의 다수를 보유하는 방법(voting control)과 다른 회사의 임원 다수를 임면하는 방법(director control), 그리고 다른 회사를 계약에 의하여 구속하는 방법(contract control) 등이 있다.

지주회사의 기업형태는 미국에서 최초로 고안된 것으로 알려져 있다. 19세기 후반에 미국에서 발생된 강력한 시장독점을 위한 트러스트라는 방법이 발전하면서 많은 사회적 문제를 야기하였다. 이러한 현상이 국민들로부터 혐오의 대상이 되자, 법원들이 이를 무효로 판단하는 사례가 증가하였는데, 결국 셔먼법이라는 반트러스트법(Antitrust Law)의 제정까지 이루어졌다. 이와 같이 트러스트에 대한 규제가 엄격해지면서 이에 대신하는 기업결합 형태로서 도입된 것이 바로 지주회사였다.

### (2) 종류

A. 순수지주회사와 사업지주회사

지주회사는 다른 회사의 지배만을 목적으로 하는가 여부에 따라 순수지주회사와 사업지주회사로 분류된다. 순수지주회사란 다른 회사의 사업활동을 지배하는 것만이 사업목적인 회사로서 다른 사업은 하지 않는 회사이다. 사업지주회사는 다른 회사의 사업활동을 지배하는 것과 함께 다른 사업도 겸영하는 회사를 말한다.

B. 금융지주회사와 일반지주회사

지주회사는 자회사의 사업내용이 금융업인가에 따라 금융지주회사와 일반지주회사로 분류된다. 금융지주회사는 금융업·보험업을 하는 자회사의 주식을 소유하는 지주회사이며(금융지주회사법 2조 1항), 일반지주회사는 금융업·보험업 이외의 사업을 하는 자회사의 주식을 소유하는 지주회사를 말한다.

## 2. 지주회사의 경제적 기능과 규제

지주회사는 기업집단 내의 유사회사를 통합관리하기에 효율적이며, M&A 등 구조조정을 하는데 효과적으로 이용될 수 있다. 그리고 연결납세제도 등을 통하여 절세의 이점을 누릴 수도 있다. 그러나 소액자본으로 다수 기업에 대한 계열적 지배가 가능하고, 제3자인 지주회사가 주식을 보유함으로써 대등한 회사 간의 결합이 용이하여, 기업결합이 과도하게 확대될 가능성이 높다. 또한 지주회사가 경쟁사업자의 주식을 소유함으로써 관련시장의 경쟁을 과도하게 제한하게 될 우려도 있다. 순수지주회사는 사회적으로 유용한 활동을 하고 있지 않을 뿐 아니라, 자본주의적 자유시장 원리에도 어긋나며, 지배기업이 피지배기업의 기업적인 기능을 저변에서부터 부인하는 상황을 초래한다. 즉 지주회사의 구조적 속성상 사업지배력의 과도한 집중을 초래하여 경쟁제한적 상태를 조성할 우려가 매우 높은 것이다, 따라서 지주회사에 대하여는 일정한 규제가 가해지는 것이다.

그러나 지주회사를 전면적으로 금지하는 입법례는 없으며, 독일의 경우에는 그에 대한 제한도 없다. 미국의 경우, 초기에는 경제력집중을 해소하기 위하여 지주회사의 설립 또는 전환을 금지했으나, 현재는 설립이나 전환을 허용하면서 경쟁원리를 저해할 가능성을 배제하는 것에 규제의 초점을 두고 있다. 한편 일본에서는 '사적독점금지법' 제9조에서 지주회사의 설립 또는 전환을 엄격하게 금지하고 있었으나, 1997년 법개정에 의하여 이를 제한적으로 허용하면서 사업지배력이 과도하게 집중되는 회사의 설립금지제도로 변경하였다.

### 3. 규제의 경과

우리 공정거래법의 제정 당시에는 지주회사에 대한 규정이 존재하지 않았다. 그러나 재벌을 비롯한 기업집단의 경제력집중이 심각한 수준에 이르고 시장의 독과점화도 상당히 진전되자, 이를 시정하기 위하여 1986년 공정거래법의 개정에서 지주회사의 설립과 전환을 금지하는 규정을 도입하여 엄격하게 금지하는 입장을 취하였다. 그러나 1997년 외환위기를 거치면서 기업의 효율적인 구조조정 방법을 정비하고 기업경영의 투명성을 높이려는 필요성이 강하게 나타났다. 이러한 상황 속에서 지주회사제도는 산업의 탄력적 구조조정(restructuring)에 유용하며, 주주중심경영의 기반을 조성할 수 있게 하고, 분사화를 통한 개별사업의 위험의 분산·국한에 유리한 것으로 인정되었다. 이에 따라 1999년 2월 개정에서 지주회사제도를 제한적으로 허용하였다.

규제의 충분한 근거가 없는 한 기업형태 선택의 자유를 억제하지 않는 것이 바람직하며, 지주회사를 통한 사업지배력의 과도한 집중으로 발생하는 경쟁제한적인 문제점에 대해서는 공정거래법에서 개별적으로 규제하면 된다는 입장이 설득력을 가지게 되었다. 즉 대규모기업집단의 경영투명성의 확보, 금융기능의 정상화 등을 위하여 지주회사의 설립과 전환을 부분적으로 허용하면서, 부채비율과 자회사지분율의 통제 및 일정한 행위의 금지라는 규제가 마련되었다. 이후 2001년의 공정거래법 개정에서 지주회사의 설립과 전환을 용이하게 하기 위하여 사전신고를 사후신고로 변경하였으나, 2004년 개정에서는 다시 규제를 강화하여 지주회사의 비계열 회사 주식에 대한 지분율의 상한을 설정하고, 자회사간의 상호출자를 금지하였다.

이후 지주회사에 대한 규제는 지속적으로 완화되었다. 2007년 4월 개정에 의하여 지주회사의 부채비율에 대한 한도를 상향조정하였으며, 자회사와 손자회사의 지분율 요건이 완화되었다. 2007년 8월 개정에서는 자회사의 손자회사 보유요건인 사업관련성 요건이 폐지었고, 손자회사가 완전지배회사가 되는 경우 증손회사의 보유가 허용되었다.

## II. 규제대상

### 1. 지주회사

#### (1) 개념

공정거래법에서는 규제대상인 지주회사를 일정한 범위로 제한하고 있다. 공정거래법상 지주회사는 주식 또는 지분의 소유를 통하여 국내회사의 사업내용을 지배하는 것을 주된 사업으로 하는 회사로서, 자산총액이 1천억원 이상인 회사를 말한다(법 2조 1의2호). 자산총액의 산출은 ① 해당 사업연도에 새로이 설립되었거나 합병 또는 분할·분할합병·물적분할을 한 회사의 경우에, 각각 설립등기일·합병등기일 또는 분할등기일 현재의 대차대조표상 자산총액을 기준으로 하며, ② 기타의 회사의 경우에는 직전 사업연도 종료일[248] 현재의 대차대조표상의 자산총액을 기준으로 한다(령 2조 1항).

공정거래법에서 '지분'을 포함한다고 되어 있으므로, 지주회사의 법적형태는 주식회사에 한정되지 않고 인적회사(합명회사, 합자회사) 및 유한회사의 형태도 가능하다. 공정거래법의 규정 이외에도, 지주회사의 정의와 판정기준, 지주회사 등의 행위제한의무 등에 대하여 구체적인 해석기준을 제시하여 사업자의 예측가능성과 편의성을 제고하는 동시에, 법집행의 객관성 및 투명성을 확보하기 위하여 "지주회사 관련 규정에 관한 해석지침"[249]이 제정되어 있다.

### (2) 요건

#### 1) 다른 국내회사의 사업지배

지주회사는 다른 국내회사의 사업내용을 지배하는 것을 목적으로 하는 회사이다. 따라서 다른 국내회사의 주식을 취득하더라도, 순수투자와 같이 지배 이외의 목적인 경우에는 지주회사로 보지 않는다. 여기서 '지배한다'는 의미는 주식보유에 기하여 다른 회사의 사업활동을 자기회사의 의사에 따르도록 하는 것을 말하며, 다른 회사의 사업상 의사결정을 좌우할 정도의 영향력을 갖는 것을 의미한다. 주식회사의 경우에는 적어도 주주총회 결의를 좌우할 정도의 주식을 보유하는 것이 되겠으나, 소수의 주식을 보유하더라도 종합적으로 판단하며 지배가능한 상태이면 될 것이다.

그리고 피지배회사는 국내회사이어야 하므로, 외국회사를 지배할 것을 목적으로 하는 회사는 공정거래법상 지주회사에 해당하지 않는다.

**대법원 2006. 11. 23. 선고 2004두8583 판결**

구 공정거래법(2004. 12. 31. 법률 제7315호로 개정되기 전의 것) 제8조의2 제2항은 일반지주회사의 자회사가 다른 국내회사의 주식을 소유하는 것 그 자체를 금지하는 것이 아니라 다른 국내회사의 주식을 '지배목적'으로 소유하는 것만을 금지하고 있는데, 자회사가 당해 지주회사의 주식을 '지배목적'으로 소유하는 경우를 상정하기 어려운 점 및 위 규정의 입법 취지는 지주회사가 자회사를 통하여 계열기업을 확장하는 것을 억제하기 위하여 자회사가 그 사업내용과 밀접한 관련이 없는 손자회사를 두는 행위를 금지하고자 하는 데 있는 점에 비추어 볼 때, 같은 법 제8조의2 제2항 소정의 '다른 국내회사'에 자회사의 당해 지주회사는 포함되지 않는다고 해석함이 상당하다.

248) 사업연도 종료일 이전의 자산총액을 기준으로 지주회사 전환신고를 하는 경우에는 해당 전환신고 사유의 발생일을 말한다.

249) 공정거래위원회 예규 제70호 개정 2009. 8. 12.

2) 주식소유에 의한 지배

지주회사는 다른 회사의 주식 또는 지분을 보유함으로써 그 상대방 회사를 지배하는 것이다.[250] 따라서 임원겸임이나 영업 또는 경영에 관한 계약체결을 통하여 다른 회사를 지배하는 경우는 공정거래법상의 지주회사가 될 수 없다.

3) 주된 사업

지주회사는 다른 국내회사의 사업지배를 주된 사업으로 하여야 한다. 해당회사의 주된 사업목적이 거기에 해당되는가 여부는 회사의 정관만으로 판단할 것이 아니고, 자산에서 차지하는 소유주식 금액의 비율, 회사 수익의 원천, 지주비율, 임원파견, 주식소유와 당해회사 사업활동 사이의 관계, 주식소유와 피지배회사에 대한 영향력 등의 실제적 상황을 종합적으로 고려하여 판단해야 한다.

그러나 주된 사업인가 여부의 판단은 용이한 것이 아니다. 공정거래법 시행령에서는 주된 사업으로 하는 경우의 기준을 회사가 소유하고 있는 자회사의 주식 또는 지분 가액의 합계액이 해당 회사 자산총액의 50% 이상인 경우로 정하고 있다(법 2조 1의2호; 령 2조 2항). 따라서 해당회사가 순수지주회사인가 사업지주회사인가는 문제되지 않는다.

### (3) 지주회사 적용제외

지주회사는 일정한 행위가 금지되며 이를 위반한 경우에는 처벌을 받게 된다. 따라서 보유주식 감소 또는 자산증감 등으로 인하여 지주회사로서의 요건을 충족하지 못하게 된 경우에는 지주회사로부터 제외할 필요가 있다.

지주회사로서 사업연도중 소유주식의 감소, 자산의 증감 등으로 인하여 지주회사기준에 해당하지 않게 된 회사가 이를 공정거래위원회에 신고하면, 당해 사유가 발생한 날부터 이를 지주회사로 보지 아니한다(령 15조 4항).

## 2. 자회사 등

일반적으로 다른 회사와 지배종속관계에 있는 피지배회사를 자회사라고 한다. 공정거래법상 '자회사'라 함은, 지주회사에 의하여 그 사업내용을 지배받는 국내회사를 말한다(법 2조 1의3호). 자회사는 ① 지주회사의 계열회사이어야 하며, ② 지주회사가 소유하는 주식이 동일인 또는 동일인관련자(령 11조 1호·2호) 중 최다출자자가 소유하는 주식과 같거나 많아야 한다(령 2조 3항). 다만「중소기업 창업지원법」에 따라 설립된 중소기업창업투자회사 또는「여신전문금융업법」에 따라 설립된 신기술사업금융업자가 창업투자 또는 신기술사업자 지원의 목적으로 다른 국내회사의 주식을 취득하여 나타나는 계열회사는 ①의 계열회

250) 자회사 주식의 보유기준에 대한 제한은 지주회사의 금지행위에 관한 법 제8조의2 제2항 제2호에서 규정하고 있다.

사에서 제외한다.

공정거래법상 '손자회사'란 자회사에 의하여 사업내용을 지배받는 국내회사를 말한다(법 2조). 손자회사의 요건은 ① 자회사의 계열회사일 것, ② 자회사가 소유하는 주식이 동일인 또는 동일인관련자(령 11조 1호 · 2호) 중 최다출자자가 소유하는 주식과 같거나 많을 것으로 되어 있다(령 2조 4항).

공정거래법상 '증손회사'는 손자회사의 지배를 받는 회사를 말한다. 공정거래법상 일반지주회사의 손자회사는 국내계열회사의 주식을 소유할 수 없는 것이 원칙이지만, 일정한 예외적 경우에는 그러한 주식소유가 가능하다(법 8조의2 4항). 특히 손자회사는 국내계열회사(금융업 · 보험업을 영위하는 회사는 제외)의 발행주식총수를 보유할 수 있게 되어 있으므로(동항 4호), 손자회사가 완전 모회사가 될 경우에 증손회사가 발생할 수 있다. 증손회사도 원칙적으로 국내계열회사의 주식을 소유할 수 없으나, 예외적으로 그 소유가 허용되는 경우가 있다(동조 5항).

## III. 설립 및 전환

### 1. 설립 및 전환의 신고절차

#### (1) 신고시기 및 내용

지주회사에 대한 규제를 하기 위해서는 그 존재를 공정거래위원회가 파악하고 있어야 한다. 이를 위하여, 지주회사를 설립하거나 지주회사로 전환한 자[251]는 공정거래위원회에 신고하여야 한다(법 8조). 즉, 지주회사를 설립하거나 지주회사로 전환한 자는 ① 지주회사를 설립하는 경우에는 설립등기일부터 30일 이내, ② 다른 회사와의 합병 또는 회사의 분할을 통하여 지주회사로 전환하는 경우에는 합병등기일 또는 분할등기일부터 30일 이내, ③ 다른 법률에 따라 법 제8조의 적용이 제외되는 회사의 경우에는 다른 법률에서 정하고 있는 제외기간이 지난 날부터 30일 이내, ④ 다른 회사의 주식취득, 자산의 증감 기타의 사유로 인하여 지주회사로 전환하는 경우에는 직전 또는 당해 사업연도 종료일로부터 4개월 이내에 서면으로 신고하여야 한다(령 15조 1항).

신고서에는 신고인의 성명, 지주회사, 자회사, 손자회사와 증손회사의 명칭, 자산총액, 부채총액, 주주현황, 주식소유현황, 사업내용 등을 기재한 신고서에 신고내용을 입증하는 서류를 첨부하여 공정거래위원회에 제출하여야 한다(령 15조 1항).

#### (2) 공동신고 및 대리신고

지주회사의 설립신고에 있어서 설립에 참여하는 자가 2인 이상인 경우에는 공동으로 신

251) 이는 회사 및 회사 이외의 자를 포함하며, 내국인 및 국내회사 외에 외국인 및 외국회사를 포함한다(지주회사의 설립 · 전환의 신고 및 지주회사 등의 주식소유현황 등의 보고에 관한 요령 2조).

고하여야 하는 것이 원칙이지만, 신고의무자중 1인을 대리인으로 정하여 그 대리인이 신고하도록 할 수 있다(령 15조 3항).

지주회사의 설립 및 전환의 신고절차 및 내용에 관하여는 "지주회사의 설립·전환의 신고 및 지주회사 등의 주식소유현황 등의 보고에 관한 요령"252)이 제정되어 있다.

## 2. 채무보증제한기업집단의 경우

채무보증제한기업집단에 속하는 회사를 지배하는 동일인 또는 그 동일인의 특수관계인이 지주회사를 설립하고자 하거나 지주회사로 전환하고자 하는 경우에는, 계열회사에 대한 채무보증으로서 ① 지주회사와 자회사간의 채무보증, ② 지주회사와 다른 국내계열회사(당해 지주회사가 지배하는 자회사를 제외)간의 채무보증, ③ 자회사 상호간의 채무보증, ④ 자회사와 다른 국내계열회사(당해 자회사를 지배하는 지주회사 및 당해 지주회사가 지배하는 다른 자회사를 제외)간의 채무보증을 해소하여야 한다(법 8조의3). 이는 채무보증에 의한 과다차입을 억제하고 계열회사의 독립경영체제를 확보하며 기업구조조정을 원활화하게 하기 위한 규정이다.

채무보증제한기업집단에 속하는 회사를 지배하는 동일인 또는 당해 동일인의 특수관계인에 해당하는 자가 지주회사의 설립 또는 전환의 신고를 하는 경우에는 법 제8조의3에 열거된 채무보증의 해소실적을 함께 제출하여야 한다(령 15조 2항).

## 3. 지주회사 적용제외의 신고

시행령 제15조 제4항의 규정에 의하여 지주회사의 지위를 상실하게 된 사실을 신고하는 회사는 당해 사유가 발생한 날을 기준으로 한 공인회계사의 회계감사를 받은 대차대조표 및 주식소유현황을 공정거래위원회에 제출하여야 한다. 공정거래위원회는 신고를 받은 날부터 30일 이내에 그 심사결과를 신고인에게 통지하여야 한다(령 15조 5항). 기타 구체적인 신고절차에 대하여는 "지주회사의 설립·전환의 신고 및 지주회사 등의 주식소유현황 등의 보고에 관한 요령" 제8조에 규정되어 있다.

**서울고등법원 2004. 7. 1. 선고 2003누8557 판결**

공정거래법 제8조의2 제2항은, 일반지주회사의 자회사가 다른 국내회사의 주식을 지배목적으로 소유할 수 없도록 하면서 예외적으로 당해 자회사의 사업내용과 밀접한 관련이 있는 회사 및 당해 자회사를 지배하는 일반지주회사의 다른 자회사의 주식을 소유하는 것만을 허용하고 있는바, 화성사는 지주회사로서 주식의 소유를 통하여 자회사의 사업내용을 지배하는 것을 주된 사업으로 하고 있어 부동산 임대업

252) 개정 2009. 8. 20. 공정거래위원회 고시 제2009-30호.

및 유통업을 영위하는 원고의 사업내용과는 직접 관련이 없을 뿐만 아니라 다른 자회사에도 해당되지 아니하므로, 지주회사는 '다른 국내회사'에 포함되어 원고가 당해 지주회사인 화성사의 주식을 소유하는 것은 금지된다고 보아야 할 것이다.

입법취지의 면에서 보더라도, 위 규정이 순환식 상호출자에 의하여 피라미드식으로 지배영역을 확장함으로써 경제력이 집중되는 것을 방지하기 위한 것이라 할 것인데, 나아가 지주회사-자회사-손자회사-지주회사로 이어지는 순환식 상호출자 중 손자회사가 생략되는 경우 직접적인 상호출자로 부채비율요건을 탈법적으로 충족하여 가공자본을 형성하고, 다른 자회사의 설립을 가능하게 하여 궁극적으로는 지배영역 확장을 통한 경제력 집중을 가져올 수 있다고 할 것이므로(원고가 주장하는 바와 같이 상법이나 기타 공정거래법의 대규모기업집단의 출자총액제한과의 관계에서 중복 규제 문제가 없는 것은 아니나, 그렇다고 하여 위와 같은 가능성을 배제할 수 없는 이상 그 적용을 배제할 수는 없다 할 것임) 자회사의 일반지주회사 주식소유도 금지된다고 보아야 할 것이다.

# IV. 행위의 제한

## 1. 지주회사의 행위제한

### (1) 부채비율의 상한

지주회사는 대차대조표상 자본총액의 2배를 초과하는 부채액을 보유하는 행위를 하여서는 아니된다. 즉 자본총액에 내하여 부채액을 200% 이하로 유지하여야 하는 것이다. 다만, 지주회사로 전환하거나 설립될 당시에 자본총액의 2배를 초과하는 부채액을 보유하고 있는 때에는, 지주회사로 전환하거나 설립된 날부터 2년 동안 자본총액의 2배를 초과하는 부채액을 보유할 수 있다(법 8조의2 2항 1호). 즉 예외적인 경우가 아닌 한, 지주회사는 자본총액에 대한 부채비율을 200% 이하로 유지하여야 하는 것이다. 이는 과도한 외부차입에 의하여 지주회사의 규모를 확대하는 것을 방지함으로써 그 재무건전성을 확보하려는 것이다.

### (2) 자회사 주식의 보유기준

소액자본에 의한 계열확장을 방지하고 자회사의 소수주주를 보호하기 위하여 지주회사는 자회사의 주식을 그 자회사 발행주식총수의 40% 미만으로 소유하는 행위는 금지된다(법 8조의2 1항 2호). 그러나 자회사가 상장법인인 경우, 국외상장법인인 경우, 공동출자법인인 경우 또는 벤처지주회사의 자회사인 경우에는 20%로 한다. 이를 '자회사주식보유기준'이라 한다.

여기서 '상장법인'이란, 「자본시장과 금융투자업에 관한 법률」에 따른 주권상장법인을 말한다. '국외상장법인'이란 주식소유의 분산요건 등 상장요건이 국내 유가증권시장의 상장요건에 상당하는 것으로 공정거래위원회가 고시하는 국외 증권거래소에 상장된 법인을 말한다(동항 2호). 또한 '공동출자법인'이란 경영에 영향을 미칠 수 있는 상당한 지분을 소유하고 있는 2인 이상의 출자자(특수관계인의 관계에 있는 출자자 중 대통령령이 정하는 자외의 자는 1인으로 본다)가 계약 또는 이에 준하는 방법으로 출자지분의 양도를 현저히 제한하고 있어서 출자자간 지분변동이 어려운 법인을 말한다(법 8조의2 1항 1호). '벤처지주회사'란 「벤처기업육성에 관한 특별조치법」 제2조 제1항에 따른 벤처기업을 자회사로 하는 지주회사로서 대통령령이 정하는 기준에 해당하는 지주회사를 말한다(동항 2호).

위와 같이 지주회사는 자회사 발행주식 총수의 일정비율 이상을 소유해야 하는 것이 원칙이다. 그러나 다음 중 어느 하나에 해당하는 사유로 인하여 자회사 주식보유기준에 미달하게 되는 것은 허용된다(법 8조의2 1항 2호 단서).

① 지주회사로 전환하거나 설립될 당시에 자회사의 주식을 자회사주식보유기준 미만으로 소유하고 있는 경우로서, 지주회사로 전환하거나 설립된 날부터 2년 이내인 경우

② 상장법인 또는 국외상장법인이거나 공동출자법인이었던 자회사가 그에 해당하지 아니하게 되어 자회사주식보유기준에 미달하게 된 경우로서, 그 해당하지 아니하게 된 날부터 1년 이내인 경우

③ 벤처지주회사이었던 회사가 그에 해당하지 아니하게 되어 자회사주식보유기준에 미달하게 된 경우로서, 그 해당하지 아니하게 된 날부터 1년 이내인 경우

④ 자회사가 주식을 모집하거나 매출하면서 「자본시장법」 제165조의7(우리사주조합원에 대한 우선배정) 규정에 따라 우리사주조합에 우선 배정하거나, 당해 자회사가 「상법」의 규정에 따라 발행한 전환사채 또는 신주인수권부사채의 전환이 청구되거나 신주인수권이 행사되어 자회사주식보유기준에 미달하게 된 경우로서, 그 미달하게 된 날부터 1년 이내인 경우

⑤ 자회사가 아닌 회사가 자회사에 해당하게 되고 자회사주식보유기준에는 미달하는 경우로서, 당해 회사가 자회사에 해당하게 된 날부터 1년 이내인 경우

⑥ 자회사를 자회사에 해당하지 아니하게 하는 과정에서 자회사주식보유기준에 미달하게 된 경우로서, 그 미달하게 된 날부터 1년 이내인 경우(자회사주식보유기준에 미달하게 된 날부터 1년 이내에 자회사에 해당하지 아니하게 된 경우에 한한다)

⑦ 자회사가 다른 회사와 합병하여 자회사주식보유기준에 미달하게 된 경우로서, 그 미달하게 된 날부터 1년 이내인 경우

### (3) 비계열회사인 국내회사의 주식보유

자회사 주식보유의 최소조건의 실효성을 확보하고 지주회사의 지배범위 확대로 인한 경제력집중 심화를 방지하기 위하여, 공정거래법은 비계열회사 및 자회사가 아닌 계열회사의 주식 보유를 금지하고 있다. 즉, 지주회사는 ① 계열회사가 아닌 국내회사의 주식을 당해 회사 발행주식총수의 5%를 초과하여 소유하는 행위 또는 ② 자회사 외의 국내계열회사의 주식을 소유하는 행위를 할 수 없다. 여기서 ①은 그 국내회사가 「사회기반시설에 대한 민간투자법」에 정한 방식으로 민간투자사업을 영위하는 회사인 경우와, 당해 지주회사가 소유하

고 있는 비계열 국내회사의 주식가액의 합계액이 자회사의 주식가액의 합계액의 15% 미만인 경우에는 적용하지 않는다(법 8조의2 2항 3호 본문).

그러나 다음 중 하나에 해당하는 사유로 인하여 주식을 소유하고 있는 비계열 국내회사나 국내계열회사의 경우에는, 일정한 기간 동안 위의 주식보유제한을 받지 않는다(법 8조의2 1항 3호). ⓐ 지주회사로 전환하거나 설립될 당시에 위와 같은 주식보유를 하고 있는 경우로서, 지주회사로 전환하거나 설립된 날부터 2년 이내인 경우, ⓑ 계열회사가 아닌 회사를 자회사로 만드는 과정에서, 위와 같은 주식보유를 하게 된 날부터 1년 이내인 경우(같은 기간 내에 자회사로 편입된 경우에 한정함), ⓒ 주식을 소유하고 있지 아니한 국내계열회사를 자회사로 만드는 과정에서, 그 국내계열회사 주식을 소유하게 된 날부터 1년 이내인 경우(같은 기간 내에 자회사로 편입된 경우에 한정함), ⓓ 자회사를 자회사가 아닌 회사로 만드는 과정에서, 당해 자회사가 자회사에 해당하지 아니하게 된 날부터 1년 이내인 경우

### (4) 금융지주회사의 비금융자회사의 주식소유

종래 금융업 중에서 은행업, 증권업, 보험업 등은 겸영하지 않는 것이 원칙이었다. 그러나 금융업의 통합화가 세계적인 추세로 되면서 우리나라도 이에 동참하고 있다. 공정거래법에서도 같은 입장을 반영하여 금융지주회사가 여러 종류의 금융업을 영위하는 자회사를 거느릴 수 있도록 하고 있다. 그러나 산업자본과 금융자본의 상호침투는 경제력집중을 촉진할 우려가 있고, 한 부문에서 문제가 발생하면서 다른 부문의 존립에까지 영향을 미치는 경우가 많으므로 양자 간의 연결을 차단(fire-wall)하기 위하여 공정거래법에서는 금융지주회사가 비금융자회사의 주식을 소유하지 못하도록 하고 있다.

즉 금융업 또는 보험업을 영위하는 자회사의 주식을 소유하는 지주회사 곧 금융지주회사는 금융업 또는 보험업을 영위하는 회사 외의 국내회사의 주식을 소유하지 못한다(법 8조의2 2항 4호 본문). 여기서 금융업 또는 보험업을 영위하는 회사란, ① 금융회사 또는 보험회사에 대한 전산 및 정보처리 등 역무의 제공, ② 금융회사 또는 보험회사가 보유한 부동산 기타 자산의 관리, ③ 금융업 또는 보험업과 관련된 조사 및 연구, ④ 기타 금융회사 또는 보험회사의 고유업무와 직접 관련되는 사업을 영위하는 회사를 포함한다(령 15조의4).

다만, 금융지주회사로 전환하거나 설립될 당시에 금융업 또는 보험업을 영위하는 회사 외의 국내회사 주식을 소유하고 있는 회사는 금융지주회사로 전환하거나 설립된 날부터 2년 동안 그 국내회사의 주식을 소유할 수 있다(법 8조의2 2항 4호 단서).

### (5) 일반지주회사의 금융자회사 주식의 소유

공정거래법은 산업자본의 금융업 지배를 막고 금융회사를 계열회사로 만들어 부당한 방법으로 산업자본을 조달하는 것을 방지하기 위하여 일정한 제한을 두고 있다. 즉, 금융지주회사외의 일반지주회사는 금융업 또는 보험업을 영위하는 국내회사의 주식을 소유하지 못

한다. 다만, 일반지주회사로 전환하거나 설립될 당시에 금융업 또는 보험업을 영위하는 국내회사의 주식을 소유하는 회사는, 일반지주회사로 전환하거나 설립된 날부터 2년 동안 그 국내회사의 주식을 소유할 수 있다(법 8조의2 2항 5호).

## 2. 일반지주회사의 자회사에 대한 행위제한

### (1) 손자회사 주식보유기준의 준수

일반지주회사의 자회사는 손자회사의 주식을 그 손자회사 발행주식 총수의 40% 미만, 그 손자회사가 상장법인 또는 국외상장법인이거나 공동출자법인인 경우에는 20% 미만으로 소유할 수 없다(법 8조의2 3항 1호).

그러나 일반지주회사의 자회사가 다음 중 하나에 해당하는 사유로 인하여 손자회사 주식보유기준에 미달하게 된 경우, 일정한 기간 동안 그 기준위반이 허용된다(동호 단서).

① 자회사가 될 당시에 손자회사의 주식을 손자회사 주식보유기준 미만으로 소유하는 경우, 자회사에 해당하게 된 날부터 2년 이내

② 상장법인 또는 국외상장법인이거나 공동출자법인이었던 손자회사가 그에 해당하지 아니하여 손자회사 주식보유기준에 미달하게 된 경우, 그 해당하지 아니하게 된 날부터 1년 이내인 경우

③ 손자회사가 주식을 모집 또는 매출하면서 「자본시장법」 제165조의7(우리사주조합원에 대한 우선배정)의 규정에 따라 우리사주조합에 우선 배정하거나, 손자회사가 「상법」의 규정에 따라 발행한 전환사채 또는 신주인수권부사채의 전환이 청구되거나 신주인수권이 행사되어 손자회사 주식보유기준에 미달하게 된 경우, 그 미달하게 된 날부터 1년 이내

④ 손자회사가 아닌 회사가 손자회사에 해당하면서 손자회사 주식보유기준에는 미달하는 경우, 당해 회사를 손자회사로 만든 날부터 1년 이내

⑤ 손자회사를 손자회사가 아닌 회사로 만드는 과정에서 손자회사 주식보유기준에 미달하게 된 경우, 그 미달하게 된 날부터 1년 이내(같은 기간 내에 손자회사에 해당하지 아니하게 된 경우에 한한다)

⑥ 손자회사가 다른 회사와 합병하여 손자회사 주식보유기준에 미달하게 된 경우, 그 미달하게 된 날부터 1년 이내

### (2) 손자회사가 아닌 국내계열회사의 주식소유

순환식 상호출자에 의한 부채비율의 회피를 방지하고 지배영역확장을 방지하기 위하여, 공정거래법상 일반지주회사의 자회사는 손자회사가 아닌 국내계열회사의 주식을 소유할 수 없다(법 8조의2 3항 2호). 그러나 일반지주회사의 자회사가 손자회사 이외의 국내계열회사의 주식을 소유하더라도 다음 중 하나에 해당하는 사유로 인한 것이라면, 그 주식소유가

일정한 기간 동안 허용된다(동호 단서).

① 자회사가 될 당시에 주식을 소유하고 있는 국내계열회사의 경우로서 자회사에 해당하게 된 날부터 2년 이내
② 계열회사가 아닌 회사를 손자회사에 해당하게 하는 과정에서 당해 회사가 계열회사에 해당하게 된 날부터 1년 이내(같은 기간 내에 손자회사에 해당하게 된 경우에 한함)
③ 주식을 소유하고 있지 아니한 국내계열회사를 손자회사에 해당하게 하는 과정에서 당해 계열회사의 주식을 소유하게 된 날부터 1년 이내(같은 기간 내에 손자회사에 해당하게 된 경우에 한함)
④ 손자회사를 손자회사에 해당하지 아니하게 하는 과정에서 당해 손자회사가 손자회사에 해당하지 아니하게 된 날부터 1년 이내(같은 기간 내에 계열회사에 해당하지 아니하게 된 경우에 한함)
⑤ 손자회사가 다른 자회사와 합병하여 그 다른 자회사의 주식을 소유하게 된 경우, 주식을 소유한 날부터 1년 이내
⑥ 자기주식을 보유하고 있는 자회사가 회사분할로 인하여 다른 국내계열회사의 주식을 소유하게 된 경우, 주식을 소유한 날부터 1년 이내

#### (3) 금융회사·보험회사를 손자회사로 지배하는 행위

일반지주회사의 자회사는 금융업이나 보험업을 영위하는 회사를 손자회사로 지배할 수 없다. 그러나 일반지주회사의 자회사가 될 당시에 금융업이나 보험업을 영위하는 회사를 손자회사로 지배하고 있는 경우, 자회사에 해당하게 된 날부터 2년간 그 손자회사를 지배할 수 있다(법 8조의2 3항 3호).

### 3. 일반지주회사의 손자회사에 대한 행위제한

#### (1) 증손회사 소유의 금지

일반지주회사의 손자회사는 국내계열회사의 주식을 소유할 수 없다(법 8조의2 4항). 따라서 일반지주회사는 원칙적으로 증손회사를 소유할 수 없다. 그러나 다음 중 하나에 해당하는 경우에는 일정한 기간 동안 그 손자회사의 주식소유가 허용된다(동항 단서).

① 손자회사가 될 당시에 주식을 소유하고 있는 국내계열회사의 경우, 손자회사에 해당하게 된 날부터 2년 이내
② 주식을 소유하고 있는 계열회사가 아닌 국내회사가 계열회사에 해당하게 된 경우, 당해 회사가 계열회사에 해당하게 된 날부터 1년 이내
③ 자기주식을 소유하고 있는 손자회사가 회사분할로 인하여 다른 국내계열회사의 주식을 소유하게 된 경우, 주식을 소유한 날부터 1년 이내

#### (2) 예외적 허용

손자회사의 지배를 받는 완전자회사는 사실상 손자회사의 사업부서의 일종이라고 볼 수 있다. 따라서 손자회사가 계열회사의 주식을 100% 소유하는 경우에는 예외적으로 증손회사를 허용하고 있다. 그러나 금융회사 및 보험회사는 증손회사가 될 수 없다(법 8조의2 4항 4호).

### 4. 일반지주회사의 증손회사의 행위제한

일반지주회사의 증손회사(법 8조의2 4항 4호)는 국내계열회사의 주식을 소유하지 못한다. 그러나 ① 증손회사가 될 당시부터 회사가 소유한 국내계열회사의 주식은 증손회사에 해당하게 된 날부터 2년 이내, ② 계열회사가 아니었던 국내회사가 계열회사에 해당하게 된 경우에는 그 회사가 계열회사에 해당하게 된 날부터 1년 이내에 증손회사의 계열회사 주식 소유가 허용된다(법 8조의2 5항).

### 5. 유예기간의 연장

위 주식소유제한에 관한 법 제8조의2 제2항 제1호 단서, 제2항 제2호 가목, 제2항 제3호 가목, 제2항 제4호 단서, 제2항 제5호 단서, 제3항 제1호 가목, 제3항 제2호 가목, 제3항 제3호 단서, 제4항 제1호 및 제5항 제1호의 유예기간을 적용함에 있어서, 각 유예기간은 주식가격의 급격한 변동 등 경제여건의 변화, 주식처분금지계약, 사업의 현저한 손실, 그 밖의 사유로 인하여 부채액을 감소시키거나 주식의 취득이나 처분 등이 곤란한 경우에는 공정거래위원회의 승인을 얻어 2년을 연장할 수 있다(법 8조의2 6항).

### 6. 지주회사의 사업보고서 제출의무

지주회사는 대통령령이 정하는 바에 의하여 당해 지주회사·자회사·손자회사 및 증손회사의 주식소유현황·재무상황 등 사업내용에 관한 보고서를 공정거래위원회에 제출하여야 한다(법 8조의2 7항). 그 보고서에는 지주회사 등의 명칭·소재지·설립일·사업내용 및 대표자의 성명 등 회사의 일반현황, 지주회사 등의 주주현황, 지주회사 등의 주식소유현황, 지주회사 등의 납입자본금·자본총액·부채총액·자산총액 등 재무현황이 기재되어야 한다. 지주회사는 이러한 보고서를 당해사업연도 종료 후 4개월 이내에 공정거래위원회에 제출하여야 한다(령 15조의6 1항).

## V. 탈법행위의 금지

누구든지 지주회사 등의 행위제한에 관한 법 제8조의2 제2항부터 제5항과 채무보증제한기업집단의 지주회사 설립제한에 관한 법 제8조의3의 규정의 적용을 면탈하려는 행위를 하여서는 아니된다(법 15조 1항). 탈법행위의 유형 및 기준은 시행령으로 정한다(동조 2항).

## VI. 법 위반의 효과

### 1. 행정적 제재

#### (1) 시정조치

공정거래위원회는 지주회사 등의 행위제한(법 8조의2 2항부터 5항), 채무보증제한기업집단의 지주회사 설립제한(법 8조의3), 탈법행위의 금지(법 15조)의 규정에 위반하거나 위반할 우려가 있는 행위가 있는 때에는 당해 사업자 또는 위반행위자에 대하여 당해 행위의 중지, 주식의 전부 또는 일부의 처분, 임원의 사임, 영업의 양도, 시정명령을 받은 사실의 공표, 공시의무의 이행 또는 공시내용의 정정, 기타 법위반상태를 시정하기 위하여 필요한 조치를 명할 수 있다(법 16조 1항).

공정거래위원회는 채무보증제한기업집단의 지주회사 설립제한(법 8조의3)의 규정에 위반한 회사의 합병 또는 설립이 있는 때에는 당해 회사의 합병 또는 설립무효의 소를 제기할 수 있다(법 16조 2항). 또한 시정조치(법 16조 1항)로서 주식처분명령을 받은 자는 그 명령을 받은 날부터 당해 주식에 대하여는 그 의결권을 행사할 수 없다(법 18조 1항).

#### (2) 과징금

공정거래위원회는 지주회사 등의 행위제한(법 8조의2 2항 내지 5항)을 위반한 자에 대하여 다음 각 금액에 10%를 곱한 금액까지 과징금을 부과할 수 있다(법 17조 4항).

① 지주회사의 부채비율제한(법 8조의2 2항 1호)의 규정을 위반한 경우에는 기준대차대조표[253]상 자본총액의 2배를 초과한 부채액

② 지주회사의 자회사 주식보유기준의 제한(법 8조의2 2항 2호)의 규정을 위반한 경우에는 그 자회사 주식의 기준대차대조표상 장부가액의 합계액에 자회사 주식보유기준율(자회사가 상장법인, 국외상장법인, 공동출자법인인 경우 및 벤처지주회사의 자회사인 경우에는 20%, 기타의 경우에는 40%)에서 그 자회사 주식의 소유비율을 뺀 비율을 곱한 금액을 그 자회사 주식의 소유비율로 나누어 산출한 금액

③ 지주회사가 자회사 아닌 국내회사 주식소유의 제한(법 8조의2 2항 3호), 금융지주회사의 비금융자회사 주식소유제한(동 4호), 일반지주회사의 금융자회사 주식소유제한(동 5호), 일반지주회사 자회사의 손자회사 아닌 국내회사 주식소유제한(동조 3항 2호), 일반지주회사 손자회사의 국내계열회사 주식소유제한(동조 4항), 일반지주회사의 증손회사의 국내계열회사 주식소유제한(동조 5항)을 위반한 경우에는 위반하여 소유하는

---

253) 기준대차대조표라 함은 법 제8조의2 제2항 내지 제4항의 규정을 위반한 사실이 최초로 나타난 대차대조표를 말한다. 대차대조표 작성 전에 법 위반행위(법 8조의2 2항 1호의 법 위반행위를 제외)가 시정되어 대차대조표에 법 위반사실이 나타나지 않는 경우에는 법위반 일을 기준으로 작성한 대차대조표에 따른다(령 23조의2).

주식의 기준대차대조표상 장부가액의 합계액

④ 일반지주회사 자회사의 손자회사 주식보유기준 제한(법 8조의2 3항 1호)의 규정을 위반한 경우에는 그 손자회사 주식의 기준대차대조표상 장부가액의 합계액에 자회사 주식보유기준율(자회사가 상장법인, 국외상장법인, 공동출자법인인 경우 및 벤처지주회사의 자회사인 경우에는 20%, 기타의 경우에는 40%)에서 그 손자회사 주식의 소유비율을 뺀 비율을 곱한 금액을 그 손자회사 주식의 소유비율로 나누어 산출한 금액

## 2. 민사적 제재

### (1) 손해배상책임

지주회사의 행위제한 규정에 위반한 행위로 인하여 피해를 입은 자가 있는 경우에는 해당회사가 그 피해자에 대하여 손해배상의 책임을 진다. 그러나 그 사업자가 고의 또는 과실이 없음을 입증한 경우에는 그러하지 아니하다(법 56조).

지주회사가 금지된 행위를 함으로써 손해가 발생된 것은 인정되나, 그 손해액을 입증하기 위하여 필요한 사실을 입증하는 것이 해당 사실의 성질상 극히 곤란한 경우에는, 법원은 변론 전체의 취지와 증거조사의 결과에 기초하여 상당한 손해액을 인정할 수 있다(법 57조).

### (2) 위반행위의 사법상 효과

지주회사가 그 행위제한 규정에 위반한 행위를 한 경우, 그 행위들의 사법상의 효력에 관하여는 일반적인 규정이 없다. 따라서 그러한 행위의 효력 여하에 대해서는 해석에 의하여 판단해야 한다. 다만 채무보증제한 기업집단의 채무보증해소요건을 갖추지 않은 채 지주회사를 설립한 경우에는, 공정거래위원회가 그 지주회사의 합병무효 또는 설립무효의 소를 제기할 수 있다(법 16조 2항).

이에 관하여 공정거래법의 취지를 고려하여 이를 무효로 보아야 한다는 무효설,[254] 거래의 안전을 고려하여 유효로 보아야 한다는 유효설,[255] 기업결합행위는 무효이지만 무효의 효과를 제한해야 한다는 제한적 무효설,[256] 명문규정으로 법위반행위를 무효로 하고 있는 부당한 공동행위와 달리 합병·신회사설립을 당연무효로 하지 않고 설립무효의 제소사유로만 규정하고 있는 점을 고려하여 원칙적으로 유효이지만 필요한 경우 민법상의 신의칙에 따른 유효성심사를 하여야 한다는 상대적 유효설[257] 등이 있다.

지주회사에게 일정행위를 금지하는 것은 부당한 방법에 의한 계열확장의 방지, 회사재무구조의 부실화 방지 등을 위한 공익적 목적이 있다. 그러나 이를 전면적으로 무효라고 할 경

254) 황적인 · 권오승, 『경제법』, 법문사, 1995, 141면; 권오승, 『경제법』 제5판, 법문사, 2006, 235면.
255) 손주찬, 앞의 책, 103면.
256) 이기수 · 유진희, 『경제법』 제5판, 세창출판사, 2003, 129-130면.
257) 정호열, 앞의 책, 255면.

우에는 다수의 이해관계자의 피해가 염려된다. 따라서 그 금지행위위반은 행정적 규제 특히 시정조치에 의하여 구제하여야 할 것이다. 다만 합병 또는 설립 무효의 소제기에 관하여는 소급효의 제한 등이 적용되고 그 합병 또는 설립이 무효임을 전제로 하고 있으므로 해당 행위를 무효로 보아야 할 것이다.

### 3. 형사적 제재

지주회사의 행위제한(법 8조의2 2항 내지 5항), 채무보증제한 기업집단의 지주회사 설립제한(법 8조의3), 탈법행위의 금지(법 15조) 규정에 위반하여 지주회사로 전환하거나 설립한 자는 3년 이하의 징역 또는 2억원 이하의 벌금에 처한다(법 66조 1항 3호, 4호, 8호). 이 징역형과 벌금형은 병과할 수 있다(동조 2항). 또한 공정거래위원회의 시정조치(법 16조 1항)에 따르지 않은 자는 2년 이하의 징역 또는 1억 5천만원 이하의 벌금에 처한다(법 67조 6호). 지주회사 설립 또는 전환의 신고규정(법 8조)에 위반하여 지주회사의 설립 또는 전환의 신고를 하지 아니하거나 허위의 신고를 한 자, 지주회사 등의 행위제한규정(법 8조의2 7항)을 위반하여 당해 지주회사 등의 사업내용에 관한 보고를 하지 아니하거나 허위의 보고를 한 자는, 1억원 이하의 벌금에 처한다(법 68조 1호, 2호).

# 제3절 상호출자제한기업집단 등에 대한 규제

## I. 개관

### 1. 규제의 취지

#### (1) 기업집단의 경제적 기능

일반적으로 1개의 지배회사와 종속적인 1개 이상의 회사들이 통합적인 경영아래에 운영되는 것을 기업집단(corporate group)이라고 하며, 재벌이라고도 부른다.

기업집단은 여러 회사를 실질적으로는 경제적 동일체로 운영하여, 경영상의 효율성을 도모할 수 있다. 기업의 집단화에는 시장이용에 따라 생기는 거래비용, 위험비용, 불확실성 비용, 생산기술이나 시장에 관한 정보비용·경영비용·자금비용 등의 절감과, 은행으로부터의 유리한 대부 이익, 동일한 상표 사용에 의한 광고, 선전비의 절감, 집단 내의 상호거래에 의한 판로 확보 등의 장점이 있다. 기업집단의 이러한 장점은 기업집단에 소속된 기업의 관점에서는 효율적이라고 할 수 있지만, 국민경제적 이익, 자원의 적정배분, 소비자 후생의 관점에서 보면 효율적이라고 할 수 없다. 공정거래법이 생산의 효율성, 자원배분의 효율성, 소비자 후생에 결부되지 않는 기업의 이익을 보장하기 위한 법제도는 아니다. 따라서 기업집단 소속기업이 행하는 일정한 행위(주식상호보유, 상호구매, 소속회사 간 우선거래 등)가 독점적 시장구조를 심화시키고, 공정한 경쟁질서를 저해할 위험성이 높은 것이므로 일정한 규제가 필요하다.

#### (2) 기업집단에 대한 규제의 경과

기업집단에 대하여 공정거래법은 1986년 개정에서 총자산 4천억원 이상인 기업집단은 대규모기업집단으로 지정하고, 소속 계열회사에 상호출자금지, 타회사 출자총액을 순자산의 40%로 제한하였다. 1992년 개정에서는 대규모기업집단에 속하는 계열회사에 대한 채무보증액을 자기자본의 200%로 제한하였다. 1994년 개정에서 출자총액제한을 강화하여 한도액을 40%에서 25%로 인하하였고, 1996년 개정에서는 채무보증제한을 자기자본의 100%로 강화하는 동시에 부당내부거래의 범위를 '상품 · 용역 거래'에서 '자산 · 자금 · 인력 · 부동산 · 유가증권 · 무체재산권 등 모든 자산을 통한 지원행위'를 포함하는 것으로 확대하였다. 1998년 개정에서는 출자총액제한제도를 폐지하고, 계열회사 간 채무보증제한을 완화하여, 기존의 보증은 2000년 3월말까지 해소하도록 하고, 신규보증은 1998년 4월1일부터 금지하였다. 1999년 12월 개정에서는 출자총액제한이 부활되었으며, 2001년 4월 개정에 의하여 금융거래정보요구권이 연장되었다.

2002년 1월 개정에 의하여 대규모기업집단에 대한 규제방식이 전환되었다. 즉, 1986년 공정거래법에서는 자산총액 4천억원 이상인 기업집단을 대규모기업집단으로 지정하였으나, 1992년 개정법부터는 자산총액을 기준으로 1위부터 30위까지의 기업집단을 대규모기업집단(30대 기업집단)으로 지정해오다가, 2002년 1월 개정에 의하여 다시 대기업집단의 지정방식을 다시 자산총액 기준으로 환원하였다. 그리하여 상호출자제한기업집단 및 채무보증기업집단은 자산규모 2조원이상, 출자총액제한기업집단은 자산규모 5조원 이상으로 규정되었고, 해당 기업집단 소속회사는 기업집단 지정 통지를 받은 날부터 법상의 규제를 받게 되었다. 2004년 개정에서는 출자총액제한기업집단의 자산규모가 5조원 이상에서 6조원 이상으로 상향되었고, 2007년 개정에서는 10조원으로 상향되는 동시에 개별회사의 자산규모가 2조원 이상인 경우에만 그 규제를 받도록 하였다. 2008년 개정에서 상호출자제한기업집단과 채무보증제한기업집단의 자산규모를 2조원 이상에서 5조원 이상으로 상향조정하였다.

### 2. 기업집단

#### (1) 개념

공정거래법에서는 기업집단의 개념에 대하여 동일인이 사실상 그 사업내용을 지배하는 회사의 집단이라고 규정하고 있다. 그리고 동일인이 회사인 경우 그 동일인과 그 동일인이 지배하는 하나 이상의 회사의 집단, 동일인이 회사가 아닌 경우 그 동일인이 지배하는 2 이상의 회사의 집단을 말한다(법 2조 2호).

또한 2 이상의 회사가 동일한 기업집단에 속하는 경우에 이들 회사는 서로 상대방의 계열회사라고 한다(법 2조 3호). 즉 계열회사란 동일한 기업집단에 속하여 공동의 경제적 이익을 가진 회사 상호간의 관계를 말한다.

### (2) 범위

기업집단의 개념의 핵심인 '사실상 사업내용의 지배'는 추상적이므로, 시행령에서는 이를 구체적으로 규정하고 있다. 즉 동일인이 사실상 사업내용을 지배하는 회사에는 형식적인 기준에 의한 유형과 실질적인 기준에 의한 유형의 두 가지가 있다(령 3조).

#### 1) 동일인 등이 최다출자자인 회사

동일인이 단독으로 또는 동일인관련자[258]와 합하여 당해 회사의 발행주식(「상법」 규정에 의한 의결권 없는 주식을 제외) 총 수의 30% 이상을 소유하는 경우로서 최다출자자인 회사

#### 2) 동일인 등이 지배적 영향력을 행사하는 회사

다음 중 하나에 해당하는 회사로서 그 회사의 경영에 지배적인 영향력을 행사하고 있다고 인정되는 회사

① 동일인이 다른 주요 주주와의 계약 또는 합의에 의하여 대표이사를 임면하거나 임원의 50% 이상을 선임하거나 선임할 수 있는 회사
② 동일인이 직접 또는 동일인관련자를 통하여 당해 회사의 조직변경 또는 신규사업에의 투자 등 주요 의사결정이나 업무집행에 지배적인 영향력을 행사하고 있는 회사
③ 동일인이 지배하는 회사(동일인이 회사인 경우에는 동일인을 포함)와 당해 회사 간에 인사교류가 있는 회사
④ 통상적인 범위를 초과하여 동일인 또는 동일인관련자와 자금·자산·상품·용역 등의 거래를 하고 있거나, 채무보증을 하거나 받고 있는 회사, 기타 당해 회사가 동일인 기업집단의 계열회사로 인정될 수 있는 영업상의 표시행위를 하는 등 사회통념상 경제적 동일체로 인정되는 회사

---

258) 여기서 동일인 관련자라 함은 다음의 자를 말한다(령 3조 1호).
① 배우자, 6촌 이내의 혈족, 4촌 이내의 인척(이하 "친족")
② 동일인이 단독으로 또는 동일인관련자와 합하여 총출연금액의 30% 이상을 출연한 경우로서 최다출연자가 되거나 동일인 및 동일인관련자중 1인이 설립자인 비영리법인 또는 단체(법인격이 없는 사단 또는 재단)
③ 동일인이 직접 또는 동일인관련자를 통하여 임원의 구성이나 사업운용 등에 대하여 지배적인 영향력을 행사하고 있는 비영리법인 또는 단체
④ 동일인이 령 제3조 제1호 또는 제2호의 규정에 의하여 사실상 사업내용을 지배하는 회사
⑤ 동일인 및 동일인과 ②, ③, ④의 관계에 해당하는 자의 사용인(법인인 경우에는 임원, 개인인 경우에는 상업사용인 및 고용계약에 의한 피용자)

### (3) 기업집단으로부터의 제외

공정거래위원회는 해당회사가 기업집단에 해당하는 요건을 갖추었더라도 동일인 등이 그 사업내용을 지배하지 않는다고 인정되는 경우에 기업집단에서 제외한다. 또한 기업집단에 해당하는 요건을 갖추고 동일인 등이 그 사업내용을 지배하는 일정한 경우라도, 이해관계자의 요청에 따라 동일인이 지배하는 기업집단의 범위에서 제외될 수 있다(령 3조의2 1항, 2항).

#### 1) 동일인 등이 사업내용을 지배하지 않는 회사

다음의 경우에 해당하면 기업집단에 해당하는 요건을 갖추더라도 기업집단에서 제외한다(령 3조의2 1항).

① 출자자간의 합의 · 계약 등에 의하여 동일인이 임명한 자, 동일인관련자 외의 자가 사실상 경영을 하고 있다고 인정되는 회사

② 독립경영인정기준[259])을 갖춘 회사로서 동일인의 친족이 당해 회사를 독립적으로 경영하고 있다고 인정되는 회사

③ 「채무자 회생 및 파산에 관한 법률」에 의한 파산선고를 받아 파산절차가 진행중인 회사

④ 「기업구조조정 투자회사법」 제2조 제2호의 규정에 의한 약정체결기업에 해당하는 회사로서 일정한 요건[260])을 갖춘 회사

⑤ 「채무자 회생 및 파산에 관한 법률」에 따른 회생절차개시결정을 받아 회생절차가 진행중인 회사로서 일정한 요건[261])을 갖춘 회사

---

259) 가. 동일인이 지배하는 기업집단으로부터 제외를 요청한 각 회사(친족측 계열회사)에 대하여 동일인 및 동일인관련자[친족측 계열회사를 독립적으로 경영하는 자(독립경영자) 및 독립경영자의 요청에 의하여 공정거래위원회가 동일인관련자의 범위로부터 분리를 인정하는 자를 제외]가 소유하고 있는 주식의 합계가 각 회사의 발행주식 총수의 3%(「자본시장과 금융투자업에 관한 법률」에 따른 주권상장법인이 아닌 회사의 경우에는 10%)미만일 것.

나. 동일인이 지배하는 각 회사(동일인이 지배하는 기업집단에서 친족측 계열회사를 제외한 회사 곧 동일인측 계열회사)에 대하여 독립경영자 및 독립경영자와 동일인관련자의 관계에 있는 자가 소유하고 있는 주식의 합계가 각 회사의 발행주식 총수의 3%(주권상장법인이 아닌 회사의 경우에는 15%)미만일 것.

다. 동일인측 계열회사와 친족측 계열회사 간에 임원의 상호 겸임이 없을 것.

라. 동일인측 계열회사와 친족측 계열회사 간에 채무보증이나 자금대차가 없을 것. 다만, 법 제10조의2 제1항 제1호의 규정에 따른 채무보증 및 거래에 수반하여 정상적으로 발생한 것으로 인정되는 채무보증이나 자금대차를 제외한다.

260) 가. 동일인 및 동일인관련자가 소유하고 있는 주식 중 당해 회사 발행주식 총수의 3%(주권상장법인이 아닌 회사의 경우에는 10%)을 초과하여 소유하고 있는 주식에 대한 처분 및 의결권행사에 관한 권한을 채권금융기관(「은행법」 그 밖의 법률에 의한 금융기관으로서 당해 회사에 대하여 신용공여를 한 금융기관)에 위임할 것.

나. 동일인 및 동일인관련자가 가목의 규정에 의한 위임계약의 해지권을 포기하기로 특약을 할 것.

261) 가. 동일인 및 동일인관련자가 소유하고 있는 주식 중 당해 회사 발행주식 총수의 3%(주권상장법인이 아닌 회사의 경우에는 10%)을 초과하여 소유하고 있는 주식에 대한 처분 및 의결권행사에 관한 권한을 「채무자 회생 및 파산에 관한 법률」 제74조에 따른 관리인에게 위임하되 정리절차가 종료된 후에는 당해 권한을 회사가 승계하게 할 것.

나. 동일인 및 동일인관련자가 가목의 규정에 의한 위임계약의 해지권을 포기하기로 특약을 할 것.

#### 2) 국가 등이 투자한 민간투자사업법인

국가 또는 지방자치단체, 「공공기관의 운영에 관한 법률」에 따른 공기업, 특별법에 의하여 설립된 공사 또는 공단 그 밖의 법인이 「사회기반시설에 대한 민간투자법」에 의하여 설립된 민간투자사업법인의 발행주식총수의 20% 이상을 소유하고 있는 경우의 그 민간투자사업법인은 기업집단에서 제외된다. 그러나 이 경우도 다른 회사와의 상호출자가 없고, 출자자외의 자로부터의 채무보증이 없는 경우에 한한다(령 3조의2 2항 1호).

#### 3) 구조조정을 위한 회사 및 독립경영회사

동일한 업종을 영위하는 2 이상의 회사가 사업구조조정을 위하여 자산을 현물출자하거나 합병 등의 방법으로 설립한 회사 또는 「사회기반시설에 대한 민간투자법」에 의한 민간투자사업법인 중 동법 제4조 제1호 내지 제4호의 규정에 의한 방식으로 민간투자사업을 추진하는 회사로서 최다출자자(동일인 및 동일인관련자가 출자한 경우를 포함)가 2인 이상으로서 당해출자자가 임원의 구성이나 사업운용 등에 대하여 지배적인 영향력을 행사하지 아니한다고 인정되는 회사도 기업집단에서 제외된다(령 3조의2 2항 2호).

#### 4) 산학협력기술지주회사 등

「산업교육진흥 및 산학협력촉진에 관한 법률」 제2조 제6호의 산학협력기술지주회사 및 동조 제7호의 자회사 또는 「벤처기업 육성에 관한 특별조치법」 제2조 제8항의 신기술창업전문회사 및 동법 제11조의2 제4항 제2호의 자회사로서 회사설립등기일부터 10년 이내이고 동일인이 지배하는 회사(동일인이 회사인 경우 동일인을 포함)와 출자 또는 채무보증 관계가 없는 회사는 기업집단에서 제외된다(령 3조의2 2항 3호).

### (4) 제외의 요청과 취소

동일인이 지배하는 기업집단으로부터의 제외를 요청하고자 하는 자는 일정한 서류를 공정거래위원회에 제출하여야 한다. 이 경우 공정거래위원회는 「전자정부법」에 따른 행정정보의 공동이용을 통하여 제1항 제2호 다목에 따른 동일인측계열회사 및 친족측계열회사의 법인 등기사항증명서를 확인하여야 한다(령 3조의2 4항).

공정거래위원회는 기업집단으로부터의 제외규정에 의하여 동일인이 지배하는 기업집단의 범위에서 제외된 회사가 그 제외요건에 해당하지 아니하게 된 경우에는 직권 또는 이해관계자의 요청에 의하여 그 제외결정을 취소할 수 있다. 다만, 독립경영인정기준에 의하여 동일인이 지배하는 기업집단의 범위에서 제외된 회사의 경우에는 그 제외된 날부터 3년 이내에 제외요건에 해당하지 않게 된 경우에 한한다(령 3조의2 3항).

## 3. 상호출자제한기업집단 등

### (1) 의의

공정거래법은 소수의 대규모기업집단에 의한 사업지배력의 과도한 집중을 방지하기 위하여 1986년 법 개정시에 대규모 기업집단에 대한 규제를 도입하였다. 이 규제는 예방적·구조적 규제였으나, 2002년 개정시 동태적 규제로 전환하였다. 즉, 자산규모를 기준으로 상위 30위까지의 대규모기업집단만을 규제대상으로 하였으며, 자산 5조원 이상의 기업집단을 출자총액제한기업집단, 자산 2조원 이상의 기업집단을 상호출자제한기업집단·채무보증제한기업집단으로 규정하였다(구 령 17조 1항, 2항, 4항). 다만 규제의 목적이 경제력의 과도한 집중의 방지에 있으므로, 기업집단순위 30위 이내라도 소유분산우량집단 곧 재무구조우량집단은 규제 대상에서 제외하였다(구 령 17조 2항 3호).

이후 2009년 개정에 의하여 출자총액제한제도가 폐지되었고, 이에 따라 출자총액제한기업집단의 지정제도도 폐지되었다. 따라서 현재는 상호출자제한기업집단과 채무보증제한기업집단만이 대규모기업집단으로서 규제대상이 되고 있다. 이를 종래의 대규모기업집단에 대신하여 '상호출자제한기업집단 등' 이라고 한다. 여기에는 KEPCO, 도로공사, LH공사 등의 공기업도 포함되며, 지정규모에 해당하는 한 지주회사도 포함된다.

### (2) 지정 및 지정제외

#### 1) 지정기준

상호출자제한기업집단(법 9조 1항)과 채무보증제한기업집단(법 10조의2 1항)은 그 기업집단에 속하는 국내회사들의 직전 사업연도 대차대조표상의 자산총액의 합계액이 5조원 이상으로서 법 제14조 1항의 규정에 따라 공정거래위원회로부터 지정된 기업집단을 말한다. 다만 금융업 또는 보험업을 영위하는 회사라면 자본총액 또는 자본금 중에서 큰 금액으로 결정하며, 새로 설립된 회사라서 직전사업연도의 대차대조표가 없는 경우에는 지정일 현재의 납입자본금으로 한다(령 17조 1항 본문). 금융회사 등의 경우에 자산총액을 기준으로 하지 않은 것은, 그 자산이 주로 고객들의 예탁금 등으로 구성되어 있기 때문이다.

#### 2) 본래적 지정제외

기업집단이 시행령 제17조 제1항 본문의 기준에 해당하더라도 다음의 경우에는 상호출자제한기업집단에서 제외된다(령 17조 1항 단서).

① 금융업 또는 보험업만을 영위하는 기업집단

② 금융업 또는 보험업을 영위하는 회사가 법 제2조 제2호에서 규정한 동일인인 경우의 기업집단

③ 당해 기업집단에 속하는 회사 중 「채무자 회생 및 파산에 관한 법률」에 따른 회생절차의 개시가 결정되어 그 절차가 진행 중인 회사 또는 「기업구조조정 촉진법」 제12조 제1

항 제1호 내지 제3호의 어느 하나에 해당하는 관리절차의 개시가 결정되어 그 절차가 진행중인 회사의 자산총액의 합계액이 기업집단 전체 자산총액의 50% 이상인 기업집단(다만, ③에서 열거된 회사를 제외한 회사의 자산총액의 합계액이 5조원 이상인 기업집단은 상호출자제한기업집단과 채무보증제한기업집단이 된다).

#### 3) 지정의 해제

상호출자제한기업집단 또는 채무보증제한기업집단이 다음 중 하나에 해당하는 경우에는 그 사유가 발생한 때에 해당 기업집단 지정을 해제할 수 있다(령 21조 7항 1호, 2호).

① 지정일 이후에 당해 기업집단에 소속된 회사 중 「채무자 회생 및 파산에 관한 법률」에 따른 회생절차의 개시가 결정되어 그 절차가 진행 중인 회사 또는 「기업구조조정 촉진법」 제12조 제1항 제1호 내지 제3호의 어느 하나에 해당하는 관리절차의 개시가 결정되어 그 절차가 진행중인 회사의 자산총액(최근 지정일의 직전사업연도 종료일 현재의 대차대조표상의 자산총액)의 합계액이 기업집단 전체 자산총액의 50% 이상이 된 경우(다만, 그러한 회사를 제외한 회사의 자산총액의 합계액이 3조 5천억원 이상인 기업집단을 제외한다).

② 소속회사의 변동으로 당해 기업집단에 소속된 국내회사들의 자산총액의 합계액이 3조 5천억원 미만으로 감소한 경우

### (3) 지정 및 제외의 절차

#### 1) 지정·제외의 통지

공정거래위원회는 매년 4월 1일(부득이한 경우에는 4월 15일)까지 지정기준에 해당하는 기업집단을 상호출자제한기업집단 등으로 지정하거나, 상호출자제한기업집단 등으로 지정된 기업집단이 당해 기준에 해당하지 않게 된 경우에는 상호출자제한기업집단 등 지정에서 제외됨을 그 기업집단에 속하는 회사에 통지하여야 한다(법 14조 1항, 령 21조 1항). 공정거래위원회는 회사 또는 당해 회사의 특수관계인에 대하여 기업집단의 지정을 위하여 필요한 자료의 제출을 요청할 수 있다(법 14조 4항). 공정거래위원회는 상호출자제한기업집단 등으로 새로 지정하거나 지정에서 제외하는 경우에는 즉시 그 사실을 당해 상호출자제한기업집단 등에 속하는 회사와 당해 상호출자제한기업집단 등에 속하는 회사의 사업내용을 사실상 지배하는 동일인에게 서면으로 통지하여야 한다(령 21조 2항). 공정거래위원회는 상호출자제한기업집단 등을 지정하여 통지한 후 당해 상호출자제한기업집단 등에 속하는 회사에 변동이 있는 경우에는 매월 1회 동일인과 당해 회사에 대하여 변동내용을 서면으로 통지하여야 한다(령 21조 3항).

#### 2) 지정통지의 효력

상호출자제한기업집단 등에 대한 각종 제한규정(상호출자의 금지, 계열회사에 대한 채

무보증의 금지, 금융회사 또는 보험회사의 의결권 제한, 주식소유현황 등의 신고)은, 동 기업집단으로 지정된 사실의 통지를 받은 날부터 적용한다(법 14조 2항).

다만, 상호출자제한기업집단 등으로 지정되어 상호출자제한기업집단 등에 속하는 회사로 통지를 받은 회사 또는 제14조의2 제1항의 규정에 따라 상호출자제한기업집단 등의 계열회사로 편입되어 상호출자제한기업집단 등에 속하는 회사로 통지를 받은 회사가 통지받을 당시 상호출자의 금지(법 9조 1항·3항) 또는 계열회사에 대한 채무보증의 금지(법 10조의2 1항)의 규정을 위반하고 있는 경우에는 일정 기간 동안 그 적용이 유예된다(법 14조 3항).

① 상호출자의 금지규정을 위반하고 있는 경우에는 지정일 또는 편입일부터 1년간(법 14조 2항 1호), ② 계열회사에 대한 채무보증의 금지규정을 위반하고 있는 경우(피보증회사가 새로 계열회사로 편입되어 위반하게 되는 경우를 포함)에는 지정일 또는 편입일부터 2년간(다만, 각호 외의 부분의 규정에 의한 회사에 「채무자 회생 및 파산에 관한 법률」에 의한 회생절차가 개시된 경우에는 회생절차의 종료일까지, 각호 외의 부분의 규정에 의한 회사가 회생절차가 개시된 회사에 대하여 채무보증을 하고 있는 경우에는 그 채무보증에 한하여 채무보증을 받고 있는 회사의 회생절차의 종료일까지는 이를 적용하지 아니함 - 동항 3호).

#### 3) 지정의 불복

공정거래위원회의 상호출자제한기업집단 등의 지정 또는 제외처분에 대하여 불복이 있는 자는, 처분의 통지를 받은 날부터 30일 이내에 그 사유를 갖추어 공정거래위원회에 이의신청을 할 수 있다. 이 경우 공정거래위원회는 이의신청에 대하여 60일 이내에 재결을 하여야 한다. 그러나 부득이한 사정으로 그 기간 내에 재결을 할 수 없다면 30일의 범위 안에서 기간을 연장할 수 있다(법 53조). 이에 대하여, 처분의 통지를 받은 날 또는 이의신청에 대한 재결서의 정본을 송달받은 날부터 불변기간인 30일 이내에 불복의 소를 제기할 수 있다(법 54조 1항, 2항).

### (4) 계열회사로의 편입 및 제외

#### 1) 편입 및 제외

상호출자제한기업집단 등의 계열회사로 편입하거나 계열회사에서 제외하여야 할 사유가 발생한 경우, 공정거래위원회는 당해회사(특수관계인을 포함)의 요청이나 직권으로 계열회사에 해당하는지 여부를 심사하여 계열회사로 편입하거나 계열회사에서 제외하여야 한다(법 14조의2 1항). 공정거래위원회는 그 심사를 위하여 필요하다고 인정하는 경우에 당해회사에 대하여 주주 및 임원의 구성·채무보증관계·자금대차관계·거래관계 기타 필요한 자료의 제출을 요청할 수 있다(동조 2항). 공정거래위원회가 심사를 요청받은 경우에는 30일 이내에 그 심사결과를 요청한 자에게 통지하여야 하나, 공정거래위원회가 필요하다고 인정할 때에는 60일을 초과하지 아니하는 범위안에서 그 기간을 연장할 수 있다(동조 3항).

#### 2) 편입 및 통지일의 의제

상호출자제한기업집단 등의 지정을 위하여 필요한 자료의 제출 또는 계열회사의 편입 및 제외의 심사에 필요한 자료제출의 요청을 받은 자가 정당한 이유없이 자료제출을 거부하거나 허위의 자료를 제출함으로써, 상호출자제한기업집단 등의 소속회사로 편입되어야 함에도 불구하고 편입되지 아니한 경우, 대통령령이 정하는 날[262]에 그 상호출자제한기업집단 등의 소속회사로 편입·통지된 것으로 본다(법 14조의3, 령 21조 5항).

#### 3) 편입 및 통지의 효력

상호출자제한기업집단 등에 대한 각종 제한규정(상호출자의 금지, 계열회사에 대한 채무보증의 금지, 금융회사 또는 보험회사의 의결권 제한, 주식소유현황 등의 신고)은 동 기업집단에 편입된 사실의 통지를 받은 날부터 적용한다(법 14조 2항).

상호출자제한기업집단 등의 계열회사로 편입되어 상호출자제한기업집단 등에 속하는 회사로 통지를 받은 회사가 통지받을 당시 상호출자의 금지(법 9조 1항, 3항) 또는 계열회사에 대한 채무보증의 금지(법 10조의2 1항)의 규정을 위반하고 있는 경우에는, 다음과 같이 일정기간 그 적용이 유예된다(법 14조 3항).

① 상호출자금지규정을 위반하고 있는 경우에는 지정일 또는 편입일부터 1년간(동항 1호).

② 계열회사에 대한 채무보증의 금지규정을 위반하고 있는 경우에는 지정일 또는 편입일부터 2년간(다만, 각호 외의 부분의 규정에 의한 회사에 「채무자 회생 및 파산에 관한 법률」에 의한 회생절차가 개시된 경우에는 회생절차의 종료일까지, 각호 외의 부분의 규정에 의한 회사가 회생절차가 개시된 회사에 대하여 채무보증을 하고 있는 경우에는 그 채무보증에 한하여 채무보증을 받고 있는 회사의 회생절차의 종료일까지로 함 - 동항 3호).

### (5) 관계기관에 대한 자료확인 요구

공정거래위원회는 상호출자의 금지(법 9조), 금융회사 또는 보험회사의 의결권 제한(법 11조), 주식소유현황등의 신고(법 13조), 계열회사의 편입 및 제외(법 14조의2) 규정의 시행을 위하여 필요하다고 인정하는 경우에는, 관계기관에 대하여 상호출자제한기업집단 등의 국내계열회사 주주의 주식소유현황, 채무보증 관련자료, 가지급금·대여금 또는 담보의 제공에 관한 자료, 부동산의 거래 또는 제공에 관한 자료등 필요한 자료의 확인 또는 조사를 요청할 수 있다(법 14조의4). 여기서 관계기관이란 「금융위원회의 설치 등에 관한 법률」에 의하여 설립된 금융감독원, 계열회사에 대한 신규 채무보증의 금지(법 10조의2 2항)규정에 의

---

262) 1. 상호출자제한기업집단의 지정 당시 그 소속회사로 편입되어야 함에도 불구하고 편입되지 아니한 회사의 경우에는 그 상호출자제한기업집단의 지정 · 통지를 받은 날
2. 상호출자제한기업집단의 지정이후 그 소속회사로 편입되어야 함에도 불구하고 편입되지 아니한 회사의 경우에는 그 상호출자제한기업집단에 속하여야 할 사유가 발생한 날이 속하는 달의 다음 달 1일

한 국내금융기관[263], 기타 「자본시장과 금융투자업에 관한 법률」에 따라 명의개서대행업무를 영위하는 기관과 「신용정보의 이용 및 보호에 관한 법률」 제2조 제6호에 따른 신용정보집중기관을 말한다(법 14조의4, 령 21조의2).

표 5. 제한기업집단별 규제의 비교

| 기업집단 | 규제 |
| --- | --- |
| 상호출자제한기업집단 | 상호출자금지 |
| | 중소기업창업투자회사 |
| | 계열회사 주식취득 금지 |
| | 금융·보험회사의 의결권 행사 제한 |
| | 대규모 내부거래의 이사회 의결 및 공시 |
| | 비상장회사의 중요사항 공시 |
| | 기업집단 현황의 공시 |
| | 기업집단 정보의 공개 |
| | 주식소유현황 신고 |
| | 공인회계사의 회계 감사 |
| 채무보증제한기업집단 | 계열회사 간 채무보증 금지 |
| | 주식소유현황 신고 |
| | 공인회계사의 회계 감사 |

# II. 상호출자의 금지

## 1. 의의

상호출자란 2 이상의 회사가 서로 상대방의 주식의 전부 또는 일부를 인수 또는 취득하여 소유하는 것을 말하며(상호주), 주식의 상호보유라고도 한다(상법 342조의2 참조). 상법에 의하면 모자관계에 있는 회사들 간에 자회사가 모회사의 주식을 취득하는 것을 원칙적으로 금지하고 있으며(상법 324조의2 1항), 회사, 모회사 및 자회사 또는 자회사가 다른 회사의 발행주식의 총수의 10%를 초과하는 주식을 가지고 있는 경우 그 회사가 가지고 있는 회사 또는 모회사의 주식은 의결권이 없다(상법 369조 3항).

상호출자의 유형에는 ① 2개의 회사가 서로 상대방 회사에 출자하고 있는 형태로서 비공

263) ① 「은행법」에 의한 은행과 한국산업은행 또는 한국수출입은행 또는 장기신용은행 및 중소기업은행, ② 「보험업법」에 의한 보험회사, ③ 「자본시장과 금융투자업에 관한 법률」에 따른 투자매매업자·투자중개업자 및 종합금융회사, ④ 기타 대통령령이 정하는 금융기관.

개기업 간에 주로 이용되고 있는 직접상호출자(cross ownership), ② 주력회사가 여러 회사에 출자하고 출자를 받은 회사들이 다시 다른 여러 회사에 출자하는 형태인 방사형 상호출자(radial ownership), ③ 3 이상의 회사가 차례로 다른 회사에 출자하고 최종적으로 출자를 받는 회사는 최초의 회사가 되는 형태의 순환형 상호출자(circular ownership), ④ 앞의 ①, ②, ③ 형태가 복합적으로 존재하는 행렬형 상호출자(matrix ownership)가 있다.

**표 6. 상호출자의 유형**

<table>
<tr><td>직접상호출자(cross ownership)</td><td>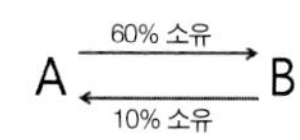
</td></tr>
<tr><td>방사형 상호출자(radial ownership)</td><td>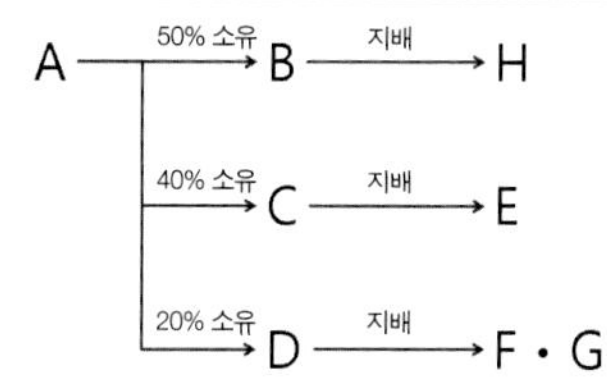
</td></tr>
<tr><td>순환형 상호출자(circular ownership)</td><td>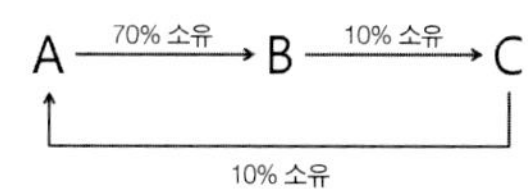
</td></tr>
<tr><td>행렬형 상호출자(matrix ownership)</td><td>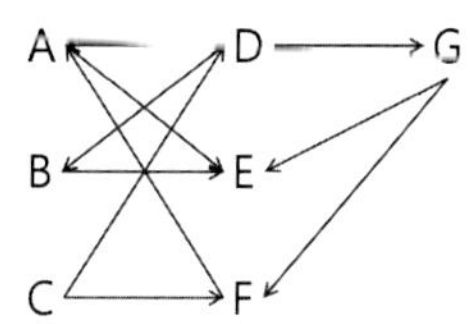
</td></tr>
</table>

상법규정에 따를 경우 이렇듯 복잡하게 얽혀 있는 계열회사간의 상호주보유를 효율적으로 규제하는데 한계가 있으므로, 상법의 규제범위를 벗어나는 상호출자까지 공정거래법에서 규제하도록 한 것이다.

## 2. 규제의 취지

상호출자는 특수한 기업결합의 일환으로서, 업무 및 기술의 제휴와 자금조달의 편의를 위하여 유용하다. 그러나 회사법적 관점에서 볼 때, 자본 또는 법정준비금을 재원으로 하는 상대회사 주식의 유상취득은 위법배당의 경우처럼 자본유지의 원칙을 해치는 실질적인 출자환급과 동일하고 자본의 공동화를 가져올 우려가 있다. 그리고 회사자금에 의한 주식취득을 통하여 출자 없는 경영지배 또는 경영자의 지위보전을 꾀할 수 있으므로 지배의 공정성을 해칠 우려도 있다. 또한 상호출자는 자기주식취득과 동일한 실질을 가지고 있으므로 자기주식이 주가조작이나 부당투자, 내부자거래 등의 대상이 되는 것을 막을 필요도 있다.

공정거래법적 관점에서 보면, 상호출자는 최소자본으로 강력한 기업결합효과를 초래하여 경제정의를 저해하게 된다. 우리나라의 경우 상호출자관계에 있는 회사의 경영자들이 서로 협력하여 상대회사 경영자의 경영권 확보를 도와주는 편법으로 이용되는 경우가 많았다. 특히 기업집단의 경우 계열회사간의 이러한 협력관계를 통하여 그 기업집단의 실질적 지배자가 계열회사 중 일부 또는 하나의 회사에 대한 소수의 지분만으로 기업집단 전체를 지배할 수 있는 불합리한 결과가 발생하였다. 극단적으로는 거의 출자 없이 기업집단 전체를 지배할 수도 있었기 때문에, 이를 규제해야 할 필요가 강하진 것이다.

## 3. 내용

### (1) 상호출자금지의 원칙

상호출자제한기업집단에 속하는, 회사는 자기의 주식을 취득 또는 소유하고 있는 계열회사의 주식을 취득 또는 소유하여서는 아니된다(법 9조 1항 본문). 여기서 규제대상이 되는 것은 주식회사뿐이며, 상호출자제한 기업집단에 속하는 계열회사 사이의 직접상호출자만 규제의 대상이 된다. 따라서 계열회사 사이의 간접상호출자 또는 비계열회사와의 직접상호출자는 규제대상에서 제외된다. 또한 최저지분 비율에 관한 규정이 없으므로 1주라도 보유할 수 없으며 탈법행위도 금지된다(법 15조). 상호출자 금지에 관한 탈법행위에는 ①「자본시장과 금융투자업에 관한 법률 시행령」에 따른 특정 금전신탁을 이용하여 신탁업자로 하여금 자기의 주식을 취득하거나 소유하고 있는 계열회사의 주식을 취득하거나 소유하도록 하고 신탁업자와의 계약 등을 통하여 해당 주식에 대한 의결권을 사실상 행사하는 행위, ② 자기의 주식을 취득하거나 소유하고 있는 계열회사의 주식을 타인의 명의를 이용하여 자기의 계산으로 취득하거나 소유하는 행위, ③ 기타 이에 준하는 행위로서 공정거래위원회가 정하여 고시하는 행위가 있다(령 21조의4 1항 2호의2, 3호).

**대법원 2006. 5. 12. 선고 2004두312 판결**

구 공정거래법 제9조 제1항이 계열회사 사이의 상호출자를 금지하고 있는 취지가 그로 인하여 회사의 자본적 기초가 위태롭게 되고, 기업의 지배구조가 왜곡되며, 기업집단이 쉽게 형성·확장되는 것을 방지하고자 하는 데 있는 점, 같은 법 제9조 제2항의 취지도 회사의 합병 등으로 부득이하게 계열회사 사이에 상호출자의 상태가 발생하게 된 경우 조속히 이를 해소함으로써 계열회사 사이에 상호출자의 상태가 유지되는 것을 막고자 하는 데 있는 점, 같은 법 제7조의2가 같은 법의 규정에 의한 주식의 취득 또는 소유는 취득 또는 소유의 명의와 관계없이 실질적인 소유관계를 기준으로 하도록 규정하고 있는 점 등에 비추어 보면, 같은 법 제9조 제2항에서 말하는 '처분'이란 회사의 합병 등으로 취득 또는 소유하게 된 계열회사의 주식에 대하여 그 의결권행사를 잠정적으로 중단시키는 조치를 취하거나 그 주식을 다른 금융기관 등에 신탁하는 것만으로는 부족하고, 상호출자의 상태를 완전히 해소할 수 있도록 그 주식을 다른 사람에게 실질적으로 완전히 소유권을 이전하여 주는 것을 의미한다.

#### (2) 예외

##### 1) 적용의 제외

상호출자제한기업집단에 속하는 계열회사는 상호출자가 금지되는 것이 원칙이지만 ① 회사의 합병 또는 영업전부의 양수, ② 담보권의 실행 또는 대물변제의 수령을 위한 경우에는 상호출자가 허용된다(법 9조 1항 단서). ①의 경우 합병 또는 양수를 하기 위해서는 상호출자가 해소되어야 한다면, 합병 또는 양수의 절차가 번잡해지기 때문이며, ②의 경우에는 채무자의 유일한 재산이 상호출자된 주식뿐이라면 그 채권추심을 위하여 불가피하기 때문이다.

이와 같이 예외적으로 상호출자제한 기업집단의 계열회사간의 상호출자가 허용되는 경우, 출자를 한 회사는 관련된 주식을 취득 또는 소유한 날부터 6월 이내에 처분하여야 한다. 그러나 자기의 주식을 취득 또는 소유하고 있는 계열회사가 그 주식을 처분한 때에는 그러하지 아니하다(법 9조 1항 2호 단서).

##### 2) 적용의 유예

상호출자의 금지는 해당회사가 속하는 기업집단이 상호출자제한기업집단으로 지정되어 공정거래위원회로부터 통지를 받은 날부터 적용된다(법 14조 2항). 그러나 상호출자제한기업집단에 속하는 회사로 통지를 받은 회사 또는 상호출자제한기업집단의 계열회사로 편입되어 상호출자제한기업집단에 속하는 회사로 통지를 받은 회사가, 통지받을 당시 상호출자의 금지규정을 위반하고 있는 경우에는 지정일 또는 편입일부터 1년간은 금지규정의 적용이 유예된다(법 14조 3항).

### 4. 중소기업창업투자회사의 계열회사 주식취득의 금지

상호출자제한기업집단에 속하는 회사로서 「중소기업창업 지원법」에 의한 중소기업창업투자회사는 국내 계열회사의 주식을 취득 또는 소유할 수 없다(법 9조 3항). 중소기업창업투자회사는 설립목적이 중소기업창업자에 대하여 투자로 제한되고, 그 지원사업을 위하여 법률상 특혜를 받고 있는데, 계열회사의 주식취득에 재원을 낭비한다면 입법취지에 어긋나기 때문이다. 또한 대기업이 탈법적으로 창업투자회사를 통하여 중소기업분야에 진출할 가능성도 있으므로, 이를 방지할 필요도 있다.

## III. 채무보증의 제한

### 1. 의의

공정거래법상 채무보증의 제한이란 채무보증제한기업집단의 계열회사 사이에 서로 채무보증이 원칙적으로 금지되는 것을 말한다. 개별 기업뿐만 아니라 기업집단에 속한 회사의 경우에도 사업규모를 확대하거나 새로운 사업을 개시하여 자금조달이 필요하기도 하며, 계열회사의 보증에 의하여 자금차입을 할 수도 있다. 따라서 계열회사간의 채무보증은 기업경영상 불가피하거나 유익한 것이다.

그러나 이를 남용할 경우에는 여러 가지 사회경제적 폐해를 초래하게 된다. 기업집단의 계열회사들이 서로 채무보증을 하여 금융기관으로부터 융자를 받을 수 있으므로, 기업집단에 속하지 않는 회사들에 비하여 자금조달에서 유리한 위치에 놓인다. 그 결과 전체적으로 금융대출이 기업집단들에 편중되어 경제력집중이 심화되거나, 금융자원의 공정한 배분을 저해할 수도 있다. 또한 기업집단 내에서의 부실한 계열회사의 자금조달을 위하여 다른 계열회사가 채무보증을 하면, 그 회사 또는 기업집단의 담보력에 비추어 무리한 차입을 하게 되어 재무구조를 악화로 이어진다. 부실한 계열회사가 도산하는 극단적인 경우에는 기업집단 전체의 재정이 악화되고, 이것이 융자를 해준 금융기관의 부실로 연결되어 국가경제적 문제가 될 수도 있는 것이다.

우리나라의 기업집단들은 종래 금융기관으로부터의 차입으로 규모를 확대시켜온 경우가 많았으며 금융기관들도 그러한 융자를 하면서 과도한 담보를 요구하는 관행이 지속되어 왔다. 그 결과 위와 같은 폐해가 다수 발생하였다. 특히 집중식 경영구조의 고착화로 계열회사 전문경영체제에 장애가 되고, 계열회사의 부실이 기업집단 전체에 영향을 초래하는 상황도 늘었으며, 1997년에는 금융기관들의 부실화에 따른 외환위기에 놓이기도 하였다. 상호출자의 금지는 이러한 폐해를 방지하거나 시정할 수 있는 유용한 제도적 장치라고 할 수 있다.

## 2. 내용

### (1) 원칙

채무보증제한기업집단에 속하는 회사(금융회사 또는 보험회사 제외)는 원칙적으로 국내계열회사에 대하여 채무보증을 하여서는 안된다(법 10조의2 1항 본문). 여기서 금지되는 것은 채무보증제한기업집단에 속하는 국내계열회사에 대한 국내금융기관의 여신과 관련한 국내계열회사 사이의 채무보증이다(법 10조의2 2항). 따라서 동일한 기업집단에 속한 해외법인과 국내법인사이의 채무보증 또는 해외법인 사이의 채무보증은 규제의 대상이 되지 않으며, 그 외국기관의 여신과 관련된 채무보증도 규범의 적용대상이 되지 않는다. 그리고 금지되는 채무보증에는 성격상 특별한 제한이 없으므로, 인적담보와 물적담보가 모두 포함된다고 보아야 할 것이다.

여기의 국내금융기관에는 ① 「은행법」에 의한 은행과 한국산업은행·한국수출입은행·장기신용은행 및 중소기업은행, ② 「보험업법」에 의한 보험회사, ③ 「자본시장과 금융투자업에 관한 법률」에 따른 투자매매업자·투자중개업자 및 종합금융회사, ④ 기타 대통령령이 정하는 금융기관[264]이 있다(법 10조의2 2항 1호, 3호, 4호, 6호).

이 규정에 대한 탈법적인 행위도 금지된다(법 15조 1항). 여기에는 ① 국내금융기관에 대한 자기 계열회사의 기존 채무를 면하게 하지 않고 동일한 내용의 채무를 부담하는 행위, ② 다른 회사가 자기의 계열회사에 대하여 채무보증을 하도록 하면서 그 다른 회사 또는 그 계열회사에 대하여 채무보증을 하는 행위, ③ 기타 이에 준하는 행위로서 공정거래위원회가 정하여 고시하는 행위가 있다(령 21조의4 1항 2호, 3호).

**공정거래위원회 2004. 1. 28. 재결 제2004-002호 2003심일2234**

계열회사간 채무보증을 금지하는 것은 무리한 차입경영을 통한 기업집단 전체의 동반 부실화를 방지하려는 취지 뿐 만 아니라, 계열회사간 채무보증에 의한 과다차입을 통하여 선단식 경영 및 개별시장에서의 독과점적 지위를 유지·확장하는 것을 억제함으로써, 관련 시장에서 공정하고 자유로운 경쟁을 촉진시키기 위함에도 그 취지가 있다. 또한, 계열회사간의 채무보증을 방치할 경우에는 계열회사간의 채무보증이 거미줄과 같이 얽혀 문제가 야기되고, 실제로 이러한 문제점으로 인해 IMF 구제금융사태가 초래된 것으로 분석되고 있으며, 이러한 문제점을 해소하기 위한 대책으로 채무보증 금지규정 위반행위에 대한 매우 엄격한 규제의 필요성을 인정하여 이를 전면적으로 금지한 것으로서, 당연위법으로 규정하고 있다.

(2) 예외

채무보증은 금융회사와 보험회사가 행하는 업무의 일부이므로 기업집단의 계열회사라고 하여 이를 금지시키는 것은 불합리하다. 따라서 이들 회사는 각 소관 법령에서 채무보증에 관한 규제를 받고 있으며, 금융회사와 보험회사에 대하여는 공정거래법상 채무보증의 금지규정을 적용하지 않도록 하고 있다(법 10조의2 1항 본문).

조세특례제한법상 합리화 기준에 따라 인수되는 회사의 채무와 관련한 보증에 대해서도 공정거래법으로 금지하지 않는다(법 10조의2 1항 단서 1호). 여기의 보증에는 주식양도 또는 합병 등의 방법으로 인수되는 회사가 가지는 인수시점의 채무나 인수하기로 예정된 채무에 대하여 인수하는 회사 또는 그 계열회사가 행하는 보증, 인수되는 회사의 채무를 분할인수함에 따라 인수하는 채무에 대하여 계열회사가 행하는 보증이 있다(령 7조의5 1항 1호, 2호).

기업의 국제경쟁력 강화를 위하여 필요한 경우 및 대통령령이 정하는 경우의 채무에 대한 보증도 허용된다(법 10조의2 1항 단서 3호). 대통령령이 정하는 경우의 채무에 대한 보증에는 ①「한국수출입은행법」에 의하여 자본재 기타 상품의 생산 또는 기술의 제공과정에서 필요한 자금을 지원하기 위하여 한국수출입은행이 행하는 대출 또는 이와 연계하여 다른

264) 직전 사업연도 종료일 현재 대차대조표상의 자산총액(신설회사로서 직전 사업연도의 대차대조표가 없는 경우에는 설립일 현재 납입자본금)이 3천억원 이상인「여신전문금융업법」에 따른 여신전문금융회사와「상호저축은행법」에 따른 상호저축은행을 말한다(령 17조의6).

국내금융기관이 행하는 대출에 대한 보증, ② 해외에서의 건설 및 산업설비공사의 수행, 수출 선박의 건조, 용역수출 기타 공정거래위원회가 인정하는 물품수출과 관련하여 국내금융기관이 행하는 입찰보증·계약이행보증·선수금환급보증·유보금환급보증·하자보수보증 또는 납세보증에 대한 보증, ③ 국내의 신기술 또는 도입된 기술의 기업화와 기술개발을 위한 시설 및 기자재의 구입 등 기술개발사업을 위하여 국내금융기관으로부터 지원받은 자금에 대한 보증, ④ 인수인도조건수출 또는 지급인도조건수출 어음의 국내금융기관 매입 및 내국신용장 개설에 대한 보증, ⑤ 「외국환거래법」의 규정에 의한 해외직접투자, 해외 건설 및 용역사업자가 행하는 외국에서의 건설 및 용역사업, 기타 공정거래위원회가 인정하는 외국에서의 사업과 관련하여 국내금융기관의 해외지점이 행하는 여신에 대한 보증, ⑥ 「채무자 회생 및 파산에 관한 법률」에 따른 회생절차개시를 법원에 신청한 회사의 제3자 인수와 직접 관련된 보증, ⑦ 「사회기반시설에 대한 민간투자법」에 의한 방식으로 민간투자사업을 영위하는 계열회사에 출자를 한 경우로서 국내금융기관이 당해계열회사에 행하는 여신에 대한 보증, ⑧ 회사[265]가 구조개편을 위하여 분할되는 경우에 그 회사가 계열회사가 아닌 회사에 행한 보증을 분할로 인하여 신설되는 회사가 인수하는 것과 직접 관련하여 그 회사가 그 신설회사에 대하여 행하는 재보증 등이다(령 17조의5 2항).

## 3. 채무보증의 해소

채무보증제한기업집단에 속하는 계열회사간의 채무보증은 금지되고 있으므로, 그러한 채무보증이 있다면 적절한 방법으로 해소하여야 한다. 그러나 해소를 위하여는 일정한 시일이 필요하므로, 일정한 요건하에 그 금지규정의 적용을 유예할 수 있다. 즉, 채무보증을 받고 있는 회사가 속하는 기업집단이 채무보증제한기업집단으로 지정되거나 채무보증제한기업집단의 계열회사로 편입되어 계열회사에 대한 채무보증금지에 위반하게 되는 경우에는 지정일 또는 편입일로부터 2년간 금지규정을 적용하지 않는다(법 14조 3항 3호). 다만 「채무자 회생 및 파산에 관한 법률」에 의한 회생절차가 개시된 회사가 채무보증을 하고 있는 경우에는 그 회사의 회생절차의 종료일까지, 회생절차가 개시된 회사에 대하여 채무보증을 하고 있는 경우에는 그 채무보증에 한하여 채무보증을 받고 있는 회사의 회생절차의 종료일까지 금지규정을 적용하지 아니한다(동호 단서).

265) 가. 「공공기관의 운영에 관한 법률」 제5조(공공기관의 구분)에 따른 공기업
나. 「공기업의 경영구조개선 및 민영화에 관한 법률」 제2조(적용대상기업)에 따른 법인
다. 「한국전력공사법」에 따라 설립된 한국전력공사
라. 「집단에너지사업법」에 따라 설립된 한국지역난방공사

**공정거래위원회 2003. 10. 6. 의결 제2003-155호 2003기업1159**

현대자동차(주)(이하 피심인)는 구 공정거래법 제14조(대규모기업집단의 지정 등)의 규정에 의하여 2001. 4. 2. 채무보증제한대규모기업집단으로 지정되어 현재 채무보증제한기업집단인 「현대자동차」의 소속회사로서 계열회사에 대한 채무보증이 금지되는 회사이다. 피심인은 1999. 8. 16. 인천지방해양수산청으로부터 평택항 일반부두 일부를 자동차 전용부두로 개축하여 자동차전용선 접안시설 설치를 허가 받았다. 인천지방해양수산청은 본 시설물 사용기간을 2004년 말까지로 하고, 사용기간 만료 후 원상복구 이행을 보증하기 위해 원상복구 이행보증보험증권을 제출하는 조건으로 시행을 허가하였다. 이후 피심인과 기아자동차(주)는 연명으로 평택항 동 부두 자동차 접안시설에 대한 권리·의무이전인가를 신청하였다. 인천지방해양수산청은 이행보증보험증권의 보험계약자 명의를 양수인인 기아자동차(주) 대표이사로 변경하는 것을 조건으로 피심인과 기아자동차(주)의 권리·의무 이전신청을 인가하였다. 이에 따라 기아자동차(주)가 2001. 8. 13. 서울보증보험(주)로부터 원상복구 이행보증보험증권을 발급받아 제출하였으며, 동 이행보증보험증권을 발급받는 과정에서 피심인이 연대보증을 하였다.

현대자동차가 채무보증제한대규모기업집단으로 지정된 이후인 2001. 8. 13. 피심인이 서울보증보험(주)의 이행보증과 관련하여 계열회사인 기아자동차(주)에 대하여 행한 연대보증은 구법 제10조의2(계열회사에 대한 채무보증의 금지)제2항의 채무보증에 해당되고, 이 건 채무보증이 법상 허용되는 제한제외대상 채무보증에 해당되지도 않으므로 피심인 현대자동차(주)가 기아자동차(주)에 대해 연대보증을 한 행위는 구법 제10조의2(계열회사에 대한 채무보증의 금지)제1항 본문의 규정에 위반된다.

# IV. 금융·보험회사의 의결권 제한

## 1. 의의

주식의 보유는 금융회사와 보험회사 업무의 중요한 부분을 차지하고 있으며, 이는 대기업집단의 계열회사인 금융회사나 보험회사라고 예외일 수 없다. 따라서 대기업집단의 계열회사가 다른 계열회사의 주식을 보유하는 것 자체를 금지하는 것은 불합리하다. 그러나 이러한 주식보유에 아무런 제한도 가하지 않는다면, 산업자본이 금융회사 통하여 계열기업을 무분별하게 확장할 우려가 있다. 특히 대기업집단의 경우 매우 높은 주식의 분산도, 융자관계, 임원겸임 등의 상황을 고려하면, 기업집단의 실질적 지배자가 낮은 지주비율로도 다수의 계열회사를 지배할 수 있게 되므로 이를 방지할 필요가 있다.

종래 우리나라의 대기업집단들은 계열회사로서 금융회사를 보유하고 그 금융회사의 고객예탁금, 가입자의 보험료 등을 기업집단의 운용자금으로 조달하여 온 경우가 많았다. 그 결과 기업집단이 부실해지면 계열금융회사의 부실화를 초래하였고, 고객 또는 보험가입자에게 피해를 입히게 되었다. 또한 이것은 금융자원배분의 불합리, 경제력집중의 심화를 초래하여 건전한 경쟁질서 확립에도 배치되는 현상이 발생하였다. 따라서 공정거래법은 상호출자제한기업집단에 속하는 금융회사 및 보험회사가 국내계열회사의 주식을 보유하는 것 자체는 금지하지 않지만 그 주식에 대한 의결권의 행사를 제한하고 있다.[266]

## 2. 내용

### (1) 원칙

상호출자제한기업집단에 속하는 금융회사·보험회사는 취득 또는 소유하고 있는 국내계열회사의 주식에 대하여 의결권을 행사할 수 없다(법 11조 본문). 채무보증제한기업집단 소속의 금융회사 및 보험회사와 달리 상호출자제한기업집단 소속의 금융·보험회사에게는 계열회사간 상호출자가 금지되고 있으므로(법 9조 1항), 이 의결권 행사의 제한은 상호출자관계에 있지 않은 계열회사 주식을 금융·보험회사가 소유하고 있는 경우에만 적용된다.[267] 또한 금융·보험회사가 보유한 국내 계열회사의 주식에 대한 의결권 행사가 금지되므로, 계열회사라도 외국 현지법인의 주식에 대한 의결권 행사는 허용된다.

주식보유의 형태에도 제한이 없어 일방적보유, 상호보유, 다른 회사에 대한 공동출자 어느 것이라도 무방하다.

### (2) 예외

다음의 경우에는 상호출자제한기업집단에 속한 금융회사 또는 보험회사가 보유하고 있는 국내 계열회사 주식에 대하여 의결권을 행사할 수 있다(법 11조 단서).

#### 1) 금융업 또는 보험업을 영위하기 위한 주식의 취득 또는 소유

주식의 취득 또는 소유는 금융업이나 보험업의 사업활동의 중요한 부분이 되고 있고, 그 주요한 운용자산이 된다. 따라서 단순히 계열관계의 강화, 동일인의 지배력 강화 등을 목적으로 하지 않는 금융·보험회사 본연의 업무로서 주식을 보유하게 된 경우에는 그에 대한 의결권 행사를 허용할 필요가 있다(법 11조 1호).

#### 2) 보험자산의 효율적인 운용·관리를 위한 주식의 취득 또는 소유

보험자산의 효율적 운용관리를 위하여 「보험업법」 등에 의한 승인 등을 얻어 주식을 취득 또는 소유하는 경우에는, 소관당국으로부터 관계 법령에 따른 승인을 받아야 하고, 그 과정에서 적절한 검토를 받게 될 것이므로 이를 허용해도 무방하다(법 11조 2호).

**대법원 2005. 12. 9. 선고 2003두10015 판결**

공정거래법 제11조 단서에서 말하는 보험자산의 효율적인 운용·관리를 위하여 보험업법 등에 의한 승인 등을 얻어 주식을 취득 또는 소유하고 있고 그것이 보함자산의 효율적인 운용·관리를 위한 것인 경우를 의미하며, 보험업을 영위하는 회사와 사업내용면에서 밀접하게 관련된 사업을 영위하는 회사가 발행

---

266) 그러나 이에 대하여는 금융자본, 금융자본가 육성의 필요성에 기한 반론도 제기되고 있다.

267) 신현윤, 앞의 책, 217-218면.

한 주식을 취득 또는 소유하고 있는 경우에 한하는 것은 아니라고 할 것이다.

삼성생명이 보유중인 신라호텔 등 4개 계열회사의 주식의 의결권을 행사한 사안에서 삼성생명이 재무부장관 등의 승인을 얻어 취득한 일부 주식과 관련하여 그 취득금액이 재무부장관 등이 승인한 투자금액의 범위 내인 사실, 취득주식이 재무부장관의 승인조건을 충족하는 사실, 재무부장관 등의 승인은 그 재산운용의 효율성 증진 등을 위하여 주식에 대한 투자를 승인해 달라는 삼성생명의 신청에 따라 구 보험업법 제19조 등에 기하여 행하여진 것이고, 위 각 법령에 기한 재무부장관 등의 승인은 보험사업자의 경영의 건전정과 그 재산운용의 효율성의 증진 기타 보험가입자의 이익보호를 위하여 필요한 경우에 하는 것인 점 등을 알 수 있는 바, 위와 같은 여러 사정에 비추어 보면 삼성생명이 의결권을 행사한 주식 중 일부 주식은 모두 보험자산의 효율적인 운용·관리를 위하여 관계법령에 의한 승인을 얻은 다음 그 승인범위 내에서 그 승인조건에 따라 취득한 것이라고 봄이 상당하므로 의결권 행사금지의 예외사유에 해당하여 그 의결권행사가 허용된다고 할 것이다.

### 3) 경영권 방어를 위한 의결권 행사

금융·보험회사가 주식을 보유하고 있는 상장법인인 국내계열회사의 주주총회에서 ① 임원의 선임 또는 해임, ② 정관의 변경, ③ 다른 계열회사와 그 계열회사의 합병, 다른 회사에 대한 영업의 전부 또는 주요부분의 양도를 결의하는 경우에는, 그 주식에 대한 의결권 행사가 허용된다. 이 경우 그 계열회사의 주식 중 의결권을 행사할 수 있는 주식의 수는 그 계열회사에 대하여 특수관계인 중 대통령령이 정하는 자[268]를 제외한 자가 행사할 수 있는 주식수를 합하여 그 계열회사 발행주식총수의 15%를 초과할 수 없다(법 11조 3호).

**대법원 2005. 12. 9. 선고 2003두10015 판결**

대규모기업집단에 속하는 회사로서 금융업 또는 보험업을 영위하는 회사가 취득 또는 소유하고 있는 국내계열회사주식에 대한 의결권 행사를 금지한 구 공정거래법 제11조 본문의 예외사유의 하나인 같은 조 단서 후단의 '보험자산의 효율적인 운용·관리를 위하여 관계 법령에 의한 승인 등을 얻어 주식을 취득 또는 소유하고 있는 경우'라 함은 관계 법령에 의한 승인 등을 얻어 주식을 취득 또는 소유하고 있고 그것이 보험자산의 효율적인 운용·관리를 위한 것인 경우를 의미하며, 보험업을 영위하는 회사와 사업내용 면에서 밀접하게 관련된 사업을 영위하는 회사가 발행한 주식을 취득 또는 소유하고 있는 경우에 한하는 것은 아니다.

상법 제461조에 의한 무상증자는 준비금이 자본에 전입되어 자본이 증가하는 경우 주주에 대하여 그가 가진 주식의 수에 따라 발행되는 것으로서 회사재산의 증가 없이 주식의 수만 증가하게 되므로 주주가 보유하는 주식(무상증자로 발행된 주식 포함)의 경제적 가치에는 변화가 없는 점, 상법 제329조의2에 의한 주식분할은 자본의 증가 없이 발행주식 총수를 증가시키는 것으로서 이에 의하여 회사의 자본 또는

268) ① 당해 회사를 사실상 지배하고 있는 자, ② 동일인관련자(다만, 령 제3조의2 제1항의 규정에 의하여 동일인관련자로부터 분리된 자를 제외한다), ③ 경영을 지배하려는 공동의 목적을 가지고 당해 기업결합에 참여하는 자(령 11조).

자산이나 주주의 지위에 실질적인 변화가 없는 점 등에 비추어 보면, 구 공정거래법 제11조 단서에 해당하여 의결권을 행사할 수 있는 주식에 대한 무상증자로 취득한 주식 또는 그러한 주식의 분할로 취득한 주식은 그 의결권을 행사할 수 있는 주식과 동일하게 보아야 한다.

**공정거래위원회 2001. 1. 5. 재결 제2001-1호 2000심삼1142**

법 제11조 본문에서 대규모기업집단에 속한 금융회사 또는 보험회사에 대하여 자신이 취득 또는 소유하고 있는 국내계열회사주식에 대하여 의결권을 행사할 수 없도록 금지한 것은 경제력집중의 억제라는 법 목적을 달성하기 위한 것이고, 따라서 비록 같은 조 단서에서 예외적으로 의결권을 행사할 수 있는 사유를 규정하고 있다 하더라도 이는 경제력집중의 억제라는 입법취지에 맞추어 해석되는 것이 타당하다고 할 것이다.

**공정거래위원회 2000. 8. 5. 의결 제2000-122호 2000기업0720**

삼성생명(주)(이하 피심인)는 공정거래법 제14조 제1항, 같은 법 시행령 제17조 제1항 및 제21조의 규정에 의하여 대규모기업집단으로 지정된 기업집단 '삼성'소속의 보험업을 영위하는 회사로서 2000년 4차례에 걸쳐 피심이 소유한 국내계열회사 발행주식에 대하여 의결권을 행사한 바 있다.

피심인은 의결권 행사 주식에 대하여 취득 당시 관계법령에 의한 승인을 얻었으므로 법 제11조 단서 후단의 "보험자산의 효율적 운용·관리를 위하여 관계법령에 의한 승인 등을 얻은 주식"에 해당하여 그 의결권 행사가 위법하지 아니하다고 주장하나 일부 의결권행사에 대하여는 관계법령에 의한 승인을 얻었다는 점을 인정할 자료가 없다. 또한 보험업법령 등에 의하여 승인을 얻은 사실이 인정된다 하더라도, "보험자산의 효율적 운용·관리를 위하여 주식을 취득 또는 소유하는 경우"라 함은 경제력집중억제를 위한 법 제11조의 입법목적 내지 취지에 비추어 보건대 보험자산의 수익극대화를 위한 포트폴리오 구성 차원에서 이루어지는 모든 주식의 취득 또는 소유를 의미하는 것이 아니라, 당해 보험사업을 원활하게 영위하기 위하여 사업내용면에서 보험사업과 밀접하게 관련된 사업을 영위하는 회사의 주식을 취득 또는 소유하는 경우를 의미한다고 할 것이므로 사업내용면에서 보험사업과밀접하게 관련된 사업을 영위하는 회사로 볼 수 없을 경우 피심인이 의결권을 행사한 행위는 법 제11조 단서 후단에 해당하지 아니하고 위법한 의결권 행사행위에 해당한다고 할 것이다. 이에 따라 공정거래위원회는 피심인에게 국내계열회사의 발행주식에 대한 의결권 행사를 금지하도록 시정조치 하였다.

## V. 대규모내부거래의 이사회결의 및 공시

### 1. 의의

일반적으로 기업집단소속 계열회사 사이의 내부거래는 기업집단 전체의 관점에서 거래량의 증대, 안정적 수급확보, 가격할인 등의 이점으로 인하여 경영효율성을 높일 수 있다.

그러나 이 내부거래가 과도하게 이루어지거나 부당한 목적으로 발생하는 경우에는 부실한 계열회사의 퇴출을 저지하여 다른 계열회사 또는 기업집단 전체의 동반부실을 초래할 수 있다. 또한 특정 계열회사에 대한 집중적 지원을 통하여 실질적 지배자 또는 일부 대주주의 이익을 옹호하여 경제정의에 반하기도 한다. 또한 계열회사 사이의 내부거래에 의하여 비계열회사 또는 중소기업과의 경쟁에서 불공정한 이익을 누리게 되어 경쟁질서를 저해하게 된다. 따라서 기업집단 내의 내부거래에 대해서는 그 내용의 투명성을 보장하고, 부당한 내부거래에 대해서는 적절한 예방 또는 시정을 위한 제약이 필요하다.

공정거래법은 일정한 요건에 해당하는 회사가 특수관계인을 상대로 하거나 특수관계인을 위하여 일정한 규모 이상의 내부거래를 할 경우, 사전에 이사회의 결의를 거쳐 이를 공시하도록 하고 있다.[269] 이를 통하여 대규모내부거래에 대해서는 사전에 이사회에서 그 부당성 여부를 검토하여 필요한 경우 견제할 수 있도록 하고, 사후적으로 공시에 의하여 회사외부자인 회사채권자 또는 회사내부자인 소액주주·종업원 등의 이해관계자들이 그 내용을 알 수 있도록 하여 시정할 기회를 갖도록 한 것이다. 대규모내부거래에 대한 회사의 내부적 및 외부적 감시장치가 작동할 수 있도록 하여, 제한기업집단에 속한 회사 사이의 부당지원행위를 사전에 예방할 수 있게 된 것이다.

이 제도의 효율적 운용을 위하여 "대규모내부거래에 대한 이사회 의결 및 공시에 관한 규정"[270] 과 "대규모내부거래에 대한 이사회 의결 및 공시 의무 위반사건에 관한 과태료 부과기준"[271]이 제정·시행되고 있다(령 17조의8 6항 참조).

## 2. 내용

### (1) 원칙

#### 1) 대규모내부거래

상호출자제한기업집단에 속한 회사(내부거래공시 대상회사)는 특수관계인을 상대방으로 하거나 특수관계인을 위하여 대규모의 내부거래행위를 하는 경우 또는 거래의 목적·상대방·규모 및 조건 등 주요 내용을 변경하고자 하는 경우, 사전에 이사회의 의결을 거친 후 이를 공시하여야 한다(법 11조의2 1항, 2항, 령 17조의8 1항). 법문상 규제대상인 회사의 상장여부는 언급되어 있지 않고 비상장 회사의 공시에 대하여는 별도의 규정이 있으므로(법 11조의3), 여기의 회사는 상장회사와 비상장회사 모두를 포함한다. 특수관계인을 위하여 한다는 것은 제3자를 통하여 간접적으로 특수관계인과 거래하는 것을 의미한다.

대규모내부거래는 거래금액이 그 회사의 자본총계 또는 자본금 중에서 큰 금액의 10% 이

269) 한편, 공정거래법 상 내부거래행위가 부당하게 행해진 경우에는 불공정거래행위의 한 유형으로 금지되고 있다(법 23조 1항 7호).

270) 공정거래위원회고시 제2010-3호, 개정 2010. 6. 11.

271) 공정거래위원회고시 제2009-66호, 전문개정 2009. 12. 18.

상이거나 100억원 이상인 일정한 유형의 거래행위를 말한다. 다만 '자본총액 또는 자본금'은 계열회사를 상대방으로 하거나 동 계열회사를 위하여 상품 또는 용역을 제공 또는 거래하는 행위의 경우에, 분기에 이루어질 거래금액의 합계액으로 한다(법 11조의2 1항 4호, 령 17조의8 2항). 대규모 내부거래의 해당여부에 관한 판단은 동일한 거래상대방과의 동일한 거래대상에 대한 거래행위를 기준으로 한다.[272)]

거래행위의 유형은 ① 가지급금 또는 대여금 등의 자금을 제공 또는 거래하는 행위, ② 주식 또는 회사채 등의 유가증권을 제공 또는 거래하는 행위, ③ 부동산 또는 무체재산권 등의 자산을 제공 또는 거래하는 행위, ④ 주주의 구성 등을 고려하여 대통령령으로 정하는 계열회사[273)]를 상대방으로 하거나 동 계열회사를 위하여 상품 또는 용역을 제공 또는 거래하는 행위이다(법 11조의2 1항 각호).

**대법원 2004. 9. 24. 선고 2001두6364 판결**

경제력 집중의 억제가 부당지원행위 규제의 입법 목적에 포함되어 있다고 하더라도, 구 공정거래법상 경제력 집중의 억제와 관련하여서는 제3장에서 지주회사의 제한적 허용, 계열회사 간 상호출자금지 및 대규모기업집단에 속하는 중소기업창업투자회사의 계열회사의 주식취득금지, 금융회사 또는 보험회사의 의결권제한 등에 관하여 규정을 베풀어 대규모기업집단의 일반집중을 규제하면서도 부당지원행위는 제5장의 불공정거래행위의 금지의 한 유형으로서 따로 다루고 있으며, 변칙적인 부의 세대간 이전 등을 통한 소유집중의 직접적인 규제는 법의 목적이 아니고 시장집중과 관련하여 볼 때 기업집단 내에서의 특수관계인 또는 계열회사 간 지원행위를 통하여 발생하는 경제력 집중의 폐해는 지원행위로 인하여 직접적으로 발생하는 것이 아니라 지원을 받은 특수관계인이나 다른 회사가 자신이 속한 관련 시장에서의 경쟁을 저해하게 되는 결과 발생할 수 있는 폐해라고 할 것인 점 등에 비추어 보면, 부당지원행위의 부당성을 판단함에 있어서는 지원주체와 지원객체와의 관계, 지원객체 및 지원객체가 속한 관련 시장의 현황과 특성, 지원금액의 규모와 지원된 자금 자산 등의 성격, 지원금액의 용도, 거래행위의 동기와 목적, 정당한 사유의 존부 등을 종합적으로 고려하여 판단하여야 하며, 위와 같은 요소들을 종합적으로 고려할 때 당해 지원행위가 공정한 거래를 저해할 우려가 있는 행위라는 점은 공정거래위원회가 이를 입증하여야 한다.

#### 2) 이사회의 결의

상장법인의 경우 대규모내부거래의 요건인 이사회의 결의에 관하여, 그 법인이 「상법」에 따라 설치한 이사회 내 위원회가 자본시장법에 규정된 사외이사 3인 이상을 포함하고, 사외이사의 수가 위원총수의 2/3 이상인 때에 한하여, 그 위원회가 의결한 경우에는 이사회의 의

272) 공정거래위원회, 『대규모내부거래에 대한 이사회의결 및 공시제도 해설』, 2005. 4, 6면.

273) 동일인이 단독으로 또는 동일인의 친족(령 3조의2 1항에 따라 동일인관련자로부터 분리된 자는 제외)과 합하여 발행주식 총수의 30% 이상을 소유하고 있는 계열회사 또는 그 계열회사의 「상법」 제342조의2에 따른 자회사인 계열회사를 말한다. 다만, 동일인이 자연인이 아닌 기업집단에 소속된 회사 또는 지주회사의 자회사, 손자회사와 증손회사는 제외한다(령 17조의8 3항).

결을 거친 것으로 본다(법 11조의2 5항). 그러한 위원회는 상당한 정도로 독립성이 부여되어 있어서, 대규모내부거래에 대하여 사외이사들이 충분히 감시·견제할 것을 기대할 수 있다. 따라서 대규모내부거래에 대해 이사회 결의를 요구하는 공정거래법의 취지를 달성할 수 있을 것이므로, 그 위원회의 결의로 이사회의 결의를 대신하게 한 것이다.

#### 3) 공시

내부거래공시대상회사는 이사회 의결을 거친 대규모내부거래를 공시함에 있어서 거래의 목적·상대방·규모 및 조건 등 대통령령이 정하는 주요내용을 포함하여야 한다(법 11조의2 2항). 그 주요 내용은 ① 거래의 목적 및 대상, ② 거래의 상대방(특수관계인이 직접적인 거래상대방이 아니더라도 특수관계인을 위한 거래인 경우에는 당해 특수관계인을 포함), ③ 거래의 금액 및 조건, ④ 거래상대방과의 동일 거래유형의 총거래잔액, ⑤ 제1호 내지 제4호에 준하는 사항으로서 공정거래위원회가 정하여 고시하는 사항이다(령 17조의8 4항).

공정거래위원회는 대규모내부거래의 공시와 관련되는 업무를 「자본시장과 금융투자업에 관한 법률」에 따른 신고수리기관에 위탁할 수 있으며, 이 경우 공시의 방법·절차 기타 필요한 사항은 공시와 관련되는 업무를 위탁받은 신고수리기관과의 협의를 거쳐 공정거래위원회가 이를 정한다(법 11조의2 3항). 그리하여 내부거래공시의 대상회사는 그 업무를 위탁받은 금융위원회의 전자 공시시스템의 전산망을 통하여 금융위원회가 정하는 "유가증권의 발행 및 공시 등에 관한 규정"에 따라 공시하여야 한다. 공정거래법상 공시사항이 「자본시장과 금융투자업에 관한 법률」상의 공시사항과 중복될 경우에는 자본시장법에 따라 공시하며, 공정거래법상의 공시의무를 이행한 것으로 본다.[274]

### (2) 예외

약관에 의한 거래는 정형적이며 빈번히 발생하므로 회사의 신속한 의사결정이 필요하고 금융·보험회사의 약관은 주무관청의 심사를 받아 그 공정성이 확보되고 있으므로, 특별히 엄격한 규제의 필요성이 많지 않다. 따라서 이들에 대하여는 내부거래공시 대상회사에 대한 공정거래법의 규제취지를 관철하지 않더라도 별 문제가 없다.

금융업 또는 보험업을 영위하는 내부거래공시 대상회사가 ①「약관의 규제에 관한 법률」의 규정에 의한 약관에 의한 거래행위로서, ② 당해 회사의 일상적인 거래분야에서의 거래행위를 하고자 하는 때에는 이사회의 의결을 거치지 않고 거래를 할 수 있다. 그러나 그 거래내용은 공시하여야 한다(법 11조의2 4항, 령 17조의8 5항).

---

274) 공정거래위원회, 앞의 책, 12면.

**공정거래위원회 2004. 3. 19. 의결 제2004-126호 2004조일0106**

한화석유화학(주)(이하 피심인)는 대규모기업집단 및 상호출자제한기업집단 「한화」의 소속회사로서 공정거래법 제11조의2 (대규모내부거래의 이사회 의결 및 공시) 제1항 및 동법 시행령 제17조의 8 (대규모내부거래의 이사회 의결 및 공시) 제1항에서 규정하고 있는 내부거래공시대상회사에 해당된다.

피심인은 2000년부터 2002년에 걸쳐 아래의 사항을 의사회의 의결을 거쳤음을 공시하지 아니하였다.

| 거래번호 | 거래상대방 | 거래금액(억원) | 거래내역 | 의결여부 | 공시여부 |
|---|---|---|---|---|---|
| 1 | 한화증권(주) | 100 | 기업어음 거래 | 의결 | 미공시 |
| 2 | 이하 생략 | 생략 | 생략 | 의결 | 미공시 |

피심인은 공정거래법 시행령 제17조의8(대규모내부거래의 이사회 의결 및 공시) 제1항에 의한 내부거래공시대상회사이므로 법 제11조의2 및 시행령 제17조의8, 대규모내부거래에 대한 이사회 의결 및 공시에 관한 규정(이하 "공시규정")에 따라 특수관계인을 상대방으로 하거나 특수관계인을 위하여 거래금액이 자본금의 10% 이상이거나 100억원 이상인 거래행위를 하고자 하는 때에는 미리 이사회 의결을 거친 후 이를 공시하여야 한다.

그러나 피심인은 특수관계인과 거래금액이 100억원 이상의 거래를 함에 있어, 위 행위는 미리 이사회 의결은 거쳤으나 이를 공시하지 아니하였으므로 각각 법 제11조의2의 규정을 위반한 것으로 판단된다. 따라서 법 제69조의2(과태료)제1항 및 시행령 제65조(과태료의 부과)제3항의 규정이 적용된다.

## VI. 공시

### 1. 비상장회사의 중요사항 공시의무

#### (1) 의의

회사의 지배구조, 재무상황, 영업활동 등은 그 회사의 신용, 발전가능성 등을 판단할 수 있게 하는 중요한 자료가 된다. 따라서 이 사항들이 투명하게 공개되어 필요한 감시를 받는 것이 주주를 비롯한 투자자와 회사채권자뿐만 아니라 회사의 종업원 나아가 이해관계자 모두에게 바람직한 것이다. 현재 상장회사의 경우에는 자본시장법에 의한 기업공시제도를 통하여 기업의 내부관계에 관한 중요한 정보가 대외적으로 공개되어 시장에서의 감시가 용이하다. 그러나 비상장회사에 대해서는 기업공시가 강제되고 있지 않아 그러한 측면에 어려움이 있었다. 특히 대기업집단 소속의 비상장회사는 실질적으로 계열상장회사와 다를 바가 없는 경우가 많음에도 불구하고 기업내부사정이 공개되지 않아서, 그 기업집단에 대한 공정거래법의 규제실효성이 떨어졌다. 이러한 점을 보완하기 위하여, 공정거래법은 상호출자제한기업집단에 속한 비상장회사들이 회사의 지배구조를 비롯한 중요사항들을 공시하도록 하고 있다.

### (2) 내용

#### 1) 공시의 주체 및 공시사항

상호출자제한기업집단에 속하는 회사(금융회사 또는 보험회사는 제외)로서 상장법인을 제외한 회사는 회사의 중요사항을 공시하여야 한다. 그러나 직전 사업연도말 현재 자산총액이 100억원 미만인 회사로서 청산중에 있거나 1년 이상 휴업 중에 있는 회사는 여기에서 제외한다(법 11조의3 1항, 령 17조의10 1항).

공시대상회사가 공시하여야 할 사항은 ① 최대주주와 주요주주(자본시장법에 따른 주요주주)의 주식보유현황 및 그 변동사항, 임원의 변동 등 회사의 소유지배구조와 관련된 중요사항으로서 대통령령이 정하는 사항,[275] ② 자산·주식의 취득, 증여, 담보제공, 채무인수·면제 등 회사의 재무구조에 중요한 변동을 초래하는 사항으로서 대통령령이 정하는 사항, ③ 영업양도·양수, 합병·분할, 주식의 교환·이전 등 회사의 경영활동과 관련된 중요한 사항으로서 대통령령이 정하는 사항이다(법 11조의3 1항). 이 공시를 함에 있어서는 거래의 목적·상대방·규모 및 조건 등 대통령령이 정하는 주요내용을 포함하여야 한다(법 11조의3 2항, 11조의2 2항). 그러나 대규모내부거래의 이사회 의결 및 공시의 규정(법 11조의2)에 따라 공시되는 사항은 비상장회사의 공시사항에서 제외된다(법 11조의3 1항 단서).

여기의 자산총액과 자기자본은 최근 사업연도말 현재 자산총액, 자기자본은 매 사업연도 종료 후 3월이 경과한 날부터 그 다음 사업연도 종료 후 3월이 되는 날까지의 기간 동안 적용한다. 새로 설립된 회사로서 최근 사업연도의 대차대조표가 없는 경우에는 최근 사업연도말 현재 자산총액 및 자기자본 대신 설립 당시의 납입자본금을 기준으로 한다(령 17조의10 5항).

#### 2) 공시절차

공시절차에 관하여는 대규모내부거래의 이사회 의결 및 공시에 관한 규정을 준용한다(법 11조의3 2항, 11조의2 3항). 따라서 공정거래위원회는 공시관련 업무를 자본시장법의 규정에 의하여 수탁을 받은 기관 즉 금융위원회에 위탁할 수 있다. 기타 공시의 방법·절차·시기에 관한 세부사항은 공정거래위원회가 정하여 고시할 수 있다(령 17조의10). 이에 따라 "비상장회사 등의 중요사항 공시에 관한 규정"[276]과, "비상장회사 등의 중요사항 공시의 무위반사건에 관한 과태료부과기준"[277]이 제정되어 있다.

---

275) (령 17조의10 2항) ① 최대주주(동일인이 단독으로 또는 동일인관련자와 합산하여 최다출자자가 되는 경우에는 그 동일인 및 동일인관련자를 포함)의 주식보유현황 및 그 보유주식비율이 그 법인의 발행주식총수의 1% 이상 변동이 있는 때에는 그 변동사항, ② 임원의 구성현황 및 그 변동사항, ③ 계열회사 주식보유현황 및 그 보유주식비율이 그 법인의 발행주식총수의 1% 이상 변동이 있는 때에는 그 변동사항

276) 공정거래위원회고시 제2007-3호, 개정 2007. 7. 16.

277) 공정거래위원회고시 제2006-2호, 제정 2006. 2. 15.

## 2. 기업집단현황 공시의무

### (1) 의의

기업집단에 대한 규제가 사전규제에서 사후규제로 변경되고, 공정거래법의 2009년 개정에서 출자총액제한제도가 폐지되면서, 기업 특히 대규모기업집단들이 인수 및 합병 등을 하는 것이 쉬워졌으며, 특정 지배주주로의 경제력집중 가능성도 확대되었다. 또한 개별회사 또는 기업집단내의 지분관계도 매우 복잡하게 얽혀있는 경우가 증가하며 기업집단에 대한 공정거래법의 규제실효성이 저해될 가능성이 많아지고, 소수주주 등 회사 이해관계자들이 회사내부의 중요한 변동을 파악하지 못하여 피해를 입는 경우도 증가하였다. 이에 따라 공정거래법은 제한기업집단의 중요현황을 공시하도록 함으로써 그들에 대한 사후규제를 강화하고 있다.

### (2) 내용

#### 1) 공시주체 및 공시내용

공시의 주체는 시행령 제17조 제1항[278]에 따른 상호출자제한기업집단에 속하는 회사를 말한다. 그러나 직전 사업연도 말일 현재 자산총액이 100억원 미만인 회사로서 청산중이거나 1년 이상 휴업중인 회사는 제외된다(법 11조의4 1항, 령 17조의11 1항).

공시사항은 그 기업집단의 일반현황, 주식소유현황, 특수관계인과의 거래현황 등에 관한 사항으로서 대통령령으로 정하는 사항이다(법 11조의4 1항). 구체적으로는 ① 상호출자제한기업집단에 속하는 회사의 명칭, 사업내용, 재무현황, 계열회사의 변동 내역, 그 밖에 공정거래위원회가 정하여 고시하는 일반현황, ② 상호출자제한기업집단에 속하는 회사의 임원현황, ③ 상호출자제한기업집단에 속하는 회사의 소유지분현황, ④ 상호출자제한기업집단에 속하는 회사 사이의 출자현황, ⑤ 상호출자제한기업집단에 속하는 회사와 그 특수관계인 사이의 자금·자산 및 상품·용역을 제공하거나 거래한 현황이다(령 17조의11 2항).

#### 2) 공시절차

기업집단현황 공시에 관하여는 대규모내부거래의 이사회 의결 및 공시에 관한 규정을 준용한다(법 11조의4 2항, 11조의2 3항). 공시는 분기별로 하는 것이 원칙이지만, 공정거래위원회가 정하여 고시하는 사항은 연 1회 또는 연 2회 공시할 수 있다(령 17조의11 3항). 공시

---

278) (령 17조 1항) 당해 기업집단에 속하는 국내 회사들의 상호출자제한기업집단지정 직전사업연도의 대차대조표상의 자산총액[금융회사 또는 보험회사의 경우에는 자본총액 또는 자본금중 큰 금액으로 하며, 신설된 회사로서 직전사업연도의 대차대조표가 없는 경우에는 지정일 현재의 납입자본금으로 한다)의 합계액이 5조원 이상인 기업집단으로 하되, 다음을 제외한다. ① 금융업 또는 보험업만을 영위하는 기업집단, ② 금융업 또는 보험업을 영위하는 회사가 동일인인 경우의 기업집단, ③ 당해 기업집단에 속하는 회사 중 「채무자 회생 및 파산에 관한 법률」에 따른 회생절차의 개시가 결정되어 그 절차가 진행중인 회사, 「기업구조조정 촉진법」 상의 관리절차의 개시가 결정되어 그 절차가 진행중인 회사의 자산총액의 합계액이 기업집단 전체 자산총액의 50% 이상인 기업집단. 다만, 그러한 회사를 제외한 회사의 자산총액의 합계액이 5조원 이상인 기업집단은 포함되지 않는다.

의 시기·방법 및 절차에 관하여 기타 필요한 사항은 대통령령으로 정한다(법 11조의4 3항, 령 17조의11 4항).

## 3. 기업집단 정보의 공개

### (1) 의의

경제력집중을 억제하기 위하여 제한기업집단에 속한 회사에 대하여는 대규모 내부거래의 공시, 비상장회사 중요사항의 공시, 기업집단 현황의 공시 등의 규제가 가해지고 있다. 그러나 이러한 공시들은 제한기업집단 소속 계열회사들이 개별적으로 하도록 되어 있어서 기업집단 전체의 지배구조, 재무상태 등을 종합적으로 파악하기에 미흡하거나 기업집단이 공시하는 경우에도 충분한 정보가 제공된다고 보기 어렵다. 그 결과 공정거래위원회가 경제력집중 억제시책을 시행하는데도 어려움이 있었으며, 기업집단의 이해관계자를 비롯한 일반 국민이 기업집단의 내부구조를 파악하여 감시하거나 견제하는 것도 거의 불가능하였다. 이는 기업집단 또는 그 계열회사의 경영의 투명성을 제고하고 지배구조를 합리화하는 목적에 장애가 되었다. 따라서 공정거래법은 과도한 경제력 집중을 방지하고 기업집단의 투명성 등을 제고하기 위하여 공정거래위원회가 상호출자제한기업집단의 전반적인 소유지배구조 현황, 경영활동 현황 등을 체계적으로 관리하여 일반국민에게 공개할 수 있도록 하고 있다.

### (2) 내용

공정거래위원회는 상호출자제한기업집단에 속하는 회사에 대한 다음의 정보를 공개할 수 있다(법 14조의5 1항).

① 상호출자제한기업집단에 속하는 회사의 일반현황, 지배구조현황 등에 관한 정보로서, 그 기업집단에 속하는 회사의 명칭, 사업내용, 주요 주주, 임원, 재무상황, 그 밖의 일반현황, 그 기업집단에 속하는 회사의 이사회 및 「상법」 규정에 따라 이사회 내 위원회의 구성·운영, 주주총회에서의 의결권 행사방법, 그 밖의 지배구조현황(법 14조의5 1항 1호, 령 21조의3 1항)

② 상호출자제한기업집단에 속하는 회사 사이 또는 그 기업집단에 속하는 회사와 그 특수관계인 사이의 출자, 채무보증, 거래관계 등에 관한 정보로서, ⓐ 그 기업집단에 속하는 회사 사이 또는 그 기업집단에 속하는 회사와 그 특수관계인 사이의 주식소유현황 등 출자와 관련된 현황, ⓑ 그 기업집단에 속하는 회사 사이의 계열회사에 대한 채무보증 현황, ⓒ 그 기업집단에 속하는 회사 사이 또는 그 기업집단에 속하는 회사와 그 특수관계인 사이의 자금, 유가증권, 자산, 상품, 용역, 그 밖의 거래와 관련된 현황(법 14조의5 1항 2호, 령 21조의 3 2항)

공정거래위원회는 이러한 정보의 효율적 처리 및 공개를 위하여 정보시스템을 구축·운영할 수 있다(법 14조의5 2항). 기타 정보공개에 관한 사항은 「공공기관의 정보공개에 관한 법률」이 정하는 바에 따른다(법 14조의5 3항).

## VII. 신고 및 감사

### 1. 주식소유현황의 신고의무

상호출자제한기업집단 또는 채무보증제한기업집단에 속하는 회사는 대통령령이 정하는 바에 의하여 당해 회사의 주주의 주식소유현황·재무상황 및 다른 국내회사 주식의 소유현황을 원칙적으로 매년 4월말까지 일정한 사항을 기재한 신고서를 제출하여 공정거래위원회에 신고하여야 한다(법 13조 1항, 령 20조 1항, 2항).

채무보증제한기업집단에 속하는 회사는 대통령령이 정하는 바에 의하여 국내계열회사에 대한 채무보증현황을 국내금융기관의 확인을 받아 공정거래위원회에 신고하여야 한다(법 13조 2항, 령 20조 3항).

위의 신고는 해당계열회사가 하는 것이 원칙이지만, 공정거래위원회가 대통령령이 정하는 바에 의하여 신고의무자가 소속된 기업집단에 속하는 회사 중 하나의 회사를 기업결합신고대리인으로 정한 경우에는 그 대리인이 신고할 수 있다(법 13조 3항).

### 2. 회계감사의 의무

상호출자제한기업집단 또는 채무보증기업집단에 속하는 회사는 공인회계사의 회계감사를 받아야 하며, 공정거래위원회는 공인회계사의 감사의견에 따라 수정한 대차대조표를 사용하여야 한다. 그러나 직전 사업연도말의 자산총액이 100억원 미만인 회사로서 청산 중에 있거나 1년 이상 휴업 중인 회사는 제외된다(법 14조 5항, 령 21조 4항).

## VIII. 탈법행위 금지

누구든지 상호출자의 금지(법 9조), 계열회사에 대한 채무보증의 금지(법 10조의2 1항), 금융회사 또는 보험회사의 의결권 제한(법 11조)의 규정의 적용을 면탈하려는 행위를 하여서는 아니된다(법 15조 1항). 탈법행위의 유형 및 기준은 대통령령으로 정한다(동조 2항).

시행령 제21조의4 에서는 탈법행위의 유형을 구체적으로 열거하고 있다. 즉 금지된 계열회사에 대한 재무보증행위로는, 국내금융기관에 대한 자기 계열회사의 기존채무를 면하도록 하지 않고 동일한 내용의 채무를 부담하는 행위, 다른 회사로 하여금 자기의 계열회사에 대하여 채무보증을 하게 하면서 그 다른 회사 또는 그 계열회사에 대하여 채무보증을 하는 행위 등이 있다(동조 1항 2호). 금지된 상호출자행위로는 자본시장법 시행령에 따른 특정금전신탁을 이용하여 신탁업자가 자기의 주식을 취득하거나 소유하고 있는 계열회사의 주식을 취득하거나 소유하도록 하고, 신탁업자와의 계약 등을 통하여 해당 주식에 대한 의결권을 사실상 행사하는 행위, 자기의 주식을 취득하거나 소유하고 있는 계열회사의 주식을 타인의 명의를 이용하여 자기의 계산으로 취득하거나 소유하는 행위 등이 있다(동조 1항 2의2호). 기타 이에 준하는 행위로서 공정거래위원회가 정하여 고시하는 행위도 포함된다(동조 1항 3호).

## IX. 법 위반의 효과

### 1. 행정적 제재

#### (1) 시정조치

공정거래위원회는 상호출자의 금지(법 9조), 계열회사에 대한 채무보증의 금지(법 10조의2 제1항), 금융회사 또는 보험회사의 의결권 제한(법 11조), 대규모내부거래의 이사회 의결 및 공시(법 11조의2), 기업집단현황 등에 관한 공시(법 11조의3, 11조의4) 또는 탈법행위의 금지(법 15조)의 규정에 위반하거나 위반할 우려가 있는 행위가 있는 때에는 당해 사업자[279] 또는 위반행위자에 대하여 ① 당해 행위의 중지, ② 주식의 전부 또는 일부의 처분, ③ 임원의 사임, ④ 영업의 양도, ⑤ 채무보증의 취소, ⑥ 시정명령을 받은 사실의 공표, ⑦ 기업결합에 따른 경쟁제한의 폐해를 방지할 수 있는 영업방식 또는 영업범위의 제한, ⑧ 공시의무의 이행 또는 공시내용의 정정, ⑨ 기타 법위반상태를 시정하기 위하여 필요한 조치를 명할 수 있다. 이 경우 기업결합의 신고(법 12조 6항 단서)의 규정에 의한 신고를 받아 행하는 때에는 동조 제7항의 규정에 의한 기간내에 이를 하여야 한다(법 16조 1항).

공정거래위원회로부터 법위반에 대한 시정조치로서 주식처분명령을 받은 자는 그 명령을 받은 날부터 당해 주식에 대하여는 그 의결권을 행사할 수 없다(법 18조 1항). 특히 상호출자의 금지의 규정을 위반하여 상호출자를 한 주식에 대하여는 그 시정조치의 명령을 받은 날부터 법위반상태가 해소될 때까지 당해 주식 전부에 대하여 의결권을 행사할 수 없다(동조 2항). 여기서 당해 주식전부란, 상호보유당사회사가 보유하는 쌍방의 주식 전부를 말한다. 주식상호보유금지의 취지가 기업집단의 경제력집중을 억제하기 위한 것이기 때문이다.

금융회사나 보험회사가 의결권행사제한을 위반하여 의결권을 행사한 경우 그 주주총회의 효력에 대해서는 공정거래법에 특별한 규정이 없으므로, 공정거래위원회는 결의하자를 주장하여 그 결의의 효력을 다툴 수 없다.

#### (2) 과징금

공정거래위원회는 상호출자의 금지(법 9조)를 위반하여 주식을 취득 또는 소유한 회사에

279) 기업결합의 제한(법 7조 1항)을 위반한 경우에는 기업결합 당사회사에 대한 시정조치만으로는 경쟁제한으로 인한 폐해를 시정하기 어렵거나 기업결합 당사회사의 특수관계인이 사업을 영위하는 거래분야의 경쟁제한으로 인한 폐해를 시정할 필요가 있는 경우에는 그 특수관계인을 포함한다.

대하여 위반행위로 취득 또는 소유한 주식의 취득가액에 10%를 곱한 금액을 초과하지 아니하는 범위에서 과징금을 부과할 수 있다(법 17조 1항).

공정거래위원회는 계열회사에 대한 채무보증의 금지(법 10조의2 1항)의 규정을 위반하여 채무보증을 한 회사에 대하여 당해 법위반 채무보증액의 10%를 곱한 금액을 초과하지 아니하는 범위에서 과징금을 부과할 수 있다(법 17조 2항).

## 2. 민사적 제재

### (1) 손해배상책임

상호출자제한기업집단 등의 행위제한 규정에 위반한 행위로 인하여 피해를 입은 자가 있는 경우에는 해당회사 또는 기업집단은 그 피해자에 대하여 손해배상의 책임을 진다. 다만, 그 사업자가 고의 또는 과실이 없음을 입증한 경우에는 그러하지 아니하다(법 56조).

여기의 피해로는 부실한 공시 또는 불공시 그리고 시기에 늦은 공시로 인한 손해, 금융·보험회사의 제한된 의결권 행사로 인하여 다른 주주가 입은 손해, 상호출자로 인하여 동반부실하게 된 계열회사의 소액주주가 입은 손해, 이사회의 의결을 거치지 않은 몰아주기식 대규모내부거래로 인하여 입은 경쟁업체의 손해 등이 있다.

### (2) 위반행위의 사법상 효과

상호출자제한기업집단 등이 제한규정에 위반한 행위를 한 경우 그 행위들의 사법상의 효력에 관하여는 규정이 없다. 따라서 이에 관하여는 공정거래법의 취지를 고려하여 이를 무효로 보아야 한다는 무효설,[280] 거래의 안전을 고려하여 유효로 보아야 한다는 유효설,[281] 기업결합행위를 무효로 보되 무효의 효과를 제한해야 한다는 제한적 무효설,[282] 명문규정으로 법위반행위를 무효로 하고 있는 부당한 공동행위와 달리 합병·신회사설립을 당연무효로 하지 않고 설립무효의 제소사유로만 규정하고 있는 점을 고려하여 원칙적으로 유효로 보면서, 필요한 경우 민법상의 신의칙에 따른 유효성심사를 하여야 한다는 상대적 유효설[283] 등이 있다.

이에 관하여는 거래의 규모, 채무보증의 빈도 및 규모, 의결권행사가 미치는 영향 등 사안의 종합적인 상황을 고려하여 판단해야 할 것이다. 다만, 대체로 상호출자제한기업집단 등에 대한 규제위반행위는 단체법적 법률관계가 많아 법률관계의 획일적 확정, 법률효과의 안정 등이 필요하며, 거래의 규모가 큰 경우가 많을 것이므로 거래안전 보호가 매우 중요하다. 따라서 그 위반행위의 사법상 효력은 원칙적으로 유효로 보면서, 구체적 판단결과 무효

---

280) 황적인 · 권오승, 앞의 책, 141면; 권오승, 앞의 책, 235면.

281) 손주찬, 앞의 책, 103면.

282) 이기수 · 유진희, 『경제법』 제6판, 세창출판사, 2004, 129-130면.

283) 정호열, 앞의 책, 255면.

라고 인정되는 경우에도 소급효의 제한, 부실공시에 대한 선의자보호 등을 충분히 고려하여야 할 것이다.

## 3. 형사적 제재

상호출자의 금지(법 9조)를 위반하여 주식을 취득하거나 소유하고 있는 자, 계열회사에 대한 채무보증의 금지(법 10조의2 1항)의 규정을 위반하여 채무보증을 하고 있는 자, 금융·보험회사의 의결권 제한(법 11조) 또는 시정조치의 이행확보(법 18조), 규정에 위반하여 의결권을 행사한 자, 탈법행위의 금지(법 15조)의 규정에 위반하여 탈법행위를 한 자는 3년 이하의 징역 또는 2억원 이하의 벌금에 처한다(법 66조 1항 5호 내지 8호). 여기의 징역형과 벌금형은 병과할 수 있다(법 66조 2항).

시정조치(법 16조 1항)에 응하지 아니한 자, 상호출자제한기업집단 등의 지정(법 14조 5항)의 규정에 위반하여 공인회계사의 회계감사를 받지 아니한 자는 2년 이하의 징역 또는 1억 5천만원 이하의 벌금에 처한다(법 67조 6호, 7호).

주식소유현황 등의 신고(법 13조 1항, 2항)의 규정에 위반하여 주식소유현황 또는 채무보증현황의 신고를 하지 아니하거나 허위의 신고를 한 자, 상호출자제한기업집단 등의 지정(법 14조 4항)의 자료요청에 대하여 정당한 이유없이 자료제출을 거부하거나 허위의 자료를 제출한 자는 1억원 이하의 벌금에 처한다(법 68조 3호, 4호).

# 제 7 장 부당한 공동행위의 제한

## 제1절 규제의 취지

### I. 부당한 공동행위의 의의

#### 1. 공동행위의 의의

사업자가 계약·협정 등의 방법을 통하여 공동의 연구개발(R&D), 공동의 구입·판매, 상호간 상대방의 네트워크 이용, 합작회사의 설립 또는 상품·용역의 가격·거래조건 등을 제한하는 등과 같이 일정하게 협력 또는 제휴하는 행위를 공동행위라고 한다.

공동행위는 사업자들의 경제적 이윤을 극대화하기 위하여 이어지는데, 특히 과점시장에서 자주 나타난다.[284] 과점은 특정 시장에 있어서 소수 기업자 사이의 경쟁을 의미하며, 완전경쟁시장과 달리 불완전한 경쟁이 된다. 과점기업에는 서로 의존관계가 형성되며, 중간 이상의 높은 진입장벽이 있고, 그 시장에 존재하는 비교적 소수의 기업이 가격을 통제할 수 있는 상태에 있기 때문이다. 기업의 수가 적어지므로 기업의 의사결정자는 각각의 선택에 대한 상호의존성을 인식하고 있다. 즉, 자신에게 최선인 것이 다른 사업자가 어떻게 행동하는가에 달려있는 것이다. 시장기구에 중대한 영향을 미치는 것은 사업자 사이에 있는 협력의 정도이다. 사업자들이 완전하게 협력하고 있을 경우 협조 또는 공모라고 하며, 이것은 2개 이상의 기업이 각각의 가격을 함께 설정한다든지, 시장을 그들 사이에 분할한다든지, 다른 사업상의 결정을 공동으로 한다든지 하는 형태를 취하여 나타난다. 그리고 그 협조방식도 수직적 제휴, 수평적 제휴, 혼합적 제휴 등으로 다양한 형태를 취한다. 사업자 사이의 공동행위는 내부적으로는 상호간의 과도한 경쟁을 회피할 수 있고 외부적으로는 대외경쟁력을 확보할 수 있다는 점에서, 참

284) 과점시장에서는 사업자간의 상호의존관계에 기한 협조적 행동을 하기 쉽다. 경제학상 죄수의 딜레마라는 이론에서는 상호 정보교환이 금지되고 서로 의심하는 상황 하에서, 일회뿐인 게임에서는 경쟁적 과점으로 귀결된다는 것이 증명되고 있지만, 계속적 관계에서 되풀이되는 게임에서는 오히려 협조적 과점으로 나아간다는 것이 증명되고 있다. 따라서 과점시장에서는 경쟁적 과점에서 협조적 과점으로 변질시키는 포인트가 되는 불확실성을 감소시키기 위한 정보교환 활동을 방지하는 것이 가장 중요하다.

가 사업자들에게는 매우 유익한 결과가 된다. 따라서 사업자간의 공동행위는 그것이 어떤 폐해를 야기하지 않는 한 전면적으로 금지할 것은 아니며, 때로는 권장할 필요도 있다.

## 2. 부당한 공동행위의 특질

위와 같은 사업자간의 공동행위가 반경쟁적 효과를 가져오는 경우에 부당한 공동행위가 된다. 부당한 공동행위를 카르텔(cartel, kartell)이라고 하는데, 영미법상으로는 거래의 제한(restraint of trade)이라고도 부르며(셔먼법 1조), 우리나라에서는 담합이라는 용어가 사용되고 있다. 달리 말하면, 카르텔이란 유사한 상품을 생산하고 있는 독립된 기업이 함께 행동하여 가격을 결정한다든지 생산을 제한하는 등의 '집단적 독점자로서 행동하는 조직'이다. 최근에는 특히 대형 담합이나 가격카르텔 사건이 사회적으로 큰 문제로 취급되어 사회적 비난이 사업자들에게 집중되는 경우가 많았다. 이러한 사회적 평가의 하락은 기업이미지에도 큰 부정적 요인이 된다.

일반적으로 카르텔이 형성되기 쉬운 조건으로서는 기업의 수가 적고(과점시장), 각 기업의 시장점유율이 균등하며 각 기업의 비용조건이 균일하고, 제품의 차별화가 없어 제품이 동질이며, 수요의 탄력성과 수요의 성장률·변동률이 작고, 기술의 개발과 도입기회가 적고, 시장 진입이 제한되어 있는 것(진입장벽) 등이 있다.

카르텔의 특징은 거래비용의 관점에서 기업의 수가 적으면 공동행위 합의를 위한 비용은 감소되며, 대상 상품·용역이 동질적이고, 가격탄력성[285]이 작으면 큰 이익을 발생시킨다는 점이다. 또한 시장진입이 용이하면 카르텔로부터 발생하는 이점은 적어지며, 가격협정의 경우 가격경쟁이 제한되기 때문에 서비스 등의 면에서 비가격경쟁을 발생시킨다. 그리고 매수인의 수가 많으면 거래도 많아지며 다른 참가사업자에 의한 감시의 비용도 높아지는 반면에, 매수인이 적으면 감시비용은 적어진다.[286]

카르텔은 성격상 결합력이 매우 취약한 것이 보통이다. 본래 카르텔은 참가당사자 공동이윤의 최대화 및 이윤율의 안정화를 도모하는 것인데, 생산능력, 거래조건 등이 다른 사업자간의 협정이므로 항상 내부대립과 이탈이 발생할 여지가 있다. 따라서 카르텔 유지를 용이하게 하는 경제적 조건 즉 수요의 성장률이나 변동성이 적고 기술개발 도입의 기회가 적으며 시장진입이 제한되어 있지 않은 경우에는 경쟁제한의 합의는 체결되더라도 준수되지 않는 경우도 적지 않다. 시장에서는 공동행위에 참가하지 않는 비 참가기업(outsider)도 존재하며, 참가하고 있는 사업자에게도 공동행위의 해체의 유인이 항상 작용한다. 다른 공동행위 참가사업자가 협정가격을 준수하고 있는 경우 협정가격보다 낮은 가격으로 상품을 판매하는 사업자는 판매량이 증가하여 이익이 된다.[287] 이밖에 왕성한 기술혁신도 공동행위

---

285) 수요의 가격탄력성은 수요가 가격에 대하여 어떻게 반응하는가, 곧 가격의 변화율과 수요의 변화율의 비율을 말한다. 탄력성이 작으면 수요곡선은 급해진다.

286) R. Posner, *Economic Analysis of Law* 4th ed., 1992, p. 288.

파기의 유인이 되며, 나아가 공정거래법 등의 법적규제도 장애가 될 수 있다. 따라서 공동행위 해체를 방지하기 위하여 협정준수를 확보하기 위한 제재수단, 감시기관 등을 두는 경우가 있다. 그리고 공동행위 참가사업자가 그 공동행위와는 별도의 공동판매조직을 설립하는 경우에는 기업결합에 가깝다. 카르텔은 그 결합강도에 따라 해체되기 쉬운 연성카르텔, 자주 발생하며 해체되기 어려운 경성카르텔로 구분된다.

이와 같은 카르텔은 사업자간의 경쟁회피에 의한 이윤의 공동극대화를 위해 남용될 경우 시장구조를 왜곡하고, 가격결정이라는 경쟁적 행동에 직접 제약을 가하며, 시장에서 경쟁과정의 원활한 작동을 방해하여 사회적 손실을 유발하는 문제를 발생시키기도 한다. 카르텔 참가자는 최종적으로는 시장에서 가격 설정력을 장악하게 되는데, 산출량의 제한이나 가격인상을 할 수 있는 힘을 집단적으로 장악하는 것은 시장의 중심적 기능을 훼손시키며, 부를 소비자로부터 생산자에게 이전시키게 된다. 그리하여 카르텔로 인하여 단기적으로는 산출량의 제한 또는 독점가격의 형성, 장기적으로는 자원의 효율적 배분을 왜곡하는 폐해가 발생한다. 따라서 카르텔이 자유롭고 공정한 경쟁질서의 확립을 목적으로 하는 공정거래법의 규제대상이 되는 것이다.

## II. 규제 개관

카르텔에 대해서는 경쟁정책의 관점에서 매우 부정적인 입장을 취하고 있는 입법례가 보편화되어 있다. 특히 입찰담합이나 가격카르텔에 대해서는 일반 국민이 매우 비판적이다. 대규모 입찰담합이나 가격카르텔 또는 가격의 동조적 인상은 기업이미지에도 큰 부정적 요인이 되며, 국가 경제적으로도 많은 폐해를 초래하는 경우가 많다. 따라서 그러한 행위 등에 대한 시정조치 등의 규제가 활성화되고 악질적인 행위에 대해서는 엄중한 조치가 취해져야 한다. 그리하여 우리나라의 과점적 시장구조 및 거래관행을 배경으로 발생되는 가격에 관한 협조적 행동을 억제하기 위한 기능을 극대화시킬 필요가 있다.

공정거래법은 부당한 공동행위를 원칙적으로 금지하고 있으며(법 19조), 일정한 경우에는 특정한 목적을 전제로 한 공정거래위원회의 인가를 조건으로 예외적으로 허용하고 있다(법 19조 2항). 부당한 공동행위를 사업자단체가 행하는 것도 원칙적으로 금지되고 있다(법 26조 1항). 국제적인 차원에서 이루어지는 카르텔은 국제카르텔이라고 부르는데, 이는 공정거래법 제32조의 국제적 협정 또는 계약으로서 금지되고 있다.

카르텔을 금지하는 입법방식에는 금지되는 행위의 유형을 구체적이고 한정적으로 열거하는 열거주의(positive system)와 그러한 행위를 포괄적으로 금지하면서 예외적으로 허용되는 경우를 한정적으로 예외를 설정하는 포괄주의(negative system)가 있다. 공정거래법 제19조는 한정적 열거주의를 취하고 있다. 공정거래법이 금지하는 열거된 행위는 가격카르텔

287) Herbert Hovenkamp, *op. cit.*, p. 20.

·거래조건카르텔·유통카르텔·거래지역 또는 거래상대방 카르텔·설비 및 장비카르텔·종류 및 규격카르텔·합작기업(joint venture)의 설립·입찰담합 기타 행위로서 다른 사업자의 사업활동 또는 사업내용을 방해하거나 제한함으로써 일정한 거래분야에서 경쟁을 실질적으로 제한하는 행위 등이다.

부당한 공동행위는 그 협조방식에 따라 거래단계가 다른 사업자 사이의 수직적 카르텔, 같은 거래단계에서 활동하는 사업자 사이의 수평적 카르텔, 양자가 혼재되어 있는 혼합적 카르텔로 구분할 수 있다. 미국의 셔먼법 제1조는 부당한 거래제한을 금지함으로써 모든 유형의 카르텔을 금지할 수 있게 되어 있다.[288] 그리고 종래에는 경성카르텔에 대하여 당연위법으로 처리하여 왔으나, 최근에는 합리성의 원칙을 적용하고 있다.

우리 공정거래법 제19조가 수평적 카르텔만을 규제대상으로 하는지 또는 수직적 카르텔도 규제대상으로 하는지는 명확하지 않다. 법문상 부당공동행위의 성립요건은 사업자 사이의 공동행위 합의에 의하여 부당하게 경쟁을 제한하는 것으로 규정되어 있으므로, 미국의 셔먼법과 같이 모든 유형의 카르텔을 금지하는 것으로 볼 여지가 있고 이렇게 해석한 사례[289]도 있다. 그러나 이 조항에서 금지되는 행위로서 열거된 부당한 공동행위의 유형이 성격상 거의 전부 수평적 카르텔로 되어 있으며, 종전에 본조의 규제대상은 수평적 카르텔뿐이라고 해석하는 근거가 되었던 '일정한 거래분야에서 경쟁을 실질적으로 제한하는 행위'라는 문언이 그대로 유지되고 있나(법 19조 1항 9호). 또한 수직적 카르텔에 대해서는 별도로 시장지배적 지위남용금지의 일부(법 3조의2), 불공정거래행위금지의 일부(법 23조), 재판매가격유지행위금지(법 29조 이하)로서 규제되고 있다. 따라서 법 제19조는 수평적 카르텔만을 규제하고 있다고 보아야 할 것이다.

사업자 또는 사업분야의 특수성을 고려하여 부당한 공동행위의 규제에서 제외되는 업종을 대폭 제한하면서 제정된 것이 「독점규제 및 공정거래에 관한 법률의 적용이 제외되는 부당한 공동행위 등의 정비에 관한 법률」(제정 1999. 2. 5. 법률 제5815호)이다.

## 제2절 부당한 공동행위의 금지

### I. 부당한 공동행위의 의의

#### 1. 개념

부당한 공동행위란 사업자들이 계약·협정 등의 방법으로 상품·용역의 가격·거래조건

---

288) EU조약 제101조도 같은 입장을 취하고 있다.

289) 공정거래위원회 2008. 6. 10. 의결 제2008-168호 2007제일4258.

등을 정하여 부당하게 경쟁을 제한하는 행위를 말한다. 예를 들면 사업자 간의 가격협정, 생산수량이나 판매수량 협정, 지역할당 협정이나 거래처 협정, 투자제한 협정이나 기술개발 협정 등 여러 가지 경쟁제한적인 협정이 있다. 부당한 공동행위는 복수 사업자간의 공동행위인 점에서 사업자의 단독행위인 시장지배적 지위남용행위(법 3조의2) 또는 불공정거래행위(법 23조)와 구별된다. 공정거래법상 부당한 공동행위는 법 제19조 제1항 각호에 열거된 행위로서 부당하게 경쟁을 제한하는 행위를 말한다.

부당한 공동행위의 개념요소로서, 공정거래법은 제정당시에 6가지 유형의 공동행위에 대한 일괄등록제를 시행하였으나 사업자에게 과도한 부담을 주는 등의 문제가 있었다.[290) 1987년 공정거래법 개정에서는 '일정한 거래분야에서 경쟁을 실질적으로 제한'하는 행위로 요건을 수정하였다. 그러나 이는 공동행위에 대한 합의 외에 실행행위의 존재까지 요구하는 것이 되어 부당공동행위에 대한 규제의 범위를 좁게 하였다. 이후 1993년 개정에서는 '일정한 거래분야에서 경쟁을 실질적으로 제한할 것을 합의'하는 것으로 수정되었다가, 1999년 2월 개정에서 '부당하게 경쟁을 제한하는 행위를 할 것을 합의'하는 것으로 변경되어 규제대상이 확대되었다.

부당한 공동행위가 시장지배적 지위남용행위와 다른 점은, 시장지배적 지위남용행위의 경우에는 단독 또는 복수의 사업자 사이의 결합 또는 통모행위인데 반하여, 부당한 공동행위의 경우에는 복수의 사업자간에 부당한 경쟁제한 행위가 행해질 필요가 있다는 것이다.

## 2. 부당한 공동행위의 성립요건

### (1) 공동의 합의

#### 1) 합의의 개념 및 방식

사업자는 계약·협정·결의 기타 어떠한 방법으로도 다른 사업자와 공동으로 부당하게 경쟁을 제한하는 각호에 열거된 행위를 할 것을 합의하거나 다른 사업자로 하여금 이를 행하도록 하여서는 아니된다(법 19조 1항). 부당한 공동행위를 인정하기 위한 합의는 인위적인 의사 연락을 의미하는데, 계약, 협정, 각서 등 어떤 명칭을 사용하든 불문하며, 서면에 의한 것인가 구두에 의한 것인가도 상관없다. 또한 계약, 협정 등과 같은 명시적 합의뿐만 아니라 사업자 사이의 양해와 같은 묵시적 합의까지 포함한다.[291) '합의'는 자신들의 합의에 따른 행위에 의하여 경쟁제한적 결과가 발생된다는 공동인식을 형성하는 것이다. 따라서 엄밀히 말하면 합의의 대상이 되는 것은 '경쟁을 제한하는' 행위가 아니라, '경쟁을 제한하게 될' 행위라고 해석해야 할 것이다. 참가사업자들이 인식하는 대상은 자신들의 행위의 일치에 관한 것이며, 행위의 실행은 필요하지 않다.[292) 법문상 "합의해서는 아니된다"라고 규정

290) 이남기·이승우, 앞의 책, 183면; 권오승, 『경제법』 제8판, 법문사, 2010, 324면; 정호열, 앞의 책, 324면.

291) 서울고등법원 1996. 2. 13. 선고 94구36751판결.

292) 1992년 법개정 이전에는 사업자들 간의 경쟁제한을 위한 합의를 하고 또한 그 합의에 따라 공동행위를 실행

하고 있으므로, 합의 즉 의사의 연락으로 충분하다는 것이 명백하게 되어 있다.

부당공동행위는 참가 사업자들이 공동으로 행위할 것을 합의하는 것이라는 점에서 사업자 단독으로 이루어지는 시장지배적 지위남용행위나 불공정한 기업결합과 구별된다. 또한 사업자가 다른 사업자로 하여금 부당한 공동행위를 행하도록 하는 행위도 금지된다. 이것은 그러한 행위를 교사하는 행위 또는 이에 준하는 행위를 의미하고 다른 사업자의 부당한 공동행위를 방조하는 행위는 포함되지 않는다.

공동의 합의에 참가한 다수의 사업자를 실질적·경제적 관점에서 "사실상 하나의 사업자"로 볼 수 있는 경우, 예를 들어 모자회사이거나 동일 기업집단에 속하는 회사인 경우에 그들 사이에 이루어진 법 제19조 제1항에 열거된 행위에 관한 합의는 부당한 공동행위의 합의로 인정되지 않는다. 다만 입찰담합의 경우 및 그 합의에 다른 사업자가 참여한 경우는 그러하지 아니하다(공동행위심사기준 V).

**대법원 2009. 5. 14. 선고 2009두1556 판결**

구 공정거래법은 다른 사업자로 하여금 부당한 공동행위를 행하도록 한 사업자에 대해서도 같은 법을 적용할 근거를 마련하기 위하여 제19조 제1항 후단으로 '다른 사업자로 하여금 부당한 공동행위를 행하도록 하여서는 아니된다'라는 규정을 신설하였는바, 위 법률조항의 입법 취지 및 개정경위, 관련 법률조항의 체계, 이 조항이 시정명령과 과징금 납부명령 등 침익적 행성행위의 근거가 되므로 가능한 한 이를 엄격하게 해석할 필요가 있는 점 등에 비추어 보면, 위 제19조 제1항 후단의 '다른 사업자로 하여금 부당한 공동행위를 행하도록 하는 행위'는 다른 사업자로 하여금 부당한 공동행위를 하도록 교사하는 행위 또는 이에 준하는 행위를 의미하고, 다른 사업자의 부당한 공동행위를 단순히 방조하는 행위는 여기에 포함되지 않는다고 할 것이다.

**서울고등법원 2009. 9. 22. 선고 2008누15299 판결**

원고 등 총판 3사는 모토롤라코리아와는 완전 별개의 법인격을 가진 법률적으로 별개의 독립한 거래주체로서 모토롤라코리아로부터 모토롤라가 생산하는 TRS 제품 등에 대한 한국 내 총판으로 지정된 것일 뿐인 점, 모토롤라코리아가 총판 3사에 수요처를 배분하여 당해 수요처에 대한 공급만을 전담하게 하고 타 경쟁사 제품의 취급을 금지함으로써 원고 등 총판 3사의 사업활동에 일부 제약이 있기는 하였으나 이는 초기 시장개척 과정에서 과잉·중복투자 방지와 효과적인 고객확보 및 경쟁력 제고 등을 위한 목적에서 비롯된 것일 뿐이고 총판 3사가 수요처에 최종 공급하는 제품의 부품 중 모토롤라의 제품이 차지하는 비중은 50%가 되지 아니하는 등 그 영업활동을 수행함에 있어 독자적으로 판단할 수 있는 여지가 없지 아니한 점, 모회사가 주식의 100%를 소유하고 있는 자회사라 하더라도 양자는 법률적으로는 별개의 독립한 거래주체로 보는 점(대법원 2004. 11. 12. 선고 2001두2034 판결 등 참조) 등의 사정에 비추어

---

하여 경쟁을 실질적으로 제한하는 것이 요건으로 되어 있었다.

보면, 총판 3사가 원고 주장과 같이 모토롤라코리아의 지휘·관리·통제 하에 서로 유기적으로 역할을 분담하면서 일체화된 영업판매 시스템을 형성하였다는 사정만으로는 원고가 그 주장과 같이 다른 총판들과 함께 '경제적 단일체'에 불과하여 회명과 씨그널이 공정거래법 제19조 제1항에서 정한 '다른 사업자'에 해당하지 않는다고 볼 수는 없다. 따라서 원고의 이 부분 주장은 받아들일 수 없다.

#### 2) 상호구속성

'상호구속'이란 계약, 협정 기타 어떤 이름을 사용하든 경쟁제한적 합의를 하는 것이며, 매매계약 등의 합의와 달리 경쟁제한의 동일 내용을 합의하는 것이 상호구속의 내용이다. 협정을 위반한 경우의 벌칙이 있는가 아닌가를 불문한다. 부당한 공동행위란 복수의 사업자간의 합의에 의하여 이루어지는 행위이므로 참가사업자들이 그 합의에 따라야만 목적을 달성할 수 있다. 그러므로 참가사업자들 모두가 그 합의에 서로 구속되어야 하는가의 문제가 있다.

이에 대하여, 부당공동행위에서의 상호구속성은 경쟁제한적 합의가 시행되는 과정 또는 양상에 불과하므로 부당공동행위의 요건으로 볼 필요는 없다는 견해가 있다.[293] 이에 따르면 부당공동행위를 주장하는 원고는 합의의 상호구속성을 별도로 입증할 필요가 없게 된다. 그러나 부당공동행위는 참가사업자들이 합의를 지키지 않을 경우의 제재에 대한 명시적 규정까지는 아니더라도 그것을 준수하도록 하는 일정한 부담이 필요하며, 적어도 그 준수를 기대할 만한 근거는 존재해야 할 것이다. 또한 합의가 참가사업자 중 어느 일방만을 구속하는 것이 아니라 서로 구속하는 것이어야 한다. 따라서 부당한 공동행위의 요건으로서의 합의는 참가자 전원을 구속하는 상호적 구속성이 있어야 할 것이다.[294]

구속의 정도 또는 범위는 묻지 않으므로 합의의 준수를 기대하는 것만으로 충분하다.[295] 즉 어느 한 쪽의 사업자가 당초부터 합의에 따를 의사도 없이 진의 아닌 의사표시에 의하여 합의하였다고 하더라도 다른 쪽 사업자가 합의에 따를 것으로 신뢰하고 행동할 것이라는 점을 이용한 경우에는 당해 합의가 경쟁을 제한하는 행위가 되는 것은 마찬가지이다. 따라서 진의 아닌 의사표시라 하여 부당한 공동행위의 성립에 방해가 되는 것은 아니다(공동행위심사기준 II-2).[296]

구속력이 결여된 공동행위와 구별되는 행위에는 '인식있는 병행행위'(conscious parallelism) 또는 '의식적 동조행위'가 있다. 이는 과점시장에서 상호의존적 활동하는 사업자들이 각자 행위가 유사하고 그 행위지속이 각자 이익에 부합할 것을 믿으나, 직접적 의사교환 없이 세부적 면에서 유사한 행위를 하는 것을 말한다. 즉 평행적인 동일행위는 있으나

293) 양명조, 앞의 책, 192면; 정호열, 앞의 책, 330-331면.

294) 이동규, 『독점규제 및 공정거래에 관한 법률 개론』, 행정경영자료사, 1997, 286면.

295) '합의' 즉 '의사의 연락'에 관하여 어떤 자가 다른 자의 행동을 예측하고 이것과 보조를 맞출 의사로 동일 행동에 나서는 경우에는 그런 자 사이에 의사의 연락이 있다고 보면 충분하다는 견해와 공동인식은 존재했지만 구속력은 없는 공동행위는 부당한 공동행위에 해당하지 않는다는 견해가 있다.

296) 개정 2009. 8. 12. 공정거래위원회 예규 제71호.

상호간의 의사연락은 없는 것이다. 예를 들어 해당 시장에서 사업자 사이의 의사연락이 없음에도 선도적 사업자가 가격을 인상하였을 때, 다른 사업자들도 이에 동조하여 가격을 인상하는 경우 또는 여러 사업자가 합의 없이 다른 사업자의 협조적 행위를 예상하면서 시차를 두고 가격을 인상하는 경우 등이다. 이러한 행위에서는 경쟁제한의 의도를 입증하기 곤란하고 공동행위로 인정할 것인지 여부도 확실하지 않다. 공동행위는 공동계획에 대한 공동인식이 있는 협정적 성질을 갖는 것으로서, 경쟁제한적 합의의 성격이 있으면 부당한 공동행위가 된다. 그러나 단순한 의식적 병행행위(mere conscious parallelism)는 공동계획에 대한 공동인식이 결여된 것이며, 합의에는 포함될 수 없을 것이다. 이에 반하여 의식적 병행행위에 대하여 합의를 충분히 추론할 수 있는 간접사실 또는 추가요소(plus factor)가 증명되는 경우에는 합의가 인정될 수 있다.[297)]

**대법원 2010. 2. 11. 선고 2009두11485 판결**

영화배급업 또는 영화상영업을 영위하면서 국내 영화배급시장의 약 79.3%와 영화상영시장의 약 60%를 차지하고 있는 원고 등 7개 사업자들이 2007년 3월 12일 극장에서 허용되는 할인의 종류 및 범위를 설정하고 이외의 모든 할인을 금지하며 이를 어기는 극장에 대해 제재하기로 하는 내용의 이 사건 합의를 하고, 2007년 3월 14일부터 2007년 7월 25일까지 실제로 합의한 내용대로 각종 요금 할인을 중지하면서 극장의 합의 준수 여부를 지속적으로 감시한 사실 등을 인정한 다음, 그 판시와 같은 사정들을 들어 이 사건 합의 및 그 실행이 가격을 결정·유지 또는 변경하는 공동행위에 해당하고, 그로 인하여 부당하게 시장의 경쟁을 축소시켰다고 판단하였다.

**서울고등법원 2008. 7. 16. 선고 2007누24441 판결**

사업자들이 경쟁을 제한할 목적으로 공동하여 향후 계속적으로 상품의 생산·출고 등을 제한하는 행위를 하기로 하면서, 그 결정주체, 결정방법 등에 관한 일정한 기준을 정하고, 향후 이를 실행하기 위하여 계속적인 회합을 가지기로 하는 등의 기본적 원칙에 관한 합의를 하고, 이에 따라 위 합의를 실행하는 과정에서 수회에 걸쳐 회합을 하고 구체적으로 생산·출고의 제한 등을 위한 합의를 계속하여 온 경우, 그 회합 또는 합의의 구체적 내용이나 구성원에 일부 변경이 있더라도, 그와 같은 일련의 합의는 전체적으로 하나의 부당한 공동행위로 봄이 상당하므로 (중략) 이 사건에서 보건대, 비록 원고와 삼양사가 2000년과 2001년 이 사건 제1차 합의에서 정한 물량을 일부 초과하여 반출한 사실이 있기는 하지만, ① 원고 등 3개사는 이 사건 제1차 합의를 통하여 종전의 원당 수입추천비율을 향후 내수 설탕 반출비율로 정하면서 월별·연도별로 반출량을 정하고, 매월 특별소비세 납부실적을 서로 교환하여 합의의 준수 여부를 점검하며, 연중에 실제 반출한 물량에 차이가 발생할 경우에는 연말까지 조정하여 반출량 및 반출비율을 맞춘다는 등의 기본적인 원칙에 합의하였던 점 (중략) 등으로 보아 전체적으로 하나의 부정한 공동행위에 해당한다고 볼 수밖에 없다.

---

297) 대법원 2010. 2. 11. 선고 2008두3784 판결 참조.

### 3) 합의의 추정

#### A. 취지

부당한 공동행위의 요건인 합의에서 의사연락의 방법에는 제한이 없으므로, 명시적이든 묵시적이든 상관이 없다. 암묵적 합의의 경우에는 결과로서의 일치된 행위에서 거꾸로 거슬러 올라가 합의를 추단하게 된다. 부당한 공동행위임을 인정하기 위하여 증명되어야 할 사실은 상호인식 형성을 위한 인위적 행위가 있었다는 것(합의)과 그 상호인식의 내용이 되는데, 이는 실제로 입증하기가 매우 곤란하거나 때로는 불가능하다. 더욱이 부당한 공동행위에 대한 규제가 강화되면서 사업자간의 합의는 명시적으로 드러나거나 증거를 남기지 않고 암묵적으로 이루어지기 때문에 '합의의 존재'를 입증하기가 더욱 어렵다. 이런 점을 감안하여 공정거래법 제19조 제5항에서 부당한 공동행위의 추정제도를 두고 있다. 위와 같은 입증요건을 완화하여 공정거래위원회의 입증책임에 대한 부담을 줄여주어서 제도운영의 효율화를 도모하고자 하는 것이다.

법 제19조 제5항에 의하면, ① 2 이상의 사업자가 동조 제1항에 열거된 행위 중 하나에 해당하는 행위를 하는 경우로서 ② 해당 거래분야 또는 상품·용역의 특성, 해당 행위의 경제적 이유 및 파급효과, 사업자 사이의 접촉횟수·양태 등 제반사정에 비추어 그 행위를 그 사업자들이 공동으로 한 것으로 볼 수 있는 상당한 개연성이 있는 경우에, 그 사업자들 사이에 부당한 공동행위의 합의가 있었음을 추정한다. 즉 부당공동행위의 외관을 가진 행위가 있다고 하여 바로 부당공동행위로 추정하는 것이 아니고, 사업자 사이에 합의가 존재한다고 볼 수 있는 상당한 개연성이 있는 경우에 비로소 부당공동행위의 합의가 추정되는 것이다.

이 상당한 개연성을 인정할 수 있는 요소로서 공동행위 심사기준은, 직·간접적인 의사연락이나 정보교환 등의 증거가 있는 경우, 공동으로 수행되어야만 당해 사업자들의 이익에 기여할 수 있고 개별적으로 수행되었다면 당해 사업자 각각의 이익에 반하리라고 인정되는 경우, 당해 사업자들의 행위의 일치를 시장상황의 결과로 설명할 수 없는 경우, 당해 산업구조상 합의가 없이는 행위의 일치가 어려운 경우 등을 열거하고 있다(공동행위심사기준 II-4).

위와 같은 공정거래법의 규정은 인식있는 병행행위이론에서 영향을 받은 것이다. 외국에서는 그러한 행위에 대한 입증의 곤란성을 완화하기 위하여, 경영상 정당화사유의 부재, 비수기의 가격상승 등 의식적 동조행위에서 합의를 추론케 하는 추가적 요소들을 고려하여 합의 또는 공모를 추정하고, 그 결과로 경쟁제한 효과가 입증되면 위법성을 인정하기도 한다.

**대법원 2002. 8. 27. 선고 2000두9779 판결**

증거에 의하여 명시적 합의나 묵시적 합의를 한 사실이 인정된다면 공정거래법 제19조 제5항이 아니라 바로 법 제19조 제1항이 적용되는 것이고, 다만, 공정위가 합의를 직접적으로 입증하기 어려워 부득이 '행위의 외형상 일치'와 '경쟁제한성'에 관한 간접사실을 입증하고 있는 이상 그 입증의 성패에 의하여만 법 제19조 제5항의 합의의 추정여부가 결정된다고 할 것인 바, 법 제19조 제5항에 의한 합의를 추정함에 있어서 제19조 제1항의 합의가 있었는지 여부를 따로 살펴보지 않았다고 하여 위법하다고 할 수 없다.

B. 추정의 성질 및 절차

추정의 성격에 대해서는 행정법상의 추정이라는 견해가 있다. 이러한 견해에 따르면, 이 추정에 의하여 입증책임이 전환되는 것은 아니며 실질적인 입증책임은 공정거래위원회에 있다. 결국 추정의 요건이 충족된 경우 공정거래위원회가 규제절차에 착수하여야 하며, 공정거래위원회가 입증을 위한 노력을 성실하게 했음에도 불구하고 여전히 불확실한 점이 남아있는 경우에는 사업자가 그 추정을 깨뜨려야 할 책임이 있다는 것이다.[298] 부당한 공동행위의 입증에서 공정거래위원회가 입증할 사실은 합의의 존재와 그 내용인데 대하여, 혐의 대상 사업자가 입증해야 할 사실은 경쟁제한적인 합의의 부존재이기 때문에 입증책임이 전환되는 경우 사업자들에게 매우 불리한 결과가 된다는 점에서 일리가 있는 견해이다.

그러나 이 견해에 따르면 이러한 추정만을 특수하게 취급하는 결과가 되는데, 그 당위성이 충분히 인정되지 않아 지나친 해석이라고 본다. 추정에 대한 사업자의 반증에 관한 어려움은 입증을 해야 할 범위 및 정도를 완화하는 것 등 추정제도의 탄력적인 운용에 의하여 해결될 수 있기 때문이다. 따라서 이 추정은 법률상의 추정으로서 입증책임의 전환을 초래한다고 보는 다수설[299]이 타당하다.

추정의 대상이 되는 것은 공동행위의 합의뿐이며, 행위의 부당성이나 위법성까지 추정되는 것은 아니다.[300] 부당한 공동행위에 관한 심사의 기준은 공정거래위원회가 정하여 고시할 수 있다(법 19조 6항). 이에 따라 제정된 부당공동행위 심사기준에서는 공동행위의 위법성 심사절차에 관한 규정을 두고 있다(공동행위심사기준 IV).

298) 권오승, 앞의 책, 254면.

299) 정호열, 앞의 책, 333면; 신현윤, 앞의 책, 240면; 권재열, 앞의 책, 198면.

300) 권오승, 앞의 책, 252-253면; 양명조, "부당한 공동행위에 있어서 부당성 판단기준", 『공정거래법 강의』, 법문사, 1996, 268면; 신현윤, 위의 책, 240면; 권재열, 위의 책, 197면; 이에 대하여 공동성과 함께 '부당성'까지 포함된다는 하급심판례가 있다(서울고등법원 2000. 11. 9. 선고 99누9287 판결; 서울고등법원 2000. 6. 20. 선고 98누10839 판결).

**대법원 2002. 3. 15. 선고 99두6514, 6521 판결**

공정거래법 제19조 제5항이 "2 이상의 사업자가 일정한 거래분야에서 경쟁을 실질적으로 제한하는 제1항 각 호의 1에 해당하는 행위를 하고 있는 경우 동 사업자 간에 그러한 행위를 할 것을 약정한 명시적인 합의가 없는 경우에도 부당한 공동행위를 하고 있는 것으로 추정한다."고 규정하고 있는 취지는, 공정거래위원회가 법 제19조 제1항에서 정하고 있는 부당한 공동행위의 성립을 입증하기 위해서는 무엇보다도 당해 행위가 사업자들의 명시적·묵시적 합의하에 이루어진 것이라는 점을 입증하여야 하는데, 은밀하게 행하여지는 부당한 공동행위의 속성상 그러한 합의를 입증한다는 것이 그리 쉬운 일이 아니므로, 공정거래위원회로 하여금 '사업자들의 합의'를 입증하는 것에 갈음하여 '2 이상의 사업자가 법 제19조 제1항 각 호의 1에 해당하는 행위를 하고 있다.'는 사실(이하 '행위의 외형상 일치')과 그것이 '일정한 거래 분야에서 경쟁을 실질적으로 제한하는 행위'라는 사실(이하 '경쟁제한성')의 두 가지 간접사실만을 입증하도록 함으로써, 부당한 공동행위에 대한 규제의 실효성을 확보하고자 함에 있다고 할 것이다.

따라서 법 제19조 제5항에 기하여 '사업자들의 합의'를 추정하기 위해서는 '행위의 외형상 일치'와 '경쟁제한성'의 입증만으로써 족한 것이지, 이에 추가하여 사업자들의 합의 내지 암묵적인 양해를 추정케 할 정황사실이 입증되어야만 하는 것은 아니다. 그런데 원심은, 법 제19조 제5항에 의하여 원고들의 합의를 추정하기 위해서는 그에 앞서 원고들의 합의 내지 암묵적인 양해를 추정케 하는 정황사실의 입증이 있어야만 한다는 전제하에서, 그러한 정황사실이 인정됨을 근거로 하여, 위 조항에 의한 부당한 공동행위의 추정을 하고 있음이 분명하므로, 원심의 이러한 판단과정에는 우선 법 제19조 제5항에 의한 추정의 대상이나 그 추정을 위하여 증명되어야 하는 간접사실의 범위에 관한 법리를 오해한 잘못이 있다고 할 것이다.

만약, 원심이 들고 있는 정황사실로써 원고들 간의 합의 내지 암묵적인 양해가 추정된다면 굳이 법 제19조 제5항의 법률상 추정규정을 원용할 필요가 없는 이른바 '사실상의 추정'에 해당한다고 할 것인데, 피고는 이 사건에서 원고의 합의 내지 암묵적 양해를 사실상 추정하고 있는 것이 아니라 법 제19조 제5항에 의하여 법률상 추정을 하고 있음이 명백하다. 따라서 원심으로서는 비록 피고가 위와 같은 정황사실들을 내세우고 있다고 하더라도 나아가 그 존부나 이로써 원고들의 합의 내지 암묵적인 양해가 사실상 추정되는지를 심리할 필요가 없다고 할 것이다.

C. 추정의 복멸

부당한 공동행위의 합의에 대한 추정을 반증을 통하여 번복시키는 것이 추정의 복멸이다. 공동합의의 추정요건이 갖추어지면 합의가 추정되는데, 이 추정은 법률상의 추정이므로 입증책임이 전환되어 사업자는 그 행위가 합의에 기한 것이 아님을 입증함으로써 추정을 복멸할 수 있다. 여기서 문제되는 것은 사업자가 어느 범위 또는 정도까지 반증을 하여야만 추정을 복멸할 수 있는가이다. 이에 관하여는 일정한 객관적 기준이 정립되어야 할 필요가 있다.

대법원의 판단에 따르면, 추정을 받는 사업자들로서는 공동행위의 합의가 없었다는 사실을 입증하거나 일치된 행위가 합의에 따른 공동행위가 아니며 합의가 없었더라도 일치된 행위가 있었을 것이라는 개연성 정도만 입증하면, 합의가 없었다는 직접적인 증거를 통한 입증이 없어도 그 추정을 복멸을 인정하고 있다. 구체적인 유형을 살펴보면, 추정이 복멸될 수 있는 경우에 대하여 각 가격인상행위가 실제로는 아무런 합의나 상호간의 양해 없이 각자의 경영판단에 따라 독자적으로 이루어진 것이거나, 외부요인으로 인하여 시장에 속해있는 동종사업자가 모두 동일한 판단을 할 수 밖에 없는 정황이 있는 경우, 그리고 선도업체의 가격 인상을 후발업체가 단순히 모방한 경우에는 추정의 복멸을 인정하고 있다.[301] 이외에도 금융감독원장이 행정지도를 통하여 자동차보험료 변경에 관여하였고 그 결과 보험료가 동일하게 유지된 경우 자동차 보험료의 유지·변경에 관하여 자동차보험사업자들 사이에 공동행위의 합의가 있었다는 추정이 복멸되었다고 인정한 사례[302]가 있다.

법원이 공정거래법 제19조 제5항에 따라 부당한 공동행위의 합의추정을 받는 사업자들이 부당한 공동행위의 합의의 추정을 복멸시킬 수 있는 사정을 판단함에 있어서는, 여러 가지 관련 사실을 모두 고려하여야 한다. 당해 상품에 관한 거래분야 시장의 특성과 현황, 상품의 속성과 태양, 유통구조, 시장가격에 미치는 내외부적 영향, 각 개별업체가 동종 거래분야 시장에서 차지하고 있는 지위, 수요나 가격의 변화가 개별사업자의 영업이이나 시장점유율 등에 미치는 영향, 사업자의 개별적 사업여건에 비추어 본 경영판단의 정당성, 사업자들의 회합과 같은 직접적 의사교환의 실태, 협의가 없었더라도 우연의 일치가 이루어질 수도 있는 개연성의 정도, 법 위반 전력, 당시의 경제정책적 배경 등 다양한 사항들을 종합적으로 고려하여 거래통념에 따라 합리적으로 판단하여야 할 것이다.[303]

**대법원 2006. 9. 22. 선고 2004두7184 판결**

공정거래법 제19조 제5항에 따라 부당한 공동행위의 합의 추정을 받는 사업자들이 부당한 공동행위의 합의의 추정을 복멸시킬 수 있는 사정을 판단함에 있어서는, 당해 상품 거래분야 시장의 특성과 현황, 상품의 속성과 태양, 유통구조, 가격결정 구조, 시장가격에 영향을 미치는 제반 내외부적 영향, 각 개별업체가 동종 거래분야 시장에서 차지하고 있는 지위, 가격의 변화가 개별사업자의 영업이익, 시장점유율 등에 미치는 영향, 사업자의 개별적 사업여건에 비추어 본 경영판단의 정당성, 사업자 상호간의 회합 등 직접적 의사교환의 실태, 협의가 없었더라도 우연의 일치가 이루어질 수도 있는 개연성의 정도, 가격모방의 경험과 법위반 전력, 당시의 경제정책적 배경 등을 종합적으로 고려하여 거래 통념에 따라 합리적으로 판단하여야 할 것이다.

301) 대법원 2008. 11. 13. 선고 2006두13145 판결; 대법원 2006. 11. 23 선고 2004두8323 판결 등.

302) 대법원 2005. 1. 28. 선고 2002두12052 판결.

303) 대법원 2008. 11. 13. 선고 2006두13145 판결; 대법원 2008. 2. 29. 선고 2006두10443 판결 등.

**대법원 2002. 5. 28. 선고 2000두1386 판결**

과점적 시장구조 하에서 시장점유율이 높은 선발 업체가 독자적인 판단에 따라 가격을 결정한 뒤 후발업체가 일방적으로 이를 모방하여 가격을 결정하는 경우에는, 선발 업체가 종전의 관행 등 시장의 현황에 비추어 가격을 결정하면 후발업체들이 이에 동조하여 가격을 결정할 것으로 예견하고 가격 결정을 하였다는 등의 특별한 사정이 없는 한, 구 공정거래법 제19조 제5항에 따른 공동행위의 합의 추정은 번복되나, 다만 이 때 후발업체들이 서로간의 명시적이거나 묵시적인 합의 또는 양해에 따라 선발 업체의 가격을 모방한 경우에는 그 후발업체들 상호간의 공동행위가 문제되나, 후발업체들 상호간의 공동행위 성립 여부는 그들의 시장점유율 등 가격결정 영향력 등에 따라 별도로 판단되어야 한다.

본 사안의 경우 과점적 화장지 공급시장 하에서 후발업체들이 시장점유율이 높은 선발 업체의 화장지의 공장도 가격을 일방적으로 모방한 결과 그 공장도 가격이 동일하게 된 경우, 구 공정거래법 제19조 제5항에 따른 부당한 공동행위의 합의 추정이 번복될 뿐만 아니라 후발업체들 상호간에 부당한 공동행위의 합의를 한 것으로 추정할 수도 없다.

그러나 과점적 화장지 공급시장 하에서 후발업체들의 선발 업체에 대한 가격동조화 현상이 심화된 결과 화장지 제조업체들의 가격인상 결정을 위한 내부품의 일자가 같은 시기에 이루어지고 실제 가격인상 시기도 같은 날로 결정되기까지 하였다면, 후발업체의 가격결정행위는 선발 업체의 가격 결정을 일방적으로 모방한 것으로는 보기 어렵다는 이유로 부당한 공동행위의 추정을 번복할 수 없다

### (2) 부당한 경쟁제한

부당한 공동행위가 성립하려면 참가사업자들의 일정한 행위를 하기로 하는 합의가 있어야 하고, 그 합의의 성격은 부당하게 경쟁을 제한하는 것이어야 한다(법 19조 1항). 여기서 "부당하게 경쟁을 제한하는"이라는 문언은 1999년 2월 법개정으로 도입된 것이며, 구법상의 '일정한 거래분야에서의 경쟁을 제한하는'이라는 문언보다 넓은 개념이다. 이는 가격고정 · 입찰담합 · 생산량제한 · 시장분할 등의 경성카르텔(hardcore cartel) 규제를 용이하게 하기 위한 것이다. 즉 부당한 공동행위를 경성카르텔과 연성카르텔로 구분하고 경성카르텔에 대해서는 당연위법의 원칙을 적용할 근거를 제공하기 위한 것이다.[304)]

이 요건은 시장지배적지위의 남용금지(법 3조의2) 및 부당한 기업결합의 금지(법 7조)의 요건으로 규정되어 있는 '일정한 거래분야에서의 경쟁의 실질적 제한'과는 명백히 구별된다.[305)] 시장지배적지위의 남용금지와 부당한 기업결합의 금지에 관한 요건에서는 위법성 심사에 있어서 일정한 거래분야를 획정하고 그 시장에서 경쟁이 실질적으로 제한되는지를 단계적으로 심사할 필요가 있으나, 부당한 경쟁제한에 있어서는 그 판단기준 또는 방법이 달라지게 되는 것이다. 따라서 사업자들의 행위로 인한 경쟁제한이 실질적인 것일 필요는 없으며, 부당하게 경쟁을 제한하는 속성을 가지고 있으면 충분하다. 형식논리적으로 말하

304) 이에 대하여 '부당하게'의 판단이 필요한 점에서 합리의 원칙을 도입한 결과라는 견해도 있다(신현윤, 앞의 책, 241-242면).

305) 권오승, 앞의 책, 256면; 양명조, 앞의 책, 184-186면.

면 일정한 거래분야의 획정도 불필요하다고 해야 할 것이지만, 공동행위가 부당하게 '경쟁을 제한'하는 것이어야 하는데 경쟁제한성의 판단에 있어서는 일정한 거래분야의 획정이 전제가 되지 않을 수 없으며, 이 점에 있어서 양자 간의 차이는 희석된다. 결국 부당한 경쟁제한의 의미는 열거된 행위유형 중에서 경성카르텔에 대하여는 당연위법의 원칙이 적용되어 별도의 경쟁제한성 입증이 없이 합의의 존재만으로 부당공동행위를 인정할 수 있게 하는 근거가 된다는데 있다고 보아야 할 것이다. 이에 따라 연성카르텔의 경우에는 합리의 원칙이 적용된다고 보는 것이 타당하다.

부당공동행위 심사기준에서도 이 점을 명백히 하고 있다(공동행위심사기준 IV). 공동행위의 위법성 심사는 공동행위의 성격에 대한 분석으로부터 출발한다. 그리고 공동행위를 성격에 따라 경쟁제한 효과만 발생시키는 것이 명백한 '경성(硬性) 공동행위'(경성카르텔)와 효율성증대 효과와 경쟁제한 효과가 동시에 발생될 수 있는 '연성(軟性) 공동행위'(연성카르텔)로 구분한다.

경성 공동행위는 성격상 경쟁제한 효과만 발생시키는 것이 명백한 경우(가격·산출량의 결정·제한이나 시장·고객의 할당 등)로서 특별한 사정이 없는 한 구체적인 시장상황에 대한 심사없이 부당한 공동행위로 판단할 수 있다. 이러한 행위는 그 자체가 직접적으로 경쟁을 제한하여 가격상승·산출량 감소를 초래하기 때문이다. 그러나 문제되는 공동행위가 경성 공동행위로 분류되는 유형이라도, 효율성을 증대시키는 경제적 통합과 합리적으로 연관되어 추진되고 효율성증대 효과의 목적을 달성하기 위해 합리적으로 필요하다고 인정되는 경우에는, 연관되는 경제적 통합의 경쟁제한 효과와 효율성증대 효과 등을 종합적으로 고려하여 위법성 여부를 판단한다(공동행위심사기준 IV-1-가).

연성 공동행위는 성격상 경쟁제한 효과와 효율성증대 효과를 함께 발생시킬 수 있는 경우(공동생산, 공동마케팅, 공동연구·개발, 공동구매 등)로서, 당해 공동행위의 위법성을 판단하기 위해서는 연관되는 경제적 통합[306]의 경쟁제한 효과와 효율성증대 효과를 종합적으로 심사함을 원칙으로 한다. 그리하여 연성 공동행위에 대하여도 당해 공동행위의 성격분석만으로 경쟁제한 효과가 발생하지 않는 것이 명백한 경우에는 성격분석 단계에서 심사를 종료할 수 있다. 그러나 공동행위의 성격에 대한 분석만으로 경쟁제한 효과가 발생하지 않는 것이 분명하지 않은 경우에는 당해 공동행위가 경쟁을 제한하는지 여부를 판단하기 위해 경쟁제한 효과와 효율성증대 효과의 비교형량이 필요하므로 추가적인 심사를 진행한다(공동행위심사기준 IV-1-나). 연성 공동행위의 경쟁제한 효과를 심사하기 위해서는 우선 관련 시장을 획정하고 당해 공동행위에 참여하고 있는 사업자들의 시장점유율을 산정한다. 참여사업자들의 시장점유율의 합계가 20% 이하인 경우에는 당해 공동행위로 인해 경쟁제

306) 여기서 "경제적 통합"이라 함은 생산, 판매, 구매 또는 연구개발 등의 통합을 의미한다. 효율성을 증대시키는 경제적 통합에 참여하는 사업자들은 중요한 자본, 기술 또는 상호보완적인 자산 등을 결합하는 것이며, 가격, 산출량, 고객 등에 대한 단순한 조정 또는 합의는 경제적 통합이 아니다.

한 효과가 발생할 가능성이 없거나 경쟁제한 효과가 발생하더라도 그 효과가 미미한 것으로 보고 심사를 종료한다. 그러나 시장점유율의 합계가 20%를 초과하는 경우에는 시장지배력, 참여사업간의 경쟁제한 수준 등을 분석하여 경쟁제한 효과의 발생여부 및 크기 등을 심사한다(공동행위심사기준 IV-2-가).

지금까지 발전된 이론을 토대로 마련된 공동행위 심사기준은 당연위법유형 공동의 정당성 항변 심사과정과 그 후의 최종적인 위법성 심사과정을 체계적으로 단계별로 설정함으로써 명백한 경쟁제한 행위들이 합리적 목적을 가진 공동행위의 효율성을 빌미로 허용되지 않도록 신중을 기하고 있다. 그러나 실제 우리 공정거래위원회와 법원의 공동행위에 대한 위법성 판단은 공동행위 심사기준 안에 이미 채택된 당연위법의 유형의 공동행위에 대한 부속적 제한이론을 사용하지 않고 있고 향후 위법성 판단에 불명확성과 비효율성을 야기하고 있다는 비판이 있다.307)

결국, 기본적으로 경성 공동행위에 대해서는 완화된 당연위법의 원칙을 적용하고 연성 공동행위에 대해서는 합리성의 원칙을 적용한다고 이해할 수 있다.308)

그러나 우리 공정거래위원회는 대외적으로 영미법상의 '당연위법의 원칙' 또는 '합리성의 원칙'등은 공정거래법상 존재하지 않는다고 설명하고 있다.309) 판례도 '당연위법'과 '합리성의 원칙'을 직접적으로 언급한 사례는 없으며, 경성 공동행위에 대하여 효율성 증대로 인하여 친경쟁적 효과가 큰 경우 등에서 부당하지 않다고 하였다.310)

**대법원 2009. 7. 9. 선고 2007두26117 판결**

어떠한 공동행위가 공정거래법 제19조 제1항이 정하고 있는 경쟁제한성을 가지는지 여부는 당해 상품의 특성, 소비자의 제품선택 기준, 당해 행위가 시장 및 사업자들의 경쟁에 미치는 영향 등 여러 사정을 고려하여, 당해 공동행위로 인하여 가격·수량·품질 기타 거래조건 등의 결정에 영향을 미치거나 미칠 우려가 있는지를 살펴, 개별적으로 판단하여야 한다. 한편, 사업자들이 공동으로 가격을 결정하거나 변경하는 행위는 그 범위 내에서 가격경쟁을 감소시킴으로써 그들의 의사에 따라 어느 정도 자유로이 가격 결정에 영향을 미치거나 미칠 우려가 있는 상태를 초래하게 되므로 원칙적으로 부당하고, 다만 그 공동행위가 법령에 근거한 정부기관의 행정지도에 따라 적합하게 이루어진 경우라든지 또는 경제전반의 효율성 증대로 인하여 친경쟁적 효과가 매우 큰 경우와 같이 특별한 사정이 있는 경우에는 부당하다고 할 수 없다.

---

307) 오승한, "독점규제법상 공동행위에 대한 위법성 판단 방법의 문제", 「경쟁법연구」 제20권, 2009. 11, 227면 참조.

308) 이에 대하여 우리 공정거래법이 공동행위심사에서 당연위법의 원칙을 받아들인 것으로 보는 것은 옳지 않다는 견해도 있다(양명조, 앞의 책, 179면).

309) OECD, *Round table on Resale prize maintenance,* Discussion paper, 2008, p. 161.

310) 이밖에 경성 공동행위에 대하여 미국 독점금지법학에서 사용하는 용어인 당연위법의 원칙을 적용하겠다는 방침이 명시적으로 선언된 것은 아니라고 하는 견해도 있다(양명조, "독점규제법위반 공동행위 사건에 있어서의 부당성 판단과 행위일치의 쟁점: 2009년 대법원 판결 평석", 「경쟁법연구」 제21권, 한국경쟁법학회, 2010. 5, 12면).

## II. 금지행위의 유형

### 1. 규정방식

부당한 공동행위에서 합의의 대상이 되는 행위유형은 법 제19조 제1항 각호에 열거되어 있다. 이와 같이 공정거래법이 열거주의를 취하고 있는 태도는 독일, 미국, 일본의 독점규제법이 포괄주의 또는 예시주의를 취하고 있는 것과 대비된다. 공정거래법의 열거가 예시적 열거라고 보는 견해[311]가 있지만, 법 제19조 제1항 제9호에서 위에 열거된 것과 유사한 성격의 행위를 포괄적으로 규정하고 있는 점, 공동행위 심사기준에서 각 행위유형별로 해당 행위를 예시적으로 열거하고 있는 점 등에 비추어 한정적 열거라고 보는 것이 타당하다.

### 2. 공동행위의 종류

#### (1) 경성 공동행위와 연성 공동행위

공동행위는 그 목적, 분야, 경쟁관계, 사업자의 주관적 의도 등의 요소에 의하여 결정되는 성격에 따라 경성 공동행위와 연성 공동행위로 구분된다.

경성 공동행위는 경쟁제한 이외에 다른 목적이 없는 행위로서 직접적으로 관련시장에서 가격을 인상하거나 산출량을 감소시키는 것이다. 이에 해당하는 행위로서 경쟁관계에 있는 사업자간에 가격을 결정 혹은 변경하는 행위, 경쟁관계에 있는 사업자간에 산출량을 결정 혹은 조정하는 행위, 경쟁관계에 있는 사업자간에 거래지역 또는 거래상대방을 제한·할당하는 행위, 경쟁관계에 있는 사업자간에 입찰가격 또는 낙찰예정자를 사전에 결정하는 행위가 있다. 경성 공동행위는 성격상 경쟁을 직접 제한하는 효과를 발생시킨다. 경성 공동행위는 관련 사업자들이 당해 상품시장이나 지역시장에서 가격·수량·품질 및 기타 조건을 좌우할 수 있는 시장지배력을 보유하고 있는 경우에 쉽게 발생되고 유지될 수 있다. 그런데 경성 공동행위는 행위 자체가 직접적으로 경쟁을 제한하여 가격상승·산출량 감소를 초래하기 때문에 구체적인 시장분석이 없더라도 위법한 공동행위로 판단할 수 있다. 상품 또는 용역의 가격·공급량의 결정·조정은 직접적으로 소비자로 하여금 높은 가격을 지불하게 하며, 시장 및 고객의 제한·할당도 소비자의 선택가능성을 제한하고 사업자간 경쟁을 감소시켜 결국 가격 상승이나 산출량 제한을 초래하는 것이다. 입찰가격 등을 사전에 결정하는 행위는 입찰참여 사업자들의 경쟁을 직접적으로 제한하여 낙찰가격을 상승시키게 된다.

연성 공동행위는 경쟁제한 효과만 발생하는 것이 명백한 경성 공동행위 이외의 것을 의미한다. 이러한 공동행위는 효율성증대 효과와 경쟁제한 효과를 동시에 발생시키는 경우가 많다. 이러한 유형의 공동행위로는 공동생산, 공동연구·개발, 공동마케팅, 공동구매 등이 있다. 연성 공동행위는 자산·지식·경험의 결합 또는 위험의 배분, 중복비용의 감소 등을 통해 효율성을 증대시키고 때로는 사업자가 개별적으로 수행하지 못했을 사업을 수행하도록

---

311) 신현윤, 앞의 책, 242면.

한다. 하지만 연성 공동행위는 참여사업자들의 시장지배력을 유지·창출·증가시켜서 가격을 높이거나 품질과 산출량을 끌어올리려는 노력을 감소시키며, 경성 공동행위를 조장하는 등 경쟁제한 효과를 발생시킬 수도 있다.

### (2) 수직적, 수평적, 혼합적 공동행위

공동행위는 수직적 공동행위와 수평적 공동행위 그리고 혼합적 공동행위로 구분될 수도 있다. 공정거래법 제19조 제1항에서 규제하고 있는 것이 거래단계가 같은 사업자 사이의 수평적 공동행위에 국한되는지 또는 거래단계가 다른 사업자 사이의 수직적 공동행위도 포함하고 있는지의 문제가 있다.

이에 대하여는 ① 상호 경쟁관계에 있는 독립된 사업자 사이의 공동행위(수평적 공동행위)로만 한정하는 견해, ② 공동행위의 당사자는 경쟁관계에 있을 필요는 없다고 보는 견해, ③ 법위반이 인정되기 위해서는 경쟁관계에 있는 사업자 사이의 공동행위이어야 하지만 그러한 공동행위가 있을 경우 그 행위에 관여한 거래단계가 다른 사업자도 공동행위의 당사자로 취급해야 한다는 견해가 있다.

그러나 수직적 공동행위의 전형이라고 할 재판매가격유지행위(법 29조) 등에 대해서는 별도로 규제하고 있는 점과 공정거래법 제19조 제1항 제7호 및 제9호의 공동영업 카르텔의 경우에만 수직적 공동행위로 문제삼을 여지가 있을 뿐임을 고려할 때, 일반적으로 제19조가 대상으로 하는 행위는 수평적 공동행위라고 해도 좋을 것이다. 여기서 경쟁관계를 실질적 경쟁관계를 포함하는 것으로 보아서 거래단계가 다른 사업자도 포함하는 것으로 인정하는 것은 확대해석이라고 할 것이다.

**서울고등법원 2009. 10. 7. 선고 2009누2483 판결**

공정거래법 제19조 제1항은 '사업자는 계약·협정·결의 기타 어떠한 방법으로도 다른 사업자와 공동으로 부당하게 경쟁을 제한하는 다음 각 호의 1에 해당하는 행위를 할 것을 합의하거나 다른 사업자로 하여금 이를 행하도록 하여서는 아니 된다'라고 규정하고 있고, 위 규정 중 '다른 사업자로 하여금 부당한 공동행위를 행하도록 하는 행위'는 다른 사업자로 하여금 부당하게 공동행위를 하도록 교사하는 행위 또는 이에 준하는 행위를 의미한다고 할 것인바, 이러한 규정에 취지에 비추어 보면, 수평적 경쟁관계에 있지 아니한 사업자도 수평적 경쟁관계에 있지 아니한 사업자도 수평적 경쟁관계에 있는 다른 사업자들과 공동하여 공정거래법 제19조 제1항 소정의 부당한 공동행위를 할 수 있다 할 것이다. 이러한 법리에 따르면, 영화배급업자인 원고도 수직적 관계에 있는 영화상영업자와 공동하여 '부당한 공동행위'를 할 수 있다.

## 3. 부당한 공동행위의 유형

### (1) 가격 카르텔

가격 카르텔(가격협정 · 담합)은 거래조건 중 가장 핵심적인 요소인 가격을 결정 · 유지 또는 변경하는 행위를 하기 위한 협정이다(법 19조 1항 1호). 여기서 ①'가격'이란 사업자가 거래의 상대방에게 상품 또는 용역을 제공하고 반대급부로 받는 일체의 경제적 대가를 의미하며, 권고가격, 기준가격, 표준가격, 수수료, 임대료, 이자 등 명칭 여하를 불문한다. ②가격을 '결정 · 유지 또는 변경'하는 행위에는 가격을 인상하는 행위뿐만 아니라 가격을 인하하거나 현행가격을 유지하는 행위, 최고가격이나 최저가격을 설정하는 행위도 포함된다. ③인상률, 할인율, 할증률, 이윤율 등과 같이 가격에 영향을 미치는 요소를 결정 · 유지 · 변경하는 행위, 일률적인 원가계산 방법을 따르도록 함으로써 실질적으로 가격을 결정 · 유지 · 변경하는 행위 등과 같이 가격에 영향을 미치는 행위도 포함된다(공동행위심사기준 III-1).

가격 카르텔은 카르텔 중에서 가장 대표적인 것이며, 부당공동행위 위반 사건의 다수를 점하고 있다. 경쟁업자 입장에서 보면 가격담합에 의한 가격의 통일은 시장에서의 경쟁을 배제하고 이윤을 확보하기 위한 간편하고 유효한 방법이다. 가격에 관한 행위는 상품 또는 용역의 대가에 관한 행위로서 구체적인 금액 · 인상폭의 결정, 목표가격 또는 표준가격의 결정, 가격의 유지 곧 최저가격의 결정 등 여러 형태가 있다. 공동행위의 대상이 되는 대가는 대부분 판매가격이지만, 구입가격인 경우도 있다(대법원 2005. 8. 19. 선고 2003두9251 판결). 대가는 상품 또는 용역의 매매에 관한 가격뿐만이 아니라 임대가격인 경우도 포함한다. 또한 대가에 영향을 미치는 가격구성요소 예컨대, 이윤, 교환비율 · 리베이트 · 판매율 · 수수료 등의 결정도 가격 카르텔의 일종이다(대법원 2008. 4. 24. 선고 2007두2944 판결).[312] 여기에는 확정가격 또는 최저가격을 설정하는 경우뿐만 아니라 가격을 일정한 범위로 제한하거나 표준가격 · 기준가격을 설정함으로써 가격을 제한하는 경우도 포함된다. 설정되는 가격수준은 문제되지 않으며, 최고가격을 제한하는 것도 위법이다. 또 시장가격에 대한 지배력을 형성하는 것 자체가 위법이므로 합의된 가격수준의 타당성은 문제되지 않는다.[313] 따라서 가격인하를 위한 카르텔도 위법이 된다(대법원 2005. 09. 09. 선고 2003두11841 판결). 실제 위반사례에서는 실효성을 담보하여 카르텔파기를 방지하기 위한 여러 조치 예컨대 위약금 · 서약서 · 저가품의 매입 · 공탁금 제공 · 고객쟁탈 금지 등이 이용되고 있다.

시장에서의 경쟁의 중심이 되는 것은 가격경쟁이다. 가격 카르텔은 시장가격을 직접 통제할 것을 목적으로 하는 행위이다. 더욱이 가격 카르텔은 그 자체의 힘, 즉 시장지배력이 형성되지 않으면 보통 행해지지 않는다. 따라서 가격 카르텔은 엄격하게 규제될 필요가 있으

312) 그러나 가격을 설정하기 위해 필요한 자료의 제공, 중소기업단체의 회원사에 대한 개별적인 원가계산지도, 법정가격에 대한 요망과 의견 표시 등은 일반적으로 허용되는 것이며 가격 카르텔의 범위에 포함되지 않는다(신현윤, 앞의 책, 243면).

313) 대법원 2004. 11. 12. 선고 2002두5627 판결.

며, 각국의 독점규제법에서도 엄격히 규제하고 있다. 가격 카르텔은 본래 시장에서 결정되어야 할 가격을 인위적으로 왜곡하는 것이며, 공동결정에 의하여 가격경쟁을 제한하여 가격지배력을 형성하는 것 자체가 위법이 되기 때문이다. 이 가격카르텔에 대하여는 특별한 사정이 없는 한 공동행위의 위법성을 인정할 수 있을 것이다.

**대법원 2009. 6. 23. 선고 2007두19416 판결**

공정거래법 제19조 제1항 제1호가 규정하고 있는 가격결정 등의 합의 및 그에 기한 실행행위가 있었던 경우 부당한 공동행위가 종료한 날은 그 합의에 기한 실행행위가 종료한 날을 의미하므로, 합의에 참가한 사업자들 중 일부가 합의에 기한 실행행위를 종료하였다고 하기 위해서는 다른 사업자에 대하여 명시적 또는 묵시적으로 합의에서 탈퇴한다는 내용의 의사표시를 하고 독자적인 판단에 따라 합의가 없었더라면 존재하였을 수준으로 가격을 책정하는 등 합의의 목적에 반하는 행위를 하여야 하고, 합의에 참가한 사업자들 모두가 합의에 기한 실행행위를 종료하였다고 하기 위해서는 사업자들이 명시적으로 합의를 파기하고 각자의 독자적인 판단에 따라 합의가 없었더라면 존재하였을 수준으로 가격을 책정하는 등 합의의 목적에 반하는 행위를 하거나, 사업자들 사이의 반복적인 가격경쟁 등으로 합의가 사실상 파기되었다고 인정할 수 있을 정도의 행위가 일정 기간 계속되는 등 합의가 사실상 파기되었다고 볼 수 있을 만한 사정이 있어야 한다.

**대법원 2001. 5. 8. 선고 2000두10212 판결**

원고 등 4개사는 등거리원칙을 도입하여 1995년 5월 1일자로 거래처로부터 징수하는 석도강판운송비를 동일하게 제한하기로 합의하였는 바, 위 4개사는 국내 석도강판 시장의 과정사업자들로서 공동으로 위 거래분야에서의 거래조건 등을 좌우할 수 있는 시장지배력(시장점유율 100%)을 보유하고 있으며, 1997년경부터 위 4개사의 석도강판 가격이 동일·유사한 상황에서 원고 등이 거래처로부터 징수하는 운송비에 차이가 있으면 운송비를 포함한 실질 판매가격의 차이가 커질 수 있어 원고 등 4개사의 공장위치와 수요자의 공장위치에 따라 서로 가격경쟁력이 생길 수 있음에도 위와 같이 등거리 원칙으로 제한할 경우 위와 같은 가격경쟁이 제한될 수 있다는 점 등에 비추어 보면 이러한 운송비 합의행위는 국내 석도강판 거래분에서의 경쟁을 실질적으로 제한하는 행위로서 공정거래법 제19조 제1항 제1호 소정의 부당한 공동행위에 해당된다고 할 것이다.

**서울고등법원 2007. 1. 17. 선고 2004누17060 판결**

공정거래법 제19조 제1항 제1호의 가격결정 행위는 사업자들이 동일한 상품에 대하여 동일하게 최종 거래가격을 정하는 경우뿐만 아니라, 동일·유사한 상품에 대하여 평균가격, 표준가격, 기준가격, 최고·최저가격 등 가격결정의 기준을 정하는 행위, 가격인상·인하율(폭)을 정하는 행위, 이윤율, 할인율 등 가격의 구성요소에 대해 그 수준이나 한도를 정하는 행위 등을 통하여 실질적으로 동일한 수준의 가격을 결정하는 행위를 하고 있는 경우도 모두 포함한다.

### (2) 거래조건 카르텔

가격조건 카르텔(거래조건 협정·담합, 판매조건 등의 결정)은 상품 또는 용역의 거래조건이나 그 대금 또는 대가의 지급조건을 정하는 행위, 즉 거래조건 중 가격 이외의 사항에 대한 협정을 말한다(법 19조 1항 2호). 여기서 ① '거래조건'이란 상품 또는 용역의 품질, 거래의 장소, 거래의 방법, 운송조건 등과 같이 상품 또는 용역의 거래와 관련된 조건을 의미한다. 또한 ② '대금 또는 대가의 지급 조건'이란 지급 수단, 지급 방법, 지급 기간 등과 같이 대금 또는 대가의 지급과 관련된 조건을 의미한다(공동행위심사기준 III-2).

이와 같이 거래조건을 통일하거나 표준화할 경우 거래상대방 또는 경쟁사업자의 선택의 기회를 박탈하게 되어 경쟁의 제한을 초래하게 된다.[314] 또한 통일된 거래조건이 유지될 경우 카르텔 참가사업자들에게 부당한 이득을 가져올 수 있어서, 결과적으로 소비자 후생을 감소시키게 된다. 그러나 거래조건의 통일 또는 표준화에 의하여 소비자의 이해가능성 등 유익한 결과가 초래될 수도 있으므로 원칙적으로 위법이라고 할 수는 없다. 가격하락을 방지하기 위한 판매조건 카르텔(리베이트 카르텔, 지급조건 카르텔, 배송조건 카르텔 등)은 시장가격에 대한 영향 여하에 따라 엄격히 규제할 필요가 있다.

**대법원 2006. 11. 23. 선고 2004두8323 판결**

원고 손해보험회사들이 무료로 제공하던 5개 주요 긴급출동 서비스 중 긴급견인 및 비상급유 서비스를 2000년 11월 1일부터 2001년 3월 1일 사이에, 나머지 배터리 충전, 타이어 교체, 잠금장치 해제 서비스를 2001년 4월 1일부터 2001년 10월 1일 사이에 순차적으로 폐지하고, 이후 긴급출동 서비스를 특약상품화하여 유료화한 행위는 공정거래법 제19조 제5항에서 규정하고 있는 '2 이상의 사업자가 일정한 거래분야에서 법 제19조 제1항 제2호 소정의 상품 또는 용역의 거래조건이나 그 대금 또는 대가의 지급조건을 정하는 행위를 하고 있는 경우'에 해당한다.

### (3) 공급제한 카르텔

공급제한 카르텔(공급제한 협정·담합, 상품생산 수량 등의 제한)은 상품의 생산·출고·수송 또는 거래의 제한이나 용역의 거래를 제한하는 협정이다(법 19조 1항 3호). 여기에는 ① 상품 또는 용역의 거래에서 생산량, 판매량, 출고량, 거래량, 수송량 등을 일정한 수준 또는 비율로 제한하거나 사업자별로 할당하는 행위, ② 가동률, 가동시간, 원료구입 여부 또는 비율 등을 제한함으로써 실질적으로 생산·출고·수송을 제한하는 행위가 포함된다(공동행위심사기준 III-3).

공급제한 카르텔에는 생산량제한 카르텔과 판매량제한 카르텔이 있다. 공급제한 카르텔만으로도 부당한 거래제한이 성립하지만, 가격유지나 인상의 수단으로 수량을 제한하는 등

314) 공정거래위원회 2009. 4. 14. 의결(약) 제2009-111호 2009제카0689.

공급제한 카르텔은 가격 카르텔과 함께 행해지는 경우가 많다. 판매량제한 카르텔은 직접 상품 또는 용역의 수급을 조정하는 것이므로 가격제한 카르텔과 거의 같은 효과가 있으며, 생산량제한 카르텔도 장래의 수급을 조정하는 것이므로 가격에 영향을 미친다. 따라서 생산량·판매량 제한 카르텔도 가격 카르텔과 함께 경성 공동행위로서 엄격하게 규제된다. 그리고 산출량의 결정·조정은 직접적으로 소비자로 하여금 높은 가격을 지불하게 하며, 시장 및 고객의 제한·할당도 소비자의 선택가능성을 제한하고 사업자간 경쟁을 감소시켜 결국 가격 상승이나 산출량 제한을 초래한다.

공급제한 카르텔의 위반 사례는 대부분 공급량(생산량 또는 판매량)의 제한 카르텔이지만 구입량의 제한이 위법이 되기도 한다. 수량제한의 방법으로는 전체 생산량을 결정하고 이를 참가사업자의 생산실적 또는 생산계획에 할당하는 방법이 일반적이다. 그밖에 감산율의 결정, 설비의 가동일수의 제한, 회원이 제출한 생산계획의 승인, 원재료의 처리량 제한 등의 방법으로 전체 생산량을 제한하는 경우도 있다. 또한 설비제한 카르텔도 생산량의 제한을 초래하지만, 그 자체는 제5호에서 별도로 규제하고 있다.

**대법원 2001. 5. 8. 선고 2000두10212 판결**

원심은 위 사업자들의 국내 시장점유율은 1992년경의 사장단회의에서 원고의 전신인 주식회사 포스틸, 동부제강 주식회사, 동양석판 주식회사 각 30%, 신화실업 주식회사 10%로 정한 바 있었는데, 1996년경 신화실업 주식회사의 설비증대와 원고의 수출량 증대로 국내 시장점유율에 변동이 생기자, 원고 등 위 사업자들은 이를 재조정하기 위하여 1996년 12월 12일 원고 사무실에서 팀장급 회의를 개최하여, 그 시장점유율을 원고, 동부제강, 동양석판 각 28.5%, 신화실업 14.5%로 정하면서 그 비율을 준수하기로 합의하고, 1997년 8월 21일 원고 사무실에서 1997년 초에 합의한 시장점유율(원고 30.5%, 동부제강, 동양석판 각 28%, 신화실업 13.5%)을 유지하되, 1997년 1월부터 1997년 7월까지의 실적을 감안하여 1997년 8월부터는 원고 31%, 동부제강, 동양석판 각 28%, 신화실업 12 내지 13%의 비율을 준수하기로 합의한 사실을 인정한 다음(이하 '시장점유율 합의'), '시장점유율 합의'는 시장에서의 극심한 경쟁으로 인하여 결코 지켜질 수 없으므로 법 제19조 제1항에서 말하는 '합의'에 해당하지 않는다는 원고의 주장에 대하여는, 1996년 11월경부터 1997년 12월경까지 실제 시장에서 나타난 시장점유율이 위 합의된 수치와 크게 다르지 않았을 뿐만 아니라 부당한 공동행위는 합의로써 성립하고 구체적인 실행행위를 요하는 것은 아니라는 이유로 이를 배척하고, '시장점유율 합의'는 석도강판의 생산·출고 또는 거래를 제한하는 행위로서 국내 석도강판 거래분야에서의 경쟁을 실질적으로 제한하는 공정거래법 제19조 제1항 제3호의 부당한 공동행위에 해당한다고 판단하였다. 원심의 위와 같은 사실인정과 판단 역시 정당하고, 거기에 법 제19조 제1항 제3호에 관한 법리오해 등의 잘못이 있다고 할 수 없다.

공급제한 카르텔은 재화·용역의 공급량 등을 제한함으로써 시장의 가격을 조작하기 위하여 행해지므로 가격 카르텔과 본질적으로 큰 차이가 없다. 오히려 수요가 변화하지 않는 한, 가격을 인상하더라도 공급량의 제한을 수반하지 않으면 충분한 효과를 달성할 수 없으므로 공급제한이 가격에 미치는 영향도 간접적이다. 실제로는 공급제한 카르텔과 가격 카르텔이 동시에 이루어지는 경우가 많다. 또한 제한량의 결정·할당에 관하여 사업자의 이해가 대립하거나 카르텔 파기의 유인이 강하게 작용하므로 실효성을 담보하기 위한 부과금·생산실적의 보고의무·상호감시 등의 조치가 행해지는 경우가 많다. 연간 총 수요량을 참가기업 사이에 배분하여 할당하는 협정은 고객쟁탈 금지의 의미를 가진다.

**공정거래위원회 2010. 10. 12. 의결 제2010-117호 2009서총3432**

주식회사 삼광아스콘외 1개 아스콘 제조·판매사업자(이하 피심인들)는 2007. 2. 27.과 같은 달 28. 서울지방조달청과 인천지방조달청에서 실시한 2007년도 관수아스콘 구매입찰과 관련하여 피심인 서울경인조합 단독입찰로 인한 유찰을 방지하기 위하여 피심인 11개 조합원들이 피심인 서울경인조합과 함께 입찰에 참여하면서 투찰가격 및 투찰수량을 합의하였다. 이에 따라 피심인들은 이 사건 입찰에서 당초 합의한 수량과 동일 또는 유사하게 투찰하였고, 투찰가격도 합의한 대로 피심인 서울경인조합이 가장 높은 금액을 쓰고, 나머지 개별입찰자는 그보다 10원 내지 20원 낮게 기재하였다. 그 결과 피심인들 모두 예정가격 대비 99.85%~99.99% 수준으로 낙찰 받았다.

공정거래위원회는 피심인 서울경인조합은 단순히 투찰가격을 쓰는 방법을 교육하는 정도를 넘어서서, 예정가격 기초금액을 토대로 예정가격을 추정하여 피심인 서울경인조합은 예정가격 범위 내에서 최고가격을 제시하고, 개별입찰자 중 1개사는 최저가격을 쓰도록 하는 등 구체적으로 투찰가격의 상한과 하한을 합의하였고, 입찰상에 들어가기 직전에 개별입찰자별로 제출할 투찰가격을 피심인 서울경인조합에서 제공한 사실 등을 근거로 합의를 인정하면서, 입찰에 참가하는 사업자들은 자신의 생산능력, 경영상태, 영업전략 등을 고려하여 독자적으로 투찰수량을 결정하여야 함에도 불구하고, 서울·경기·인천 지역 아스콘 시장의 대부분을 차지하고 있는 피심인들이 각자의 투찰가격과 투찰수량을 합의한 행위는 이 사건 입찰시장에서의 사업자간 경쟁을 감소시키거나 소멸시키는 것으로 경쟁제한성을 인정하였다. 따라서 피심인들이 이 사건 입찰에 앞서 투찰가격과 투찰수량을 합의하고 합의된 내용대로 투찰한 행위는 법 제19조 제1항 제1호의 "가격을 결정·유지 또는 변경하는 행위", 제3호의 "상품의 생산·출고·수송 또는 거래의 제한이나 용역의 거래를 제한하는 행위"에 해당된다고 판단하였다.

**대법원 2008. 10. 23. 선고 2007두2586 판결**

원고가 시외전화 시장에 신규 진입함에 따라 발생될 사업자간 가입자 유치경쟁을 지양하고 시외전화 시장의 안정적 유지를 위하여 2004년 6월 24일 기존 3사가 원고에게 기존 고객 리스트를 제공하고, 역마케팅을 금지하며, 시외전화 사전 선택시 신분증 첨부면제를 허용하는 방법 등을 통하여 2004년 말까지 원고가 시외전화 사전선택 가입자 수 40만 회선을 확보할 수 있도록 적극 협조하기로 합의하고, 아울러 원고의 위와 같은 가입자 확보에 따라 이탈될 가입자 부분을 데이콤, 온세통신이 만회하고, 2004년 말까지 당시 가입자 수 수준을 유지할 수 있도록 케이티가 유통망 수수료 인하 또는 폐지 등을 통해 적극 협력하기로 합의한 것은 경쟁을 통한 사업자별 가입자 수 또는 시장점유율의 결정을 임의로 억제함으로써 사업자들 간의 시외전화 서비스의 제공을 원칙적으로 제한하는 행위는 제3호 소정의 공동의 거래제한행위로 인정한다.

### (4) 시장분할 카르텔

시장분할 카르텔(시장분할협정 · 담합)은 거래지역 또는 거래상대방을 제한하는 행위를 말한다(법 19조 1항 4호). 여기에는 ① 사업자별로 거래처 지역을 정하여 특정 거래처나 지역에서는 거래하지 않도록 하거나 특정 거래처나 지역에서만 거래하도록 하는 행위 등과 같이 거래처 지역을 제한하는 행위, ② 사업자별로 거래상대방을 정하여 특정사업자와는 거래하지 않도록 하거나 특정사업자와만 거래하도록 하는 행위 등과 같이 거래상대방을 제한하는 행위가 포함된다(공동행위심사기준 III-4).

특정한 시장을 카르텔 참가사업자간에 분할하여 각 시장에서 독점적 지위를 보장하는 시장분할은 그 시장의 모든 사업자가 참가하고 있는 경우에는 고객들의 선택권을 완전히 박탈하게 되어 사업자간의 경쟁을 소멸시켜 시장전체의 경쟁을 제한하게 된다. 또한 시장분할의 일종으로 제조업자가 서로 생산하는 품목이나 종류를 특정하여 생산분야 조정을 하는 경우도 포함된다고 할 것이다. 거래처 및 지역제한 카르텔에는 고객쟁탈의 제한, 판매지역의 분할, 수주배분 또는 수주예정자의 결정, 공동판매, 공동 거래거절 등의 여러 유형이 있다. 시장분할 카르텔이 가격결정에 직접적인 영향을 주는 것은 아니지만, 인위적으로 분할된 시장에서 참가사업자에게 독점과 유사한 지위가 부여된다는 점에서 경쟁저해성이 크다. 따라서 시장분할 카르텔을 경성카르텔로 취급하여 당연위법으로 보는 것이 일반적이다.[315)]

시장분할에 의한 판로제한은 업무제휴 · 공동사업에 부대하여 행해지는 경우가 있다. 사업의 공동화(법 19조 1항 7호)에 부수하여 참가사업자가 협정으로 판매처 · 판매경로를 제한하거나 판매가격을 결정하는 경우에는 카르텔로 규제된다. 판로제한이 위법이 되는 경우는 당해시장에서 대부분의 점유율을 가진 사업자가 참가하는 공동판매사업의 경우이다. 여기에는 참가사업자의 자주적인 판매를 모두 금지하고 공동자회사 또는 사업자 단체가 일괄하여 판매하는 경우, 생산에 관한 공동사업에 있어서 생산자회사의 판매처를 모회사로 한정하거나 판매가격을 결정하는 경우가 이에 해당한다.

거래상대방 제한협정은 고객할당 또는 지역할당을 하는 시장분할협정, 입찰수주의 분배나 예정자의 결정,[316)] 공동판매회사를 통한 일괄판매협정 등의 경우에 위법이 된다. 이는 사업자 사이에 서로 고객이나 판로를 제한하는 행위이다. 다만 고객이나 판로제한의 형태는 다양하므로 경쟁의 제한을 판단함에 있어서는 제한의 내용과 형태, 제한의 정도, 참가자의 수와 시정점유율 등을 고려하여야 한다. 거래상대방 제한에서 가장 많은 경우가 단골거래처 쟁탈의 금지이다. 이런 행위는 가격을 수단으로 한 고객획득경쟁을 감소시키거나 참가사업자에게 고객에 대한 독점적 지위를 보장함으로써 시장가격에 영향을 미친다. 따라서 시장 전체에 걸쳐 조직적으로 행해진다면 가격 카르텔과 동일한 효과를 가져온다. 실제로

315) 정호열, 앞의 책, 351면; 신현윤, 앞의 책, 245면.

316) 공정거래위원회 2003. 6. 19. 의결 제2003-101호 2003단체0297.

는 가격 카르텔의 실효성을 확보하기 위하여 종종 사용되지만, 고객쟁탈의 금지 그 자체가 위법이 되는 경우가 있다. 공동의 거래거절도 거래상대방 제한 카르텔의 일종이다.

**서울고등법원 2008. 10. 8. 선고 2008누8514 판결**

원고(아이엠씨)가 2004년 1월 27일 경 이 사건 영업지역 분할합의에 따라 원고의 영업지역 내에 있는 홍진의 거래처를 인수하기 위하여 홍진으로부터 거래 명단을 넘겨받은 다음 이를 지사로 내려 보낸 점, 이 사건 영업지역 분할합의가 있은 2003년 10월 1일 이후 실제로 원고의 영업지역에서는 홍진의 거래처 일부가 원고로 이동하였고, 홍진의 영업지역에서는 원고의 거래처 일부가 홍진으로 이동한 점, …(중략)…, 원고는 홍진이 당초부터 합의를 실행할 생각이 없이 원고를 기망하여 이 사건 영업지역 분할합의에 이르게 하였다거나 혹은 홍진의 강압과 회유에 의하여 위 분할합의에 이르게 되었다는 취지로 주장하지만 이를 인정할 만한 아무런 증거가 없는 점 등을 종합하여 보면, 원고는 이 사건 영업지역 분할합의를 실행하였다고 볼 수밖에 없다.

**서울지방법원 1996. 5. 16. 선고 96가합3697 판결**

야구규약은 형식적으로는 위 야구위원회의 정관에서 정하지 않은 프로야구에 관한 사항을 규정한 내부규범이지만 동시에 실질적으로는 단순한 신사협정이 아니라 위원회를 구성하는 8개 구단의 합의에 의한 그들 사이의 자주법으로 집합계약의 성질을 가진 것으로 봄이 상당하다 할 것인데, 이에 의하면, 일정한 지역을 특정구단의 보호지역으로 정하고, 그 지역 출신고등학교 선수에 대하여 그의 의사와는 관계없이 특정구단이 1명의 선수를 1차 지명할 수 있는 이른바 지명권을 부여하고, 그 구단으로부터 지명된 신인선수는 지명구단이 보유권 내지 계약교섭권을 독점적, 배타적으로 갖게 됨으로써 특별한 사정이 없는 한 영구적으로 또는 지명후(또는 개정된 규약이 시행된 1996. 2. 1.부터) 2년간 다른 구단과 선수계약체결을 교섭하거나 이에 응할 수 없게 된다는 것이므로 위 신인선수선발제도는 일종의 선수계약의 상대방을 제한하는 제도에 해당한다 할 것이다.

### (5) 설비제한 카르텔

설비제한 카르텔(설비제한협정 · 담합)은 생산 또는 용역의 거래를 위한 설비의 신설 또는 증설이나 장비의 도입을 방해하거나 제한하는 행위이다(법 19조 1항 5호). 여기에는 설비의 신설 또는 증설이나 장비의 도입을 방해하는 행위, 설비의 신설 또는 증설이나 장비의 도입 여부, 범위, 규모, 자금 등을 제한하는 행위가 포함된다(공동행위심사기준 III-5). 설비제한 카르텔은 가격유지를 위한 간접적 수단이 되고, 새로운 사업자의 출현과 경쟁을 제한하는 결과를 낳는다.[317)]

설비제한 카르텔은 기존 설비의 폐기 또는 장래의 설비투자에 대한 조정을 하는 협정이

---

317) 권오승, 앞의 책, 263면; 양명조, 앞의 책, 215면; 신현윤, 앞의 책, 246면.

며, 생산량제한 카르텔에 간접적인 영향을 준다. 반면에 현존 설비의 가동률을 제한하는 협정은 생산량제한 카르텔에 가깝다. 장래의 투자조정 카르텔은 보다 장기적이고 근본적으로 수급관계를 인위적으로 조정하는 것이고, 현존 설비의 제한 이상의 경쟁제한 효과를 가지는 것이라고 할 수 있으므로 경성카르텔의 일종으로서 엄격한 규제가 필요하다.

**공정거래위원회 2009. 01. 02. 의결 제2009-002호 2008서카2841**

경기고속 등 6개사와 진흥고속(이하 피심인들)은 2004년 3월 24일 경기고속 등 6개사의 버스증차 제한, 버스노선 신설 및 연장을 제한하기로 합의하고 "이행협약서"를 작성하였다. 이후 진흥고속을 제외한 경기고속 등 6개사가 합의내용과 같이 일정지역 내에서의 차량 증차 제한, 노선 증설 제한 등 부작위 행위를 하도록 한 것으로서 합의와 동시에 실행하였다.

공정거래위원회는 2004년 3월 24일 작성한 '이행협약서'의 서면증거 및 피심인의 진술에 의해 피심인들의 합의가 입증된다고 하면서, 버스증차, 노선의 신설·연장은 관할관청의 인가사항으로 관할관청이 기존 운행계통의 수요, 경기도 버스노선 중장기계획, 주민 교통편의 증진, 관할관청의 재정지원능력 등을 종합적으로 고려하여 여객자동차 운수사업법령(시행규칙을 포함한다), 여객자동차 운수사업 인·면허 업무처리요령 등에 따라 자체적으로 결정할 사항이라고 하였다.

그러나 피심인 진흥고속이 경쟁사업자인 다른 피심인들과 가평군 관내 지역으로의 노선 신설·연장과 경기도 가평군 청평면 대성리 소재 차고지에 기인가된 버스이외에는 추가로 증차를 하지 않기로 한, 위 합의는 피심인들이 자유로운 경영판단에 따라 적절한 노선 신설, 운행차량 증가 등을 계획하고 필요한 경우 여객자동차 운수사업법령 등에 따라 관할관청에 사업계획변경을 신청할 수 있음에도 이를 합의에 의해 제한하여 경쟁의 여지를 원천적으로 배제하고 있는 상황을 인정하였다.

또한 피심인 진흥고속 및 경기고속 등이 가평과 서울 운행노선의 대부분을 차지하고 있는 상황에서 진흥고속이 경쟁사인 경기고속 등 6개사와 노선 신설·연장 및 버스 증차를 제한한 합의는 버스를 이용하는 지역주민(소비자)의 버스선택권을 제한하는 등 경쟁을 부당하게 제한하고 있다고 하며, 또한 피심인 경기고속은 경기도 가평군 소재 주민들로부터 시내버스 1115번의 노선연장 요구를 받았으나, 위 합의에 의해 노선연장 신청 자체를 하지 못하고 있음을 인정하고 있는 점으로 볼 때도 경쟁제한성이 인정된다고 보았다.

따라서 공정거래위원회는 피심인들의 행위를 법 제19조 제1항 제4호 및 제5호의 규정에 해당된다고 판단하여 당해 행위의 금지를 명령하였다.

### (6) 종류·규격제한 카르텔

종류·규격제한 카르텔(종류·규격제한협정·담합)은 상품 또는 용역의 생산·거래에서 그 상품 또는 용역의 종류·규격을 제한하는 행위로서(법 19조 1항 6호), 특정 종류 또는 규격의 상품 또는 용역을 생산 또는 거래하지 않도록 하는 행위, 사업자별로 상품 또는 용역의 종류 또는 규격을 할당하는 행위, 새로운 종류 또는 규격의 상품 또는 용역의 생산 또는 공급을 제한하는 행위가 포함된다(공동행위심사기준 III-6).

상품 또는 용역에 관한 종류나 규격의 제한은 단순히 제품의 표준화나 규격화를 공동으로 하는 것일 경우 생산·판매의 효율성을 높일 수 있고, 소비자에게 선택의 편의 또는 신뢰도 증가와 같은 효용이 있으므로, 그 자체는 위법이 아니며 오히려 권장되어야 할 사항이다. 그러나 이를 넘어서서 특정 종류의 제품의 생산, 판매를 공동으로 제한하거나 생산분야 전문화협정을 체결하거나 가격제한 또는 수량제한을 유지하기 위하여 표준화 또는 규격화가 이용되어 당해시장에 대한 신규진입의 억제 또는 가격유지의 수단으로 악용되는 경우에는 위법이 된다.

**공정거래위원회 2004. 2. 2. 의결 제2004-033호 2003공동2167**

엘지건설 주식회사와 주식회사 대우건설(이하 피심인들)의 설계관리 담당자인 엘지건설 부장 및 대우건설 차장 등은 입찰참가 신청일(2003. 6. 23.)을 앞두고 같은 해 5. 23. 서울시 중구 남대문로 소재 엘지건설빌딩 지하 커피숍에서 만나, 사천시청 신축공사의 견적이 좋지 않아 설계경쟁으로 특화부분들이 많이 반영될 경우 누가 낙찰되더라도 수익성이 좋지 않을 것이라는데 의견을 같이 하고, 공종별로 특정 공법 및 설비는 기본설계도서에서 제외하기로 합의하였다.

공정거래위원회는 피심인들이 사천시청 신축공사 입찰에 참가하면서 기본설계도서 작성시 공종별로 특정 공법 및 설비들을 제외하기로 사전에 합의한 사실을 인정하였다. 경쟁 제한성에 대하여는 설계·시공일괄입찰에 있어서 입찰참가자들은 설계지침에 따라 특정 공법 및 설비의 적용 여부 등을 포함하여 독자적으로 기본설계도서를 작성하여 제출하여야 함에도 불구하고, 피심인들이 사전에 건축, 기계, 전기설비 등의 분야에서 특정 공법 및 설비들을 기본설계에서 제외하기로 합의하는 행위는 나른 사입자외 공동으로 부당하게 상품의 종류 또는 규격을 제한하는 행위로서, 당해 입찰에 참가한 사업자가 피심인들 뿐이라는 점, 피심인들의 의사에 따라 기본설계도서의 품질이 사실상 입찰안내서의 설계지침에서 제시된 최소한의 기준으로 제한된다는 점 등을 고려할 때 사천시청 신축공사 입찰에서의 경쟁을 실질적으로 제한하는 행위임을 인정하였다. 공정거래위원회는 이를 종합하여, 피심인들의 행위는 공정거래법 제19조 제1항 제6호에서 규정하고 있는 부당한 공동행위에 포함된다고 판단하였다.

### (7) 공동영업 카르텔

공동영업 카르텔(공동영업협정)은 영업의 주요부문을 공동으로 수행·관리하거나 수행·관리하기 위한 회사 등을 설립하는 행위이다(법 19조 1항 7호). 즉, 사업자 사이의 업무제휴를 말한다. 구체적으로는 공동영업 카르텔에 상품 또는 용역의 생산·판매·거래·원자재의 구매·기타 영업의 주요 부분을 공동으로 수행하거나 관리하는 행위·이를 위해 회사 등을 설립하는 행위가 포함된다(공동행위 심사기준 III-7). 유의할 것은 '영업을 공동으로' 하는 것이 아니라 '영업의 주요부문을 공동으로' 하는 것이라는 점이다.

경제의 세계화, 기술혁신의 급속한 발전, 기술개발 경쟁의 격화 등 경제환경의 변화에 대응하기 위한 기업의 대처방법으로는 기업합병, 기업분할, 지주회사나 공동자회사 설립 등에 의한 기업통합, 사업통합 등이 있다. 업무제휴는 그러한 기업결합·사업통합의 한 형태로서 사업자들이 각각의 독립성을 유지하면서 연구개발·생산·판매·운송·정보관리 등 경제활동의 특정분야에서 공동으로 사업을 전개하는 것을 말하며, 업무를 한정하지 않고 업무 전반에 관하여 제휴하는 포괄제휴도 있다.[318] 제휴의 방법에는 계약만으로 하는 경우와 공동출자회사(합작회사; joint venture)를 설립하여 하는 경우가 있다. 제휴 상대방은 경쟁 사업자인 경우가 많고, 국제화의 영향에 따라 외국기업과의 업무제휴도 증가하고 있다. 기업으로서는 업무제휴는 지식과 기술의 보완, 신규사업개발의 시간과 비용의 절약, 투자위험의 경감 등의 장점이 있다.

업무제휴는 그 자체 비용삭감·신제품개발을 통하여 경쟁을 촉진하는 효과가 기대되는 경우가 있으나 여러 가지 경쟁정책상의 문제가 있다. 우선 ① 참가사업자간에 가격·생산·사업분야 등에 관하여 행동의 조정이 행해진다. ② 공동자회사의 설립에 의하여 모회사간의 (잠재적)경쟁이 감소할 가능성이 있다. ③ 해당 공동사업에 참가하는 것 또는 그 성과를 이용하는 것이 사업활동으로서 불가결한 경우에, 제3자가 접근을 거부당함으로써 경쟁상 현저히 불이익을 입을 가능성이 있다. 따라서 업무제휴를 부당공동행위로서 평가할 경우에는 관련된 모든 사항을 고려하여 종합적으로 판단할 필요가 있다.

업무제휴에서는 공동사업을 수행하기 위하여 공동출자회사를 설립하는 경우가 많으며, 이 때 사업의 양도만 행해지는 경우도 있다. 공동출자회사의 설립은 주식보유를 통한 부분적인 기업결합을 초래하는 것이어서 독특한 공정거래법상의 문제를 발생시킨다. 결합관계에 관하여 출자회사 사이에는 직접적인 주식보유관계는 없지만, 공동출자회사를 통하여 간접적으로 결합관계가 형성·유지·강화될 가능성이 있는데, 그 여부는 당해 회사 사이의 거래관계, 업무제휴 기타 계약 등의 관계를 고려하여 판단하여야 한다.

**대법원 1992. 11. 13. 선고 92누8040 판결**

(주)동아출판사 등 6개 출판사들이 대표자회의를 통해 '공동사업약정서'를 작성하고, 이에 따라 고등학교 영어교과서의 자습서 및 카세트테이프의 생산·판매사업를 공동으로 수행하기 위해 한국영어교재발행조합을 설립하여 이들 영어교재 등의 규격·체제·가격 등을 논의·결정하여 시행하고 판매에 따른 포장, 운송, 유통업자와의 판매계약에 관한 사항을 조합에서 일괄처리하였다.

이에 대하여 대법원은 고등학교 영어교과서를 이용한 부교재시장은 원고 등이 시장을 100% 점유하고 있는데 위 공동행위로 말미암아 원고 등의 내부적인 경쟁마저도 사라져버린 사실은 원고들 스스로 인정하고 있고, 부교재의 채택권유를 하지 못한다 하여 가격과 품질 등에 의한 경쟁까지 봉쇄되어 있는 것은 아니라 할 것인데 원고들의 위 공동행위로 말미암아 위 시장에서의 유효한 경쟁은 완전히 제한되었다는 이유를 들어 부당한 공동행위에 해당한다고 판시하였다.

318) 공정거래위원회 2009. 8. 20. 의결(약) 제2009-203호 2008전사4216 참조.

### (8) 입찰담합 카르텔

#### 1) 내용

입찰담합 카르텔은 입찰 또는 경매에 있어 낙찰자, 경락자(競落者), 투찰(投札)가격, 낙찰가격 또는 경락가격, 낙찰 또는 경락의 비율, 설계 또는 시공의 방법, 입찰 또는 경매의 경쟁요소가 되는 사항을 결정하는 행위를 말한다(법 19조 1항 8호; 령 33조). 여기에는 ① 낙찰예정자 또는 경락예정자를 사전에 결정하고 그 사업자가 낙찰 또는 경락받을 수 있도록 투찰여부나 투찰가격 등을 결정하는 행위, 낙찰가격 또는 경락가격을 높이거나 낮추기 위하여 사전에 투찰여부나 투찰가격 등을 결정하는 행위, ② 다수의 입찰 또는 경매에서 사업자들이 낙찰 또는 경락받을 비율을 결정하는 행위, 입찰 또는 경매에서 사전에 설계 또는 시공의 방법을 결정하는 행위, 그 밖에 입찰 또는 경매의 경쟁요소를 결정하는 행위가 포함된다(공동행위심사기준 III-8).

입찰담합 카르텔은 주문생산량이나 행정관청의 발주에 대한 입찰에서, 참가자가 처음부터 수주예정자를 결정하고 그 자가 낙찰될 수 있도록 협력하는 행위이다. 담합에 의한 수주예정자의 결정은 다른 사업자가 그 거래에 대해서는 가격경쟁을 포기하는 것이다. 당해 시장에 있어서 모든 사업자가 참가하여 이루어지므로 다른 카르텔에 비하여 실효성도 높기 때문에, 입찰경쟁에 의하여 수주가격이 형성되는 구조가 파괴된다. 또한 담합과 동시에 수주가격의 결정이 이루어지는 경우가 많은데, 명확한 수주가격의 결정을 수반하지 않더라도 가격이 인위적으로 통제되는 것은 변함이 없으므로 가격 카르텔과 성질이 같다. 입찰담합은 주로 건설공사 등에서 수주예정자와 수주예정 가격을 결정하는 것이어서 거래처제한 카르텔의 일종이지만, 동시에 가격 카르텔의 일종이기도 하다.

담합은 일반적으로 수주예정자를 협의로써 결정한다는 기본원칙 등을 정하는 합의(기본합의), 그에 기하여 참가사업자들이 개개 입찰마다 행하는 수주예정자의 결정(개별합의)이라는 2중의 합의로 구성되어 있다. 기본합의는 수주조정의 기본 방침에 관한 추상적이고 포괄적인 협정인 경우가 많으며, 개별합의는 기본합의의 실행행위로서의 측면을 가지고 있지만, 동시에 참가사업자들이 경쟁을 포기하는 구체적인 합의이다.

장기에 걸친 담합의 경우에는 기본합의의 존재가 명확하지 않은 경우가 있지만, 개별합의의 개별적인 결정이 계속적으로 행해지고 있는 사실 등에서 기본합의를 추인할 수 있다. 또한 공정거래법 위반이 성립하기 위하여 기본합의는 반드시 필요한 것은 아니며 개별합의의 개별적인 결정행위 자체도 부당한 공동행위에 해당한다고 보아야 할 것이다.

입찰담합은 악성의 부당한 공동행위로서 건설도급공사 등에서 많이 발생하고 있는데, 이는 경성카르텔로서 당연위법의 원칙이 적용된다고 할 것이다. 따라서 입찰담합의 유형 및 내용과 구체적인 심사기준을 제시하여 입찰에 관련된 활동과 공정거래법과의 관계를 명확히 알려주고 이해시켜야 할 필요가 있다. 이러한 목적으로, 관련업계에서 입찰과 관련한 법위반 행위를 방지하면서 입찰과정에서의 공정성과 투명성을 확보하여 자율적인 경쟁풍토 조성과 건전한 경영활동을 보장하는 "입찰질서 공정화에 관한 지침"[319]이 제정되어 있다.

**공정거래위원회 2009. 5. 25. 의결 제2009-125호 2009카정0621**

동방전자산업(주) 및 지멘스신화(주)(이하 피심인들)는 한국수력원자력(주)(이하 한수원)이 발주하는 방폐장 입찰, 영광·울진 입찰, 신고리 입찰, 향후 실시될 입찰 등을 대상으로 교대로 낙찰받기로 하고 정해진 낙찰예정자가 낙찰받을 수 있도록 협조하기로 합의하였다. 이러한 합의는 한수원에서 발주하는 소방설비 구매입찰의 경우 입찰에 참여할 수 있는 등록업체가 피심인들 뿐이어서 경쟁으로 인한 이익감소를 피하기 위하여 이루어졌다. 이에 따라 피심인들은 한수원이 2007년 4월 18일 공고한 방폐장 입찰에서 동방이 낙찰받을 수 있도록 투찰금액 등을 합의하여 입찰에 참여하였다.

동방 박○○은 2007년 6월 1일 신화 정○○에게 신화의 투찰금액을 이메일로 전달하였고, 신화는 규격입찰서와 가격입찰서를 분리하여 제출하는 최초 입찰시 동방이 전달해 준 금액대로 투찰하였다. 이후 신화 김○○는 2007년 11월 20일 한수원 담당자로부터 기술평가과정에서 변경된 부분을 반영한 변경금액을 제출하라는 연락을 받고, 2007년 11월 26일 한수원 입찰사이트에 접속하여 동방 박○○으로부터 전화 및 이메일을 통해 전달받은 금액을 투찰하였다. 그러나 피심인들의 투찰금액이 예정가격을 초과하여 유찰되자, 동방 박○○과 신화 김○○는 전화로 투찰금액을 계속 협의하여 입찰에 참여함으로써 2007년 12월 11일 입찰에서 최종적으로 동방이 낙찰되었다.

공정거래위원회는 피심인들간의 합의를 인정하면서, 경쟁입찰에서 입찰에 참가하는 사업자들은 자신의 영업능력, 경영상태, 기술력 등을 종합적으로 고려하여 독자적으로 판단한 투찰금액으로 경쟁하여야 함에도 불구하고, 피심인들이 이 사건 입찰에서 낙찰예정업체 및 투찰금액을 합의한 행위는 이 사건 입찰시장의 사업자간 경쟁을 감소시키거나 소멸시키는 것으로 경쟁제한성이 인정된다고 판단하였다. 이에 따라 피심인들의 행위는 공정거래법 제19조 제1항 제8호의 입찰담합에 해당하는 부당한 공동행위로서, 관련 시장에 미치는 경쟁 제한효과 및 파급효과의 정도가 크다고 판단한 것이다.

**대법원 2004. 11. 12. 선고 2002두5627 판결**

군용유류 납품시장의 특수성으로 인하여 첨가재 추가비용 및 별도 관리비용, 수송비 등이 추가로 소요되고 국방부가 일방적으로 예정가격을 정하고 거래조건을 설정 또는 변경함으로써 입게 되는 손실을 최소화할 필요성이 있다 하더라도 그러한 사유는 높은 가격에 자신의 필요성에 관한 사유에 불과하므로, 달리 공정거래법 제19조 제2항에 규정된 공동행위 인가를 받는 등 특별한 사정이 없는 한 부당한 공동행위의 적용이 배제된다고 할 수 없다.

2) 공공부문 입찰 관련 공동행위의 방지

공정거래위원회는 국가·지방자치단체 또는 「공공기관의 운영에 관한 법률」에 따른 공

319) 개정 2009. 8. 12.

기업이 발주하는 입찰과 관련된 부당한 공동행위를 적발하거나 방지하기 위하여 중앙행정기관·지방자치단체 또는 「공공기관의 운영에 관한 법률」에 따른 공공기관의 장에게 입찰 관련 자료의 제출과 그 밖의 협조를 요청할 수 있다(법 19조의2 1항).

공공기관[320]의 장은 입찰공고를 하거나 낙찰자가 결정된 때에는 입찰 관련 정보를 공정거래위원회에 제출하여야 한다(법 19조의2 2항).[321] 공공기관의 장이 공정거래위원회에 제출하여야 하는 입찰 관련 정보의 범위 및 제출 절차에 관하여는 대통령령으로 정한다(법 19조의2 3항; 령 34조 3항). 공공기관의 장은 낙찰자 결정 후 30일 이내에 시행령 제3항 각 호의 사항을 「조달사업에 관한 법률」 제8조 제2항에 따른 국가종합전자조달시스템을 통하여 공정거래위원회에 제출하여야 한다. 그러나 공공기관의 장이 조달청장에게 계약체결을 의뢰하지 아니한 경우에는, 해당 정보를 공정거래위원회가 운영하는 정보처리장치에 직접 입력하는 방식으로 제출할 수도 있다(령 34조 4항).

### (9) 사업방해 카르텔

사업방해 카르텔(사업활동제한협정) 법 제19조 제1항 제1호부터 제8호까지 외의 행위로서 다른 사업자(그 행위를 한 사업자를 포함)의 사업활동 또는 사업내용을 방해하거나 제한함으로써, 일정한 거래분야에서 경쟁을 실질적으로 제한하는 행위를 말한다(법 19조 1항 9호). 여기에는 ① 영업장소의 수 또는 위치를 제한하는 행위, 특정한 원료의 사용비율을 정하거나 직원의 채용을 제한하는 행위, 자유로운 연구·기술개발을 제한하는 행위, ② 공동행위 참가사업자들이 공동행위에 참가하지 않은 다른 사업자의 사업활동 또는 사업내용을 방해하거나 제한하는 경우뿐만 아니라, 공동행위에 참여한 사업자 자신들의 사업활동 또는 사업내용을 제한하는 경우도 포함된다(공동행위심사기준 III-9).

기술제한 카르텔과 관련하여, 신기술의 개발 또는 이용을 공동으로 제한하거나 특허권의 불실시 협정을 체결하는 경우가 있다. 특허 pool 또는 특허의 상호실시 허락(cross licence) 이용하여 가격제한, 수량제한, 시장분할을 하는 경우에는 위법이 된다. 지식재산권이 카르텔을 조직하여 유지하기 위한 수단이 되거나, 카르텔을 지적재산 거래의 외피로 은폐하기 위하여 사용될 위험이 있다. 라이선스 계약상의 제한이라는 모습 통해서 판매가격이나 생산수량을 제한하는 카르텔을 은폐하는 경우가 있다. 이런 카르텔에서는 공동의 라이선스 거절이 수반되는 것이 보통이다. 카르텔을 조직한 복수의 사업자는 그 실효성을 강화하기 위하여 공동으로 비참가 사업자에게 라이선스를 거절하게 되는데, 이에 따라 비참가사업자의 진입을 곤란하게 할 수 있다. 이 경우 라이선스의 거절은 그 자체로서 공동거래거절(boycott)

---

320) ① 「정부조직법」 또는 그 밖의 법률에 따라 설치된 중앙행정기관, ② 「지방자치법」 제2조에 따른 지방자치단체, ③ 「공공기관의 운영에 관한 법률」 제5조에 따른 공기업(령 34조 1항).

321) 여기의 입찰관련 정보의 제출은 해당 입찰에 참가한 사업자의 수가 20개 이하이고, 추정가격이 ① 「건설산업기본법」 제2조 제4호에 따른 건설공사 입찰의 경우 50억원, ② 제1호 이외의 공사 입찰의 경우 5억원, ③ 물품 구매 또는 용역 입찰의 경우 5억원 이상에 해당하는 경우에 한한다(령 34조 2항).

에 유사한 행위에 해당하는데, 라이선스를 공동으로 거절하기 위하여 카르텔의 참가사업자가 특허 pool을 형성하는 경우도 있다.

공동거래거절이란 사업자가 공동으로 어떤 사업자와의 거래를 거절하는 행위이다. 여기에는 직접거절과 간접거절(다른 사업자로 하여금 거절을 시키는 경우)이 있다. 거래거절을 하는 사업자로서는 거래처의 제한을 의미하지만, 이 행위의 본래의 목적은 거래를 거절당한 사업자(거래상대방 또는 경쟁사업자)의 사업활동에 영향을 미치는 것에 있다. 공동거래거절의 경우에는 보통 피거절자를 배제할 의도나 목적이 명확하다. 따라서 시장의 대부분을 점하는 사업자가 피거절자의 신규진입이나 사업활동의 계속이 매우 어렵도록 상황을 조성하여, 시장의 개방성이 침해되는 경우에는 경쟁의 제한이 인정된다.[322] 이런 행위는 새로운 경쟁을 배제함으로써 참가사업자 사이에 현상을 유지하여 기타의 거래조건을 좌우하는 힘(시장지배력)을 안정시키는 효과도 있다.

공동거래거절은 사업자가 경쟁자나 거래처 사업자와 공동으로 또는 사업자단체가 신규진입자의 시장진입을 방해하거나 기존의 사업자를 시장에서 배제하려는 것이어서, 경쟁이 유효하게 행해지기 위한 전제요건이 되는 사업자의 시장진입의 자유를 침해하는 것이므로 원칙적으로 위법이 된다. 또한 공동거래거절은 불공정한 거래방법(법 23조)으로서 그리고 사업자단체가 구성사업자에 대하여 거래거절을 시키는 경우(법 26조)에 해당 규정에 의하여 규제할 수 있으나, 일정한 거래분야에서의 경쟁을 실질적으로 제한하는 경우에는 부당한 공동행위가 된다. 경쟁사업자가 공동으로 거래처 사업자에 대한 거래를 거절하는 경우뿐만 아니라, 거래처 사업자와 공동으로 거래거절을 하는 경우도 부당한 공동행위에 해당하는 것으로 볼 수 있다.

카르텔로서의 공동거래거절은 노골적인 경쟁제한의 목적을 가진 것이다. 특허권 라이선스 상의 지역제한, 사용분야제한 등 권리의 행사에 해당하는 라이선스 계약상의 계약을 이용하는 일이 있더라도 권리행사의 단위는 개개의 특허권자에게 있으며, 그 권리행사에 다른 사업자(다른 특허권자 또는 실시권자)의 경쟁상의 이해가 혼입되면 권리행사의 실질을 잃게 된다.[323] 카르텔은 당연히 공정거래법 제58조에 규정된 권리의 정당한 행사라고 인정되는 행위가 아니므로 위법이 된다.

공동연구개발이 부당한 공동행위가 되는 경우도 있다. 노골적인 경쟁제한을 은폐하는 수단으로 공동연구개발의 형태를 취하거나, 진정한 공동연구개발에서도 매우 예외적이지만 부당공동행위가 될 우려가 남아있다. 이는 연구개발의 공동화가 적정규모를 넘는 정도로 조직되어 외부의 유효경쟁이 없게 되고, 동시에 내부의 사기가 저하되는 것이 명백한 경우이다.

여기의 '다른 사업자'는 거래단계가 같은 사업자만을 의미하는 것으로 보아야 한다. 만일

322) 서울고등법원 2001. 11. 6. 선고 2000누11088판결.

323) James B. Kobak Jr., *op. cit.*, p. 12.

'다른 사업자'에 거래단계가 다른 사업자도 포함된다고 볼 경우, 부당한 공동행위에서도 수직적 공동행위를 규율하는 것이 되어 본 조항과 불공정거래행위 규제가 중복되어 해석상 혼란을 초래할 우려가 있다. 이 부당공동행위 유형에는 집단거래거절이 포함되는데,[324] 법 제23조 제1항 제1호에 규정된 불공정 거래행위의 유형인 거래거절과 차별취급의 세부유형으로 열거된 집단적 거래거절과 집단적 차별에는 수직적 집단행위도 포함되기 때문이다. 공정거래위원회는 여기의 '다른 사업자'에 거래단계가 다른 사업자도 포함되는 것으로 보고 있다.[325]

본 호의 '일정한 거래분야' 및 '경쟁의 실질적 제한'의 의의에 관하여는 제2장 제2절을 참조.

**대법원 2006. 11. 9. 선고 2004두14564 판결**

원고 등 학생복 3사는 학부모들이 추진하는 입찰방식의 학생복 공동구매 활동에 공동으로 대응하기로 하고 여러 차례 회의를 열어 위 공동구매 활동의 전국적인 확산을 방지하고 다른 학생복 제조·유통업체들의 입찰 참여 등을 방해하기로 합의한 점, 나아가 입찰의 저지 및 공동구매의 확산방지를 위하여 지역별 협의회와 대리점들로 하여금 다른 일반 업체들과 함께 시위 등으로 실력을 행사하도록 하거나, 입찰을 무산·지연시키기 위하여 사전 합의하에 입찰에 참여하기도 하고 이로 인하여 입찰을 무산시키기도 한 점, 에스케이글로벌의 주도로 교육부, 중소기업청에 대한 청원 및 서명운동 등을 추진하면서 업무연락 등을 통하여 위와 같은 행위를 지시하거나 지원하는 등 공동으로 대응한 점 등에 비추어, 원고 등 학생복 3사의 위와 같은 행위는 정부와 학교 등의 공동구매에 관련된 정책결정에 대하여 정당하게 반대의견이나 대안을 제시하는 수준을 넘어서 적극적으로 방해하기 위한 공동행위로서, 원고 등 학생복 3사의 제품을 취급하지 않는 다른 학생복 제조·유통업체와 학생복 3사의 총판·대리점들의 독자적인 입찰 참여 여부의 결정 등을 방해하고 자유롭고 공정한 경쟁을 통한 영업방식으로 학생복을 판매하는 사업활동 또는 사업내용을 실질적으로 제한하거나 방해하는 것이므로, 공정거래법 제19조 제1항 제8호의 사업활동방해 공동행위에 해당한다.

## III. 행정지도에 따른 공동행위

다른 행정기관의 장은 사업자의 가격·거래조건의 결정, 시장진입 또는 사업활동의 제한, 부당한 공동행위 또는 사업자단체의 금지행위 등 경쟁제한사항을 내용으로 하는 법령을 제정 또는 개정하거나, 사업자 또는 사업자단체에 대하여 경쟁제한사항을 내용으로 하는 승인 기타의 처분을 하고자 하는 때에는 미리 공정거래위원회와 협의하고, 처분을 한 경우 공정거래위원회에 그 내용을 통보하여야 한다(법 63조).

처분 이외의 방법으로 행정기관이 소관사무의 범위 내에서 일정한 행정목적을 실현하기

324) 공정거래위원회 2002. 11. 28. 의결 제2002-340호 2002유거1083 등 참조; 공정거래위원회 1998. 10. 22. 의결(약) 제98-67호 9807단체1164.

325) 공정거래위원회 1999. 10. 16. 의결 제99-229호 9907전사0992.

위하여 권고, 조언, 지도 등의 형태로 사업자들에게 일정한 작위 또는 부작위를 요구하는 것이 행정지도이다. 행정지도는 법적 구속력이 없으며 상대방의 협력 또는 임의성을 전제로 하고, 일정한 행정목적을 실현하기 위하여 작위·부작위를 요구하는 행정활동의 일종이다. 행정지도가 카르텔에 관여하는 형태에는, ① 행정지도 이전에 이미 사업자의 카르텔이 형성되어 있고 그 실효성을 확보하기 위하여 행정지도를 요청하여 행정지도가 이루어지는 경우, ② 행정지도가 행해진 후에 이를 실시하기 위하여 사업자간의 카르텔이 형성되는 경우, ③ 사업자가 카르텔을 형성 또는 실시하는 단계에서 행정기관이 관여하여 그 내용을 조정·지도하는 경우가 있다.

행정지도에 따라 사업자간의 공동행위가 이루어진 경우, 그 공동행위가 부당한 공동행위로서 위법이 되는가 또는 위법성이 조각되는가의 문제가 있다. 이에 대하여는 행정지도에 법적 근거가 있는 경우에는 위법성이 조각되고 그 법적 근거가 없는 경우에는 위법이 된다는 견해[326]와 행정지도의 법적 근거 유무에 관계없이 그에 따른 사업자들의 공동행위는 위법이 된다고 하는 견해[327]가 있다.[328]

이에 대하여 "행정지도가 개입된 부당한 공동행위에 대한 심사지침"[329]에 의하면, ① 행정지도가 부당한 공동행위의 원인이 되었다 하더라도 그 부당한 공동행위는 원칙적으로 위법하며, ② 다만 그 부당한 공동행위가 공정거래법 제58조(법령에 따른 정당한 행위)의 요건을 충족하는 경우에 한하여 공정거래법 적용이 제외될 수 있다(심사지침 I-2). ②는 다른 법령에서 행정기관에게 사업자들로 하여금 가격 등 경쟁요소에 관하여 행정처분을 할 수 있는 구체적 권한을 부여한 경우, 이러한 처분에 따라 사업자들이 가격 등을 합의한 경우 등을 말한다.[330]

구체적으로는 행정기관이 사업자 사이의 합의를 유도하는 행정지도를 한 경우, 또는 행정기관이 법령상 구체적 근거 없이 사업자들의 합의를 유도하는 행정지도를 한 결과 부당한 공동행위가 행해졌다 하더라도 그 부당한 공동행위는 원칙적으로 위법하다. 그러나 ① 다른 법령에서 사업자가 공정거래법 제19조 제1항 각호의 1에 해당하는 행위를 하는 것을 구체적으로 허용하고 있는 경우,[331] 또는 ② 다른 법령에서 행정기관이 사업자로 하여금 공

---

326) 대법원 2005. 1. 28. 2002두12052 판결; 정호열, 앞의 책, 335면

327) 이남기·이승우, 앞의 책, 211면.

328) 행정지도에 의한 카르텔 성립이 부정될 가능성에 대하여 합의의 부존재, 의사의 자율성의 부인이 있다(홍명수, "독점규제법상 행정지도에 의한 카르텔 규제의 법리적 고찰", 「경쟁법연구」 제21권, 2010. 5, 86-89면 참조).

329) 2009. 8. 12. 개정 공정거래위원회 예규 제75호

330) 위 조항에서 말하는 법률은 당해 사업의 특수성으로 경쟁제한이 합리적이라고 인정되는 사업 또는 인가제 등에 의하여 사업자의 독점적 지위가 보장되는 반면 공공성의 관점에서 고도의 공적규제가 필요한 사업 등에 있어서 자유경쟁의 예외를 구체적으로 인정하고 있는 법률 또는 그 법률에 의한 명령을 말한다. 위 법령의 범위 내에서 행하는 필요최소한의 행위를 법령에 따른 정당한 행위라고 할 것이다(대법원 1997. 5. 19. 선고 96누150 판결).

331) 농수산물공사가 도매사업자들에게 위탁수수료 내지 장려금에 대한 조건을 직접 결정하거나, 공동으로 결정하도록 지시하였다 하더라도 이는 공정거래법 제58조의 취지 및 관련규정(「농수산물 유통 및 가격안정에 관

정거래법 제19조 제1항 각호의 1에 해당하는 행위를 하는 것을 행정지도할 수 있도록 규정하고 있는 경우로서, 그 행정지도의 목적, 수단, 내용, 방법 등이 근거법령에 부합하고 사업자들이 그 행정지도의 범위 내에서 행위를 한 경우에는 위법으로 보지 않는다(심사지침 III).[332)]

이밖에 행정기관이 사업자들에게 개별적으로 행정지도를 하였고, 사업자들이 이를 기화로 제19조 제1항 각호에 해당하는 사항에 관하여 별도의 합의를 한 때에는 부당한 공동행위에 해당한다.[333)] 그러나 행정지도에 사업자들이 개별적으로 따른 경우에는 부당한 공동행위에 해당하지 않는다(심사지침 IV).

부당한 공동행위의 추정과 관련해서는 사업자들이 주무관청의 행정지도에 따라 일치된 행위를 한 경우, 그 행정지도가 법적근거에 따라 행해진 것이라면 당연히 공동행위의 추정이 복멸될 수 있다.[334)] 따라서 이 경우에는 공정거래법 제58조의 법령에 따른 정당한 행위로서 당해 행위의 위법성자체가 조각된다고 볼 것이다. 그러나 법령상의 근거없이 주무관청이 행한 행정지도에 따라 이루어진 공동행위에 대해서는 추정의 복멸이 인정될 수 없으나,[335)] 이 경우에도 추정복멸을 인정한 판례가 있다.[336)] 공정거래법 제58조에 의한 적용제외는 동 규정에서 제시하고 있는 것처럼 세 가지 요건을 충족하여야 하는데, 즉 법률 또는 그 법률에 의한 명령이 전제되어야 하며, 문제가 된 행위가 정당하여야 하고, 마지막으로 양자 사이에 인과관계가 존재하여야 한다.[337)]

부당한 공동행위의 형사적 책임과 관련해서는 법률에 근거가 없는 행정지도에 따른 공동행위더라도 그 행위가 필요한 사정이 존재하는 경우에 사회통념상 적절한 방법으로 행해지고 또한 공정거래법의 궁극적 목적에 실질적으로 위배되지 않는 행위인 경우에는 위법성이 조각된다고 볼 필요가 있을 것이다.

---

한 법률」)에 따르면 도매시장관리자인 농수산물공사가 도매시장법인의 권한인 위탁수수료 내지 장려금의 요율을 직접 결정하거나 지시할 권한이 없으므로 공정거래법 제58조 소정의 법령에 의한 정당한 행위라고 볼 수 없다(서울고등법원 2004. 5. 12. 선고 2003누5817 판결).

332) 그 공동행위가 법령에 근거한 정부기관의 행정지도에 따라 적합하게 이루어진 경우라든지 또는 경제전반의 효율성 증대로 인하여 친경쟁적인 효과가 매우 큰 경우와 같이 특별한 사정이 있는 경우에 부당하다고 할 수 없다(대법원 2009. 7. 9. 선고 2007두26117 판결).

333) 원고들이 금융감독원장으로부터 행정지도를 받고 이를 이행하는 과정에서 실무자인 자동차업무부장들 사이에 세부적인 사항에 관한 의견을 교환한 사실을 뒷받침할 뿐 위 행정지도에 앞서 원고들 사이에 위 인상율에 대한 별도의 합의를 하였다거나 또는 위 행정지도를 기화로 위 인상율을 동일하게 하기로 하는 별도의 합의를 하였음을 입증하기에는 부족하다(대법원 2005. 1. 28. 선고 2002두12052 판결).

334) 대법원 2005. 1. 28. 선고 2002두12052 판결.

335) 서울고등법원 2001. 1. 20. 선고 98누10822 판결.

336) 대법원 2003. 2. 28. 선고 2001두946 판결.

337) 홍명수, 앞의 논문, 93면 참조.

**대법원 2005. 1. 28. 선고 2002두12052 판결**

구 보험업법(2003. 5. 29. 법률 제6891호로 전문 개정되기 전의 것) 제7조에 의하면 보험사업자가 보험료 산출방법서를 변경하기 위하여는 금융감독위원회로부터 인가를 받아야 하고 금융감독위원회가 위 변경을 인가함에 있어서 필요하다고 인정할 때에 금융감독원의 심사를 거치도록 할 수 있다고 규정하고 있어 금융감독원장에게 위 변경에 관한 인가권이 있는 것은 아니지만, 같은 법 제22조 및 금융감독원의 손해보험상품관리규정(1999. 3. 12. 개정된 것) 제2조, 제6조, 제7조와 보험상품 관리규정(2000. 2. 25. 개정된 것) 제2조, 제6조, 제12조는 보험사업자가 금융감독원장에게 위 변경을 신고한 후 소정의 기간 내에 수리가 거부되지 아니하면 인가가 의제되는 것으로 규정하고 있으므로, 비록 공정거래법 제63조 제1항이 정한 피고와의 협의가 없었다고 하더라도 보험사업자의 위 신고에 대한 심사과정에서 금융감독원장이 행정지도를 통하여 사실상 보험료결정에 관여하였고 그 결과 보험료가 동일하게 유지되었다면, 위와 같은 사정은 공동행위의 합의추정을 복멸시킬 수 있는 정황으로서 참작될 수 있다고 할 것이다.

**대법원 2003. 2. 28. 선고 2001두1239 판결**

구 공정거래법(1999. 2. 5. 법률 제5813호로 개정되기 전의 것, 이하 '법'이라 한다) 제19조 제5항에 따라, 공정거래위원회가 '2 이상의 사업자가 법 제19조 제1항 각 호의 1에 해당하는 행위를 하고 있다'는 사실과 그것이 '일정한 거래분야에서 경쟁을 실질적으로 제한하는 행위'라는 사실을 입증하면, 이에 추가하여 사업자들의 명시적이거나 묵시적인 합의 또는 양해를 추정하게 할 정황사실을 입증할 필요 없이, 그 사업자들이 그러한 공동행위를 할 것을 합의한 것으로 추정되지만 그러한 추정을 받는 사업자들로서는 공동행위의 합의가 없었다는 사실을 입증하거나 위 일치된 행위가 합의에 따른 공동행위가 아니라는 점을 수긍할 수 있는 정황을 입증하여 그 추정을 복멸시킬 수 있다 할 것이다.

1997년 말 국내 맥주 공급시장의 99.9%를 점유하고 있는 하이트맥주 주식회사, 오비맥주 주식회사, 진로쿠어스맥주 주식회사가 1998. 2. 21.과 같은 달 23. 및 같은 달 24. 맥주의 종류별, 규격별 가격을 동일한 비율로 순차 인상하여 유지한 것은 법 제19조 제1항 제1호의 '가격을 결정·유지 또는 변경하는 행위'에 해당할 뿐만 아니라, 국내 맥주 공급시장에서 경쟁을 실질적으로 제한하는 행위에 해당하므로, 법 제19조 제5항에 따라 부당한 공동행위를 한 것으로 추정되지만, ① 맥주회사가 맥주가격을 인상하는 경우 재정경제원이나 국세청과 사전협의를 하거나 사전승인을 받도록 하는 법령상의 명문의 규정은 없으나, 재정경제원은 물가지수에 미치는 영향이 크다는 이유로, 국세청은 주세법 제38조, 주세사무처리규정 제70조 등에 따른 국세청장의 가격에 관한 명령권 등에 의하여 각 행정지도를 함으로써 사실상 맥주가격의 인상에 관여하여 왔는데, 재정경제원과 국세청은 맥주 3사의 가격인상 요구에 훨씬 미치지 못하는 인상률만을 허용함으로써 맥주 3사는 허용된 인상률 전부를 가격인상에 반영할 수밖에 없게 되어 맥주 3사의 맥주가격인상률이 동일해질 수밖에 없는 점, ② 국세청은 가격 선도업체와 협의된 종류별, 용량별 구체적인 가격인상 내역을 다른 맥주 제조업체에게 제공하고, 다른 업체가 이를 모방한 인상안을 제시하면 그대로 승인하여 왔고, 그 인상시점 또한 국세청의 지도에 따라 결정되는데, 이 사건 가격인상도 마찬가지 방식으로 이루어진 점, ③ 이 사건 가격인상과 관련하여 국세청과 협의를 앞두고, 맥주 3사 간에 인상률에 대한 별도의 합의를 한 후 국세청과 협의에 임하였다거나, 또는 국세청과의 인상률에 대한 협의를 기화로 그 행정지도에 따른 인상률을 동일하게 유지하기로 하는 별도의 합의를 한 것으로는 인정되지 않는 점 등을 종합하여 볼 때, 맥주 3사의 이 사건 가격인상은 결과적으로 맥주 3사의 가격인상률이 동일하게 되었다고 하더라도 맥주 3사 간의 의사의 연락에 의한 것이 아니므로 맥주 3사 사이에 부당한 공동행위의 합의가 있었다는 추정은 복멸된다.

## 제3절 인가에 의한 예외적 허용

### I. 취지

부당한 공동행위는 본래 시장에서의 경쟁을 저해하는 것이므로, 공정거래법은 원칙적으로 이를 금지하고 위반시에는 일정한 제재를 가하고 있다. 그러나 국가의 산업정책상 위기극복, 대외경쟁력의 강화, 경제활동의 효율성 증대 등을 위하여 불가피한 경우에는 사업자들의 공동행위가 부당한 공동행위의 요건을 갖추게 되는 경우라도 이를 허용할 필요가 있다. 다만 그 허용이 남용되지 않도록 하는 제도적 장치를 갖추어야 한다.

그리하여 공정거래법 제19조 제2항에서는 일정한 목적을 가진 공동행위로서 공정거래위원회의 인가를 받은 경우에는, 예외적으로 이를 허용하고 있다. 그러한 목적으로는 산업합리화, 연구·기술개발, 불황의 극복, 산업구조의 조정, 거래조건의 합리화, 중소기업의 경쟁력향상이 열거되어 있다. 규정의 취지에 비추어, 이 열거는 한정적 열거로 보고 엄격한 해석이 필요하다. 인가제도는 공정거래법 제정 당시부터 사실상 도입되었지만 거의 활용되지 못하였고, 최근 20년 동안 전혀 활용되지 않았다는 비판이 있다. 특히, 일본, 독일 등 주요 국가에서는 이미 공동행위 인가제도를 폐지하였다.[338] 한편 1999년 2월의 「카르텔일괄정리법」에 의하여, 각종 법령상 허용되던 공동행위가 일괄적으로 금지되고 공정거래법에 규정된 행위만 허용하게 되었다.

**대법원 2008. 12. 24. 선고 2007두19584 판결**

구 공정거래법(2004. 12. 31. 법률 제7315호로 개정되기 전의 것, 이하 같다) 제19조 제1항은 부당하게 경쟁을 제한하는 '가격을 결정·유지 또는 변경하는 행위' 등을 부당한 공동행위로서 금지하고, 제2항은 제1항의 부당한 공동행위에 해당하더라도 일정한 목적을 위하여 행하여지는 경우로서 공정거래위원회의 인가를 받은 경우에는 제1항의 적용을 배제하고 있는 점, 공정거래법 제19조 제1항에서 부당한 공동행위를 금지하는 입법 취지가 직접적으로는 공정하고 자유로운 경쟁을 촉진하고, 궁극적으로는 소비자를 보호함과 아울러 국민경제의 균형 있는 발전을 도모하고자 함에 있는 점 등에 비추어 보면, 사업자들의 공동 가격결정 행위로 인하여 일정한 거래분야의 경쟁이 감소하여 사업자들의 의사에 따라 어느 정도 자유로이 가격결정에 영향을 미치거나 미칠 우려가 있는 상태가 초래된 이상, 이로 인하여 경쟁이 제한되는 정도에 비하여 공정거래법 제19조 제2항 각 호에 정해진 목적 등에 이바지하는 효과가 상당히 커서 소비자를 보호함과 아울러 국민경제의 균형 있는 발전을 도모한다는 법의 궁극적인 목적에 실질적으로 반하지 않는다고 인정되는 예외적인 경우에 해당하지 않는 한, 위와 같은 가격결정 행위는 부당하다고 볼 수밖에 없다(대법원 2005. 8. 19. 선고 2003두9251 판결 등 참조).

---

338) 지철호, "공동행위 인가제도", 「경쟁법연구」 제20호, 2009. 11, 240면 참조.

> 이 사건 2002년 합의로 인하여 시외전화 시장에서의 경쟁 자체가 감소하여 원고 등의 의사에 따라 자유롭게 가격결정에 영향을 미치거나 미칠 우려가 있는 상태가 초래되었다고 할 것이고, 이 사건 2002년 합의가 소비자를 보호함과 아울러 국민경제의 균형 있는 발전을 도모한다는 공정거래법의 궁극적인 목적에 실질적으로 반하지 않는다고 인정되는 예외적인 경우에 해당한다고 볼 수도 없으므로, 이 사건 2002년 합의는 부당한 공동행위에 해당한다.

## II. 인가의 요건

위에 열거된 각 공동행위 유형은 원래 경쟁저해성이 있으므로 부당한 공동행위로서 금지되어야 할 것이지만, 국가경제의 지속적 발전 등의 필요에서 이를 허용해야 할 경우가 있다. 그러나 일정한 공동행위가 경쟁저해의 우려가 있으면, 이를 인가하여 허용함에 있어서는 엄격한 요건의 규제가 필요하다.[339)]

### 1. 산업합리화

산업이 발전하기 위해서는 산업활동이 합리적이고 효율적으로 이루어져야 하며, 이를 위해서는 개별 사업자들이 노력해야 할뿐만 아니라 해당 산업부문의 사업자들이 서로 협조할 필요가 있다. 이는 적절한 시기에 생산량이나 공급량의 조절, 산업의 특성화, 정보교환 등의 행위가 공동으로 행해짐으로써 가능하게 된다. 그리하여 사업자들의 공동행위에 의한 경제적 조정을 기대할 수 있다. 따라서 필요한 경우에는 엄격한 요건 하에 이를 허용하고 있다. 공정거래위원회는 ① 공동행위에 의한 기술향상·품질개선·원가절감 및 능률증진 등의 효과가 명백한 경우, ② 공동행위외의 방법으로는 산업합리화의 달성이 곤란한 경우, ③ 경쟁을 제한하는 효과보다 산업합리화의 효과가 클 경우에만 산업합리화를 위한 공동행위를 인가할 수 있다(령 24조의2). 여기서 산업합리화는 사업자 '전체'의 효율성 향상을 의미하는 것이며, 개별 기업에 관한 것이 아니고 산업에 관한 것이다.

### 2. 연구·기술개발

사업자들이 시장에서의 경쟁에 대처하기 위해서는 끊임없이 신상품 또는 용역에 대하여 연구하고 신기술을 개발할 필요가 있다. 그런데 연구와 기술개발(R&D)은 그 결과가 불확실할뿐 아니라, 막대한 비용이 요구되는 경우가 많다. 따라서 이를 개별사업자가 하기보다는 사업자들이 공동으로 하는 것이 적합하거나 불가피할 수도 있다. 특히 기술혁신이 계속되는 오늘날에는, 복수사업자에 의한 공동연구개발이 연구개발 비용의 절감, 리스크 분산, 기간단축, 다른 분야 사업자 사이의 기술 등의 상호보완 등에 의하여 연구개발 활동을 활발하

---

339) 대표적인 인가사례로는 1988년 밸브제조업자의 공동행위 인가와 2010년 레미콘업체의 공동행위 인가가 있다.

고 효율적인 것으로 만들어 경쟁촉진적 효과를 가져올 수 있다. 따라서 공정거래위원회는 ① 당해 연구·기술개발이 산업경쟁력 강화를 위하여 긴요하며 그 경제적 파급효과가 클 경우, ② 연구·기술개발에 소요되는 투자금액이 과다하여 한 사업자가 조달하기 어려운 경우, ③ 연구·기술개발성과의 불확실에 따른 위험분산을 위하여 필요한 경우, ④ 경쟁을 제한하는 효과보다 연구·기술개발의 효과가 클 경우에 한하여 연구·기술개발을 위한 공동행위를 인가할 수 있다(령 24조의3).

## 3. 불황극복

시장경제에서 불황이 발생된 경우에는 개별사업자들 스스로 이를 극복하기 어렵고, 국가가 개입하거나 사업자들이 공동으로 대처하여야 한다. 사업자들의 산업합리화를 위한 공동행위를 통하여 불황을 극복할 수 있는 경우에는 시행령 제24조의2에 의하여 허용될 것이지만, 산업합리화의 수단만으로는 불황을 극복할 수 없는 경우에 경제질서의 회복 또는 기업의 도산방지 등을 위하여 불황극복을 위한 공동행위를 허용할 필요가 있다. 공정거래위원회는 ① 특정한 상품 또는 용역의 수요가 상당기간 계속하여 감소하고 수요에 비하여 공급이 크게 초과하는 상태가 계속되며 앞으로도 그 상태가 계속될 것이 명백한 경우, ② 당해 상품 또는 용역의 거래가격이 상당기간 평균생산비를 하회하고 있는 경우, ③ 당해 사업분야의 상당수의 기업이 불황으로 사업활동을 계속하기가 곤란하게 될 우려가 있는 경우, ④ 기업의 합리화에 의하여는 제1호 내지 제3호의 사항을 극복할 수 없는 경우에 한하여 이러한 공동행위를 인가할 수 있다(령 25조). 여기의 불황극복은 국민경제상 생산력의 보전을 의미하는 것이며, 구조적 불황의 경우에는 '산업구조 조정'(령 26조)에서 규율하고 있다.

## 4. 산업구조조정

낙후되거나 불합리한 산업구조는 해당 산업의 비효율을 초래할 뿐 아니라, 나아가 국가경제 전체의 발전에 장애가 되기도 한다. 국가경제의 지속적 발전을 위해서는 특정 산업부문의 폐지 또는 육성, 산업간 불균형의 해소 등의 산업구조조정이 필요한 경우가 있다. 또한 시기적절한 산업구조조정은 개별 사업자의 능력으로만은 감당하기 어렵기 때문에, 사업자들의 공동행위에 의하여 행할 수밖에 없는 경우도 많다. 공정거래위원회는 ① 국내외 경제여건의 변화로 특정산업의 공급능력이 현저하게 과잉상태에 있거나, 생산시설·생산방법의 낙후로 인하여 생산능률이나 국제경쟁력이 현저하게 저하되어 있는 경우, ② 기업의 합리화에 의하여는 위와 같은 상황을 극복할 수 없는 경우, ③ 경쟁을 제한하는 효과보다 산업구조를 조정하는 효과가 클 경우에 한하여 산업구조조정을 위한 공동행위를 인가할 수 있다(령 26조).

### 5. 거래조건의 합리화

사업자들이 시장에서의 경쟁에 효과적으로 대처하고 높은 이윤을 얻기 위해서는 원가절감 또는 품질향상, 가격조정, 대금지급조건의 개선, 담보책임의 강화 등에 노력하여야 한다. 이런 노력은 개별사업자 차원에서 성과를 거둘 수도 있으나 그 범위는 제한적이며 사업자들이 공동으로 행함으로써 더 큰 성과를 거둘 수 있는 경우가 많다. 그 결과 소비자후생과 경제 활성화에 더욱 많은 기여를 하게 되는 것이다. 경쟁사업자간의 시장에서 경쟁회피를 목적으로 하는 합의는 경쟁원리상 매우 악의적 행위이지만, 경쟁제한이 행해지는 대상물에 따라서는 사회적 문제점이 없어 소비자의 이익에 반하지 않는 경우도 있다. 예를 들어 자동차 부품에 대한 가격협정의 경우 그 가격이 적절하다면 소비자가 저렴한 가격에 그 부품을 교체할 수 있으므로 카르텔로서 금지할 필요는 없을 것이다. 따라서 공정거래위원회는 ① 거래조건의 합리화로 생산능률의 향상, 거래의 원활화 및 소비자의 편익증진에 명백하게 기여하는 경우, ② 거래조건의 합리화 내용이 당해 사업분야에서 대부분의 사업자들에 의하여 기술적 · 경제적으로 가능한 경우, ③ 경쟁을 제한하는 효과보다 거래조건의 합리화의 효과가 클 경우에 한하여 거래조건 합리화를 위한 공동행위를 인가할 수 있다(령 27조).

### 6. 중소기업의 경쟁력향상

중소기업은 대체로 기업규모가 작고 자금력이 약하며 인력이 부족하여 경쟁력이 떨어지는 것이 보통이다. 그러나 국가경제 전체의 입장에서 보면 대기업과 함께 중소기업의 존재도 매우 중요한 구성요소가 된다. 개별 중소기업이 그 경영능력 · 기술력 등의 경쟁력을 향상시키는 것은 매우 곤란하기 때문에, 중소기업들이 공동으로 경쟁력향상을 위한 경영합리화 등의 행위를 하도록 할 필요가 있다. 공정거래위원회는 ① 공동행위에 의한 중소기업의 품질 · 기술향상 등 생산성 향상이나 거래조건에 관한 교섭력 강화 효과가 명백한 경우, ② 참가사업자 모두가 중소기업자인 경우, ③ 공동행위 외의 방법으로는 대기업과의 효율적인 경쟁이나 대기업에 대항하기 어려운 경우에 한하여 중소기업의 경쟁력향상을 위한 공동행위를 인가할 수 있다(령 28조).

## III. 인가의 한계

위와 같은 목적의 인가허용 요건을 충족하는 공동행위라 할지라도, 언제나 허용되는 것은 아니다. 공정거래위원회는 당해 공동행위가 다음중 하나에 해당하는 경우에는 이를 인가할 수 없다(령 29조).

① 당해 공동행위의 목적을 달성하기 위하여 필요한 정도를 초과할 경우
② 수요자 및 관련 사업자의 이익을 부당하게 침해할 우려가 있는 경우
③ 당해 공동행위 참가사업자간에 공동행위의 내용에 부당한 차별이 있는 경우

④ 당해 공동행위에 참가하거나 탈퇴하는 것을 부당하게 제한하는 경우

## IV. 인가의 절차

### 1. 인가의 신청

공동행위의 인가를 받고자 하는 자는 ① 참가사업자의 수, ② 참가사업자의 명칭 및 사업소 소재지, ③ 대표자와 임원의 주소·성명, ④ 공동행위를 하고자 하는 사유 및 그 내용, ⑤ 공동행위를 하고자 하는 기간, ⑥ 참가사업자의 사업내용을 기재한 신청서를 공정거래위원회에 제출하여야 한다(령 30조 1항). 이 신청서에는 ① 참가사업자의 최근 2년간의 영업보고서·대차대조표 및 손익계산서, ② 공동행위의 협정 또는 결의서 사본, ③ 공동행위의 인가요건에 적합함을 증명하는 서류, ④ 시행령 제29조의 규정에 적합함을 증명하는 서류를 첨부하여야 한다(령 30조 2항).

공정거래위원회가 공동행위 인가신청을 받아 이를 인가하는 경우에는 당해 신청인에게 인가증을 교부하여야 하며(령 30조 3항), 공동행위의 인가를 받은 자가 인가사항을 변경하고자 할 때에는 제1항 및 제2항의 서류 중에서 그 변경사항과 관련된 서류에 인가증을 첨부하여 공정거래위원회에 변경신청을 하여야 한다(령 30조 4항).

공정거래위원회는 인가신청을 받은 경우에는 그 신청일로부터 30일 이내에 이를 결정하여야 한다. 다만 필요하다고 인정할 때에는 30일을 초과하지 아니하는 기간 내에서 결정을 연장할 수 있다(령 30조의 5항).

### 2. 인가신청의 공시

공정거래위원회는 필요한 경우에 인가 또는 인가내용의 변경을 하기 전에 당해 신청내용을 공시하여 이해관계인의 의견을 들을 수 있다(령 31조 1항). 공정거래위원회가 공동행위의 인가신청 또는 변경신청의 내용을 공시할 때에, ① 신청사업자의 명칭 및 주소, ② 공동행위의 내용, ③ 공동행위의 사유, ④ 공동행위의 기간, ⑤ 변경신청의 경우에는 당초 인가내용의 변경사항 및 사유를 공시내용에 포함시켜야 하며, 공시기간은 30일 이내로 한다(동조 2항, 3항). 공시내용에 대하여 의견이 있는 이해관계인은 공시기간 내에 의견서를 공정거래위원회에 제출할 수 있다(동조 4항).

## IV. 실시상황의 보고의무

공동행위의 인가를 받은 사업자가 당해공동행위를 폐지한 경우에는 그 사실을 지체없이 공정거래위원회에 신고하여야 한다(령 32조).

**대법원 1987. 7. 7. 선고 86다카706 판결**

甲회사와 乙회사는 모두 항구의 연안여객선 및 연안여객선에 대한 하역작업을 할 수 있는 사업자들로서 그들 간에 丙회사 소속 연안여객선에 대한 하역작업은 乙회사에서 담당하는 대신 그 밖의 연안여객선 및 연안화물선에 대한 하역작업은 甲회사에서 전담키로 약정하였다면 이와 같은 약정은 거래의 상대방을 제한하는 내용으로서 구 공정거래법(1986. 12. 31 법률 제3875호로 개정되기 전의 것) 제11조 제1항 제4호 소정의 공동행위에 해당함이 명백하므로 이와 같은 약정은 같은법 제11조, 제12조 동법 시행령 제17조 내지 제20조의 각 규정에 따라 경제기획원에 등록신청을 하여 공동행위등록부에 등록되어야만 비로소 그 효력을 발생할 수 있다.

## 제4절 법 위반행위의 효과

### I. 행정적 제재

#### 1. 시정조치

제19조 제1항의 규정을 위반하는 행위가 있는 경우, 공정거래위원회는 당해사업자에 대하여 당해행위의 중지, 시정명령을 받은 사실의 공표 기타 시정을 위해 필요한 조치를 명할 수 있다(법 21조). 공정거래위원회가 행하는 시정조치로는 협정·합의 파기명령, 행위중지명령, 독자적 재결정명령, 시정명령을 받은 사실의 공표명령, 보고명령, 신문게재를 통한 공표명령, 합의파기 후의 가격보고, 가격의 자율적 결정 등이 있다.[340] 이중에서 합의파기명령이 가장 많이 이용되는데, 그 이유는 합의파기명령이 경쟁회복 효과가 가장 빠르고 크게 나타나는 방법이라고 평가되기 때문이다. 그러나 부당한 공동행위는 당사자 사이에 원래부터 무효이므로(법 19조 4항) 그 조치는 법리적으로 문제가 있다고 생각된다. 또한 단순한 합의 파기명령은 그 명령을 받은 직후에 다시 가격인상에 관한 협정이 행해질 수도 있기 때문에 오히려 상대적으로 효과가 떨어진다.

부당한 공동행위에 대한 가격의 원상회복 명령은 카르텔 참가사업자에 대하여 협정전의 가격 수준으로 환원시키도록 명령하는 것이다. 그러나 이는 국가가 시장의 가격에 개입하는 것이므로 자유경쟁시장원리에 위배되고, 시정조치로서 허용될 수 없다고 보아야 할 것이다. 가격변경 명령은 단순한 가격협정의 파기명령보다는 실효성이 있다. 그러나 과연 인상된 상품 가격의 인하명령이 가능한가 여부가 문제되는데, 가격인하 명령은 가격의 법정

340) 공정거래위원회의 시정조치 운영지침, 2009. 8. 12. 개정.

이므로 경쟁정책에 반하는 행위가 되어서 허용되지 않는다. 이러한 점에서 공정거래법상 명시적으로 가격인하 명령이 가능하도록 한 시장지배적지위남용행위의 경우와 다르다.

## 2. 과징금

공정거래위원회는 심사과정을 통해 부당한 공동행위에 해당한다는 결론을 내린 경우, 그에 대한 처벌을 결정한다. 일반적으로 고발, 시정명령, 시정권고, 시정요청, 경고, 과징금 부과 등의 처벌이 가능한데, 2007년 이후 사례는 주로 고발, 시정명령, 과징금의 처벌이 대부분이다.[341)]

과징금이란 통상 행정법적인 의미에서 행정법상 의무를 불이행하였거나 위반한 자에 대하여 당해 위반행위로 얻은 경제적 이익을 박탈하기 위하여 부과하거나 또는 사업의 취소, 정지에 갈음하여 부과되는 금전상의 제재를 말한다. 공정거래법상의 과징금은 우리나라에 최초로 도입된 것으로서 법에서 규정한 의무이행을 확보하기 위한 수단으로 본다.[342)]

부당한 공동행위를 한 사업자에 대하여 공정거래위원회는 대통령령이 정하는 매출액에 10%를 곱한 금액을 초과하지 아니하는 범위 안에서 과징금을 부과할 수 있다. 매출액이 없는 경우 등에는 20억 원을 초과하지 아니하는 범위 안에서 과징금을 부과할 수 있다(법 22조). 여기서 "대통령령이 정하는 매출액"이란 위반사업자가 위반기간 동안에 일정한 거래분야에서 판매한 관련 상품이나 용역의 매출액 또는 관련 매출액을 말한다. 위반행위가 상품이나 용역의 구매와 관련하여 이루어진 경우에는 관련 상품이나 용역의 매입액을 말하고, 입찰담합 및 이와 유사한 행위인 경우에는 계약금액[343)]을 말한다(령 9조 1항).

과징금제도는 연혁적으로 부당이득의 환수라는 관념에서 비롯된 것으로서, 위법한 행위로 인하여 행위자가 얻은 부당이득의 환수라는 성격과 행정벌의 성격을 함께 가지고 있다.[344)] 과징금과 형벌, 손해배상과 부당이득반환의 병과 또는 병존은 허용된다. 공정거래법은 법률에 과징금 부과시 상한과 그 밖의 기본적인 참작사항을 규정하면서 그 외의 사항은 공정거래법 시행령에 위임하고 있다. 시행령은 상한 및 참작사항을 좀 더 구체화시키면서 그 외의 내용은 공정거래위원회의 고시에 위임하는 형태의 다층적인 법률구조가 형성되어 있으며, 이러한 다층적인 법률구조를 종합적으로 해석할 때, 완결된 형태의 과징금 부과 기준을 파악할 수 있을 것이다.[345)]

341) 김상택 외, "우리나라의 주요 카르텔 사례연구: 2007-2010년 사례를 중심으로", 「경쟁법연구」 제22권, 2010. 11, 242면 참조.

342) 김성훈, "부당한 공동행위에 대한 과징금의 검토", 「경쟁법연구」 제20권, 2009. 11, 361-363면 참조.

343) 대법원 2004. 10. 27. 선고 2000두6842 판결.

344) 대법원 2004. 10. 28. 선고 2002두7456 판결; 대법원 2004. 10. 27. 선고 2000두6842 판결.

345) 김성훈, 앞의 논문, 361면 참조.

**대법원 2003. 1. 10. 선고 2001두10387 판결**

구 공정거래법(1994. 12. 22. 법률 제4790호로 개정되기 전의 것) 제19조 제1항, 제22조 제1항 및 동법 시행령(1995. 4. 1. 대통령령 제14566호로 개정되기 전의 것) 제34조, 구 공정거래법(1996. 12. 30. 법률 제5235호로 개정되기 전의 것) 제19조 제1항, 제22조 제1항 및 동법 시행령(1997. 3. 31. 대통령령 제15328호로 개정되기 전의 것) 제35조, 제9조의 각 규정에 의하면, 사업자가 다른 사업자와 공동으로 이른바 부당한 공동행위를 한 경우에 공정거래위원회는 그 사업자에 대하여 당해 위반행위 기간 동안에 있어서의 매출액을 기준으로 하여 산정한 과징금을 부과할 수 있고, 위 매출액은 부당한 공동행위와 관련된 상품 또는 용역의 대가의 합계액에서 품질불량·파손 등으로 대가의 일부가 공제될 경우의 공제액 등 소정의 금액을 공제한 금액으로 하여야 할 것인 바, 과징금 산정의 기준이 되는 매출액을 산정함에 있어서 그 전제가 되는 부당한 공동행위와 관련된 상품 또는 용역의 범위는, 부당한 공동행위를 한 사업자간의 합의의 내용에 포함된 상품 또는 용역의 종류와 성질·거래지역·거래상대방·거래단계 등을 고려하여 개별적·구체적으로 판단하여야 한다.

**서울고등법원 2004. 11. 24. 선고 2003누9000 판결**

특별한 사정이 없는 한 부당한 공동행위로 인한 과징금은 "합의일"을 기준으로 산정하여야 하며, 이는 외국사업자에 의한 외국에서의 부당한 공동행위에 대하여 우리나라의 공정거래법을 적용하는 경우에도 마찬가지라 할 것이다.

### 3. 자진신고자 등에 대한 감면

부당한 공동행위는 성질상 참가사업자들 사이에 은밀하게 합의되는 경우가 일반적이므로, 공정거래위원회 등이 이러한 사실을 입증하기가 매우 어렵다. 공정거래법은 공동합의의 추정제도(법 19조 4항)를 두고 있지만, 이와 같이 그에 대한 규제가 강화될수록 부당공동행위의 합의는 더욱 은밀하고 정교하게 이루어지게 된다. 따라서 부당공동행위에 대한 규제의 효율성을 높이기 위해서는 참가사업자 내부로부터의 정보제공 등의 협조가 매우 중요하게 된다. 그리하여 공정거래법은 공동행위에 대한 자진신고자 등에 대한 면책제도(leniency)를 도입하고, 이 제도를 효율적으로 운용하기 위하여 일정한 요건을 갖춘 경우 필요적으로 시정조치 및 과징금을 감면하도록 하고 있다.

우리나라의 자진신고자 감면제도는 1997년 처음 우리나라에 도입하고 시행된 이래 감면 여부에 대한 예측가능성과 신뢰성을 높이는 방향으로 제도가 개선된 2005년 이후부터 자진신고자 감면제도를 활용하여 처리한 부당한 공동행위 사건의 수는 기하급수적으로 증가하고 있는 추세이다.[346)]

346) 윤성운·송준현, "부당한 공동행위 자진신고자 감면제도의 실무운용상 제문제", 「경쟁법연구」 제20호, 2009.

'자진신고자'라 함은 공동행위에 참여한 사업자로서 당해 공동행위에 대한 공정거래위원회의 조사개시 이전에 당해 공동행위를 입증하는데 필요한 증거를 위원회에 제공하는 사업자를 말한다. '조사협조자'라 함은 공동행위에 참여한 사업자로서 당해 공동행위에 대한 공정거래위원회의 조사 개시 이후에 당해 공동행위를 입증하는데 필요한 증거를 위원회에 제공하는 사업자를 말한다.

### (1) 시정조치 또는 과징금의 감경 또는 면제의 기준

공정거래위원회는 ① 부당한 공동행위의 사실을 자진신고 한 자 또는 ② 증거제공 등의 방법으로 조사에 협조한 자에 대하여는 시정조치 또는 과징금을 감경 또는 면제할 수 있다(법 22조의2 1항). 이에 따른 자진신고자 등에 대한 감경 또는 면제의 기준에 대하여는 시행령 제35조 제1항에서 규정하고 있다.

#### 1) 시정조치 및 과징금의 전부면제

공정거래위원회가 조사를 시작하기 전에 자진신고 한 자로서, 다음의 요건 모두를 충족한 경우에는 과징금 및 시정조치를 면제한다(령 35조 1항 1호).

① 부당한 공동행위임을 입증하는데 필요한 증거를 단독으로 제공한 최초의 자일 것. 다만, 공동행위에 참여한 2 이상의 사업자가 공동으로 증거를 제공하는 경우에도 이들이 실질적 지배관계에 있는 계열회사이거나 회사의 분할 또는 영업양도의 당사회사로서 공정거래위원회가 정하는 요건에 해당하면 단독으로 제공한 것으로 본다.

② 공정거래위원회가 부당한 공동행위에 대한 정보를 입수하지 못하였거나 부당한 공동행위임을 입증하는데 필요한 증거를 충분히 확보하지 못한 상태에서 자진신고 하였을 것

③ 부당한 공동행위와 관련된 사실을 모두 진술하고, 관련 자료를 제출하는 등 조사가 끝날 때까지 성실하게 협조하였을 것

④ 그 부당한 공동행위를 중단하였을 것

#### 2) 과징금의 필요적 면제 및 시정조치의 필요적 감경·면제

공정거래위원회가 조사를 시작한 후에 조사에 협조한 자로, 다음의 요건 모두를 충족하는 경우에 과징금을 면제하고, 시정조치를 감경하거나 면제한다(령 35조 1항 2호).

① 공정거래위원회가 부당한 공동행위에 대한 정보를 입수하지 못하였거나 부당한 공동행위임을 입증하는데 필요한 증거를 충분히 확보하지 못한 상태에서 조사에 협조하였을 것

② 부당한 공동행위임을 입증하는데 필요한 증거를 단독으로 제공한 최초의 자로서, 부

11, 263면 참조.

당한 공동행위와 관련된 사실을 모두 진술하고, 관련 자료를 제출하는 등 조사가 끝날 때까지 성실하게 협조하였고 그 부당한 공동행위를 중단하였을 것

3) 과징금의 필요적 감경 및 시정조치의 임의적 감경

공정거래위원회가 조사를 시작하기 전에 자진신고하거나 공정거래위원회가 조사를 시작한 후에 조사에 협조한 자로서, 다음의 요건 모두를 충족하는 경우에 과징금의 50%를 감경하고, 시정조치를 감경할 수 있다(령 35조 1항 2호).

① 부당한 공동행위임을 입증하는데 필요한 증거를 단독으로 제공한 두 번째의 자일 것. 다만, 공동행위에 참여한 2 이상의 사업자가 공동으로 증거를 제공하는 경우에도 이들이 실질적 지배관계에 있는 계열회사이거나 회사의 분할 또는 영업양도의 당사회사로서 공정거래위원회가 정하는 요건에 해당하면 단독으로 제공한 것으로 본다.

② 부당한 공동행위와 관련된 사실을 모두 진술하고, 관련 자료를 제출하는 등 조사가 끝날 때까지 성실하게 협조하였으며, 그 부당한 공동행위를 중단하였을 것

4) 감경·면제의 추가 및 불허

부당한 공동행위로 인하여 과징금 부과 또는 시정조치의 대상이 된 자가 그 부당한 공동행위 외에 그 자가 관련되어 있는 다른 부당한 공동행위에 대하여 시행령 제35조 제1항 1호의 각 목 또는 2호 각 목의 요건을 충족하는 경우에는, 그 부당한 공동행위에 대하여 다시 과징금을 감경 또는 면제하고, 시정조치를 감경할 수 있다(령 35조 1항 4호).

과징금 또는 시정조치의 감경 및 면제 대상에 해당한 자라도 다른 사업자에게 그 의사에 반하여 해당되는 부당한 공동행위에 참여하도록 강요하거나 이를 중단하지 못하도록 강요한 사실이 있는 경우에는, 시정조치와 과징금의 감면을 하지 아니한다(령 35조 1항 4호).

#### (2) 관련 정보의 관리 등

공정거래위원회 및 그 소속 공무원은, 소송수행을 위하여 필요한 경우 등 대통령령으로 정하는 경우를 제외하고는 자진신고자 또는 조사에 협조한 자의 신원·제보내용 등 자진신고나 제보와 관련된 정보 및 자료를 사건 처리와 관계없는 자에게 제공하거나 누설하지 못한다(법 22조의2 2항). 이에 따른 정보 및 자료의 제공·누설 금지에 관한 세부사항은 대통령령으로 정한다(법 22조의2 2항; 령 35조 2항, 3항).

신고자 등에 대한 구체적인 감면정도, 감면제도의 세부운영절차 및 증거제출방법 등에 관한 사항은 공정거래위원회가 정하여 고시한다(령 35조 4항). 이에 따라 "부당한 공동행위 자진신고자 등에 대한 시정조치 등 감면제도 운영고시"가 제정·시행되고 있다.[347][348]

347) 개정 2009. 8. 20. 공정거래위원회 고시 제2009-46호.

348) 서울고등법원 2009. 12. 2. 선고 2009누9668판결 "감면제도 운영 고시는 대외적인 구속력을 갖지 아니하는 내부적 준칙에 불과하다."

## II. 민사적 제재

### 1. 손해배상책임

#### (1) 손해배상책임

부당한 공동행위로 인하여 피해를 입은 자가 있는 경우에는, 그 부당한 공동행위에 참여한 사업자는 그 피해자에 대하여 공동으로 손해배상의 책임을 진다. 다만, 고의 또는 과실이 없음을 입증한 사업자는 그 책임을 면한다(법 56조). 여기에서 말하는 '피해'에는 공동의 거래거절을 당한 사업자가 입은 손해, 공동의 공급량 조절로 납기일을 맞추지 못한 제조업자의 손해 등이 있다.

### 2. 위반행위의 사법상의 효력

공정거래법은 법위반행위의 사법상 효력에 대하여 아무 규정을 두고 있지 않은 시장지배적 지위남용과 기업결합위반의 경우와 달리, 부당공동행위의 사법상 효력에 대하여는 규정을 두고 있다. 이는 법위반행위의 사법상 효력을 명시적으로 규정하고 있는 유일한 예이다.

부당한 공동행위를 할 것을 약정하는 계약 등은 사업자간에 있어서는 이를 무효로 한다(법 19조 4항). 따라서 부당한 공동행위의 합의는 당사자에 대한 구속력이 없으며, 다만 이는 당사자 간의 내부적 관계에 국한된다. 이 규정의 반대해석에 의하여 부당한 공동행위의 합의에 기하여 이루어진 대외적 행위의 효력에는 원칙적으로 영향이 없다. 예컨대 대금의 지급기간을 단축하기로 하는 사업자 사이의 합의는 참가한 사업자들 간에는 무효이지만, 그 합의에 따라 체결된 참가 사업자와 소비자가 체결한 매매계약의 효력은 유효하다. 그러나 각 부당공동행위의 효력 여부는 행위의 경쟁제한성의 강약 등 제반사정을 종합적으로 고려하여 판단해야할 것이며, 여기에는 '부당공동행위에 관한 심사지침'이 결정적인 판단기준이 될 것이다.

## III. 형사적 제재

공정거래법 제19조 제1항의 규정을 위반하여 부당한 공동행위를 한 자 또는 이를 행하도록 한 자는 3년 이하의 징역 또는 2억원 이하의 벌금에 처한다(법 66조 1항 9호). 여기의 징역형과 벌금형은 이를 병과할 수 있다(동조 2항). 이 형벌에 대해서는 과징금·시정조치의 경우와 달리 자진신고자의 면책이 허용되지 않는다. 그리고 공정거래위원회의 시정조치에 응하지 않은 자는 2년 이하의 징역 또는 1억 5천만원 이하의 벌금에 처한다(법 67조 6호).

# 제 8 장 불공정한 거래의 금지

## 제1절 서설

### I. 규제의 취지

공정거래법은 사업자가 공정한 거래를 저해할 우려가 있는 일정한 행위를 직접하거나, 간접적으로 계열회사 또는 다른 사업자가 이러한 행위를 하도록 하는 것을 금지하고 있다(법 23조). 공정거래법이 유효경쟁의 확보를 위하여 1차적으로는 기업결합과 경제력 집중을 규제하고 있지만, 현실시장에서의 자유경쟁에서는 사업자 사이에 경제력 차이가 존재하므로 2차적으로 경제력의 남용을 규제하려는 것이다.

원래 공정거래법의 핵심적 규제대상의 하나는 시장지배, 곧 광의의 독점인 시장지배이지만, 시장의 경쟁질서 유지를 위해서는 시장지배의 전단계로 인정되는 불공정한 거래방법인 공정경쟁저해행위에 대한 규제가 필요하다. 불공정한 거래방법 또는 경쟁방법에 의한 공정경쟁저해를 방치하면 광의의 독점을 유발하고, 경쟁제한을 조장하게 되지 않을 수 없기 때문이다. 이에 따라 공정거래법은 미국 연방거래위원회법 제5조의 취지를 계수하여 불공정한 거래행위를 금지하고 있다. 불공정거래행위의 금지는 시장지배적지위남용의 금지, 기업결합의 제한, 경제력집중의 억제와 함께 공정거래법의 4대 지주를 이루고 있다. 현행 공정거래법상 불공정거래의 규제가 큰 비중을 차지하고 있으며, 실무적으로도 매우 중시되어 심결례 및 판례에서도 가장 많은 양을 차지하고 있다.

불공정거래행위 규제의 우선적 과제는 과점형 시장구조에서 시장지배력의 강화를 꾀하는 과점기업의 시장행동에 대한 규제이다. 여기에는 불공정한 거래행위의 다양한 방법이 사용되고 있는데, 그중에서도 가장 중요한 것은 과점기업에 의한 유통망지배와 이를 통한 가격지배이다. 과점기업이 상품 또는 용역에 관한 유통망의 전부 또는 일부를 장악하고, 가격통제를 시도하면 브랜드 내(intra brand)에서의 경쟁이 소멸하게 될 것이며, 이를 바탕으로 하여 브랜드 사이(inter brand)의 가격경쟁도 저해될 것이다. 또한 소수의 유력한 기업들만 이러한 시장구조의 구축을 할 수 있으므로, 기업 사이의 격차는 더욱 확대한다. 특히 과점형 시장구조에서는 상대방과의 관계를 통하여 경쟁질서에 영향을 미치는 것을 규제대상으로 할 필요가 크다.

과점기업에 의한 차별화된 상품의 대량생산과 대량소비는 현대 경제의 특징이며, 여기서는 광고·선전이 판로 확장의 가장 효율적인 도구가 된다. 따라서 부실한 광고 등의 불공정거래행위가 빈발하게 되는데, 이에 대한 규제는 상대적으로 불리한 위치에 있는 소비자를 직접 보호한다는 점에서 중요한 의의를 갖는 것이다. 한편 독과점기업이 하는 주요 불공정거래행위 중 하나가 거래상 우월한 지위를 부당하게 이용하는 것인데, 특히 도급관계에서 심각한 문제를 많이 야기시키고 있다. 이들은 일반적인 불공정거래행위로서 규제하는 것만으로는 미흡하기 때문에 특별법에 의한 규제도 필요하다.

불공정한 거래행위의 금지는 과도한 경품부 판매 또는 현상부 판매, 부동산거래 등에서의 부당표시규제 등 소비자보호법적 성격을 가진다. 여기서 파생된 법으로서 표시광고 공정화법, 가맹사업 공정화법, 할부판매법 등이 있으며, 또한 중소기업보호법으로서 하도급거래공정화법, 대형소매업고시 등이 있다.

## II. 규제방식

불공정거래행위를 규제하는 입법주의에는 미국이나 독일처럼 불공정거래를 일반적으로 금지하는 포괄적 규제방식과, 일본과 같이 공정거래의 침해가능성이 있는 행위를 지정·고시하고 그 행위만 금지하는 한정적 규제방식이 있다. 포괄적 규제방식은 새로운 유형의 불공정거래행위도 규제할 수 있는 규제의 탄력성 등의 장점이 있지만 사업자로서는 자신의 행위가 불공정거래행위로서 금지되는 것인지를 판단하기 어렵다는 문제가 있다. 이에 대하여 한정적 규제방식은 법 내용 준수에 대한 예견가능성이 있다는 점에서 장점이 있지만 사회여건의 변화에 따른 규제의 탄력성을 기대하기 어렵다는 것이 단점이 된다. 우리 공정거래법은 한정적 규제방식을 취하고 있다(법 23조 1항).[349] 따라서 불공정거래행위에 대한 규제의 공백, 탄력성의 결여가 생기지 않도록 끊임없이 유의하여야 하며, 불공정거래행위의 구체적인 세부유형을 시행령으로 정하도록 한 것은 적절한 대처방법이라고 생각한다.

## III. 규제의 체계

공정거래법은 불공정한 방법에 의한 거래행위를 금지하고 있다. 이는 다른 행위유형과 달리 경쟁사업자뿐만 아니라 소비자도 보호한다는 점에서 특징이 있다. 공정거래법상 불공정거래행위는 일반불공정거래행위와 특수 불공정거래행위로 구분되어 규제되고 있다.

우선 공정거래법은 불공정한 거래행위의 포괄적이고 일반적인 성격의 기본유형을 7가지

---

349) 이에 대하여 포괄적 규제라는 견해가 있다(이기수·유진희, 『경제법』 제8판, 세창출판사, 2009, 215면).

로 열거한 후 이를 시행령으로 세분화하도록 하고 있다(법 23조 1항, 2항). 그리고 그 세부유형 및 기준은 시행령 제36조 제1항에 근거한 별표 1의2에서 중간유형 9종류, 세부유형 28종류로 열거되어 있다.[350] 이것이 일반불공정거래행위로서 원칙적으로 모든 분야의 모든 사업자에게 공통적으로 적용되는 것이다.

그러나 공정거래위원회는 필요하다고 인정하는 경우에 미리 관계행정기관장의 의견을 들어 불공정거래행위의 유형 또는 기준을 특정 분야 또는 특정 행위에 적용하기 위하여 세부기준을 정하여 고시할 수 있다(령 36조 2항). 이것을 특수 불공정거래행위라고 하는데, 여기에는 경품류제공에 관한 고시, 대규모소매업에 관한 고시, 병행수입에 관한 고시, 신문업에 관한 고시가 있다.

일부 행위유형은 일반 불공정거래행위에도 해당하는 동시에 특수 불공정거래행위에 해당하기도 한다.[351] 이 경우 일반 불공정거래행위 규정과 특수 불공정거래행위 규정의 적용상 경합의 문제가 발생한다. 그러나 불공정거래행위의 특수유형을 별도로 정하도록 한 시행령 제36조 제2항의 취지에 비추어 일반 불공정거래행위 규정을 일반규정으로 보고 특수 불공정거래행위 규정을 특별규정으로 보아 후자가 우선 적용된다고 보아야 할 것이다. 따라서 그 행위는 특수 불공정거래행위에 관한 규정에 따라 처리하여야 한다.

그 밖에 종래 일반 불공정거래행위 유형의 하나로 규정되어 있던 '부당한 표시 · 광고'는 「표시 · 광고의 공정화에 관한 법률」(1999년 2월 제정 법률 제5814호)로 규제되고 있고, 특수 불공정거래행위로서 공정거래위원회의 고시로 규제되었던 '가맹사업에 있어서의 불공정거래행위'는 「가맹사업거래의 공정화에 관한 법률」(2002년 5월 제정 법률 제6704호)로 규제되고 있다. 또한 하도급거래에서는 원래부터 불공정거래행위[352]가 빈번하고 그 사회적 폐해가 심각하였으므로 「하도급거래 공정화에 관한 법률」(1984년 12월 제정 법률 제3779호)에 의하여 규제되고 있다.

공정거래위원회는 불공정거래 행위를 예방하기 위하여 필요한 경우 사업자가 준수하여야 할 지침을 제정 · 고시할 수 있다(법 23조 3항). 그리고 사업자 또는 사업자단체는 부당한 고객유인을 방지하기 위하여 자율적으로 규약(공정경쟁규약)을 정할 수 있으며, 사업자 또는 사업자단체는 공정거래위원회에 공정경쟁규약이 부당한 고객유인금지(법 23조 1항 3호)의 규정에 위반하는지 여부에 대한 심사를 요청할 수 있다(법 23조 4항, 5항).

---

350) 중간유형 9종류는 법상의 기본유형 7종류를 행위의 경쟁제한성 또는 위법성의 정도에 따라 재배열한 것이다.

351) 신문업에 관한 고시 제3조의 무가지 및 경품류 제공의 제한은 동시에 일반 불공정거래행위 유형 중 부당한 이익에 의한 고객유인(시행령 별표1의2 4-가)에도 해당한다.

352) 이는 법 제23조 제1항 제4호의 '자기의 거래상의 지위를 부당하게 이용하여 상대방과 거래하는 행위'에 해당한다.

# 제2절 불공정거래행위의 의의

## I. 개념

공정거래법 제23조 제1항에서는 "사업자는 다음 각 호의 어느 하나에 해당하는 행위로서 공정한 거래를 저해할 우려가 있는 행위를 하거나, 계열회사 또는 다른 사업자로 하여금 이를 행하도록 하여서는 아니 된다"고 규정하고 있다.[353] 따라서 불공정거래행위의 개념요소는 공정한 거래를 저해할 우려가 있을 것, 사업자가 직접 행위를 하거나 계열회사 또는 다른 사업자로 하여금 행위를 하도록 할 것, 제23조 제1항 각호에 해당하는 행위일 것으로 되어 있다. 이 중 셋째의 요건은 실제 시행령의 규정(일반 불공정거래행위) 및 공정거래위원회의 지정고시(특수 불공정거래행위)에 의하여 충족된다.

### 1. 공정한 거래를 저해할 우려가 있는 행위

#### (1) 행위의 불공정성

불공정거래행위는 공정한 거래를 저해할 우려가 있는 것이어야 한다. 즉 공정거래저해성을 불공정한 거래행위의 실질적 위법성요건이라고 할 수 있나. 공징거래지헤성의 실질은 불공정거래가 갖는 공정거래법상 위법성의 실질에서 찾아야 하는데, 그것은 최종적으로는 공정거래법의 목적과 불공정거래의 규제이유에 달려있다. 앞에서 설명한 것처럼, 공정거래법의 목적은 자유경쟁질서를 유지함으로써 공정한 경쟁을 확보하는 데 있다.

이와 같이 공정거래법이 자유경쟁질서 유지법이라면, 시장지배적지위의 남용행위와 부당한 공동행위에 대한 규제의 근거는 시장에서 경쟁을 실질적으로 제한함으로써 자유경쟁질서를 저해하는 점에 그 실질적 위법성이 있다. 이에 비하여, 불공정거래의 규제근거는 이러한 시장지배적 지위남용이나 부당한 공동행위의 예방 내지 보완이며, 공정거래저해성은 경쟁의 실질적 제한을 가져올 정도는 아니라도 자유경쟁질서에 부정적 영향을 미치는 것을 규제함에 있다.

그러므로 공정한 거래란 자유경쟁(경쟁의 자유) 자체와 제도로서의 경쟁을 포함한 넓은 의미의 공정한 경쟁(경쟁방법·수단의 공정성)까지 포함하는 '경쟁이 확보되는 상태'를 의미한다. 여기서 '자유경쟁'이란 사업자의 경쟁질서에의 자유로운 참여가 보장되어 경쟁이 직접적으로 제약·감소되지 않는 상태를 말한다. 그리고 제도로서의 경쟁이란 거래에 참여하는 사업자·소비자가 거래여부·거래조건·상대방을 자유롭게 결정할 수 있도록 하는 것

353) 이 조항 외에 불공정거래가 규정되어 있는 것은 사업자단체가 구성원에 대하여 불공정거래에 해당하는 행위를 하도록 하는 경우(법 26조 1항 4호), 불공정거래에 해당하는 사항을 내용으로 하는 국제적 계약을 하는 경우(법 32조 1항)가 있다.

이며, '경쟁수단의 공정'이란 가격 · 품질 · 서비스 등의 수단에 의한 경쟁인 '능률경쟁'이 이루어지는 것을 의미한다.

따라서 '공정한 거래를 저해'한다는 것은 다른 위법행위 유형에서 사용되는 '공정한 경쟁을 저해'한다는 것보다는 넓은 개념으로 파악된다.[354] 곧 공정거래 저해성을 경쟁제한성과 불공정성(unfairness)을 포함하는 개념으로 보는 것이다. 여기서 경쟁제한성이란 당해 행위로 인해 시장경쟁의 정도 또는 경쟁사업자(잠재적 경쟁사업자 포함)의 수가 의미있는 수준으로 줄어들거나 줄어들 우려가 있음을 의미하며, 불공정성이란 경쟁수단 또는 거래내용이 정당하지 않음을 의미한다. 결국 불공정거래행위는 사업자들 사이의 경쟁수단이나 방법이 불공정한 경우는 물론 거래내용이나 조건이 부당한 경우 그리고 거래를 위한 교섭 또는 정보제공에 있어서 상대방의 합리적 선택을 방해하는 행위까지 포함하는 것이다. 법 제23조 제1항 본문에서는 '공정한 거래를 저해'라는 용어가 사용되고 있고, 동 항에 열거된 행위유형들에서는 '부당하게'라는 용어가 사용되고 있는데, 양자는 경쟁질서 저해성이라는 동일한 의미인 것으로 본다(불공정거래행위 심사지침 III-1-가).

공정거래저해성의 판단은 당해행위가 경쟁질서에 미치는 부정적 영향을 분석함으로써 이루어진다. 구체적으로는 시장의 상황(시장의 집중도, 상품특성, 제품차별화의 정도, 유통경로, 신규진입의 정도 등), 시장에서의 행위자의 지위, 경쟁자의 범위, 행위가 사업활동에 미치는 영향(제한의 정도, 양상) 등의 모든 경제적 요소를 종합적으로 고려하여 그 행위가 공정하고 자유로운 경쟁을 저해할 우려가 있는지 여부에 따라 판단한다.[355] 여기서 말하는 시장은 시장지배적 지위남용이나 부당한 공동행위에서의 '일정한 거래분야'일 필요는 없으며, 시장에 준한 거래영역으로 볼 수 있다.

#### (2) 공정한 거래를 저해할 우려

불공정거래행위는 부당하게 공정한 '거래를 저해할 우려가 있는' 행위를 의미한다. 따라서 당해 행위에 의하여 시장에서의 공정한 거래를 저해하는 효과가 실제로 구체적인 형태로 나타날 필요는 없고, 공정거래 저해의 추상적 위험성이 큰 것만으로 충분하며 법적 불안정이 발생할 가능성으로 족한 것이다. 또한 현재는 그 효과가 없거나 미미하더라도 미래에 발생할 가능성이 큰 경우도 공정거래를 저해할 우려가 있는 것에 포함된다.

#### (3) '부당하게'와 '정당한 이유 없이'의 구별

공정거래법 시행령 제36조 관련 별표 1의2의 일반 불공정거래행위 유형에 관한 규정은 불공정거래행위의 세부유형별로 '부당하게'와 '정당한 이유 없이'라는 표현을 혼용하고 있다. 대부분의 행위유형에 대해서는 그것이 부당하게 행해지는 경우에 불공정한 거래행위로

---

354) 권오승, 앞의 책, 277면; 양명조, 앞의 책, 237면; 정호열, 앞의 책, 391면.

355) 대법원 1998. 9. 8. 선고 96누9003 판결 참조.

규정하는 반면, 공동거래거절 등 일부의 행위는 그 행위가 정당한 이유 없이 행해지는 경우를 불공정 거래행위로 규정하고 있다. 여기서 양자의 의미에 차이가 있는가의 문제가 있다.

일반 불공정거래행위 세부유형 중 '정당한 이유 없이'라는 표현이 사용되고 있는 것은 공동의 거래거절, 계열회사를 위한 차별, 부당염매에 한정되어 있다. 이 행위들은 열거된 다른 세부유형보다 행위의 악성과 파급효과가 크다고 할 수 있다. 따라서 이들과 '부당하게'라는 표현이 사용되고 있는 행위들과는 차이가 있다고 보아야 한다. 즉 전자의 행위는 원래 위법한 것이지만 '정당한 이유'가 있을 경우 그 위법성이 조각될 여지가 있는 것이고, 후자의 행위는 원래 적법한 것으로 인정되지만 그 행위가 '부당하게' 행해질 경우에는 위법으로 판단되는 것이다.

그리하여 '정당한 이유 없이'가 요건이 되는 행위의 경우에는 그 행위의 외형이 있으면 원칙적으로 공정거래저해성이 있는 것으로 보고 그 행위자가 정당한 이유의 존재를 입증할 책임을 진다. 반면에 '부당하게'가 요건인 행위의 경우에는 그 행위의 외형이 있더라도 곧바로 공정거래 저해성을 인정할 것은 아니며, 경쟁제한성·불공정성과 효율성 증대효과·소비자후생 증대효과 등을 비교형량하여 경쟁제한성과 불공정성이 더 큰 경우에만 위법한 것으로 인정하며, 부당성의 입증책임은 공정거래위원회가 부담하도록 하는 것이다.[356] 결국 양자의 차이는 입증책임의 부담자의 차이라고 할 것이다.

**대법원 2001. 12. 11. 선고 2000두833 판결**

시행령 별표(별표 1의2)에서 '가격차별', '거래조건차별', '집단적 차별'에 대하여는 그러한 행위가 '부당하게' 행하여진 경우에 한하여 불공정거래행위가 되는 것으로 규정하면서도 '계열회사를 위한 차별'의 경우에는 정당한 이유가 없는 한 불공정거래행위가 되는 것으로 문언을 달리하여 규정하고 있는 취지는, 이러한 형태의 차별은 경쟁력이 없는 기업집단 소속 계열회사들을 유지시켜 경제의 효율을 떨어뜨리고 경제력 집중을 심화시킬 소지가 커서 다른 차별적 취급보다는 공정한 거래를 저해할 우려가 많으므로 외형상 그러한 행위유형에 해당하면 일단 공정한 거래를 저해할 우려가 있는 것으로 보되 공정한 거래를 저해할 우려가 없다는 점에 대한 입증책임을 행위자에게 부담하도록 하겠다는 데에 있다.

**대법원 1990. 4. 10. 선고 89다카29075 판결**

불공정거래행위에 해당하려면 「부당하게」 (즉 정당한 이유 없이) 행위하여야 하는 바 불공정거래행위의 해당성을 조각하기 위한 「정당한 이유」라 함은 전적으로 공정한 경쟁질서유지라는 관점에서 평가되어야 하고 단순한 사업경영상 필요 또는 거래상의 합리성 내지 필요성만으로는 「정당한 이유」가 인정되지 아니한다 할 것이다.

356) 불공정거래행위 심사지침 개정 2009. 8. 12. 공정거래위원회 예규 제72호.

## 2. 직접적 행위 또는 행위의 교사

불공정거래행위는 사업자가 직접 행하는 경우뿐만 아니라, 간접적인 방법으로 계열회사 또는 다른 사업자로 하여금 이를 하도록 하는 경우도 포함한다. 기업 또는 기업집단이 직접 불공정거래행위를 할 경우 규제를 받는 것을 회피하기 위하여 우회적으로 계열회사 등을 이용하여 불공정거래행위의 목적을 달성하는 것을 막기 위한 것이다. 여기에는 사업자단체가 우회적으로 불공정거래행위를 하는 경우도 포함될 것이지만, 이는 사업자단체에 관한 별개의 규정에서 규율되고 있다(법 26조).

## 3. 열거된 행위의 구성요건 해당성

불공정 거래행위가 되기 위해서는 법 제23조 제1항 각호 및 동조 제2항의 위임에 따른 일반 불공정거래행위의 유형 및 기준(령 36조 1항) 또는 시행령 제36조 제2항의 위임에 따른 특정분야의 불공정거래행위에 관한 고시에서 규정된 행위에 해당하여야 한다. 그런데 일반 불공정거래행위나 특수 불공정거래행위 모두 불공정거래행위로서 금지된다는 동일한 규제를 받게 되는데, 이와 같이 동등한 효과를 가진 행위를 서로 위상이 다른 규범(시행령과 고시)에 의하여 규율한다는 것은 불합리하다고 생각된다.

법 제23조 제1항에 한정적으로 열거된 일반 불공정거래행위의 기본유형은 다음과 같다.

① 부당하게 거래를 거절하거나 거래의 상대방을 차별하여 취급하는 행위(거래거절 또는 차별적 취급)
② 부당하게 경쟁자를 배제하는 행위(경쟁사업자 배제)
③ 부당하게 경쟁자의 고객을 자기와 거래하도록 유인하거나 강제하는 행위(고객유인 또는 거래강제)
④ 자기의 거래상의 지위를 부당하게 이용하여 상대방과 거래하는 행위(거래상 지위남용)
⑤ 거래의 상대방의 사업활동을 부당하게 구속하는 조건으로 거래하거나 다른 사업자의 사업활동을 방해하는 행위(구속조건부 거래 또는 사업활동 방해)
⑥ 부당하게 특수관계인 또는 다른 회사에 대하여 가지급금 · 대여금 · 인력 · 부동산 · 유가증권 · 상품 · 용역 · 무체재산권 등을 제공하거나 현저히 유리한 조건으로 거래하여 특수관계인 또는 다른 회사를 지원하는 행위(부당지원행위)
⑦ ①부터 ⑥까지의 행위 이외의 행위로서 공정한 거래를 저해할 우려가 있는 행위

# II. 불공정거래행위의 유형화

불공정거래행위의 각 행위유형은 구성요건 해당성 판단기준의 성격에 따라 몇 가지로 유형화할 수 있을 것이다. 우선 사실적 판단에 의하여 구성요건 해당성을 판단할 수 있는 사실적 판단유형과 구성요건 해당성 판단에 있어서는 규범적 판단을 필요로 하는 규범적 판단

유형으로 구분할 수 있다.

사실적 판단유형은 구성요건이 계약자유의 원칙상 경쟁행위로서 본래 허용되는 것을 예외적으로 규제하려는 취지인가 여부에 따라 원칙합법유형과 원칙위법유형의 두 가지로 나눌 수 있다. 이 중 원칙합법유형은 다시 두 가지 유형 곧 ① 개별적인 거래의 자유에 속하는 행위를 규제하는 경우로서, 계약의 상대방 선택의 자유에 관한 단독의 거래거절(령 별표 1의2 1-나), 계약내용의 결정의 자유에 관한 차별거래(령 별표 1의2 2), 부당고가매입(령 별표 1의2 3-나), 끼워팔기(령 별표 1의2 5-가), ② 개별적 거래를 하기 위한 조건을 형성하는 자유에 속하는 행위를 규제하는 경우로서 구속조건부 거래(령 별표 1의2 7) 등으로 구분된다. 또한 원칙위법유형은 행위자체가 경쟁질서에 대한 악영향을 내포하고 있다고 인정되는 것으로서, 공동거래거절(령 별표 1의2 1-가), 부당염매(령 별표 1의2 3-가) 등이 여기에 해당한다.

한편 규범적 판단유형은 구성요건 해당성의 판단 자체에 규범적 평가가 필요한 경우이다. 예를 들어, 우월적 지위남용의 경우에서 '우월적 지위'나 위계에 의한 고객유인의 경우에서 '위계에 의한' 등과 같은 것이다. 이 유형은 일정한 규범적 평가를 하여야만 해당 행위가 구성요건에 해당하는지 여부를 판단할 수 있다. 이러한 유형에는 부당한 고객유인(령 별표 1의2 4), 거래상 지위 남용(령 별표 1의2 6), 배타조건부거래(령 별표 1의2 7-가), 경쟁자에 대한 거래방해(령 별표 1의2 8) 등이 포함된다.

## III. 다른 불공정거래규제와의 관계

### 1. 공정거래법상 다른 행위규제와의 관계

사업자가 불공정거래행위를 하는 경우, 그것이 공정거래법상 다른 행위규제 대상에도 해당하는 경우가 있다. 거래상 우월한 지위를 남용하여 불공정거래를 한 경우에는 불공정거래행위에 해당하는 동시에 시장지배적 지위남용에도 해당할 가능성이 있다. 또한 복수의 사업자가 공동으로 특정한 사업자와의 거래를 거절하기로 합의하는 것이 불공정거래에 해당할 뿐만 아니라, 그것이 경쟁을 실질적으로 제한하게 되는 경우에는 부당한 공동행위에 해당할 수도 있다.

이런 경우에는 법규 적용상의 경합이 발생하여 양자 중 어느 규제를 우선 적용할 것인가 또는 양자가 선택적으로 모두 적용될 수 있는 것인가 문제 된다. 이는 불공정거래규제가 체계상 시장지배적 지위남용이나 부당한 공동행위와는 별개의 독자적 존재이유를 갖는 것인가, 또는 후자의 예방 내지 보완적 규제인가의 문제라고 할 수 있다.

이에 대하여는 불공정거래규제가 예방 내지 보완적 역할을 하는 규제라고 파악하여, 불공정거래규제와 시장지배적 지위남용규제 및 부당한 공동행위 규제를 연속적으로 운용하여야 한다는 견해가 있다.[357]

---

357) 정호열, 앞의 책, 387-389면.

### (1) 경제력집중 억제와의 관계

공정거래법은 경제력집중을 억제하기 위한 일련의 규정을 두고 있다(법 제3장). 이 중 대규모내부거래의 규제(법 11조의2)의 경우는 계열사에 대한 부당지원행위(령 별표 1의2 10)로서 문제될 수도 있다. 이 경우 양 법조의 적용 경합의 문제가 생긴다. 그러나 경제력집중규제는 자유롭고 공정한 경쟁질서가 유지되는 시장구조를 확보하기 위한 것이며, 불공정거래행위 규제는 과도·불합리한 시장지배력의 형성이 저지 또는 배제된 후의 경쟁질서를 공정하고 자유롭게 유지하기 위하여 반경쟁질서적 행위를 금지하는 제도이다. 따라서 경제력집중규제와 불공정거래규제는 '병존적'으로 행해질 수 있다.

### (2) 시장지배적 지위남용금지와의 관계

공정거래법에서는 시장지배적 사업자의 지위남용을 금지하고 있는데(법 3조의2), 금지된 행위 중에는 부당한 사업활동의 방해와 같이 불공정거래행위에 해당하는 것도 있다. 양 규제는 시장행태규제라는 점에서 공통점이 있다. 그런데 사업자의 어떤 행위가 시장지배적 지위남용행위에도 해당하는 동시에 불공정거래행위에도 해당하는 경우가 생긴다. 이 경우 역시 양 법조의 적용 경합이 발생하며, 어느 규정이 우선적으로 적용되는 것인지 또는 모든 규정을 중복하여 적용하여야 하는 것인지가 명확하지 않다.

시장지배적 지위남용 규제와 불공정거래행위의 규제 사이에는 많은 차이가 있다. 우선 시장지배적 지위남용금지는 시장구조에 관한 규제인데, 불공정거래행위의 규제는 시장행태에 관한 규제이다. 그리고 시장지배적지위남용의 규제는 시장지배력을 가진 일정규모 이상의 사업자를 규제대상으로 하는데 대하여, 불공정거래행위의 규제는 그러한 제한이 없이 모든 사업자를 규제대상으로 한다. 또한 법 위반시의 형사제재와 시정조치 불응시의 과징금의 제재가 시장지배적지위남용의 규제에 관하여 엄격하게 되어 있으나(법 24조, 24조의2), 불공정거래행위의 규제에서는 이것이 완화되어 있다(법 67조 2호, 24조의2).

따라서 시장지배적 지위남용금지 규정이 불공정거래행위 금지규정에 대하여 특별법적 지위에 있다고 할 것이며, 이들 사이에 규정의 적용경합 문제가 발생되는 경우에는 시장지배적 지위남용의 규제가 우선 적용된다고 보아야 한다. "불공정거래행위 심사지침"도 같은 취지로 규정하고 있다(심사지침 II-3). 이에 대하여 양자가 선택적으로 경합적용될 수 있다는 견해도 있다.[358)]

---

358) 공정거래위원회 2006. 2. 24. 의결 제2006-042호 2002경축0453, 2005경축0375 "시장지배적 지위남용행위와 불공정거래행위를 금지하는 입법목적이나 보호법익이 각기 다르고, 불공정거래행위의 행위태양이 시장지배적 지위남용행위의 행위태양에 모두 포섭될 수 있는 것은 아니므로 양 규정은 원칙적으로 경합적용될 수 있다. 다만 여러 법규정이 경합하여 적용된다 할지라도, 법위반 행위의 기초가 되는 사실이 하나인 것을 감안하여 법정 과징금 부과비율이 보다 중한 시장지배적 지위남용금지 규정에서 정한 바에 따라 과징금을 부과하기로 한다."

**대법원 2007. 11. 22. 선고 2002두8626 전원합의체 판결**

공정거래법은 그 제3조의2 제1항 제3호에서 시장지배적 사업자의 지위남용행위로서의 거래거절행위를 규제하면서 이와는 별도로, 그 제23조 제1항 제1호에서 개별 사업자가 부당하게 거래를 거절하여 공정한 거래를 저해할 우려가 있는 행위를 한 경우, 그 거래거절을 한 사업자의 시장지배적 지위 유무와 상관없이 이를 불공정거래행위로 보아 규제하고 있는 바, 공정거래법 제3조의2 제1항 제3호의 시장지배적 사업자의 거래거절행위와 공정거래법 제23조 제1항 제1호의 불공정거래행위로서의 거래거절행위는 그 규제목적 및 범위를 달리하고 있으므로 공정거래법 제3조의2 제1항 제3호가 규제하는 시장지배적 사업자의 거래거절행위의 부당성의 의미는 공정거래법 제23조 제1항 제1호의 불공정거래행위로서의 거래거절행위의 부당성과는 별도로 독자적으로 평가·해석하여야 한다.

### (3) 부당공동행위와의 관계

부당공동행위 규제와 불공정거래행위 규제는 시장행태의 규제인 점에서 공통점이 있다. 그런데 이들 사이에도 법조적용 문제가 생길 수 있다. 예를 들어 사업자들이 담합하여 유통계열상 하위 사업자들의 영업활동을 방해한 경우, 이는 부당공동행위에 해당하면서(법 19조 1항 9호), 동시에 여기에 참여한 개별사업자들로서는 다른 사업자의 영업활동방해(령 별표 8)에도 해당할 수 있는 것이다.

부당공동행위는 복수의 사업자들의 행위인데 대하여 불공정거래행위는 그러한 제한이 없다는 점에서 행위의 성질상 차이가 있다. 또한 부당공동행위는 시행령규정에 따라 공정거래위원회의 인가가 있으면 허용되는데 비하여, 불공정거래행위는 인가에 의한 허용제도가 없으며 규제대상 해당여부의 판단기준을 공정거래위원회가 고시하게 되어 있다. 법위반시의 형사제재와 시정조치 불응시의 과징금의 제재에 있어서도 부당공동행위는 엄격하게 되어 있으나(법 66조, 22조), 불공정거래행위에 대해서는 이것이 완화되어 있다(법 67조, 24조의2). 따라서 부당공동행위 금지규정이 불공정거래 규제규정에 대하여 특별법적 지위에 있으며, 부당공동행위와 불공정거래행위가 경합하는 경우 부당공동행위 금지규정 우선 적용되어야 할 것이다. "불공정거래행위 심사지침"에서도 같은 취지로 규정하고 있다(II-3).

## 2. 부정경쟁방지법과의 관계

불공정거래행위에 대해서는 공정거래법 외에 부정경쟁방지법도 관련 규정을 두고 있다. 즉 부정경쟁방지법 제2조에서는 불공정거래행위에 해당하는 것으로 동일·유사한 영업상의 표지를 사용하여 타인의 상품이나 영업과 혼동을 초래하는 행위, 부실한 표시·광고를 통하여 오인을 유발하는 행위, 타인의 영업상의 비밀을 부정하게 취득하거나 정당한 권원없이 이를 공개하는 행위 등을 규정하고 있다. 이에 따라 이러한 행위유형들에 관해서는 공정거래법과 부정경쟁방지법의 적용경합이 발생할 가능성이 있다.

그러나 공정거래법과 부정경쟁방지법 사이에는 여러 가지 차이가 있다. 즉 연혁적으로 보아 공정거래법상의 불공정거래행위 규제는 미국 연방거래위원회법 제5조를 계수한 것으로서 현재 경쟁법의 기능을 하고 있는데 반해, 부정경쟁방지법은 독일 불공정경쟁방지법을 계수한 것으로서 사실상 지식재산권법의 일종으로 다루어지고 있다. 그 결과 공정거래법의 집행기관은 공정거래위원회인데(공정거래법 35조), 부정경쟁방지법의 집행기관은 특허청으로 되어 있다(부정경쟁방지법 8조, 9조). 구제절차에 있어서는 공정거래법의 경우 시정조치 등의 행정적 규제를 공정거래위원회가 명할 수 있게 되어 있으며, 민사적 규제로서는 피해자가 법위반 사업자를 상대로 손해배상책임을 추궁할 수 있고, 형사적 제재도 마련되어 있다. 부정경쟁방지법의 경우에는 경쟁상 이익을 침해당했거나 침해당할 우려가 있는 사업자의 제소에 의하며, 이와 관련하여 부정경쟁행위 금지청구(동법 4조), 손해배상청구(동법 5조), 신용회복청구(동법 6조) 등 민사적 구제에 그 주된 기능이 있다고 할 수 있다.[359)]

이상의 차이를 고려하면 양법은 성격상 별개의 것이라고 할 것이며, 법조 경합의 관계로 보아야 할 것이다. 현행 부정경쟁방지법은 동일한 행위가 공정거래법의 규정에도 해당하는 경우 원칙적으로 공정거래법의 규율에 따르도록 하고 있다(부정경쟁방지법 15조).

## 제3절 일반 불공정거래행위

### I. 개관

#### 1. 체계

공정거래법 제23조 제1항은 각호에서 일반 불공정거래행위 유형으로 거래거절, 차별적 취급, 경쟁사업자 배제, 부당한 고객유인, 거래강제, 거래상 지위의 남용, 구속조건부 거래, 사업활동의 방해, 부당한 자금·자산·인력의 지원, 기타 공정한 거래를 저해할 우려가 있는 행위를 명시하고 있다. 이에 따라 시행령 제36조는 이러한 유형들을 별표에서 구체적으로 열거하도록 하고 있다. 그 유형의 체계를 도표로 정리하면 다음과 같다.

359) 권오승, 앞의 책, 284면; 정호열, 앞의 책, 390면; 권재열, 앞의 책, 220면.

표 7. 일반 불공정거래행위

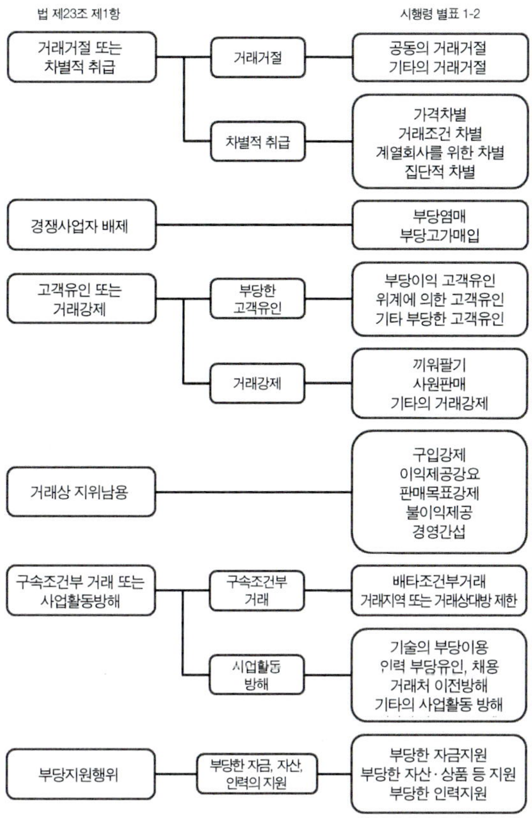


## 2. 안전지대(Safety Zone)의 설정

불공정거래행위 심사지침에서는 일반불공정거래행위의 심사에 있어서 안전지대의 설정을 인정하고 있다(III-2). 안전지대란 사업자의 시장점유율 등에 비추어 통상적으로 공정거래저해성이 미미할 것으로 인정되는 경우 불공정거래행위의 외형에 해당되는 행위가 있다고 하더라도 공정거래저해성이 없는 것으로 보아 공정거래위원회가 원칙적으로 심사절차를 개시하지 않는 '심사면제 대상'을 의미한다. 안전지대는 공정거래법 제23조 제1항의 불공정거래행위(제7호의 부당한 지원행위는 제외)에 한정된다. 안전지대에 해당되는 사업자의 행위라도 공정거래위원회가 동법의 적용을 위한 심사를 개시할 수 없는 것은 아니며, 안전지대에 해당되지 않는 사업자의 행위라고 하여 자동적으로 위법성이 추정되는 것은 아니다.

안전지대는 경쟁제한성 위주로 심사하는 불공정거래행위 유형에 대해서 적용되며, 구체적 범위는 동 지침의 "VI. 개별행위 유형별 위법성 심사기준"에서 제시되는 바에 의한다. 이들 행위유형에 대해 안전지대를 적용하는 이유는 사업자의 시장점유율이나 매출액 등이 적을 경우 시장경쟁 상황에 미치는 효과가 미미하기 때문이다. 반면, 불공정성(unfairness) 위

주로 심사하는 행위유형에 대해서는 안전지대가 적용되지 아니한다.

## II. 거래거절

거래거절이란 "부당하게 거래를 거절하는 행위", 즉 거래의 개시·계속을 거절함으로써 공정한 거래를 저해할 우려가 있는 행위를 말한다(법 3조 1항 1호 전단, 령 별표 1). 계약자유의 원칙상 사업자는 원래 누구와 어떤 거래를 할 것인지 여부를 자유롭게 결정할 수 있으나, 그 거절이 공정거래 저해성을 갖는 경우에는 불공정 거래행위로서 금지되는 것이다. 여기에는 사업자에 대한 거래거절만 규정되어 있으며, 소비자에 대한 직접의 거래거절은 포함되어 있지 않다. 거래거절의 세부유형은 참여사업자의 수에 따라 공동거래거절과 기타의 거래거절로 구분된다(령 별표 1의2-1).

### 1. 공동거래거절

공동거래거절(boycott)이란 정당한 이유 없이 자기와 경쟁관계에 있는 다른 사업자와 공동으로 특정사업자에 대하여 거래의 개시를 거절하거나 계속적인 거래관계에 있는 특정사업자에 대하여 거래를 중단하거나 거래하는 상품 또는 용역의 수량이나 내용을 현저히 제한하는 행위[360]를 말한다. 이는 사업자가 경쟁관계에 있는 다른 사업자와 공동으로 하는 행위이며, 직접의 거래거절만을 의미하고 간접의 거래거절은 공정거래법 제23조 제1항 후단에서 규율하고 있다. 직접의 공동거래거절은 시장진입거부 또는 시장의 폐쇄성을 의미한다.

'정당한 이유 없이'라는 문언은 공정거래 저해성의 정도가 심한 것을 나타내는 것으로서, 정당한 이유가 없는 한 그 집단행위는 원칙적으로 위법이며, 따라서 정당한 이유의 존재에 대한 입증책임은 그 행위에 참여한 사업자에게 있다고 보아야 할 것이다. 공동거래거절은 다른 사업자의 신규진입을 저지하거나 기존의 사업자를 시장에서 배제한다는 목적이 비교적 명확한 행위인 점과 그 경쟁제한 효과도 공동으로 행하는 점에서 강하기 때문이다. 다만 공동거래거절이 행해지더라도 거래거절을 당하는 자가 쉽게 다른 거래처를 찾을 수 있는 경우에는 거래거절에 의한 배제 또는 신규진입 저지의 효과가 경제상 무시할 수 있는 것이므로, 공정한 거래질서에 의미 있는 영향을 미친다고 할 수는 없다.

일반적으로 공동거래거절은 그 행위의 성질상 경쟁자를 배제하거나 신규진입을 저지할 목적으로 행하는 것이 명확하기 때문에 공정거래 저해성을 갖는 것이어서, 거래거절의 목적이 사회적으로 정당하다고 할 수 있는 경우에는 공정한 경쟁질서를 해친다고는 할 수 없다. 또한 특정한 자격기준을 설정함으로써 그 기준에 합치 되지 않는 사업자가 거래를 거절당하는 경우에도 기준설정의 목적이 시인되고 또한 그 기준이 당해 목적을 달성하기에 상

360) 이는 미국 반트러스트법을 모방하여 부당한 거래제한에 해당하는 경우가 있음을 인정하고 있는 것이다.

당한 범위에 있는 경우에도 공정거래 저해성이 없다고 보아야 할 것이다. 예를 들어, 공서양속에 반하는 상품의 취급을 거절하기로 합의하는 경우 등이다.

**대법원 2006. 5. 12. 선고 2003두14253 판결**

개별 은행과 금융결제원의 전산망을 상호 연결하여 고객이 다른 은행의 현금지급기(CD기)를 이용할 수 있게 하는 시스템인 CD공동망의 참가은행들이 공동으로, 특정 은행으로 하여금 다른 신용카드회사 고객의 가상계좌서비스와 연결된 CD공동망을 사용하지 못하게 단절한 경우, CD공동망의 운영에 있어서는 전산망 구축과 유지에 상당한 비용과 노력을 투자한 참가은행들의 의사가 존중되어야 하는 점, 신용카드회사가 CD공동망을 이용함으로써 참가은행들보다 부당하게 경쟁우위에 설 가능성이 크고, 위와 같은 공동의 거래거절로 인하여 신용카드시장에서 다른 거래처를 용이하게 찾을 수 없어 거래기회가 박탈되었다고는 할 수 없는 점 등에 비추어, 참가은행들의 위 가상계좌서비스에 대한 공동의 거래거절행위는 그 거래거절에 정당한 사유가 있으므로 독점규제 및 공정거래에 관한 법률 제23조 제1항 제1호에서 정한 공정한 경쟁을 저해할 우려가 있는 부당한 공동거래거절행위에 해당하지 않는다

**공정거래위원회 1998. 8. 28. 의결(약) 제98-38호 9805유거0676**

조선일보 동잠실지국 등 5개 사업자들은 롯데백화점 잠실점이 조선일보에 대한 광고전단 배포용역을 조선IS주식회사에 의뢰하자 롯데백화점 광고 전단을 제외한 한국전단광고의 광고전단을 취급한 점으로 보아 피심인들의 거래거절행위는 한국전단광고가 일시적인 자금압박에 따라 피심인들에게 대금을 지연 지급한 것을 빌미로 거래상지위를 이용하여 한국전단광고의 유력한 거래선을 피심인들과 특수관계에 있는 사업자에게 넘겨주기 위하여 계속적인 거래관계에 있는 한국전단광고와 정당한 이유없이 거래를 거절한 행위로 인정된다.

## 2. 기타의 거래거절

부당하게 특정사업자에 대하여 거래의 개시를 거절하거나 계속적인 거래관계에 있는 특정사업자에 대하여 거래를 중단하거나 거래하는 상품 또는 용역의 수량이나 내용을 현저히 제한하는 행위도 불공정거래행위가 된다. 이는 '부당하게' 개별사업자가 단독으로 거래거절을 하는 경우를 가리킨다.

단독거래거절에는 어떤 사업자에 대하여 거래를 거절하거나 거래에 관계된 상품 또는 서비스의 수량이나 내용을 제한하는 직접의 거래거절과 다른 사업자에게 이에 해당하는 행위를 시키는 간접거래거절이 있다. 단독거래거절은 사법상의 계약의 자유(거래상대방 선택의 자유)에 근거하여 인정되므로 원칙적으로 적법하며, 예외적으로 공정거래의 저해성을 갖는 경우에만 금지된다.

계약상대방을 선택하거나 거래를 계속할 것인가 여부를 결정하는 것은 어디까지나 계약

의 자유의 범위내의 행위인 이상, 예외적으로 공정거래 저해성을 갖는 경우는 우선 행위자가 독점적이거나 그에 준한 지위에 있는 경우이다. 이 경우에는 경쟁사업자가 배제되거나 배제되기까지는 않더라도 사업활동에 현저한 곤란을 초래할 염려가 있기 때문이다. 둘째, 공정거래법상 위법한 목적을 위한 수단으로 거래거절이 행해지는 경우에는 목적의 실현 그 자체가 공정거래법상 위법으로 볼 수 있다. 즉, 이미 시장에서의 경쟁상태를 저해할 것이 전제되어 있다고 할 수 있다. 이러한 경우는 계약자유의 범위 내의 행위라고 할 수 없다. 예를 들어 위법한 구속조건부 거래의 실효성을 확보하기 위하여 거래를 거절하는 경우가 여기에 해당한다.

**헌법재판소 2004. 6. 24. 선고 2002헌마496 결정**

개별적 거래거절이 상대방의 사업활동에 미치는 영향의 정도는 '상대방의 원활한 수행이 방해되는 경우'로부터 '상대방의 사업활동이 현저히 제약되는 경우', '상대방의 사업활동의 계속이 곤란하게 되는 경우'까지 여러 단계가 있을 수 있는데 이 때 사업경영상의 필요성이 작용하는 정도는 위와 같이 단계적으로 구분되는 경쟁제약·배제효과 등 행위가 미치는 영향의 정도에 따라 달라질 것이다. 다시 말해 당해 거래거절이 상대방의 사업활동의 수행에 지장을 초래하는 정도에 머무는 때에는 일정한 정도 이상의 사업경영상 필요성만으로도 그와 같은 경쟁제한적 효과를 상쇄할 여지가 있을 것이나, 그것이 상대방의 사업활동의 계속을 곤란하게 할 정도로 경쟁제한적 효과가 강한 경우에는 어느 정도 사업경영상의 계속을 곤란하게 할 정도로 경쟁제한적 효과가 강한 경우에는 어는 정도 사업경영상의 필요성이 있다는 것만으로는 부족하고 당해 거래거절을 하지 않으면 행위자가 곧 도산할 것이 확실하다고 판단되는 등의 사업경영상의 간절한 필요성이 인정되는 않는 한 그 거래거절의 위법성을 부인할 수 없을 것이다.

**대법원 2008. 2. 14. 선고 2004다39238 판결**

'기타의 거래거절'이란 개별 사업자가 그 거래 상대방에 대하여 하는 이른바 개별적 거래거절을 가리키는 것이나, 이러한 개별적 거래거절행위는 그 거래 상대방이 종래 계속적 거래관계에 있은 경우에도 자유시장경제 체제하에서 일반적으로 인정되는 거래처 선택의 자유라는 원칙에서 볼 때, 또 다른 거래거절의 유형인 '공동의 거래거절'과는 달리 거래거절이라는 행위 자체로 바로 불공정거래행위에 해당하는 것은 아니고, 그 거래거절이 특정사업자의 거래기회를 배제하여 그 사업활동을 곤란하게 할 우려가 있거나 오로지 특정사업자의 사업활동을 곤란하게 할 의도를 가진 유력 사업자에 의하여 그 지위 남용행위로써 행하여지거나 혹은 공정거래법이 금지하고 있는 거래강제 등의 목적 달성을 위하여 그 실효성을 확보하기 위한 수단으로 부당하게 행하여진 경우라야 공정한 거래를 저해할 우려가 있는 거래거절행위로서 공정거래법이 금지하는 불공정거래행위에 해당한다고 할 수 있고, 이러한 거래거절행위의 부당성 유무를 판단할 때에는 당사자의 거래상 지위 내지 법률관계, 상대방의 선택 가능성·사업규모 등의 시장상황, 그 행위의 목적·효과, 관련 법규의 특성 및 내용 등 여러 사정을 고려하여 그 행위가 공정하고 자유로운 경쟁을 저해할 우려가 있는지 여부에 따라야 한다.

## III. 차별적 취급

사업자는 공정한 거래를 해칠 우려가 있는 “부당하게 거래의 상대방을 차별하여 취급하는 행위”를 스스로 하거나 또는 다른 사업자에게 시켜서는 안 된다(법 23조 1항 1호 후단). 그 세부유형에는 가격차별, 거래조건차별, 계열회사를 위한 차별, 집단적 차별이 있다(령 별표 1의2-2).

가격을 포함한 각종 거래조건을 결정하는 것은 계약자유의 내실을 이루는 ‘계약내용결정의 자유’에 속하는 사항이므로, 상대방에 따라 거래조건이 다른 것은 원래 자유경쟁에서는 당연히 허용된다. 따라서 차별적 취급은 원칙적으로 적법하며 예외적으로 공정거래 저해성을 갖는 경우에만 금지된다. 예외적으로 공정거래 저해성을 가지는 경우는 사업자의 차별취급에 의하여 경쟁사업자가 시장에서 배제되거나 배제에는 이르지 않더라도 사업활동을 곤란하게 만들 염려가 있는 경우와, 공정거래법상 위법한 목적을 위한 수단으로서 차별거래가 행해지는 경우가 있다.

### 1. 가격차별

가격차별은 부당하게 거래지역 또는 거래상대방에 따라 현저하게 유리하거나 불리한 가격으로 거래하는 행위를 말한다. 이는 동일 행위자에 대하여 최소 2 이상의 거래상대방이 필요하며, 이를 규제하는 취지는 가격차별에 의하여 독과점 상태를 형성하거나 유지함으로서 발생되는 독과점 이윤의 증대가 사회적 후생 감소를 초래하기 때문이다. 다만 행위자는 반드시 독과점적 지위에 있어야 하는 것은 아니며, 모든 사업자가 포함된다. 가격차별의 유형에는 거래지역에 의한 가격차별, 거래 상대방에 따른 차별, 그리고 행위자가 매도인인 경우의 차별과 행위자가 매수인인 경우의 차별이 있다.

> **대법원 2006. 12. 7. 선고 2004두4703 판결**
>
> ‘가격차별’은 “부당하게 거래지역 또는 거래상대방에 따라 현저하게 유리하거나 불리한 가격으로 거래하는 행위”를 의미하므로 거래지역이나 거래상대방에 따라 현저한 가격의 차이가 존재하고 그러한 가격의 차이가 부당하여 시장에서의 공정한 거래를 저해할 우려가 있는 경우에 성립한다고 할 것인바, 가격차별을 규제하는 입법 취지와 위 각 규정을 종합하면, 가격차별이 부당성을 갖는지 유무를 판단함에 있어서는 가격차별의 정도, 가격차별이 경쟁사업자나 거래상대방의 사업활동 및 시장에 미치는 경쟁제한의 정도, 가격차별에 이른 경영정책상의 필요성, 가격차별의 경위 등 여러 사정을 종합적으로 고려하여 그와 같은 가격차별로 인하여 공정한 거래가 저해될 우려가 있는지 여부에 따라 판단하여야 할 것이다.

## 2. 거래조건 차별

거래조건 차별이란 부당하게 특정사업자에 대하여 수량·품질 등의 거래조건이나 거래내용에 관하여 현저하게 유리하거나 불리한 취급을 하는 행위를 말한다. 가격차별 이외의 거래조건에 관한 차별적 취급이 공정거래 저해성을 가진 경우에 위법이 되는 것이다.

거래조건에는 지급조건, 인도조건, 품질조건 기타 환급금조건(리베이트, 사례금, 보상금 등) 등이 있다. 환급금은 대부분 계열 상점에 대한 지배수단으로 사용되는데, 실질적으로는 가격인상에 맞추어 사후적으로 협력의 정도 여하에 따라 차이를 두어 지급하는 것이 보통이다. 또한 차별적 거래실시가 있는데, 이는 거래를 실제로 하는 것으로서 계약이행의 문제이며, 동일한 계약 하에서 A와 B에 대하여 다른 계약의 이행이 이루어질 경우 이에 해당하게 된다. 거래조건 차별의 유형에는 행위자가 공급자인 경우와 수요자인 경우가 있다.

**대법원 2006. 5. 26. 선고 2004두3014 판결**

'거래조건차별'에 해당하기 위해서는 특정사업자에 대한 거래조건이나 거래내용이 다른 사업자에 대한 것보다 유리 또는 불리하여야 할 뿐만 아니라 그 유리 또는 불리한 정도가 현저하여야 하고, 또 그렇게 차별취급하는 것이 부당한 것이어야 한다. 원고(한국토지공사)가 남양주지구 공동주택지를 판매하기 위한 선수협약을 체결하면서, 공급가격이 10% 이상 상승할 경우 대한주택공사가 그 협약의 해제를 청구할 수 있고 이에 따라 협약이 해제될 경우 원고는 대한주택공사로부터 수납한 선수금에 법정이자를 가산하여 반환한다는 조항을 설정한 반면, 다른 매수인에 대하여는 같은 사유가 발생하는 경우에 원고와 다른 매수인이 협의하여 협약을 해제할 수 있다는 규정만을 두고 선수금의 반환에 관하여는 아무런 규정을 두지는 않았고, 위와 같은 선수협약 체결은 외견상으로는 특정사업자를 유리하게 취급하는 것으로서 거래조건에서 차별취급을 한 것으로 보이기는 하지만, 한편 원고의 내부지침인 선수공급에 관한 지침 및 용지규정 등의 관련조항에 의하면 선수협약 체결 후 공급가격이 10% 이상 상승하는 경우 다른 매수인이 요청하면 협약은 해제될 것으로 보이고, 이러한 사유로 해제되는 경우 원고로서는 위약금 귀속 없이 선수금 및 이에 대한 법정이자를 가산하여 반환해줄 의무가 있다고 할 것이므로, 위와 같은 외형상의 거래조건의 차이가 특정 사업자를 현저하게 유리하거나 불리하게 하는 행위에 해당한다고 보기 어렵다.

## 3. 계열회사를 위한 차별

계열회사를 위한 차별이란 정당한 이유 없이 자기의 계열회사를 유리하게 하기 위하여 가격·수량·품질 등의 거래조건이나 거래내용에 관하여 현저하게 유리하거나 불리하게 하는 행위를 말한다. 이른바 '부당내부거래'라고 하는 것으로서, 예를 들어, 제품원료를 구입하면서 계열회사에 대해서는 원가에 적정이윤을 더한 대금을 지급하고 그 외의 회사에 대해서는 원가에 미달하는 대금을 지급하는 경우가 여기에 해당한다. 이러한 행위는 계열회사를 지원하기 위해 이용됨으로써 경제력 집중을 강화하거나 부실계열회사의 퇴출을 막는 결과를 초래하여 공정거래법의 취지에 어긋나기 때문에 위법으로 규정한 것이다.

'계열회사를 위한 차별'의 요건으로서 계열회사를 유리하게 하기 위한 의도는, 특정 사업자가 자기의 이익을 위하여 영업활동을 한 결과가 계열회사에 유리하게 귀속되었다는 사실만으로는 인정하기에 부족하고, 차별행위의 동기, 그 효과의 귀속주체, 거래의 관행, 당시 계열회사의 상황 등을 종합적으로 고려하여 사업자의 주된 의도가 계열회사가 속한 일정한 거래분야에서 경쟁을 제한하고 기업집단의 경제력 집중을 강화하기 위한 것이라고 판단되는 경우에 한하여 인정된다.[361)]

'정당한 이유 없이' 행해지는 경우에 위법이 되므로 이 차별행위가 있으면 원칙적으로 위법이며, 행위자가 정당한 이유의 존재를 입증함으로써 위법성이 조각된다.[362)] 계열회사를 위한 차별에서 '정당한 이유 없이'를 요건으로 하는 이유는 이러한 형태의 차별은 경쟁력이 없는 기업집단 소속 계열회사들을 유지시켜 경제의 효율을 떨어뜨리고 경제력 집중을 심화시킬 소지가 커서 다른 차별적 취급보다 공정한 거래를 저해할 우려가 많으므로 외형상 그러한 행위유형에 해당하면 일단 공정한 거래를 저해할 우려가 있는 것으로 보되, 공정한 거래를 저해할 우려가 없다는 점에 대한 입증책임을 행위자에게 부담하도록 하겠다는 데에 있다.[363)] 여기의 계열회사는 복수의 사업체가 단일한 지휘관리 체제 하에 있을 경우 이에 속한 회사들을 모두 포함하며, 상호출자 제한 기업집단에 속한 계열회사만을 의미하는 것은 아니다.

**대법원 2007. 2. 23. 선고 2004두14052 판결**

현대자동차(주)와 기아자동차(주)가 현대캐피탈과의 오토할부약정에 기하여 오토할부의 할부금리를 인하하는 것은 원고들이 제조·판매하는 자동차를 할부로 구매하려고 하는 고객들 중 현대캐피탈을 이용 또는 이용하려고 하는 고객들과 현대캐피탈이 아닌 비계열 할부금융사를 이용 또는 이용하려고 하는 고객을 차별하는 행위라고 할 것이며, 이러한 차별로 인하여 현대캐피탈에게는 고객의 증가라는 차별효과가 귀속되게 되므로 원고들의 위 할부금리 인하행위는 일응 계열회사인 현대캐피탈을 유리하게 하는 차별적 취급행위에 해당한다.

361) 대법원 2004. 12. 9. 선고 2002두12076 판결.

362) '계열회사를 위한 차별'의 위법성을 평가함에 있어서 단순한 사업경영상 또는 거래상의 필요성 내지 합리성이 인정된다는 사정만으로 곧 그 위법성이 부인되는 것은 아니지만, 차별적 취급의 원인이 된 사업경영상의 필요성 등은 다른 사유와 아울러 공정한 거래질서의 관점에서 평가하여 공정거래저해성의 유무를 판단함에 있어서 고려되어야 하는 요인의 하나가 될 수 있다고 할 것이다(대법원 2004. 12. 9. 선고 2002두12076 판결).

363) 대법원 2001. 12. 11. 선고 2000두833 판결.

**대법원 2007. 1. 26. 선고 2005두2773 판결**

정부투자기관회계규칙 제2조 제2항에 의하여 정부투자기관 계약에 준용되는 국가를 당사자로 하는 계약에 관한 법률 시행령 제74조에 의하면 계약상대방이 계산상의 의무를 지체한 때에는 지체상금을 부과하도록 규정하고 있고, 원고가 자회사인 뉴하우징에 대하여 회사법상의 주주로서 행사할 수 있는 권한과 지체상금의 법률관계는 서로 성질과 효과가 상이하므로 지체상금과 같은 계약조건을 설정함에 있어 독립된 거래주체인 뉴하우징과 비자회사 간에 차별을 둘 합리적 이유가 없으며, 뉴하우징은 원고와의 계약에서 지체상금 부과조항을 두지 않아 계약이행과 관련하여 이행지체로 인한 부담을 덜게 됨으로써 경영활동에 유리한 환경이 조성되었으므로, 원고의 위와 같은 행위는 자기의 자회사를 유리하게 하기 위하여 부당하게 거래상대방을 차별 취급하는 행위에 해당된다.

**공정거래위원회 2008. 8. 29. 의결 제2008-381호 2007제일4176**

(주)미디어플렉스은 자신이 판권을 소유한 "말아톤" 등 영화 36편을 대상으로 케이블티브이 방영권을 자기의 계열회사인 오리온시네마네트워크에게만 독점적으로 공급한 반면, 오리온시네마와 경쟁관계에 있는 케이블티브이 영화방송채널사업자에게는 단 한편의 영화에 대해서도 케이블티브이 방영권을 공급하지 아니하였고, 이는 계열회사를 위한 차별행위에 해당한다. 계열회사를 위한 차별행위가 성립하기 위해서는 ① 거래조건 또는 거래내용에 관한 차별행위가 있어야 하고, ② 계열회사를 현저히 유리하게 한 행위여야 하며, ③ 계열회사를 유리하게 할 목적이 있어야 하고, ④ 정당한 이유가 없어야 하며, 또한 ⑤ 공정거래를 저해하여야 한다.

### 4. 집단적 차별

집단적 차별은 집단으로 특정사업자를 부당하게 차별적으로 취급하여 그 사업자의 사업활동을 현저하게 유리하거나 불리하게 하는 행위를 말한다. 복수의 사업자가 집단적으로 특정 사업자를 대상으로 하는 행위인 점에서 공동의 거래거절과 동일하지만, 공동거래거절의 주체는 동일한 시장에서 활동하는 사업자들인데 대하여 집단적 차별의 주체는 서로 다른 시장에서 활동하거나 거래단계가 다른 사업자가 될 수도 있다는 점에서 차이가 있다. 또한 부당한 공동행위에 참여한 사업자에 의한 차별과도 유사하지만, 이는 비참여 사업자에 대한 차별인데 대하여 집단적 차별은 공동행위에 참여한 사업자 사이에도 발생할 수 있다. 사업자단체에 의한 차별(법 26조 1항)은 그 단체에 속하지 않은 사업자에 대한 차별이지만, 집단적 차별은 소속 사업자간 경쟁에서도 발생할 수 있다는 점에서 다르다.

## IV. 경쟁사업자 배제

공정거래법은 부당하게 경쟁자를 배제하는 행위를 금지하고 있다(법 23조 1항 2호). 시행령상의 경쟁사업자의 배제행위에 관한 세부유형에는 상품을 낮은 가격으로 공급하고 다른 사업자의 사업활동을 곤란하게 만들 염려가 있는 경우인 부당염매와 상품을 고가로 매입하여 다른 사업활동을 곤란하게 만들 염려가 있는 경우인 부당고가매입이 있다.

## 1. 부당염매

부당염매란 자기의 상품 또는 용역을 공급함에 있어서 정당한 이유 없이 그 공급에 소요되는 비용보다 현저히 낮은 대가로 계속하여 공급하거나 기타 부당하게 상품 또는 용역을 낮은 대가로 공급함으로써 자기 또는 계열회사의 경쟁사업자를 배제시킬 우려가 있는 행위를 말한다(령 별표 1의2-3). 즉 ① '정당한 이유 없이' 원가를 현저하게 밑도는 가격으로 상품이나 용역을 계속 공급하거나(계속적 염매), ② '부당하게' 상품이나 용역을 낮은 대가로 공급함으로써 다른 사업자의 사업활동을 곤란하게 만들 우려가 있는 경우(일반적 염매)이다. 두 경우 모두 자기 또는 계열회사의 경쟁사업자를 배제시킬 우려라는 주관적 의도가 필요하다. 또한 일반적 염매에는 일시적인 경우도 포함된다. 여기서 '공급에 소요되는 비용'은 일반적으로 제조원가 또는 구입원가를 말한다. 염매의 상대방에는 사업자뿐만 아니라 소비자도 포함된다. 일반적인 유통거래에서의 덤핑행위가 전형적인 예이며, 인기 상품을 싼 가격의 미끼상품으로 하여 다른 상품의 구입을 유도하는 유인염매(loss leader) 또는 일정한 목적과 기간을 한정하여 이루어지는 할인특매와 구별된다.

계속적 염매의 경우, 가격설정 자체는 계약자유의 원칙에 속한 행위이지만 원가를 현저하게 밑도는 판매가 상당기간에 걸쳐 행해지는 경우에는 경쟁관계에 있는 사업자의 사업활동을 곤란하게 하고 자유로운 거래질서를 유지할 수 없게 되기 때문에 원칙적으로 위법으로 보아야 한다. 이러한 유형의 부당염매는 그 자체로서 공정거래 저해성이 크기 때문에 "정당한 이유 없이" 행해질 경우 정당한 이유의 존재를 행위자가 입증함으로써 위법성이 조각된다. 부당염매가 되는가 여부는 경쟁에 대한 영향을 보아 판단할 필요가 있다. 구체적으로는 행위자의 사업규모와 양상, 염매상품의 수량, 염매기간, 선전광고의 상황, 상품의 특성 등을 고려하여 개별적으로 판단한다.[364] 예외적으로 염매가 정당성을 갖는 경우로서는 생선식료품이나 계절용품과 같이 상품의 가치가 하락하는 경우, 수요공급관계로부터 가격이 하락하는 경우에 대응한 가격으로 판매하는 경우, 개점축하의 경우나 계절상품 등 재고품 일소를 위한 계속적 염매는 부당염매에 해당하지 않는다.

이에 대하여 일반적 염매는 '부당하게' 행해질 것이 요건이므로 원칙적으로는 적법하다고 볼 것이며, 시장상황, 사업자의 수 등을 고려한 공정거래 저해성 여부를 심사하여 위법성 여부를 판단해야 할 것이다. 일반적 염매와 계속적 염매의 차이는 가격이 낮은 것이 현저한가 여부와 계속성이 필요한가 여부에 있다. 염매 등의 경쟁에 대한 영향은 구체적으로는 행

---

364) 대법원 2001. 6. 12. 선고 99두4686 판결.

위자의 사업의 규모와 양상, 염매상품의 수량, 염매기간, 선전광고의 상황, 상품의 특성 등을 고려하여 개별적으로 판단한다. 예외적으로 공정거래저해성이 인정되는 것은 부당염매에 의하여 경쟁사업자가 시장에서 배제되거나, 배제에는 이르지 않더라도 사업활동을 곤란하게 만들 염려가 있는 경우나 공정거래법상 위법한 목적을 위한 수단으로서 부당염매가 행해지는 경우가 있다. 신규개업이나 점포개조 등의 시장염매는 기간, 대상상품의 범위가 일정한 한도라면 공정거래저해성은 인정되지 않으며, 폐점시의 일시적 염매도 같다.

**대법원 2001. 6. 12. 선고 99두4686 판결**

공정거래법 시행령 별표 1의2 제3호 (가)목 전단의 이른바 계속거래상의 부당염매는 사업자가 채산성이 없는 낮은 가격으로 상품 또는 용역을 계속하여 공급하는 것을 가리키므로 그 행위의 외형상 그에 해당하는 행위가 있으면 '정당한 이유가 없는 한' 공정한 거래를 저해할 우려가 있다고 보아야 할 것이나, (가)목 후단의 기타 거래상의 부당염매는 그 행위태양이 단순히 상품 또는 용역을 낮은 가격으로 공급하는 것이어서 그 자체로 이를 공정한 거래를 저해할 우려가 있다고 보기 어려운 만큼 그것이 '부당하게' 행하여진 경우라야 공정한 거래를 저해할 우려가 있다고 보아야 할 것이며, 이 때 그 부당성의 유무는 당해 염매행위의 의도, 목적, 염가의 정도, 반복가능성, 염매대상 상품 또는 용역의 특성과 그 시장상황, 행위자의 시장에서의 지위, 경쟁사업자에 대한 영향 등 개별사안에서 드러난 여러 사정을 종합적으로 살펴 그것이 공정한 거래를 저해할 우려가 있는지의 여부에 따라 판단하여야 한다.

(가)목에서 말하는 경쟁사업자는 통상 현실적으로 경쟁관계에 있는 사업자를 가리킨다고 할 것이지만, 부당염매를 규제하는 취지가 동법이 금지하는 시장지배적 지위의 남용을 사전에 예방하는데 있다고 볼 때, 시장진입이 예상되는 잠재적 사업자도 경쟁사업자의 범위에 포함된다고 보아야 할 것이고, 나아가 경쟁사업자를 배제시킬 우려는 실제로 경쟁사업자를 배제할 필요는 없고 여러 사정으로부터 그러한 결과가 초래될 추상적 위험성이 인정되는 정도로 족하다고 할 것이다.

**공정거래위원회 2001. 2. 14. 의결 제2001-31호 2001유거0037**

삼성테스코(주)는 자신의 홈플러스 안산점에서 약 2개월간 구입원가가 984.5원/1.5ℓ 인 코카콜라 1병을 구입원가의 약 90.4% 수준인 890원에서 약 39.6% 수준인 390원까지 9회에 걸쳐 인하하여 판매한 사실이 있다. 이와 같은 행위는 코카콜라가 소비자에게 인지도가 높은 상품이라는 점과 소비자들은 여러 가지 상품을 한 번에 구입한다는 점을 감안하여 보면 인지도가 높은 코카콜라를 미끼 상품으로 내세워 장기간 동안 고객을 유인함으로써 경쟁관계에 있는 다른 유통업자들의 사업활동을 곤란하게 하여 이들을 시장에서 배제하게 할 우려가 있는 행위로 인정된다.

## 2. 부당고가매입

부당고가매입이란 부당하게 상품 또는 용역을 통상의 거래가격에 비하여 높은 대가로 구입하여 자기 또는 계열회사의 경쟁사업자를 배제시킬 우려가 있는 행위를 말한다(령 별표1

의2-3). 부당염매가 공급자 측에서 행할 수 있는 가격상의 불공정 거래행위인데 대하여 이 유형은 수요자 측에서 부당한 가격의 구입에 의하여 경쟁사업자를 배제시키려는 것이다. 예컨대 합리적 이유없이 제품의 생산·판매에 필수적인 요소를 통상의 거래가격에 비하여 높은 대가로 매점하여 자기 또는 계열회사의 경쟁사업자가 시장에서 배제될 수 있을 정도로 사업활동을 곤란하게 하는 행위, 신규로 시장에 진입하려는 사업자를 저지하기 위한 목적으로 그 사업자가 필요로 하는 상품 또는 용역을 통상의 거래가격 보다 높은 가격으로 매점함으로써 사실상 진입을 곤란하게 하는 행위가 여기에 해당한다.

통상의 거래가격이라 함은 당시의 시장에서 사업자 사이에 정상적으로 이루어지는 거래에서 적용되는 가격수준을 말한다. 인위적으로 제품이나 원재료의 품귀를 발생시켜 경쟁사업자를 배제할 수 있기 위해서는 매점되는 상품 또는 용역의 물량이 전체 공급량에서 차지하는 비중이 중요하므로, 고가매입이 계속해서 이루어질 필요는 없다. 고가매입의 상대방은 사업자에 한하며 소비자는 포함되지 않는다(심사지침 VI-3).

## V. 부당한 고객유인

부당한 고객유인이란 부당하게 경쟁자의 고객을 자기와 거래하도록 유인하거나 강제하는 행위를 말한다(법 23조 1항 3호 전단). 부당한 고객유인에 대해서는 부당한 이익에 의한 고객유인과 관련하여 "경품류제공에 관한 불공정거래행위 유형 및 기준(공정위 고시)"가 있고, 위계에 의한 고객유인과 관련하여 특별법으로서 「표시 및 광고의 공정화에 관한 법률」이 시행되고 있다.[365)]

시장의 거래에서 소비자의 합리적인 상품 또는 용역의 선택은 경쟁질서의 전제가 된다. 사업자가 자신이 제공하는 상품·용역의 가격 및 품질에 의해서가 아니라 부당한 이익제공이나 위계, 거래방해 등의 방법으로 경쟁사업자의 고객을 유인하는 것은 그 경쟁수단이 불공정한 것이다. 따라서 사업자의 부당한 고객유인을 규제함으로써 소비자의 합리적인 상품 선택을 확보하고 공정하고 자유로운 경쟁을 촉진하여 소비자의 이익을 확보할 수 있다.

### 1. 부당한 이익에 의한 고객유인

정상적인 거래관행에 비추어 부당하거나 과대한 이익을 제공 또는 제공할 제의를 하여 경쟁사업자의 고객을 자기와 거래하도록 유인하는 행위를 말한다(령 별표 1의2-4. 가). 이는 '정상적인 상관습에 비추어 부당한 이익을 가지고' 행하는 방법에 의한 고객유인이다. 여기서 경쟁사업자의 고객에는 경쟁사업자와 거래를 한 사실이 있거나 현재 거래관계를 유지하고 있는 고객뿐만 아니라 잠재적으로 경쟁사업자와 거래관계를 형성할 가능성이 있는 고객

---

365) 경쟁법제와 소비자법제를 엄격히 구별하는 입장에서는 부당한 고객유인에 대한 규제는 공정거래법과는 별도의 소비자보호법의 관점에서 이루어져야 한다고 보게 된다.

을 포함한다. 소비자뿐만 아니라 사업자도 이익제공 또는 그 제의의 상대방이 된다. 이익제공 또는 제의의 방법에는 제한이 없으며, 표시·광고를 포함한다. 제공되는 이익은 리베이트의 제공이나 가격할인 등 고객에게 유리하도록 거래조건의 설정·변경, 판촉지원금 내지 판촉물의 지급, 경쟁사업자의 제품을 자사제품으로 교환하면서 덤으로 자사제품의 과다한 제공 등 적극적 이익제공과 원래 부과되어야 할 요금·비용의 감면, 납부기한 연장, 담보제공 의무나 설정료의 면제 등 소극적 이익제공 등 모든 경제적 이익을 의미한다.

이러한 행위의 위법성을 판단함에 있어서는 이익제공 또는 제공제의가 가격과 품질 등에 의한 바람직한 경쟁질서를 저해하는 불공정한 경쟁수단에 해당되는지 여부를 위주로 판단한다. 이 때, 불공정한 경쟁수단에 해당되는지 여부는 정상적인 거래관행에 비추어 부당하거나 과대한 이익제공(제의)에 해당되는지 여부, 경쟁사업자(잠재적 경쟁사업자 포함)의 고객을 자기와 거래하도록 유인할 가능성이 있는지 여부 등을 종합적으로 고려하여 판단한다(심사지침 VI-4-가).

**대법원 2010. 11. 25. 선고 2009두943 판결**

원고(한미약품)가 의약품의 판매를 촉진하기 위하여 병·의원, 약국 등에 물품·현금·상품권 등 지원, 골프 등 접대, 할증 지원, 세미나 등 행사경비 지원, 인력지원, 시판후 조사 등의 이익을 제공하였는바, 의약품 판매에서 정보제공활동과 설득활동은 필수불가결하다고 할 수 있으나, 의사가 의약품을 선택하는 데에 그 품질과 가격의 우위에 근거하지 않고 제약업체가 제공하는 부적절한 이익의 대소에 영향을 받게 된다면 소비자의 이익은 현저하게 침해될 수밖에 없고 의약품시장에서의 건전한 경쟁도 기대할 수 없게 되므로, 제약회사의 판매촉진활동은 위와 같은 측면들을 종합적으로 고려하며 투명성, 비대가성, 비과다성 등의 판단기준 하에 정상적인 거래관행에 비추어 보아 부당하거나 과다한 이익의 제공에 해당되는지 여부를 가려야 할 것이고, 이러한 판단 과정에서 한국제약협회에서 제정한 보험용 의약품의 거래에 관한 공정경쟁규약은 중요한 기준이 될 수 있을 것이므로, 원고의 위와 같은 이익제공 행위는 위 공정경쟁규약 제4조 제1항에서 예외적으로 허용하는 금품류 제공 행위에 해당하지 아니하고, 그 금액 또는 규모도 사회통념상 정상적인 상관행 또는 정당한 영업활동으로 인정될 수 있는 범위를 초과한다.

**서울고등법원 2008. 11. 5. 선고 2008누2462 판결**

부당한 고객유인행위는 "정상적인 거래관행에 비추어 부당하거나 과대한 이익을 제공 또는 제공할 제의를 하여 경쟁사업자의 고객을 자기와 거래하도록 유인하는 행위"이고, 여기에서 말하는 "정상적인 거래관행"이란 바람직한 경쟁질서에 부합하는 해당업계의 통상적인 거래관행을 의미하는 것으로서 현실의 거래관행과 항상 일치한다고 볼 수는 없고, "부당하거나 과대한 이익"이란 관계법령에 의하여 금지되거나 정상적인 거래관행에 비추어 통상적인 수준을 넘어서는 이익을 의미한다. 원고(제약회사)가 의료기관 등에 대한 구체적인 개개의 지원행위는 별표 1의2 제4항 가목에서 정한 "정상적인 거래관행에 비추어 부당하거나 과대한 이익을 제공 또는 제공할 제의를 한 경우"에 해당한다. 부당한 이익의 제공이 경쟁사업자의 고객을 자기와 거래하도록 유인할 가능성이 있는지 여부와 관련하여서는 객관적으로 고객의 의사결정에 상당한 영향을 미칠 가능성이 있으면 유인가능성이 인정된다고 것인데, 의약품의 경우에는 최종 소비자인 환자가 의약품을 선택하는 것이 아니라 보건의료 전문가인 의사가 환자를 위하여 의약품을 구매 또는 처방하는 특수성이 있으므로 의사나 의료기관의 의약품에 대한 의사결정은 곧바로 최종 소비자인 환자의 의약품 구매로 연결될 수밖에 없는 점, 원고의 구체적인 개개의 지원행위는 모두 의사나 의료기관 등을 상대로 의약품의 처방증대 또는 판매증진을 위한 의도로 행해진 것인 점 등에 비추어 보면, 원고의 의료기관 등에 이 사건 각 지원행위는 경쟁사업자의 고객을 유인할 가능성이 있다고 할 것이다.

## 2. 위계에 의한 고객유인

위계에 의한 고객유인이란 부당한 표시·광고 외의 방법으로 자기가 공급하는 상품 또는 용역의 내용이나 거래조건 기타 거래에 관한 사항에 관하여 실제보다 또는 경쟁사업자의 것보다 현저히 우량 또는 유리한 것으로 고객을 오인시키거나 경쟁사업자의 것이 실제보다 또는 자기의 것보다 현저히 불량 또는 불리한 것으로 고객을 오인시켜 경쟁사업자의 고객을 자기와 거래하도록 유인하는 행위를 말한다. 이는 '실제 또는 경쟁자와 관계된 것보다도 현저하게 우량하거나 유리하다고 고객에게 오인시키는' 방법에 의한 고객유인이다. 기만 또는 위계의 상대방은 소비자뿐만 아니라 사업자도 포함한다. 예를 들어, 할인판매를 한다고 선전하면서 예상 수요를 충족시키기에 현저히 부족한 수량만을 할인판매 대상으로 하여 고객을 유인하는 행위(미끼 상품), 영업사원들이 경쟁사업자의 제품을 근거없이 비방하면서 고객을 유인하는 행위 등이 위계에 의한 고객유인에 해당한다. 부당한 표시·광고에 의한 고객유인에 대해서는 표시광고의 공정화에 관한 법률이 규율하고 있으므로 여기의 위계에 의한 고객유인은 그 이외의 기만 또는 위계의 방법에 의한 고객유인이 대상이 된다.

그리고 위계 또는 기만적 방법에 의하여 고객을 오인시키거나 그 우려가 있어야 한다.[366] 여기에는 두 가지 유형이 있다. 하나는 오인표시에 의한 소비자의 합리적 선택의 방해이고 다른 하나는 필요한 정보의 불제공(불표시)에 의한 소비자의 합리적 선택의 방해이다. 전자는 기만적 고객유인에 대한 규제의 본래의 대상이며, 후자에 대하여는 어느 정도까지 정보를 표시하도록 해야 할 것인가의 문제가 있다. 이는 정보를 받는 사업자 또는 소비자의 입장에서 상품선택에 필요한 기본적 사항 곧 상품 또는 용역의 내용이나 거래조건 기타 거래에 관한 사항이라고 볼 것이다. 상품 또는 용역의 내용에는 품질, 규격, 제조일자, 원산지, 제조방법, 유효기간 등이 포함되며, 거래조건에는 가격, 수량, 지급조건 등이 포함된다. 기타 거

366) 대법원 2002. 12. 26. 선고 2001두4306 판결 "부당고객유인행위의 금지는 기만적 유인행위 자체를 금지하려는 것으로 위계 내지 기만적 방법에 따른 유인행위로 인하여 고객이 오인될 우려가 있음으로 족하다고 할 것이지 반드시 고객에게 오인의 결과가 발생할 것을 요하는 것은 아니다. 오인이라 함은 고객의 상품구매결정에 영향을 미치는 것을 말하고, 오인의 우려라 함은 고객의 상품구매결정에 영향을 미칠 가능성 또는 위험성을 의미한다고 할 것이다."

래에 관한 사항에는 국산품 혹은 수입품인지 여부, 신용조건, 업계에서의 지위, 거래은행, 명칭 등이 포함된다.

**대법원 2002. 12. 26. 선고 2001두4306 판결**

위계에 의한 고객유인행위의 객체가 되는 상대방, 즉 경쟁사업자의 고객은 경쟁사업자와 기존의 거래관계가 유지되고 있는 상대방에 한정되지 아니하고, 새로운 거래관계를 형성하는 과정에서 경쟁사업자의 고객이 될 가능성이 있는 상대방까지도 포함된다. 위계에 의한 고객유인행위가 성립하기 위해서는 위계 또는 기만적인 유인행위로 인하여 고객이 오인될 우려가 있음으로 충분하고, 반드시 고객에게 오인의 결과가 발생하여야 하는 것은 아니라고 할 것이고, 여기에서 오인의 우려라 함은 고객의 상품 또는 용역의 선택에 영향을 미칠 가능성 또는 위험성을 말한다.

### 3. 기타의 부당한 고객유인

기타의 부당한 고객유인이란 경쟁사업자와 그 고객의 거래에 대하여 계약성립의 저지, 계약불이행의 유인 등의 방법으로 거래를 부당하게 방해함으로써 경쟁사업자의 고객을 자기와 거래하도록 유인하는 행위를 말한다. 예를 들어, 합리적 이유 없이 자신의 시장지위를 이용하여 판매업자에 대해 경쟁사업자의 제품을 매장의 외진 곳에 진열하도록 강요하는 행위가 여기에 해당한다.

거래방해에는 거래성립의 방해와 거래계속의 방해가 있다. 거래방해의 수단에는 제한이 없으며, 부당한 이익제공이나 위계를 제외한 모든 수단이 포함된다. 거래방해의 상대방은 경쟁사업자 또는 경쟁사업자의 고객이며, 고객에는 사업자와 소비자가 포함된다.

## VI. 거래강제

거래강제란 부당하게 경쟁자의 고객을 자기와 거래하도록 강제하는 행위를 말한다(법 23조 1항 3호 후단). 거래강제는 그 의사에 반한 상품 또는 용역의 구입 또는 판매를 강제함으로써 고객이 가지는 선택의 자유를 방해하고 불합리한 수단으로 시장지배력의 확장을 도모함으로써 자유로운 경쟁을 감소시키게 되므로 금지되는 것이다.

### 1. 끼워팔기

끼워팔기란 거래상대방에 대하여 자기의 상품이나 용역을 공급하면서 정상적인 거래관행에 비추어 부당하게 다른 상품이나 용역을 자기 또는 자기가 지정하는 사업자로부터 구입하도록 하는 행위를 말한다(령 별표 1의2-5). 끼워팔기의 대상이 '서로 다른 별개의 상품이나 용역'에 해당되는지 여부는 이들이 시장에서 일반적으로 별도로 거래대상인지 여부와 더불어 그 상업적 용도나 기능적 특성, 소비자 인식태도, 경우에 따라서는 제품통합과 기술혁신의 추세 등을 종합적으로 고려하여 판단한다.

끼워팔기에는 상품 또는 용역을 판매하는 경우 외에 임대하는 경우도 포함되며, 거래상대방에는 사업자뿐만 아니라 소비자도 포함된다(심사지침 VI). 예를 들어, 인기 있는 상품 또는 용역을 판매하면서 인기 없는 것을 함께 구입하도록 하거나, 신제품을 판매하면서 구제품이나 재고품을 함께 구입하도록 강제하는 행위, 특허권 등 지적재산권자가 라이선스 계약을 체결하면서 다른 상품이나 용역의 구입을 강제하는 행위 등이 여기에 해당한다.[367)]

상품 또는 용역을 어떻게 판매할 것인가는 원래 사업자가 자유롭게 결정하는 것이고, 이를 구입할 것인가도 구입자의 자유에 속한다는 점을 고려하면, 끼워팔기는 원칙적으로 적법하다고 할 수 있다. 그러나 끼워팔기의 공정거래저해성은 우선 종된 상품의 선택의 자유가 방해되고 그 결과 양질염가의 상품을 제공하여 고객을 획득한다는 효율경쟁을 침해할 것과 종된 상품의 거래강제를 통하여 종된 상품시장의 자유로운 경쟁이 감소된다는 점에 있다.

끼워팔기의 공정거래 저해성 판단에 있어서는 두 개의 시장, 곧 끼워팔기의 주된 상품의 시장과 종된 상품의 시장을 고려해야 한다. 공정거래 저해성의 판단은 경쟁질서에 대한 영향을 평가하는 것이므로, 끼워팔기의 경우에는 두 개의 시장에 대하여 경쟁질서에 대한 영향을 평가해야 한다. 그러나 끼워팔기는 '구입시키는' 또는 '거래하도록 강제하는' 행위를 불공정거래로 규정하고 있기 때문에, 끼워팔기의 주된 상품시장에 대한 상대방의 상품선택의 자유를 억압하는 형태로 경쟁을 감소시키는가에 대한 평가가 공정거래 저해성 판단의 중심이 된다. 따라서 주된 상품시장 외에서의 당해 사업자의 영향력, 상품의 인지도가 필요하다.

끼워팔기라고 하기 위해서는 우선 주된 상품과 종된 상품이 존재할 필요가 있다. 따라서 두 개의 상품이 조합되어 내용, 기능에 실질적인 변경이 초래되어 별개의 특징을 갖는 단일한 상품이 되는 경우에는 끼워팔기에 해당하지 않는다고 할 여지가 있다. 상품이 한 개인가 복수인가의 문제는 기본적으로 두 가지 상품이 수요자의 입장에서 보아 별개의 시장을 구성하고 있는가 여부를 기준으로 판단할 것이다. 끼워팔기는 복수의 상품 또는 용역구입이 불가피한 것을 의미하며 구입자가 끼워팔기 방침을 처음부터 알면서 복수상품의 구입을 받아들일 경우도 포함된다.

끼워팔기가 위법으로 판단되는 유형에는 두 가지가 있다. 종된 상품이 수요자로서는 불필요한데도 끼워팔기가 이루어지는 불필요 상품형과 특정한 종된 상품이 끼워팔기의 대상이 됨으로써 그와 동종의 상품을 취급하는 경쟁사업자가 피해를 입게 되는 경쟁자 배제형으로 대별된다. 불필요 상품형은 끼워팔기 판매의 경쟁수단의 불공정성이 문제되는 경우이

367) 끼워팔기는 미국 반트러스트법상 배타조건부거래와 동일시되어 셔먼법 제1조와 클래이튼법 제3조에서 규율되고 있다.

다. 이 경우에는 매수인이 끼워팔기 상품의 구입을 강제당하여 상품선택의 자유가 방해되고 그 결과 양질의 저렴한 상품을 제공하여 고객을 획득한다는 효율경쟁이 저해되어 경쟁질서에 악영향을 미칠 염려가 있다. 반면에 경쟁자 배제형의 끼워팔기는 끼워팔기 상품시장에서의 경쟁감소가 문제된다.

'강제한다'는 것은 객관적으로 보아 적어도 고객이 다른 상품구입을 할 여지가 없도록 끼워팔기 하는 것을 필요로 한다. 강제의 요소는 조건부거래와 끼워팔기를 구별하는 중요한 요소이다. 불필요 상품의 측면이 강하면 강제의 요소가 강하고, 불필요 상품의 측면이 약하면 강제의 요소가 약하다고 추정할 수 있다. 강제에는 경제적 강제 외에 경제외적 행위 즉 물리적 강제 등도 포함된다고 본다. 다만 경제외적 강제에 대해서는 민법상의 강박에 해당하여 당사자가 의사표시의 취소를 할 수 있는 경우로 적용대상을 한정해야 할 것이다.

**대법원 2006. 5. 26. 선고 2004두3014 판결**

한국토지공사가 비인기토지(종된 상품)의 판매가 저조하자 상대적으로 분양이 양호한 부천상동·용인신봉·동천·죽전·동백지구 등 공동주택지(주된 상품)를 판매하면서 비인기토지의 매입시 인기토지에 대한 매입우선권을 부여함으로써 비인기토지를 매입하지 않고서는 사실상 인기토지를 매입할 수 없게 만드는 연계판매행위는 거래상대방에 대하여 자기의 주된 상품을 공급하면서 자기의 종된 상품을 구입하도록 하는 행위로서 끼워팔기에 해당한다. '끼워팔기'는 자기가 공급하는 상품 또는 용역 중 거래 상대방이 구입하고자 하는 상품 또는 용역(주된 상품)을 상대방에게 공급하는 것과 연계하여 상대방이 구입하고자 하지 않거나 상대적으로 덜 필요로 하는 상품 또는 용역(종된 상품)을 정상적인 거래관행에 비추어 부당하게 자기 또는 자기가 지정하는 다른 사업자로부터 상대방이 구입하도록 하는 행위를 말한다. 끼워팔기에 해당하기 위하여는 주된 상품을 공급하는 사업자가 주된 상품을 공급하는 것과 연계하여 거래 상대방이 그의 의사에 불구하고 종된 상품을 구입하도록 하는 상황을 만들어낼 정도의 지위를 갖는 것으로 족하고 반드시 시장지배적 사업자일 필요는 없다.

## 2. 사원판매

사원판매란 부당하게 자기 또는 계열회사의 임직원으로 하여금 자기 또는 계열회사의 상품이나 용역을 구입 또는 판매하도록 강제하는 행위를 말한다(령 별표 1의2-5). 사업자가 판매량을 확대하거나 재고상품을 정리하기 위하여 그가 임직원에 대하여 가진 우월한 지위를 이용하여 상품 또는 용역을 구입하거나 판매하도록 강요하는 경우에는 해당 임직원에게 경제적 인사적 불이익이 발생되고 관련시장에서 경쟁이 저해될 가능성이 높기 때문에 공정거래법이 규제하는 것이다.[368)]

판매영업을 담당하는 임직원에게 판매를 강요하는 행위는 원칙적으로 적용대상이 되지

368) 대법원 2001. 2. 9. 선고 2000두6206 판결.

않으며, 어떤 임직원이 판매영업을 담당하는 자인지 여부는 당해 상품 또는 용역에 관하여 실질적으로 영업 및 그와 밀접하게 관련된 업무를 수행하는지를 기준으로 판단한다. 법위반에 해당될 수 있는 행위의 예로는, 자기 또는 계열회사의 상품 또는 용역을 임직원에게 일정 수량씩 할당하면서 판매실적을 체계적으로 관리하거나 대금을 임금에서 공제하는 행위, 자신의 계열회사에게 자신이 생산하는 상품 또는 용역의 일정량을 판매하도록 할당하고 당해 계열회사는 임직원에게 협력업체에 대해 판매할 것을 강요하는 행위 등이 있다(심사지침 VI). 그러나 단지 임직원들에게 상품의 구매자 확대를 위하여 노력할 것을 촉구하고 독려하는 것은 사원판매에 해당하지 않는다.[369]

> **대법원 2001. 2. 9. 선고 2000두6206 판결**
>
> 대우자동차 주식회사 등의 생산 차종을 전담 판매하는 원고(대우자동차판매 주식회사)가 관리직 대리급 이상 임직원과 전입 직원들을 상대로 그 취급 차종에 관한 판매행위를 한 것은 대상 임직원들의 차량구입 및 차종에 대한 선택의 기회를 제한하여 그 구입을 강제한 법 소정의 사원판매행위로서 불공정거래행위에 해당한다.
>
> 사원판매에 해당하기 위하여는 당해 행위가 거래 상대방인 임직원의 선택의 자유를 제한함으로써 가격과 품질을 중심으로 한 공정한 거래질서를 침해할 우려가 있다고 인정되어야 하지만, 당해 행위에 의하여 구입, 판매와 같은 거래가 반드시 현실적으로 이루어져야 하거나 혹은 공정한 거래질서에 대한 침해의 우려가 구체적일 것까지 요구되는 것은 아니다. 공정한 거래질서에 대한 침해의 우려가 있는 한 단순한 사업경영상의 필요나 거래상의 합리성 내지 필요성 유무는 불공정거래행위의 성립에 영향을 미칠 수 없다.

## 3. 기타의 거래강제

기타의 거래강제란 정상적인 거래관행에 비추어 부당한 조건 등 불이익을 거래상대방에게 제시하여 자기 또는 자기가 지정하는 사업자와 거래하도록 강제하는 행위를 말한다(령 별표 1의2-5). 이는 우월적 지위를 이용하여 상대방의 의사에 반한 거래를 강제하는 점에서 끼워팔기와 유사하다. 그러나 끼워팔기의 경우에는 종된 상품의 구입을 거절하면 주된 상품의 구입이 불가능해지는데 반하여, 기타 거래강제에서는 주된 상품의 거래관계는 이미 성립되어 있으므로 종된 상품의 구입여부에 따라 영향을 받지 않는다는 점에 차이가 있다.

기타의 거래강제에 관한 대표적인 예는, 사업자가 상품을 구입하면서 그 구매력을 이용하여 거래상대방에게 자기의 상품을 구입하도록 요청하는 부당한 상호거래이다. 상호거래는 상황에 따라 상대방이 당해사업자로부터 상품의 구입이 불가피하게 되는 경우, 자기가 공급하는 모든 종류의 상품 구입을 강제하거나 전량 구입조건부로 거래하거나 금융상의 압

369) 대법원 1998. 3. 27. 선고 96두18489 판결.

력에 의하여 자기 또는 자기가 지정하는 사업자와 거래하도록 강제하는 경우에 위법이 된다. 이러한 상호거래가 거래강제의 정도가 강한 경우에는 거래상 지위남용의 문제가 될 가능성도 있다. 구속조건부거래로서 위법이 되는 것은 시장폐쇄효과에 착안하는 경우이다.

**공정거래위원회 2006. 10. 10. 의결 제2006-223호 2006서경0031**

(주)대우건설이 대출세대가 지정 법무사 이외의 법무사에게 등기업무를 위임하는 경우에는 입주증을 발급해주지 않는 등 사실상 지정 법무사에게만 위임하도록 강제함으로써 특정법무사를 지정하여 대출세대로 하여금 지정 법무사에게만 등기업무를 위임하도록 하는 행위는 기타의 거래강제행위에 해당되는 것으로 판단된다. 법무사의 지정행위와 대출세대로 하여금 지정법무사에게 등기업무를 위임하도록 강제하는 행위가 업계관행이라 하더라도, 이는 대출세대의 합리적인 선택을 침해하는 시공사 위주의 업무편의를 위한 행위에 불과하므로 정상적인 거래관행으로 보기 어렵다.

**대법원 2007. 12. 13. 선고 2007두20492 판결**

대우건설은 입주자들에게 중도금 대출을 알선하여 주고 그 소유권의 이전 및 담보용 근저당권의 설정에 필요한 등기업무대행을 위하여 특정 법무사를 지정하고, 지정법무사 이외의 다른 법무사에게 등기업무를 위임하는 경우에는 등기업무 처리로 인한 일체의 책임을 묻지 아니하기로 하는 각서 등의 제출을 요구한 바, 대출세대로 하여금 지정법무사에게만 등기 업무를 위임할 것을 사실상 강제하는 효과를 거두고 있으나, 원고의 위 행위로 인하여 대부분의 대출세대가 지정 법무사를 선입하여 일괄하여 그 업무를 처리하게 한 결과 40%의 비율에 상당한 등기비용을 절감하게 되었으므로 이는 결국 그 업무처리의 편의성, 효율성의 제고와 소비자의 후생 증대에 기여하였으며, 나아가 원고의 이익도 보호되는 효과가 발생하게 되었다고 할 것인 점, 원고 등의 연대보증채무의 해소를 위하여 농협으로부터 원고 등에 대한 연대보증 채권을 포기하는 동의서 등을 받아 원고 등에게 제출하는 경우에는 다른 법무사의 등기신청이 가능하도록 한 점(지정 법무사를 이용하지 않는 세대수는 9세대) 등에 비추어 부당성이 인정되기 어렵다.

## VII. 거래상 지위의 남용

거래상 지위의 남용이란 자기의 거래상의 지위를 부당하게 이용하여 상대방과 거래하는 행위를 말한다(법 23조 1항 4호). 통상적인 상황에서 거래상의 지위의 격차 자체는 실제의 거래관계에서 존재하는 것이므로 공정거래법상 문제가 되는 것은 거래상의 우월성을 부당하게 이용한 경우이다.[370] 우월적 지위를 남용하여 상대방에게 불이익을 강요하는 경우에는 그 상대방은 당해 거래로 인하여 직접적 불이익을 입을 뿐만 아니라 그로 인하여 경쟁에서 불리한 지위에 놓이게 되어 공정거래를 저해하게 된다. 따라서 공정거래법은 이를 불공

370) 공정거래법 제23조 제1항 제4호, 고시 제6조 제4호 소정의 우월적 지위남용에 의한 불공정 거래행위는 ① 사업자간의 거래에 있어, ② 사업자가 자기의 거래상의 지위가 우월함을 이용하여, ③ 정상적인 거래관행에 비추어 부당하게, ④ 상대방에게 불이익이 되도록 거래조건을 설정 또는 변경하거나 그 이행과정에서 불이익을 주는 행위로서, ⑤ 공정한 거래를 저해할 우려가 있어야 한다(대법원 1993. 7. 27. 선고 93누4984 판결).

정한 거래행위로서 규제하는 것이다. 일정한 행위가 부당한가 여부의 판단은 실제 대등한 거래관계에서 통상 채택되어야 할 거래조건 등을 기준으로 하여 그것과의 괴리정도에 따라 판단한다.

거래상 지위남용의 성격에 대하여는 우월적 지위남용에 의하여 자유경쟁기반이 저해되는 것이 문제라고 하여 경쟁질서에 대한 영향의 유무 자체를 문제 삼지 않는 견해가 있다. 즉, 우월적 지위는 '거래상의 우위성'이라고 해석하며, 우월적 지위의 유무는 거래의존도, 시장에서의 지위, 거래처의 변경가능성, 상품 등의 수급관계 등을 종합적으로 고려하여 판단해야 한다는 것이다. 그러나 모든 불공정거래 행위 유형과 같이 이 경우에도 시장에서의 경쟁에 대한 영향력을 위법성 판단의 기준으로 삼아야 할 것이다. 즉 우월적 지위의 남용은 거래에서 일방 당사자가 시장을 지배하고 있는 경우라든가, 그 정도는 아니더라도 그에 가까운 상태에 있는 점을 이용하여 상대방에게 불이익을 강요하는 행위이다. 그러한 행위를 가능케 하는 우월적 지위란 시장에서 독점적 또는 시장지배적 지위까지는 필요치 않더라도 유력한 지위를 가진 것을 전제로 한 거래상의 지위를 말한다고 보아야 한다. 그리고 우월적 지위의 판단기준은 상대방에게 거래선택의 자유가 있는가 여부가 된다.[371)]

거래강제와 우월적 지위남용의 차이점은 거래강제가 경쟁수단의 불공정성을 규제하며 거래개시 강제를 규제대상으로 하는데 대하여, 우월적 지위남용은 자유경쟁 침해를 규제하며 거래과정 전반을 규제대상으로 한다는 것이다.

거래상 지위의 남용에 대한 공정거래법상 구체적인 행위유형은 구입강제, 이익제공강요, 판매목표강제, 불이익제공, 경영간섭 등이 있다. 이밖에 거래상 지위남용의 특수한 유형에 대해서는 「하도급거래 공정화에 관한 법률」, "대규모 소매업에 관한 고시" 등이 규율하고 있다.

**대법원 2010. 1. 14. 선고 2008두14739 판결**

원심판결 이유에 의하면, 손해보험업을 하는 원고들이 보험사고 발생시 보험약관에 따라 피해차주들에게 지급할 의무가 있는 대차료, 휴차료 또는 자동차 시세하락 손해금을 피해차주들에게 지급하지 아니한 행위가 공정거래법 제23조 제1항 제4호에서 정한 '자기의 거래상 지위를 부당하게 이용하여 상대방과 거래하는 행위'에 해당한다는 이유로 피고가 원고들에게 시정명령 등을 부과한 것에 대하여, 원심은 판시와 같은 점을 근거로, 거래라는 용어에는 행위자의 의사표시가 전제되어 있으므로 법률행위와 그에 수반하는 행위는 거래에 포함되나 불법행위와 그에 수반하는 행위는 거래에 포함되지 않는다고 본 다음, 피보험자가 책임을 질 사고로 인하여 대물손해를 입은 피해차주들이 상법 제724조 제2항에 의하여 보험자인 원고들에게 직접 보상을 청구할 수 있는 권리는 피보험자들의 불법행위로 인하여 발생한 손해배상청구권에 불과하므로 원고들과 피해차주들 사이에 직접적인 거래관계가 있다고 할 수 없을 뿐만 아니라,

371) 불공정거래행위 심사지침 VI-6-(2) 참조.

피보험자들을 매개로 한 거래관계가 있다고 볼 수도 없고, 따라서 원고들과 피해차주들 사이에 거래관계가 있음을 전제로 한 피고의 이 사건 처분은 위법하다면서 이를 취소하였다. 그러나 ① 불공정거래행위에 관한 법상의 관련 규정과 입법 취지 등에 의하면 불공정거래행위에서의 "거래"란 통상의 매매와 같은 개별적인 계약 자체를 가리키는 것이 아니라 그보다 넓은 의미로서 사업활동을 위한 수단 일반 또는 거래질서를 뜻하는 것으로 보아야 하는 점, ② 비록 피해차주의 보험회사에 대한 직접청구권이 피보험자의 불법행위에 의하여 발생한다고 하더라도 보험회사 및 피보험자는 바로 그러한 경우를 위하여 보험계약을 체결하는 것이고, 피해차주는 자동차손해보험의 특성상 보험계약 성립 당시에 미리 확정될 수 없을 따름이지 그 출현이 이미 예정되어 있는 것이며, 그에 따라 보험회사가 피해차주에게 대물손해를 배상하여야 할 의무도 위 보험계약에 근거하고 있는 것인 점(보험회사는 피보험자의 피해차주에 대한 손해배상채무를 병존적으로 인수하는 것이다. 대법원 2005. 10. 7. 선고 2003다6774 판결 참조), ③ 불법행위로 인한 손해배상채무가 이행되는 과정에서도 채무자에 의한 불공정거래행위가 얼마든지 발생할 여지가 있는 점(예컨대, 보험회사가 피해차의 수리비용을 일시불로 즉시 지급하지 아니하고 장기간에 걸쳐 소액으로 분할지급한다거나, 아예 상당한 기간이 경과한 후에야 수리비용을 지급하는 것 등) 등에 비추어 볼 때, 원고들과 피해차주들 사이에는 피보험자들을 매개로 한 거래관계가 존재한다고 봄이 상당하다.

**대법원 2000. 12. 8. 선고 99다53483 판결**

공정거래법 제23조 제1항 제4호, 불공정 거래행위의 유형 및 기준(공정거래위원회 고시 제90-7호) 제6조 제4호 소정의 우월적 지위 남용에 의한 불공정 거래행위에 해당하기 위하여는 사업자가 자기의 거래상의 지위가 우월함을 이용하여야 하는 바, 기록에 의하여 살펴보면, 원고가 건물 신축공사의 발주에 있어 독과점적 수요자의 지위에 있지 않았고 이 사건 도급계약이 경쟁 입찰의 방식으로 체결되었으며 위 계약체결에 있어서 원고가 신림건설의 자유의사를 부당하게 억압하였다고 볼 자료도 없는 점 등에 비추어 원고가 신림건설에 대하여 거래상의 우월적 지위에 있어 이를 부당하게 이용하였다고 보기 어렵다 할 것이므로, 이 사건 차액보증금 약정을 둔 것이 위 법조 소정의 불공정거래행위에 해당하지 아니한다.

## 1. 구입강제

구입강제란 거래상대방이 구입할 의사가 없는 상품 또는 용역을 구입하도록 강제하는 행위를 말한다(별표 1의2 6-가). 이는 상대방이 계속적 거래관계의 계속을 바라는 점을 이용하여 본래의 거래대상 외의 상품 또는 용역을 구입 또는 제공시키는 행위이다. 예컨대, 본사와 협력업체 또는 대리점, 대형소매점과 입점업체, 도시가스사와 지역관리소, 제조업체와 부품납품업체, 지역독점적 공공시설 관리업자와 시설임차사업자, 독점적 공공사업자와 계약업체, 방송사와 방송프로그램 공급사업자 등의 거래관계에서 발생될 수 있다. 구입요청을 거부하여 불이익을 당하였거나 주위의 사정으로 보아 객관적으로 구입하지 않을 수 없는 사정이 인정되는 경우에는 구입강제가 있는 것으로 본다.[372] 거래상대방은 주로 사업자가

372) 대법원 2002. 1. 25. 선고 2000두9359 판결.

될 것이나 소비자도 포함된다(심사지침 VI-6-(2)). 따라서 매장개장비나 전시물의 비용부담이나 배달원의 파견강요 같은 것은 생산자 한계비용과 소비자의 한계평가의 균형점에서 결정되는 시장가격과는 전혀 별개의 차원에서 우월적 지위를 부당하게 이용한 것이므로, 여기에 포함시킬 수 없을 것이다.

구입강제는 거래상대방의 의사에 반하여 구입을 강요한다는 점에서 거래강제 중 끼워팔기 행위와 유사한 점이 있다. 그러나 끼워팔기는 경쟁수단의 부당성을 문제 삼는 것이며, 구입강제는 거래과정 전반을 문제 삼는다는 점에 차이가 있다.

**대법원 2006. 3. 10. 선고 2002두332 판결**

원고(주식회사 롯데리아)가 가맹점사업자로부터 매출액의 일정비율에 상당하는 금원을 가맹금으로 받는 것이 아니라 가맹점사업자에게 공급하는 원·부재료의 가격과 원고가 구입하는 원·부재료의 가격의 차액에 해당하는 금원을 가맹금으로 하는 사업구조를 취하고 있으므로 모든 원·부재료를 가맹점사업자가 개별적으로 직접 구입하도록 한다면 원고의 가맹사업의 존립 자체가 불가능하게 되는 점, 원고가 가맹사업의 통일적 이미지와 중심상품인 햄버거 등 패스트푸드의 맛과 품질을 전국적으로 동일하게 유지하기 위하여는 16개의 일반 공산품에 대하여 지속적으로 유통과정, 유통기한 등을 관리·통제할 필요성이 있다고 보이는 점, 원고가 위 16개의 일반 공산품을 가맹점 사업자에게 공급함에 있어서 그 가격을 시중거래가격 이상으로 책정하여 부당한 이윤을 취득하였다는 점은 인정할 자료도 없는 점 등을 종합적으로 고려하면, 가맹점 사업자에게 16개의 일반 공산품을 원고로부터만 공급받도록 하는 것은 가맹사업의 목적달성에 필요한 범위 내의 통제로서 거래상의 지위를 이용하여 부당하게 거래상대방으로 하여금 구입할 의사가 없는 상품을 구입하도록 강제하는 행위에 해당한다고 할 수 없다.

## 2. 이익제공강요

이익제공강요는 거래상대방에게 자기를 위하여 금전·물품·용역 기타의 경제상이익을 제공하도록 강요하는 행위를 말한다(령 별표 1의2 6-나). 계속하여 거래하는 상대방에 대하여 경제상 이익제공을 강제하는 것으로서 이는 경제적 약자를 수탈하는 것이므로 부당성이 인정된다.

예를 들어, 합리적 이유 없이 수요측면에서 지배력을 갖는 사업자가 자신이 구입하는 물량의 일정 비율만큼을 무상으로 제공하도록 요구하는 행위 등이 이익제공 강요에 해당한다. 계열회사의 거래상 지위를 이용하여 이익제공을 강요하는 행위도 포함되며, 이익제공 강요에는 거래상대방에게 경제상 이익을 제공하도록 적극적으로 요구하는 행위뿐만 아니라 자신이 부담하여야 할 비용을 거래상대방에게 전가하여 소극적으로 경제적 이익을 누리는 행위도 포함된다. 찬조금, 판매점원의 파견강요, 매장수선비 부담 등이 여기에 해당한다. 강요의 상대방은 사업자뿐 아니라 소비자도 포함한다.

**공정거래위원회 2010. 5. 4. 의결 제2010-052호 2010제감0303**

학교법인 연세대학교(피심인)는 병원 신축을 위하여 피심인과 거래관계에 있는 12개 제약회사에 기부금 제공을 요구하여 12개 제약회사로부터 총 6,104백만 원의 기부금을 수령하였다. 피심인은 거래상대방의 선택이나 거래조건을 자기에게 유리하게 설정할 수 있는 반면, 거래상대방인 제약회사들은 다수의 경쟁사업자가 존재하고 대형종합병원과의 거래가 영업의 신장 및 홍보에 커다란 영향을 주기 때문에 피심인과의 지속적인 거래관계를 유지하기 위하여 거래과정에서 피심인의 요구나 제시사항을 사실상 거절하기 어려운 지위에 있으므로 피심인의 제약회사에 대한 거래상 지위가 인정된다.

이익제공 강요행위는 거래상대방에게 금전·물품 등의 경제상 이익을 제공하도록 강요하는 행위가 대상이 되고, 경제상 이익에는 금전, 유가증권, 물품, 용역을 비롯하여 경제적 가치가 있는 모든 것이 포함된다. 통상적으로 '강요'는 상대방의 자유로운 의사에 반하여 강요자가 요구하는 일정한 행위를 하게 하는 것을 의미하나, 법상 '강요'는 협조, 요청 등 방식에 관계없이 상대방에게 자신의 의사에 반하는 의사결정을 하는 상황을 만들거나 그러한 결과를 가져오도록 하는 행위 등 '묵시적 강요'까지를 포함하는 개념이다.

## 3. 판매목표강제

판매목표강제란 대리점 계약 등에서 자기가 공급하는 상품 또는 용역과 관련하여 거래상대방의 거래에 관한 목표를 제시하고 이를 달성하도록 강제하는 행위를 말한다(령 별표 1의 2 6-다). 여기서 대상상품 또는 용역은 사업자가 직접 공급하는 것이어야 하며, 대체로 상품의 경우 판매량의 할당이, 용역의 경우 일정수의 가입자나 회원확보가 문제가 된다.

판매목표의 강제는 대리점계약서에 명시적으로 규정된 경우뿐만 아니라 계약체결 후 구두로 이루어지는 경우도 포함된다. 판매목표강제의 상대방은 사업자에 한정되며 소비자는 포함되지 않는다(심사지침 VI-6-(2)). 대리점이 판매목표량을 달성하지 못하였을 경우 본사에서 대리점을 대신하여 강제로 미판매 물량을 덤핑 판매한 후 발생손실을 대리점의 부담으로 하는 행위가 판매목표 강제의 대표적인 예이다.

**공정거래위원회 2008. 8. 27. 의결(약) 제2008-389호 2008서경0664**

피심인((주)엘지파워콤)은 인천지역 3개 종합대리점 (주)케이제이파워콤, 진성이엔씨(주), (주)에스엘케이에게 2007년 1월 1개월 동안에 1,000건의 엑스피드 가입자를 유치하도록 하고 이와 함께 분기 누적목표 미달 시에는 개통·A/S권한(종합대리점의 지위)을 반납하도록 요구하였고 실제로 피심인은 영업부진을 이유로 진성이엔씨(주)에 대해서 거래기간중임에도 불구하고 임의로 종합대리점 계약을 해지하고 전문대리점으로 전환시켜 개통·A/S권한을 회수한 바 있고, (주)케이제이파워콤에 대해서는 부속합의서상의 판매목표 미달성을 이유로 종합대리점 계약을 포기하도록 하는 방법으로 개통·A/S권한을 회수한 바 있는데, 이는 판매목표 강제행위에 해당한다.

## 4. 불이익제공

불이익제공이란 1부터 3까지에 해당하는 행위 외의 방법으로 거래상대방에게 불이익이 되도록 거래조건을 설정 또는 변경하거나 그 이행과정에서 불이익을 주는 행위를 말한다(령 별표 1의2 6-라). 이는 거래조건 또는 거래이행에 관한 것으로, 납품 후에 가격인상을 강요한다거나 대금지급지연, 납품수령거절, 은행의 꺾기예금과 같은 것이 여기에 해당한다. 불이익제공의 유형은 거래의 자유 또는 상대방 선택의 자유를 사실상 박탈당한 자에 대한 거래상의 지위의 부당이용이며, 우월적 지위남용으로서 공정경쟁의 원리를 심각하게 침해하는 거래행위유형이다.

이 유형은 구입강제, 이익제공강요, 판매목표강제를 제외한 거래지위남용행위 전반을 포괄적으로 규제하는 것이다. 구체적으로는 거래조건의 설정·변경에 관한 것으로 계약서 내용에 관한 해석이 일치하지 않을 경우 '갑'의 일방적인 해석에 따라야 한다는 조건을 설정하고 거래하는 경우, 불이익 제공에 관한 것으로 설계용역비를 늦게 지급하고 이에 대한 지연이자를 장기간 지급하지 않아 거래상대방이 사실상 수령을 포기한 경우가 불이익제공의 유형에 해당한다(심사지침 VI-6-(2)).

**대법원 2001. 12. 11. 선고 2000두833 판결**

'불이익제공'에 해당하기 위하여는 그 행위의 내용이 상대방에게 다소 불이익하다는 점만으로는 부족하고, 구입강제, 이익제공강요, 판매목표강제 등과 동일시할 수 있을 정도로 일방 당사자가 자기의 거래상의 지위를 부당하게 이용하여 그 거래조건을 설정 또는 변경하거나 그 이행과정에서 불이익을 준 것으로 인정되고, 그로써 정상적인 거래관행에 비추어 상대방에게 부당하게 불이익을 주어 공정거래를 저해할 우려가 있어야 하며, 또한 상대방에게 부당하게 불이익을 주는 행위인지 여부는, 문제가 되는 거래조건 등에 의하여 상대방에게 생길 수 있는 불이익의 내용과 불이익 발생의 개연성, 당사자 사이의 일상거래과정에 미치는 경쟁제약의 정도, 관련업계의 거래관행과 거래형태, 일반 경쟁질서에 미치는 영향, 관계 법령의 규정 등 여러 요소를 종합하여 판단하여야 한다.

**대법원 2005. 12. 8. 선고 2003두5327 판결**

불이익제공이라 함은 사업자가 거래상 지위를 이용하여 거래를 함에 있어 거래상대방에 대한 거래조건의 설정 또는 변경이나 그 이행과정에서 거래상대방에게 불이익을 주는 행위를 의미하는 것이므로, 그 사업자가 제3자에 대한 거래조건의 설정 또는 변경이나 이행과정에서 제3자에게 이익을 제공함으로써 거래상대방이 제3자에 비하여 상대적으로 불이익한 취급을 받게 되었다고 하여 사업자가 거래상대방에게 불이익을 제공한 것으로 볼 수는 없다.

## 5. 경영간섭

경영간섭은 거래상대방의 임직원을 선임·해임함에 있어 자기의 지시 또는 승인을 얻게 하거나 거래상대방의 생산품목·시설규모·생산량·거래내용을 제한함으로써 경영활동을 간섭하는 행위를 말한다(령 별표 1의2 6-마). 합리적 이유 없이 대리점의 거래처 또는 판매내역 등을 조사하거나 제품광고 시 자기와 사전합의하도록 요구하는 행위, 금융기관이 채권회수에 아무런 곤란이 없음에도 불구하고 자금을 대출해준 회사의 임원선임 및 기타 경영활동에 대하여 간섭하거나 특정 임원의 선임이나 해임을 대출조건으로 요구하는 행위가 이에 해당한다(심사지침 VI-6-(2)). 유통업자가 정관·사업내용·자본액·임원·주요주주·취급상품·판매방법 등을 변경할 경우에는 제조업자의 사전승인 또는 협의를 의무적으로 하도록 하는 경우, 유통업자의 판매 정황에 관한 장부 등의 서류제공을 의무화 한 경우, 유통업자의 경영상황에 관한 장부 등의 서류에 대하여 제조업자가 열람이나 실제 조사할 수 있도록 하는 경우 등도 포함된다. 이러한 행위가 법 위반이 되는 것은 다른 제한의 수단이 되는 경우와 우월적 지위남용이 되는 경우 등이다.

**대법원 2000. 10. 6. 선고 99다30817, 30824 판결**

구 공정거래법(1996. 12. 30. 법률 제5235호로 개정되기 전의 것) 제23조 제1항 제4호 및 제5호와 공정거래위원회 고시(1995년 7월 8일자 제1995-6호) 제6조 제5호 및 제7조 제1, 2호에서 불공정거래행위의 한 유형으로 규정하고 있는 거래 상대방에 대한 소정의 경영간섭 행위와 구속조건부 거래행위는 그 규제의 목적과 당해 규정의 내용 등에 비추어 볼 때 문제된 행위의 의도와 목적, 효과와 영향 등 구체적 태양과 거래 상품의 특성, 유통 거래의 상황, 해당 사업자의 시장에서의 지위 등에 비추어 우월적 지위의 남용행위로 인정되거나 경쟁제한적 효과가 인정되는 것이라야 한다.

**공정거래위원회 2008. 12. 5. 의결 제2008-316호 2008가유1977**

(주)신세계백화점은 자사와 경쟁백화점에 동시에 입점해 있는 브랜드의 매출현황을 파악하기 위해 주식회사 에이션패션 등 32개 납품업자(38개 브랜드)로부터 경쟁백화점의 EDI정보통신망에 접속할 수 있는 아이디(ID) 및 패스워드(PW)를 취득하여 경쟁백화점 EDI정보통신망에 직접 접속하여 실시간 또는 일일, 주간 등의 매출정보를 취득하였다. 이 매출정보를 바탕으로 중복브랜드의 매출대비율을 작성하고, 매출대비율이 저조할 경우에는 경쟁백화점과 동일하거나 유사한 수준의 행사를 실시하도록 하는 등 매출대비율을 관리하였다. 이러한 행위는 경영간섭행위에 해당한다.

## VIII. 구속조건부 거래

구속조건부 거래란 거래의 상대방의 사업활동을 부당하게 구속하는 조건으로 거래하는 것을 말한다(법 23조 1항 5호 전단). 구속조건부 거래는 구속 조건의 내용에 따라 다양한 형태가 있지만, 크게 가격제한과 비가격제한으로 나누어 볼 수 있다. 비가격제한에는 판매지역의 제한, 거래상대방 제한, 판매방법의 제한, 부당한 상호거래 등이 있는데, 계약 체결시에 상대방에게 조건을 붙이는 것도 계약자유의 원칙상 당연하기 때문에 원칙적으로는 위법이라 할 수 없다. 가격제한은 재판매가격 유지행위에 해당하지 않는 가격제한이 여기에 해당하며, 상품이 아니고 서비스의 구속이다. 이 경우에는 재판매가격 유지행위와 공통되는 점이 있어 원칙적으로 위법이라고 보아야 할 것이다. 가격에 구속조건을 붙여서 하는 거래 중 재판매가격유지행위는 별도로 규율되고 있다(법 제7장).

상대방의 사업활동에 대한 부당구속방법은 그 거래상대방을 부당하게 구속함으로써 공정거래저해성의 문제를 초래하며, 유통계열화나 생산계열화의 거래관행 유지의 수단으로 이용됨으로써 공정거래법상 문제가 된다. 자유경쟁시장에서 독과점시장이 형성되는 것은 자연스러운 것이다. 예를 들어, 자동차메이커는 부품메이커 등을 계열화하여 자사의 규격제품의 한정공급확보를 도모하려고 하며, 화장품, 의약품 같은 브랜드상품 메이커는 도매업자, 소매업자, 소비자로 이어지는 유통경로를 계열화함으로써 자사의 상품판매루트를 확보, 지배하여 경쟁상 유리한 체제를 구축하려 한다. 이와 같이 생산계열화나 유통계열화란 자기의 생산 또는 판매체제확립의 목적을 위하여 자회사나 하도급회사를 조직화하거나 판매업자를 조직화하거나 하는 것을 말한다. 제조업자에 의한 상품의 자회사나 손회사 또는 그들의 거래회사의 조직화를 도모하는 것을 생산의 계열화, 판매망의 조직화를 도모하는 것을 유통계열화라 한다. 이런 계열화를 통한 사업활동의 부당구속은 생산과 유통의 양면에서 이루어지게 된다.

구속조건부거래에는 자기의 상대방과 그에게 상품과 서비스를 공급하는 자와의 거래의 구속, 자기의 상대방과 그로부터 상품과 서비스를 공급받는 자와의 거래의 구속, 기타 상대방의 사업활동을 구속하는 조건을 붙여 거래하는 것 등이 있다.

### 1. 배타조건부 거래

배타조건부 거래는 부당하게 거래상대방이 자기 또는 계열회사의 경쟁사업자와 거래하지 아니하는 조건으로 그 거래상대방과 거래하는 행위를 말한다(령 별표 1의2 7-가). 배타조건부거래는 경쟁사업자를 배제하는 효과를 가져온다고 인정되지만, 대리점제도·특약점제도 등 유통계열을 구축하는데 유용하며, 자유경쟁질서의 범위 내의 거래형태라고 할 수 있으므로 원칙적으로 적법하다고 하는 것이다.

배타조건부 거래가 공정거래 저해성을 갖는 것은 이에 의하여 경쟁자가 이를 대체하는 유통경로를 확보하기 곤란한 상황(시장폐쇄의 효과발생)이 될 우려가 있는 경우이다. 이 시장폐쇄의 효과는 시장의 상황(시장의 집중도, 상품특성, 제품차별화의 정도, 유통경로, 신규진입의 정도 등), 시장에서의 행위자의 지위, 경쟁자의 범위, 행위의 사업활동에 미치는 영향(제한의 정도, 양상) 등의 경제적 모든 요소를 고려하여 판단하여야 한다. 공정거래 저해성이 인정되지 않는 경우로서는, 노하우(know-how)나 영업비밀보호의 남용방지 등 공정거래법이 정당하다고 인정되는 목적을 위하여 배타조건부 거래가 행해지는 경우가 있다. 배타조건부 거래는 세 가지 유형으로 분류할 수 있다.

첫째, 배타적 공급계약으로서 생산자가 매수인에 대하여 경쟁자의 상품을 취급하지 않을 것을 조건으로 하여 자기상품을 공급할 것을 내용으로 하는 거래이다. 이러한 배타조건부 계약을 체결한 판매업자를 전매점 또는 배타적 특약점이라고 한다.373) 생산자가 독점제조업자로서 배타적 특약점 계약을 체결하면 쉽게 시장지배를 할 수 있으므로 시장지배적 지위남용 또는 불공정한 거래행위가 되기 쉽다. 그러나 제조업자간에 충분한 경쟁이 있고 전매업자간에도 충분한 경쟁이 이루어지고 있는 시장인 한, 전매점계약의 공정거래 저해성이 인정될 가능성은 높지 않다. 다만 생산자마다의 계열화가 진행되고 있고 각 판매업자가 특정한 계열에 편입되어 있는 경우에는 계열이 진입장벽으로 기능하기 때문에 전문점제도에 공정거래저해성이 인정될 가능성이 높다.

둘째, 배타적 매입계약으로서 매수인이 매도인에게 자기이외의 경쟁자인 매수인에게 판매하지 않을 것을 조건으로 거래계약을 체결하는 것이다. 공급을 받는 측이 상대방으로부터 모든 상품을 일거에 매입할 것을 조건으로 하는 일괄판매계약이 그 전형으로서, 매수인에게 부여된 이런 계약상의 권리를 독점판매권이라 한다. 매도인과 매수인 양측에 다수의 경쟁사업자가 존재하면 독점판매권 부여도 위법은 되지 않는다. 판매업자가 매도인의 특정상품에 관해 국내시장 전역의 독점판매권자가 되는 계약을 총대리점 계약이라 한다. 총대리점계약 중에 규정된 사항 중 재판매가격의 제한은 점유율의 대소를 불문하고 곧바로 위법이 되며, 경쟁품의 취급에 관한 제한은 시장에서 유력한 사업자가 행하면 문제가 된다. 또한 비밀정보의 유용방지 기타 정당한 이유가 있고, 필요한 범위 내에서 제한하는 경우를 제외하고 계약종료 후에도 제한하는 것은 법 위반의 가능성이 크다.

해외의 사업자의 상품에 대한 독점판매계약을 수입총대리점 계약이라 하며, 유명 브랜드상품인 경우 시장독점의 경향이 강하게 나타나는 독점가격에 의한 판매가 행해지기 쉽다. 한편 높은 독점이윤을 얻고 있을수록 제3자가 다른 경로를 통하여 그 상품을 수입하는 이른바 병행수입이 행해지기 쉬워 수입업자간에 문제가 되는 경우가 많다. 병행수입의 부당저

373) 유명제조업자가 전매점제도를 취할 경우 경쟁자의 제품에 관해 판매기회를 감소시켜 브랜드 간 경쟁이 약화된다. 그리고 점포 내에서의 다른 회사 제품과의 가격경쟁을 피하게 된 브랜드상품은 전매점포 간에 브랜드 내 경쟁을 감소시킨다. 한편, 신규 진입할 제조업자가 전매점제도를 취할 경우 시장경쟁의 활성화에 기여하는 것이며, 기존 제조업자로서도 유통업자에게 특정 브랜드에 집중된 판매활동을 하게 하는 강점은 한 사업자의 사업효율성을 개선하는 데 그치지 않고, AS 등의 시장경쟁의 개선효과를 가져온다.

해로는 진정상품의 입수의 방해, 병행수입품의 취급제한, 계약대상 상품의 판매제한, 병행수입품을 위조물건으로 취급하는 판매방해, 병행수입품의 매점, 병행수입품의 수리 등의 거부, 병행수입품의 광고선정활동의 방해 등이 있다. 수입총대리점 계약은 독점이윤 확보의 수단이 되기 쉽기 때문에 EU나 미국 등에서는 병행수입에 대한 수입총대리점에 의한 방해는 엄격히 규제되어 왔다.

셋째, 상호배타적 거래계약으로서 매도인과 매수인 쌍방이 서로 상대방의 경쟁자와의 거래를 하지 않을 것을 의무로 하는 계약을 체결하는 유형이다. 제조업체가 거래상대방에게 일정한 지역에 대해서만 일괄 판매권을 부여하고 동시에 전매점으로 하는 경우가 전형적 예이다. 쌍방이 각각 많은 경쟁자를 가진 경우에는 상호배타적 거래계약도 공정거래법상 문제가 없으나, 쌍방 또는 매수인이나 매도인 중 일방이 독점력을 갖고 있는 경우에는 문제가 될 수 있다. 특히 쌍방이 독점적 시장점유율을 독점하고 있는 경우에는 당연히 공정거래법상 문제가 된다.

배타조건부 거래에 관한 문제로서는 상법상 경업피지의무를 부담하고 있는 대리점을 두는 것은 배타조건부 거래를 한 것과 같은 결과가 되는데, 이것을 "정당한 이유"가 있다고 할 것인가가 문제이다. 상법상의 경업피지의무는 특약으로 배제할 수 있으므로, 그러한 특약을 두지 않고 대리상 계약을 체결하는 것은 계약의 효과로서 경업피지의무를 발생시키는 것과 다름이 없으며, 그것이 경쟁질서에 미치는 영향 여하에 따라 본 규정에 해당하게 된다고 보아야 할 것이다.

**공정거래위원회 2001. 9. 10. 의결 제2001-127호 2001독점1507**

에스케이텔레콤(주)은 (주)롯데리아, (주)푸드스타(TGI-Friday), 아시아나항공(주) 및 전국 50여개 영화관과 500여개 PC방 등 각 분야의 유력업체들에게 장려금을 지급하거나 할인액의 일정비율을 부담하는 조건으로 자사의 멤버십카드 소지자에 대해 제휴업체 서비스를 무료 또는 할인가격으로 이용할 수 있도록 하는 내용의 업무제휴계약을 체결하면서, 각 제휴업체와 단말기 제조회사를 포함한 경쟁사업자와의 제휴를 금지하거나, 타 사업자 업무제휴시 에스케이텔레콤의 동의를 얻도록 하거나, 상호간 경쟁사업자와의 업무제휴를 금지하는 등의 배타조건부 조항을 설정하고 동 계약조건 위반시에는 최고없이 해지할 수 있도록 하는 내용의 조항을 설정한 바, 이는 배타조건부 행위로서 과징금 부과 대상이 된다.

## 2. 거래지역 · 거래상대방의 제한

거래지역 또는 거래상대방의 제한이란 상품 또는 용역을 거래함에 있어서 그 거래상대방의 거래지역 또는 거래상대방을 부당하게 구속하는 조건으로 거래하는 행위이다(령 별표 1의2 7-나).

거래상대방의 거래지역을 구속하여 거래하는 경우가 거래지역의 제한이며, 여기에는 네 가지 하위유형이 있다. 첫째, 제조업체가 판매업자에 대하여 일정지역을 주된 책임지역으로 정하고 당해지역 내에서 적극적인 거래활동을 하도록 의무지우는 책임지역제, 둘째, 점포 등의 판매거점의 설치장소를 일정지역 내에 한정하거나 판매거점의 설치장소를 지정하는 판매거점제, 셋째, 일정한 지역을 할당하고 그 지역 밖에서의 거래를 제한하는 엄격한 지역제한, 넷째, 할당된 지역 외의 고객으로부터의 요구가 있더라도 이에 따른 거래를 제한하는 지역 외에 고객에 대한 거래제한이다.

재판매가격 유지행위에 비하여 거래지역제한의 경쟁제한효과는 약하다고 볼 수 있다. 그러나 거래지역제한에 의하여 상대방 사이의 경쟁을 감소시켜 초과이윤을 보장하는 경우에 그 기능은 재판매가격 유지의 경우와 완전히 동일하다. 그러한 거래지역제한은 원칙적으로 위법이라고 보아야 할 것이다. 즉 거래지역제한의 공정거래 저해성을 판단함에 있어서는 구속의 정도에 따라 나누어 생각할 필요가 있다. 위의 책임지역제 또는 판매거점제는 그 자체로서 공정거래 저해성이 인정될 가능성은 낮다. 브랜드 사이에 경쟁이 존재할 경우, 생산자에 의한 판매업자의 거래지역구속은 오히려 브랜드 내 경쟁을 목적으로 하는 경우가 있을 수 있으므로, 재판매가격 유지행위 등과 결합하여 행해지는가 여부를 종합하여 판단할 필요가 있기 때문이다. 그러나 엄격한 지역제한, 지역 외 고객에 대한 판매제한의 경우에는 경쟁질서에 대한 영향 여하에 따라서는 위법이 될 가능성이 있다.

거래상대방의 제한에는 특정한 자와 거래하는 것을 의무로 부과하는 지정거래와 특정한 자와 거래하지 않을 것을 의무로 부과하는 경우가 있다. 그 예로는 지정거래의 의무화, 중개거래의 금지, 도매업자에 대한 판매금지 등이 있다. 제조업자가 도매업자에 대하여 특정한 소매업자와만 거래 할 수 있도록 의무를 지우는 경우가 지정거래이다. 또한 특정한 자와는 거래하지 않는다는 구속의 유형으로 문제되는 경우로는 중개거래의 금지, 소매업자에 대한 판매금지가 있다. 어느 경우이든 공정한 거래질서에 대한 영향을 개별적으로 분석하여 위법 여부를 판단할 필요가 있다. 거래상대방의 제한은 계열지배를 확립하고 강화하는 수단으로 매우 유효한 방법이다. 여기에 배타조건부 거래나 재판매가격유지 기타 각종 불공정한 거래방법이 복합적으로 결합될 경우 생산, 유통계열지배는 매우 강력한 것이 된다.

**대법원 2011. 3. 10. 선고 2010두9976 판결**

공정거래법 제23조 제1항 제5호, 제2항, 구 공정거래법 시행령(2010. 5. 14. 대통령령 제22160호로 개정되기 전의 것) 제36조 제1항 [별표 1] 제7호 (나)목에서 불공정거래행위의 한 유형으로 규정하고 있는 '구속조건부 거래' 중 '거래지역 또는 거래상대방의 제한'은 상품 또는 용역을 거래할 때 그 거래상대방의 거래지역 또는 거래상대방을 부당하게 구속하는 조건으로 거래하는 행위로서 공정한 거래를 저해할 우려가 있는 행위를 말한다. 여기에서 공정한 거래를 저해할 우려가 있는지 여부는, 해당 행위의 의도와 목적, 효과와 영향 등 구체적 태양과 거래의 형태, 상품 또는 용역의 특성, 시장 상황, 사업자 및 거래상대방의 시장에서의 지위, 제한의 내용과 정도, 경쟁에 미치는 영향, 공정거래법상 위법한 목적 달성을 위한 다른 행위와 함께 또는 그 수단으로 사용되는지 여부 등을 종합적으로 고려하여 판단하여야 한다.

공정거래위원회 2000. 11. 15. 의결 제2000-163호 2000유거0069

디피케이인터내셔날(주)(이하 피심인)은 자기의 가맹계약자와 체결한 도미노피자 판매체인점 가맹계약서 제21조에 의하여 가맹점 소재 지역 이외에서는 배달판매 및 판촉행위를 금지하였다. 피심인은 1999년 10월 9일 자기의 가맹계약자인 도미노피자 사당점과 도미노피자 방배점이 각각 자신의 배달구역을 넘어 다른 지역에 배달하였다는 이유로 서면으로 경고하였다. 이는 법 제23조 제1항 제5호, 같은 법 시행령 제36조 제1항 관련 별표 제7호 나목의 구속조건부거래행위 중 거래지역 또는 거래상대방 제한행위에 해당한다.

## IX. 사업활동의 방해

사업자는 부당하게 다른 사업자의 사업활동을 방해하는 행위를 해서는 안 된다(법 23조 1항 5호 후단). 여기의 방해는 '다른 사업자의 활동을 심히 곤란하게 할 정도의 방해'를 의미한다. 경쟁사업자의 사업활동 방해행위의 공정거래 저해성을 판단함에 있어서는, 행위의 상대방 수, 행위의 반복·계속성, 행위의 전파성 등을 고려하여야 한다. 사업활동 방해는 경쟁수단의 불공정에 해당한다고 할 수 있는데, 이 경우 행위 자체의 불공정성만으로 그 위법성을 판단한다면 민법 등 일반사법상의 판단과 구별이 되지 않으며, 자유경쟁질서유지법으로서의 공정거래법의 성격을 왜곡하는 것이 되기 때문이다. 경쟁의 개념 시장이라는 장에서 사업자가 자유롭게 경쟁하는 중에 행하는 개개의 거래와 그 집적의 결과로 발생하는 상태에서 분석할 수 있다. 개별 거래의 경쟁행위의 규제는 기본적으로 민법, 상법, 부정경쟁방지법 등에 의하여 이루어져야 할 것이고, 경쟁상태에 영향을 끼칠 염려가 있는 것만이 공정거래법의 규제대상이 되어야 할 것이다.

### 1. 기술의 부당이용

기술의 부당이용이란 다른 사업자의 기술을 부당하게 이용하여 다른 사업자의 사업활동을 심히 곤란하게 할 정도로 방해하는 행위를 말한다(령 별표 1의2-8 가). 다른 사업자의 기술을 무단으로 이용하여 다른 사업자의 생산이나 판매활동에 심각한 곤란을 야기시키는 행위가 그 예이다. 여기서 다른 사업자는 경쟁사업자에 한정되지 않으며, 다른 사업자의 '기술'이란 특허법 등 관련 법령에 의해 보호되거나 상당한 노력에 의하여 비밀로 유지된 생산방법·판매방법·영업에 관한 사항 등을 의미한다(심사기준 VI-8)

### 2. 인력의 부당유인·채용

인력의 부당유인·채용이란 다른 사업자의 인력을 부당하게 유인·채용하여 다른 사업자의 사업활동을 심히 곤란하게 할 정도로 방해하는 행위를 말한다(령 별표 1의2 8-나). 다른 사업자의 핵심인력 상당수를 과다한 이익을 제공하거나 제공할 제의를 하여 스카우트함으로써 당해 사업자의 사업활동이 현저히 곤란하게 되는 경우가 여기에 해당한다. 경쟁관계에 있는 다른 사업자의 핵심인력을 자기의 사업활동에는 필요하지도 않은데 사업활동 방해 목적으로 대거 스카우트하여 당해 사업자의 사업활동을 현저히 곤란하게 하면 인력의 부당 유인·채용의 범위에 포함된다. 여기서 다른 사업자는 경쟁사업자로만 한정되지 않는다(심사지침 VI-8).

**공정거래위원회 1997. 12. 8. 의결 제97-181호 9707경촉1043**

설계용역 작업은 그 속성상 장기간 작업을 중단할 수 없고 비숙련 직원에 의해서는 즉시 업무속행이 어려운 사정임에도 피심인(현대자동차(주))이 아무런 직원 충원계획을 마련하지 않은 채 현대오토엔지니어링의 설립 추진과 동시에 리빙인력개발과의 거래를 중단하고, 신설 회사에게 사내공고 등을 통해 직원 모집공고를 내도록 하는 한편, 피심인의 직원들로 하여금 궁박한 처지에 있던 리빙인력개발의 직원들을 개별 접촉해서 현대오토엔지니어링으로 응시원서를 제출하도록 유인하게 함으로써 현대오토엔지니어링이 리빙인력개발의 직원 대부분을 흡수·채용하도록 적극적으로 관여한 사실이 인정된다. 이와 같이 현대자동차가 계획적으로 리빙인력개발과의 거래를 중단하고 현대오토엔지니어링을 교사하여 리빙인력개발의 직원을 유인·채용하도록 한 행위는 다른 사업자로 하여금 특정사업자의 인력을 부당하게 유인·채용하도록 하여 당해 특정사업자의 사업활동을 심히 곤란하게 할 정도로 방해하도록 한 행위로서, 공정한 거래를 저해할 우려가 있는 행위로 인정된다.

## 3. 거래처 이전 방해

거래처 이전 방해란 다른 사업자의 거래처 이전을 부당하게 방해하여 다른 사업자의 사업활동을 심히 곤란하게 할 정도로 방해하는 행위를 말한다(령 별표 1의2 8-다). 예를 들면, 거래처 이전 의사를 밝힌 사업자에 대하여 기존에 구입한 물량을 일방적으로 반품처리하거나 담보해제를 해주지 않는 행위가 이에 해당한다. 여기서 다른 사업자는 경쟁사업자 만으로 한정되지 않는다.

## 4. 기타의 사업활동 방해

기타의 사업활동 방해란 위 1~3 외의 부당한 방법으로 다른 사업자의 사업활동을 심히 곤란하게 할 정도로 방해하는 행위를 말한다(령 별표 1의2 8-라). 예컨대 타 사업자에 대한 근거없는 비방전단을 살포하여 사업활동을 곤란하게 하는 행위가 여기에 해당한다. 방해의 수단을 묻지 않으며, 자기의 능률이나 효율성과 무관하게 다른 사업자의 사업활동을 방해하는 모든 행위를 포함한다. 여기서 다른 사업자는 경쟁사업자에 한정되지 않는다(심사지침 VI-8).

제품의 설명판매, 택배, 품질관리의 조건, 자기회사 상품전용의 판매코너 또는 매장을 설치하는 등 판매방법을 제한하는 경우도 이에 포함될 수 있으나, 상품의 안전성 확보, 품질의 보장, 상품의 신용유지 등 합리적인 이유가 인정되는 경우에는 위법이라고 할 수 없다. 다만 그러한 제한이 판매가격, 거래지역, 거래상대방 제한의 수단이 되고 있는 경우에는 위법이 될 것이다.

**공정거래위원회 2009. 2. 3. 의결 제2009-049호 2008지식2535**

에스케이텔레콤(주)(이하 피심인)은 PDA폰 제조사인 블루버드의 PDA폰인 BM500 유통과 관련하여 개인에 대한 판매의 경우 영업승인번호 발급을 거부하고, 판매대상을 법인으로 제한하는 등 블루버드의 사업활동을 방해하였다. 또한 블루버드의 BM200 유통과 관련하여서도 공동구매사이트를 통한 마케팅을 중단하도록 요구하거나 판매대상을 법인으로 제한하는 방법으로 블루버드의 사업활동을 방해하였다.

피심인의 행위가 사업활동방해에 해당하기 위해서는 ① 피심인이 다른 사업자의 사업활동을 방해하는 행위가 있을 것, ② 피심인의 사업활동방해행위가 부당할 것, ③ 피심인의 부당한 사업활동방해행위로 인해 다른 사업자의 사업이 심히 곤란하게 될 정도에 이를 것 등의 요건이 충족되어야 한다.

이 사안에서 ① 다른 사업자의 사업활동을 방해하였는지 여부에 대하여 피심인은 자기로부터 망 연동시험을 통과한 블루버드의 이 사건 PDA폰에 대하여 영업승인번호의 발급을 거부하고, 동 PDA폰이 법인에게만 판매되도록 하여 블루버드의 영업활동을 제한한 사실이 인정된다. ② 사업활동방해행위의 부당성 여부에 대하여는 첫째, 피심인이 이 사건 PDA폰의 판매대상을 법인으로 제한하는 행위는 무선인터넷시장에서 피심인의 무선인터넷서비스(NATE)관련 매출이 잠식당할 것을 우려하여 이를 방해한 것으로 인정된다는 점, 둘째 이 사건 PDA폰을 개통하기 위해서는 피심인으로부터 발급받은 영업승인번호를 피심인의 전산망에 입력하여야 하지만 피심인은 이 사건 PDA폰이 자기의 망 연동 시험검사에 합격하였음에도 불구하고 합리적 이유 없이 영업승인번호의 발급을 거부하였고 이에 따라 블루버드는 이 사건 PDA폰의 개발·제조에 투입된 비용의 회수가 불가능하게 되었다는 점, 셋째, 피심인이 이 사건 PDA폰의 유통을 제한한 것은 PDA폰 제조사업자가 단말기 시장에 진입하는 것을 막아 PDA폰 단말기 제조시장의 경쟁을 제한한 점을 들어 요건을 충족하였다. 마지막으로 ③ 사업활동이 심히 곤란하게 되는지 유무와 관련하여 피심인이 이 사건 PDA폰에 대해 영업승인번호 발급을 거부하는 방법으로 블루버드의 온라인을 통한 공동판매나 판매대상을 법인으로 제한한 행위로 인하여 블루버드가 제조 판매하는 이 사건 PDA폰은 피심인의 통신망을 이용하여야만 통화가 가능한 기기이므로 피심인이 개통을 시켜주지 아니하는 한 블루버드의 관련영업은 사실상 불가능하게 되었고, 이와 관련하여 블루버드는 약 35억원 상당의 피해를 입은 것으로 나타났다. 결국 블루버드는 매출의 상당액이 감소됨에 따라 연구·개발비 등에 투자할 여력을 상실하여 제품수명이 짧은 이동통신기기 제조업 시장에서 퇴출될 우려 등으로 현재나 미래의 사업활동이 현저히 곤란하게 되거나 될 가능성이 있다고 인정된다.

위의 사실을 종합하면 피심인의 행위는 법 제23조 제1항 제5호 후단 및 같은 법 시행령 제36조 제1항 관련 [별표] 불공정거래행위 유형 및 기준 제8호 라. 목에 해당한다.

## X. 부당한 자금·자산·인력의 지원

부당한 자금·자산·인력의 지원이란 부당하게 특수관계인 또는 다른 회사에 대하여 가지급금·대여금·인력·부동산·유가증권·상품·용역·무체재산권 등을 제공하거나 현저히 유리한 조건으로 거래하여 특수관계인 또는 다른 회사를 지원하는 행위를 말한다(법 23조 1항 7호). 이 규정은 주로 계열회사, 친족회사에 대한 부당한 지원행위를 규제하기 위한 것으로 이러한 행위를 '부당한 내부거래'라고 한다. 부당한 내부거래는 경제력집중을 심화시키는 중요한 요인이 되고 있기 때문에 이를 막기 위한 것이며, 이에 관한 공시제도로서 2000년 법 개정에서 대규모내부거래에 대한 이사회의 의결 및 공시제도가 도입되어 상호출자제한기업집단이 그 적용대상으로 되어 있다.

그러나 부당지원행위는 일반적인 불공정거래행위이며 법문상 기업집단을 전제로 하고 있지 않기 때문에 그 적용대상은 기업집단에 속한 회사로만 국한되는 것은 아니다. 즉 지원의 주체와 객체 모두 기업집단에 소속되었는지 여부는 문제되지 않는다. "특수관계인"이란 시행령 제11조의 규정에 의하여 정해지는 자이며, 동일인 또는 동일인 관련자를 말한다. 규정상 용역이나 동산은 제외되어 있지만 그 유형열거가 예시적인 것이므로 이들에 관한 지원행위도 포함된다고 볼 것이다.

이 규정의 운영과 관련하여 객관적이고 구체적인 심사기준을 마련하기 위하여 "부당한 지원행위의 심사지침"이 제정되어 있다.[374] 동 지침에서는 부당한 지원행위의 구체적 유형 및 판단기준을 예시적으로 열거하고 있다(심사지침 I). 부당한 "지원행위"라 함은 지원주체가 지원객체에게 직접 또는 간접으로 제공하는 경제적 급부의 정상가격이 그에 대한 대가로 지원객체로부터 받는 경제적 반대급부의 정상가격보다 높거나(무상제공 또는 무상이전의 경우를 포함) 현저한 규모로 거래하여 지원주체가 지원객체에게 과다한 경제상 이익을 제공하는 작위 또는 부작위를 말한다. 지원행위의 부당성 여부에 관하여는 지원주체와 지원객체의 관계, 지원행위의 목적과 의도, 지원행위로 인하여 지원객체가 속하는 시장에서의 경쟁제한이나 경제력집중의 효과, 경쟁사업자의 경쟁특정과 경쟁여건의 변화정도, 시장점유율 추이 등을 종합적으로 고려하여 그 지원행위로 인해 지원객체의 관련시장에서 경쟁이 저해되거나 경제력집중이 야기되는 등 공정한 거래를 저해할 우려가 있는지에 따라 판단한다.[375] 그리고 일정한 거래분야에서 경쟁이 저해되거나 경제력 집중이 야기되는 등으로 공정한 거래를 저해할 우려가 있다는 점을 공정거래위원회가 입증하여야 한다.[376]

374) 부당한 지원행위의 심사지침(개정 2010. 12. 22.).

375) 대법원 2004. 4. 9. 선고 2001두6197 판결.

376) 대법원 2006. 9. 8. 선고 2004두2202 판결; 대법원 2004. 9. 24. 선고 2001두6364 판결.

**대법원 2004. 3. 12. 선고 2001두7220 판결**

구 공정거래법(1999. 12. 28. 법률 제6043호로 개정되기 전의 것) 제23조 제1항 제7호 소정의 부당지원행위가 성립하기 위하여는 지원주체의 지원객체에 대한 지원행위가 부당하게 이루어져야 하는바, 지원주체의 지원객체에 대한 지원행위가 부당성을 갖는지 유무를 판단함에 있어서는 지원주체와 지원객체와의 관계, 지원행위의 목적과 의도, 지원객체가 속한 시장의 구조와 특성, 지원성 거래규모와 지원행위로 인한 경제상 이익 및 지원기간, 지원행위로 인하여 지원객체가 속한 시장에서의 경쟁제한이나 경제력 집중의 효과 등은 물론 중소기업 및 여타 경쟁사업자의 경쟁능력과 경쟁여건의 변화 정도, 지원행위 전후의 지원객체의 시장점유율의 추이, 시장개방의 정도 등을 종합적으로 고려하여 당해 지원행위로 인하여 지원객체의 관련 시장에서 경쟁이 저해되거나 경제력 집중이 야기되는 등으로 공정한 거래가 저해될 우려가 있는지 여부에 따라 판단하여야 한다.

**대법원 2004. 11. 12. 선고 2001두2034 판결**

원고 엘지칼덱스 가스가 원전에너지에 대한 주식의 100%를 소유하고 있는 자회사(완전자회사)라 하더라도 양자는 법률적으로 별개의 독립한 거래주체라 할 것이고, 부당지원행위의 객체를 정하고 있는 법 제23조 제1항 제7호의 '다른 회사'의 개념에서 완전자회사를 배제하는 명문의 규정이 없으므로 모회사와 완전자회사 사이의 지원행위도 공정거래법 제23조 제1항 제7호의 규율대상이 된다고 할 것이다.

## 1. 부당한 자금지원

부당한 자금지원이란 부당하게 특수관계인 또는 다른 회사에 대하여 가지급금·대여금 등 자금을 현저히 낮거나 높은 대가로 제공 또는 거래하거나 현저한 규모로 제공 또는 거래하여 과다한 경제상 이익을 제공함으로써 특수관계인 또는 다른 회사를 지원하는 행위를 말한다(령 별표 1의2 10-가). 가지급금 또는 대여금 등에 의한 지원행위는 회계처리상 계정과목을 가지급금 또는 대여금으로 분류하고 있는 경우에 국한하지 아니하고, 지원주체가 지원객체의 금융상 편의를 위하여 직접 또는 간접으로 현금 기타 자금을 이용할 수 있도록 경제상 이익을 제공하는 일체의 행위를 말한다. 지원객체의 금융회사로부터의 차입금리보다 저리로 자금을 대여해 준 경우, 계열금융회사에게 콜자금을 시중 콜금리보다 저리로 대여해 준 경우가 이에 해당한다.

지원주체가 지원객체를 지원하려는 의도하에 제3자를 매개하여 자금거래를 하고 그로 인하여 지원객체에게 실질적으로 경제상 이익을 제공하는 경우에는 자금지원행위에 해당한다.[377] 자금거래에 의한 지원행위가 지원객체에게 현저히 유리한 조건의 거래인지 여부

377) 자금지원의 의도로 자금을 제공 또는 자금을 거래하거나 자금을 회수하지 아니하는 행위가 있으면, 그 즉시 자금지원행위가 성립하고 그로 인하여 지원객체가 얻는 이익은 행위의 경제상 효과에 불과하다(대법원

는 실제적용금리와 개별정상금리 또는 일반정상금리 사이의 차이는 물론 지원성 거래규모와 지원행위로 인한 경제상 이익, 지원기간, 지원횟수, 지원시기, 지원행위 당시 지원객체가 처한 경제적 상황 등을 종합적으로 고려하여 구체적 · 개별적으로 판단한다(심사지침 III-1).

**대법원 2007. 1. 25. 선고 2004두7610 판결**

부당지원행위 금지제도의 입법 취지와 공정거래법 제23조 제1항 제7호, 제2항, 법 시행령 제36조 제1항 별표 1의2 제10호 (가)목의 규정을 종합하면, 자금을 지원할 의도로 자산이나 용역 등의 거래로 인한 대가인 자금을 변제기 이후에도 회수하지 아니하여 지원객체로 하여금 그 자금을 운용하도록 함으로써 금융상의 이익을 얻게 하는 것과 같은 부작위행위도 자금지원행위에 포함된다고 할 것이지만, 그 자금의 변제기가 위 규정이 시행되기 이전인 경우에는 위 규정 시행 이후에 지원주체가 적극적으로 변제기를 연장하는 것과 같은 새로운 자금지원행위라고 볼 만한 사정이 있는 경우에 자금지원행위에 해당한다고 할 것이다.

원고 현대상선이 현대물류와 용역내용, 징수 수수료 입금조건 등에 관한 용역계약을 체결한 사실, 그런데 원고 현대상선은 징수 수수료의 입금에 대한 상호 정산이나 구체적인 합의를 하지 아니하는 등 용역대금의 수령을 지연하여 오다가, 위 용역계약에 대한 추가약정을 체결하면서, 원고 현대상선이 현대물류로부터 매출액 전액을 수령하는 대신 현대물류에게 추가약정서에서 특정된 운영 인건비 등을 정산지급하기로 약정함에 따라, 운영권 사용대가의 지급방식을 변경함과 아울러 추가약정의 내용을 최초 계약일에 소급 적용하도록 합의하여, 현대물류의 수수료지급 지체책임을 사실상 면책시킨 사실 등을 알 수 있는바, 이 사건 용역대금 중 일부의 변제기가 부당지원행위에 관한 규정이 시행되기 이전에 있었다고 하더라도 위에서 본 바와 같은 새로운 자금지원행위라고 볼 만한 사정이 있으므로 이 사건 용역대금 지연수령행위 전부가 자금지원행위에 해당한다고 할 것이다.

## 2. 부당한 자산지원

### (1) 유가증권·부동산·무체재산권 등 자산을 거래한 경우

부당한 자산 · 상품 등 지원이란, 부당하게 특수관계인 또는 다른 회사에 대하여 부동산 · 유가증권 · 상품 · 용역 · 무체재산권 등 자산을 현저히 낮거나 높은 대가로 제공 또는 거래하거나 현저한 규모로 제공 또는 거래하여 과다한 경제상 이익을 제공함으로써 특수관계인 또는 다른 회사를 지원하는 행위를 말한다(령 별표 1의2 10-나). 지원주체가 지원객체에게 유가증권 · 부동산 · 무체재산권이나 기타 자산을 무상으로 또는 정상가격보다 낮은 가격으로 제공하거나 정상가격보다 높은 가격으로 제공받는 것은 지원행위에 해당한다. 지원객체가 발행한 기업어음을 비계열사가 매입한 할인율보다 낮은 할인율로 매입한 경우, 지원객체의 신용등급에 적용되는 할인율보다 낮은 할인율을 적용하여 발행한 기업어음을 매입한 경우 등이 그 예이다(심사지침 III-2). 지원주체가 지원객체를 지원하려는 의도 하에 제3자를 매개하여 자산거래를 하고 그로 인하여 지원객체에게 실질적으로 경제상 이익을 제공하

---

2004. 4. 9. 선고 2001두6197 판결).

는 경우에도 자산지원행위에 해당한다.

**대법원 2007. 1. 25. 선고 2004두7610 판결**

공정거래법 제23조 제1항 제7호 소정의 지원행위는 지원주체가 지원객체에게 직접 또는 간접으로 제공하는 경제적 급부의 정상가격이 그에 대한 대가로 지원객체로부터 받는 경제적 반대급부의 정상가격보다 높은 경우(무상제공 또는 무상이전의 경우를 포함)에 이루어지는 것으로 지원주체가 지원객체에게 경제상 이익을 제공하는 것을 말한다고 할 것인 바, 이미 인수한 전환사채의 경우 그 전환권행사 여부가 전환사채권자의 일방적 의사에 의하여 이루어지는 것이라 하더라도 이는 실질적으로 전환사채와 주식을 교환하는 일종의 거래행위에 다름 아닌 것으로서 전환권행사를 이용하여 지원객체에게 경제활동의 정상성에 반하는 부당한 경제상의 이익을 제공하는 것이라면, 이는 법 제23조 제1항 제7호 소정의 지원행위가 될 수 있다.

**대법원 2001. 9. 28. 선고 2001도3191 판결**

증권거래소에 상장되지 않거나 증권협회에 등록되지 않은 법인이 발행한 주식의 경우에도 그에 관한 객관적 교환가치가 적정하게 반영된 정상적인 거래의 실례가 있는 경우에는 그 거래가격을 시가로 보아 주식의 가액을 평가하여야 할 것이고, 한편 상속세및증여세법시행령 제54조 소정의 비상장주식의 평가방법은 보충적 평가방법에 불과하므로 그에 의하여 산정한 평가액이 곧바로 주식의 가액에 해당한다고 볼 수 없다.

### (2) 부동산을 임대차한 경우

지원주체가 지원객체에게 당해 부동산을 무상으로 사용하도록 제공하거나, 정상임대료보다 낮은 임대료로 임대하거나 정상임차료보다 높은 임차료로 임차하는 것은 지원행위에 해당한다. 지원객체에게 공장·매장·사무실을 무상 또는 낮은 임대료로 임대한 부동산 저가임대, 지원객체로부터 부동산을 임차하면서 고가의 임차료를 지급한 부동산 고가임차가 그 예이다. 정상임대료는 당해 부동산의 종류, 규모, 위치, 임대시기, 기간 등을 참작하여 유사한 부동산에 대하여 특수 관계가 없는 독립된 자간에 형성되었을 임대료로 하는 것을 원칙으로 한다(심사지침 III-3).

**대법원 2006. 12. 22. 선고 2004두1483 판결**

원고 삼성생명, 삼성화재, 삼성중공업이 각각 삼성물산 주식회사에게 삼성자동차 판매영업장을 임대해 주면서 각각 임대보증금 합계 67억 4,400만 원과 임대료 합계 11억 7,000만 원을 1개월 내지 9개월

간 지연하여 받은 사실을 인정한 다음, 원고 삼성중공업이 이 사건 자동차판매장 임대 당시 볼보와 사업양수도 협의 중에 있어서 이 사건 임대건물이 양도대상자산에 포함될 가능성이 있었으므로 그 협의과정에서 위 건물이 양도대상에서 제외되는 것으로 확정될 때까지 위 원고 스스로 임대보증금과 월차임의 수령을 보류하였다는 사정은 위 원고의 주관적 사정에 불과하여 이를 수령지체의 정당한 사유라고 볼 수 없으므로 위 원고는 위 지연기간에 해당하는 이자액만큼 낮은 가격으로 부동산을 임대하여 삼성물산을 지원한 것이고, 비록 그 지원금액이 삼성물산의 자산 및 매출액에 비하여 미미한 것이라고 하더라도 달리 볼 수 없다.

**대법원 2005. 5. 13. 선고 2004두2233 판결**

JMI(중앙일보미디어인터내셔널)는 1999년 7월 회사설립 이후 그가 번역·발행하는 '뉴스위크'의 구독부수가 급격히 감소하는 등 영업환경이 급격히 악화되었으므로, JMI에 대한 중앙일보의 저가전대행위는 JMI로 하여금 그가 속한 시사지 관련시장에서 퇴출을 면하고 사업자로서의 지위를 유지·강화할 수 있게 함으로써 당해 시장에서의 공정하고 자유로운 경쟁을 저해할 우려가 있다고 봄이 상당하다.

### (3) 상품·용역을 거래한 경우

지원주체가 지원객체에게 상품·용역을 무상으로 또는 정상가격보다 낮은 가격으로 제공하거나 지원객체로부터 정상가격보다 높은 가격으로 제공받는 것은 거래대가 차이로 인한 지원행위에 해당한다. 지원객체에 대한 매출채권회수를 지연하거나 상각하여 회수불가능 채권으로 처리한 경우, 외상매출금·용역대금을 약정기한 내에 회수하지 아니하거나 지연하여 회수하면서 이에 대한 지연이자를 받지 아니한 경우가 그 예이다. 현저한 규모에 의한 지원행위도 금지되는데, '현저한 규모'란 지원객체가 속한 시장의 구조와 특성, 지원행위 당시의 지원객체의 경제적 상황, 여타 경쟁사업자의 경쟁능력 등을 종합적으로 고려하여 판단한다(심사지침 III-4).

**대법원 2004. 10. 14. 선고 2001두2935 판결**

부당지원행위를 불공정거래행위의 한 유형으로 규정하여 이를 금지하는 입법 취지가 공정한 거래질서의 확립과 아울러 경제력집중의 방지에 있는 점, 공정거래법 제23조 제1항 제7호가 부당지원행위의 규제대상을 포괄적으로 규정하면서 '가지급금·대여금·인력·부동산·유가증권·무체재산권'을 구체적으로 예시하고 있을 뿐 상품·용역이라는 개념을 별도로 상정하여 상품·용역거래와 자금·자산·인력 거래를 상호 구별하여 대응시키거나 상품·용역거래를 부당지원행위의 규제대상에서 제외하고 있지 아니한 점, 법 제23조 제2항에 따라 불공정거래행위의 유형 및 기준을 정한 법시행령 제36조 제1항 별표 1의2 제10호도 부당지원행위의 유형 및 기준을 지원내용과 효과에 초점을 두어 자금지원행위, 자산지원행위, 인력지원행위로 나누어 규정한 것이고 지원행위를 거래형식별로 상정하여 그것만을 규제의 대상으로 삼은 것이라거나 상품·용역이라는 개념을 별도로 상정하여 그것을 부당지원행위의 규제대상에서 제외하고 있지 아니한 점 등을 종합하면, 상품·용역의 제공 또는 거래라는 이유만으로 부당지원행위의 규제대상에서 제외되는 것은 아니고 그것이 앞에서 본 바와 같은 부당지원행위의 요건을 충족하는 경우에는 부당지원행위의 규제대상이 될 수 있다.

## 3. 부당한 인력지원

부당한 인력지원이란 부당하게 특수관계인 또는 다른 회사에 대하여 인력을 현저히 낮거나 높은 대가로 제공하거나 현저한 규모로 제공하여 과다한 경제상 이익을 제공함으로써 특수관계인 또는 다른 회사를 지원하는 행위를 말한다(령 별표 1의2 10-다).

지원주체가 제공하는 인력과 관련하여, 지원객체가 지원주체 또는 당해 인력에 대하여 지급하는 일체의 급여·수당 등(실제 지급급여)이 당해 인력이 근로제공의 대가로서 지원주체와 지원객체로부터 지급받는 일체의 급여·수당 등(정상급여)보다 적은 때에는 지원주체가 지원객체에게 인력지원을 한 경우에 해당한다. 업무지원을 위해 인력을 제공한 후 인건비는 지원주체가 부담한 경우, 인력파견계약을 체결하고 인력을 제공하면서 퇴직충당금 등 인건비의 전부 또는 일부를 미회수한 경우가 그 예이다.

당해 인력이 지원객체와 지원주체 양자에게 근로제공을 하고 있는 경우에는 그 양자에 대한 근로제공 및 대가지급의 구분관계가 합리적이고 명확한 때에는 당해 인력이 지원객체와 지원주체로부터 지급받는 일체의 급여·수당 등의 금액에서 당해 인력의 지원주체에 대한 근로제공의 대가를 차감한 금액을 위의 정상급여로 간주한다(심사지침 III-5).

**대법원 2005. 10. 28. 선고 2003두13441 판결**

시내전화 및 초고속 인터넷사업 등의 서비스업자가 무선인터넷 정보서비스사업을 목적으로 설립된 회사에 직원을 파견하여 재무 및 회계업무를 수행하게 하면서 급여를 지원한 경우, 당해 인력지원행위로 인한 무선인터넷 시장에서의 경쟁제한이나 경제력 집중의 효과가 비교적 간접적으로 나타날 것으로 보이는 점, 위 급여액수가 신설회사의 매출액에 비하여 매우 적은 점, 무선인터넷 정보서비스시장에서의 경쟁조건을 결정짓는 것은 초기 설비투자의 규모 및 기술력에 의존하는 측면이 강하므로 위 인력지원행위가 무선인터넷 정보서비스시장의 경쟁에 미치는 영향은 미미할 것으로 보이는 점 등에 비추어, 위 인력지원행위로 인하여 신설회사가 속한 무선인터넷 시장에서 경쟁이 저해되거나 경제력 집중이 야기되는 등으로 공정한 거래가 저해되거나 저해될 우려가 있다고 할 수 없다.

## XI. 기타 공정한 거래를 저해할 우려 있는 행위

위에서 설명한 불공정거래행위 유형(II.~X.) 이외의 행위로서, 공정한 거래를 저해할 우려가 있는 행위도 금지된다(법 23조 1항 8호). 이는 불공정거래행위에 관한 포괄적 내용의 규정으로서 새로운 유형의 불공정거래행위에 탄력적으로 대응하기 위한 것이다. 그러나 다른 행위유형과 달리 시행령에 구체적인 세부유형이 규정되어 있지 않아서 그 적용기준 또는 행위의 양태 등에 관하여 규제의 실익에 의문이 있다.

**대법원 2008. 2. 14. 선고 2005두1879 판결**

공정거래법 제23조 제1항 제8호가 복잡·다양한 경제활동 또는 시장 상황에서 발생할 수 있는 불공정거래행위 전부를 법률에 규정하는 것이 입법기술상 어려운 상황에서 공정거래 저해성에 있어서 그 제1호 내지 제7호와 유사한 행위를 규제하기 위한 것이라고 하더라도, 위 제8호에서는 제1호 내지 제7호와 달리 기본적 행위유형이나 이를 가늠할 대강의 기준조차 전혀 제시되어 있지 않아서 수범자인 사업자의 입장에서는 구체적으로 통상의 사업활동 중에 행하여지는 어떤 행위가 위 제8호에서 규정한 '공정한 거래를 저해할 우려가 있는 행위' 에 해당하는 것으로서 금지되는지 여부를 예측하기가 매우 어렵다. 더욱이 공정거래법은 같은 법 제23조 제1항에 위반하여 불공정거래행위를 한 사업자에 대하여 행정적 제재뿐만 아니라 형사처벌까지 가능하도록 하고 있는 점을 감안하면, 위 제8호는 행위의 작용 내지 효과 등이 제1호 내지 제7호와 유사한 유형의 불공정거래행위를 규제할 필요가 있는 경우에 이를 대통령령으로 정하여 규제하도록 한 수권규정이라고 해석함이 상당하다. 따라서 같은 법 시행령에 위 제8호와 관련된 불공정거래행위의 유형 또는 기준이 정하여져 있지 아니한 이상, 문제된 행위가 공정한 거래를 저해할 우려가 있는 행위라고 하여 이를 위 제8호의 불공정거래행위로 의율하여 제재를 가할 수는 없다.

# 제4절 특수 불공정거래행위

## I. 개관

불공정거래행위의 유형 또는 기준은 대통령령으로 정하며(법 23조 2항), 공정거래위원회는 특정한 사업 또는 행위에 관한 불공정거래행위의 규제가 필요하다고 인정하는 경우에는 일반불공정거래행위의 유형 또는 기준을 특정분야 또는 특정행위에 적용하기 위하여 관계 행정기관의 장의 의견을 들어 세부기준을 정하여 고시할 수 있다(령 36조 2항). 이에 따라 제정·운용되고 있는 특수 불공정거래행위 관련 고시는 경품류제공에 관한 불공정거래행위의 유형 및 기준 지정고시, 대규모 소매업에 있어서의 특정불공정거래행위의 유형 및 기준, 병행수입에 있어서의 불공정거래행위의 유형 고시, 신문업에 있어서의 불공정거래행위 및

시장지배적지위남용행위의 유형 및 기준이 있다.[378)]

표 8. 특수 불공정거래행위

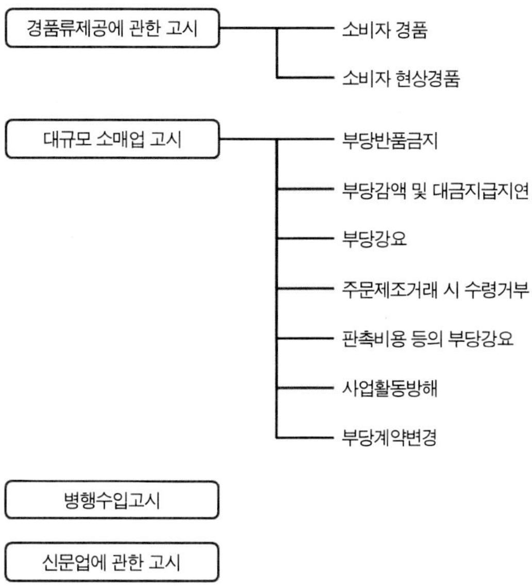


이와 같이 특수 불공정거래행위의 지정 및 규제에 대하여는 공정거래위원회에 상당한 재량권이 부여되어 있다. 일반불공정행위와 관련지어 특수 불공정거래행위에 관한 고시 및 법률은 다음과 같이 분류할 수 있다.

표 9. 특수 불공정거래행위에 관한 고시 및 법률

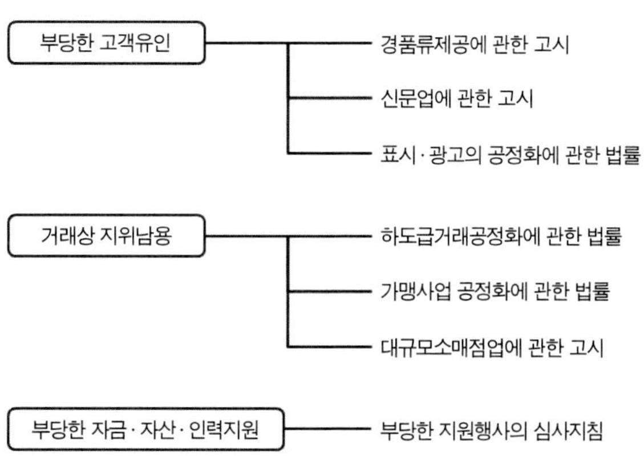


378) 종전의 "주유소 등 석유판매업에 있어서의 공급자 표시에 관한 불공정거래행위의 유형 및 기준"은 1999년에 제정된 표시광고의 공정화에 관한 법률에 이관되었고, "가맹사업(프랜차이즈)에 있어서의 불공정거래행위 유형 및 기준"은 2002년 5월에 제정된 「가맹사업공정화에 관한 법률」에 이관되었다.

## II. 경품류 제공에 관한 고시

### 1. 취지

사업자가 소비자들에게 경품류를 제공하는 것은 그 자체로서 반대급부 없이 경제적 이익을 제공하는 것이므로 공정거래법상 문제될 것이 없다고 생각된다. 또한 시장에서의 가격결정이 정체되고 있는 상황에서는 이를 극복하기 위하여 불가피한 수단이 될 수 있으며, 신규진입 기업으로서는 큰 효과를 기대할 수 있는 경쟁수단이 될 수도 있다. 그러나 이로 인해 소비자의 합리적 선택이 방해될 수 있으며, 그 비용은 결국 상품 또는 용역의 가격에 반영되어 소비자에게 전가될 가능성이 높다. 더욱이 사업자가 과도한 경품류를 제공함으로써 가격 및 품질에 의한 경쟁보다 경품류의 제공에 의한 경쟁에 치중할 경우 공정한 거래질서를 저해하게 된다.[379] 따라서 공정거래법 제23조 제1항 제3호의 "부당하게 경쟁자의 고객을 자기와 거래하도록 유인하는 행위"에 해당되어 금지되는 불공정거래행위에 해당하는 과도한 경품류 제공을 규제하기 위하여 공정거래위원회는 "경품류제공에 관한 불공정거래행위의 유형 및 기준"[380]을 지정 · 고시하고 있다.

### 2. 적용범위

#### (1) 경품류의 의의

'경품류'란 사업자가 자기 또는 자기와 거래관계에 있는 다른 사업자의 상품이나 용역의 거래에 부수하여 일반소비자에게 제공하는 경제상의 이익을 말한다(고시 2조). 경품류를 제공하는 자는 사업자이며 이를 제공받는 자는 일반소비자이다. 사업자가 사업자에게 제공하는 사업자경품은 여기에 포함되지 않으며, 일반불공정거래행위로서 '부당고객유인'으로 규제된다. 또한 거래에 부수하지 않고 현상의 방법으로 제공되는 공개현상경품은 규제대상이 되지 않는다.

여기서 '경제상 이익'이라 함은 ① 물품, 금전, 할인권, 상품권 기타 유가증권, ② 연예, 영화, 운동경기 또는 여행 등에의 초대권, ③ 편익 등의 용역, ④ 기타 고객을 유인하는 수단으로 인정되는 경제상의 이익을 말한다(고시 4조 1항). 또한 사업자가 특별한 비용을 들이지 아니하고 제공할 수 있는 물품이나 시판되고 있지 아니하는 물품 등이라도 일반소비자가 통상 대가를 지급하지 아니하고는 취득할 수 없는 것이라고 인정되는 경우도 경제상 이익에 포함된다(동조 2항). 그러나 다음의 경우에는 경제상 이익에서 제외한다(동조 3항).

① 사회통념상 정상적인 상관행으로 인정되는 대가의 감액, 인하 또는 수취한 대가의 일부 반환

② 사회통념상 정상적인 상관행으로 인정되는 애프터서비스

---

379) 권오승, 앞의 책, 310면.

380) 2009. 6. 17. 공정거래위원회 고시 제2009-11호.

③ 사회통념상 정상적인 상관행으로 인정되는 거래상대방의 노고에 대한 보수
④ 상품의 판매 또는 사용이나 용역의 제공에 부수적으로 필요한 물품 또는 용역을 제공하는 경우로서 사회통념상 정상적인 상관행으로 인정되는 경우
⑤ 2 이상의 상품을 함께 판매하는 것이 상관행으로 되어 있기 때문에 그중 하나를 무료로 제공받았다고 인식하지 아니하는 경우
⑥ 2 이상의 상품에 각각 판매가격이 표시되어 있고 거래상대방이 희망하면 그중 하나만을 구입할 수 있는 경우
⑦ 기타 당해 상품이나 용역의 성질 또는 내용 등에 비추어 사회통념상 정상적인 상관행으로 인정되는 경우

또한 '상품이나 용역의 거래'라 함은 상품이나 용역이 생산되어 최종수요자에게 이를 때까지의 모든 유통단계에서의 거래를 말하며, 이에는 판매 · 임대 · 교환 · 예금의 수취 · 신용의 공여 · 신용카드 이용자의 모집 등이 포함된다(고시 5조).

### (2) 경품류의 종류

종래 경품류의 종류에는 소비자경품류와 소비자현상경품류가 있었다. 이에 따르면 소비자 경품류는 거래에 부수하여 일반소비자에 제공되는 경품류를 말하며(개정전 고시 3조 1호), 소비자현상 경품류는 거래에 부수하여 현상의 방법으로 소비자에게 제공되는 경품류를 말하는 것(고시 3조 2호)이었다. 그러나 2009년 개정된 고시에서는 경품류의 종류에서 소비자경품이 삭제되었으므로, 경품류의 종류로는 소비자현상경품류만 남게 되었다. 소비자현상경품류란 사업자가 상품이나 용역의 거래에 부수하여 현상의 방법으로 일반소비자에게 제공하는 경품류를 말한다.

### (3) 적용범위의 확대

#### 1) 차별취급행위

사업자가 현상의 방법으로 일반소비자에게 경품류 제공행위를 하면서 자기의 상품 또는 용역을 구입한 소비자에 비하여 이를 구입하지 아니한 소비자를 응모방법 또는 응모횟수 등에서 불리하게 차별하는 경우 당해 사업자의 경품류 제공행위는 소비자현상경품류 제공행위로 본다(고시 8조 6항).

#### 2) 대리점 등의 경품류제공행위

다른 사업자의 상품이나 용역을 판매하는 대리점 등의 경품류 제공행위는 해당 대리점 등에 상품이나 용역을 공급하는 사업자가 대리점 등의 경품류 제공행위에 직 · 간접적으로 관여한 경우 당해 사업자의 경품류 제공행위로 본다(고시 17조 1항). 여기의 "대리점"에는 「가맹사업거래의 공정화에 관한 법률」 제2조 제3호의 "가맹점사업자"를 포함하고, "사업자"에는 같은 법률 제2조 제2호의 "가맹본부"를 포함한다(고시 17조 3항).

"사업자가 대리점 등의 경품류 제공행위에 직·간접적으로 관여한 경우"라 함은, ① 대리점 등에 대하여 경품행사의 시행, 행사의 내용이나 방법 등을 통지하거나 대리점 등에 경품류를 공급하는 회사 등의 선정 또는 경품류의 공급가격을 협의하는 등의 방법으로 관여하는 경우, ② 대리점 등의 경품행사 기간 중 대리점 등에 지급하는 수수료가 경품행사 기간 전에 비하여 현저히 과다하거나 새로운 항목의 수수료를 만들어 지급하는 경우 또는 대리점 등으로부터 받는 각종 비용을 감액하거나 대리점 등에 공급하는 상품이나 용역 등의 공급가격을 낮추는 등의 방법으로 대리점 등을 지원하는 경우, ③ 기타 제반 정황으로 보아 대리점 등의 경품류 제공행위에 관여하였다고 인정할 만한 상당한 이유가 있는 경우를 말한다(고시 17조 2항).

**대법원 1998. 5. 12. 선고 97누14125 판결**

일반적으로 신문의 발행부수는 신문의 영향력을 가늠할 수 있는 척도가 되고 광고 유치량을 결정하는 요인이 되는 등 그 부수를 증가하는 것은 발행사의 경영정책의 근간을 이루는 것이고, 발행사는 판매점인 지국으로 하여금 자신이 발행한 신문만을 판매케 하는 전매점제를 채택하고 있어 상당수의 구독자를 획득하는 것이 자신은 물론 지국의 경영을 유지하는 것이어서 판매점에 대한 경영 원조를 도모하지 않을 수 없는 사정 등을 고려해 보면, 당해 사안에서 신문사 소속의 판매기획팀이 지국에 대하여 한 경품류 구입의 알선·대행행위는 경쟁신문사들과의 판매경쟁에 대응하여 신문사가 발행하는 신문의 판매확대 및 지국에 대한 경영원조의 일환으로 신문사의 이익을 위하여 한 행위이므로, 대표이사의 구체적인 지시·허락을 받지 않고 판매국장만의 동의를 얻어 한 것이라고 하더라도 신문사의 행위로 보아야 한다.

"경품류제공에 관한 불공정거래행위의 유형 및 기준"고시(공정거래위원회 1993. 6. 17. 고시 제1993-12호) 제20조에서 정하는 제조회사가 대리점 등의 경품류제공행사에 직·간접적으로 관여하였는지 여부는, 경품류제공행사를 하게 된 경위, 경품류제공행사의 기획 및 실시에 참여한 정도, 경품 구입비용의 부담 주체 등의 제반 사정을 종합적으로 고려하여 제조회사가 대리점 등의 경품류 제공을 지시하거나 이를 조장·독려하는 등으로 대리점 등의 경품류제공행사에 실질적으로 영향력을 행사하였는지 여부를 기준으로 판단하여야 한다.

**공정거래위원회 2007. 7. 23. 의결 제2007-368호 2007서총0901, 2007서제0885**

(주)스쿨룩스가 자사 교복을 구입한 예비 고등학교 1학년 학생들에게 온라인 학원강의를 수강할 수 있는 상품권을 제공한 행위는 자기가 판매하는 상품의 거래에 부수하여 일반소비자에게 경품류를 제공한 행위로서 이 경우 제공된 경품류는 경품고시 제3조 제1호의 규정에 의한 소비자경품류에 해당하며 자신의 상품거래에 부수하여 제공한 상품권의 가액(50,000원)은 경품고시 제7조 제1항에 의한 상품의 거래가액(교복 1세트 평균 250,000원)의 한도인 10%(25,000원)를 초과하여 소비자경품을 제공한 행위는 부당한 소비자경품류 제공행위로 인정된다.

## 3. 소비자 현상경품에 대한 규제

고시는 소비자현상경품류의 제공이 합리적 기준을 넘어 소비자의 상품선택을 왜곡하거나, 시장에서의 공정한 거래를 침해할 우려가 있는 경우에 이를 규제하고 있다.

### (1) 현상의 정의

이 고시에서 '현상'이라 함은 추첨 기타 우연성을 이용하는 방법 또는 특정행위의 우열이나 정오에 의하는 방법으로 경품류의 제공 상대방이나 제공하는 경품류의 가액을 정하는 것을 말한다(고시 6조 1항). 그리고 '추첨 기타 우연성을 이용하는 방법'이라 함은 다음에 해당하는 경우를 말한다(고시 6조 2항).

① 추첨권을 사용하는 방법
② 영수증, 상품의 용기 · 포장 등을 이용하여 추첨을 행하는 방법
③ 상품의 일부에만 경품류 또는 당첨권을 넣은 후 구입자가 어느 상품에 경품류 또는 당첨권이 들어 있는지 알지 못하게 하는 방법
④ 모든 상품에 경품류 또는 당첨권을 넣되 경품류 또는 당첨권가액에 차등이 있고 구입자가 그 경품류 또는 당첨권의 가액을 알 수 없게 하는 방법
⑤ 자연현상 기타 미래에 발생될 사건을 대상으로 일정한 조건을 설정하고, 설정된 조건이 이루어지는 경우에 약정된 경품을 거래상대방 모두 또는 일부에게 제공하는 방법

'특정행위의 우열이나 정오에 의하는 방법'이라 함은 다음에 해당하는 경우를 말한다(고시 6조 3항).

① 응모시에 일시적으로 명백하지 아니한 사항에 대한 예상을 모집하여 그 회답의 우열 또는 정오에 의하는 방법
② 사업자 또는 상품에 관한 정보 · 지식 기타 취미 · 오락 · 교양 등에 관한 문제의 회답을 모집하여 그 회답의 우열 또는 정오에 의하는 방법
③ 경기 · 연기 · 유기 등의 우열에 의하는 방법

고시에서 '소비자 현상'이라 함은 ① 상품의 용기 · 포장 등에 응모권을 넣는 방법, ② 상품의 용기 · 포장에 출제하는 방법, ③ 상품을 구입함으로써 해답이 용이해지는 문제를 광고 등으로 출제하는 방법, ④ 상품의 구입자를 대상으로 하여 경기 · 연기 등 특정행위에 의하는 방법을 포함한다(고시 6조 4항).

### (2) 소비자현상경품류의 부당한 제공의 금지

#### 1) 경품류가액의 제한

고시는 업종을 두 부류로 나누어 소비자현상경품류제공을 규제하고 있다. ① 사업자가

소비자현상경품으로 제공하는 경품가액의 합계액이 경품부상품 또는 용역의 예상매출액의 1%를 초과하거나 소비자현상경품류의 가액이 500만원을 초과하는 소비자현상경품류를 제공하거나, 제공할 것을 제의하는 경우에는 부당한 경품류 제공행위에 해당된다.[381] 다만, 사업자가 소비자현상경품으로 제공하는 경품가액의 합계액이 1,000만원 이하인 경우에는 경품부상품 또는 용역의 예상매출액의 1%를 초과하여도 이를 부당한 경품류제공행위로 보지 아니한다(고시 8조 1항). ② 정기간행물출판업, 경기후원업 및 방송업(TV 홈쇼핑업 제외)을 영위하는 사업자의 경우에는 경품부상품 또는 용역의 예상매출액의 5% 이내로 한다(고시 8조 2항). '예상매출액'의 산정방법은 고시 제8조 3항의 규정에 의한다.

업종을 불문하고 창업, 개업행사 또는 신규 사업분야 진출 등에 따른 신상품발매행사시에 제공하는 소비자현상경품류에 대하여는, 예외적인 취급을 한다. 창업일, 개업일 또는 신상품발매일로부터 3개월 동안 사업자가 소비자현상경품으로 제공하는 경품가액의 합계액이 경품부상품 또는 용역의 예상매출액의 1%를 초과하거나 소비자현상경품류의 가액이 500만원을 초과하는 소비자현상경품류를 제공하거나, 제공할 것을 제의하는 경우에도(고시 8조 1항) 부당한 경품류 제공행위로 보지 않는 것이다(고시 8조 5항).

**공정거래위원회 2010. 11. 24. 의결(약) 제2010-142호 2010서경1549**

광동제약 주식회사(이하 피심인)은 2010. 3. 1. ~ 2010. 5. 30. (총 91일간)기간 동안 "탄생10년, 새롭게 탄생한 비타500 고객감사대축제" 행사를 실시하면서, 자사제품인 비타500의 뚜껑에 당첨여부를 기재한 후 이를 구매한 고객에게 경품을 제공할 것을 제의하였다. 피심인이 자신의 상품거래에 부수하여 현상의 방법으로 제공·제의한 경품류 중 가장 고가가 약 2,651만 원인 바, 경품류 가액이 경품고시 제8조 제1항에 의한 소비자현상경품류 제공한도 500만 원을 초과하였다. 또한 피심인이 자신의 상품거래에 부수하여 현상의 방법으로 당첨자에게 제공을 제의한 경품류의 총액은 약 270백만 원으로서 이는 경품부상품 예상매출액의 1.3%에 해당하여, 이는 경품고시 제8조 제1항에 의해 제의·제공할 수 있는 소비자현상경품류의 총액한도인 경품부상품 예상매출액의 1%(208백만 원)을 초과하였다. 따라서 피심인의 행위는 경품고시 제8조 제1항에 해당되어 공정거래법 제23조 제1항 제3호 전단에서 규정하고 있는 부당한 고객유인행위로 인정된다.

### 2) 표시·광고의 제한

경품제공 행사기간, 경품제공조건 및 경품의 내용 등 당해 경품행사의 구체적인 내용이 포함되지 않은 표시·광고 행위는 불공정한 행위로 본다(고시 8조 4항).

381) 공정거래위원회 2010. 11. 24. 의결(약) 제2010-141호 2010서경1967; 공정거래위원회 2009. 7. 13. 의결(약) 제2009-181호 2009서경0170 등 참조.

#### 3) 현상방법의 제한

2 이상 또는 2회 이상 상품이나 용역을 구입하여야만 문자·회화·부호 및 카드 등의 특정 조합을 제시할 수 있도록 하는 방법에 의한 소비자현상경품류의 제공은 제8조의 규정에 불구하고 금지된다(고시 14조).

### 4. 경품류가액의 산정

경품류가액의 산정은 소비자의 입장에서 얻게 되는 경제상의 이익을 기준으로 한다. 다만, 해당 경제상의 이익의 산정이 객관적으로 곤란한 경우, 다음의 방법에 의하여 산정한다(고시 10조 2항).

① 경품류제공사업자가 직접 제조한 경품류의 경우에는 그 제조가격에 25%를 가산한 금액, 다른 사업자로부터 구입한 경품류는 그 구입가격에 25%를 가산한 금액을 각각 경품류가액으로 한다. 다만, 현금 또는 상품권의 경우에는 그 액면가액, 할인권의 경우는 할인되는 금액을 각각 경품류가액으로 한다.

② 2 이상의 경품류를 제공하는 경우에는 각각의 경품류가액의 합계액을 기준으로 한다.

③ 경품류 제공사업자가 경품류를 무료로 취득한 경우에는 경품류제공사업자에게 그 경품류를 무료로 제공한 자를 기준으로 제1호 또는 제2호에 따라 경품류 가액을 산정한다.

여기서 기간의 계산은 역년을 기준으로 산정한다(고시 15조).

### 5. 적용배제 등

이 고시는 규모의 영세성 때문에 사업자의 경품제공이 불가피한 경우도 있음을 고려하여 소규모 사업자에게는 적용하지 않는다. 연간 매출액이 200억원 미만인 제조업자 또는 연간 매출액이 20억원 미만인 기타사업자가 제공하는 경품류에 대해서는 이 고시를 적용하지 않는 것이다. 다만, 제14조(특정한 소비자현상경품의 제공금지)의 규정에 대하여는 그러하지 아니하다(고시 12조).

이와는 별도로, 사업자가 현상에 의하여 경품류를 제공하고자 하는 경우에 그 현상내용이 사행심을 유발할 우려가 있는 시설 또는 방법에 의하여 영리를 도모하고자 하는 행위인 때에는 「사행행위 등 규제법」의 적용을 받는다(고시 16조).

## III. 대규모소매업에 관한 고시

### 1. 취지

백화점이나 대형할인점 등은 납품업자나 점포임차인에 대한 거래상 현저하게 우월한 지위에 있다. 그리하여 그 계속적 거래관계에서 납품업자 등에 대하여 부당한 강요를 하거나 경제적 불이익을 주는 경우가 적지 않게 발생하고 있다. 그 결과 대규모 소매점업자와 거래하는 납품업자 등은 사업활동에 큰 지장을 받을 뿐 아니라 경우에 따라서는 파산에 이르기도 한다. 또한 대규모소매점업자가 유통업계의 다른 경쟁사업자들에 비하여 부당하게 유리한 지위에 놓이게 되면서 공정한 거래질서를 저해할 우려도 높다. 이러한 상황은 민주주의적 자유경제원리에 어긋날 뿐 아니라 공정거래법에서 금지하고 있는 시장지배적 지위남용행위에 해당하거나 불공정거래행위 중 부당한 거래상 지위남용행위에도 해당한다.

그리하여 공정거래위원회는 "대규모소매업에 있어서의 특정 불공정거래행위의 유형 및 기준 지정고시"[382]를 시행하고 있다. 그 내용은 공정거래법 제23조 제1항 제4호 및 동법 시행령 제36조 관련 별표 1의2 제6호의 규정에 의한 '거래상지위의 남용행위' 중 특수한 것을 규제하는 것으로 되어 있다.

## 2. 적용범위

### (1) 거래유형

대규모소매업자와 그 상대방 사이의 거래는 대규모소매업자가 납품업자에게 특별한 규격·의장·형식 등을 정하여 상품의 제조를 위탁하고 이를 매입하여 판매하는 거래형태인 "주문제조거래"(고시 2조 5항), 대규모소매업자가 납품업자로부터 직접 상품을 매입하여 판매하는 거래형태인 "직매입거래"(고시 2조 6항), 대규모소매업자가 납품업자로부터 상품을 외상매입하여 판매하고 재고품은 반품하는 위·수탁거래형태인 "특정매입거래"(고시 2조 7항)의 세가지 유형이 있다.

이 중 제2조 제5항에 따른 주문제조 거래가 「하도급거래 공정화에 관한 법령」에 따른 하도급거래에 해당되는 경우에는 이 고시를 적용하지 아니한다(고시 12조).

### (2) 대규모소매점업자

이 고시의 적용을 받는 "대규모소매업자"란 일반 소비자가 일상적으로 사용하는 상품을 다수 사업자로부터 구입하여 소매하는 자(「가맹사업거래의 공정화에 관한 법률」 제2조 제2호의 "가맹본부"가 소매업을 영위하는 경우 해당 가맹본부를 포함)로서, ① 직전 사업연도의 매출액[383]이 1,000억원 이상인 자, ② 매장면적의 합계가 3,000㎡ 이상인 점포를 소유한 자 중 어느 하나에 해당하는 자를 말한다(고시 2조 1항).

소매업자가 점포를 갖지 않고 영업을 하는 경우 이를 "무점포소매업자"라 하며, 대규모소매업자 중 ① 방송법 제9조 제5항에 따라 상품소개와 판매에 관한 전문편성을 행하는 방송채널사용사업을 하고자 방송위원회의 승인을 받은 TV홈쇼핑업자, ② 인터넷홈페이지를 이용하여 점포없이 소매사업을 영위하는 인터넷쇼핑몰업자를 말한다(고시 2조 2항).

---

382) 개정 2009. 8. 20. 공정거래위원회 고시 제2009-43호.

383) 기업회계기준상 순액법에 의해 수익을 인식하는 사업자의 경우에는 총매출액을, 다수 업종을 영위하는 사업자의 경우에는 소매업종의 매출액을 말한다.

### (3) 납품업자와 점포임차인

"납품업자"라 함은 주문제조, 직매입, 특정매입 등 거래형태가 어떻든 간에, 대규모소매업자가 판매할 상품을 대규모소매업자에게 납품하는 자를 말한다(고시 2조 3항).

"점포임차인"이라 함은 대규모소매업자의 매장의 일부를 대규모소매업자로부터 임차하여 일반소비자가 일상적으로 사용하는 상품의 판매에 사용하고 그 판매액의 일정율 또는 일정액을 수수료의 명목으로 대규모소매업자에게 임차료로 지급하는 형태의 점포임대차 거래를 하는 자를 말한다(고시 2조 4항).

## 3. 불공정거래행위의 금지

### (1) 부당반품의 금지

대규모소매업자는 주문제조거래 또는 직매입거래에 있어서 납품업자로부터 매입한 상품의 전부 또는 일부를 당해 납품업자에게 반품(매입한 상품을 다른 상품과 바꾸는 등 실질적으로 반품이 되는 경우를 포함)하는 행위를 하여서는 아니된다. 이 경우 대규모소매업자는 반품조건 등에 대해 납품계약시 미리 구체적으로 서면(전자거래기본법에 의한 전자문서를 포함)으로 약정하여야 하고, 납품업자에게 서면약정 체결을 강요하여서는 아니된다.

다만, 다음 중 하나에 해당하는 경우(주문제조거래에 있어서는①~③에 한한다)에는 예외로 한다(고시 3조).

① 납품받은 상품이 납품업자의 귀책사유로 인한 오손, 훼손, 하자 등이 있는 경우에는 납품을 받은 날로부터 거래관행상 정당한 기간 내에 당해 납품업자에게 반품하는 행위

② 납품받은 상품이 주문한 물품과 다른 경우에 납품일로부터 거래관행상 정당한 기간 내에 당해 납품업자에게 반품하는 행위

③ 납품받은 상품을 반품함으로써 생기는 손실은 대규모소매업자가 부담하고 당해 납품업자의 동의를 받아 당해 상품을 당해 납품업자에게 반품하는 행위

④ 상거래관행상 인정되는 범위 내에서 명절용 선물세트(건조·염장 등의 가공을 하지 아니한 신선상태의 농산물은 제외)·계절용품 등 특정 기간이나 계절 동안만 주로 판매되는 상품의 일부를 납품일로부터 정당한 기한 내에 당해 납품업자에게 반품하는 행위

⑤ 신·구상품의 교체, 시장테스트 상품의 반품 등 납품업자가 자기에게 직접적으로 이익이 된다고 판단하여 반품일 이전에 자발적으로 반품을 서면으로 요청함에 따라 당해 납품업자에게 반품하는 행위.[384)]

384) 이 경우 납품업자는 당해 반품이 자기에게 직접적으로 이익이 된다는 객관적인 근거자료를 서면 요청시에 대규모소매업자에게 제출하여야 한다.

**서울고등법원 2004. 5. 27. 선고 2001누17496 판결**

대규모소매점업고시 제3조(부당반품)는 그 본문에서 "대규모소매점업자는 하도급거래 또는 직매입거래에 있어서 납품업자로부터 매입한 상품의 전부 또는 일부를 당해 납품업자에게 반품(매입계약을 위탁계약으로 대체하거나 또는 납품된 상품을 다른 상품과 바꾸는 등 실질적으로 반품이 되는 경우를 포함)하는 행위를 하여서는 아니된다고 규정하고 이하 각호에서 일정한 예외사유를 규정함으로써 반품이 원칙적으로 부당한 것으로 의제하고 있으나, 공정거래법 제23조 제1항 제4호 및 공정거래법시행령 별표1에 규정된 거래상 지위남용행위에 대한 강제성 및 강요성은 기본적으로 피고가 입증하여야 하는 것이므로 위와 같은 위 고시의 부당반품규정은 상위법규인 공정거래법 및 그 시행령에 반하는 것으로서 위법하다.

또한, 위 고시에서 규정한 반품의 예외사유, 즉 ① 납품업자의 귀책사유로 인해 거래관행상 정당한 기간 내에 이루어지는 반품행위, ② 반품에 따른 손실은 원고가 부담하고 납품업자의 명시적 동의를 받아 이루어지는 반품행위, ③ 납품업자가 납품한 상품을 직접 처분하는 것이 유리하기 때문에 스스로 반품을 요청하여 이루어지는 반품행위 등 적법한 반품의 인정범위에 대한 제한은 지나치게 협소한 것으로서 아무런 법령상의 근거가 없을 뿐 아니라, '거래관행상 정당한 기간 내에', '명시적인 동의', '납품업자가 스스로 반품 요청'이라는 제한규정은 거래관행을 무시하고 입증책임을 부당하게 전가시키는 것으로, 그 이외의 합리적인 반품행위를 허용하지 않는 등 정당한 상거래를 지나치게 제한하여 상위법인 공정거래법에 반하는 위법한 제한규정이므로, 결국 위 각 규정을 적용하여 한 이 부분 시정명령 역시 위법하다.

**공정거래위원회 1999. 1. 6. 의결 제98-8호 9809유거1584**

상품판매에 있어 대형 할인점이 차지하는 비중이 커짐에 따라 자체 유통망을 가지고 있지 못하거나 회사 지명도가 피심인보다 열등한 납품업자들은 매출액의 상당부분을 피심인에게 의존할 수밖에 없고 이들이 피심인과의 거래를 계속 유지하기 위해서는 피심인의 요구를 사실상 거절하기 어렵다 할 것이므로 피심인을 이 사건 납품업자들에 대하여 거래상의 우월한 지위가 있는 것으로 인정한 후, 피심인이 직매입한 상품을 납품업자의 귀책사유가 아닌 판매 중 파손 등의 이유로 납품업자에게 반품한 행위는 공정거래법 제23조 제1항 제4호(거래상지위남용행위) 및 고시 제3조(부당반품행위)에 해당한다.

### (2) 부당감액의 금지

대규모소매업자는 납품업자로부터 상품을 매입한 후에 당해 상품의 대금을 감액하는 행위를 하여서는 아니된다. 다만, 예외적으로 ① 납품받은 상품에 납품업자의 귀책사유로 인한 오손, 훼손, 하자 등이 있는 경우에 납품받은 날로부터 거래관행상 정당한 기간 내에 정당한 금액의 범위 내에서 납품대금을 감액하는 행위, ② 납품을 받은 상품이 주문한 상품과 다른 경우에 납품받은 날로부터 거래관행상 정당한 기간 내에 정당한 금액의 범위 내에서 납품대금을 감액하는 행위는 허용된다(고시 4조).

**대법원 2003. 12. 26. 선고 2001두9646 판결**

대형할인점업자와 납품업자 사이에 있어서 대형할인점업자의 요청에 의한 대금감액, 인건비부담, 광고비부담 등에 대한 납품업자의 동의가 자발적으로 이루어진 것인지, 그렇지 않고 납품업자가 거래관계의 지속을 위하여 어쩔 수 없는 강요에 의하여 이루어진 것인지가 다투어지는 경우 법원으로서는 납품업자에 대한 대형할인점업자의 거래상 우월적 지위의 정도, 납품업자의 대형할인점업자에 대한 거래의 존도, 거래관계의 지속성, 거래 상품의 특성과 시장상황, 거래 상대방의 변경가능성, 당초의 거래조건과 변경된 거래조건의 내용, 거래조건의 변경경위, 거래조건의 변경에 의하여 납품업자가 입은 불이익의 내용과 정도 등을 정상적인 거래관행이나 상관습 및 경험칙에 비추어 합리적으로 추단할 수밖에 없다.

**공정거래위원회 1999. 1. 6. 의결 제98-10호 9809유거1586**

주식회사 LG상사(이하 피심인)는 1998.1.1.부터 같은 해 7.31. 사이에 직매입거래에 있어서 정화식품(주) 등 11개 납품업자로부터 계약서상에 명시되어 있지 않은 판매장려금(상품을 공급하는 납품업자가 자기 상품의 판매신장을 도모하기 위하여 대규모소매점업자 등에게 지급하는 장려금) 명목으로 합계 2,100만원을 상품의 대금에서 공제한 사실이 있다.

상품판매에 있어 대형 할인점이 차지하는 비중이 커짐에 따라 대형 할인점업을 영위하는 피심인에게 상품을 공급하는 이 사건 납품업자들은 피심인에게 의존할 수밖에 없으므로 납품업자들이 피심인과의 거래를 계속 유지하기 위해서는 피심인의 요구를 사실상 거절하기 어렵다 할 것이므로 사정이 예견되므로 피심인은 이 사건 납품업자들에 대하여 거래상의 우월한 지위로 인정하면서 피심인이 직매입한 상품의 대금을 지급하면서 계약서에 명시되어 있지 않은 판매장려금을 공제한 위 가.의 행위는 납품업자에 대한 자기의 거래상 지위를 부당하게 이용하여 상품대금을 감액한 행위로서, 이는 법 제23조 제1항 제4호(거래상지위 남용행위) 및 고시 제4조(부당감액행위)에 해당하는 불공정거래행위에 해당한다.

### (3) 부당한 지급지연의 금지

대규모소매업자가 납품업자로부터 상품을 수탁하여 판매하거나 점포임차인의 상품판매대금을 수령하여 관리하는 경우 정당한 이유 없이 상품판매대금을 지연하여 지급하는 행위를 하여서는 아니된다(고시 5조).

**공정거래위원회 1993. 7. 22. 의결 제93-105호 9304특277**

(주)삼정[주리원 백화점](이하 피심인)은 백화점업을 영위하는 사업자로서, 1993. 3. 7 삼진기업이 1993년 2월 8일~1993년 2월 28일(21일간) 중 판매한 판매대금 중 일부(79,865,600원)에 대하여 마감일인 판매종료일(1993. 2. 28)로부터 70일이 되는 날(1993. 5. 9)에 만기가 도래하는 어음으로 지급하였다.

> 백화점업자가 점포임차인의 상품판매대금을 수령관리함에 있어서 신용카드 등으로 판매하였을 경우의 판매대금의 회수기일을 감안하더라도 점포임차인에 대한 판매대금은 마감일로부터 40일 이내에 지급하는 것이 정상적인 거래관행이라 할 수 있는 바, 피심인이 1993년 2월 8일부터 1993년 2월 28일까지의 학생복판매대금을 마감일로부터 70일이 되는 날에 만기가 도래하는 어음으로 지급한 것은 정당한 이유없이 판매대금을 부당하게 지급지연한 행위로 백화점업에 있어서의 특수 불공정거래행위에 해당된다.

#### (4) 부당한 강요행위의 금지

대규모소매업자는 자기와 거래관계에 있는 납품업자 또는 점포임차인에게 ① 할인특매, 염가판매 등의 특별판매행사를 하기 위하여 납품업자에게 통상적인 납품가격보다 현저히 낮은 가격으로 납품하도록 강요하는 행위, ② 경품부판매, 할인특매 등의 특별판매행사에 납품업자 등이 참여토록 강요하는 행위, ③ 납품업자 등에게 상품이나 상품권 등의 구입을 강요하는 행위를 해서는 안 된다(고시 6조).

#### (5) 부당한 수령거부의 금지

대규모소매업자는 납품업자와 주문제조거래 계약을 체결한 후 당해 납품업자의 귀책사유가 없음에도 불구하고 당해 상품의 전부 또는 일부의 수령을 지연하거나 거부하는 행위를 하여서는 아니된다(고시 7조).

#### (6) 판촉비용 등의 부당강요의 금지

대규모소매업자는 납품업자 등에게 판촉비용(광고비, 경품비 등 사은행사비용, 아르바이트비용, 모델 등의 방송출연료 등 판촉행사에 소요되는 모든 비용)을 부담시키는 행위를 하여서는 아니된다. 다만, 다음 요건을 모두 갖춘 경우에는 예외로 한다(고시 8조 1항).

① 당해 판촉행사의 명칭 · 성격 · 기간, 당해 판촉행사에 소요되는 전체 판촉비용의 규모 · 사용용도 · 산출근거, 대규모소매업자와 납품업자 등이 각각 당해 판촉행사를 통해 직접적으로 얻을 것으로 예상되는 이익("예상이익") 및 판촉비용 분담 비율 등에 대하여 판촉행사일 이전에 서면으로 약정할 것.[385)]

② 납품업자 등이 부담하는 판촉비용이 납품업자가 납품하거나 점포임차인이 판매하는 상품의 판매촉진이나 비용절감 등에 기여할 것

③ 납품업자 등이 부담하는 판촉비용이 납품업자 등의 예상이익의 범위를 초과하지 아니할 것

여기서 판촉비용 분담비율은 대규모소매업자와 납품업자 등의 예상이익의 비율에 따라

385) 이 경우 대규모소매업자는 납품업자 등에게 서면약정 체결을 강요하여서는 아니 된다.

정하는 것을 원칙으로 하되, 구체적인 비율을 산정하기 곤란한 경우에는 대규모소매업자와 납품업자 등의 예상이익이 동일한 것으로 한다. 다만, ① 납품업자 등이 신상품 홍보 등을 목적으로 자체 계획에 의해 자발적으로 판촉행사를 하는 경우 ② 인터넷쇼핑몰업자와 거래하는 납품업자가 자발적으로 판촉행사를 하는 경우에는 예상이익과 관계없이 대규모소매업자와 납품업자 등이 상호 협의에 의해 판촉비용의 분담비율을 정할 수 있다. 이 경우 서면약정을 체결하지 아니할 수 있다(고시 8조 2항, 3항).

대규모소매업자는 납품업자 등으로부터 종업원 등을 파견받아 자기 등의 업무에 종사시키거나 또는 자기가 직접 고용하는 종업원 등의 인건비를 납품업자에게 부담시키는 행위를 하여서는 아니된다. 다만, 다음 중 어느 하나에 해당하는 경우로서 파견종업원 등의 업무내용, 노동시간, 파견기간 등의 파견조건에 관하여 사전에 서면으로 명확히 약정하고 당해 상품의 판매업무에만 종사시키는 경우에는 그러하지 아니하며, 이 경우 대규모소매업자는 납품업자 등에게 서면약정 체결을 강요하여서는 아니된다(고시 8조 4항).

① 특수한 판매기법 또는 능력을 지닌 종업원을 파견하는 경우
② 대규모소매업자가 납품업자 등에게 종업원 등의 파견을 요청하면서 인건비 등 통상적으로 필요한 비용을 부담하는 경우
③ 납품업자 등이 자기의 신상품 홍보, 매출증대 등을 위해 자기에게 직접적으로 이익이 된다고 판단하여 종업원 등을 자발적으로 파견하는 경우[386]
④ 특정매입거래에 한하여 납품업자 등이 상시적으로 운영하는 매장에서 상품을 판매하는 경우로서 당해 상품의 특성상 전문지식이 중요하다고 인정되는 경우

**공정거래위원회 1993. 5. 12 의결 제93-64호 9304조이285**

한양유통(주)(이하 피심인)는 일정한 요건을 갖춘 소비자에게 '자사카드'를 발행하고 자사카드 신규가입자나 소지자의 생일 또는 결혼기념일등에 1인당 할인쿠폰(할인율 3~5%) 3~4매를 발송한 후 소비자가 점포임차인에게 동 할인쿠폰을 제시하면 할인율만큼 저렴하게 물품을 구입할 수 있게 하면서 피심인이 부담해야 할 할인액을 점포임차인에게 부담(2-5%)시키고 동 부담액을 점포임차인의 상품대금에서 일괄공제하였다.

피심인의 할인쿠폰은 피심인의 판매촉진을 위한 것이므로 할인쿠폰의 할인액은 피심인의 판촉비용으로 보아야 하는 바, 점포임차인과의 거래약정서에서 할인액에 대한 분담비율이 약정되어 있지 않은 점, 점포임차인에게 2~5%에 해당되는 할인액을 부담시키고 이를 익월 상품대금에서 일괄공제한 점 등을 감안할 때 피심인의 행위는 자기의 거래상의 지위가 우월함을 이용하여 점포임차인의 의사에 반하여 자기가 부담하여야 할 판촉비용의 일부를 부당하게 전가시킨 행위에 해당한다.

386) 이 경우 납품업자 등은 서면약정 체결시에 종업원 파견에 따른 자기의 예상이익과 비용의 구체적인 내역 및 산출근거를 서면으로 제출하여야 한다.

### (7) 부당한 경제상이익 수령의 금지

대규모소매업자는 납품업자 등이 제공할 필요가 없거나, 납품업자 등의 이익에 기여하지 않는 금전, 역무 기타 경제상이익을 납품업자 등으로부터 수령하는 행위를 하여서는 아니 된다(고시 9조 1항). 또한 대규모소매업자는 납품업자 등이 얻는 이익 등을 감안할 때 합리적이라고 인정되는 범위를 초과하여 금전, 역무 기타 경제상이익을 납품업자 등으로부터 수령하는 행위를 하여서는 아니 된다. 다만, 직매입거래에 있어서 연간 거래기본계약을 통해 사전에 판매장려금을 받을 수 있는 합리적인 조건을 명시하고 동 조건에 따라 판매장려금을 수령하는 것은 합리적인 범위로 본다(고시 9조 2항).

**대법원 2009. 7. 23. 선고 2008다40526 판결**

피고는 2003년 말 기준으로 대형 할인점 시장에서 7.6%의 시장을 점유하고 있었으며, 유통산업발전법의 규정에 의한 대규모점포의 개설등록을 하고 일반소비자에게 상품을 소매하는 종합소매업을 영위하고 있는 회사로서 공정거래법 제2조 제1호에서 규정한 사업자 및 이 사건 고시 제2조 제2항에서 규정한 대규모 소매점업자에(해당하고), 원고는 이 사건 고시 제2조 제3항에서 규정한 납품업자에 해당하는 사실, 피고와 같은 대형 할인점은 체계화된 유통망을 바탕으로 상품에 대한 대규모 구매력을 보유하고 있어 대부분의 납품업자가 피고와의 거래를 원하고 있으며, 피고는 납품업자의 간섭 없이 상품에 대한 판매가격을 자유롭게 결정할 수 있는 소위 Open Price제도를 도입하고 있고, 상품에 대한 결제조건(결제기간, 현금결제비중, 어음만기의 단기 등)이 일반적으로 대형 할인점 외의 거래처에 비해 납품업자에게 유리하며, 납품업자 등이 대형할인점과 거래하기 위해 거래개시 초기에 할인점이 요구하는 일정 규모 이상의 시설설비와 재고수준 확보 등과 같은 상당한 노력과 투자비용이 소요되고 이와 같은 사유로 인해 납품업자 등의 할인점에 대한 거래의존도가 높은 사실, 한편 원고는 피고와 직매입거래 계약을 맺고 피고에게 황태포 등을 납품하면서 이러한 직매입거래와 관련하여 피고의 8~9개 영업점에 협력사원을 파견한 사실, 원고가 협력사원을 채용하여 파견하는 형식을 취하기는 하였으나 사실은 피고가 직접 면접 후 협력사원을 채용하고, 근무시간, 근태관리 및 급여 등 제반 사항을 결정하였고 원고는 급여 등 인건비만 부담한 사실 …(중략)… 을 알 수 있는 바, 사정이 이와 같다면 원고와의 관계에서 피고는 상대적으로 우월한 지위에 있는 사업자에 해당한다고 할 것이고, 또한 원고가 직매입거래로 납품한 황태포 등은 납품이 완료되어 매입이 확정되면 관리·처분권이 피고에게로 이전되는 것으로서 그 판매와 관리는 피고의 비용과 책임으로 수행하여야 할 피고의 고유한 업무라고 할 것인 점 …(중략)… 원고와 피고 사이에 파견종업원의 파견조건에 관하여 사전에 서면으로 명확히 약정을 하지도 않았던 점 등을 종합하여 보면, 이러한 행위는 피고가 거래상 우월한 지위를 이용하여 거래상대방에게 경제상 이익을 제공하도록 강요하는 행위에 해당한다고 보아야 할 것이고, 이는 공정거래법 시행령 제36조 제1항 [별표 1]불공정거래행위의 유형 및 기준 제6호 (나)목에서 금지하는 거래상 지위의 남용행위로서 민사상 불법행위에 해당한다고 할 것이다.

### (8) 사업활동방해 등의 금지

대규모소매업자는 납품업자 등과의 거래를 자기에게만 한정하거나 납품업자 등에게 배타적 거래를 강요함으로써 납품업자 등의 자율적 판단을 제한하여 다른 사업자와의 거래를 부당하게 방해하는 행위를 하여서는 아니 된다(고시 10조 1항). 또한 대규모소매업자는 납품업자 등으로부터 경쟁사업자에 대한 납품업자 등의 중요한 경영자료(가격, 판매량, 할인율 등 매출에 대한 세부정보를 포함)를 납품업자 등의 의사에 반하는 방법 등으로 부당하게 취득하여 납품업자 등에게 판촉행사 참여를 강요하는 등 경영을 간섭하는 행위를 하여서는 아니 된다(고시 10조 2항).

**공정거래위원회 1998. 5. 28. 의결 제98-100호 9709유거1239**

롯데쇼핑(주)(이하 피심인)는 피심인의 납품업체인 (주)리리제과가 1996. 4. 30. 금강개발산업(주)의 현대백화점 부산점에 최초로 과자류를 납품하자, 리리제과에 대하여 같은 해 5. 2. 현대백화점 부산점에서 판매되는 리리제과의 과자류가 피심인의 매장에서 판매되는 가격보다 싸게 판매된다는 등의 이유로 항의를 하고, 피심인의 매장에서 철수하라는 등의 압력을 가하여 같은 달 피심인에 대한 매출액의존도가 높아 피심인과의 거래를 계속 유지할 필요성이 큰 리리제과로 하여금 현대백화점 부산점에서 판매중인 위 과자류 판매잔량을 전부 매입·회수하는 방법 등으로 현대백화점 부산점에 과자류를 공급하지 못하도록 한 사실이 있다.

자신의 전국 매장에서의 구매력을 이용하여 거래의존도가 높은 납품 및 입점업체들로 하여금 현대백화점에 납품 또는 입점을 못하도록 한 피심인의 이 사건 행위는 동 납품 및 입점업체들의 의사의 자유를 침해한 행위에 해당되므로 그 방법에 있어 부당성이 인정된다고 하였으며, 이 사건 행위로 인하여 현대백화점은 일부 납품 및 입점업체들로부터 제품을 공급받지 못하게 되었는 바, 피심인과 현대백화섬은 서로가 백화점업계에 있어서 주요 경쟁상대방인 점 등을 감안할 때, 피심인의 행위는 경쟁사업자인 현대백화점의 사업활동을 심히 곤란하게 할 정도로 방해하는 행위에 해당한다.

### (9) 계약서면의 불교부·부실교부의 금지

대규모소매업자는 납품업자 등과 서면계약서의 교부 없이 거래하거나 점포임차인이 입점 후 교부하는 행위 및 상품판매 방송일정 등의 거래조건에 관한 서면계약서를 거래조건이 확정되는 시점에 교부하지 아니하는 행위를 해서는 안된다. 다만, TV홈쇼핑업자에게 현저한 시황변동 등 불가피한 사유가 있는 경우에는 방송 전까지 계약사항을 변경하여 교부할 수 있다(고시 11조 1호).

대규모소매업자는 납품업자 등과 거래하면서 서면계약서의 내용에 거래와 관련하여 분쟁의 대상이 될 수 있는 다음 사항을 포함하지 아니하는 행위를 하여서는 안된다(고시 11조 2호).

① 공통 : 거래형태, 거래품목 및 수량, 거래가격(위수탁판매수수료 포함), 거래기간, 납품조건(방법, 장소, 일시등), 대금지급방법, 대금결제기간 및 판촉비용[387]의 부담여부 및 부담조건, 반품조건, 특정매입마진율(특정매입거래의 경우에 한한다), 판매장려금 부담여부 및 부담조건(직매입거래의 경우에 한한다)

387) 광고비, 경품비 등 사은행사비용, 아르바이트비용, 모델 등의 방송출연료 등 판촉행사에 소요되는 모든 비용을 말한다(고시 8조).

② 무점포소매업자를 제외한 대규모소매업자 : 종업원의 파견조건·파견비용 부담 여부 및 부담조건, 임차료(점포임차인과의 거래에 한한다), 매장위치·면적 및 인테리어·비품 등의 설치비용 부담여부·부담조건(특정매입거래 또는 점포임차인과의 거래에 한한다)

③ 무점포소매업자 : 판매방송일정·방송제작, 상품전문가·모델 등의 출연여부·일정 및 출연비용 부담여부 및 부담조건(이상 TV홈쇼핑업자가 특정매입거래를 하는 경우에 한한다), 소비자의 주문 및 반품상품에 대한 배송, 소비자의 구매취소 및 반품상품의 처리조건 등

#### (10) 부당한 계약변경 등 불이익제공의 금지

대규모소매업자는 납품업자 등에 대하여 계약기간 중에 계약조건을 변경하는 행위를 하여서는 아니 된다. 이 경우 대규모소매업자는 납품업자 등에게 계약조건 변경을 강요하여서는 아니 된다. 다만, ① 상품재구성의 목적 등으로 다수 매장의 위치·면적·시설 등을 동시에 변경하는 경우 ② 납품업자와 합의된 방송일정 등 상호 계약사항에 대해 일정기간 동안의 방송일정을 전면적으로 개편해야 하는 불가피한 사유가 발생한 경우 ③ 기타 납품업자 등에게 직접적으로 이익이 되는 경우에는 예외로 한다(고시 11조의2 1항).

대규모소매업자는 점포임차인이 인테리어를 한 후 인테리어 비용 회수에 필요한 상당한 기간(특별한 사유가 없는 한 1년)이 경과하지 아니한 때에는 ① 점포임차인이 지출한 인테리어 비용을 합리적인 범위 내에서 보상하지 아니하고 거래를 거절하는 행위 ② 대규모소매업자가 인테리어 비용을 부담하지 아니하고 점포임차인 매장의 위치·면적·시설 등을 변경시키는 행위를 하여서는 아니된다(고시 11조의2 2항).

대규모소매업자는 납품업자 등이 고시 제3조부터 제11조의2 제2항에 규정된 요구에 응하지 아니하거나, 공정거래위원회에 신고 등을 통해 알렸다는 이유로 납품업자 등에게 불이익이 되도록 계약조건을 설정 또는 변경하거나 그 이행과정에서 불이익을 주는 행위를 하여서는 아니 된다(고시 11조의2 3항).

### 4. 적용제외

이 고시는 대규모소매업자가 납품업자 등에 대해 거래상 우월적인 지위가 있다고 인정되지 아니하는 경우에는 적용하지 아니한다(고시 13조).

## IV. 병행수입에 관한 고시

### 1. 취지

병행수입이란 외국상품의 독점수입권자가 있는 경우 제3자가 진정상품인 그 외국 상품

을 다른 유통경로를 통하여 국내 독점수입권자의 허락없이 수입하는 것을 말한다(고시 2조 3항). '진정상품'은 외국에서 적법하게 상표를 사용할 권리가 있는 자가 상표를 부착하여 배포된 상품을 가리킨다(고시 2조 1항). 병행수입이 허용되지 않을 경우 국내시장에서 해당상품에 대한 가격경쟁이 발생하지 않으므로 소비자의 이익에 반할 뿐 아니라 국내물가의 안정에도 도움이 되지 않는다. 그러나 이를 허용하더라도 독점수입권자들의 불공정거래행위에 의하여 병행수입품의 유통이 방해된다면 병행수입을 허용한 목적을 달성할 수 없게 된다. 그리하여 공정거래위원회는 공정거래법상 불공정거래행위에 해당되어 금지되는 부당한 병행수입 저지행위의 대표적인 유형을 구체적으로 밝혀서 이를 사전에 예방함으로써 병행수입상품의 유통을 원활히 하고 국내시장에서의 경쟁을 촉진하기 위하여 "병행수입에 있어서의 불공정거래행위의 유형고시"[388]를 제정 · 시행하고 있다.

## 2. 적용범위

이 고시는 관세청고시인 "지적재산권 보호를 위한 수출입통관 사무처리규정" 제1-3조 제5호 단서규정에 의하여 "상표권을 침해하지 않는 것으로 보는 경우"에 해당되어 수입이 허용되는 상품을 국내에 수입하여 판매하는 병행수입업자의 행위를 부당하게 저해하는 독점수입권자 및 그 판매업자의 불공정거래행위를 그 규제대상으로 한다(고시 3조). 고시 제5조 내지 제11조에서 규정한 부당한 병행수입 저지행위에 해당되는 경우란 이를 전제로 한다.

"독점수입권자"라 함은 ① 외국상표권자와 국내상표권자가 동일인이거나 계열회사관계[389] 이거나, 수입대리점관계에 있는 자 ② 외국상표권자와 제1호의 관계에 있는 자로부터 전용사용권을 설정받은 자를 말한다(고시 2조 2항).

## 3. 기본원칙

병행수입은 독점수입권자외의 제3자가 다른 유통경로를 통하여 진정상품을 수입함에 따라 일반적으로 경쟁을 촉진시키는 효과를 지니는 것이므로 이를 부당하게 저해하는 경우에는 법에 위반된다(고시 4조 1항). 병행수입품이라고 하는 상품이 진정상품이 아니고 위조상품인 경우에는 상표권의 침해를 이유로 독점수입권자가 그 판매를 중지시킬 수가 있다. 이밖에 상품사양이나 품질이 다른 상품인데도 불구하고 허위의 출처표시를 하는 등의 방법으로 일반소비자에게 독점수입권자가 취급하는 상품과 동일한 것이라고 오인될 우려가 있는 경우 상표의 신용을 보증하기 위하여 필요한 조치를 취하는 것은 원칙적으로 문제가 되지 아니한다(고시 4조 2항).

388) 2009. 8. 20. 공정거래위원회 고시 제2009-23호.

389) 주식 또는 지분의 30%이상을 소유하면서 최다출자자인 경우.

## 4. 부당한 병행수입 저지행위의 금지

### (1) 해외유통경로로부터의 진정상품 구입방해

독점수입권자가 부당하게 ① 병행수입업자가 진정상품을 구입하고자 하는 경우 외국상표권자의 해외거래처에 대하여 외국상표권자로 하여금 제품공급을 하지 못하게 하는 행위 ② 병행수입품의 제품번호 등을 통하여 그 구입경로를 알아내어 동 제품을 취급한 외국상표권자의 해외거래처에 대하여 외국상표권자로 하여금 제품공급을 하지 못하게 하는 행위를 하는 경우에는 공정거래법 시행령 별표 제7호의 구속조건부거래 중 거래지역 또는 거래상대방의 제한에 해당되어 법 제23조 제1항 제5호 전단에 위반되거나 시행령 별표 제8호의 사업활동방해 중 기타의 사업활동방해에 해당되어 법 제23조 제1항 제5호 후단에 위반된다(고시 5조).

> **대법원 2002. 2. 5. 선고 2000두3184 판결**
>
> 병행수입에 있어서의 불공정거래 행위유형 제5조 제2호는 독점수입권자가 부당하게 '병행수입품의 제품번호 등을 통하여 그 구입경로를 알아내어 동 제품을 취급한 외국상표권자의 해외거래처에 대하여 외국상표권자로 하여금 제품공급을 하지 못하게 하는 행위'를 공정거래법 제23조 제1항 제5호에 해당하는 불공정거래행위의 하나로 규정하고 있는바, 이러한 유형의 불공정거래행위가 성립하기 위하여는 독점수입권자가 병행수입품의 제품번호 등을 통하여 그 구입경로를 알아낸 행위 등과 외국상표권자로 하여금 병행수입품을 취급한 외국상표권자의 해외거래처에 대하여 제품공급을 하지 못하게 한 결과 사이에 상당인과관계가 있어야 한다.
>
> 그리고 독점수입·판매계약에 의한 권리행사 등과 같은 독점수입권자의 행위에 의하여 결과적으로 병행수입방해의 결과가 초래된 경우에는 행위의 외형상 바로 공정한 거래를 저해할 우려가 있다고 보기는 어려우므로, 그것이 부당하게 행하여진 경우라야 공정한 거래를 저해할 우려가 있다고 볼 수 있고, 이 경우 부당성의 유무는 당해 권리행사의 의도와 목적, 가격경쟁저해성, 대상 상품의 특성과 그 시장상황, 행위자의 시장에서의 지위, 병행수입업자에 대한 영향 등 개별사안에서 드러난 여러 사정을 종합적으로 살펴 그것이 공정한 거래를 저해할 우려가 있는지 여부에 따라 판단하여야 하며, 그에 관한 입증책임은 피고에게 있다.

### (2) 판매업자에 대한 병행수입품의 취급제한

독점수입권자가 독점수입상품을 판매함에 있어 부당하게 병행수입품을 취급하지 않는 조건으로 자기의 판매업자와 거래하는 등 판매업자에 대하여 병행수입품을 취급하지 않도록 하는 경우에는 시행령 별표 제7호의 구속조건부거래 중 배타조건부거래에 해당되어 법 제23조 제1항 제5호 전단에 위반된다(고시 6조).

### (3) 병행수입품을 취급한 판매업자에 대한 차별적취급

독점수입권자가 독점 수입상품을 판매함에 있어 자기의 판매업자중 병행수입품을 취급하는 판매업자에 대하여는 타판매업자에 비하여 현저하게 불리한 가격으로 거래하거나, 수량.품질등 거래조건이나 거래내용에 관하여 부당하게 차별적 취급을 하는 경우에는 시행령 별표 제2호의 차별적취급 중 가격차별 및 거래조건차별에 해당되어 법 제23조 제1항 제1호 후단에 위반된다(고시 7조).

#### (4) 병행수입품을 취급한 판매업자에 대한 제품공급거절 및 중단

독점수입권자가 독점수입상품을 판매함에 있어 병행수입품을 취급하는 사업자와는 거래개시를 거절하거나 그동안 계속 거래하여 오던 자기의 판매업자중 병행수입품을 취급한 사업자에 대하여 병행수입품을 취급하였다는 이유만으로 부당하게 제품의 공급을 중단하는 경우에는 시행령 별표 제1호의 거래거절 중 기타의 거래거절에 해당되어 법 제23조 제1항 제1호 전단에 위반된다(고시 8조).

#### (5) 병행수입품을 취급하는 소매업자에 대한 독점수입품의 판매제한

독점수입권자가 자기의 판매업자(도매업자)로 하여금 부당하게 병행수입품을 취급하는 소매업자에게는 독점수입품을 판매하지 못하게 하는 경우에는 시행령 별표 제7호의 구속조건부거래 중 거래지역 또는 거래상대방의 제한에 해당되어 법 제23조 제1항 제5호 전단에 위반되거나 시행령 별표 제6호의 거래상 지위의 남용 중 경영간섭에 해당되어 법 제23조 제1항 제4호에 위반된다(고시 9조).

## V. 신문업에 관한 고시

### 1. 취지

우리나라의 신문시장은 그동안 각종의 불공정거래가 횡행하는 무질서한 시장의 전형으로 인식되어 왔다. 고객의사에 반한 구독강요, 무가지배포에 의한 거래질서 혼란, 과다한 경품제공에 의한 소비자선택의 방해와 경쟁사업자의 부당한 배제 등의 문제가 많이 발생하여 신문업계의 공정한 거래질서는 기대하기 어려웠다. 그리하여 1997년에 이를 규제하기 위한 신문업 불공정거래행위 기준고시를 제정·시행하다가 1999년 이를 폐지하고 신문업계의 자율규제에 맡겨왔다. 그러나 그 이후에도 종전과 다름없이 신문시장의 불공정거래행위가 지속됨에 따라 이를 규제하기 위하여 다시 2001년에 "신문업에 있어서의 불공정거래행위 및 시장지배적 지위남용 행위의 유형 및 기준"[390]을 제정·시행한 이후 수차례 개정되었다가 2009년 재차 고시를 제정하였다.

동 고시의 취지는 신문을 발행 또는 판매하는 사업에 있어서 공정거래법 제23조 1항에 해

---

390) 제정 2009. 8. 20 공정거래위원회고시 제2009-27호; 이 고시의 제정 근거는 공정거래법 제23조 제2항 및 동법 시행령 제36조 제2항, 동법 제3조의2 제2항, 동법시행령 제5조 제6항으로 되어 있다.

당되거나 법 제3조의2의 제1항의 규정에 해당되어 금지되는 불공정거래행위 및 시장지배적지위남용행위의 유형 및 기준을 정함으로써, 법집행의 일관성 및 객관성을 제고하고 신문업 사업자의 법위반행위를 예방함과 동시에 당해 사업자단체 등의 자율적인 법 준수활동을 지원하여 신문업 시장의 공정한 거래질서 확립을 도모하려는 것이다.

**헌법재판소 2002. 07. 18. 선고 2001헌마605 결정**

불공정거래행위는 각종의 경쟁적 거래에서 복잡다양하게 이루어지며 또한 그 형태도 부단히 변동되고 있음에 비추어 그 행위 형태와 기준에 관한 규정도 이에 맞추어 시기적절하게 효과적으로 대처할 수 있어야 할 것인바 국회가 모든 분야의 경쟁적 거래왜곡현상들을 그때그때 예측하거나 파악할 수 없고, 그러한 상황에 즉응하여 그때마다 법률을 개정하는 것도 용이하지 아니하므로 불공정거래행위의 유형과 기준을 미리 법률로서 자세히 정하지 아니하고 이를 명령에 위임한 것은 부득이한 것으로 인정되고, 이 사건 수권규정인 공정거래법 제23조에서 위임한 사항인 '불공정거래행위의 유형 또는 기준' 이 어떠한 내용을 가질 것인지에 대하여는, 동 조항에서 열거하고 있는 대표적 불공정거래행위의 내용을 참작할 수 있으며 나아가 동법 제1조가 요구하는 바와 같이 공정하고 자유로운 경쟁을 촉진하여 창의적인 기업활동을 조장하고 소비자를 보호함과 아울러 국민경제의 균형있는 발전을 도모하기 위하여는 우월적 지위를 이용하여 경쟁사업자나 일반소비자의 이익을 부당하게 침해하는 행위를 규제하여야 할 것인데 이 사건 위임사항이 이러한 의미의 불공정거래행위의 기준과 유형을 한계지우는 내용이 될 것임은 무리없이 예측할 수 있으므로 이 사건 조항인 신문고시 제3조 제1항 제2호는 동 수권사항을 위임받은 범위 내에서 이를 구체화하고 있을 뿐이어서 위임입법의 헌법적 한계를 초과하지 아니한다.

이 사건 조항에 의하여 침해되는 사익은 신문판매업자가 발행업자로부터 공급받은 신문을 무가지로 활용하고 구독자들에게 경품을 제공하는데 있어서 누리는 사업활동의 자유와 재산권 행사의 자유라고 할 수 있는 반면, 동 조항에 의하여 보호하고자 하는 공익은 경제적으로 우월적 지위를 가진 신문발행업자를 배경으로 한 신문판매업자가 무가지와 경품 등 살포를 통하여 경쟁상대 신문의 구독자들을 탈취하고자 하는 신문업계의 과당경쟁상황을 완화시키고 신문판매·구독시장의 경쟁질서를 정상화하여 민주사회에서 신속·정확한 정보제공과 올바른 여론형성을 주도하여야 하는 신문의 공적 기능을 유지하고자 하는데 있는바, 이러한 공익과 사익을 서로 비교할 때 신문판매업자가 거래상대방에게 제공할 수 있는 무가지와 경품의 범위를 유료신문대금의 20% 이하로 제한하고 있는 이 사건 조항은 그 보호하고자 하는 공익이 침해하는 사익에 비하여 크다고 판단되므로 동 조항은 양쪽의 법익교량의 측면에서도 균형을 도모하고 있다고 할 것이어서 결국 과잉금지의 원칙에 위배되지 아니하며, 헌법 제119조 제1항을 포함한 우리 헌법의 경제질서조항에도 위반되지 아니한다.

## 2. 적용대상

### (1) 신문

"신문"이라 함은 정기간행물의 등록 등에 관한 법률 제2조 제2호, 제3호, 제5호 및 제6호에 규정된 '일반일간신문', '특수일간신문', '일반주간신문' 및 '특수주간신문'으로서 영리목적으로 발행하는 신문을 말한다(고시 2조 1항). 그리고 "무가지"라 함은 신문발행업자 또는 신문판매업자가 신문판매업자 또는 구독자에게 공급하는 유료신문을 제외한 신문을 말하며 판촉용신문과 예비용신문 등을 포함하되, 공익목적으로 낙도, 군부대 등에 무료로 제공하는 신문이나 호외로 제공하는 신문은 제외한다(고시 2조 2항). 또한 "유료신문"이라 함은 신문발행업자 또는 신문판매업자가 신문대금을 받고 배포하는 호별배달신문, 우송신문, 가판신문, 기타 판매신문을 말하며, 이에 관한 구체적인 사항은 (사)한국에이비씨협회의 관련기준에 따른다(고시 2조 3항).

#### (2) 경품류

"경품류"라 함은 신문발행업자 또는 신문판매업자가 자기가 발행하거나 판매하는 신문의 독자에게 직접 또는 간접적으로 제공하는 현금, 유가증권, 물품, 용역제공 등 경제상의 이익을 말한다(고시 2조 4항).

**대법원 2010. 6. 24. 선고 2008두18588 판결**

구 신문고시 제3조 제1항 제1호는 경쟁상대 신문의 구독자들을 탈취하고자 하는 신문업계의 과당경쟁 상황을 완화하고 신문판매·구독시장의 경쟁질서를 정상화하여 민주사회에서 신속·정확한 정보제공과 올바른 여론형성을 주도하여야 하는 신문의 공적 기능을 유지하기 위해, 신문발행업자가 신문판매업자를 무리한 방법으로 확보하고자 하는 불공정행위를 금지하기 위한 목적과 함께, 신문발행업자의 과다한 무가지 제공으로 인하여 발생하게 되는 다음 거래단계에서의 과다한 무가지 제공행위를 억제하기 위해 신문판매업자가 독자에게 제공할 수 있는 무가지의 총량을 사전에 제한하고자 하는 목적을 아울러 지니고 있다고 할 것이다.

원심은 그 판시와 같은 사정에 비추어, 구 신문고시 제3조 제1항 제1호의 '무가지'를 "신문판매업자가 구독자에게 공급하는 유료신문 부수를 초과하여 신문발행업자가 신문판매업자에게 제공한 신문"이라고 볼 것이지, 신문발행업자인 원고가 신문판매업자인 지국으로부터 대가를 받는지 여부와는 관계없다고 해석하면서, 이러한 해석에 의하더라도 위 규정이나 이에 근거하여 이루어진 이 사건 처분이 자기책임의 원칙 등에 어긋난 것이거나 공정거래법 등 상위 법규의 위임취지나 한계를 일탈한 것이라고 볼 수 없다고 판단하였다. 관련 법령의 규정 내용을 앞서 본 법리에 비추어 살펴보면, 위와 같은 원심의 판단은 정당하다.

### 3. 불공정거래행위의 금지

#### (1) 무가지 및 경품류 제공의 제한

다음의 행위는 "부당하게 경쟁자의 고객을 자기와 거래하도록 유인하는 행위"(법 23조 1항 3호 전단)에 해당한다(고시 3조 1항).

① 신문발행업자가 신문판매업자에게 1개월 동안 제공하는 무가지와 경품류를 합한 가액이 같은 기간에 당해 신문판매업자로부터 받는 유료신문대금의 20%를 초과하는 경우

② 신문판매업자가 독자에게 1년 동안 제공하는 무가지와 경품류를 합한 가액이 같은 기

간에 당해 독자로부터 받는 유료신문대금의 20%를 초과하는 경우.[391] 이 경우는 구독 기간이 1년 미만인 때에도 같다.

③ 신문발행업자가 직접 독자에게 1년 동안 제공하는 무가지와 경품류를 합한 가액이 같은 기간에 당해 독자로부터 받는 유료신문대금의 20%를 초과하는 경우

여기서 "무가지의 가액"은 당해 당사자간에 거래되는 유료신문의 단가를 적용하여 계산하며, 신문발행업자가 신문판매업자에게 제공하는 "경품류"는 독자에게 전달되는 것을 전제로 제공하는 것을 말한다(고시 3조 2항).

그러나 ① 화재, 수해 기타의 재해가 발생한 경우에 이재민에게 제공하는 위문품, 의연금 등 경제상 이익으로서 사회통념상 정상적인 상관행에 비추어 적당하다고 인정되는 경우, ② 자기가 발행하거나 판매하는 신문에 부수하여 제공하는, 자기 신문에 수록된 내용을 첨삭없이 담아 제작한 소형 인쇄물 등으로서 사회통념상 정상적인 상관행에 비추어 적당하다고 인정되는 경우, ③ 독자투고, 독자인터뷰 등 특별한 노고의 대가로서 사회통념상 정상적인 상관행에 비추어 적당하다고 인정되는 경우, ④ 구독자에 한정하지 않는 행사초대 등으로서 사회통념상 정상적인 상관행에 비추어 적당하다고 인정되는 경우는 경품류의 제공으로 보지 않는다(고시 3조 3항).

한편, 신문발행업자가 ① 신문발행업자가 경품류 제공행위에 대한 계획을 수립하고 경품류 비용의 전부 또는 일부를 지원하여 경품류를 일괄 구입한 후 신문판매업자에게 배정하는 경우, ② 신문발행업자가 경품류 제공행위에 대한 구체적인 계획을 수립하거나 직접적으로 경품류 구입비용을 지원하지 않더라도 신문판매업자에 대하여 경품류 제공의 독려, 권유 등의 행위를 하는 경우와 같이 신문판매업자의 경품류 제공행위에 직·간접적으로 관여한 경우에는 신문발행업자의 경품류 제공행위로 본다(고시 3조 4항).[392]

**공정거래위원회 2008. 9. 4. 의결(약) 제2008-394호 2008서경0961**

조선일보 신방학지국(이하 피심인)은 서울시 도봉구 방학동 일대의 지역에서 신문보급 및 광고대행 업무를 영위하는 사업자로서 2007년 9월 1일부터 2008년 2월 29일 기간 중 235명의 신규 독자와 구독계약을 체결하면서 10명의 구독자에게 4개월 이상의 무가지를 제공하였다.

피심인이 10명의 독자에게 제공한 무가지의 가액이 신문업에 있어서의 불공정거래행위 및 시장지배적 지위남용행위의 유형 및 기준 제3조 제1항 제2호에서 규정하고 있는 제공한도를 최저 14,400원 이상 초과하므로, 신문판매고시 제3조 제1항 제2호에 해당되어 법 제23조 제1항 제3호 전단에서 규정하고 있는 부당한 고객유인행위로 인정된다.

391) 공정거래위원회 2008. 8. 25. 의결(약) 제2008-364호 2008경규1726; 공정거래위원회 2008. 7. 28. 의결(약) 제2008-334호 2008서경0967 등 참조.

392) 대법원 1998. 5. 12. 선고 97누14125 판결 참조.

### (2) 부당한 고객유인행위의 금지

다음의 행위는 "부당하게 경쟁자의 고객을 자기와 거래하도록 유인하는 행위"(법 23조 1항 3호 전단)에 해당한다(고시 4조).

① 신문판매업자가 구독계약기간이 종료된 후, 구독중지의사를 표시한 자에게 신문을 7일 이상 계속 투입하는 행위

② 신문발행업자 또는 신문판매업자가 직접 또는 제3자를 통하여 경품류 제공 이외의 방법(신문대금 대신지급, 다른 간행물 끼워주기, 과도한 가격할인 등)으로 정상적인 상관행에 비추어 과도한 대가지급을 전제로 경쟁사업자의 고객을 자기와 거래하도록 유인하는 행위

③ 신문발행업자가 실제로는 독자에게 배포되지 않고 폐기되는 신문부수도 독자에게 배포되는 신문부수에 포함·확대하여 광고주를 오인시킴으로써 자기에게 광고게재를 의뢰하도록 유인하는 행위

④ 신문발행업자가 고객에게 자기의 신문에 그 고객에게 유리한 기사를 게재하는 등의 이익을 주겠다고 하여 광고게재의뢰를 유인하는 행위

### (3) 거래상지위남용행위의 금지

나음의 행위는 "자기의 거래상의 지위를 부당하게 이용하여 상대방과 거래하는 행위"(법 23조 1항 4호)에 해당한다(고시 5조).

① 신문발행업자가 신문판매업자에게 사전협의 없이 그의 의사에 반하여 판매목표량을 늘리도록 강요하는 행위

② 신문발행업자가 신문판매업자에게 신문공급부수, 신문공급단가, 신문판매지역 등을 사전협의 없이 부당하게 결정하거나 변경하는 행위

③ 신문발행업자가 원재료구입처 등 거래상대방에게 자기를 위하여 기자재 등을 제공하도록 강요하거나 특정행사에 금전·물품·용역 기타의 경제상 이익을 제공하도록 강요하는 행위

④ 신문발행업자가 광고게재의뢰를 받지 않고 일방적으로 자기의 신문에 광고를 게재한 후 그 고객에게 광고대가 지급을 강요하는 행위

⑤ 신문발행업자가 일정기간 계속적인 거래관계에 있는 고객에게 사전 협의없이 합리적인 근거없는 높은 광고단가로 부당하게 광고대가지급을 강요하는 행위

**공정거래위원회 2009. 12. 24. 의결 제2009-262호 2006거감0434, 2006거감0691**

(주)중앙일보사는 노원북부센터와 신문공급 및 판매 약정서를 체결하면서 합의를 통해 판매부수를 설정할 수 있도록 정하였고, 이후 신문 구독률이 감소하자 부수감소 경고장 발송기준(5%~7% 미만 부수감소시 경고장, 7%~10% 미만 부수감소시 최고장, 10% 이상 부수감소시 해약통지서)을 정하였다. 이에 따라 중앙일보사는 신문판매업자인 노원북부센터에게 구독부수가 기준월 부수 대비 10% 이상 감소할 경우 약정해지를 검토하겠다는 내용의 경고장을 1회, 최고장을 3회 각각 발송하였다. 공정위는 이러한 행위를 거래상지위남용행위로 인정하였다.

### (4) 차별적 취급행위의 금지

신문발행업자가 신문판매업자에게 신문을 공급함에 있어 부당하게, 합리적인 거래기준에 의하지 아니하고 거래지역 또는 거래상대방에 따라 현저하게 유리하거나 불리한 조건으로 거래하는 행위와, 신문판매업자가 신문을 판매함에 있어 광고물의 배달을 의뢰받는 경우 광고물의 배달을 의뢰하는 자에 따라 정상적인 가격이나 거래조건에 비해 부당하게 현저하게 유리하거나 불리한 조건으로 거래하는 행위는 "부당하게 거래의 상대방을 차별하여 취급하는 행위"(법 23조 1항 1호 후단)에 해당한다(고시 6조).

### (5) 거래강제행위의 금지

다음의 행위는 "부당하게 경쟁자의 고객을 자기와 거래하도록 강제하는 행위"(법 23조 1항 3호 후단)에 해당한다(고시 7조).

① 신문발행업자가 정상적인 거래관행에 비추어 부당하게 자기의 임직원에게 자기, 특수관계인 또는 계열회사가 발행하는 신문, 잡지 또는 다른 출판물을 구입 또는 판매(영업사원은 대상에서 제외)하도록 강요하거나 강압적으로 권유하는 행위

② 신문발행업자가 사회통념에 비추어 아주 낮은 보수 또는 무보수로 사원을 채용한 뒤 그 사원이 수주한 광고대가의 일부를 보수(다만, 광고영업사원에게 지급되는 사회통념상 합당한 성과급의 경우는 제외)로 지급하는 조건으로 그 사원에게 광고상품의 판매를 강요하는 행위

③ 신문발행업자가 광고게재를 유도할 목적으로 고객에게 광고게재를 의뢰하지 않으면 자기의 신문에 그 고객에게 불리한 기사를 게재하는 등의 불이익을 주겠다는 의사를 표시하거나 불이익을 주는 행위

④ 신문발행업자가 신문판매업자에게 신문을 공급하면서 정상적인 거래관행에 비추어 부당하게 자기, 특수관계인 또는 계열회사가 발행하는 신문, 잡지 또는 다른 출판물을 구입하도록 하는 행위

#### (6) 신문판매업자에 대한 배타조건부 거래행위의 금지

신문발행업자가 신문판매업자에게 부당하게, 사전계약 또는 합의에 의하지 아니하고 다른 신문발행업자의 신문을 판매하지 못하게 하는 행위는 "거래의 상대방의 사업활동을 부당하게 구속하는 조건으로 거래하는 행위"(법 23조 1항 5호 전단)에 해당한다(고시 8조).

#### (7) 거래거절행위의 금지

신문발행업자가 신문판매업자에 대하여 계약서상 신문공급의 제한 또는 해약사유나 사전합의에 의하지 아니하고 부당하게 신문공급을 중단 또는 현저히 제한하거나 계약을 해지하는 행위는 "부당하게 거래를 거절하는 행위"(법 23조 1항 1호 전단)에 해당한다(고시 9조).

### 4. 시장지배적 지위남용의 금지

#### (1) 과도한 고가 책정의 금지

시장지배적 사업자인 신문발행업자가 거래상대방에 대한 신문판매가격 또는 광고대가를 원가변동요인 등에 비하여 현저하게 높은 수준으로 결정·유지 또는 변경하는 행위는 "상품의 가격이나 용역의 대가를 부당하게 결정·유지 또는 변경하는 행위"(법 3조의2 1항 1호)에 해당된다(고시 10조 1항).

#### (2) 과도한 저가 공급의 금지

시장지배적 사업자인 신문발행업자가 자기 신문판매업자들에게 지나치게 낮은 가격으로 신문을 공급함으로써 다른 신문발행업자를 배제시킬 우려가 있는 경우에는 "부당하게 경쟁사업자를 배제하기 위하여 거래하는 행위"(법 3조의2 1항 5호 전단)에 해당된다(고시 10조 2항).

#### (3) 배타 조건부 거래의 금지

시장지배적 사업자인 신문발행업자가 광고주 등 거래상대방이 다른 신문발행업자와 거래하지 아니하는 조건으로 거래하는 행위는 "부당하게 경쟁사업자를 배제하기 위하여 거래하는 행위"(법 3조의2 1항 5호 전단)에 해당된다(고시 10조 3항).

#### (4) 허위비방 기사게재의 금지

시장지배적 사업자인 신문발행업자가 허위 또는 근거없는 내용으로 광고주 등 거래상대방을 비방하는 기사를 게재함으로써 사업활동을 어렵게 하는 행위는 "다른 사업자의 사업활동을 부당하게 방해하는 행위"(법 3조의2 1항 3호)에 해당된다(고시 10조 4항).

### 5. 공정경쟁규약 및 다른 고시와의 관계

신문사업자 또는 신문사업자단체는 고객유인을 방지하기 위하여 자율적으로 공정경쟁규약을 정할 수 있으며, 신문사업자 또는 신문사업자단체는 공정거래위원회에 공정경쟁규약이 법 제23조 제1항 제3호의 규정에 위반하는지 여부에 대한 심사를 요청할 수 있다(법 23조 4항, 5항).

공정거래위원회는 신문업에 관한 고시를 집행함에 있어서 사업자단체가 공정거래위원회의 심사를 거쳐 이 고시의 내용에 저촉되지 아니하는 공정경쟁규약을 시행하는 경우에는 그 사업자단체가 동 규약을 적용하여 사건을 처리하게 할 수 있다. 다만, 공정거래위원회가 사업자단체에서 처리하는 것이 효과적이라고 인정하여 사업자단체와 협의한 경우에는 그 사업자단체가 동 규약을 적용하여 사건을 처리하도록 한다(고시 11조). 따라서 고시 집행과 관련한 공정경쟁규약의 일차적 권한은 공정거래위원회에 있다.

신문업에 있어서는 동 고시가 경품류제공에 관한 불공정거래행위의 유형 및 기준과 시장지배적지위 남용행위의 유형 및 기준에 각각 우선하여 적용된다(고시 12조).

# 제5절 법위반의 효과

## I. 행정적 제재

### 1. 시정조치

#### (1) 사업자 지침의 제정 · 고시

공정거래위원회는 불공정거래행위를 예방하기 위하여 필요한 경우 사업자가 준수하여야 할 지침을 제정 · 고시할 수 있다(법 23조 3항).

#### (2) 시정조치

공정거래위원회는 불공정거래행위가 있을 때에는 당해사업자에 대하여 그 불공정거래행위의 중지, 계약조항의 삭제, 시정명령을 받은 사실의 공표 기타 시정을 위한 필요한 조치를 명할 수 있다(법 24조).

#### (3) 과징금

공정거래위원회는 불공정거래행위가 있을 때에는 당해사업자에 대하여 시행령에 정한 매출액에 2%(부당한 자금 · 자산 · 인력의 지원의 경우에는 5%)를 곱한 금액을 초과하지 아니하는 범위 안에서 과징금을 부과할 수 있다. 다만, 매출액이 없는 경우 등에는 5억원을 초과하지 아니하는 범위 안에서 과징금을 부과할 수 있다(법 24조의2).

## II. 민사적 제재

### 1. 손해배상책임

불공정거래행위로 인하여 피해를 입은 자가 있는 경우에는 그 불공정거래행위를 한 사업자는 그 피해자에 대하여 손해배상의 책임을 진다. 다만, 고의 또는 과실이 없음을 입증한 사업자는 그 책임을 면한다(법 56조).

### 2. 위반행위의 사법상의 효력

공정거래법은 불공정거래행위의 사법상 효력에 대하여 아무 규정을 두고 있지 않다. 따라서 원칙적으로 무효로 보아야 할 것이지만, 구체적으로는 각 불공정거래행위 유형마다 사안의 사정을 종합적으로 고려하여 그 효력을 판단해야 할 것이다. 다만 일반불공정거래행위 중 공동의 거래거절, 계열회사를 위한 차별, 부당염매 등은 경쟁저해성이 크고, 시장의 경쟁기반 자체를 위협하는 행위이다. 또한 "불공정거래행위 심사지침"에서는 '부당하게'를 요건으로 하는 행위유형은 시장효과 등의 비교형량에 의하여 경쟁제한성과 불공정성의 효과가 보다 큰 경우에 위법한 것으로 보는데 대하여, '정당한 이유 없이'를 요건으로 하는 행위에 대해서는 행위의 외형이 있는 경우에는 원칙적으로 공정거래 저해성이 있는 것으로 본다(심사지침 III-1-가). 물론 공정거래법상 위법성이 인정된다는 것과 해당행위의 사법상 효력은 별개이지만, 후자의 판단에 있어서는 전자의 판단을 고려할 필요가 클 것이다. 따라서 위의 세 가지 행위의 경우에는 그 사법상 효력이 부인되어야 할 경우가 많다고 생각된다. 또한 특수 불공정거래행위의 경우도 불공정거래행위가 특히 많이 발생하는 특정 업종에 관한 것이므로 사법상 무효로 보아야 할 경우가 많을 것이다.

## III. 형사적 제재

공정거래법 제23조 제1항의 규정에 위반하여 불공정거래행위를 한 자는 2년 이하의 징역 또는 1억 5천만원 이하의 벌금에 처한다(법 67조 2호).

# 제 9 장 사업자단체·재판매가격 유지행위 ·부당한 국제계약

## 제1절 사업자단체에 대한 규제

### I. 개관

사업자가 사업활동을 영위함에 있어서 사업자단체를 조직하여 활동하는 것은 일반적 현상이다. 사업자단체는 구성사업자가 개개의 이익과 사업자 전체의 이익을 증진할 목적으로 조직하는 것이다. 사업자단체는 이익단체로서 그 목적을 달성하기 위하여 상호정보교환, 공동시장조사, 제품규격화 등의 활동을 하기도 하고, 정부나 관계기관에 압력을 가하거나 로비를 하여 유리한 제도 등의 여건을 조성하기도 한다.

사업자단체의 활동 중에는 시장에서의 경쟁조건에 무관하고 공정거래법상 적법한 활동으로 볼 수 있는 것은 조사, 공동선전, 수요촉진 등이 있다. 반면에 사업자단체의 위법한 활동으로서 공동구입, 정보교환, 제품규격화 등이 있다. 한편, 활동의 성격상 원칙적으로 사업자단체의위법한 활동으로 간주되는 가격제한도 있다. 이와 같은 활동은 사업자단체의 구성사업자들에게 상호협조를 증진하고, 드물지만 경쟁촉진적 효과를 초래한다. 그러나 사업자단체의 활동은 많은 경우에 경쟁제한적 효과를 초래하여 시장에 부정적인 영향을 준다. 사업자단체의 행위는 정도의 차이가 있으나 상당수가 경쟁제한적 활동에 관련되며, 특히 과점시장에서 효과적인 경쟁제한을 가능하게 한다. 그리하여 공정거래법은 사업자단체의 활동에 대한 감시 및 경쟁제한행위의 방지를 위하여 일정한 행위를 금지하고 있다.393)

공정거래법 제2조 제4호는 사업자단체의 개념을 정의하는 동시에 사업자단체를 사업자와 함께 공정거래법의 적용을 받는 주체로 삼고 있다. 사업자단체는 주로 동업자의 단체이기 때문에 카르텔 유사행위를 하기 쉬우므로, 카르텔의 성격을 지닌 경쟁제한의 발생이나 경쟁제한에 이르지 않는 카르텔 성격의 행위에 대한 규제를 하고 있는 것이다. 법 제26조 제

393) 이는 사업자단체의 활동에 관한 규제이며, 사업자단체의 조직에 관한 규제로는 1999년 공정거래법 7차 개정 이전에는 사업자단체의 설립·변경·해산시 신고의무가 규정되어 있었다.

1항에서 사업자단체에게 금지된 행위는 부당한 공동행위(1호 - 19조 1항), 불공정거래행위, 재판매가격 유지행위(4호 - 23조, 29조)와 동일한 것, 그리고 기타의 카르텔성격을 지닌 행위(2호, 3호)이다.

사업자단체는 어떤 행위를 하기 전에 그 행위가 공정거래법에 위반되는지 여부에 대해 공정거래위원회에 사전심사를 청구할 수 있다. 이러한 심사청구의 근거를 제공하며 절차를 제시하려고, 법 운용의 투명성과 사업자단체의 불이익을 방지하기 위하여 "독점규제 및 공정거래에 관한 법률 등의 위반여부 사전심사 청구에 관한 운영지침"[394)]이 제정되었다.

## II. 사업자단체의 의의

사업자단체란 그 형태 여하를 불문하고 복수의 사업자가 공동의 이익을 증진할 목적으로 조직한 결합체 또는 그 연합체를 말한다(법 2조 4호).

### 1. 복수의 사업자

사업자단체는 복수의 구성원으로 이루어진 단체이며, 그 구성원은 '구성사업자'라고 한다. 구성사업자는 독립된 사업자이어야 하며, 구성사업자가 독자적으로 사업활동을 하지 않는 경우에는 사업자단체의 구성이 인정되지 않는다. 그러나 구성사업자 전부가 사업자이어야 할 필요는 없다. 따라서 사업자인 개업의와 피용자인 병원의로 구성된 의사회도 사업자단체로 인정된다.

사업자단체의 유형으로는 은행연합회와 같은 동업자집단형 단체, 상공회의소와 같은 지역집단형 단체, 경제단체연합회와 같은 연합회형 단체, 그룹의 사장단회의와 같은 대규모기업형 단체, 중소기업협동조합과 같은 중소기업형 단체 등이 있다. 이와 관련하여 구성사업자들이 동종업종 또는 관련 사업을 영위해야 하는가 여부에 대하여 견해가 나뉜다. 우선 사업자단체 규제의 취지가 주로 구성사업자들의 카르텔, 유사의 행위를 금지하려는 것이므로 이 요건이 필요하다는 견해[395)]가 있다. 이에 따르면 상공회의소나 전국경제연합회와 같이 구성사업자의 업종을 불문하는 단체는 공정거래법상의 사업자단체가 아니라고 해석한다. 이에 대하여 사업자단체에 대한 규제가 구성사업자들의 경쟁제한행위를 포괄적으로 규제하려는 것이며, 다양한 업종의 사업자로 구성된 단체가 일정한 거래분야에서 직접 경쟁제한행위의 주체가 되거나 구성사업자들에게 경쟁제한행위를 하도록 시킬 수 있으므로 이 요건이 필요하지 않다는 견해[396)]도 있다. 이와 같이 해석하는 견해가 타당하며, 나아가 구성사업자들의 거래단계가 달라도 무방하다고 본다.

394) 개정 2009. 8. 20. 공정거래위원회 고시 제2009-44호.

395) 양명조, 앞의 책, 245면.

396) 정호열, 앞의 책, 457면; 신현윤, 앞의 책, 333면; 권재열, 앞의 책, 285면.

사업자단체가 공정거래법상 규제를 피하려고 그 종업원 등으로 하여금 단체를 구성하게 하여[397] 부당한 공동행위를 도모하는 경우가 적지 않으므로, 이러한 단체도 규제할 필요가 있다. 따라서 사업자의 이익을 위한 행위를 하는 임원·종업원·대리인 기타의 자는 사업자단체에 관한 규정의 적용에 있어서는 이를 사업자로 본다(의제사업자; 법 제2조 1호 2문).

**공정거래위원회 1995. 6. 5. 의결 제95-99호 9505단체416**

건설회사자재직원협의회는 건설회사들의 과장급 이상이 건설자재구매·관리정보의 교환, 관련업무의 원활한 수행 등 공동의 이익을 증진할 목적으로 1991. 4. 19. 조직한 결합체로서 제2조 제1호는 "사업자의 이익을 위한 행위를 하는 임원·종업원·대리인 기타의 자는 사업자단체에 관한 규정의 적용에 있어서는 이를 사업자로 본다"고 규정하고 있는바, 피심인의 구성원은 건설회사의 구매과장들로서 사업자인 소속 회사의 이익을 위한 행위를 하는 종업원으로 볼 수 있으므로 피심인은 사업자들의 조직체로서 법 제2조 제4호의 규정에 의한 사업자단체에 해당된다.

## 2. 공동이익의 증진을 위한 단체

사업자단체에서 사단법인, 재단법인, 법인격 없는 단체, 조합, 계약상의 결합체 등 그 조직형태를 불문한다. 또한 명칭도 조합, 협회, 협의회, 진흥회, 연합회, 중앙회 등 어떤 것이라도 무방하다. 사업자단체는 공동이익을 위한 단체이며, '공동이익'이란 구성사업자의 경제활동상의 이익을 말하고, 구성사업자 전부에게 이익이 될 필요는 없다. 따라서 단순한 친목이나 연구를 목적으로 하는 단체는 사업자단체에 포함되지 않는다. 또한 공동이익을 위한 것인가 여부는 정관상의 목적 등 명목상의 것이 아니라 활동의 실제 목적을 기준으로 판단하여야 한다. 예를 들어, 어느 사업자단체가 규약에서는 그런 목적을 기재하지 않더라도 활동의 실태를 봐서 카르텔 등 구성원의 경영안정을 도모하는 활동을 하고 있다면 주된 목적이 사업자로서의 공동의 이익증진에 있다고 인정된다. 또한 규약상으로는 사업자의 대표자가 구성원인 단체도 그 경우에는 대표자 자신이 사업자로 인정되므로 역시 사업자단체이다.

사업자는 제조업, 서비스업 기타 사업을 하는 자(법 2조 1호)이므로, 구성사업자의 영리성 유무는 묻지 않는다. 즉, 의사회, 변호사회 등과 같이 구성원이 영리를 목적으로 하지 않는 단체도 사업자단체에 포함된다. 그러나 사업자단체 자신은 자본 등을 가지고 영리사업을 영위하는 것을 주된 목적으로 하지 않아야 한다. 자본이나 구성사업자의 출자를 가지고 영리를 목적으로 사업을 영위하는 것을 주된 목적으로 하고, 현재 그 사업을 영위한다면 단체 자체가 사업자가 되므로 사업자단체라고 할 수 없다.

397) 동종업종 회사의 영업부장들의 친목회, 상무들의 간담회 등의 형식으로 사업 이외의 활동을 목적으로 표방하면서, 실제로는 가격담합, 특정 사업자 배제 등을 논의하는 경우가 그 예이다.

**서울고등법원 2007. 1. 11. 선고 2006누653 판결**

지역 유치원연합회는 서비스업 기타 사업을 행하는 사업자인 지역 사립유치원 운영자(원장 및 설립자)들이 구성원이 되어 공동의 이익을 증진할 목적으로 조직한 단체이므로, 구 공정거래법(2004. 12. 31. 법률 제7315호로 개정되기 전의 것)의 적용대상인 사업자단체에 해당한다. 비록 유치원연합회의 구성원들이 유아교육이라는 공익적 임무를 수행하고 있고, 유치원연합회는 그들이 결성한 단체로서 그 기본적 속성에 비영리적인 점이 있으며 유치원연합회와 그 구성원들이 관할 교육장 등의 지도·감독을 받고 있다고 하더라도, 입학금 등을 받고 그 대가로 교육에 임하는 기능 및 행위와 관련하여서는 '사업자' 및 '사업자단체'로서의 특성 및 측면이 있다고 보아야 한다.

**대법원 2003. 2. 20. 선고 2001두5347 전원합의체 판결**

공정거래법 제2조 제1호, 제4호, 제26조의 각 규정을 종합하여 보면 사업자단체는 2 이상의 제조업, 서비스업, 기타 사업을 행하는 자가 공동의 이익을 증진할 목적으로 조직한 결합체 또는 그 연합체를 말한다 할 것인바, 사단법인 대한의사협회는 의료법 제26조 제1항에 의하여 설립된 의사회의 중앙회로서, 그 정관에서 사회복지와 국민건강증진 및 보건향상에 기여하기 위한 의도(醫道)의 앙양, 의학·의술의 발전보급 외에도 '의권 및 회원권익옹호' 등을 그 목적으로 내세우는 한편 의도의 앙양과 의권신장에 관한 사항 등을 그 사업내용으로 규정하고 있음을 알 수 있으므로, 이러한 정관의 규정과 대한의사협회의 활동내용을 종합하여 보면, 대한의사협회는 서비스업 기타 사업을 행하는 사업자인 의사들이 구성원이 되어 공동의 이익을 증진할 목적 등을 가지고 의료법에 의하여 조직된 사단법인이므로 공정거래법의 적용대상인 사업자단체에 해당한다.

## 3. 독자성

사업자단체는 구성사업자와 별개의 단체성과 조직성을 갖추고 있어야 한다. 조직이 있어야 하지만, 실제로는 대표자의 정함이 없이 고정적인 사무국만의 조직도 사업자단체로 볼 수 있다. 그리고 사업자단체의 하부조직(지부·지회)이라도 독자성이 있으면 사업자단체로 보아야 할 것이며, 그 판단기준은 별도의 규약제정, 별도의 임원 선임, 별도의 회비징수 여부 등이 될 것이다.

사업자단체의 금지행위유형과 관련하여 부당공동행위나 불공정거래행위 중 일부에 대해서는 사업자단체 자신이 행위의 주체로서 규제대상이 되므로(법 26조 1항 1호~3호) 구성사업자들과 마찬가지의 입장이 된다. 한편 불공정거래행위 전반 및 재판매가격 유지행위에 관하여는 사업자단체가 구성사업자들에게 불공정거래행위 또는 재판매가격 유지행위를 하게 하거나 이를 방조하는 행위의 주체가 되므로, 구성사업자들의 개별적 실행행위와는 별개의 행위가 된다.

**대법원 2008. 2. 14. 선고 2005두1879 판결**

구 공정거래법은 그 제2조 제4호에서 사업자단체를 그 형태 여하를 불문하고 2 이상의 사업자가 공동의 이익을 증진할 목적으로 조직한 결합체 또는 그 연합체를 말한다고 규정하고 있는바, 여기서 '공동의 이익' 이라 함은 구성사업자의 경제활동상의 이익을 말하고, 단지 친목, 종교, 학술, 조사, 연구, 사회활동만을 목적으로 하는 단체는 이에 해당되지 않는다. 또한, 사업자단체에 참가하는 개별 구성사업자는 독립된 사업자이어야 하므로, 개별 사업자가 그 단체에 흡수되어 독자적인 활동을 하지 않는 경우에는 사업자단체라고 할 수 없고, 사업자단체로 되기 위해서는 개별 구성사업자와는 구별되는 단체성, 조직성을 갖추어야 할 것이다.

## III. 사업자단체의 금지행위 및 예외적 허용

### 1. 취지

사업자단체는 독과점과 친한 성격을 갖게 되며, 그 조직력과 목적의 공통성 때문에 경쟁제한적 행위를 하거나 구성사업자에게 그러한 행위를 하도록 시키기 쉽다. 특히 사업자단체는 부당공동행위, 불공정거래행위 등을 유발하기 쉬우므로 엄격하고 다양한 규제가 필요하다. 따라서 공정거래법 제26조는 사업자단체에게 금지되는 행위 4가지를 예시적으로 열거하고 있다. 그리고 법 제32조 제1항에서는 사업자단체가 부당한 공동행위, 불공정거래행위 및 재판매가격 유지행위에 해당하는 사항을 내용으로 하는 국제계약을 체결하는 것을 금지하고 있다.

사업자단체에게 금지되는 행위는 개별사업자에게 금지되는 행위보다 넓다. 즉 법 제26조 제1항 제1호 및 제4호는 개별사업자에게도 금지되는 행위이지만, 제2호 및 제3호에 대응하는 규정은 개별사업자에 대한 규제규정에는 없다. 그 이유는 사업자단체가 조직으로서 구성사업자에 대해서 갖는 독자적인 통제력이 공동행위보다 강하여 행위의 실효성이 높기 때문이다. 그러나 단결의 통제력이 약한 경우도 있을 수 있고 반대로 사업자간의 공동행위이더라도 사실상의 구속력이 강하게 작용하는 경우가 있다는 점을 고려하면, 사업자단체만을 철저하게 규제하는 방식으로 양자를 구별하는 것은 합리적이지 못하다. 다만 우리나라의 경우 사업자단체가 통제단체로서 강력한 힘을 행사하고 있다는 점에 비추어 이를 지나치게 강조할 필요는 없을 것이다.

이와 같은 위반행위에는 사업자단체가 구성사업자의 사업활동을 직접적으로 구속하거나 구성사업자로 하여금 이에 관한 공동행위를 하도록 하는 행위뿐만 아니라, 사업자단체가 타사업자단체 또는 구성사업자 이외의 사업자와 계약체결 등을 통하여 구성사업자의 사업활동을 실질적으로 제약하는 경우도 포함된다. 또한 법령에 근거가 없는 부당한 행정지도에 따른 사업자단체의 행위가 사업자단체의 금지행위에 해당될 경우에는 원칙적으로 공정거래법에 위반된다.

법조경합과 관련하여, 예를 들어 사업자단체가 재판매가격 유지행위를 지시하고 구성사업자가 이에 따르는 경우 사업자단체에는 법 제26조 제1항 제4호가 적용되고 참여사업자에게는 법 제29조(재판매가격 유지행위 금지)가 적용되는 것이 당연하다. 그러나 사업자단체의 행위가 법 제26조의 금지행위에 해당하고 구성사업자로서는 개별 위법행위에 해당하는 경우 법조적용의 중복여부가 문제된다. 예를 들어 사업자단체가 부당공동행위를 한 경우에는 사업자단체로서는 법 제26조 제1항 제1호 위반이 되고 여기에 참여한 구성사업자들은 법 제19조를 위반한 것이 된다.

이 경우 참여사업자들에게는 법 제26조와 제19조가 함께 적용될 것인가, 또는 제19조만 적용될 것인가 문제된다. 구성사업자의 수가 많고 단체의 의사결정이 기관에 맡겨져 있는 경우에는 사업자단체의 위반행위로 볼 수밖에 없지만, 구성사업자의 수가 적고 그 합의에 따라 단체의 의사가 형성되는 경우에는 그 행위는 사업자단체의 행위라는 측면과 사업자의 공동행위라는 측면이 함께 있으므로 양자가 모두 적용되어야 할 것이다.

**대법원 2006. 11. 24. 선고 2004두10319 판결**

공정거래법 제26조 제1항 제1호에서 정한 '사업자단체의 금지행위' 는 사업자단체가 부당하게 경쟁을 제한하는 같은 법 제19조 제1항 각 호에 규정된 행위를 할 것을 결정하고 사업자단체의 구성원 간에 그 사업자단체의 의사결정을 준수하여야 한다는 공동인식이 형성됨으로써 성립하고, 사업자단체의 구성원이 사업자단체의 의사결정에 따른 행위를 현실적으로 하였을 것을 요하는 것은 아니다.

전국학생복발전협의회가 시장점유율이 50%가 넘는 학생복 판매회사들과 공동으로 학생복 판매가격에 관한 결의 등을 한 것은 '사업자단체의 금지행위'에 해당하고, 구 공정거래법 제60조에 정한 '일정한 조합의 행위'로서 같은 법의 적용을 제외할 수 없다.

**대법원 2002. 6. 14. 선고 2000두8905 판결**

공정거래법 제26조 제1항 제1호에 의하여 사업자단체 금지행위에 해당되는 법 제19조 제1항 제1호의 '가격을 결정·유지 또는 변경하는 행위' 가 성립하기 위해서는 사업자단체의 의사에 의한 가격결정행위가 있고, 이와 같은 행위가 구성사업자의 가격결정에 영향을 미쳐야 하며, 그 결과 일정한 거래분야에서의 가격경쟁이 부당하게 제한되어야 한다.

**서울고등법원 2010. 10. 27. 선고 2009누33920 판결**

사업자단체의 경쟁제한행위에 구성사업자들의 적극적인 행위가 개입되는 경우 사업자단체에 대하여는 공정거래법 제26조 제1항의 규정에 의한 사업자단체 금지행위의 책임을, 구성사업자들에 대하여는 공정거래법 제19조 제1항의 규정에 의한 부당공동행위의 책임을, 구성사업자들에 대하여는 공정거래법 제19조 제1항의 규정에 의한 부당공동행위의 책임을 각각 물을 수 있다고 할 것인데, 위 인정사실에서 알 수 있는 다음과 같은 사정들 즉, 원고 레미콘협회가 소외 조합과 수도권지역 관수레미콘 물량배분에 관하여 협의를 하는 과정에서도 원고 레미콘협회가 일방적으로 한 것이 아니라 소속회원사인 원고사업자들을 참여시켜 회의를 개최하여 합의한 후 그 결과를 소외 조합에 통보한 점, 그 후 원고 레미콘협회는 원고 사업자들과 합의를 통하여 각 사별 투찰물량 및 투찰가격을 정한 점 등에 비추어보면, 원고 사업자들은 이 사건 위반행위에 적극적으로 개입하여 부당공동행위를 한 것으로 보이고, 원고 레미콘협회의 일방적 물량배정 및 투찰가격에 관한 통보를 단지 수용하였을 뿐이라고 할 수 없다. 따라서 원고 레미콘협회에게 공정거래법상 사업자단체 금지행위의 책임을 물은 것과 별도로 원고 사업자들에게 공정거래법상 부당공동행위의 책임을 물은 이 사건 처분에 어떠한 위법이 있다고 볼 수 없다.

## 2. 특정행위의 금지

### (1) 부당한 공동행위에 의한 경쟁제한행위

사업자단체는 제19조(부당한 공동행위의 금지) 제1항 각호의 행위에 의하여 부당하게 경쟁을 제한하는 행위를 하여서는 안 된다(법 26조 1항 1호). 사업자단체의 경우에는 상시적으로 정보교환을 할 수 있으므로 상호인식이 존재하기 쉽다. 따라서 부당한 공동행위에 대한 합의가 쉽게 이루어질 수 있다. 게다가 개별사업자 사이의 일반적인 공동행위보다 조직적 강제를 통한 통제에 의하여 카르텔의 기능을 강화하는데 유리하다. 따라서 이를 엄격히 규제하려는 것이다.

이와 같은 부당한 공동행위는 단체로서의 공동행위이므로 단체로서의 의사결정과 구성사업자의 준수의식이 필요하다. 이를 위해서는 단체가 구성사업자에 대하여 일정한 통제력 또는 구속력을 가져야한다. 사업자단체의 의사결정과 관련하여 총회 등 사업자단체의 정식 의사결정기관 이외의 기관에서 결정이 이루어진 경우, 그 결정에 대하여 구성원들이 실질적으로 단체의 결정으로서 준수해야 한다는 인식을 하고 있는 때에는 단체규약상 그 기관의 결정이 단체의 정식 의사결정 여부와 관계없이 당해 사업자 단체의 결정이라고 볼 수 있을 것이다. 또한 단체에 의한 결정임을 나타내는 직접증거가 부족한 경우에는 다수의 상황증거를 종합함으로써 결정의 존재를 추인할 수 있을 것이다.

"사업자단체 활동지침"에 의하여 사업자단체에게 원칙적으로 금지되는 행위를 유형별로 분류하면 다음과 같다(지침 3-가).

#### 1) 가격을 결정·유지 또는 변경하는 행위

가격의 결정, 변경, 유지(법 19조 1항 1호)로서 구성사업자가 공급하거나 또는 공급을 받는 상품이나 서비스의 가격을 결정하거나 그 유지 또는 인상을 결정하는 것을 말한다. 여기서 "가격"이란 당해 사업자단체의 구성사업자가 속하는 거래단계에서의 가격에 국한하지 않는다. 사업자단체의 결정에는 명시적인 결정에 국한되지 않고 암묵적 양해 또는 공통의 의사가 형성되면 충분하다.

가격제한행위의 구체적인 형태나 수단·방법으로서는 구성사업자로 하여금 일정한 수준으로 가격을 결정 또는 유지하게 하거나 공동으로 가격의 인상·인하율(폭)을 결정하는 행위가 대표적이다. 이외에도 최저전매가격의 결정, 가격인상률 등의 결정, 표준가격 등의 결정, 공통의 가격산정방법의 설정, 수요자인도가격 등의 결정, 단체에 의한 가격교섭[398] 등이 있다. 또한 표준가격 등의 결정과 같이 구성사업자에게 가격결정의 재량의 여지가 어느 정도 남아있는 경우[399], 공통의 가격산정방식의 결정과 같이 간접적으로 가격이 산정되는 경우, 단체교섭에서 가격이 결정되는 경우도 가격제한행위에 해당한다. 가격제한행위의 실시를 확보하기 위한 행위에는 가격제한행위에의 협력의 요청 및 강요, 가격할인품의 매입, 가격제한행위의 감시를 위한 정보활동 등이 있다. 가격제한행위와 실행확보수단은 주종관계에 있지만, 양자는 모두 위법이며 가격제한행위는 실행확보 수단을 수반하지 않더라도 위법이 된다.

#### 2) 상품 또는 용역의 거래조건이나 그 대금 또는 대가의 지급조건을 정하는 행위

여기에는 대금지급방법을 제한하거나 구성사업자로 하여금 이를 공동으로 결정하게 하는 행위, 상품인도일로부터 대금지급기일까지의 기간을 정하거나 어음의 만기일 등을 정함으로써 실질적으로 대금지급기간을 공동으로 결정하게 하는 행위 등이 있다.

#### 3) 상품의 생산·출고·수송 또는 거래의 제한이나 용역의 거래를 제한하는 행위

이에 해당하는 행위로는 구성사업자가 공급하거나 또는 공급을 받는 상품이나 서비스의 수량을 제한하는 수량의 결정, 원재료의 구입제한 등에 의한 수량의 제한, 수량의 한도를 시사하는 기준의 설정에 의한 수량의 조정, 구성사업자별로 생산량·출고량·판매량을 할당하거나 그 수준을 결정하는 행위, 최고 또는 최저생산량이나 필요재고량 등 명칭여하를 불문하고 구성사업자의 생산량 등 수량의 기준을 제시하는 행위 등이 이에 해당한다.

#### 4) 거래지역 또는 거래상대방을 제한하는 행위

각 구성사업자가 다른 사업자의 고객과 거래하지 않을 것을 결정하는 등의 방법에 의하

398) 대법원 2005. 1. 27. 선고 2002다42605 판결.

399) 공정거래위원회 2011. 2. 23. 의결(약) 제2011-025호 2010광사2371.

여 구성사업자의 거래처를 제한하는 거래처의 제한, 구성사업자별로 사업활동을 하는 지역이나 상품 또는 서비스의 종류 등의 범위를 제한하는 거래지역의 제한이 있다. 그리고 수주의 할당, 수주예정자의 결정으로서 구성사업자별 수주활동을 제한하고, 공동수주하도록 하거나 입찰 또는 수주의 순위 또는 자격 등을 제한함으로써 구성사업자의 자유로운 수주활동을 제한하는 행위, 객관적이고 합리적인 기준없이 특정의 사업자를 우량업자 또는 불량업자로 구분하는 등의 방법으로 거래상대방을 제한하는 행위 등이 있다.

거래지역의 제한에서는 시장에서 유력한 제조업자가 유통업자에 대하여 엄격한 제한을 부과하거나 지역 외 고객에의 판매제한을 부과함으로써 당해상품의 가격을 유지할 염려가 있으므로 법 위반이 된다. 거래상대방의 제한에서는 중개거래의 금지 등이 해당되며 이러한 행위는 가격을 유지시킬 염려가 강하다.

#### 5) 생산 또는 용역의 거래를 위한 설비의 신설 또는 증설이나 장비의 도입을 방해하거나 제한하는 행위

여기에 해당하는 것으로는 구성사업자별로 생산 또는 판매시설 등 설비의 규모를 할당하거나 공동으로 결정하게 하는 행위, 시설이나 장비의 도입처·도입자금·도입경로 등을 부당하게 제한함으로써 시설의 신설이나 증설 또는 장비의 도입을 제한하는 행위 등이 있다.

#### 6) 상품의 생산 또는 거래시에 그 상품의 종류 또는 규격을 제한하는 행위

구성사업자별로 상품의 종류 또는 규격별로 생산품목을 할당하거나 공동으로 결정하게 하는 행위, 새로운 상품의 개발·생산·판매 등을 제한하거나 공동으로 결정하게 하는 행위 등이 여기에 해당한다.

#### 7) 영업의 주요부문을 공동으로 수행하거나 관리하기 위한 회사 등을 설립하는 행위

이러한 유형에는, 상품의 생산·구매·판매 등의 업무를 수행하는 공동회사를 설립하여 모든 구성사업자들로 하여금 이 회사를 통해서만 거래하도록 하는 행위, 구성사업자의 제품판매수익을 공동으로 관리하는 회사를 설립하여 제반경비를 공제하고 남은 이익을 판매수익에 관계없이 배분하는 행위 등이 있다.

#### 8) 기타 다른 사업자의 사업활동 또는 사업내용을 방해하거나 제한함으로써 일정한 거래분야에서 경쟁을 실질적으로 제한하는 행위[400)]

이외에도 정당한 이유없이 단체에의 가입을 강제하거나 거부함으로써 비구성사업자의 사업활동이 부당하게 제약되는 결과를 초래하는 행위, 비구성사업자라는 이유로 사업수행에 필요한 사업관련 정보망 등의 이용을 부당하게 제한하여 비구성사업자의 사업활동을 방해하는 행위 등도 원칙적으로 금지된다.

---

400) 대법원 2008. 2. 29. 선고 2006두10443 판결.

**대법원 2005. 8. 19. 선고 2003두9251 판결**

광역시의 치과의사회가 같은 광역시의 치과기공사회와 사이에 각 실무협의회 소속 회원을 통하여 치과기공물의 가격에 관한 가이드라인을 정한 다음 대표자의 추인을 받아 대표자 명의로 회원들에게 위 가이드라인에 대한 안내문을 발송한 것이, 그 안내문에 위 가이드라인을 자율적으로 참고하라는 취지가 기재되어 있기는 하나, 이전의 치과기공물의 가격 결정에 관한 관행, 위 가이드라인의 작성 경위 및 통보과정 등에 비추어 공정거래법 제26조 제1항 제1호에서 정한 '사업자단체에 의한 가격결정행위'에 해당한다.

**대법원 2005. 1. 27. 선고 2002다42605 판결**

공정거래법 제26조 제1항 제1호, 제19조 제1항 제1호, 제2호는, 사업자단체가 가격을 결정·유지·변경하는 행위를 하거나 상품 또는 용역의 거래조건이나 그 대금 또는 대가의 지급조건을 정하는 행위에 의하여 부당하게 경쟁을 제한하는 행위를 금지하고 있는바, 여기에서 사업자단체의 위와 같은 행위가 부당하게 경쟁을 제한하는 것인지 여부는 사업자단체의 시장점유율, 경쟁자의 수와 공급여력, 대체성 등 여러 사정을 종합하여 판단하여야 할 것이다 .

동양시멘트 레미콘 개인사업자 협의회의 2000년 1월 6일자 정기총회에서의 결의는 협회 소속 개인사업자들에게 협회와 동양메이저 주식회사 부산공장 사이의 단체협상을 통하여 결정된 레미콘운송단가 등을 기준으로 하여 동양시멘트와 운송계약을 체결하고, 레미콘운송단가 등에 관한 단체협상이 이루어지지 않은 경우에도 단체행동을 하는 외에 개별적으로 레미콘운송계약을 체결하여서는 아니 된다는 것으로서 개인사업자들에게 레미콘운송가격 기타 운송조건에 관한 공동의 인식을 형성하는 행위라고 할 것이지만, 레미콘운송시장의 특수성과 협회와 동양시멘트 사이의 단체협상의 내용 및 개인사업자들과 동양시멘트와의 운송계약내용에 비추어 협회의 레미콘운송시장에서의 시장점유율은 극히 미미한 것으로 보이는 점, 협회 소속 개인사업자들도 자유롭게 협회를 탈퇴하여 협회와 관계없이 개인적으로 동양시멘트와 운송계약을 체결할 수 있는 점, 레미콘운송시장의 경우 레미콘운송 개인사업자들이 다수 존재하여 공급여력이 상당한 것으로 보이는 점 등 여러 사정을 종합하면, 이 사건 결의가 레미콘운송가격 기타 운송조건 등의 결정에 영향을 미치거나 미칠 우려가 있다고 볼 수 없으므로 법 제26조 제1항 제1호, 제19조 제1항 제1호, 제2호 소정의 부당하게 경쟁을 제한하는 행위에 해당하지 아니한다고 할 것이고, 나아가 법 제26조 제1항 제1호, 제19조 제1항 제8호 소정의 일정한 거래분야에서 경쟁을 실질적으로 제한하는 행위에도 해당하지 아니한다고 할 것이다. 따라서 이 사건 결의는 법 제26조 제1항 제1호, 제19조 제1항 제1호, 제2호, 제8호 소정의 사업자단체의 부당한 공동행위에 해당하지 아니한다고 할 것이다.

**대법원 2008. 2. 29. 선고 2006두10443 판결**

한국양회공업협회가 법 소정의 사업자단체로서 구성사업자인 이 사건 회사들로부터 아주산업 등의 슬래그분말사업에 대한 확인 및 재고권유 요청을 받고 아주산업과 유진레미콘에게 슬래그분말 사업추진의 중단·제한 등을 요청하였고, 이를 이행하지 아니하자 아주산업과 유진레미콘에 대하여 이 사건 회사들이 시멘트공급을 제한하였으며, 그 후 아주산업이 실제로 2002. 11. 슬래그분말사업을 철회하고, 유진레미콘도 2003. 5. 28. 슬래그분말 사업을 축소, 제한하기로 하자, 아주산업, 유진레미콘에 대하여 이 사건 회사들의 시멘트공급이 다시 이루어지게 된 사실을 인정한 다음, 원고 협회의 위와 같은 행위는 자신들의 구성사업자인 이 사건 회사들의 시멘트시장에서의 시장점유율이 90%에 달하여 아주산업, 유진레미콘이 이 사건 회사들을 통해서 시멘트를 공급받을 수밖에 없음을 기화로 단체의 힘을 빌려 아주산업, 유진레미콘으로 하여금 원고 협회의 슬래그분말사업 추진의 중단·제한요구에 따르게 한 행위이므로 비록 원고 협회의 정관에 따른 의결절차에 부합하지 아니하고 원고 협회의 법률상 대표자가 아닌 부회장을 통하여 아주산업, 유진레미콘에게 요청 또는 종용을 하였다고 하더라도, 그 실질은 법 제26조 제1항 제1호에서 정하는 사업자단체가 법 제19조 제1항 제8호의 부당한 공동행위를 한 것에 해당한다.

### (2) 사업자 수의 제한

사업자단체는 일정한 거래분야에 있어서 현재 또는 장래의 사업자 수를 제한하는 행위를 하여서는 안 된다(법 26조 1항 2호). 사업자단체가 일정한 사업분야에 새로 사업자가 진입하는 것을 방해하거나 기존의 사업자를 배제함으로써 그 사업분야에서의 사업자 수를 제한하는 것이다. 여기의 사업자 수의 제한은 현재 수에 대한 것뿐만 아니라 장래의 수에 대한 것도 포함하며, 단체에의 가입을 제한하거나 가입하지 않을 경우 불이익을 강요하는 것이다. 변호사회가 개업변호사 수를 제한한다거나 비회원사의 제조설비의 증설을 저지함으로써 사업자의 수를 제한하는 것 등이 그 예이다. 이러한 유형에는 부동산중개업자단체에 의한 신규가입자의 제한이나 요식업조합에의 가입거부에 의한 식당의 신규개점제한 등 주로 시장지배에 이르지 않은 중소영세사업자의 시장진입제한 사례가 많다.

구체적인 행위유형에는 단체에 가입하지 않으면 사업수행이 곤란한 상황에서 일정한 영업기간 등 가입조건을 어렵게 하거나, 신규가입자에 대해 기존 회원의 동의를 받도록 함으로써 사실상 가입을 제한하는 행위 등이 대표적이다. 또한 신규가입 또는 탈퇴를 제한할 목적으로 또는 그와 동일한 효과를 가질 정도로 높은 수준의 가입비를 징수하는 행위, 구성사업자나 구성사업자의 거래처 사업자에게 특정사업자에 대한 상품이나 서비스 공급의 제한을 하도록 하는 것, 단체의 가입에 대하여 사업지역이나 분야 등에 관하여 특히 직접적인 경합관계에 있는 구성사업자의 양해 또는 추천 등을 얻을 것을 조건으로 하는 것, “한국법인”이나 “한국국적을 가진 자” 등 국적에 의한 제한을 내용으로 하는 가입자격요건을 설정하는 것이 포함된다.

**대법원 1991. 2. 12. 선고 90누6248 판결**

소외 1이 월회비를 한 번도 납부하지 아니하고 전라북도 사진앨범인쇄 협동조합(이하 '원고조합')을 통한 단체계약에 응하지 아니한 것은 원고조합의 정관 제17조 제1호 소정의 1년 이상 원고조합을 이용하지 아니한 경우에 해당되고, 또 원고조합을 비난하는 폭언을 하고 이사장을 비롯한 조합원을 정당한 이유 없이 수사기관에 고발한 행위는 정관 제17조 제3호 소정의 조합의 사업을 방해하고자 하는 행위가 있다고 인정되는 경우에 해당하므로, 형식상 제명사유가 된다고 할 것이지만, 한편 원고조합의 설립 시로부터 1년 이상 단체수의계약이나 조달물자구매방식의 계약에 의한 물량배정을 받지 못하여 이와 같은 방식에 의한 납품실적이 전혀 없는 조합원이 소외 1 외에도 11명이 더 있고, 소외 1이 원고조합으로부터 제명되는 경우 졸업사진앨범에 대한 단체수의계약에 따른 물량배정의 대상과 정부조달물자의 구매대상에서 제외되어 앞으로의 사업활동에 있어서 큰 불이익을 입게 되는 사실이 인정되는 사정을 감안하면, 원고조합이 소외 1의 앞서 인정된 바와 같은 행위만으로 그를 제명한 조치는 소외 1에게 너무 가혹하여 부당하다고 할 것이고, 그렇다면 원고조합이 정당한 이유 없이 소외 1을 제명한 행위는, 공정거래법 제18조 제1항 제2호가 사업자단체에 대하여 하여서는 아니 되는 행위로 규정하고 있는 "일정한 거래분야에 있어서 현재 또는 장래의 사업자수를 제한하는 행위"에 해당하므로, 경제기획원장관이 이를 이유로 같은 법 제19조에 따라서 원고에 대하여 위 제명행위를 취소하도록 시정을 명한 이 사건 처분은 적법한 것이다.

### (3) 구성사업자의 사업내용·활동의 '부당한' 제한

사업자단체는 구성사업자(사업자단체의 구성원인 사업자)의 사업내용 또는 활동을 부당하게 제한하는 행위를 하여서는 안 된다(법 26조 1항 3호). 사업자단체는 단체로서의 규율과 구속을 구성사업자에게 부과하고 구성사업자의 기능 또는 활동에 어떤 제한을 하는 것이다. 따라서 사업자단체의 목적상 합리적인 범위 내에서 구성사업자의 사업활동 등을 제한하는 것은 무방하지만, 그 사업내용 또는 사업활동을 부당하게 제한할 수는 없다는 취지이다. 공정거래법 위반이 되는 것은 공정하고 자유로운 경쟁의 촉진을 목적으로 하는 공정거래법의 입장에서 보아 부당한 것에 국한된다. 경우에 따라 법 제26조 제1항 제1호와 제3호가 경합할 수 있는데, 경쟁저해성이 심한 경우에는 제1호가 적용되고 그렇지 않은 경우에는 제3호가 적용된다.

여기서 제한되는 대상은 사업의 기본적 내용, 중요활동수단, 고객편의사업 등을 포함한다. 금지되는 행위는 각종 증명서의 교부나 추천을 거부하거나 지연함으로써 구성사업자의 사업활동을 부당하게 제한하는 행위, 구성사업자의 광고내용, 광고회수, 광고매체 등을 부당하게 제한하거나 공동으로 결정하게 하는 행위, 단체로부터의 탈퇴를 강요하거나 거부함으로써 구성사업자의 사업활동을 부당하게 제한하는 행위 등이다. 또한 구성사업자가 행하는 기술의 개발 또는 이용을 부당하게 제한하는 것도 금지된다. 구체적으로는 동업자로 구성되는 사업자단체가 업계 내부의 경쟁을 회피하기 위하여 기존의 상품과 경합하는 신상품을 낮은 비용으로 생산하는 신기술의 개발에 착수한 구성사업자에 대하여 그 신기술의 개발을 중지시키는 것, 사업자단체가 보유하는 특허권의 실시허락을 얻지 않으면 사업활동을 하기가 곤란한 상황에서 당해단체가 구성사업자에게만 실시허락을 하고 또한 그 단체에의 가입을 제한하는 것도 위법이 된다.

**대법원 2010. 10. 28. 선고 2010두14084 판결**

공정거래법 제26조 제1항 제3호에서 사업자단체의 금지행위로서 '구성사업자의 사업내용 또는 활동을 부당하게 제한하는 행위' 를 규정하고 있는 취지는, 원래 사업자단체는 구성사업자의 공동의 이익을 증진하는 것을 목적으로 하는 단체이므로 그 목적 달성을 위하여 단체의 의사결정에 의하여 구성사업자의 사업활동에 대하여 일정한 범위의 제한을 하는 것이 어느 정도 예정되어 있다고 하더라도 그 결의의 내용이 구성사업자의 사업내용이나 활동을 과도하게 제한하여 구성사업자 사이의 공정하고 자유로운 경쟁을 저해할 정도에 이른 경우에는 이를 허용하지 않겠다는 데에 있다.

**공정거래위원회 2000. 10. 12. 의결 제2000-155호 2000단체1235**

(사)대한의사협회(이하 피심인)는 2000년 7월 1일 시행된 의약분업을 저지하기 위하여 의협회의실에서 의쟁투중앙위원회 회의를 개최하여 1, 2, 3차 의료기관이 모두가 참여하는 무기한 파업(휴·폐업)투쟁에 돌입하기로 결의하였다. 그리고 의협회의실에서 의쟁투중앙위원회 회의를 개최하여, 아래와 같은 10월 투쟁지침을 확정하였다. 이후 의협회의실에서 의쟁투 중앙위원회를 개최하여 구체적인 폐쇄내용 및 파업불참 회원에 대한 제재 등을 결의하고, 이를 다음 날 지역의사회에 통보하였으며, 의사협회는 이러한 의쟁투 중앙위원회의 결의에 따라 파업투쟁 실행 첫날 의원급 의료기관이 휴·폐업에 돌입하였다.

피심인 사업자단체가 구성사업자인 개별사업자에게 상당한 영향력을 행사할 수 있는 지위에 있다고 할 수 있으며, 개별사업자는 관련 사업자단체의 구성사업자로 가입되어 있는 이상, 그 사업자단체가 정한 정관 및 제반규정을 준수해야 할 의무가 있고, 이를 위반한 구성사업자는 회원권리정지 등의 징계수단에 의하여 구성사업자로서 누릴 수 있는 권리를 제한받게 된다.

구성사업자에게 영향력을 행사할 수 있는 지위에 있는 피심인이 내부 의결절차를 통해 집단 휴·폐업을 결의하였으며, 그 결의내용을 산하조직인 지역의사회를 통해 구성사업자들에게 통보함으로써 휴·폐업을 실행하도록 한 행위는 이른바 단체적 구속에 해당하는 것으로서 비록 구성사업자라 하더라도 그 개개인은 모두 개별사업자이므로 그들의 휴업여부 결정 등의 사업활동은 각자의 경영방침에 따라 자유롭게 보장되어야 한다는 점에 비추어 볼 때, 피심인의 위 행위는 각각 개별 구성사업자의 사업내용 또는 활동을 부당하게 제한하는 행위(법 제26조 제1항 제3호)에 해당한다.

**법원의 판단(대법원 2003. 2. 20. 선고 2001두5347 전원합의체 판결)**

사업자단체는 구성사업자의 공동의 이익을 증진하는 것을 목적으로 하는 단체로서, 그 목적 달성을 위하여 단체의 의사결정에 의하여 구성사업자의 사업활동에 대하여 일정한 범위의 제한을 하는 것은 예정되어 있다고 할 것이나, 그 결의가 구성사업자의 사업활동에 있어서 공정하고 자유로운 경쟁을 저해하는 경우에는 공정거래법 제26조 제1항 제3호에 규정된 '구성사업자의 사업내용 또는 활동을 부당하게 제한하는 행위'에 해당한다고 할 것인데, 사업자단체인 사단법인 대한의사협회가 의약분업 시행을 앞두고 의료계의 주장을 관철하기 위하여 개최하는 의사대회 당일 휴업·휴진할 것과 참석 서명 및 불참자에 대한 불참사유서를 징구할 것을 결의하고, 그 결의내용을 문서, 인터넷 홈페이지 및 신문광고 등을 통해 자신의 구성사업자인 의사들에게 통보하여 대회당일 휴업·휴진을 하도록 한 행위는, 이른바 단체적 구속으로서, 내심으로나마 휴업·휴진에 반대하는 구성사업자인 의사들에게 자기의 의사에 반하여 휴업·휴진하도록 사실상 강요함으로써 구성사업자들의 공정하고 자유로운 경쟁을 저해하는 결과를 가져온다고 할 것이고, 한편, 의료 업무는 그 공익적 성격으로 인하여 여러 가지 공법적 제한이 따르고 있으나, 그 제한 외의 영역에서 개업, 휴업, 폐업, 의료기관의 운영방법 등은 의료인의 자유에 맡겨져 있는 것이고, 그와 같은 자유를 바탕으로 한 경쟁을 통하여 창의적인 의료활동이 조장되고 소비자인 일반 국민의 이익도 보호될 수 있는 것인바, 대한의사협회가 비록 구성사업자인 의사들 모두의 이익을 증진하기 위한 목적에서라고 하더라도 구성사업자들에게 본인의 의사 여하를 불문하고 일제히 휴업하도록 요구하였고 그 요구에 어느 정도 강제성이 있었다고 한다면, 이는 구성사업자인 의사들의 자유의 영역에 속하는 휴업 여부 판단에 사업자단체가 간섭한 것이고, 그 결과 사업자 각자의 판단에 의하지 아니한 사유로 집단휴업 사태를 발생시키고 소비자 입장에 있는 일반 국민들의 의료기관 이용에 큰 지장을 초래하였으니, 그와 같은 집단휴업 조치는 의사들 사이의 공정하고 자유로운 경쟁을 저해하는 것이라고 보지 않을 수 없으므로, 대한의사협회의 행위는 공정거래법 제26조 제1항 제3호 소정의 '부당한 제한행위'에 해당한다.

#### (4) 구성사업자에 대한 불공정거래행위·재판매가격 유지행위의 강요·방조

사업자단체는 사업자에게 법 제23조(불공정거래행위의 금지) 제1항 각호의 1의 규정에 의한 불공정거래행위 또는 법 제29조(재판매가격 유지행위의 제한)의 규정에 의한 재판매가격 유지행위를 하게 하거나 이를 방조하는 행위를 하여서는 안 된다(법 26조 1항 4호). 여기의 사업자는 구성사업자에 국한하지 않으며 비구성사업자(outsider)도 포함한다. 그리고 해당 행위의 교사 및 방조가 금지되고 있는데, 방조에 있어서는 실행은 그 요건이 아니다.

구성사업자에 대한 불공정거래행위의 교사·방조에 해당하는 것으로는 구성사업자로 하여금 정당한 이유 없이 경쟁사업자와 공동으로 특정 사업자에 대하여 거래를 거절하게 하거나 거래에 관계되는 상품 또는 용역의 수량이나 내용을 제한하도록 강요하는 행위, 구성사업자로 하여금 부당하게 거래상대방에 대하여 가격, 거래조건 등에 관하여 차별하여 취급하도록 강요하는 행위, 구성사업자로 하여금 그 사업자의 거래상지위를 부당하게 이용하여 거래상대방에게 구입강제, 이익제공, 불이익제공 등을 강요하도록 하는 행위 등이 있다.

"사업자에게 재판매가격 유지행위를 하게 하는 행위"의 의미는 그 취지상 개별사업자에게 상당한 영향력을 행사할 수 있는 지위에 있는 사업자단체로 하여금 부당한 공동행위 또는 경쟁제한행위를 금지하고자 하는 것으로 단순히 물리적으로 이를 강요하는 것만을 의미하는 것이 아니라, 그러한 지위를 이용하여 이러한 재판매가격 유지행위를 권장하거나 협조를 요청하는 등 어떠한 방법으로든 이를 사실상 강요하는 결과를 가져오는 모든 행위를 말하는 것으로 보아야 한다.[401)]

재판매가격의 제한은 사업자가 공급하는 상품에 대하여, 사업자에게 재판매가격의 구속에 해당하는 행위를 하도록 하여, 구성사업자에게 재판매가격의 유지를 실행시키거나 재판

401) 서울고등법원 1996. 3. 19. 선고 95구24779 판결.

매가격을 결정하거나 기타 재판매가격에 관한 제한을 하는 것을 말한다. 재판매가격 유지행위의 교사·방조행위로는 구성사업자 또는 다른 사업자에게 상품의 판매가격을 지정하여 주거나 일정비율 이하 또는 그 이상으로 거래하지 못하게 하는 행위 등이 있다.

불공정거래행위 또는 재판매가격 유지행위를 사업자단체가 직접 행한 경우에는 법 제23조 또는 제29조가 적용된다. 그리고 사업자단체가 이를 구성사업자에게 교사·방조한 경우 사업자단체에 대해서는 법 제26조가 적용되며, 이를 실행한 구성사업자에 대해서는 법 제23조 또는 제29조가 별도로 적용된다.

**대법원 1997. 6. 13. 선고 96누5834 판결**

공정거래법 제29조 제2항에 의하여 저작물에 대한 재판매가격 유지행위가 허용되는 사업자는 반드시 재판매가격 유지행위를 하여야만 하는 것은 아니고 자유경쟁가격제도를 택할 수도 있는 것이며, 한편 같은 법은 사업자의 부당한 공동행위 및 불공정행위 등에 대하여 규제하면서 이와는 별도로 사업자단체에 대하여 제6장에서 설립신고, 금지행위, 시정조치 등에 관한 규정을 따로 두어 사업자와 사업자단체를 명확히 구분하고 있는 점에 비추어, 같은 법 제26조 제1항 제4호에서 사업자단체가 사업자에게 같은 법 제29조에 의한 재판매가격 유지행위를 하게 하는 행위를 금지하는 취지는 사업자의 재판매가격 유지행위를 규제하는 같은 법 제29조의 그것과는 전혀 별개의 것이므로, 개개의 사업자 사이에 저작물에 관한 재판매가격 유지행위를 할 수 있다고 하더라도 사업자단체가 자유경쟁가격제도를 택하려는 사업자에게 재판매가격 유지행위를 하게 하는 행위는 같은 법 제26조 제1항 제4호에 위반되는 것이고, 따라서 출판사의 사업자단체가 출판물의 재판매가격 유지계약 체결권한을 위임하지 아니한 출판사들에 대하여 도서정가제가 더욱 공고히 확립될 수 있도록 최대한 협조하여 줄 것을 요청하는 공문을 발송한 행위는 위법한 것이어서 공정거래위원회가 그 사업자단체에 대하여 시정명령을 한 조치는 적법하다.

#### (5) 부당한 국제계약체결

사업자단체는 부당한 공동행위, 불공정거래행위 및 재판매가격 유지행위에 해당하는 사항을 내용으로 하는 것으로서 대통령령이 정하는 국제적 협정이나 계약("국제계약")을 체결하여서는 안 된다. 그러나 당해 국제계약의 내용이 일정한 거래분야에 있어서 경쟁에 미치는 영향이 경미하거나 기타 부득이한 사유가 있다고 공정거래위원회가 인정하는 경우에는 허용된다(법 32조 1항). 여기에 해당하는 것으로는 국제적인 가격협정 또는 시장분할협정이 전형적인 예이다.

### 2. 예외적 허용

사업자단체의 부당공동행위에 의한 경쟁제한행위(법 26조 1항 1호)에 대해서는 공정거래위원회의 인가를 받아 허용되는 공동행위에 관한 법 제19조 제2항 및 제3항이 준용된다(법 26조 2항). 따라서 법 제19조 제1항 각호의 행위에 의하여 부당하게 경쟁을 제한하는 행위이더라도 특정한 목적을 위하여 공정거래위원회의 인가를 받은 경우에는, 사업자단체가 그러한 공동행위를 할 수 있다. 공정거래위원회의 인가에 관한 절차는 시행령 제40조에 의한다. 사업자단체가 회칙 등을 제정하여 주무부처의 승인이나 인가 등을 받은 경우라 하더라도, 그 회칙 등에 의한 사업자단체의 행위가 인가 등을 이유로 공정거래법의 규제대상에서 배제되는 것은 아니다.

물론 사업자단체의 행위로서 경쟁제한적이 아닌 행위는 성질상 허용된다. 시장동향 등 통계작성, 기술지도 등이 여기에 해당한다.

**대법원 2005. 9. 9. 선고 2003두11841 판결**

사업자단체에 의한 가격결정행위가 일정한 거래분야의 경쟁이 감소하여 사업자단체의 의사에 따라 어느 정도 자유로이 가격의 결정에 영향을 미치거나 미칠 우려가 있는 상태를 초래하는 행위, 즉 구 공정거래법 제26조 제1항 제1호, 제19조 제1항 제1호의 '사업자단체의 가격을 결정·유지 또는 변경하는 행위에 의하여 일정한 거래분야의 경쟁을 실질적으로 제한하는 행위'에 해당하더라도, 이로 인하여 경쟁이 제한되는 정도에 비하여 같은 법 제19조 제2항 각 호에 정해진 목적 등에 이바지하는 효과가 상당히 커서 소비자를 보호함과 아울러 국민경제의 균형 있는 발전을 도모한다는 법의 궁극적인 목적에 실질적으로 반하지 아니하는 예외적인 경우에 해당한다면, 부당한 가격제한행위라고 할 수 없다.

## IV. 사업자단체 활동지침

사업자단체가 금지행위(법 26조 1항)를 위반하는 것을 예방하기 위하여, 공정거래위원회는 필요한 경우에 사업자단체가 준수할 지침을 제정 · 고시할 수 있으며, 이 경우 관계행정기관장과의 협의를 하여야 한다(법 26조 3항, 4항).

이에 따라 "사업자단체 활동지침"[402)]이 시행되고 있는데, 동 지침은 사업자단체에게 허용되는 행위와 금지되는 행위를 예시하고 있다. 우선 원칙적으로 금지되는 행위는 가격관계, 생산 또는 판매량 관계, 판매조건 관계 등이며, 사업자단체는 법규 등에 근거하는 경우 이외에 어떤 형태로든 부당한 제한을 할 수 없도록 하고 있다(지침 3-가).

또 다른 유형은 원칙적으로 위반이 되지 않는 행위로서 객관적 통계작성, 기술지도, 교육훈련, 규격 또는 품질 등의 자율적 기준 설정 등이 있다. 이 유형의 경우 사업자는 합리적이고 필요한 범위를 벗어나 경쟁을 저해하지 않도록 유의할 필요가 있다(지침 3-나).

402) 제정 2009. 8. 20. 공정거래위원회 고시 제2009-24호.

## V. 법 위반의 효과

### 1. 행정적 규제

공정거래위원회는 사업자단체의 금지행위에 관한 법 제26조의 규정에 위반하는 행위가 있을 때에는 당해사업자단체(필요한 경우 관련 구성사업자를 포함)에 대하여 당해행위의 중지, 시정명령을 받은 사실의 공표, 기타 시정을 위한 필요한 조치를 명할 수 있다(법 27조). 또한 공정거래위원회는 당해 사업자단체에 대하여 시정방안을 정하여 이에 따를 것을 권고할 수 있으며, 이에 따라 시정권고를 받은 자가 당해 권고를 수락한 때에는 이 법의 규정에 의한 시정조치가 명하여진 것으로 본다(법 51조).

한편 공정거래위원회는 사업자단체의 금지행위를 행한 당해사업자단체에 대하여 5억원의 범위안에서 과징금을 부과할 수 있다(법 28조 1항). 그리고 그 위반행위에 참가한 사업자에 대하여는 대통령령이 정하는 매출액에 5%를 곱한 금액(매출액이 없는 경우 등에는 5억원)을 초과하지 아니하는 범위 안에서 과징금을 부과할 수 있다(법 28조 2항).

### 2. 민사적 규제

#### (1) 손해배상책임

사업자단체의 금지행위로 인하여 피해를 입은 자가 있는 경우에는 그 위반행위를 한 사업자단체는 그 피해자에 대하여 손해배상의 책임을 진다. 그러나 고의 또는 과실이 없음을 입증한 사업자는 그 책임을 면한다(법 56조).

#### (2) 위반행위의 사법상의 효력

사업자단체의 금지위반행위의 사법상 효력에 대해서는 공정거래법의 취지 및 실효성을 고려하여 원칙적으로 무효로 보아야 한다. 그러나 거래의 안전보호도 무시할 수 없으므로 각 사안의 사정을 종합적으로 고려하여 그 효력을 판단해야 할 것이다. "사업자단체 활동지침"에서는 '원칙적으로 공정거래법에 위반되는 사항과 허용되는 사항은 사안에 따라 판단기준이 달라질 수 있으므로'라고 하고 있는데(지침 3), 이것이 사법상 효력 자체에 관한 기술은 아니지만 참고할 필요가 있다.

### 3. 형사적 규제

법 제26조 제1항 제1호에 위반하여 사업자단체의 금지행위를 한 자는 3년 이하의 징역 또는 2억원 이하의 벌금에 처한다(법 66조 1항 10호). 이 징역형과 벌금형은 병과할 수 있다(동조 2항). 법 제26조 제1항 제2호 내지 5호의 규정에 위반하여 사업자단체의 금지행위를 한 자는 2년 이하의 징역 또는 1억 5천만원 이하의 벌금에 처한다(법 67조 3호).

법 제26조 위반행위에 대한 공정거래위원회의 시정조치 규정(법 27조)에 의한 시정조치 또는 금지명령에 응하지 아니한 자는 2년 이하의 징역 또는 1억 5천만원 이하의 벌금에 처한다(법 67조 6호).

# 제2절 재판매가격 유지행위의 제한

## I. 의의

### 1. 개념

공정거래법은 재판매가격 유지를 사업자가 상품 또는 용역을 거래함에 있어서 거래상대방인 사업자 또는 그 다음 거래단계별 사업자에 대하여 거래가격을 정하여 그 가격대로 판매 또는 제공할 것을 강제하거나 이를 위하여 규약 기타 구속조건을 붙여 거래하는 행위를 말한다고 정의하고 있다(법 2조 6호).[403] 재판매가격 유지(resale price maintenance)란 어떤 상품의 생산자(supplier) 등이 처음부터 그 상품이 재판매되는 각 단계의 판매가격을 정하고, 그 상품을 재판매하는 각 단계의 판매업자에게 정해진 가격으로 재판매시키는 관행 또는 제도이다. 여기서 '재판매'라는 것은 '생산자→도매업자→소매업자→소비자'의 각 단계를 거쳐 유통이 행해지는 상품판매의 모든 것을 그 상품의 생산자 입장에서 보아 총칭하는 용어이다. 또한 재판매가격 유지행위란 그러한 재판매가격 유지를 하는 것을 의미한다. 생산자로부터 소비자까지의 유통과정에서 생산자 가격이 판매가격, 도매업자가 소매업자에게 판매한 가격이 재판매가격, 소매업자가 소비자에게 판매한 가격이 재재판매가격이 된다. 결국 재판매가격 유지행위는 상품의 생산·판매업자가 그 상품판매에 있어서 재판매사업자에게 거래단계별로 가격설정, 판매강제, 구속조건을 붙여 거래하는 등의 행위이며, '수직적 가격결정'에 해당한다.

재판매가격 유지의 수단으로서는 판매업자와 문서에 의한 계약을 하거나 구두로 통지하는 방법을 사용한다. 또한 송장·포장에 가격을 기재하거나 일반에게 공표하는 방법을 사용하는 경우도 있다. 가격을 준수하지 않는 경우에는 위약금·출고조절·리베이트정지 등의 제재를 가하기도 한다.

재판매가격 유지라고 할 수 있기 위해서는 구속성이 필요하다. 구속이란 본래 어떤 형태의 불이익이 필요하지만, 가령 유통업자가 자기들의 경쟁을 회피하기 위하여 생산자에게

403) 자유시장 경제질서의 추구를 목표로 하는 헌법정신에 비추어 상품의 가격은 수요와 공급의 시장원리에 따라 자유롭게 형성됨이 바람직하다 할 것인바, 상품의 생산자나 판매자가 미리 그 판매가격을 정하는 것은 자칫 경제적 약자의 예속화를 초래하고 담합을 통한 유통차익의 확보책으로 악용될 우려가 있으므로 독점규제법 제29조 제1항이 이러한 재판매가격 유지행위를 금한 것으로 보인다(서울고등법원 1996. 3. 19. 선고 95구24779 판결).

재판매가격의 구속을 요청하는 경우에는 불이익에 의한 강제보다 시장에서의 경쟁저해효과가 크다. 재판매가격 유지행위 제한의 규정이 자유경쟁감소를 방지하기 위한 것임을 고려하면, 경쟁감소효과를 갖는 행위를 널리 규제대상으로 삼아야 할 것이다. 따라서 여기서 구속이란 어떤 인위적인 실효성 확보수단이라고 해석해야 한다. 구속의 시기(始期)에 대해서는 실효성확보수단이 실제로 행해질 필요는 없고, 그 뜻의 표명이 있는 것으로 충분하다. 구속의 종기(終期)에 대해서는 구속자의 관점에서 행위에서 취해진 구속을 해소하기 위한 적극적 조치가 취해졌는가, 피구속자의 관점에서 제약이 풀려 가격결정 등의 사업활동이 가능하게 되었는가를 검토하면서 상품의 일반적 가격동향을 고려하여 판단해야 할 것이다.[404]

"재판매가격 유지행위 심사지침"[405]에 의하면 구속성이 인정되기 위해서는 사업자가 거래상대방인 사업자 또는 그 다음 거래단계별 사업자에 대하여 거래가격을 지정하였다는 사실과 이를 준수하도록 강제하는 행위가 있어야 한다. 강제성 유무는 거래상대방인 사업자 또는 그 다음 거래단계별 사업자의 자유로운 의사에 반하여 지정된 거래가격을 준수하도록 하고 그 위반에 대해 거래상대방인 사업자 또는 그 다음 거래단계별 사업자에게 불이익을 주었는지 여부를 기준으로 판단한다(심사지침 2-다).[406]

재판매가격 유지행위는 생산자가 도매업자나 소매업자의 판매가격을 정하고, 이 가격으로 이러한 판매업자에게 판매시키는 것이다. 따라서 어느 생산자은 상품의 각 단계에서의 판매가격은 동일하게 되고, 이것은 결국 도매업자 또는 소매업자가 서로 그 판매가격을 협정하는 경우인 카르텔과 같은 결과가 된다. 그러나 재판매가격 유지행위는 어떤 상품의 생산자와 그 상품의 판매업자 사이에 나타나는 수직적 결합이며, 서로 경쟁관계에 있는 생산자 또는 판매업자 상호간의 수평적 결합인 카르텔과는 기본적 형태에서 구별된다.

**대법원 2011. 3. 10. 선고 2010두9976 판결**

원고는 대리점과 계약을 체결하면서 계약서에 원고와 사전 서면 동의 없이 상품을 다른 판매점에 판매하는 것을 금지하고 이를 위반할 경우 상품공급을 중단하며 계약을 해지할 수 있다는 내용을 규정하였는데, 원고가 이와 같이 거래상대방을 제한한 궁극적 목적은 소속대리점으로부터 원고와 상품 공급계약을 체결하지 아니한 비대리점으로 물건이 공급되면 가격통제가 어려워지기 때문에 원고 골프용품의 재판매가격을 유지하기 위한 수단으로 활용하려는 것임을 알 수 있다. 이러한 사정과 앞서 본 법리에 비추어 보면, 이 사건 거래상대방 제한이 공정한 거래를 저해할 우려가 있는지 여부는, 이 사건 거래상대방 제한의 목적이 된 이 사건 재판매가격 유지행위가 정당한 이유로 인하여 적법한지 여부, 이 사건 거래상대방 제한에 경쟁을 촉진하는 효과 등이 있는지 여부도 아울러 고려하여 판단함이 상당하다.

404) 根岸哲 · 杉浦市郎, 前掲書, 116面.

405) 개정 2009. 8. 12. 공정거래위원회 예규 제68호.

406) 강제행위에 해당될 수 있는 유형의 예는 거래단계별 가격표를 통보하면서 할인판매를 하는 대리점에 대해 출고정지 · 해약 등 조치를 하는 경우 등이다. 직접적인 강제행위가 없더라도 재판매가격 유지를 위해 희망가격을 준수하도록 하고 위반시 계약 해지조항을 규정한 경우 등에는 강제성이 있는 것으로 본다.

**서울고등법원 2010. 4. 21. 선고 2009누5482 판결**

공정거래법 제2조 제6호는 "재판매가격 유지행위라 함은 사업자가 상품을 판매함에 있어서 재판매하는 사업자에게 거래단계별 가격을 미리 정하여 그 가격대로 판매할 것을 강제하거나 이를 위하여 규약 기타 구속조건을 붙여 거래하는 행위를 말한다." 라고 규정하고 있으므로, "재판매가격 유지행위"에 해당하려면 첫째, 재판매가격이 지정되고, 둘째, 사업자가 미리 정한 가격대로 판매하지 않는 경우 재판매 사업자와의 거래를 중단하거나 공급량을 줄이거나 공급조건을 불리하게 하는 등의 불이익을 주는 방법으로 가격을 통제할 수 있도록 그 지정된 가격이 강제성을 가져야 한다. 이 경우 불이익을 주었는지 여부에는 재판매가격을 준수하지 않는 경우 거래중단, 공급량 축소 또는 공급조건을 불리하게 하는 등의 물리적 강요행위가 포함됨은 물론, 단지 사업자가 거래중단을 시사하였거나 혹은 사업자의 행위가 가격유지의 권장 또는 협조요청의 형식을 취하였다 하더라도 재판매가격의 유지가 실효성이 확보된 수단을 통하여 이루어지는 경우에는 가격을 통제하는 행위로서 재판매사업자 사이의 자유로운 경쟁을 저해하는 것으로서 강제성이 있는 것으로 본다.

## 2. 유형

재판매가격 유지행위에는 직접적인 거래상대방을 구속하는 경우와 간접적인 상대방을 구속하는 경우가 있다. 직접적인 상대방을 구속하는 경우는 생산자 또는 총도매상이 도매상의 도매가격을 지정구속하는 것이 대표적이며, 간접적인 상대방을 구속하는 경우는 생산자가 도매상을 거쳐 소매상에 대하여 소매가격을 지정구속하는 것이 대표적인 상황이다. 양자는 모두 원칙적으로 위법으로 취급된다는 점에서 차이가 없다. 그 이유는 제3자 사이의 거래의 가격결정의 자유를 침해할 수는 없다고 하는 근본원칙에 따른 것이다. 또 다른 유형구분으로는 제조업자의 행위인 재판매가격 유지행위와 전문소매업자들이 대형판매점에 대항하기 위하여 제조업자에게 요구하는 재판매가격 유지행위가 있다.

최저가격제, 최고가격제, 지정가격제 등의 유형 구분도 있다. 최저가격제와 최고가격제는 재판매가격의 하한 또는 상한만을 설정하는 것이며, 지정가격제란 생산자의 설정가격에 따라 정가판매를 하도록 하는 것이다. 최저가격제가 가장 전형적인 유형이며, 심사지침에서는 최저가격유지행위에 해당되면 유통단계에서의 가격 경쟁을 제한하고 사업자의 자율성을 침해하므로 경쟁제한성이나 불공정성에 대한 분석없이 당연위법으로 본다(심사지침 3-가).

그러나 최근 판례는 최저가격유지행위라 할지라도 시장의 구체적 상황에 따라 그 행위가 관련 상품시장에서의 상표 간 경쟁을 촉진하여 결과적으로 소비자후생을 증대하는 등 정당한 이유가 있는 경우에는 이를 예외적으로 허용하여야 한다는 입장을 취하고 있다.[407][408]

---

407) 이 점은 유통계열화 등의 시스템을 어떻게 볼 것인가 따라 브랜드 내 경쟁론과 브랜드간 경쟁론으로 나누어지며, 재판매가격 유지행위가 브랜드 내 경쟁을 제한하지만 반면에 브랜드간 경쟁을 촉진시키는 경우에는 위법성이 인정되지 않을 수도 있다.

표 10. 재판매가격 유지행위의 유형

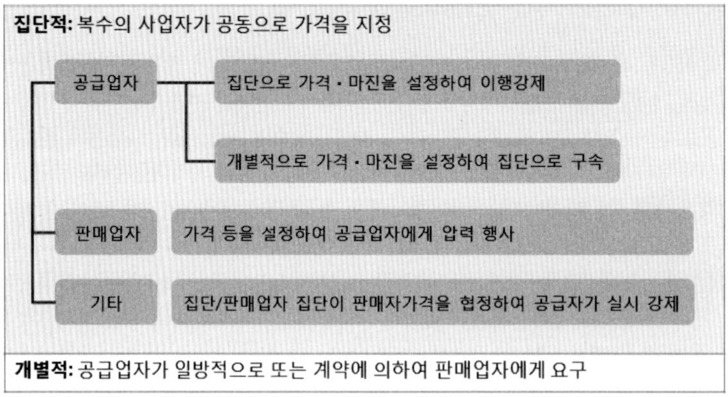


## 3. 경제적 기능

재판매가격 유지행위의 발달은 유인염매 방지 등의 필요성이 작용한 결과라고 할 수 있다. 즉 영세소매업자들의 도산을 방지하고 브랜드상품의 이미지 저하로 인한 생산자의 손해방지를 위해 필요했던 것이다. 대량생산방식이 발달함에 따라 종래와 같은 수의 작은 전문점 성격을 가진 소수품목판매위주의 소매점을 통해서는 동일규격의 대량상품을 원활하게 판매할 수 없었다. 그리하여 생산자는 직접 소비자에 대하여 전국적으로 자기의 상품을 선전하고, 그에 대한 소비자의 수요를 개척하는 동시에 그 상표 기타 특별한 의장 등을 그 상품에 붙여서 자기가 생산한 상품이라는 것을 소비자가 쉽게 식별할 수 있도록 하며,[409] 종래의 전문점 이외의 다수의 소매점을 이용하여 그 상품을 판매하려고 한 것이다.

이러한 브랜드 상품의 발달로 다종상품을 판매하는 대형판매점이 경쟁상 매우 유리한 입장에 서게 되었다. 대형판매점은 일부의 브랜드 상품만을 염가로 판매(유인염매, loss leader selling)하더라도 그 경영에 거의 영향을 미치지 않고, 오히려 그로써 소비자를 유인하여 점포전체로서의 매상을 증대시킬 수 있으므로 유리한 결과를 얻을 수 있었다. 이에 대항하기 위하여 전통적인 소매업자는 염가판매를 하지 않을 수 없는데, 이들은 특정 상품판매에 전념하거나 크게 의존하고 있기 때문에 심각한 영향을 받는다.

소매업자 사이에 가격경쟁이 격화되는 경우에 일반적으로 취해지는 방법은 소매업자 사이의 수직적 결합에 의한 가격경쟁이다. 그런데 브랜드 상품의 소매업자의 수는 매우 많고 다양한 소매업자가 포함되어 있기 때문에 상호간의 이해가 반드시 일치하는 것이 아니므로, 그들 사이에 자율적으로 가격협정을 하는 것은 어려운 일이다. 특히 대형판매점으로서

---

408) 대법원 2011. 3. 10. 선고 2010두9976 판결; 대법원 2010. 12. 23. 선고 2008두22815 판결; 대법원 2010. 11. 25. 선고 2009두9543 판결.

409) 이것은 생산자가 그 상품의 품질 기타에 대하여 직접 소비자에게 보증하는 측면도 있으므로 이러한 상품을 상표품 또는 브랜드상품이라고 한다.

는 염가판매를 금지당하는 것은 유력한 무기를 박탈당하는 것이므로 당연히 카르텔에 반대하게 된다. 그리하여 많은 소매업자들은 일종의 비참가사업자대책으로서 브랜드 상품의 생산자에게 염매방지를 위한 재판매가격 유지를 하도록 요구하는 것이다. 따라서 재판매가격 유지는 소매업자들의 강한 요구와 압력에 의하여 생산자가 이를 행하고 소매업자가 그 주도권을 갖는 것이 보통이며 또한 그 기본적 성격도 소매업자에게 카르텔에 대신하는 것으로서 이익을 가져온다는 점에서 파악할 수 있다.

한편 유인염매는 판매업자에게는 유리한 판매방법이 될 수 있으나, 미끼상품의 이미지 저하 등으로 인하여 제조업자로서는 손해를 입을 가능성이 크다. 따라서 이에 대한 제조업자의 대응책으로 재판매가격 유지가 발생된 측면도 있다.

### 4. 규제의 성격

불공정거래행위 중 가격구속행위(법 23조 1항 5호) 또는 부당한 고객유인(법 23조 1항 3호)은 재판매가격 유지행위 또는 유인염매와 행위유형 그 자체에서는 차이가 없다. 그러나 가격문제는 특히 중요하다는 관점에서 재판매가격 유지행위는 불공정거래행위의 특수한 유형으로 해석되고 있다. 왜냐하면 가격에 관한 구속을 내용으로 하는 경쟁저해적 행위인 점에서 일반불공정거래행위 유형 중 거래거절, 부당구속조건부 거래에 포섭될 수 있을 뿐 아니라, 사업자단체에 대한 규제에서 불공정거래행위와 재판매가격 유지행위가 법 제26조 제1항 제4호에 함께 규정되어 있으며, 부당한 국제계약체결의 제한에서도 양자는 함께 취급되고 있기 때문이다(법 32조 1항). 양자를 별개의 장으로 규정한 이유는 재판매가격 유지행위의 경쟁저해성이 일반불공정거래행위 특히 가격구속행위에 비하여 매우 높은 점을 고려하여 규제범위를 명확화하기 위한 것이다.

생산자들이 공동으로 판매업자들에게 최저가격 판매를 강제하거나 판매업자집단이 공동으로 생산자로 하여금 다른 판매업자에게 재판매가격 유지를 하게 하는 경우와 같이 부당한 공동행위로서 가격에 관한 구속이 행해지면, 부당한 공동행위에 관한 법 제19조 또는 사업자단체의 금지행위에 관한 법 제26조와 재판매가격 유지행위에 관한 법 제29조의 적용이 경합할 가능성이 있다. 이 경우 그 공동행위 또는 사업자단체의 행위는 재판매가격 유지행위를 보강하기 위하여 취해진 수단에 착안한 것이어서 재판매가격 유지행위 자체에 대한 법적용은 없다는 견해가 있다. 그러나 양자는 모두 경쟁저해적 행위규제이지만, 전자는 수평적 결합규제인데 대하여 후자는 수직적 결합규제인 점에서 구별되므로 양 법조는 함께 적용될 수 있을 것이다. 사실상 일정한 판매업자들이 특정 판매업자를 배제하기 위하여 생산자를 통한 재판매가격 유지로 위장하는 경우도 있고 전단계의 사업자로부터 가격구속을 받은 판매업자들이 카르텔을 형성하는 경우도 있다.

## II. 재판매가격 유지행위의 금지와 예외

### 1. 원칙적 금지

#### (1) 금지의 취지

공정거래법에서는 사업자의 재판매가격 유지행위를 원칙적으로 금지하고 있다. 그러나 상품이나 용역을 일정한 가격 이상으로 거래하지 못하도록 하는 최고가격유지행위로서 정당한 이유가 있는 경우에는 허용된다(법 29조 1항).

보통 재판매가격 유지는 브랜드상품에 대하여 효과적으로 행해질 수 있는 것이며, 브랜드상품 내의 가격경쟁을 소멸시킴으로써 당해 상품의 가격을 유지하고, 유통상품의 확보에 의한 매출의 안정적 확보를 도모하는 시스템이다. 그와 동시에 과점시장구조에서는 브랜드 간 가격경쟁을 쉽게 둔화시키거나 소멸시킬 수 있는 구조를 가지고 있다. 이로 인해 판매자 간의 가격경쟁이 없어지므로 서비스 및 품질 등에서 경쟁할 수밖에 없게 되어 소비자로서는 이로 인한 이익을 누릴 수 있다.

재판매가격 유지에는 이와 같은 경제적 효용이 있지만 동시에 적지 않은 경제적 폐해를 야기하고 있으며 특히 공정거래법적 관점에서 중대한 문제를 가지고 있다. 즉 상품 또는 용역의 유통단계에서 가격경쟁이 소멸하게 되는데, 이는 소비자로서는 단기적으로는 유익하지만 시장에서의 경쟁소멸로 인하여 장기적으로는 반드시 유익한 결과를 가져오는 것은 아니다. 또한 판매자들이 가격경쟁의 소멸로 얻은 비용절감이 반드시 소비자의 이익과 직결되지 않으며, 유통 근대화 촉진을 저해하는 측면도 있다. 결국 재판매가격 유지에는 다양한 경쟁제한적 요소가 내포되어 있다. 자유경쟁원리에 기한 시장경제에서 생산자가 도매업자 또는 소매업자 소유물에 대한 가격결정권을 빼앗는 것 자체가 자유경쟁원리에 반할 뿐만 아니라, 계약의 자유를 근간으로 하는 시민법 하에서 타인의 소유물에 대한 가격결정권을 뺏는 것은 사인의 독립성을 박탈하는 행위이므로 바람직하지 않다. 따라서 현대의 독과점 시장구조 하에서는 브랜드 내 경쟁과 브랜드 간 경쟁을 제한하게 되는 재판매가격 유지제도는 원칙적으로 허용되어서는 안된다.

이와 같이 재판매가격 유지행위에 대하여 엄격한 규제를 하는데 대해서는 이론(異論)이 있다. 생산자의 상품을 취급하는 판매업자 사이의 경쟁(브랜드 내 경쟁)은 소멸하더라도 다른 생산자의 상품에 대한 경쟁(브랜드 간 경쟁)이 존재하고 있는 경우에는 시장에 있어서 전체로서의 경쟁은 저해되지 않으므로, 재판매가격의 구속을 곧바로 위법이라고 할 수는 없다는 것이다.[410] 그러나 브랜드 내의 경쟁이 경쟁을 제한할 수 있는 것은 특정 브랜드만으로 시장을 획정할 수 있거나 브랜드 간에 경쟁이 존재하지 않는 경우라고 할 수 있다. 통상 재판매가격 유지의 경우에는 그로 인하여 비록 브랜드 간에 경쟁이 강화되는 경우조차도 해당

410) 재판매가격 제한에 대한 최근 EU와 미국의 집행에 관하여, 최요섭, "The Economics of the Vertical Regulation in the EU: Ten Years of Experience", 「경쟁법연구」 제21권, 한국경쟁법학회, 2010. 5, 185면 이하 참조.

상품의 브랜드 내 가격경쟁이 자유롭게 이루어지는 경우와 동일한 경제적 효과를 초래하지는 못하는 것이므로 경쟁저해성이 있음을 부인할 수 없다. 따라서 재판매가격구속의 공정경쟁저해성은 브랜드 내 경쟁의 저해만을 근거로 하여 인정할 수 있다고 본다.

**대법원 2010. 12. 23. 선고 2008두22815 판결**

공정거래법의 입법 목적은 경쟁을 촉진하여 소비자를 보호하려는 데에도 있고, 법 제29조 제1항이 재판매가격 유지행위를 금지하는 취지도 사업자가 상품 또는 용역에 관한 거래가격을 미리 정하여 거래함으로써 유통단계에서의 가격경쟁을 제한하여 소비자후생을 저해하는 것을 방지하기 위한 데에 있다. 이러한 공정거래법의 입법 목적과 재판매가격 유지행위를 금지하는 취지에 비추어 볼 때, 최저재판매가격 유지행위가 당해 상표 내의 경쟁을 제한하는 것으로 보이는 경우라 할지라도, 시장의 구체적 상황에 따라 그 행위가 관련 상품시장에서의 상표 간 경쟁을 촉진하여 결과적으로 소비자후생을 증대하는 등 정당한 이유가 있는 경우에는 이를 예외적으로 허용하여야 할 필요가 있다. 그리고 그와 같은 정당한 이유가 있는지 여부는 관련 시장에서 상표 간 경쟁이 활성화되어 있는지 여부, 그 행위로 인하여 유통업자들의 서비스 경쟁이 촉진되는지 여부, 소비자의 상품 선택이 다양화되는지 여부, 신규사업자로 하여금 유통망을 원활히 확보함으로써 관련 상품시장에 쉽게 진입할 수 있도록 하는지 여부 등을 종합적으로 고려하여야 할 것이며, 이에 관한 입증책임은 관련 규정의 취지상 사업자에게 있다고 보아야 한다.

### (2) 최고가격 구속의 경우

최고가격을 정하여 구속하는 최고가격제는 거래상대방이 시장지배력을 갖는 경우에 발생하는 2중제한의 문제를 해결하기 위하여 이용되는 경우가 많다. 즉, 상품의 유통과정에서 생산자와 소비자가 모두 독점적 사업자일 경우, 우선 생산자가 독점적 가격을 설정하고 이어서 소매업자도 독점적 가격을 설정하는 결과 단일한 독점가격이 붙여진 경우보다 소비자가격은 더욱 높아지며 제품의 매출은 크게 감소한다. 이를 2중제한이라고 하는데, 이 문제는 생산자와 소매업자가 모두 자기의 이윤만을 추구하려는 데서 발생한다. 가령 생산자와 소매업자가 공동으로 단일한 독점가격을 붙인 이윤을 배분할 수 있다면, 생산자, 소매업자, 소비자 모두에게 이익이 된다. 이처럼 시장지배력을 가진 유통업자에 대하여 최고가격의 구속을 인정하면 2중제한의 문제를 해소하여 소비자가격을 저하시킬 수 있다. 그 결과 자원배분의 효율성을 높일 수 있고 소비자에게 이익이 된다.

이와 같이 최고가격제의 경우에는 판매업자에서는 판매량을 증대시킬 수 있고 소비자로서는 낮은 가격으로 상품을 구입할 수 있는 이익이 발생하므로 공정거래법상 당연히 위법하다고는 할 수 없다. 따라서 공정거래법에서는 최고가격유지행위로서 정당한 이유가 있는 경우에는 허용한다고 규정하고 있다(법 29조 1항 단서). 심사지침에 의하면 정당한 이유의 존재 여부는 경쟁제한효과와 효율성 증대효과·소비자후생 증대효과를 비교·형량하여 경쟁제한효과가 효율성 증대효과나 소비자후생 증대효과를 상회하는 경우 위법으로 본다(심사지침 3-나). 정당한 이유가 존재한다고 인정되는 경우의 예는 ① 시장지배력이 없는 사업자가 유통업자와 전속적 판매계약을 체결하면서 유통업자가 지나치게 높은 이윤을 추구하는 행위를 방지하기 위하여 가격을 일정한 수준 이상으로 올리지 못하도록 하는 경우, 제조업자가 자사상품을 판매하는 유통업체가 소수이고 유통업체간 담합 등을 통해 가격인상 가능성이 높아 경쟁사에 비해 자사상품의 경쟁력이 저하될 것을 우려하여 일정한 범위 내에서 최고가격을 설정하는 경우이다(심사지침 3-나).

#### (3) 권장가격의 경우

예컨대 권고가격제, 희망소매가격, 표준소매가격 또는 권장가격의 변형 등은 당연히 위법이 되는 것인가의 문제가 있다. 이와 같은 이른바 재판매가격권고행위는 생산자나 도매업자의 단순한 권고 또는 희망을 표시한 데 불과하기 때문에 당연히 위법이라고 할 수 없다.[411] 제품 등에 표시된 권장소비자가격이 거래상대방인 사업자 또는 그 다음 거래단계별 사업자에게 단순 참고사항에 불과하여 강제성이 없을 경우에는 재판매가격 유지행위에 해당되지 않는다.[412] 그러나 권장소비자가격을 준수하지 아니함을 이유로 불이익 등 제재조치를 취하거나 권장소비자가격을 준수하도록 하는 규약이나 의무가 부과된 경우에는 재판매가격 유지행위에 해당된다(심사지침 2-다).

**대법원 2001. 12. 24. 선고 99두11141 판결**

사업자가 재판매업자에게 상품을 판매함에 있어 일방적으로 재판매가격을 지정하여 그 가격대로 판매할 것을 지시·통지하는 행위는, 그것이 단지 참고가격 내지 희망가격으로 제시되어 있는 것에 그치는 정도인 경우에는 이를 위법하다 할 수 없고, 거기에서 그치지 아니하고 재판매업자로 하여금 그 지시·통지에 따르도록 하는 것에 대하여 현실로 그 실효성을 확보할 수 있는 수단이 부수되어 있는 경우에만, 구 공정거래법(1999. 2. 5. 법률 제5813호로 개정되기 전의 것) 제2조 제6호에서 규정하는 '그 가격대로 판매할 것을 강제하거나 이를 위하여 규약 기타 구속조건을 붙여 거래하는 행위'로서 같은 법 제29조 제1항에 의하여 금지되는 '재판매가격 유지행위'에 해당하므로 위법하다.

**공정거래위원회 2010. 01. 13. 의결 제2010-007호 2009제감2386**

코카콜라음료(주)(이하 피심인)는 2008년 이후부터 2009년 사이 일정 기간 동안 대형할인점, 편의점, 백화점 등 신유통채널(개인이 아닌 기업이 본사를 두고 그 관리 하에 전국적으로 동일한 형태의 매장을 운영하는 할인점, 체인유통, 백화점, 편의점 등)에 권장소비자가격을 지정하는 한편, 권장소비자가격

411) James B. Kobak Jr., *op. cit.*, p.24.

412) 대법원 2001. 12. 24. 선고 99두11141 판결.

관리 및 조정작업을 통해 신유통채널로 하여금 협의된 권장소비자가격을 준수하도록 강제하였다.

법 제29조 제1항에 규정되어 있는 재판매가격 유지행위는 ①상위사업자(Up- stream)가 자신의 하위사업자(Downstream)와 그 하위사업자의 거래상대방 사이에 적용되는 거래가격을 지정하고, ②그 거래가격을 준수하도록 강제한 경우 성립한다.

먼저, 거래가격이란 자신의 하위사업자와 그 하위사업자의 거래상대방 사이에서 거래조건이 되는 가격을 말하는 것으로 최고가격, 최저가격, 기준가격 또는 일정 범위의 내에 속한 가격 등이 모두 여기에 포함된다고 할 것이고, 거래가격을 지정하는 행위는 법상 반드시 거래 일방 당사자에 의해 단독으로 이루어질 것을 요구하는 것은 아니라는 점에서 거래 당사자간 계약이나 공모, 협의를 통해 거래가격을 정한 경우에도 거래가격 지정행위가 성립한다고 할 것이다.

한편, 지정된 거래가격 준수를 강제하는 행위는 사업자가 상품을 판매함에 있어 미리 정한 가격대로 판매하지 않는 경우 거래를 중단하거나 또는 공급량을 줄이는 등 공급조건을 불리하게 변경하는 직접적 강요행위는 물론이고, 단지 사업자가 거래중단을 시사하거나 또는 가격유지를 권장 및 협조 요청하는 형식을 취하였다고 하더라도 이러한 행위가 거래관계 등을 감안할 때 하위사업자의 자유로운 의사결정을 제한하거나 침해하였다고 인정되는 경우라면 강제성을 인정할 수 있다고 할 것이다.

이를 기초로 하여 공정거래위원회는 우선 거래가격 지정행위 존재여부에 대하여 피심인이 제품의 가격변동(신제품 출시 포함)시 또는 신유통채널의 할인행사시, 자신의 음료제품에 대해 소비자가격을 책정한 후 이를 자신의 영업조직을 통하여 할인점 등에 고지하여 당해 가격 이상으로 제품을 판매하도록 한 사실을 인정하였다. 또한 거래가격 지정행위 강제성 여부와 관련하여 피심인은 정기적으로 할인점 등 신유통채널의 소비자가격을 확인하면서 할인점 등이 정상가격 이하로 판매하는 경우 당해 거래처에 대해 소비자가격 인상을 요구하고 있고, 이러한 요구에 대해 해당 거래처는 대부분 피심인의 요청에 따라 소비자가격을 인상하고 있는바, 해당 거래처가 피심인 요청을 받아들이지 아니할 경우 피심인이 발주 쿼터제나 일시 중단 등의 조치를 취할 수 있다는 점 등을 통해 지정행위의 강제성을 인정하였다. 따라서 공정거래위원회는 당해 행위의 중지 및 과징금을 부과하였다.

### (4) 위탁판매의 경우

재판매가격 유지행위는 생산자 또는 판매자가 다른 판매자에게 판매가격을 지정하여 구속하는 것이므로 위탁판매 또는 대리점계약과 외형적으로 차이가 없다. 정식위탁판매에서 가격구속이 재판매가격 유지행위에 해당하지 않는 것은 민법이론상 당연하며, 공정거래법상으로도 문제가 없다고 할 것이다.

심사지침에 의하면 "위탁판매"라 함은 수탁자가 위탁자의 계산으로 자기명의로써 상품 또는 용역을 판매하고 그 법적 효과는 위탁자에게 귀속하는 법률행위를 의미한다. 위탁자는 위탁판매 시 자기 소유의 상품 또는 용역의 거래가격을 수탁자에게 당연히 지정할 수 있다는 점에서 수탁자에게 판매가격을 지정하더라도 재판매가격 유지행위에 해당되지 아니한다(심사지침 2-라).

위탁판매에 해당하기 위해서는 수탁자는 자신의 명의로 판매할 것, 판매로 인한 손익은 상품·용역 소유자인 위탁자에게 귀속될 것, 상품을 판매하는 자는 수수료만 수령하는 등 주선행위를 업으로 하는 자일 것 등이 필요하다. 위탁판매 해당 여부는 당해 상품 또는 용역의

'실질적인 소유권의 귀속주체'와 당해 상품 또는 용역의 판매 · 취급에 따르는 '실질적인 위험의 부담주체'가 위탁자인지 또는 수탁자인지 여부에 따라 결정된다. ① 위탁계약이 상품 또는 용역의 대량 유통방식에 적용되고 상품의 실질적인 소유권이 수탁자에게 있는 경우에는 위탁판매 형식을 취하고 있다고 하더라도 위탁판매가 아닐 가능성이 크다. ② 수탁자가 당해 상품 또는 용역의 보유 · 취급 등에 따른 멸실 · 훼손의 책임을 지거나 보험료를 부담할 경우에는 위탁판매가 아닐 가능성이 크다(심사지침 2-라-(3)). 이 외에도 대리점의 사업자등록증상의 업태가 위탁매매업이 아닌 도 · 소매업으로 기재되어 있으며, 실제거래에 있어서도 대리점에서 매출분과 매입분의 차액에 대한 세금계산서를 직접 발행하고 있는 점(위탁매매업인 경우에는 위탁수수료에 대한 부가가치세의 세금계산서를 발행) 등 역시 위탁매매로 볼 수 없는 근거가 된다.[413)]

해석상 공정경쟁 저해성을 결여했기 때문에 재판매가격 유지가 예외적으로 적법이라고 인정되는 경우가 있다. 생산자가 일부 유통업자에게 한정하여 재판매가격 유지의 구속을 하는 경우에는 시장에서의 경쟁감소가 인정되지 않으므로 공정경쟁 저해성을 결여하여 위법이 아니라고 생각한다. 완전 자회사에 대한 경우, 생산자가 대형구입자와 직접 교섭하고 형식적으로 도매업자를 통할뿐인 경우 등도 마찬가지이다.

**공정거래위원회 1996. 8. 21. 의결 제96-200호 9607조삼1107**

삼도물산(주)(이하 피심인)은 1995년 1월~1996년 6월 중 자기의 아동복 의류 대리점과 대리점계약을 체결하고 거래함에 있어, 대리점이 판매할 가격을 피심인이 미리 정하여 주고 그 정해준 가격대로 판매하게 하는 한편, 이를 위반할 경우에는 계약을 해제할 수 있도록 하는 조항을 설정하였다. 이에 따라 피심인은 자기가 결정한 소비자판매가격을 tag에 표시하고 제품에 하여 이를 대리점에 공급한 사실이 있으며, 대리점이 소비자판매가격 이하로 한다는 내용의 플래카드를 임의로 부착하고 판매하는 경우에는 피심인이 전화로 이를 중지하게 한 사실이 있다.

피심인은 이 사건행위와 관련하여 대금이 회수되기 전까지는 출고상품의 소유권이 피심인에게 있고, 출고된 상품의 반환이 가능하다는 점을 들어 피심인과 대리점과의 관계가 '위탁매매'거래의 성격을 가지고 있기 때문에 자기가 판매가격을 정하는 행위는 정당하다고 주장하고 있으나, 피심인과 대리점간에 체결한 대리점계약서를 살펴보면 첫째, 출고된 상품에 대한 사고책임, 종합보험가입 비용부담의무 및 화재 · 도난에 따른 손해책임 등 상품보관 · 관리책임이 전적으로 대리점에 있을 뿐만 아니라, 상품을 반품하거나 교환할 때의 운송비 기타 수수료를 대리점이 부담하도록 규정하고 있는 점, 둘째, 대리점으로 하여금 외상매출금이 근저당설정금액의 80%를 초과할 수 없도록 규정하고 있고, 만일 한도를 초과하여 상품을 주문할 경우에는 상품대금을 즉시 납부하도록 규정하고 있는 점, 셋째, 대리점이 피심인으로부터 상품을 수령할 때에는 세금계산서를 교부받고 있는 등 피심인과 대리점간에는 세법상 독립된 사업자로서 매매거래를 하고 있다는 점과, 계약서상의 '소유권유보조항'에도 불구하고 이 규정은 분쟁발생시를 대비한 조항에 불과함을 소명자료에서 피심인이 스스로 인정하고 있다는 점 등을 고려하여 볼 때, 이 사건 계약은

413) 공정거래위원회 1996. 8. 21. 의결 제96-193호 9607조일1105.

진정한 의미에 있어서의 위탁매매로는 볼 수 없고 독립사업자간에 체결된 매매계약으로 보아야 하므로 위 피심인의 주장은 그 타당성을 인정할 수 없다 할 것이다.

대리점은 피심인의 상품을 매입하여 판매하고 있는 독립사업자이므로 판매가격 등은 당해 시장에서 자기의 영업전략과 영업능력 등에 따라 경쟁을 통하여 자율적으로 결정하도록 하여야 할 것임에도 불구하고 피심인이 대리점에게 자기가 정한 판매가격대로 상품을 판매하도록 하고 이를 위반할 경우에는 계약을 해제할 수 있도록 계약서에 규정한 후, 피심인이 결정한 소비자판매가격을 제품에 표시하고, 피심인이 해당 대리점에 대하여 구두 또는 전화로 할인판매를 하지 못하도록 제한하는 행위는 재판매가격 유지행위라 할 것인 바, 이러한 행위는 공정거래법 제29조 제1항의 규정에 의거 금지되어 있고, 아울러 이 사건의 행위와 관련된 의류 등의 상품은 법 제29조 제2항의 규정에 의하여 재판매가격 유지행위를 할 수 있도록 피심인이 공정거래위원회로부터 미리 지정받은 상품이 아니므로 위법한 재판매가격 유지행위임이 인정된다.

## 2. 예외적 허용

공정거래법은 대통령령이 정하는 저작물과 일정한 요건을 갖춘 상품으로서 사업자가 당해상품에 대하여 재판매가격 유지행위를 할 수 있도록 공정거래위원회로부터 미리 지정을 받은 경우에는 재판매가격 유지행위를 허용하고 있다(법 29조 2항). 이는 본래 일반적으로는 금지되어 있는 행위를 법규정에 기하여 특별히 합법으로 인정한 것이다.

### (1) 저작물

저작권법상의 저작물은 인간의 지적 창작물의 하나로서 지식재산권의 목적물이므로 자연독점의 성질을 내포하고 있다. 따라서 저작물에 대한 저작권법상의 권리의 정당한 행사라고 인정되는 행위에 대하여는 공정거래법 자체가 적용되지 않는다(법 59조). 그러나 저작물에 대한 재판매가격 유지행위는 저작물에 대한 권리의 정당한 행사라고 할 수 없으므로 법 제59조에 따라 당연히 공정거래법 적용이 제외되는 것은 아니다.

저작물에 대한 독점적 행위의 허용은 판매업자에게 일정한 이윤을 보장해줌으로써 저가로 저작물을 자유롭게 유통시킬 수 있게 함으로써 소비자들에게 유익한 효과를 가져올 수 있다. 따라서 법은 저작물에 대한 재판매가격 유지행위를 허용하고 있는 것이다. 다만 그 적용대상이 되는 저작물은 「저작권법」 제2조의 저작물중 관계중앙행정기관의 장과의 협의를 거쳐 공정거래위원회가 정하는 출판된 저작물(전자출판물을 포함)로 한정된다(령 43조). 이에 따라 공정거래위원회는 법 제29조 제2항 및 시행령 제43조 규정에 의하여 재판매가격 유지행위가 허용되는 저작권법 제2조의 저작물 범위를 정하기 위하여 "재판매가격 유지행위가 허용되는 저작물의 범위"를 고시하고 있다.[414]

414) 2007. 10. 10. 공정거래위원회 고시 제2007-9호.

**대법원 1997. 6. 13. 선고 96누5834 판결**

공정거래법(1996. 12. 30. 법률 제5235호로 개정되기 전의 것) 제29조 제2항에 의하여 저작물에 대한 재판매가격 유지행위가 허용되는 사업자는 반드시 재판매가격 유지행위를 하여야만 하는 것은 아니고 자유경쟁가격제도를 택할 수도 있는 것이며, 한편 같은 법은 사업자의 부당한 공동행위 및 불공정행위 등에 대하여 규제하면서 이와는 별도로 사업자단체에 대하여 제6장에서 설립신고, 금지행위, 시정조치 등에 관한 규정을 따로 두어 사업자와 사업자단체를 명확히 구분하고 있는 점에 비추어, 같은 법 제26조 제1항 제4호에서 사업자단체가 사업자에게 같은 법 제29조에 의한 재판매가격 유지행위를 하게 하는 행위를 금지하는 취지는 사업자의 재판매가격 유지행위를 규제하는 같은 법 제29조의 그것과는 전혀 별개의 것이므로, 개개의 사업자 사이에 저작물에 관한 재판매가격 유지행위를 할 수 있다고 하더라도 사업자단체가 자유경쟁가격제도를 택하려는 사업자에게 재판매가격 유지행위를 하게 하는 행위는 같은 법 제26조 제1항 제4호에 위반되는 것이고, 따라서 출판사의 사업자단체가 출판물의 재판매가격 유지계약 체결권한을 위임하지 아니한 출판사들에 대하여 도서정가제가 더욱 공고히 확립될 수 있도록 최대한 협조하여 줄 것을 요청하는 공문을 발송한 행위는 위법한 것이어서 공정거래위원회가 그 사업자단체에 대하여 시정명령을 한 조치는 적법하다.

### (2) 지정상품

예외적으로 재판매가격 유지행위가 허용되는 상품을 지정상품이라고 하는데, 이는 ① 당해상품의 품질이 동일하다는 것을 용이하게 식별할 수 있을 것, ② 당해상품이 일반소비자에 의하여 일상 사용되는 것일 것, ③ 당해상품에 대하여 자유로운 경쟁이 행하여지고 있을 것이라는 요건을 갖춘 상품으로서 사업자가 당해상품에 대하여 재판매가격 유지행위를 할 수 있도록 공정거래위원회로부터 미리 지정을 받은 상품이다(법 29조 2항).

지정상품의 재판매가격 유지를 허용하는 취지는 판매업자의 부당염매 또는 유인염매 등에 의하여 상표의 신용이 저하됨으로써 생산자가 입는 손해를 방지하기 위한 것이라는 견해가 있다. 즉, 어떤 소매업자가 유인염매를 할 경우, 다른 소매업자는 마찬가지로 그 상품가격을 인하 하든가 또는 그것이 불가능한 경우에는 소비자로부터 고가판매라는 불신을 받게 되는 것을 피할 수 없으므로, 그 상품의 판매를 포기하고 염매를 하지 않는 다른 상품을 소비자에게 추천하게 된다. 그 결과 이들 다수의 소매업자가 손해를 입게 될 뿐 아니라, 유인염매의 대상이 되었던 상표품의 생산자도 많은 소매업자로부터의 주문이 감소되기 때문에, 대량생산하여 거액의 비용을 들여서 선전한 브랜드 상품의 생산을 포기하지 않을 수 없게 되어 부당한 손해를 입는다. 또한 소비자도 유인염매의 대상이 되었던 상품 이외의 고가상품을 싸다고 생각하여 사게 되므로 그들에게도 이익이 되지 않기 때문이라는 것이다.

그러나 유인염매의 대상이 되는 상품은 소비자로서 일상적으로 사용되고, 소비자가 그 품질 등에 의하여 알고 있으므로 지명구매가 많은 상품이어서, 염매되었다고 하여 소비자의 수요는 감소되지 않으며 소매업자가 그 이외의 비싼 상품을 추천하는 것도 사실상 불가능하다. 또한 소비자는 소매업자간의 판매가격의 차이에 관심을 갖더라도 그것은 개개상품의 가격의 차이가 아니고 그 소매업자가 판매하는 상품 전체의 가격이며, '유인염매상품'만에 의하여 좌우되는 경우는 거의 없다. 다만, 소매업자의 추천이 소비자의 상품 선택에 큰 영향을 미치는 상품에 대하여 유인염매가 일반화된다면 판매이윤의 감소에 의하여 그 생산자에 대한 주문은 감소하지만, 그러한 상품은 소비자의 수요가 다양하고 상품의 종류도 많아 소비자로서는 상품 선택이 어려우므로 그들 중 소수의 상품을 선택하여 유인염매를 하더라도 다수의 소비자를 유인할 수는 없을 것이다. 따라서 실제로 많이 발생하는 것은 일부 상품만의 염매가 아니고 전부 또는 다수상품의 염매이며 그에 의하여 다수 소비자를 유인할 수 있는 것이다. 그러나 그것은 유인염매가 아니고 일반적인 염매이다. 따라서 지정상품을 브랜드상품만으로 한정할 필요는 없다.

사업자가 지정상품의 지정을 받고자 할 때에는 사업내용, 최근 1년간의 영업실적, 대상상품의 내용, 대상상품의 유통경로 및 최근 1년간의 유통단계별 판매가격동향, 대상상품에 대한 판매업자의 조직상황, 지정신청사유 등을 기재한 신청서에 당해상품의 재판매가격 유지행위가 일반소비자의 이익을 부당하게 해치지 아니함을 증명하는 서류, 법 제29조 제2항 각호의 요건에 해당함을 증명하는 서류를 첨부하여 공정거래위원회에 신청하여야 한다(법 29조 3항, 령 44조). 또한 공정거래위원회가 재판매가격 유지행위를 할 수 있는 상품을 지정한 때에는 이를 고시하여야 한다(법 29조 4항).

재판매가격 유지의 지정의 효과로서는 지정을 인정받은 생산자 또는 판매업자는 공정거래법의 적용제외를 인정받는 것이므로 그 실효성 확보의 수단으로서 위반자에 대한 출고정지, 위약금징수, 재판매유지계약에 동의하지 않는 사업자에 대한 거래거절을 할 수 있다. 즉, 이 재판매가격을 유지하기 위하여 행하는 정당한 행위에 대해서는 법의 적용이 면제된다. 그러나 그 행위가 일반소비자의 이익을 부당하게 해치게 되는 경우 및 생산자의 의사에 반하여 행해지는 판매업자의 행위는 '정당한 행위'로는 인정될 수 없을 것이다.

## III. 재판매가격 유지의 수정

공정거래위원회는 제29조 제4항의 규정에 의하여 지정 · 고시한 상품을 생산 또는 판매하는 사업자가 당해상품의 재판매가격을 결정하고 유지하기 위하여 체결한 계약이 소비자의 이익을 현저히 저해할 우려가 있는 경우에는 계약내용의 수정을 명할 수 있다(법 30조).

## IV. 법 위반의 효과

재판매가격 유지행위에 대한 규제위반의 유형으로는 금지행위를 위반한 경우와 예외적 허용의 경우 허용된 범위를 일탈한 경우가 있다.

## 1. 행정적 규제

정당화 되지 않는 재판매가격 유지행위를 행한 사업자가 있는 경우 공정거래위원회는 당해사업자에 대하여 당해 행위의 중지, 시정명령을 받은 사실의 공표 기타 시정을 위한 필요한 조치를 명할 수 있다(법 31조). 또한 공정거래위원회는 법 제29조의 규정에 위반하는 재판매가격 유지행위가 있는 경우에는 당해사업자에 대하여 동법 시행령에 정한 매출액에 2% 를 곱한 금액(매출액이 없는 경우 등에는 5억원)을 초과하지 아니하는 범위 안에서 과징금을 부과할 수 있다(법 31조의2).

## 2. 민사적 규제

### (1) 손해배상책임

재판매가격 유지행위로 인하여 피해를 입은 자가 있는 경우에는 그 행위를 한 사업자는 그 피해자에 대하여 손해배상의 책임을 진다. 다만, 고의 또는 과실이 없음을 입증한 사업자는 그 책임을 면한다(법 56조).

### (2) 위반행위의 사법상의 효력

부당공동행위(법 19조 2항)와 달리 재판매가격 유지행위는 상품 또는 용역을 공급하는 사업자와 그 상대방 사업자 간의 사법상 효력에 관한 규정을 두고 있지 않다. 그러나 이 행위가 일반불공정거래행위 유형에 포섭될 수 있음에도 불구하고 공정경쟁저해성이 높으므로 특별히 규정되어 있다는 점과 거래상의 안전을 고려할 때, 재판매가격구속의 당사자 간에는 무효로 보고 거래상대방과 관계에서는 유효하다고 보는 것이 타당할 것이다.[415)]

## 3. 형사적 규제

제29조 제1항의 규정에 위반하여 재판매가격 유지행위를 한 자는 2년 이하의 징역 또는 1억 5천만원 이하의 벌금에 처한다(법 67조 4호). 또한 법 제30조 규정에 의한 재판매가격 유지계약의 수정명령 및 법 제31조의 규정에 의한 시정조치 또는 금지명령에 응하지 아니한 자는 2년 이하의 징역 또는 1억 5천만원 이하의 벌금에 처한다(법 67조 6호).

---

415) 신현윤, 앞의 책, 393면.

# 제3절 부당한 국제계약 체결의 제한

## I. 국제계약체결 제한의 취지

### 1. 부당한 국제계약의 의의

국제계약이란 광의로는 국내 사업자·사업자단체와 외국 사업자·사업자단체 간의 자본·기술·상품·용역 등의 거래를 위해 체결하는 협정 또는 계약을 말하며, 협의로는 국내사업자와 외국사업자 간의 기술도입·저작권도입·수입대리점계약 등을 말한다. 즉 국제계약에는 당사자의 국제관계성과 내용의 국제거래성이 필요하다. 이러한 국제계약이 부당한 공동행위나 불공정거래행위 또는 재판매가격 유지행위를 내용으로 하는 경우가 있는데 이를 부당한 국제계약이라고 한다.

### 2. 부당한 국제계약의 금지

공정거래법은 부당한 국제계약을 원칙적으로 금지하면서, 예외적으로 부득이한 사유가 있는 경우에 이를 허용하는 입장을 취하고 있다. 즉 공정거래법은 사업자 또는 사업자단체는 부당한 공동행위, 불공정거래행위 및 재판매가격 유지행위에 해당하는 사항을 내용으로 하는 국제적 협정이나 계약("국제계약")을 체결을 금지하면서, 그 구체적 유형은 시행령에서 정하도록 하고 있다(법 32조 1항 본문; 령 47조). 다만, 당해 국제계약의 내용이 일정한 거래분야에 있어서 경쟁에 미치는 영향이 경미하거나 기타 부득이한 사유가 있다고 공정거래위원회가 인정하는 경우에는 허용된다(법 32조 1항 단서).

부당한 국제계약에 대해서는 부당공동행위나 불공정거래행위 또는 재판매가격 유지행위에 관한 규정이 적용될 수 있다.[416] 그럼에도 불구하고 공정거래법이 부당한 국제계약을 별도로 규제하고 있는 이유는, 국제계약의 일방당사자가 외국인이므로 국내 공정거래법의 적용이 곤란하기 때문에 국내 사업자의 부당한 국제계약체결을 금지하여 국내시장의 공정질서를 유지하고 국내사업자의 피해를 막기 위한 것이다. 즉 부당공동행위 등에 관한 규정에 의하여 실체적 및 절차적으로 규제를 가하기가 곤란한 경우도 규제할 수 있도록 하려는 것이다.

부당한 국제계약의 체결제한은 상기한 행위에 해당하는 사항을 내용으로 하는 국제적 협정 또는 계약의 체결 자체를 금지하고 있으므로, 그러한 협정 또는 계약의 당사자가 되는 것 자체를 금지하고 있다. 따라서 국제계약의 내용 그 자체가 직접 부당한 공동행위 등을 구성

---

416) 불공정거래행위의 경우에는 "불공정거래행위 심사지침"이 외국사업자가 국내외에서 행한 계약·결의 또는 기타 행위 등을 통해 국내시장에서 공정한 거래질서를 저해할 우려가 있는 경우에도 적용된다. 이는 외국사업자가 국내에 영업거점을 두고 있는지 또는 그의 거래상대방이 국내사업자 혹은 소비자인지 여부와 관계없이 적용될 수 있다(심사지침 II-4).

하는 경우뿐만 아니라 국제계약이 사업자에게 부당한 공동행위 등을 할 의무를 부과하는데 그치는 경우에도 금지될 수 있다. 또한 국제계약의 실행이전의 단계에서 규제할 수 있으며, 국제계약의 당사자인 외국사업자가 부당한 공동행위 등의 주체이고 그 사업자에 대하여 절차상의 역외적 관할권을 행사하기가 곤란한 경우에도 다른 당사자인 국내사업자만을 명의인으로 하여 해당 국제계약을 금지할 수도 있다.

한편 국제계약의 체결제한은 공정거래법의 역외적용(법 2조의 2)과 유사하게 보이지만 양자는 엄격히 구별된다. 역외적용은 외국에서 발생한 외국사업자들의 행위가 국내시장에 경쟁제한적 영향을 미친 경우에 이를 규제하기 위하여 국내 공정거래법의 적용을 인정하는 제도로서 공정거래법의 적용범위에 관한 문제이다. 그러나 부당한 국제계약의 체결제한은 국내 사업자와 외국 사업자간의 부당한 내용의 계약이 실행되는 것을 사전에 방지함으로써 국내시장에서의 경쟁질서유지를 도모하는 제도라는 점에서 역외적용과 차이가 있다.

## II. 적용대상

### 1. 부당한 국제계약의 종류

법 제32조에 의하여 체결이 금지되는 부당한 국제계약은 부당공동행위 · 불공정거래행위 · 재판매가격 유지행위에 해당하는 것으로서 시행령이 정하는 것으로 한정된다(법 32조 1항).[417] 시행령에서는 규제대상인 계약유형으로서 ① 산업재산권도입계약, ② 저작권도입계약, ③ 노하우 도입계약, ④ 프랜차이즈도입계약, ⑤ 공동연구개발협정, ⑥ 수입대리점계약, ⑦ 합작투자계약을 열거하고 있다(령 47조).

공정거래위원회는 법 제32조 제1항의 규정에 의한 부당한 공동행위, 불공정거래행위 및 재판매가격 유지행위의 유형 및 기준을 정하여 고시할 수 있다(법 32조 2항). 이에 따라 "국제계약상의 불공정거래행위의 유형 및 기준"(공정거래위원회 고시 제1997-18호)이 제정 · 시행되었으나,[418] 실효성이 적다는 이유로 2009년에 폐지되었다.[419]

현재로서는 국제계약의 부당성 또는 불공정성의 판단기준은 별도로 마련되어 있지 않다. 따라서 그 위법성을 판단함에 있어서 부당한 공동행위, 불공정거래행위, 재판매가격 유지행위에 관한 고시 등의 규정은 원용할 수밖에 없다고 본다.

### 2. 주요 유형

시행령 제47조에 열거되어 있는 국제계약유형 중 산업재산권도입계약은 특허권 · 실용신

---

417) 종래에는 모든 유형의 부당한 국제계약을 금지대상으로 하였으나, 1994년 개정에 의하여 금지대상을 시행령으로 정하게 함으로써 적용대상이 축소되었다.

418) 따라서 부당한 공동행위 및 재판매가격 유지행위에 관한 고시는 그동안 존재하지 않았다.

419) 국제계약 상의 불공정거래행위 등의 유형 및 기준 등 3개 고시의 일괄 폐지고시(공정거래위원회 고시 제2009-15호).

안권·디자인권·상표권과 같은 산업재산권의 실시권 또는 사용권을 도입하는 계약, 저작권도입계약은 서적·음반·영상 또는 컴퓨터프로그램 등의 저작권을 도입하는 계약, 노하우도입계약은 영업비밀 기타 이와 유사한 기술에 관한 권리의 실시권 또는 사용권을 도입하는 계약, 프랜차이즈도입계약은 가맹사업의 형태로 가맹본부의 영업표지를 사용하여 상품·용역의 제공 또는 사업경영의 지도를 목적으로 가맹사업의 실시권 또는 사용권을 도입하는 계약, 수입대리점계약은 상품의 수입이나 용역의 도입에 관하여 계속적인 거래를 목적으로 하는 수입대리점(물품매도 확약서 발행업의 경우를 제외)계약으로서 계약기간이 1년 이상인 계약을 말한다.

이 중 수입대리점계약과 관련하여 총수입대리점제도의 문제가 있다. 총수입대리점제도란 외국사업자가 국내사업자와 수입총대리점 계약을 체결하고 자기가 취급하는 상품을 공급함에 있어 국내사업자에게 국내시장전역을 대상으로 하는 일괄판매권을 부여하는 것이다. 수입총대리점계약은 외국사업자가 국내시장에 진입하는 비용과 진입에 따른 위험부담을 경감시킬 수 있다. 또한 수입총대리점이 되는 국내사업자의 조직적 판매활동이 기대되므로 세계적으로 브랜드상품에 관하여 활용되는 경우가 많다. 수입총대리점의 경우 경쟁자간의 총대리점계약이 문제되는데, 총대리점이 되는 사업자가 계약대상상품과 동종의 상품을 제조 또는 판매하고 있는 경우 또는 수입총대리점이 되는 사업자의 시장점유율이 높은 경우에 그 사업자가 해당상품의 공급업자와 수입총대리점 계약을 체결하는 것은 통상 경쟁제한효과가 발생될 우려가 높다고 보아야 할 것이다.

이와 관련하여 병행수입의 문제도 있다. 병행수입이란 수입총대리점 계약에 기하여 특정상품의 배타적 수입판매권을 부여받은 수입총대리점이 아닌 제3자로부터 수입총대리점 계약당사자간의 유통경로와 병행하여 별도의 경로로 상품을 수입하는 것을 말한다. 상품은 가격이 저렴할수록 많이 판매되는 것이 당연하므로, 국내외 가격차가 있는 때에는 병행수입이 반드시 발생한다. 이 경우 수입총대리점은 종래 그 수입상품의 상표의 전용사용권에 기하여 병행수입이 상표권을 침해한다고 하여 수입금지를 요구하게 된다.

그러나 진정상표품의 병행수입은 상표의 출처식별기능 및 품질보증기능을 침해하는 것은 아니므로 상표권의 침해라고 보기는 어렵다. 그리하여 오히려 수입총대리점이 불공정한 거래방법에 해당하는 다양한 수단으로 병행수입을 방해하려고 하는 것이 문제가 되고 있다. 병행수입의 부당저해에서는 진정상품의 입수의 방해, 병행수입품의 취급제한, 계약대상 상품의 판매제한, 병행수입품을 위조물건으로 취급하는 판매방해, 병행수입품의 매점, 병행수입품의 수리 등의 거부, 병행수입품의 광고선정활동의 방해 등이 있다. 이와 같은 수입총대리점의 불공정거래행위 규제와 관련한 공정거래위원회의 고시로서 "병행수입에 있어서의 불공정거래행위의 유형고시"[420]가 있다.

위에 열거된 계약이 국제적 차원에서 공동행위로 발전하는 경우에는 국제카르텔이 문제

420) 제정 2009. 8. 20. 공정거래위원회 고시 제2009-23호.

가 된다. 그 전형적인 예는 외국사업자와 국내사업자가 서로 상대방시장에 수출을 하지 않기로 약속하는 국제적 시장분할협정, 상대국 시장으로의 수출가격 또는 수량을 제한하는 국제적 가격협정 또는 수량제한협정 등이 있다. 또한 국내 사업자와 외국 사업자가 국제계약을 체결하고 이에 따라 국내 사업자가 외국사업자의 국가에 대한 수출에 관하여 자주규제를 하는 우 등에는 국제카르텔을 기초로 하여 수출카르텔이 형성된다. 이와 반대로 수출카르텔이 우선 국내 사업자간에 체결되고, 이를 기초로 하여 국내사업자가 외국사업자와 국제카르텔 관계에 들어갈 수도 있다. 국제카르텔의 금지는 국내시장에서의 경쟁과 관계가 있는 경우가 아닌 한 공정거래법에 의한 규제의 의미는 없다. 국내 사업자나 사업자단체가 외국시장에서 국제카르텔에 참가한 경우에도 그 카르텔이 국내시장에 경쟁저해효과를 초래하지 않는 한 공정거래법은 외국시장에서의 카르텔에 대하여 관할권이 없다.[421] 또한 국제카르텔이 국내시장에서 체결되었다면 당연히 부당한 공동행위로서 규제받게 되므로 국제계약체결제한의 규정이 적용될 필요가 없다. 따라서 법 제32조는 국내기업의 국제카르텔 참가를 금지하는 의미밖에 없다고 보아야 할 것이다.

**공정거래위원회 1996. 9. 25. 의결 제96-137호 9609국일1285**

피심인은 LIEBHERR EXPORT AG社와 수입대리점 계약을 1992년 1월 1일자로 체결하면서, 계약서 제4.2조에서 모든 예비부품을 외국사업자만을 통하여 주문토록 하였으며, 동 계약서 제6.2조에 최소구매량을 이행하지 못하면 통지없이 계약을 종료토록 규정한 사실이 있다. 피심인의 이와 같은 행위는 부품구입처를 제한하고 최소판매목표량을 강제하는 불공정한 경우에 해당되는 부당한 국제계약 체결행위로서 공정거래법 제32조 제1항의 규정에 위반된다.

## III. 계약체결의 심사

공정거래법은 부당한 국제계약체결에 대하여 사전신고제도를 폐지하는 한편 사전 또는 사후 심사에 의하여 규제하고 있다.[422] 사업자 또는 사업자단체로서는 자신이 체결한 국제계약이 공정거래법상 부당한 것인지 여부를 판단하기 쉽지 않은데, 만일 그 계약이 부당하다고 판정될 경우 계약의 효력이 부인되거나 공정거래법상 제재를 받게 되므로 그 불이익을 피하기 위해서는 공정거래위원회로부터 판단을 받을 필요가 있다. 공정거래위원회로서도 부당한 국제계약에 의하여 국내시장의 공정한 경쟁질서가 침해되는 것을 막기 위하여는 국제계약의 체결현황 및 내용을 파악하고 있을 필요가 있다.

421) 이 경우에는 공정거래법의 역외적용 대상도 되지 않는다.

422) 그 절차에 관하여 "국제계약심사요청요령"(공정거래위원회고시 제1997-22호)이 제정되어 있으나, 그 내용이 모두 시행령 제48조에 규정되었으므로 동 요령은 불필요하게 되었다.

### 1. 심사의 요청

사업자 또는 사업자단체는 국제계약을 체결함에 있어 그 국제계약이 공정거래법 제32조 제1항에 위반되는지 여부에 관하여 공정거래위원회에 심사를 요청할 수 있다(법 33조). 국제계약을 체결하고자 하는 자로서 계약내용에 관한 심사를 요청하고자 하는 자는 공정거래위원회가 정하여 고시하는 심사요청서를 공정거래위원회에 제출하여야 한다(계약체결 전 심사-령 48조 1항). 국제계약을 체결한 자로서 당해 계약에 관한 심사를 요청하고자 하는 자는 당해 계약을 체결한 날부터 60일 이내에 공정거래위원회가 정하여 고시하는 심사요청서와 당해 계약서의 사본(번역본을 포함)을 공정거래위원회에 제출하여야 한다. 계약내용을 수정 · 변경한 때에도 같다(계약체결 후 심사-령 48조 2항).

### 2. 심사결과의 통보 및 재심사요청

공정거래위원회는 제1항 및 제2항의 규정에 의한 심사요청을 받은 때에는 정당한 사유가 있는 경우를 제외하고는 심사요청을 받은 날부터 20일 이내에 그 결과를 심사요청인에게 서면으로 통보하여야 한다(령 48조 3항). 심사요청인은 심사요청한 계약의 내용이 법 제32조(부당한 국제계약의 체결제한)제1항의 규정에 위반된다고 공정거래위원회로부터 통보받은 때에는 그 통보를 받은 날부터 60일 이내에 관련계약조항을 수정하여 다시 심사를 요청할 수 있다(령 48조 4항).

## 제4절 위반행위에 대한 제재

## I. 행정적 제재

공정거래위원회는 부당한 국제계약의 체결제한에 관한 제32조 제1항의 규정에 위반하거나 위반할 우려가 있는 국제계약이 있는 때에는 당해사업자 또는 사업자단체에 대하여 계약의 취소, 계약내용의 수정 · 변경 기타 시정을 위한 필요한 조치를 명할 수 있다(법 34조). 행위중지 또는 시정명령을 받은 사실의 공표 등은 포함되어 있지 않다.

또한 공정거래위원회는 제32조 제1항 본문의 규정에 위반하여 국제계약을 체결한 경우에는 당해사업자단체에 대하여는 5억원의 범위 안에서, 당해사업자에 대하여는 대통령령이 정하는 매출액에 2%를 곱한 금액(매출액이 없는 경우 등에는 5억원)을 초과하지 아니하는 범위 안에서 과징금을 부과할 수 있다(법 34조의2).

## II. 민사적 제재

부당한 국제계약체결로 인하여 피해를 입은 자가 있는 경우에는 그 행위를 한 사업자 또는 사업자단체는 피해자에 대하여 손해배상의 책임을 지되, 고의 또는 과실이 없음을 입증한 사업자 또는 사업자단체는 그 책임을 면한다(법 56조).

부당한 국제계약의 효력에 대하여는 공정거래법에 규정이 없으므로 원칙적으로 무효로 보되 개별 사안마다 그 행위의 사법상 효력을 판단해야 할 것이다. 다만, 부당한 공동행위를 내용으로 하는 국제계약의 경우에는 당사자 간에는 무효로 보아야 한다(법 19조 2항 참조 - 부당공동행위).

## III. 형사적 제재

법 제32조 제1항에 위반하여 부당한 국제계약을 체결한 자 및 공정거래위원회의 시정조치에 따르지 않은 자는 2년 이하의 징역 또는 1억 5천만원 이하의 벌금에 처한다(법 67조 5호, 6호).

# 제 10 장 법집행기관 및 사건처리절차

## 제1절 공정거래위원회

### I. 설치

#### 1. 의의

공정거래위원회는 공정거래법에 정한 사무를 수행하기 위한 독립적 전담기구로서 국무총리에 소속된 중앙행정기관이며(법 35조) 법징의 필요적 상설기관이다.[423] 공정거래위원회의 소관업무는 ① 시장지배적지위의 남용행위 규제에 관한 사항, ② 기업결합의 제한 및 경제력집중의 억제에 관한 사항, ③ 부당한 공동행위 및 사업자단체의 경쟁제한행위 규제에 관한 사항, ④ 불공정거래행위 및 재판매가격유지행위 규제에 관한 사항, ⑤ 부당한 국제계약의 체결제한에 관한 사항, ⑥ 경쟁제한적인 법령 및 행정처분의 협의·조정 등 경쟁촉진 정책에 관한 사항, ⑦ 기타 법령[424]에 의하여 공정거래위원회의 소관으로 규정된 사항 등이 있다(법 36조).

또한 국제협력 업무에 관하여도 관장하는데, 정부는 우리나라의 법률 및 이익에 반하지 않는 범위 안에서 외국정부와 이 법의 집행을 위한 협정을 체결할 수 있으며, 공정거래위원회는 체결된 협정에 따라 외국정부의 법집행을 지원할 수 있다(법 36조의 2 1항, 2항).[425]

---

423) 과거 공정거래법 관련 사안은 경제기획원장관의 소관이었으나 1990년 법 개정에 의하여 공정거래법 시행기관이 공정거래위원회로 변경되었다.

424) 여기에는 소비자기본법, 할부거래에 관한 법률, 약관의 규제에 관한 법률, 표시광고공정화에 관한 법률, 가맹사업거래공정화에 관한 법률, 하도급거래 공정화에 관한 법률, 전자상거래 등에서의 소비자보호에 관한 법률 등이 포함된다.

425) 그리고 공정거래위원회는 그러한 협정이 체결되어 있지 않은 경우에도 외국정부의 법집행 요청 시 동일 또는 유사한 사항에 관하여 우리나라의 지원요청에 응한다는 요청국의 보증이 있는 경우에는 지원할 수 있다(법 36조의2 3항).

## 2. 기능 및 특성

공정거래위원회는 행정 · 입법 · 사법적 권능을 가진 독립적 규제위원회이다. 즉 법위반사건의 신고수리, 조사, 시정권고, 고발 등은 행정기관으로서의 기능을 하는 것이며, 준입법기관의 기능으로는 회의운영 규칙과 같은 절차적 규칙제정권, 특정한 행위의 유형, 기준의 고시와 같은 실질적 고시의 제정권, 기업결합신고에 관한 고시와 같은 절차적 고시의 제정권 등을 행사한다. 그리고 법위반사실에 대한 조사 · 심결절차, 시정조치명령, 과징금부과, 이의 신청에 대한 재결에 관한 업무 등을 수행하는 준사법기관으로서의 기능도 가지고 있다.

공정거래위원회에는 공정성과 중립성이 엄격히 요구되는데, 동 기관은 자유경제사회의 기업활동 · 거래행태의 기본적 규범을 설정하는 것이므로 정치적 영향 또는 행정부의 자의적 결정이 개입되어서는 안 되기 때문이다. 또한 공정거래위원회의 운영 자체가 고도의 가치판단을 필요로 하며 산업정책의 결정을 의미하므로 고도의 전문성이 요구된다.

# II. 조직

## 1. 구성원의 임명 및 자격

공정거래위원회는 위원장 1인과 부위원장 1인을 포함한 위원 9인으로 구성되며, 그중 5인은 상임위원, 4인은 비상임위원이 된다(법 37조 1항). 위원 중 위원장은 장관급의 정무직이며 부위원장은 차관급의 정무직으로서(법 37조 3항) 정부위원이 된다(법 37조 4항).[426] 또한 기타 상임위원은 고위공무원단에 속하는 별정직공무원으로 보한다(법 37조 3항). 위원장과 부위원장은 국무총리의 제청으로 대통령이 임명하고 기타 위원은 위원장의 제청으로 대통령이 임명한다(법 37조 2항). 모든 위원의 임기는 3년이고 1차에 한하여 연임할 수 있다(법 39조).

공정거래위원회의 위원은 독점규제 및 공정거래 또는 소비자분야에 경험 또는 전문지식이 있는 자로서 ① 2급 이상 공무원(고위공무원단에 속하는 일반직공무원을 포함)의 직(職)에 있던 자, ② 판사 · 검사 또는 변호사의 직에 15년 이상 있던 자, ③ 법률 · 경제 · 경영 또는 소비자 관련 분야 학문을 전공하고 대학이나 공인된 연구기관에서 15년 이상 근무한 자로서 부교수 이상 또는 이에 상당하는 직에 있던 자, ④ 기업경영 및 소비자보호활동에 15년 이상 종사한 경력이 있는 자 중에서 임명된다(법 37조 2항).

## 2. 직무 및 신분보장

위원장은 공정거래위원회를 대표하며 국무회의 출석하여 발언할 수 있다. 위원장이 사고로 인하여 직무를 수행할 수 없을 때에는 부위원장이 그 직무를 대행하며, 위원장과 부위원

426) 공정거래위원회의 사무처장도 공정거래위원회 위원은 아니지만 정부위원이 된다(법 77조 4항).

장이 모두 사고로 인하여 직무를 수행할 수 없을 때에는 선임상임위원순으로 그 직무를 대행한다(법 38조).

위원은 금고이상의 형의 선고를 받은 경우 또는 장기간의 심신쇠약으로 직무를 수행할 수 없게 된 경우를 제외하고는 그 의사에 반하여 면직되지 아니한다(법 40조). 그리고 위원은 정당에 가입하거나 정치운동에 관여할 수 없다(법 41조). 공무원이 아닌 위원도 형법 등 벌칙의 적용에 있어서는 공무원으로 본다(법 46조).

### 3. 사무처의 설치

공정거래위원회의 사무를 처리하기 위하여 공정거래위원회에 사무처를 둔다(법 47조). 공정거래위원회는 공정거래기능의 지역적 사무를 처리하기 위하여 따로 대통령령이 정하는 바에 따라 지방사무기구를 둘 수 있으며(령 57조), 현재 부산, 광주, 대구, 대전에 지방공정거래사무소를 두고 있다(공정위 직제 19조).

### 4. 위임규정

공정거래법에 규정된 것 이외에 공정거래위원회의 조직에 관하여 필요한 사항은 대통령령으로, 공정거래위원회의 운영 등에 관하여 필요한 사항은 공정거래위원회의 규칙으로 정한다(법 48조). 이에 따라 "공정거래위원회 회의운영 및 사건절차 등에 관한 규칙"[427]이 제정·시행되고 있다.

## III. 회의

### 1. 회의의 구분

공정거래위원회의 회의는 위원 전원으로 구성되는 전원회의와 상임위원 1인을 포함한 위원 3인으로 구성되는 소회의로 구분되며(법 37조의 2) 5개 이내의 소회의를 둘 수 있다(령 49조 1항).

#### (1) 전원회의

전원회의는 ① 공정거래위원회 소관의 법령이나 규칙·고시 등의 해석적용에 관한 사항, ② 제53조(이의신청)의 규정에 의한 이의신청, ③ 소회의에서 의결되지 아니하거나 소회의가 전원회의에서 처리하도록 결정한 사항, ④ 규칙 또는 고시의 제정 또는 변경, ⑤ 경제적 파급효과가 중대한 사항 기타 전원회의에서 스스로 처리하는 것이 필요하다고 인정하는 사항 등을 심의·의결한다(법 37조의3 1항). 전원회의의 의사는 위원장이 주재하며 재적위원 과반수의 찬성으로 의결한다(법 42조 1항).

427) 개정 2009. 12. 7. 공정거래위원회 고시 제2009-64호.

### (2) 소회의

소회의는 전원회의의 심의·의결사항외의 사항을 심의·의결한다(법 37조의3 2항). 소회의의 의사는 상임위원이 주재하며 구성위원 전원의 출석과 출석위원 전원의 찬성으로 의결한다(법 42조 2항). 위원장은 각 소회의의 위원을 지정하고 이를 변경할 수 있다(령 49조 2항).

## 2. 회의의 운영

### (1) 소집 및 진행

위원장은 긴급을 요하는 경우 즉시 전원회의 또는 소회의를 소집할 수 있다(절차규칙 6조 5항). 공정거래위원회의 심리와 의결은 공개하는 것이 원칙이다. 그러나 사업자 또는 사업자단체의 사업상의 비밀을 보호할 필요가 있다고 인정할 때에는 공개하지 않을 수 있다(법 43조 1항). 공정거래위원회의 심리는 구술심리를 원칙으로 하되, 필요한 경우 서면심리로 할 수 있으며(법 43조 2항), 공정거래위원회의 사건에 관한 의결의 합의는 공개하지 아니한다(법 43조 3항). 전원회의 및 소회의의 의장은 심판정에 출석하는 당사자·이해관계인·참고인 및 참관인등에 대하여 심판정의 질서유지를 위하여 필요한 조치를 명할 수 있다(법 43조의2).

공정거래위원회가 공정거래법의 규정에 위반되는 사항에 대하여 의결하는 경우에는 그 이유를 명시한 의결서로 하여야 하고, 의결에 참여한 위원이 그 의결서에 서명·날인하여야 한다. 그리고 공정거래위원회는 의결서 등에 오기(誤記), 계산착오, 그 밖에 이와 유사한 오류가 있는 것이 명백한 때에는 신청에 의하거나 직권으로 경정(更正)할 수 있다(법 45조).

### (2) 위원의 제척·기피·회피

위원은 ① 자기나 배우자 또는 배우자이었던 자가 당사자이거나 공동권리자 또는 공동의무자인 사건, ② 자기가 당사자와 친족관계에 있거나 자기 또는 자기가 속한 법인이 당사자의 법률·경영 등에 대한 자문·고문 등으로 있는 사건, ③ 자기 또는 자기가 속한 법인이 증언이나 감정을 한 사건, ④ 자기 또는 자기가 속한 법인이 당사자의 대리인으로서 관여하거나 관여하였던 사건, ⑤ 자기 또는 자기가 속한 법인이 사건의 대상이 된 처분 또는 부작위에 관여한 사건, ⑥ 자기가 공정거래위원회 소속공무원으로서 당해 사건의 조사 또는 심사를 행한 사건에 대한 심의·의결에서 제척된다(법 44조 1항).

당사자는 위원에게 심의·의결의 공정을 기대하기 어려운 사정이 있는 경우에는 기피신청을 할 수 있다. 위원장은 이 기피신청에 대하여 위원회의 의결을 거치지 아니하고 결정한다(법 44조 2항). 기피를 신청하고자 하는 자는 위원장에게 그 원인을 명시하여 신청하여야 하며, 기피사유는 기피를 신청한 날부터 3일 이내에 서면으로 소명하여야 한다(령 51조 1항). 기피신청을 받은 위원은 지체없이 기피신청에 대한 의견서를 위원장에게 제출하여야 한다(령 51조 3항).

위원 본인이 위의 제척 또는 기피의 사유에 해당하는 경우에는 스스로 그 사건의 심의·의결을 회피할 수 있다(법 44조 3항). 위원이 회피하고자 할 때에는 위원장의 허가를 받아야 한다(령 51조 4항).

## 제2절 한국공정거래조정원

### I. 한국공정거래조정원의 설치

2007년 8월 개정된 공정거래법에서는 사적 분쟁의 성격을 가진 불공정거래행위 등에 대하여 분쟁해결절차를 간소화함으로써 신속한 피해보상과 사건처리의 실효성 제고를 도모하기 위하여 한국공정거래조정원의 설치근거를 규정하게 되었다(법 48조의2). 공정거래조정원의 소관업무는 ① 제23조(불공정거래행위의 금지) 제1항을 위반한 혐의가 있는 행위와 관련된 분쟁의 조정 ②「가맹사업거래의 공정화에 관한 법률」에 따른 가맹사업 당사자 간 분쟁의 조정 ③ 시장·산업의 분석 및 사업자의 거래관행과 행태의 조사·분석 ④ 그 밖에 공정거래위원회로부터 위탁받은 사업이다.

공정거래조정원은 법인으로 하며(법 48조의2 2항), 공정거래조정원에 관하여 공정거래법에서 규정한 것 외에는「민법」중 재단법인에 관한 규정을 준용한다(동조 5항). 공정거래조정원의 장은 공정거래위원회 위원의 자격(법 37조 2항)을 가진 자 중에서 공정거래위원회 위원장이 임명한다(동조 3항). 정부는 공정거래조정원의 설립과 운영에 필요한 경비를 예산의 범위 안에서 출연하거나 보조할 수 있다(동조 4항). 공정거래조정원은 민간기구로서 주무관청인 공정거래위원회의 허가를 받아 활동한다.

### II. 공정거래분쟁조정협의회

#### 1. 설치 및 구성

불공정거래행위의 금지에 관한 공정거래법 제23조 제1항을 위반한 혐의가 있는 행위와 관련된 분쟁을 조정하기 위하여 조정원에 공정거래분쟁조정협의회(이하 "협의회")를 둔다(법 48조의3 1항).

협의회는 협의회 위원장 1인을 포함한 7인 이내의 협의회 위원으로 구성하며, 협의회 위원장은 조정원의 장이 겸임한다(동조 2항, 3항). 협의회 위원은 독점규제 및 공정거래 또는 소비자분야에 경험 또는 전문지식이 있는 자로서 다음 중 어느 하나에 해당하는 자 중에서 조정원의 장의 제청으로 공정거래위원회 위원장이 임명 또는 위촉한다. 이 경우 다음 중 어느 하나에 해당하는 자가 1인 이상 포함되어야 한다.

①4급 이상의 공무원의 직에 있던 자 ② 판사·검사 또는 변호사의 직에 7년 이상 있던 자 ③ 법률·경제·경영 또는 소비자 관련 분야 학문을 전공하고 대학이나 공인된 연구기관에서 7년 이상 근무한 자로서 부교수 이상 또는 이에 상당하는 직에 있던 자 ④ 기업경영 및 소비자보호활동에 7년 이상 종사한 경력이 있는 자(동조 4항, 령 53조의 2).

협의회 위원의 임기는 3년으로 하되, 연임할 수 있다(동조 5항). 협의회 위원 중 결원이 생긴 때에는 보궐위원을 위촉하여야 하며, 그 보궐위원의 임기는 전임자의 남은 임기로 한다(동조 6항).

## 2. 회의의 운영

### (1) 소집 및 진행

협의회 위원장은 협의회의 회의를 소집하고 그 의장이 된다. 협의회 위원장이 사고로 직무를 수행할 수 없는 때에는 공정거래위원회 위원장이 지명하는 협의회 위원이 그 직무를 대행한다. 협의회는 재적위원 과반수의 출석으로 개의하고, 출석위원 과반수의 찬성으로 의결한다(법 48조의4 1항부터 3항). 협의회위원장이 협의회의 회의를 소집하려면 긴급을 요하는 경우 외에는 협의회의위원들에게 회의개최 7일 전까지 회의의 일시·장소 및 안건을 서면으로 통지하여야 한다. 협의회의 회의는 공개하지 아니하되 협의회의 위원장이 필요하다고 인정하는 때에는 분쟁당사자, 그 밖의 이해관계인이 방청하게 할 수 있다(령 53조의3).

조정의 대상이 된 분쟁의 당사자인 사업자(이하 "분쟁당사자")는 협의회에 출석하여 의견을 진술할 수 있다(법 48조의4 4항).

### (2) 위원의 제척·기피·회피

협의회 위원은 ① 자기 또는 그 배우자나 배우자이었던 자가 해당 분쟁조정사항의 분쟁당사자가 되거나 공동권리자 또는 의무자의 관계에 있는 경우 ② 자기가 해당 분쟁조정사항의 분쟁당사자와 친족관계에 있거나 있었던 경우 ③ 자기 또는 자기가 속한 법인이 분쟁당사자의 법률·경영 등에 대하여 자문이나 고문의 역할을 하고 있는 경우 ④ 자기 또는 자기가 속한 법인이 해당 분쟁조정사항에 대하여 분쟁당사자의 대리인으로 관여하거나 관여하였던 경우 및 증언 또는 감정을 한 경우 중 어느 하나에 해당하는 경우에는 해당 분쟁조정사항의 조정에서 제척된다(법 48조의5 1항).

분쟁당사자는 협의회 위원에게 협의회의 조정에 공정을 기하기 어려운 사정이 있는 때에 협의회에 그 협의회 위원에 대한 기피신청을 할 수 있다(동조 2항).

협의회 위원이 제1항 또는 제2항의 사유에 해당하는 경우에는 스스로 해당 분쟁조정사항의 조정에서 회피할 수 있다(동조 3항).

## 3. 분쟁조정절차

### (1) 조정의 신청

법 제23조(불공정거래행위의 금지) 제1항을 위반한 혐의가 있는 행위로 인하여 피해를 입은 사업자는 대통령령으로 정하는 사항을 기재한 분쟁조정신청서를 공정거래위원회 또는 협의회에 제출함으로써 분쟁조정을 신청할 수 있다. 다만, ① 위반혐의가 있는 행위의 내용·성격 및 정도 등을 고려하여 제24조(시정조치) 또는 제51조(위반행위의 시정권고)에 따라 처리하는 것이 적합한 경우로서 부당지원행위, 공동거래거절, 계열회사를 위한 차별, 집단적 차별, 부당염매에 해당하는 행위 ② 분쟁조정의 신청이 있기 전에 공정거래위원회가 제49조(위반행위의 인지·신고 등)에 따라 조사 중인 사건 중 어느 하나에 해당하는 경우에는 그러하지 아니하다(법 48조의6 1항, 령 53조의4 3항).

공정거래위원회가 분쟁조정의 신청을 받은 경우에는 분쟁조정신청을 할 수 없는 행위 또는 사건에 해당하는지 여부를 검토하고 이를 분쟁조정신청서에 첨부하여 그 접수일로부터 10일 이내에 협의회에 통보하여야 한다(법 48조의6 2항, 령 53조의4 5항). 협의회가 분쟁조정신청서를 접수한 때에는 그 접수사실 등을 공정거래위원회 또는 분쟁당사자에게 통지하여야 하며, 분쟁조정신청서의 사본을 즉시 공정거래위원회에 송부하여야 한다. 협의회가 분쟁조정신청서를 접수한 때에는 신청인에게는 분쟁조정신청서 접수증을 내어주고, 피신청인에게는 분쟁조정신청서의 사본을 송부하여야 한다. 이 경우 협의회는 「전자정부법」 제2조 제7호의 전자문서로 송신할 수 있다(법 48조의6 3항, 령 53조의4 6항, 7항). 협의회의 위원장은 분쟁조정의 신청에 대하여 보완이 필요하다고 인정될 때에는 상당한 기간을 정하여 보완을 요구할 수 있다(령 동조 8항).

다수 사업자가 동일한 사안에 대하여 공동으로 분쟁조정을 신청하는 때에는 신청인 중 3명 이내의 대표자를 선정할 수 있으며, 이에 따라 신청인이 대표자를 선정하지 아니한 경우 협의회의 위원장은 신청인에게 대표자를 선정할 것을 권고할 수 있다. 또한 신청인은 대표자를 선정하거나 변경하는 때에는 그 사실을 지체 없이 협의회의 위원장에게 통지하여야 한다(령 53조의5).

분쟁당사자는 분쟁조정 신청 후 해당 사건에 대하여 소를 제기한 때에는 지체 없이 이를 협의회에 알려야 한다(령 53조의7).

### (2) 조정의 해결

#### 1) 합의 권고 및 조정안 제시

협의회는 분쟁당사자에게 분쟁조정사항에 대하여 스스로 합의하도록 권고하거나 조정안을 작성하여 제시할 수 있다. 협의회는 해당 분쟁조정사항에 관한 사실을 확인하기 위하여 필요한 경우 조사를 하거나 분쟁당사자에 대하여 관련 자료의 제출이나 출석을 요구할 수 있다(법 48조의7 1항, 2항). 협의회가 분쟁당사자에 대하여 출석을 요구하려는 경우 긴급을 요하거나 출석의 통지를 받은 자가 동의하는 경우 외에는 시기 및 장소를 정하여 출석요구일 7일 전까지 분쟁당사자에게 통지하여야 한다. 그 통지를 받은 분쟁당사자는 협의회에 출석할 수 없는 부득이한 사유가 있는 경우에는 미리 서면으로 의견을 제출할 수 있다(령 53조의6).

2) 신청각하 및 종료

협의회는 제48조의6 제1항 단서 각 호에 해당하는 행위 또는 사건 및 공정거래위원회가 그러한 행위 또는 사건에 해당하는 것으로 통보한 분쟁에 대하여는 조정신청을 각하하여야 한다(법 48조의7 3항).

협의회는 ① 분쟁당사자가 협의회의 권고 또는 조정안을 수락하거나 스스로 조정하는 등 조정이 성립된 경우 ② 분쟁조정신청서를 공정거래위원회로부터 통보받은 날부터 60일이 경과하여도 조정이 성립하지 아니한 경우 ③ 분쟁당사자의 일방이 조정을 거부하거나 해당 분쟁조정사항에 대하여 법원에 소(訴)를 제기하는 등 조정절차를 진행할 실익이 없는 경우 중 어느 하나에 해당되는 경우에는 조정절차를 종료하여야 한다(법 48조의7 제4항).

협의회는 조정신청을 각하하거나 조정절차를 종료한 경우에는 공정거래위원회에 조정의 경위, 조정신청 각하 또는 조정절차 종료의 사유 등을 관계 서류와 함께 지체 없이 서면으로 보고하여야 하고 분쟁당사자에게 그 사실을 통보하여야 한다(법 48조의7 제5항, 령 53조의8 제1항). 한편 공정거래위원회는 분쟁조정사항에 관하여 조정절차가 종료될 때까지 해당 분쟁당사자에게 제24조에 따른 시정조치 및 제51조 제1항에 따른 시정권고를 하여서는 아니 된다(법 48조의7 6항).

3) 조정조서의 효력

협의회는 분쟁조정사항에 대하여 조정이 성립된 경우 조정에 참가한 위원과 분쟁당사자가 기명날인한 조정조서를 작성하며, 이 경우 분쟁당사자 간에 조정조서와 동일한 내용의 합의가 성립된 것으로 본다. 협의회는 분쟁당사자가 조정절차를 개시하기 전에 분쟁조정사항을 스스로 조정하고 조정조서의 작성을 요청하는 경우에는 그 조정조서를 작성할 수 있다. 분쟁당사자는 조정에서 합의된 사항을 이행하여야 하고, 이행결과를 공정거래위원회에 제출하여야 한다. 공정거래위원회는 조정성립에 의한 합의가 이루어지고, 그 합의된 사항을 이행한 경우에는 제24조에 따른 시정조치 및 제51조 제1항에 따른 시정권고를 하지 아니한다(법 48조의8). 협의회는 조정이 성립된 경우에는 분쟁당사자의 일반현황, 분쟁의 경위, 조정의 쟁점, 조정의 결과가 기재된 조정조서를 작성한 후 그 사본과 관련 서류를 첨부한 조정결과를 공정거래위원회에 보고하여야 한다(령 53조의8 2항).

# 제3절 사건처리절차

공정거래법 사건의 처리과정은 사건의 인지 또는 신고→심사→심의→의결의 순서로 진행된다. 인지 또는 신고는 법위반사실에 대한 단서를 입수하는 것이며, 심사는 포착된 단서에 따른 조사를 하여 심의의 필요 여부를 결정하는 절차로서 심사관이 담당한다. 심의는 법위반사실에 대한 심리절차이고, 의결이란 심리를 마친 사건의 법위반사실을 인정하여 법률효과를 부여하는 절차이며 모두 공정거래위원회가 관장한다. 이들 절차와 관련하여 공정거래위원회는 "공정거래위원회 회의운영 및 사건절차 등에 관한 규칙"[428]을 시행하고 있다.[429]

## I. 조사 및 심사절차

### 1. 심사절차의 개시

#### (1) 법위반사실의 포착

공정거래법 위반사실을 포착하는 방법에는 인지와 신고의 두 종류가 있다. 전자는 공정거래위원회가 법 위반의 혐의가 있다고 인정하는 경우 직권으로 필요한 조사를 하는 것을 말하며(법 49조 1항). 후자는 이해관계인을 비롯한 모든 자가 공정거래법 규정에 위반되는 사실이 있다고 인정할 때에는 그 사실을 공정거래위원회에 신고하는 것을 말한다(동조 2항).

신고는 누구든지 할 수 있으므로 사건의 당사자 외에 제3자도 할 수 있으며 국적도 불문한다. 신고의 방법은 일정한 사항을 기재한 서면을 공정거래위원회에 제출하는 것이 원칙이지만, 신고사항이 긴급을 요하거나 부득이한 경우에는 전화 또는 구두로 신고할 수 있다(령 54조). 신고가 있으면 공정거래위원회가 그에 따른 조사의무를 부담하는가에 관하여 판례는 신고는 법위반사실에 관한 직권발동을 촉구하는 단서의 제공에 불과한 것이며, 이에 의하여 일정한 조치를 청구할 수 있는 구체적 청구권이 발생하는 것은 아니라고 판단하였다.[430] 다만 신고사항에 대한 공정거래위원회의 조치는 공권력의 행사에 해당되므로 헌법소원의 대상이 된다.[431]

---

428) 개정 2009. 12. 7. 공정거래위원회 고시 제2009-64호.

429) 이 규칙은 표시·광고의 공정화에 관한 법률, 하도급거래 공정화에 관한 법률, 약관의 규제에 관한 법률, 방문판매 등에 관한 법률, 전자상거래 등에서의 소비자보호에 관한 법률 및 가맹사업거래의 공정화에 관한 법률을 위반한 사건의 처리절차에 대해서도 적용된다.

430) 대법원 2000. 4. 11. 선고 98두5682 판결; 대법원 1989. 5. 9. 선고 88누4515 판결.

431) 헌법재판소 2004. 3. 25 선고 2003헌마404 결정.

**대법원 2000. 4. 11. 선고 98두5682 판결**

신고는 공정거래위원회에 대하여 같은 법에 위반되는 사실에 관한 조사의 직권발동을 촉구하는 단서를 제공하는 것에 불과하고 신고인에게 그 신고 내용에 따른 적당한 조치를 취하여 줄 것을 요구할 수 있는 구체적인 청구권까지 있다고 할 수는 없고, 같은 조 제3항에서 "공정거래위원회는 제1항 또는 제2항의 규정에 의하여 조사를 한 경우에는 그 결과(조사결과 시정조치명령 등의 처분을 하고자 하는 경우에는 그 처분의 내용을 포함한다)를 서면으로 당해 사건의 당사자에게 통지하여야 한다."라고 규정하고 있다 하더라도 이는 신고인이 아닌 당사자에 대한 통지의무를 규정한 것으로서 신고인에 대한 통지와는 그 근거나 성질을 달리하는 것이므로 이러한 규정이 있다고 하여 달리 볼 수도 없으므로, 공정거래위원회가 신고 내용에 따른 조치를 취하지 아니하고 이를 거부하는 취지로 무혐의 또는 각하 처리한다는 내용의 회시를 하였다 하더라도 이는 그 신고인의 권리의무에 아무런 영향을 미치지 아니하는 것이어서 그러한 조치를 가리켜 항고소송의 대상이 되는 행정처분에 해당한다고는 할 수 없다.

**헌법재판소 2004. 3. 25. 선고 2003헌마404 결정**

공정거래위원회의 무혐의 조치가 헌법소원의 대상이 된다고 판단하였는 바(헌재 2002. 6. 27. 2001헌마381, 판례집 14-1, 679, 683-684), 동 위원회의 심사 불개시 결정 역시 공권력의 행사에 해당되며, 자의적일 경우 법(독점규제 및 공정거래에 관한 법률) 위반 행위로 인한 피해자(신고인)의 평등권을 침해할 수 있으므로 헌법소원의 대상이 된다고 볼 것이다.

### (2) 조사 및 사전심사

사무처장은 공정거래법에 위반한 혐의가 있는 사실을 인지하거나 신고를 받은 때에는 심사관을 지정하여 심사절차의 개시에 앞서 사실에 대한 조사와 사전심사를 하게 할 수 있다(절차규칙 10조 1항). 심사관은 공정거래위원회 및 지방사무소의 직원이다. 심사관은 사건을 심사하고 심판에 입회하기 위하여 필요한 법률 및 경제에 관한 지식과 경험을 가진 자로서 심사사건마다 지정된다. 심판사건은 보통 사건심사를 담당한 심사관이 계속 담당한다. 심사관은 심판에 입회하여 사실 및 법률상의 주장을 하고 증거제출을 하며, 증거조사에 입회하고 심판개시 결정을 유지하기 위하여 필요한 행위를 한다. 조사 및 사전심사결과 사안이 공정거래법 적용대상으로 판단되면 심사관은 사건심사착수보고를 할 의무가 있으며, 다른 부처와 관련된 민원사항인 경우 관련부처에 이관하고, 공정거래법 적용대상이 아닌 것으로 명백히 판단되면 심사절차 불개시의 결정을 할 수 있다.

심사관은 사전심사를 마친 후 대상사실이 다음 중 어느 하나에 해당한다고 인정되는 경우에는 심사절차를 개시하지 아니한다는 결정을 할 수 있다. ① 법 제2조 제1호의 규정에 의한 "사업자" 요건을 충족하지 아니하는 경우, ② 법 제12장 각조의 규정에 해당하는 경우, ③ 법 제49조 제4항 규정에 의한 기간이 경과된 경우(단서에 의한 경우는 제외), ④ 무기명, 가

명 또는 내용이 분명하지 아니한 신고로서 심사관이 보완요청을 할 수 없거나 기간을 정한 보완요청을 받고도 이에 응하지 아니한 경우 또는 보완내용이 분명하지 아니하거나 허위로 기재된 경우, ⑤ 신고인이 신고를 취하한 경우, ⑥ 피심인이 제53조의2 제6항에 의한 경고심의 요청을 취하한 경우, ⑦ 이의신청인 또는 집행정지신청인이 제68조에 의한 이의신청을 취하한 경우, ⑧ 사망, 해산, 폐업 또는 이에 준하는 사유가 발생한 사업자를 신고한 경우, ⑨ 이미 처리한 사건과 동일한 위반사실에 대하여 직권으로 인지하거나 다시 신고하여 온 경우, ⑩ 법 제55조의4 제1항과 시행령 제62조 제1항에서 정한 기준에 미달하는 경우 및 동법 동조 제2항에 의한 기간이 경과된 경우, ⑪ 기타 공정거래법 적용대상이 아니라고 인정되는 경우, ⑫ 공정거래위원회 소관의 규칙 · 고시 · 예규 등에서 정하고 있는 요건에 해당되어 공정거래법 위반행위로 인정되지 아니하는 것이 명백한 경우이다(절차규칙 12조 1항). 심사관은 심사절차를 개시하지 아니 한다는 결정을 한 경우에는 그 결정 후 15일 이내에 신고인 등에게 그 사실을 통지하여야 한다(절차규칙 12조 2항).

심사관은 공정경쟁규약의 적용대상이 되는 신고사건에 대하여는 관련 법령이나 규칙 · 고시 등에 그 처리근거가 명시되어 있는 경우에 해당 사업자단체에 이첩하여 우선적으로 처리하도록 할 수 있다(절차규칙 11조의2).

공정거래위원회는 조사를 한 경우에는 그 결과(조사결과 시정조치명령 등의 처분을 하고자 하는 경우에는 그 처분의 내용을 포함)를 서면으로 당해사건의 당사자에게 통지하여야 한다(법 49조 3항).

### (3) 불변기간

공정거래위원회는 이 법의 규정에 위반하는 행위가 종료한 날부터 5년을 경과한 경우에는 당해위반행위에 대하여 이 법에 의한 시정조치를 명하지 아니하거나 과징금 등을 부과하지 아니한다. 다만, 법원의 판결에 의하여 시정조치 또는 과징금부과처분이 취소된 경우로서 그 판결이유에 따라 새로운 처분을 하는 경우에는 그러하지 아니하다(법 49조 4항).

### (4) 심사절차의 개시

심사관은 조사 및 사전심사의 결과 심사절차를 개시하지 아니할 수 있는 경우(절차규칙 12조)에 해당하지 않는다고 인정되는 경우에는 위원장에게 사건심사 착수보고를 하여야 한다. 다만, 신고사건의 경우 신고접수일로부터 15일(자료 보완 요구기간은 제외) 이내에 사건착수보고를 하되, 사실관계가 복잡한 사건인 경우에는 1번에 한하여 15일 연장할 수 있다(절차규칙 11조 1항). 심사관 또는 조사공무원은 신고내용에 대하여 사건심사 착수보고를 한 경우에는 이를 신고인에게 통지할 수 있다(절차규칙 11조 4항).

## 2. 심사절차의 진행

### (1) 사건의 심사 및 조사

사건심사 착수 후 공정거래위원회는 해당 사건에 대하여 당사자 등의 출석 · 의견청취, 감정인지정 및 감정위촉, 사업자 등에게 보고를 요구할 수 있는 조사권과 필요한 경우 사업장 등에 출입할 수 있는 현장출입권 그리고 사업자 등으로부터 제출된 자료 · 물건을 영치할 수 있는 영치권을 갖는다. 또한 2010년 12월 31일까지는 금융거래정보요구권도 가지고 있었다.[432] 즉, 공정거래위원회는 공정거래법의 시행을 위하여 필요하다고 인정할 때에는 시행령이 정하는 바에 의하여 ① 당사자, 이해관계인 또는 참고인의 출석 및 의견의 청취, ② 감정인의 지정 및 감정의 위촉, ③ 사업자, 사업자단체 또는 이들의 임직원에 대하여 원가 및 경영상황에 관한 보고, 기타 필요한 자료나 물건의 제출을 명하거나 제출된 자료나 물건의 영치 등의 처분을 할 수 있다(법 50조 1항).

공정거래위원회는 공정거래법의 시행을 위하여 필요하다고 인정할 때에는 그 소속공무원으로 하여금 사업자 또는 사업자단체의 사무소 또는 사업장에 출입하여 업무 및 경영상황, 장부 · 서류, 전산자료 · 음성녹음자료 · 화상자료 그 밖에 대통령령이 정하는 자료나 물건을 조사하게 할 수 있으며, 대통령령이 정하는 바에 의하여 지정된 장소에서 당사자, 이해관계인 또는 참고인의 진술을 듣게 할 수 있다(동조 2항). 조사를 하는 공무원은 시행령이 정하는 바에 따라 사업자, 사업자단체 또는 이들의 임직원에 대하여 조사에 필요한 자료나 물건의 제출을 명하거나 제출된 자료나 물건의 영치를 할 수 있다(동조 3항). 자료나 물건의 제출명령 또는 제출된 자료나 물건의 영치는 증거인멸의 우려가 있는 경우에 한한다(령 56조 2항). 이 때 사용되는 공정거래위원회의 강제권한은 벌칙에서 담보된 간접강제로서 행정처분을 하기 위한 권한이며, 범죄수사를 위하여 인정되는 것으로 해석할 수는 없다.

위 규정에 따라 조사를 하는 공무원은 그 권한을 표시하는 증표를 관계인에게 제시하여야 한다(동조 4항). 조사공무원은 공정거래법의 시행을 위하여 필요한 최소한의 범위 안에서 조사를 행하여야 하며, 다른 목적 등을 위하여 조사권을 남용하여서는 안 된다(법 50조의2).

공정거래위원회로부터 처분 또는 조사를 받게 된 사업자 또는 사업자단체가 천재 · 지변 그리고 합병 · 인수, 화의 또는 법정관리신청 또는 파산 그 밖에 이에 준하는 절차가 진행되고 있는 경우, 권한 있는 기관에 장부 · 증거서류가 압수 또는 영치된 경우, 화재 등으로 인하여 사업자 및 사업자단체의 사업수행에 중대한 장애가 발생한 경우로 인하여 처분을 이행하거나 조사를 받기가 곤란한 경우에는 시행령이 정하는 바에 따라 공정거래위원회에 처분

---

432) 금융정보요구권이란 법 제15조(탈법행위의 금지)를 위반하여 법 제9조(상호출자의 금지 등)제1항의 적용을 면탈하는 행위를 한 상당한 혐의가 있는 자의 조사와 관련하여 금융거래정보에 의하지 아니하고는 그 탈법행위 여부를 확인할 수 없다고 인정되는 경우 또는 법 제23조(불공정거래행위의 금지) 제1항 제7호를 위반한 상당한 혐의가 있는 내부거래공시대상회사의 조사와 관련하여 금융거래정보에 의하지 아니하고는 자금 등의 지원 여부를 확인할 수 없다고 인정되는 경우에는 금융거래정보의 제출을 요구할 수 있는 권리를 말하는데(법 50조 5항), 동 규정은 법률 제8631호(2007. 8. 3.) 부칙 제2항의 규정에 의하여 2011년 1월 1일부터 효력을 상실했다.

또는 조사를 연기하여 줄 것을 신청할 수 있다(법 50조의3 1항). 공정거래위원회는 제1항의 규정에 따라 처분 또는 조사의 연기신청을 받은 때에는 그 사유를 검토하여 타당하다고 인정되는 경우에는 처분 또는 조사를 연기할 수 있다(동조 2항).

### (2) 심사결과의 처리

#### 1) 시정권고

공정거래위원회는 공정거래법의 규정에 위반하는 행위가 있는 경우에 당해 사업자 또는 사업자단체에 대하여 시정방안을 정하여 이에 따를 것을 권고할 수 있으며, 이 권고를 받은 자는 시정권고를 통지받은 날부터 10일 이내에 당해 권고를 수락하는지의 여부에 관하여 공정거래위원회에 통지하여야 한다. 시정권고를 받은 자가 당해 권고를 수락한 때에는 이 법의 규정에 의한 시정조치가 명하여진 것으로 본다(법 51조).

#### 2) 심사보고

조사 및 심사가 종료되면 심사관은 사건의 개요, 시장구조 및 실태, 제도개선사항의 유무, 사실의 인정, 위법성 판단 및 법령의 적용, 자율준수 프로그램 또는 소비자불만 자율관리 프로그램 운용상황의 조사여부, 심사관의 조치의견(공표명령이 있는 경우에는 공표문안을 포함), 피심인 수락 여부(전원회의 소관사건은 제외), 첨부자료를 기재한 작성하여 각 회의에 제출하여야 한다(절차규칙 29조 1항). 심사관의 조치의견에는 당해 사건 심사결과 필요하다고 인정되는 조치의 내용을 기재한다. 다만, 과징금 납부명령이 포함되는 경우에는 관련 상품의 범위·위반행위의 시기·종기 등 관련매출액 산정기준 및 그 금액, 위반행위의 중대성 정도, 부당이득액을 의무적 조정과징금으로 하는 경우에는 그 부당이득액, 과거 3년간 법위반 횟수 등 가중·감경 사유 및 기타 과징금 산정의 기초가 된 사실은 적시하되, 부과기준율, 부과기준금액, 가중·감경비율 및 최종 부과금액 등은 그러하지 아니하다(동조 8항).

심사관은 심사보고서를 각 회의에 제출함과 동시에 피심인에게 심사보고서(신고인 명은 제외)와 첨부자료의 목록 및 첨부자료를 송부하고, 이에 대한 의견을 2주의 기간 내에 심판관리관에게 문서로 제출할 것을 통지하여야 한다(동조 10항). 심사관이 심사보고서를 각 회의에 제출할 때에는 제10항의 규정에 의한 의견서 제출기한을 심판관리관에게 통보하여야 한다(동조 15항).

#### 3) 심사관·사무처장의 전결

심사관은 절차규칙 심의절차의 종료(46조) 내지 경고(50조)의 규정에 해당한다고 인정되는 사건에 대하여는 전결할 수 있다(절차규칙 53조의2 1항). 또한 심사관은 절차규칙 시정명령 등 의결(52조) 제1항에 의하여 과태료를 부과하는 사건에 대하여는 과태료(법 69조의2) 제1항 제5호 내지 제8호의 경우를 제외하고 전결할 수 있다(절차규칙 53조의2 2항). 사무처장은 시정권고 사항(51조 1항)에 해당한다고 인정되는 사건에 대하여는 전결할 수 있다(절차규칙 53조의2 4항).

심사관 또는 사무처장이 전결을 한 경우 심사관은 15일 이내에 피조사인 및 신고인 등에게 처리결과와 그 이유가 구체적으로 기재된 문서로 통지하여야 하며, 필요하다고 인정되는 경우에는 이해관계인 등에게도 통지할 수 있다. 다만, 심사절차를 개시하지 아니할 수 있는 경우 (제12조) 제1항 제18호에 의하여 심사불개시 처리한 경우에는 그러하지 아니하다(절차규칙 53조의2 5항). 심사관 또는 사무처장은 종결처리 또는 조사중지의 경우에는 피조사인에게 통지하지 아니할 수 있고, 신고인이 신고를 취하한 경우 신고인에게 통지하지 아니할 수 있다(동조 6항).

#### (3) 조사방해에 대한 벌칙

위반행위의 조사 등에 관한 법 제50조 제1항 제2호의 규정에 위반하여 허위의 감정을 한 자는 1억원 이하의 벌금에 처한다(법 68조 1항 5호).

위반행위의 조사 등에 관한 법 제50조 제1항 제1호의 규정에 위반하여 정당한 사유없이 출석을 하지 아니하거나, 동조 제1항 제3호 또는 제3항의 규정에 의한 보고 또는 필요한 자료나 물건의 제출을 하지 아니하거나, 허위의 보고 또는 자료나 물건을 제출한 사업자 또는 사업자단체는 1억원 이하, 그리고 회사 또는 사업자단체의 임원 또는 종업원 기타 이해관계인이 여기에 해당하는 경우에는 1천만원 이하의 과태료에 처한다. 또한 법 제50조 제2항 규정에 의한 조사를 거부·방해 또는 기피한 사업자 또는 사업자 단체는 2억원 이하, 그리고 회사 또는 사업자단체의 임원 또는 종업원 기타 이해관계인이 여기에 해당하는 경우에는 5천만원 이하의 과태료에 처한다(법 69조의2 1항 5호, 6호, 7호).

## II. 심의절차

공정거래위원회의 심의절차는 심결이 경제활동에 미치는 영향이 크다는 점에 비추어, 절차의 공정을 확보한다는 관점에서 소송절차와 유사하게 대심적 구조를 채용하고, 특히 피심인의 방어권에 대해서도 고려하고 있다. 그러나 심의절차는 공정거래위원회가 행하는 처분의 사전절차이며 어디까지나 행정절차로서 사법심사절차와 전혀 다른 것이므로 법원의 소송절차와 같은 엄격한 당사자주의, 변론주의가 적용되는 것은 아니다.

또한 심의절차 규정은 대부분 공정거래법과 심의절차규칙에 규정되어 있다. 관련규정이 없는 경우 심의절차는 공정거래법을 운용하는 공정거래위원회 독자적인 절차이므로 심의절차의 본질에 비추어 행정절차법, 민사소송법 등에 준하여야 할 것이다.

### 1. 당사자 및 관계자

#### (1) 당사자

심의절차의 당사자는 심사관과 피심인으로서 각 회의의 심의기일에는 당해 사건의 심사관 및 피심인이 출석한다(절차규칙 34조 1항).

피심인이란 공정거래위원회가 시정조치를 명하려고 하는 자 또는 과징금 심판절차의 개시를 청구한 자를 말한다. 피심인은 변호사, 피심인인 법인의 임원 등 기타 각 회의의 허가를 얻은 자 중 어느 하나에 해당하는 자를 대리인으로 선임할 수 있다. 대리인은 대리권의 범위와 자기가 대리인임을 명백히 표시하는 위임장을 각 회의의 심의개시 전까지 제출하여야 한다(절차규칙 36조). 피심인이나 대리인은 심의에 출석하고, 심의시에 사건에 대한 시정 등의 조치, 과징금 납부 명령이 부당한 이유 등을 진술하고, 입증자료를 제출하며 참가인의 소환, 감정 등을 요구할 수 있다.

#### (2) 관계자

각 회의는 신청 또는 직권으로 심의결과에 대한 이해관계인, 참고인, 자문위원, 관계행정기관, 공공기관·단체, 전문적인 지식이나 경험이 있는 개인이나 단체 또는 의안의 상정자를 제외한 위원회 사무처 직원 등을 심의에 참가시켜 의안에 대한 설명 또는 의견을 들을 수 있다(절차규칙 37조).[433] 심판절차에 대한 참가는 공정거래위원회의 직권으로, 심결의 결과에 관계있는 제3자를 참가시키는 경우와 관계행정기관 또는 공공단체가 공정거래위원회의 승인을 얻어 참가하는 경우가 있다.

### 2. 사전절차

#### (1) 주심위원의 지정

심사관으로부터 심사보고서를 제출받은 전원회의의 의장은 상임위원 1인을 당해 사건의 주심위원으로 지정한다. 지정된 주심위원 및 소회의 의장은 사건의 심의부의 가능여부를 사전 검토하고 미비점 발견시 담당심사관에게 보완하도록 지시할 수 있다(절차규칙 30조).

#### (2) 심의준비절차

각 회의의 의장은 심사보고서에 대한 피심인의 의견서가 제출된 이후 심의를 효율적이고 집중적으로 진행하기 위하여 필요하다고 인정되는 경우 심의준비절차에 부칠 수 있다. 심의준비절차는 주장, 증거에 대한 설명 등을 서면으로 준비하게 하거나 심의준비기일을 열어 진행한다. 심사관과 피심인은 심의준비절차에서 심의를 위해 필요한 모든 주장과 증거를 제출하여야 한다(절차규칙 30조의2). 이 절차는 통상소송상의 집중심리절차에 해당한다.

주심위원 또는 소회의 의장은 심판관리관의 보좌를 받아 심의준비절차를 진행한다(절차규칙 30조의3). 주심위원 또는 소회의 의장은 상당한 기간을 정하여 심사관 또는 피심인에게 의견서, 증거설명서, 증거 등의 제출을 명할 수 있다(절차규칙 30조의4 1항). 주심위원 또는 소회의 의장은 주장과 증거를 정리하고 쟁점을 분명하게 하기 위하여 필요한 경우 심의

433) 참가인의 종류와 범위가 광범위한 점에서 민사소송절차와 다르다.

준비기일을 열어 심사관과 피심인을 출석하게 할 수 있다(절차규칙 30조의5 1항).

주심위원 또는 소회의 의장은 심사관 또는 피심인에게 상대방이 제출한 주장이나 증거에 대해 반박하는 주장이나 증거를 제출할 수 있는 기회를 부여한다. 주심위원 또는 소회의 의장은 심의준비절차를 중립적 입장에서 공평하게 진행하여야 하며, 심사관과 피심인에게 주장이나 증거의 제출에 있어서 동등한 기회를 부여하여야 한다(절차규칙 30조의7 1항, 2항).

주심위원 또는 소회의 의장은 심의준비절차를 개시한 뒤 3월이 지난 때, 심사관 또는 피심인이 정당한 사유없이 지정된 기간 이내에 의견서, 증거 등을 제출하지 아니한 때, 심사관 또는 피심인이 정당한 사유없이 심의준비기일에 출석하지 아니한 때, 주심위원 또는 소회의 의장이 더 이상 심의준비절차를 진행할 필요가 없다고 판단하는 때에는 심의준비절차를 종료할 수 있다(절차규칙 30조의8 1항).

#### (3) 심의부의 및 기일통지

각 회의의 의장은 피심인의 의견서가 제출된 날부터, 심의준비절차를 종료한 날부터, 의견서가 제출되지 아니한 경우에는 그 정한 기간이 경과한 날부터 30일 이내에 당해 사건을 심의에 부의하여야 한다. 다만, 각 회의의 의장이 필요하다고 인정하는 때에는 그 기간을 연장할 수 있다(절차규칙 31조 1항). 의장은 사정변경이 있는 경우 심사관의 요청 또는 직권으로 심의부의의 연기 · 철회를 할 수 있다(절차규칙 32조).

심의는 심의개시 결정서를 피심인에게 송달함으로써 개시된다. 의장은 심의개최 5일 전까지 당해 회의 구성위원 및 피심인에게 각 회의 심의개최의 일시, 장소 및 사건명을 서면("전송"을 포함)으로 통지하여야 하되, 긴급을 요하는 등 기타 부득이한 경우에는 그러하지 아니하다(절차규칙 33조 1항). 의장은 당해 사건의 신고인에게 심의지정일시, 장소 및 사건명을 통지하여야 한다. 다만, 신고인이 익명을 요구한 경우나 심사관이 사전에 신고인의 심의참관이 필요하지 아니함을 각 회의 간사에게 문서로 통보한 경우에는 그러하지 아니하다(동조 4항). 이 경우 의장은 필요하다고 인정할 때에는 심사보고서(사건의 단서, 심사경위, 심사관의 조치의견 및 첨부자료는 제외)를 송부할 수 있다(동조 5항).

### 3. 심의의 진행

심의기일의 절차는 회의개의, 인정신문, 모두절차, 증거조사, 심의, 최후의견진술의 순서로 진행된다.

각 회의의 심의기일에는 당해 사건의 심사관 및 피심인이 출석한다. 피심인이 심의기일의 통지를 받고도 정당한 이유 없이 출석하지 아니한 경우에는 피심인의 출석 없이 개의할 수 있다(절차규칙 34조). 의장은 피심인 또는 참고인에 대하여 본인임을 확인하기 위한 인정신문을 한다(절차규칙 35조). 의장은 심사관으로 하여금 심사보고서에 의하여 심사결과의 요지를 진술하게 할 수 있으며, 심사관의 진술이 끝난 뒤 피심인에게 의견을 진술하게 할 수 있다(절차규칙 36조 1항, 2항). 피심인 또는 심사관은 각 회의에 증거조사를 신청할 수 있으며, 각 회의는 필요하다고 인정하는 때에는 직권으로 증거조사를 할 수 있다(절차규칙 41조 1항, 4항). 의장은 심의를 종결하기 전에 심사관에게 시정조치의 종류 및 내용, 과징금 부과, 고발 등에 관한 의견을 진술하게 하고, 의장은 피심인에게 마지막으로 진술할 기회를 주어야 한다(절차규칙 43조). 최종의견 진술은 그때까지의 주장과 반론을 재검토하고 정리하여 위반사실과 법령적용에 대하여 진술하는 것이므로, 주문은 대상이 되지 않는다. 최종의견의 진술이 끝난 단계에서 의장은 심의의 결심을 선언한다.

회의의 의장은 심판정에 출석하는 당사자 · 이해관계인 · 참고인 및 참관인 등에 대하여 심판정의 질서유지를 위하여 필요한 조치를 명할 수 있다(법 43조의2). 그밖에 석명권, 질문권의 행사허락(절차규칙 39조), 심사관 또는 피심인의 진술의 제한(절차규칙 40조), 감정인의 출석 및 의견청취(절차규칙 42조), 심의절차의 분리 · 병합 및 그 취소 또는 종결된 심의절차의 재개명령(절차규칙 44조)에 관한 권한을 가진다.

한편 절차에 관한 당사자 또는 이해관계인의 지위로서, 공정거래위원회는 공정거래법의 규정에 위반되는 사항에 대하여 시정조치 또는 과징금 납부명령을 하기 전에 당사자 또는 이해관계인에게 의견을 진술할 기회를 주어야 한다. 또한 당사자 또는 이해관계인은 공정거래위원회의 회의에 출석하여 그 의견을 진술하거나 필요한 자료를 제출할 수 있다(법 52조). 그리고 당사자 또는 이해관계인은 공정거래위원회에 대하여 공정거래법의 규정에 의한 처분과 관련된 자료의 열람 또는 복사를 요구할 수 있다. 이 경우 공정거래위원회는 자료를 제출한 자의 동의가 있거나 공익상 필요하다고 인정할 때에는 이에 응하여야 한다(법 52조의2).

## III. 의결절차

### 1. 의결의 성립

심의절차를 거쳐 의결이 성립되려면 전원회의의 경우 재적위원 과반수의 찬성이 필요하며, 소회의의 경우 구성위원 전원의 출석과 출석위원 전원의 찬성이 필요하다(법 42조). 각 회의는 의결 또는 결정을 하는 경우에는 그 의결 등의 합의가 있은 날부터 35일 이내에 그 의결서 또는 결정서를 작성하여야 한다. 의결서 등에는 소수의견을 부기할 수 있으며, 참여한 위원이 서명 · 날인하여야 한다(절차규칙 54조). 공정거래위원회의 의결은 공개하는 것을 원칙으로 하되, 사업자 또는 사업자단체의 사업상의 비밀을 보호할 필요가 있다고 인정할 때에는 그러하지 아니하다(법 43조 1항). 그리고 공정거래위원회의 사건에 관한 의결의 합의는 공개하지 아니한다(동조 3항).

## 2. 의결의 종류[434]

### (1) 재심사명령

각 회의는 사실의 오인이 있는 경우, 법령의 해석 또는 적용에 착오가 있는 경우, 심사관의 심사종결이 있은 후 심사종결 사유와 관련이 있는 새로운 사실 또는 증거가 발견된 경우, 기타 이에 준하는 사유가 있는 경우에는 심사관에게 당해 사건에 대한 재심사를 명할 수 있다(절차규칙 45조).

### (2) 심의절차의 종료

각 회의는 ① 심사절차를 개시하지 아니할 수 있는 경우(제12조) 제1항 각호의 어느 하나(제22호는 제외)에 해당하는 경우, ② 재신고 사건으로 원 사건에 대한 조치와 같은 내용의 조치를 하는 경우, ③ 사건의 사실관계에 대한 확인이 곤란하여 법위반 여부의 판단이 불가능한 경우, 새로운 시장에서 시장상황의 향방을 가늠하기가 매우 어렵거나 다른 정부기관에서 처리함이 바람직하여 위원회 판단을 유보할 필요가 있는 등 심의절차종료가 합리적이고 타당하다고 인정하는 경우 중 하나에 해당하는 경우에는 심의절차의 종료를 의결할 수 있다(절차규칙 46조).

### (3) 무혐의

각 회의는 피심인의 행위가 공정거래법 위반행위로 인정되지 아니하거나 위반행위에 대한 증거가 없는 경우에는 무혐의를 의결할 수 있다. 또한 각 회의는 피심인의 행위가 공정거래법에 위반되지 아니하더라도 장래의 법위반 예방 등 필요한 경우에는 주의촉구를 할 수 있다. 이 경우 당해 행위는 공정거래법에 위반되지는 아니함을 명백히 하는 문언을 함께 기재하여야 한다(절차규칙 47조).

### (4) 종결처리

각 회의는 ① 피심인에게 사망·해산·파산·폐업 또는 이에 준하는 사유가 발생함으로써 시정조치 등의 이행을 확보하기가 사실상 불가능하다고 인정될 경우, ② 채무자 회생 및 파산에 관한 법률에 의한 회생채권에 관한 사건으로서 피심인이 채무자 회생 및 파산에 관한 법률에 의하여 보전처분 또는 회생절차개시결정을 받은 경우 중 어느 하나에 해당하는 경우에는 종결처리를 의결할 수 있다. 또한 각 회의는 종결처리된 사건에 있어서 피심인이 채무자 회생 및 파산에 관한 법률에 의하지 아니한 방법으로 정상적인 사업활동을 영위하는

434) 열거된 심결유형 외에 동의심결이 있는데, 동의심결이란 심의절차 개시 후 피심인이 심의개시 결정서의 기재 사실 및 법령적용을 인정하고, 공정거래위원회에 대하여 그 후의 심의절차를 거치지 않고 심결을 받겠다는 뜻을 문서로 제출하고, 또한 위반행위를 배제하기 위하여 스스로 취해야 할 구체적 조치에 관한 계획서를 제출한 경우에 적당하다고 인정된 때에는 그 후의 심판을 거치지 않고 공정거래위원회가 행하는 심결로서 우리나라 공정거래법에 도입을 검토하고 있다.

경우에는 사건절차를 재개할 수 있다(절차규칙 48조).

### (5) 조사 등의 중지

각 회의는 피심인, 신고인 또는 이해관계인 등에게 ① 부도 등으로 인한 영업중단, ② 일시적 폐업이라고 인정되는 경우, ③ 법인의 실체가 없는 경우, ④ 도피 등에 의한 소재불명, ⑤ 국외에 소재하는 외국인 사업자를 신고한 경우로서 조사 등이 현저히 곤란한 경우, ⑥기타 이에 준하는 경우 중 어느 하나에 해당하는 사유가 발생하여 조사 등을 계속하기가 곤란한 경우에는 그 사유가 해소될 때까지 조사 등의 중지를 의결할 수 있다. 당해 사건 심사관이 종결처리 한 때에는 종결처리된 사실, 피심인의 영업재개 등 심사개시사유가 발생한 때에는 재신고할 수 있다는 사실을 신고인 등에게 통지하여야 한다(절차규칙 49조).

### (6) 경고

각 회의는 ① 공정거래법 위반의 정도가 경미한 경우, ② 공정거래법 위반행위를 한 피심인이 사건의 심사 또는 심의과정에서 당해 위반행위를 스스로 시정하여 시정조치의 실익이 없다고 인정하는 경우, ③ 공정거래법 위반행위를 한 피심인이 공정거래위원회의 시정조치 또는 금지명령에 응하지 않아 심사관이 심사절차를 개시하였으나 사건의 심사 또는 심의과정에서 시정조치 또는 금지명령을 이행한 경우 중 어느 하나에 해당하는 경우에는 경고를 의결할 수 있다. 이 경우 부당한 공동행위, 사업자단체금지행위, 불공정거래행위 및 재판매가격유지행위가 별표의 기준 각목의 1에 해당하는 경우에는 경고로 의결할 수 있다(절차규칙 50조). 경고는 피심인에게 사실상의 경쟁회복을 위한 조치를 요구하는 것이므로, 피심인의 납득이 필요하다. 피심인이 납득하지 않은 경우 권고 등의 조치가 취해지게 된다.

### (7) 시정권고

각 회의는 ① 위원회의 심결을 거쳐 위반행위를 시정하기에는 시간적 여유가 없거나 시간이 경과되어 위반행위로 인한 피해가 크게 될 우려가 있는 경우, ② 위반행위자가 위반사실을 인정하고 당해 위반행위를 즉시 시정할 의사를 명백히 밝힌 경우, ③ 위반행위의 내용이 경미하거나 일정한 거래분야에서 경쟁을 제한하는 효과가 크지 않은 경우, ④ 공정거래 자율준수 프로그램(Compliance Program)을 실질적으로 도입·운용하고 있는 사업자가 동 제도 도입이후 최초 법위반행위를 한 경우 중 어느 하나에 해당하는 경우에 공정거래법 위반행위를 한 사업자에게 시정방안을 정하여 이에 따를 것을 권고할 수 있다. 이 권고는 법정 사항을 기재한 서면으로 하여야 하며, 심사관은 권고를 받은 자가 수락하지 아니하기로 통지하거나, 시정권고를 통지받은 날부터 10일 이내에 그 수락여부를 서면으로 통지하지 아니한 경우에는 당해 사건에 대한 심사보고서를 작성하여 각 회의에 제출하여야 한다(절차규칙 51조). 권고는 공정거래위원회가 심사결과 위반행위가 있다고 인정되는 경우에 피심인에게 적당한 조치를 취할 것을 요구하는 것이므로, 위반행위가 이미 행해지지 않게 된 경우라도 특히 필요한 경우에는 적당한 조치를 요구할 수 있다. 권고심결은 법의 목적을 용이하고 신속하게 달성할 수 있는 간이절차이다.

#### (8) 시정명령 등

각 회의는 심의절차를 거쳐 시정명령, 과징금납부명령 또는 과태료납부명령의 의결을 할 수 있다. 또한 각 회의는 법위반 상태가 이미 소멸된 경우에도 법위반행위의 재발방지에 필요하다고 인정하는 경우에는 시정에 필요한 조치 등을 의결할 수 있다(절차규칙 52조).

#### (9) 고발

각 회의는 심의절차를 거쳐 고발, 입찰참가자격제한요청 또는 영업정지요청의 결정을 할 수 있다. 다만, 필요하다고 인정할 때에는 서면으로 심의 · 결정할 수 있다(절차규칙 53조).

### 3. 의결내용의 통지

심판관리관은 시정명령 및 고발의 의결 등이 있는 경우 절차규칙 제54조 제1항 단서의 부득이한 경우를 제외하고는 그 의결 등의 합의가 있는 날로부터 40일 이내에 피심인 또는 권한 있는 기관의 장에게 의결서 등의 정본(과징금 또는 과태료가 부과되는 경우 그 고지서를 포함)을 송부하여야 하고 해당 심사관에게 그 사본을 송부하여야 한다. 다만, 절차규칙 제61조에 의한 약식의결서의 경우는 심사관이 피심인 등에게 송부하여야 한다(절차규칙 56조 1항). 해당 심사관은 신고인 등에게 의결 등의 요지를 통지하는 등 기타 각 회의 의결 등에 따른 조치를 하여야 하고, 필요하다고 인정하는 경우에는 이해관계인 등에게도 의결서 등의 요지를 통지할 수 있다. 다만, 다른 규정이 있는 경우에는 그러하지 아니하다(동조 2항).

문서의 송달은 「행정절차법」 제14조 내지 제16조의 규정을 준용한다. 다만 국외에 주소 · 영업소 또는 사무소를 두고 있는 사업자 또는 사업자단체에 대해서는 국내에 대리인을 지정하도록 하여 동 대리인에게 송달하며, 이에 따라 국내에 대리인을 지정하여야 하는 사업자 또는 사업자단체가 국내에 대리인을 지정하지 아니한 경우에는 「행정절차법」 제14조 내지 제16조의 규정에 따른다(법 53조의3).

### 4. 의결의 효력

공정거래위원회의 의결은 행정처분이므로 집행력, 불가변력, 불가쟁력을 갖는다. 의결의 집행력이란 의결주문의 집행을 강제할 수 있는 효력을 말하며 피심인이 의결에 따르지 않을 경우 일정한 처벌을 받는다. 불가변력이란 공정거래위원회의 의결이 확정되면 절차가 종결되며 준사법기관으로서의 성격상 스스로 그 의결의 내용을 취소하거나 변경할 수 없는 효력을 말한다. 불가쟁력이란 의결에 대한 이의신청 또는 불복의 소는 처분통지를 받은 날 또는 이의신청에 대한 재결서의 정본을 송달받는 날로부터 30일 이내에 제기하지 않으면 출소기간(법 54조)에 경과에 의하여 당해 심결을 더 이상 다툴 수 없게 되는 효력을 말한다.

**서울고등법원 2004. 8. 19. 선고 2002누6110 판결**

공정거래법이 피고의 독립성을 보장하기 위하여 그 소속, 구성 및 위원의 신분보장 등의 규정을 두고 있는 점이나, 그 처분에 대한 불복을 제1심인 행정법원이 아니라 항소심인 서울고등법원에 하도록 하고 있는 점 등에 비추어, 피고는 준사법기관으로서의 기능을 하고 있으며 그 의결도 준사법적 판단의 성격을 띠고 있다고 볼 것이므로 이를 단순히 행정처분으로 볼 것이 아니다.

# IV. 불복절차

## 1. 이의신청

### (1) 이의신청의 대상

이의신청의 대상이 될 수 있는 것은 공정거래위원회의 처분으로서 당사자의 법률관계에 종국적인 영향을 미치는 것이어야 한다. 따라서 공정거래위원회의 의결 중 시정명령, 과징금납부명령 등이 이의신청의 대상이 된다. 공정거래법에 따른 공정거래위원회의 처분에 대하여 불복이 있는 자는 그 처분의 통지를 받은 날부터 30일 이내에 그 사유를 갖추어 공정거래위원회에 이의신청을 할 수 있다(법 53조 1항).

### (2) 이의신청의 절차

공정거래위원회의 의결에 대하여 불복이 있는 자는 그 처분의 통지를 받은 날부터 30일 이내에 그 사유를 갖추어 공정거래위원회에 이의신청을 할 수 있다(법 53조 1항). 이의신청을 하고자 하는 자는 이의신청대상 및 내용, 이의신청사유 등을 기재한 신청서에 이의신청의 사유나 내용을 증명하는데 필요한 서류를 첨부하여 이를 공정거래위원회에 제출하여야 한다(령 59조 1항).

이의신청사건의 처리에 있어서 심사관은 심판관리관이 되며, 심판관리관은 이의신청이 공정거래법 제53조 제1항의 규정에 의한 불변기간을 경과하여 제기된 경우에는 그 이의신청을 각하할 수 있다. 위원장은 필요하다고 인정할 경우 이의신청의 심사관을 다르게 지정할 수 있다(절차규칙 66조).

### (3) 심의 및 재결

공정거래위원회는 이의신청에 대하여 60일 이내에 재결을 하여야 한다. 다만, 부득이한 사정으로 그 기간 내에 재결을 할 수 없을 경우에는 30일의 범위 안에서 결정으로 그 기간을 연장할 수 있다(법 53조 2항). 이의신청에 대하여는 전원회의가 심의 · 의결한다(법 37조의3 1항 2호). 이의신청에 대한 재결(각하재결 제외)은 구술심의로 한다. 다만, 이의신청인이 원처분시와는 다른 새로운 주장이나 자료를 제출하지 아니한 경우 등 전원회의 의장이 필요하다고 인정하는 사유가 있을 때에는 서면심의로 할 수 있다. 재결기간연장결정, 집행정지결정, 각하재결은 서면심의로 한다. 다만, 당사자가 구술심의를 신청한 때에는 서면심의만으로 결정할 수 있다고 인정되는 경우 외에는 구술심의를 하여야 한다(절차규칙 69조).

전원회의는 이의신청이 공정거래법 제53조 제1항의 규정에 위반하여 제기된 경우에는 그 이의신청을 각하하며, 이의신청이 이유 없다고 인정하는 경우에는 그 이의신청을 기각하고 이의신청이 이유 있다고 인정하는 경우에는 처분 등을 취소 또는 변경한다(절차규칙 70조). 이의신청에 대한 재결 이후 당해 사건에 대한 이행점검 등 시정조치의 이행 또는 불이행과 관련된 절차의 수행은 당초 당해 사건을 심사한 심사관이 행하며, 이의신청에 대한 재결이 있는 경우 심판관리관은 원 처분 담당심사관에게 재결결과를 지체없이 통지하고, 이의신청인에게는 재결서 정본을 지체없이 송부하여야 한다(절차규칙 71조).

#### (4) 시정조치명령에 대한 집행정지

공정거래위원회는 시정조치명령을 받은 자가 이의신청을 제기한 경우로서 그 명령의 이행 또는 절차의 속행으로 인하여 발생할 수 있는 회복하기 어려운 손해를 예방하기 위하여 필요하다고 인정하는 때에는 당사자의 신청이나 직권에 의하여 그 명령의 이행 또는 절차의 속행에 대한 정지("집행정지")를 결정할 수 있다(법 53조의2 1항). 공정거래위원회는 집행정지의 결정을 한 후에 집행정지의 사유가 없어진 경우에는 당사자의 신청 또는 직권에 의하여 집행정지의 결정을 취소할 수 있다(동조 2항).

### 2. 불복의 소

공정거래위원회의 처분에 대하여 불복의 소를 제기하고자 할 때에는 처분의 통지를 받은 날 또는 이의신청에 대한 재결서의 정본을 송달받은 날부터 30일 이내에 이를 제기하여야 하며, 이 기간은 이를 불변기간으로 한다(법 54조). 불복의 소는 공정거래위원회의 소재지를 관할하는 서울고등법원을 전속관할로 한다(법 55조).

그러므로 불복의 소를 제기하는 방법에는 2가지가 있다. 하나는 이의신청에 대한 공정거래위원회의 처분에 대한 불복방법으로서 이의신청에 대한 재결고지의 수령일로부터 불변기간인 30일 이내에 제기하는 방법이고, 다른 하나는 공정거래위원회에 대한 이의신청 없이 곧바로 행정소송을 제기하는 방법이다.

# 제11장 위반에 대한 제재 및 구제

공정거래위원회는 심사결과 심사대상인 행위가 공정거래법에 위반된다고 판단하면 위반행위의 시정조치, 과징금의 납부명령을 할 수 있다. 나아가 공정거래위원회는 공정거래법에 위반되는 범죄가 있다고 판단되는 경우에는 검찰총장에게 고발할 수도 있다. 공정거래법을 위반하는 행위를 한 자는 심결확정에 의하여 피해자에게 손해배상책임을 진다. 이와 같은 공정거래법 위반에 대한 제재 및 구제들은 각각 그 목적과 기능이 다르므로, 동일한 위반행위에 대하여 공정거래위원회가 중첩적으로 이용하는 경우도 있다.[435)]

## 제1절 행정적 제재

### I. 시정조치

시정조치는 공정거래위원회가 법 위반상태의 제거를 도모하기 위하여 심판절차를 거쳐서 내리는 행정처분이다. 공정거래법 집행에서는 시정조치가 법의 집행력을 확보하는데 중심적 역할을 맡고 있다. 공정거래법위반행위에 대한 공정거래위원회의 시정조치 명령은 유효한 경쟁을 회복하기 위한 조치이며, 공정거래법의 실현수단으로서 가장 중요하고 기본적인 수단이다.

공정거래법위반행위가 있는 경우 공정거래위원회는 위반행위를 한 사업자 또는 사업자단체에 대하여 위반행위의 중지 기타 위반행위를 배제하는데 필요한 조치를 명할 수 있다. 시정조치는 현재 행해지고 있는 위반행위에 대하여 명해지는 것이 보통이지만, 법위반 상태가 이미 소멸된 경우에도 공정거래위원회가 법위반행위의 재발방지에 필요하다고 인정하는 경우에는 시정에 필요한 조치 등을 명할 수도 있다. 그러나 위반행위가 행해지지 않은

---

435) 서울고등법원 2008. 4. 16. 선고 2007누16051 판결; 서울고등법원 2004. 6. 16. 선고 2000누4943 판결; 공정거래위원회 2007. 12. 18. 의결 제2007-555호 2006서경4846.

날로부터 5년이 경과한 때는 시정조치를 명할 수 없다(법 49조 4항). 시정조치는 행위자의 주관적 책임을 묻는 것은 아니므로, 그 행위자의 고의나 과실 또는 위법성의 인식과는 무관하며, 행정지도에 따른 행위란 점도 시정조치 명령을 방해하는 것은 아니다. 그러나 그 목적은 위법행위의 배제에 있을 뿐이며, 위법행위에 의하여 사업자가 얻은 이익에는 효과가 미치지 않기 때문에 위법행위를 막는 데는 한계가 있다.

시정조치의 실효성을 제고하기 위하여 "공정거래위원회의 시정조치 운영지침"[436]이 시행되고 있다. 이에 따르면 "시정조치"는 위반행위의 중지명령, 주식처분명령, 계약조항 삭제명령, 시정명령을 받은 사실의 공표명령 등 공정거래법의 시정조치 규정에 근거하여 법에 위반되는 상태를 법에 합치하는 상태로 회복시키기 위한 행정처분을 말한다(지침 II-1). 시정조치의 목적은 현재의 법 위반행위를 중단시키고, 향후 유사행위의 재발을 방지하거나 억제하며, 왜곡된 경쟁질서를 회복시키고, 공정하고 자유로운 경쟁을 촉진시키는데 있다(지침 IV). 동 지침은 원칙적으로 공정거래법 제5조, 제16조, 제21조, 제24조, 제27조, 제30조, 제31조, 제34조에 의한 각 시정조치에 적용한다(지침 III).

한편 공정거래위원회는 법 제5조, 제16조 제1항, 제21조, 제24조, 제27조 및 제31조의 규정에 근거하여 당해 사업자(법 27조에 있어서는 필요한 경우 관련 구성 사업자를 포함한 사업자단체)에 대하여 시정명령을 받은 사실의 공표를 명하고자 하는 경우에는, 위반행위의 내용 및 정도, 위반행위의 기간 및 횟수를 참작하여 공표의 내용, 매체의 종류·수 및 지면크기 등을 정하여 이를 명하여야 한다(령 8조).

공정거래위원회가 피심인에게 공정거래위원회로부터 시정명령을 받은 사실("수명사실")의 공표를 명함에 있어 이에 관한 세부집행기준을 정함으로써 공표제도의 효율적인 운영과 공표효과를 제고하기 위하여 "공정거래위원회로부터 시정명령을 받은 사실의 공표에 관한 운영지침"[437]이 제정·시행되고 있다. 동 지침은 공정거래법 제5조, 제16조, 제21조, 제24조, 제27조, 제31조 등에 의한 수명사실의 공표조치에 적용한다(지침 3).

시정조치의 한계에 관한 문제가 제기될 수 있는데, 예를 들면 시장지배적 지위남용행위에 대한 구조규제조치의 가부, 부당공동행위에서의 가격의 원상회복명령의 가능한가 하는 점이다. 시장지배적 지위남용행위에 대한 구조규제조치의 경우, 중소기업이 행하면 공정거래법위반이 되지 않는 행위라도 시장지배력을 갖든가 시장지배력을 형성할 수 있는 기업이 행하는 경우에는 경쟁저해적인 행위로 인정될 때 규제대상이 된다. 따라서 경쟁제한적 행위가 사업자의 시장지배력 없이 행할 수 없는 행위인 경우 당해행위를 배제하기 위하여 사업자의 시장지배력 그 자체의 제거가 필요한 경우에는 기업분할을 포함한 구조규제의 시정조치가 가능하다고 보아야 할 것이다. 즉 시장지배적 행위가 야기한 시장지배상태의 제거가 시정조치의 목적이기도 하므로, 필요한 한도에서 기업분할을 포함한 구조규제조치를 취

436) 개정 2009. 8. 12.

437) 개정 2009. 8. 12. 공정거래위원회 예규 제64호.

할 필요가 있을 것이다.

부당공동행위에서 가격의 원상회복명령의 경우 법위반상태의 제거를 통하여 경쟁상태의 회복을 꾀하는 것이 시정조치의 목적이다. 따라서 부당하게 가격이 일치하여 인상되고 있는 경우 그 상태를 제거하기 위해서는 가격을 가격협정 전의 가격으로 되돌리는 것이 시정조치로서 당연하다고 해석할 수도 있다. 그러나 기업의 가격설정행위에 국가권력이 직접 개입하는 것은 공정거래법의 자유경쟁질서유지법으로서의 성격에 부합하지 않는 측면이 있으므로 가격원상회복명령은 인정하기 어렵다.

**대법원 2003. 2. 28. 선고 2002두6170 판결**

법위반사실의 공표명령이 위헌이라는 헌법재판소의 결정(헌법재판소 2002. 1. 31. 선고 2001헌바43 결정)은 '법위반사실의 공표'부분이 형사재판이 개시되기도 전에 '법위반사실을 행위자가 스스로 인정하고 이를 공표한다.'는 의미로 해석 · 운영되기 때문에 헌법에 위반되지만, '법위반사실의 공표'와 개념상 구분되는 '법위반으로 공정거래위원회로부터 시정명령을 받은 사실의 공표'는 입법목적을 달성하면서도 행위자에 대한 기본권 침해의 정도를 현저히 감소시키고 재판 후 발생 가능한 무죄로 인한 혼란과 같은 부정적 효과를 최소화할 수 있어 허용될 수 있다는 취지인 점, 공정거래위원회는 법 제23조 제1항의 규정에 위반하는 행위가 있을 때에는 당해 불공정거래행위의 중지, 계약조항의 삭제, 정정광고, 법위반사실의 공표 기타 시정을 위한 필요한 조치를 명할 수 있다고 한 법 제24조의 규정형식에 비추어 '법위반사실의 공표'는 '기타 시정을 위하여 필요한 조치'의 예시라 할 것이므로 '법위반사실의 공표'부분이 위헌결정으로 효력을 상실하였다 하더라도 '기타 시정을 위하여 필요한 조치'로서 '법위반사실의 공표'와 성격을 달리하는 '시정명령을 받은 사실의 공표'와 같은 처분을 하는 것이 배제된다고 볼 수 없는 점 등을 종합적으로 고려하여 보면, 공정거래위원회는 법 제24조 소정의 '법위반사실의 공표'부분이 위헌결정으로 효력을 상실하였다 하더라도 '기타 시정을 위하여 필요한 조치'로서 '법위반을 이유로 공정거래위원회로부터 시정명령을 받은 사실의 공표'명령을 할 수 있다 고 할 것이다.

## II. 과징금

### 1. 제도의 의의

과징금제도는 공정거래법 위반행위에 의해 얻은 경제적 이득을 국가가 환수함으로써 위반행위의 방지를 도모하고 그 법규정의 실효성을 확보하기 위한 행정상의 조치이다. 법위반행위에 대하여는 공정거래위원회가 시정조치를 명할 수 있지만, 그 효과는 제한적이므로 위법행위로 얻은 이익을 강제적으로 징수함으로써 위법행위에 대한 인센티브를 저하시키려는 것이다. 과징금도 법위반행위자에 대한 불리한 처분이기 때문에 제재적 요소를 갖는 것이지만 과징금이 형벌은 아니다. 과징금과 형벌은 그 취지, 목적, 절차 등이 다르기 때문이다.[438)]

---

438) 과징금은 법위반행위자에 대하여 제재를 가함으로써 위반행위를 억지하고 법 규정의 실효성을 확보하기 위

과징금의 법적 성격에 대하여는 법위반행위로 인한 부당이득의 환수라고 보는 견해와 법위반에 대한 금전적 제재라고 보는 견해가 있다. 부당이득의 환수와 금전적 제재의 측면을 겸하고 있다고 보는 견해가 통설[439]과 판례[440]의 입장이다. 그러나 이렇게 볼 경우 과징금 징수의 대상행위가 동시에 형사벌의 대상이기도 하기 때문에 헌법에 규정된 이중처벌의 금지(헌법 13조 1항)와의 저촉문제가 생길 수 있다. 다만 과징금의 액수로서 부당이득 상당액 이상을 징수하는 것이 보통인 점은 행정상 제재로서의 성격을 더 강화한 것이라고 할 수 있다. 과징금의 액수를 일정기간이 경과하면 인상되는데, 그 이유는 주로 기업규모의 확대 및 다각화 때문에 대기업에 대한 과징금의 억제력이 저하되는 점, 위법행위로 인한 이득이 과징금의 수준을 훨씬 상회하게 되는 점에 있다.

**대법원 2006. 5. 12. 선고 2004두12315 판결**

공정거래법(2004. 12. 31. 법률 제7315호로 개정되기 전의 것, 이하 법이라 한다) 제6조, 제17조, 제22조, 제24조의2, 제28조, 제31조의2, 제34조의2 등 각 규정을 종합하여 보면, 공정거래위원회는 법 위반행위에 대하여 과징금을 부과할 것인지 여부와 만일 과징금을 부과할 경우 법과 시행령이 정하고 있는 일정한 범위 안에서 과징금의 액수를 구체적으로 얼마로 정할 것인지에 관하여 재량을 가지고 있다고 할 것이므로, 공정거래위원회의 법 위반행위자에 대한 과징금 부과처분은 재량행위라 할 것이고, 다만 이러한 재량을 행사함에 있어 과징금 부과의 기초가 되는 사실을 오인하였거나, 비례 · 평등의 원칙에 위배하는 등의 사유가 있다면 이는 재량권의 일탈 · 남용으로서 위법하다고 할 것이다(대법원 2002. 9. 24. 선고 2000두1713 판결 등 참조).

## 2. 부과

### (1) 부과기준

공정거래위원회의 각 회의는 심의절차를 거쳐 과징금납부명령의 의결을 할 수 있다(절차규칙 52조 1항). 공정거래위원회는 과징금을 부과함에 있어서 위반행위의 내용 및 정도, 위반행위의 기간 및 회수, 위반행위로 인하여 취득한 이익의 규모 등을 참작하여야 한다(법 55조의3 1항). 공정거래위원회는 공정거래법의 규정을 위반한 회사인 사업자의 합병이 있는 경우에는 당해회사가 행한 위반행위를 합병 후 존속하거나 합병에 의해 설립된 회사가 행한 행위로 보아 과징금을 부과·징수할 수 있다(법 55조의3 2항). 과징금의 부과기준에 관

---

하여 집행되는 행정상의 조치로서, 법 위반행위의 반사회성 내지 반도덕성에 착안하여 그에 대하여 과하여지는 형사벌과는 그 취지·목적·성질·절차 등이 다르므로 형사벌을 병과하는 것이 이중처벌에 해당한다고 할 수 없고, 또한 형사벌과 그 성격을 달리하는 과징금에 대하여 형사벌에 적용되는 무죄추정의 원칙이 적용될 여지가 없으며, 그러한 과징금 부과처분으로 사법권이나 국민의 재판받을 권리가 침해된다고 할 수도 없다(서울고등법원 2004. 6. 16. 선고 2000누4943 판결).

439) 권오승, 앞의 책, 387면; 정호열, 앞의 책, 146면; 신현윤, 앞의 책, 377면.

440) 대법원 2010. 1. 14. 선고 2009두11843 판결; 대법원 2001. 2. 9. 선고 2000두6206 판결.

한 법 제55조의3 제3항 및 시행령 제61조, 과징금의 산정방법에 관한 시행령 제9조 3항의 시행과 기타 과징금을 부과함에 있어서 필요한 사항은 "과징금 부과 세부기준 등에 관한 고시"441)에서 규정하고 있다.

### (2) 종류 및 부과대상

과징금의 종류에는 우선 ① 법 제55조의3의 규정에 의한 참작사유 중 위반행위의 내용 및 정도에 따라 위반행위를 "중대성이 약한 위반행위", "중대한 위반행위", "매우 중대한 위반행위"로 구분하고, 각 위반행위의 유형에 따라 위반행위의 중대성의 정도별로 정하는 기준에 의하여 산정한 금액으로서 과징금 산정의 기초가 되는 금액인 기본적 과징금이 있다. 또한 ② 법 제55조의3의 규정에 의한 참작사유 중 위반행위의 기간 및 횟수와 부당이득의 규모를 고려하여 기본과징금을 조정한 금액인 의무적 조정과징금과 ③ 의무적 조정과징금에 법 제55조의3의 규정에 의한 각 참작사유에 영향을 미치는 위반사업자(위반사업자단체를 포함)의 고의·과실 등 행위자요소, 위반행위의 성격과 사정, 재정적 상황 및 시장여건 등의 사유를 고려하여 의무적 과징금을 가중 또는 감경한 금액인 임의적 조정과징금도 있다. 이밖에 ④ 임의적 조정과징금이 위반사업자의 현실적 부담능력, 당해 위반행위가 시장에 미치는 효과, 기타 시장 또는 경제여건 등을 충분히 반영하지 못하여 현저히 과중하다고 판단되는 경우에 이를 감액(면제를 포함)하여 부과하는 금액인 부괴과징금이 있다(절차규칙 II).

과징금의 부과대상인 위법행위유형은 시장지배적 지위남용(법 6조), 기업결합제한(법 17조), 부당공동행위(법 22조), 불공정거래행위(법 24조의2), 사업자단체의 금지행위(법 28조), 재판매가격유지행위(법 31조의2) 부당한 국제계약의 체결제한(법 28조 1항, 법 34조의 2) 등이다.

### (3) 산정방법

과징금부과대상에 관한 법규정(법 17조 제외) 본문에서 "대통령령이 정하는 매출액"이란 위반사업자가 위반의 기간동안 일정한 거래분야에서 판매한 관련 상품이나 용역의 매출액 또는 이에 준하는 금액("관련매출액")을 말한다. 위반행위가 상품이나 용역의 구매와 관련하여 이루어진 경우에는 관련 상품이나 용역의 매입액을 말하고, 입찰담합 및 이와 유사한 행위인 경우에는 계약금액을 말한다(령 9조 1항). 법 제24조의2에서 "대통령령이 정하는 매출액"이란 해당 사업자의 직전 3개 사업연도의 평균 매출액("평균매출액")을 말한다. 다만 해당 사업연도 초일 현재 사업을 개시한 지 3년이 되지 아니하는 경우에는 그 사업개시 후 직전 사업연도 말일까지의 매출액을 연평균 매출액으로 환산한 금액을, 해당 사업연도에 사업을 개시한 경우에는 사업개시 일부터 위반행위 일까지의 매출액을 연매출액으로 환산한 금액을 말한다(동조 2항). 그 밖에 관련매출액 및 평균매출액의 산정에 필요한 사항은

441) 개정 2010. 10. 20. 공정거래위원회 고시 제2010-9호.

공정거래위원회가 정한다(동조 3항).

법 제6조 단서에서 "매출액이 없거나 매출액의 산정이 곤란한 경우로서 대통령령이 정하는 경우"란 ① 영업을 개시하지 아니하거나 영업중단 등으로 인하여 영업실적이 없는 경우, ② 위반기간 또는 관련 상품이나 용역의 범위를 확정할 수 없어 법 제9조 제1항에 따른 금액의 산정이 곤란한 경우, ③ 재해 등으로 인하여 매출액산정자료가 소멸 또는 훼손되는 등 객관적인 매출액의 산정이 곤란한 경우 중 어느 하나에 해당하는 경우를 말한다(법 10조).

과징금의 부과기준은 시행령 제61조 제1항 및 동조 제3항에 기한 공정거래위원회의 고시에 따른다.

## 3. 징수

### (1) 납부통지

공정거래위원회는 과징금을 부과하고자 하는 때에는 그 위반행위의 종별과 당해과징금의 금액등을 명시하여 이를 납부할 것을 서면으로 통지하여야 한다(령 61조의2 1항). 과징금 납부 통지를 받은 자는 통지가 있은 날부터 60일 이내에 과징금을 공정거래위원회가 정하는 수납기관에 납부하여야 하되, 천재 · 지변 기타 부득이한 사유로 인하여 그 기간 내에 과징금을 납부할 수 없는 때에는 그 사유가 없어진 날부터 30일 이내에 납부하여야 한다(동조 2항).

### (2) 납부기한 연장 및 분할납부

공정거래위원회는 과징금의 금액이 시행령 제9조의 규정에 의한 매출액에 1%를 곱한 금액 또는 10억원을 초과하는 경우로서 ① 재해 또는 도난 등으로 재산에 현저한 손실을 받는 경우, ② 사업여건의 악화로 사업이 중대한 위기에 처한 경우, ③ 과징금의 일시납부에 따라 자금사정에 현저한 어려움이 예상되는 경우, ④ 기타 이에 준하는 사유가 있는 경우 과징금 납부의무자가 과징금의 전액을 일시에 납부하기가 어렵다고 인정되는 때에는 그 납부기한을 연장하거나 분할납부하게 할 수 있다. 이 경우 필요하다고 인정하는 때에는 담보를 제공하게 할 수 있다(법 55조의4 1항). 납부기한의 연장은 그 납부기한의 다음 날부터 1년을 초과할 수 없다. 분할납부를 하게 하는 경우에는 각 분할된 납부기한간의 간격이 6월을 초과할 수 없으며, 분할 횟수는 3회를 초과할 수 없다(령 62조 2항, 3항).

과징금납부의무자가 과징금 납부기한의 연장 또는 분할납부를 신청하고자 하는 경우에는 과징금 납부를 통지받은 날부터 30일 이내에 공정거래위원회에 신청하여야 한다(동조 2항). 공정거래위원회는 납부기한이 연장되거나 분할납부가 허용된 과징금납부의무자가 ① 분할납부 결정된 과징금을 그 납부기한 내에 납부하지 아니한 때, ② 담보의 변경 기타 담보보전에 필요한 공정거래위원회의 명령을 이행하지 아니한 때, ③ 강제집행, 경매의 개시, 파산선고, 법인의 해산, 국세 또는 지방세의 체납처분을 받은 때 등 과징금의 전부 또는 잔여분을 징수할 수 없다고 인정되는 때에는 그 납부기한의 연장 또는 분할납부 결정을 취소하고 일시에 징수할 수 있다(동조 3항).

#### (3) 연대납부책임

과징금을 부과받은 회사인 사업자가 분할 또는 분할합병되는 경우 그 과징금은 분할되는 회사, 분할 또는 분할합병으로 인하여 설립되는 회사, 분할되는 회사의 일부가 다른 회사와 합병하여 그 다른 회사가 존속하는 경우의 그 다른 회사가 연대하여 납부할 책임을 진다. 과징금을 부과받은 회사인 사업자가 분할 또는 분할합병으로 인하여 해산되는 경우 그 과징금은 분할 또는 분할합병으로 인하여 설립되는 회사, 분할되는 회사의 일부가 다른 회사와 합병하여 그 다른 회사가 존속하는 경우의 그 다른 회사가 연대하여 납부할 책임을 진다(법 55조의5).

#### (4) 가산금 및 환급가산금

공정거래위원회는 과징금납부의무자가 납부기한 내에 과징금을 납부하지 아니한 경우에는 납부기한의 다음 날부터 납부한 날까지의 기간에 대하여 연 40%의 범위 안에서「은행법」제2조의 규정에 의한 은행의 연체이자율을 참작하여 공정거래위원회가 정하여 고시한 이율을 적용하여 계산한 가산금을 징수한다(법 55조의6 1항). 공정거래위원회는 과징금납부의무자가 납부기한 내에 과징금을 납부하지 아니한 때에는 기간을 정하여 독촉을 하고, 그 지정한 기간 안에 과징금 및 가산금을 납부하지 아니한 때에는 국세체납처분의 예에 따라 이를 징수할 수 있다(동조 2항). 독촉은 납부기한 경과 후 15일 이내에 서면으로 하여야 하며, 독촉장을 발부하는 경우 체납된 과징금의 납부기한은 발부일로부터 10일 이내로 한다(령 64조).

공정거래위원회가 이의신청의 재결 또는 법원의 판결 등의 사유로 과징금을 환급하는 경우에는 과징금을 납부한 날부터 환급한 날까지의 기간에 대하여 대통령령이 정하는 바에 따라 환급가산금을 지급하여야 한다(법 55조의7). 환급가산금은 환급될 과징금에 대하여 금융기관의 정기예금이자율을 참작하여 공정거래위원회가 고시로 정하는 율을 적용하여 계산한 금액으로 한다(령 64조의4).

#### (5) 징수업무의 위탁

공정거래위원회는 과징금 및 가산금의 징수 또는 체납처분에 관한 업무를 국세청장에게 위탁할 수 있고, 체납된 과징금의 징수를 위하여 필요하다고 인정되는 경우에는 국세청장에 대하여 과징금을 체납한 자에 대한 국세과세에 관한 정보의 제공을 요청할 수 있다(법 55조의6 3항, 4항). 체납처분의 위탁절차 및 국세과세정보요구절차는 시행령 제64의2 및 제64조의3에 의한다. 체납처분업무를 국세청장에게 위탁함에 있어, 업무처리에 필요한 세부지침을 정함으로써 효율적인 과징금 징수를 도모하기 위하여 "과징금 체납처분업무 위탁에 관한 규정"[442]이 시행되고 있다.

#### (6) 결손처분

공정거래위원회는 과징금과 과태료, 그 밖에 공정거래법에 따른 징수금의 납부의무자에게 다음 각 호의 어느 하나에 해당하는 사유가 있는 경우에는 결손처분을 할 수 있다(법 55조의8).

① 체납처분이 끝나고 체납액에 충당된 배분금액이 체납액에 못 미치는 경우
② 징수금등의 징수권에 대한 소멸시효가 완성된 경우
③ 체납자의 행방이 분명하지 아니하거나 재산이 없다는 것이 판명된 경우
④ 체납처분의 목적물인 총재산의 추산가액이 체납처분비에 충당하고 남을 여지가 없음이 확인된 경우
⑤ 체납처분의 목적물인 총재산이 징수금등보다 우선하는 국세, 지방세, 전세권·질권 또는 저당권에 의하여 담보된 채권 등의 변제에 충당하고 남을 여지가 없음이 확인된 경우
⑥ 징수할 가망이 없는 경우로서 대통령령으로 정하는 사유[443]에 해당되는 경우

공정거래위원회는 결손처분을 한 후 압류할 수 있는 다른 재산을 발견한 때에는 지체 없이 결손처분을 취소하고 체납처분을 하여야 한다. 그러나 징수금 등의 징수권에 대한 소멸시효가 완성된 경우에는 그러하지 아니하다(법 55조의8 4항).

## III. 과태료

과태료는 행정벌의 일종으로서 그 부과대상은 대체로 공정거래법상의 절차규정 위반에 대한 것이다. 그 종류로는 ① 위반행위의 조사의 거부 · 방해 등의 경우 사업자 · 사업자단체는 2억원 이하 또는 종업원 기타 이해관계인은 5천만원 이하, ② 대규모 내부거래의 공시, 비상장회사의 중요사항 공시, 기업결합 신고, 계열회사 편입 · 제외, 위반행위 조사에 관한 규정위반의 경우 사업자 · 사업자단체는 1억원 이하 또는 종업원 기타 이해관계인은 1천만원 이하, ③ 회의 의장의 질서유지명령 위반의 경우 1백만원 이하 등이 있다(법 69조의2 1항, 2항).

그리고 법 제69조의2 제1항 제1호 및 제2호에 따른 과태료의 부과기준은 더욱 세분화하여 별도로 규정하고 있다(령 65조 1항 별표 3 및 별표 4). 특히 기업결합에 관하여는 "기업결합 신고규정 위반사건에 대한 과태료 부과기준"[444]이 제정되어 있다(령 66조 참조).

---

442) 공정거래위원회 훈령 제33호, 1999. 6. 16.

443) 1. 「채무자 회생 및 파산에 관한 법률」 제251조(회생채권 등의 면책 등)에 따라 면책된 경우
2. 불가피한 사유로 환수가 불가능하다고 인정되는 경우로서 공정거래위원회가 정하여 고시한 경우 (령 64조의5).

## 제2절 민사적 구제

### I. 손해배상

#### 1. 의의

사업자 또는 사업자단체가 공정거래법의 규정을 위반함으로써 피해가 발생하는 경우에는 당해 피해자에 대하여 손해배상의 책임을 진다. 그러나 사업자 또는 사업자단체가 고의 또는 과실이 없음을 입증한 경우에는 그러하지 아니하다(법 56조). 예를 들어, 부당한 공동행위로 상품의 가격이 인상되면 상대방 또는 소비자는 그 차액만큼 손해를 부담하게 되는데, 특정 판매업자가 특정 생산업자의 제품을 판매하던 중 그 생산업자가 제품공급을 거절할 경우 그 판매업자의 판매액이 감소함으로써 손해를 입게 된다. 그 손해는 공정거래법 위반행위로 인하여 발생된 것으로, 위반행위자가 그 피해자에게 배상함으로써 전보되도록 하는 것이 공정거래법상 손해배상제도이다.

이 손해배상제도는 공정거래법상 사인에 의한 민사구제의 기본이며 여러 가지 기능을 한다. 우선 피해자가 입은 손해를 위반행위자로부터 직접 회복시키는 손해보전기능, 위반행위자가 부당하게 얻은 이익을 박탈함으로써 법위반에 대한 경제적인 제재를 가하는 제재적 기능, 법위반행위를 하더라도 이익을 얻을 수 없다는 것을 위반행위자에게 자각시킴으로써 그 후의 위반행위를 억제하는 기능을 하게 된다.[445] 그러나 한편 이 손해배상제도에는 단점도 있어서, 피해자가 소송을 제기하여 승소하기까지 상당한 시간과 비용이 소요되며, 피해자가 승소하더라도 가해자에게 지급능력이 없으면 피해를 구제하는 실효성을 거둘 수 없게 된다. 따라서 이 제도는 공정거래법 위반행위를 사전에 방지한다거나, 계속되는 위반행위를 직접 억지하기에는 충분한 기능을 하고 있다고 보기 어렵다.

과징금제도와 손해배상제도의 관계를 살펴보면, 사인의 개별적인 손해의 회복을 목적으로 하는 손해배상제도와 사회적 공정의 확보를 목적으로 하는 과징금제도는 취지와 목적이 다르다. 따라서 양 제도는 중첩적으로 존재할 수 있다.

#### 2. 손해배상책임의 내용

##### (1) 청구권자와 배상의무자

공정거래법상 손해배상청구의 청구권자에 대하여는 특별한 제한규정이 없으므로, 동법 위반행위로 인하여 손해를 입은 모든 자가 청구권자가 된다. 즉 법 위반행위로 인해 직접 피

---

444) 개정 2009. 8. 20. 공정거래위원회 고시 제2009-38호.

445) 이 제도는 미국의 반트러스트법과 유사한 취지로 되어 있지만, 실손해액 배상주의를 취함으로써 반트러스트법과는 전혀 다른 내용의 손해배상제도로서 제재적 기능이나 억제기능은 명목에 불과한 것이라고 할 수 있다.

해를 입은 경쟁사업자나 직접의 거래 상대방 외에 간접적으로 피해를 입은 소비자도 포함된다. 사업자의 공정거래법 위반행위에 의하여 일반소비자도 간접적이기는 하지만 손해를 입는 경우가 있고, 그 손해는 단순히 사실상의 반사적인 것에 불과한 경우도 있지만 각 소비자에 대하여 구체적·개별적으로 생기는 경우도 있기 때문이다. 그리고 이 청구에 대한 배상 의무자는 공정거래법 위반행위를 한 사업자 또는 사업자단체이다.

사업자단체가 법 위반행위를 하고 그것을 구성사업자가 구체적으로 실행한 경우, 사업자단체와 구성사업자는 연대책임을 져야 하는가의 문제가 있다. 법 위반행위를 실제로 행함으로써 직접 피해자에게 손해를 입힌 것은 구성사업자이기 때문이다. 그러나 구성사업자는 사업자단체의 금지행위의 주체는 아니므로 구성사업자에게까지 공정거래법상의 손해배상책임을 지우는 것은 타당하지 않다고 생각한다. 다만, 민법상의 공동불법행위자로서의 책임을 질 가능성은 있다고 할 것이다.

#### (2) 성립요건

공정거래법상 손해배상책임의 법적성격은 불법행위책임이므로 그 성립요건은 민법상의 불법행위책임과 기본적으로 동일하다. 따라서 행위자의 고의·과실과 책임능력 그리고 행위의 위법성과 인과관계가 인정되는 범위에서의 손해발생이 그 기본적 요건이 된다(민법 750조 참조). 그러나 공정거래법 위반으로 인한 손해배상의 특성상 피해의 충분한 구제를 위하여 일부 특별규정을 두고 있다.

우선 민법상의 불법행위 책임의 경우 가해자의 고의·과실은 청구자가 입증을 하여야 하는 것이 원칙이지만, 공정거래법 위반에 대한 고의·과실의 입증책임이 가해자인 사업자에게 전환되었다(법 56조 1항). 따라서 사업자 또는 사업자단체가 무과실을 입증하지 못하는 한 공정거래법 위반으로 인한 손해배상책임을 면할 수 없다. 그 취지는 피해자의 입증부담을 경감시켜 소송 수행을 쉽게 하도록 하기 위한 것이고, 또한 위반행위자에게 무거운 책임을 지움으로써 위반행위의 억제 효과를 높이려고 하는 취지도 있다.

성립요건을 살펴보면 ① 법 위반행위자의 고의·과실이 있어야 하는데, 그 존재 여부의 인정은 사업자를 책임주체로서 인정하고 해당업계의 일반적 거래인식을 기준으로 하여(추상적 과실), 사업자 자체에 고의와 과실에 해당하는 사실이 있었는지 여부를 판단하면 충분하다(고의 또는 과실의 존재). ② 법 위반 행위는 타인의 권리를 침해하는 위법성이 있는 행위이어야 한다. 위법성이 있는 행위의 의미는 구체적인 사정에 따라 판단할 수밖에 없는데, 공정거래법에서는 법 위반행위에 대한 명문규정이 있으므로 그에 따라 판단하면 된다. 즉, 그러한 위반행위가 법적보호의 가치가 있는 타인의 경쟁상의 이익을 해치는 행위라면 위법성을 갖는 행위라고 볼 것이다. 따라서 공정거래법 위반행위에 의한 피해자는 구체적으로 어떠한 권리가 침해를 받았는지를 입증할 필요 없이 법 위반행위가 있었음을 주장하면서 손해배상청구를 할 수 있다(위법성). ③ 법 위반행위에 의하여 일정한 손해가 발생하여야 한다. 손해에는 재산적 손해뿐만 아니라 정신적 손해도 포함되며, 또한 이미 생긴 현실적 손해뿐만 아니라 장래의 이익의 상실도 포함된다(손해의 발생). ④ 법 위반행위와 손해 간에는 상당인과관계가 있어야 한다(인과관계의 존재).

### (3) 손해배상의 범위

민법의 일반원칙에 따라 손해배상의 범위는 공정거래법 위반과 상당인과관계가 있는 손해로서 원칙적으로 통상손해에 속하는 것이 된다. 그러나 실제로 손해배상청구 소송에서 손해발생의 입증이란 매우 어려운 작업이며, 또한 손해발생이 인정되더라도 구체적인 손해액의 입증이 매우 곤란하기 때문에 피해자의 배상청구가 활성화되지 못한 주요 원인이 되어왔다. 따라서 이와 같은 입증곤란의 문제를 해결하기 위하여 공정거래법은 손해액 인정제도를 두고 있다. 즉 공정거래법의 규정을 위반한 행위로 인하여 손해가 발생된 것은 인정되나, 그 손해액을 입증하기 위하여 필요한 사실을 입증하는 것이 해당 사실의 성질상 극히 곤란한 경우에는, 법원은 변론 전체의 취지와 증거조사의 결과에 기초하여 상당한 손해액을 인정할 수 있다(법 57조). 이 제도는 사실상 법원에 상당히 큰 재량권을 부여하고 있는 것이다.

손해액의 산정방법에는 여러 가지가 있다.[446] 우선 가격인상협정의 경우에는 위반행위가 행해지기 이전의 가격과 위반행위 기간 중의 가격을 비교하여, 그 차액을 가지고 손해액을 산정하는 방법이 있다. 가격인상 협정이 행해지지 않았던 지역의 가격을 가지고 가격인상이 행해진 지역의 상정가격(협정이 행해지지 않았을 경우의 가격)을 추정하여, 이 가격과 협정기간 중의 가격간의 차액으로부터 손해액을 산정하는 방법도 있다. 또한 거래거절에 의하여 신규진입이 방해된 경우에는 피해자가 위반행위에 의하여 신규진입을 방해받은 시장에서 위반행위가 행해지지 않았다면 얻었을 시장점유율을 피해자가 진입방해를 당하지 않은 지역의 유사시장에서의 시장점유율을 가지고 추정하고, 이를 매출액으로 환산하여 위반행위가 없었던 경우의 이익을 추정하여 손해액을 산정하는 방법도 있다. 이밖에 주로 카르텔에 의하여 생긴 손해액의 산정에서 카르텔 이외의 몇 가지 유력한 가격상승요인이 존재하고 실제로 생긴 가격상승에서 어느 부분이 카르텔에 의한 것인가를 산정할 필요가 있는 경우에 이용되는 회계분석방법 등이 있다. 이러한 손해액 산정방법들은 상호배타적인 것은 아니며, 상호의 우열관계가 결정되어 있는 것도 아니므로 이들 중 구체적 사실마다 합리성이 높은 방법을 선택하여 적용하게 된다.

446) 윤보옥, 『미국독점금지법』 (I), 삼지원, 2004, 162-164면 참조.

**서울중앙지법 2007. 1. 23. 선고 2001가합10682 판결**

예정가격은 국가가 입찰 및 수의계약을 체결할 때 부당하게 고가로 물건을 구매하거나 또는 업체가 지나치게 출혈경쟁을 하는 것을 막기 위하여 책정하는 최소한의 적정가격으로서, 예정가격제도 및 경쟁입찰의 기본 취지는 예정가격 이하로 투찰한 참가업체 사이에서 가격경쟁을 통하여 가장 합리적으로 가격을 낮추고 품질을 유지하는 업체가 낙찰되도록 하는 것이다. 이에 비추어 볼 때, 입찰자들이 담합을 하지 않은 상황에서도 원칙적으로 낙찰가가 예정가격보다 높을 수는 없으며, 담합의 영향은 낙찰가와 예정가격의 근접성의 정도로 나타나게 될 뿐이다. 따라서 예정가격 이하로 투찰하여 낙찰을 받았다 할지라도, 당해 입찰에서 담합이 존재하였고 그 담합으로 인하여 실질적인 경쟁 입찰이 실시되었을 경우에 낙찰되었을 가격보다 고가로 낙찰되었다면, 당해 담합으로 인한 손해는 존재한다고 보아야 한다.

담합행위로 인한 손해액을 산정함에 있어서 담합행위로 인하여 발생한 손해, 즉 담합이 없었을 경우 형성되었을 경쟁가격을 정확하게 측정하기가 어렵다는 이유로 피해자의 손해배상청구권이 침해되어서는 안 된다. 이 경우 손해액을 단순한 추측에만 의존하여 계산할 수는 없고, 담합과 무관한 다른 요인에 의한 낙찰가격 상승분에 대하여서까지 가해자들에게 배상책임을 부담하게 할 수도 없지만, 손해액이 이론적 근거와 자료의 뒷받침 아래 과학적이고 합리적인 방법에 의하여 정당하게 추정되었다고 평가된다면 법원은 그와 같이 산정된 손해액을 기준으로 배상을 명하여야 한다. 나아가 스스로 위법행위를 한 가해자들이 그 위법행위에 따른 손해액이 확실하게 산정되지 않는다는 사정을 내세워 손해배상책임을 부정할 수는 없다.

미국과 영국에는 손해배상제도가 가진 제재기능과 억제기능을 중시하여 피해자가 입은 실 손해액을 초과하는 배상액을 명령하는 징벌적 손해배상제도(punitive damage)가 있다. 또한 미국에서는 반트러스트법 위반행위에 대한 손해배상청구소송에 있어서 피해자가 입은 손해액의 3배에 해당하는 금액과 변호사비용을 포함한 소송비용의 청구를 할 수 있다(클레이튼법 4조).

이는 공정거래법 위반으로 인한 손해배상청구 소송에서 피해자의 입증을 용이하게 하기 위한 것이다. 우리 공정거래법에서는 징벌적 손해배상을 인정하고 있지 않으나, 동법의 실효성을 제고하기 위하여 징벌적 손해배상제도의 도입이 필요하다는 주장이 제기되고 있다.[447)]

징벌적 배상

징벌적배상은 가해자가 가한 현실적 손해 이상의 배상책임을 지우는 것이며, 이 초과되는 부분을 '징벌적'이라고 하는 것이다. 징벌적 배상이 인정되는 것은 고의적인 침해와 미필적 고의의 경우인데, 모든 고의적 불법행위에 인정되고 있는 것은 아니다.

447) 김동훈, "독점규제법상 3배손해배상제도 도입의 필요성", 「비교법학연구」 제3권, 한국비교법학회, 2004, 67면 이하.

우선, 고의에 의한 불법행위 중 다수에서는 가해자를 특정하여 제소할 확률은 1이하이다. 가해자는 특정되지 않으려고 하고, 제소되지 않으려고 하기 때문이다. 만약 세 가지 고의적 불법행위가 행해져서 각각 1,000만원의 현실적 손해가 생겼는데 가해자를 특정할 수 있었던 것은 두 개 뿐이라면, 남은 한 가지의 1,000만원은 가해자 불명이 되어 사회적 비용은 피해자가 부담하게 된다. 이 경우 가해자가 특정되어 제소될 가능성은 2/3이다. 거기서 두 가해자의 배상액은 각각 1,000만원의 현실적 손해가 아니고, 1,500만원(= 1000÷2/3)의 배상을 부담시키는 것이 징벌적 배상이며, 그중 500만원이 징벌적배상분이다.

징벌적 배상이 정당화되는 이유는 현실에서 발생한 손해를 정확하게 산정하는 것이 곤란하든가 또는 그렇게 하는데 소요되는 비용이 많기 때문이다. 예컨대, 모욕 받은 경우의 손해를 산정하기는 곤란하다. 따라서 모욕에 의한 손해가 1부터 1,000원까지이고, 만약 법원이 모든 경우에 대해서 300원을 손해로 인정한다면 많은 경우에는 지나치게 적은 제재가 된다. 따라서 이 모든 경우에 대해서 1,000원의 배상을 인정함으로써 모욕행위의 억제를 꾀할 수 있다. 결과적으로 모욕을 하면 재판제도를 통한 거래가 아니고 시장에 의한 거래를 촉구하게 되는 것이다.

징벌적 배상을 인정할 경우 잘못된 경우에 이를 긍정한다거나 인정하여야 할 경우에 인정하지 않는 오류비용(error cost)이 생길 수 있다. 그러나 징벌적 배상을 인정하는 경우나 유형이 명백하게 되어 있는 한 분류오류의 가능성은 적기 때문에 분류오류에 의한 오류비용은 위법행위 억제의 면에서 얻어지는 이익보다 적다고 판단되므로 징벌적 배상이 인정되는 것이다.

#### (4) 소멸시효

2004년 법개정 이전에는 공정거래법상 손해배상책임의 소멸시효가 3년으로 규정되어 있었다. 그러나 법개정에 의하여 그 손해배상책임의 성격이 일반 불법행위책임으로 변경되었으므로, 민법상 불법행위책임과 같은 일반적 소멸시효가 적용된다. 따라서 피해자나 그 법적대리인이 그 손해 및 가해자를 안 날로부터 3년간 이를 행사하지 않거나 불법행위를 한 날로부터 10년이 경과하면 동법 위반으로 인한 손해배상청구권의 시효가 완성된다(민법 766조).

### 3. 민법상의 불법행위책임과의 관계

원래 공정거래법상 손해배상청구권의 행사가 제한되어 공정거래위원회의 시정조치 확정 후 재판상 청구가 가능하였으며 시효도 3년의 단기로 되어 있었다. 그런데 이 규정은 청구권행사를 부당하게 제한하는 것이며 시효도 지나치게 단기라는 비판을 받아왔다. 그리하여 1996년 법개정에서 공정거래법상 손해배상청구는 민법 제750조의 규정에 의한 손해배상청구소송을 제한하지 않는다고 규정하여(구법 57조 1항) 양자의 선택적 청구를 인정하고 시효를 확장하였다. 그리고 종래 공정거래법상 손해배상책임은 무과실책임으로서 민법상의 불법행위책임과는 별개의 성격을 가진 것으로 규정되었다(구법 56조, 57조). 일반 민사소송에서와 같이 피해자에게 입증책임을 지우면 피해자에게 부담을 준다는 이유에서였다.

2004년의 법개정에서는 무과실책임을 정한 구법 제56조 제2항이 삭제되고, 과실책임주의를 원칙으로 하면서도 고의·과실의 입증책임이 사업자에게 전환됨으로써[448] 공정거래법상 손해배상책임의 성격은 일반불법행위책임으로 변경되었다. 또한 심결전치주의가 폐지되고 손해액 인정제도가 도입되었다. 동 개정 전에는 공정거래법 위반으로 인한 손해배상에 관하여 동법 제56조와 민법 제750조 사이의 청구권 경합이 인정된다고 해석되었다.[449] 이후 2007년 법개정에 의하여 공정거래법상 손해배상청구는 민법 제750조의 규정에 의한 손해배상청구의 소를 제한하지 아니한다는 구법 제57조 제1항 단서가 삭제됨에 따라 공정거래법 위반으로 인한 손해배상에 대해서는 민법 제750조의 적용이 배제되는 것으로 볼 여지가 있다. 그러나 공정거래법은 민법 제750조의 적용여부에 대하여 명시하고 있지 않은 것이므로 반드시 그렇게 해석해야 할 것은 아니며, 민법 제750조의 적용이 불가능한 것은 아니라고 해석하여야 한다. 다만 입증책임의 부담에 있어서 공정거래법 제56조가 민법 제750조보다 피해자에게 훨씬 유리하기 때문에 민법 제750조의 적용을 인정할 실익은 크지 않다. 또한 민법 기타 사법의 다른 규정에 기하여 불법행위 책임을 묻는 손해배상청구를 부인할 필요는 없을 것이다.

**대법원 2009. 7. 23. 선고 2008다40526 판결**

구 공정거래법(2007. 4. 13. 법률 제8382호로 개정되기 전의 것, 이하 '공정거래법' 이라 한다) 제23조(불공정거래행위의 금지) 제1항 제4호, 같은 법 시행령(2007. 7. 13. 대통령령 제20166호로 개정되기 전의 것) 제36조 제1항 [별표 1] 불공정거래행위의 유형 및 기준 제6호에서 불공정거래행위의 한 유형으로 거래상 지위의 남용행위를 규정 하고 있는 것은, 현실의 거래관계에서 경제력에 차이가 있는 거래주체 간에도 상호 대등한 지위에서 법이 보장하고자 하는 공정한 거래를 할 수 있게 하기 위하여 상대적으로 우월한 지위 또는 적어도 상대방의 거래활동에 상당한 영향을 미칠 수 있는 지위에 있는 사업자에 대하여 그 지위를 남용하여 상대방에게 거래상 불이익을 주는 행위를 금지하고자 하는 데 그 취지가 있는 것으로서, (중략) 만약 사업자가 이러한 거래상 지위의 남용행위를 함으로써 거래상대방에게 손해를 입힌 때에는 공정거래법상의 시정조치 또는 과징금의 부과 대상이 되는 것과는 별개로 민사상 불법행위를 구성한다 할 것이므로 그 거래상대방이 이로 인하여 입은 손해를 배상할 책임을 지는 것이다.

## 4. 손해배상청구의 소

2004년 법 개정 이전에는 공정거래법 위반행위로 인한 손해배상청구에 있어서는 공정거래위원회의 시정조치가 확정된 후에만 재판상 주장이 가능하도록 한 시정전치주의를 취하고 있었다. 그러나 법 개정에 의하여 해당 규정이 삭제됨으로써 피해자는 시정조치의 확정

---

448) 동 개정 전에는 불법행위책임의 일반원칙에 따라 손해배상청구권을 행사하고자 하는 피해자가 위법행위와 손해 발생 사이의 인과관계를 입증하여야 한다고 해석되었다(서울중앙지법 2009. 6. 11. 선고 2007가합90505 판결).

449) 권오승, 앞의 책, 396면; 이기수·유진희, 앞의 책, 376면; 정호열, 앞의 책, 158면.

여부와 관계없이 법원에 손해배상을 청구할 수 있게 되었다. 따라서 시정조치 확정 후에 피해자가 손해배상청구소송을 제기한 경우 법원이 공정거래위원회의 심결에서 행해진 사실인정에 구속되는가의 문제가 있다. 법원은 사법기관이고 공정거래위원회는 행정기관으로서 준사법기관의 기능을 행하고 있는데 불과하며 심결은 행정처분의 일종이므로 법원은 공정거래위원회의 심결에 구속되지 않는다고 보아야 한다.[450] 다만 공정거래위원회는 공정거래법 집행의 전담기구로서 그 판단의 전문성을 고려하여 심결에 대한 사실상의 추정력이 인정된다.

공정거래법위반으로 인한 손해배상청구의 소가 제기된 때, 법원은 필요한 경우 공정거래위원회에 대하여 당해사건의 기록(사건관계인, 참고인 또는 감정인에 대한 심문조서 및 속기록 기타 재판상 증거가 되는 일체의 것을 포함)의 송부를 요구할 수 있다(법 56조의2). 이 규정의 취지는 법원에 대하여 공정거래위원회의 전문적인 의견을 참고함으로써 판단의 정확성을 기하고자 하는 것이며, 피해자의 입증책임을 완화하고 소송수행을 원활하게 하기 위한 것이다.

공정거래법 위반행위 중에는 불특정다수의 사람들에게 널리 피해를 미치는 유형이 있는데, 사회경제적으로 피해액은 막대하지만 개개인의 손해는 적은 금액일 경우 소송이 제기되지 않는 경우가 많다. 이러한 경우 미국에서는 복수의 피해자 중 피해를 인식한 특정한 자가 위반행위에 대하여 피해자를 대표하여 손해배상청구소송을 제기하는 집단소송(Class Action) 제도가 운용되고 있다. 집단소송은 피해자의 대표자가 승소판결을 받으면, 동일한 위반행위로 인하여 손해를 입은 자 중 제소권 불행사의 의사표시를 한 자를 제외한 모든 피해자가 이 승소판결의 혜택을 받아 손해배상을 받을 수 있는 제도이다. 이 소송에서는 손해액 산정 등도 전체적으로 행해지므로 각 피해자마다 손해액을 입증하지 않아 소송이 신속·원활하게 진행되어 다수의 소액피해를 구제할 수 있다. 그리하여 이 제도는 3배액 배상제도와 함께 반트러스트법 위반의 억제기능을 제고하고 있다고 평가된다.

우리나라의 경우에도 최근 이를 모델로 삼아 증권분야에 한하여 이 제도를 도입하였는데,[451] 공정거래법에도 집단소송제도의 도입을 신중하게 검토할 필요가 있을 것이다.

## II. 법 위반행위의 사법상 효과

공정거래법에는 동법을 위반한 행위의 사법상의 효력에 관하여는 합병 및 회사설립의 경우(법 16조 2항)와 부당공동행위의 경우(법 19조 4항)를 제외하고는 규정하고 있지 않다. 따라서 동법을 위반한 계약의 사법상 효력이 인정되는가의 여부는 대부분 법리해석에 따라야 한다.

450) 대법원 1999. 12. 10. 선고 98다46587 판결.

451) 증권관련 집단소송법 법률 제7074호 2004. 1. 20.

이에 대하여는 몇 가지 의견이 대립된다. 무효설은 공정거래법의 취지를 관철하기 위하여 모두 무효로 보아야 한다는 견해이다. 동법의 실효성 확보도 중요하지만 거래안전보호가 더 중요하다고 하여 모두 유효로 보아야 한다는 유효설이 있다. 또한 문제된 계약을 획일적으로 전부 유효 또는 전부 무효로 단정할 것은 아니며, 계약의 취지와 내용 기타 계약이 공정거래법을 위반한 정도 등 모든 사정을 종합적으로 고려하여 유효 여부 및 그 범위를 판단할 수 있다는 개별적 판단설[452] 등도 있다.

무효설에 의하면 공정거래법의 실효성은 확보될 수 있겠지만 법위반행위에 따른 거래안전이 심각하게 위협받을 수도 있다. 유효설은 공익적 견지에서 행정법령에 위반하는 행위가 기계적으로 무효가 되지 않도록 하여 거래당사자의 이익을 보호하려는 것이지만, 결과적으로 법령위반행위가 사법상 유효로 되는 경우가 현저하게 증가함으로써 공정거래법의 존재의의가 상실될 우려가 있다. 개별적판단설이 합리적으로 보이기는 하지만, 위법행위 유형의 성격구분 또는 행위의 위법성의 정도 등을 판단할 기준이 명백하지 않아 예견가능성이 확보되지 못하는 것이 문제이다.

공정거래법은 공정하고 자유로운 경쟁을 확보함으로써 거래당사자의 이익을 보호하기 위한 것이다. 결국 동법의 목적으로서 양자는 별개의 것이 아니며, 여기서는 공정한 경쟁의 확보가 관건이 된다. 따라서 공정거래법에 위반하는 계약조항은 원칙적으로 무효로 보고, 다만 그 범위는 거래의 효력을 번복시킴으로써 생기는 폐해, 거래의 안전, 법적안정성, 당사자의 신의와 공평 등을 고려하여 결정하는 것이 타당할 것이다. 그리고 동법에 규정된 위법행위 유형은 각각 규제목적에 차이가 있으므로 이를 고려해야 할 것이고, 또한 실제 발생된 법위반행위의 성질·양태·효과 등에도 차이가 있으므로 그 차이도 고려해야 할 것이다.

여기서 문제가 되는 것은 행위의 사법상 효과에 대하여 명문규정이 있는 경우와의 관계이다. 우선 경쟁제한적인 기업결합에 대한 합병·회사설립의 무효의 소를 공정거래위원회가 제기할 수 있다는 법 제16조 제2항은 그러한 기업결합이 무효임을 전제로 한 것이며, 합병·회사설립의 무효의 소에 관하여 회사법상의 제소권자로 규정되어 있지 않은 공정거래위원회에 제소권을 부여하는 취지로 볼 수 있다. 또한 부당한 공동행위를 할 것을 약정하는 계약 등을 사업자간에 있어서는 이를 무효로 한다는 법 제19조 제4항의 규정은 부당공동행위를 하기로 약정하는 계약을 내부적으로 무효로 본다는 취지이며, 그 약정에 따른 부당공동행위 자체의 효력을 정한 것은 아니다. 따라서 부당한 공동행위를 원칙적으로 무효로 보는 것과 상충되지 않는다.

---

452) 대전고등법원 2003. 2. 7. 선고 2002나2445 판결.

**대전고등법원 2003. 2. 7. 선고 2002나2445 판결**

위탁계약의 해지가 공정거래법 소정의 불공정거래행위에 해당한다고 하더라도 이에 대한 공정거래위원회의 시정조치가 확정되었다는 증거가 없는 이상 원고는 공정거래법 제56조 소정의 손해배상청구권을 주장할 수 없고, 또한 불공정거래행위의 사법상의 효력은 공정거래법에 위반된 개개의 구체적인 불공정거래행위에 대하여 공정거래법의 입법취지와 성질, 각 금지규정의 내용, 당해 행위가 공정거래법에 위반한 정도 및 이를 무효로 하는 경우에 초래될 사법관계의 혼란 정도 등을 종합적으로 고려하여 이를 정의와 형평의 관념 내지 신의칙에 비추어 개별적으로 그 사법상의 효력을 정하는 것이 상당하다고 할 것인데, 앞서 본 이 사건 위탁계약 해지의 경위에 비추어 보면 원고 주장의 위 사유만으로는 이 사건 위탁계약의 해지가 사법상 위법하다거나 무효라고 볼 수 없으므로, 민법 제750조의 규정에 의한 손해배상청구 역시 인정할 수 없다 할 것이어서, 결국 공정거래법 위반을 이유로 한 원고의 주장은 이유 없다.

## III. 사인의 정지청구

일부 외국에서 인정되고 있는 공정거래법 위반행위에 대한 사인의 정지청구권이란 법 위반행위에 의하여 현재 피해를 입고 있는 자나 장래 피해를 입을 염려가 있는 자가 그 위반행위를 하고 있는 자에 대하여 민사소송 기타의 절차를 통해 당해 위반행위의 정지 또는 예방을 청구 할 수 있는 권리를 말한다. 이 청구권은 공정거래법 위반행위에 의한 사인의 피해를 사전에 막기 위한 구제수단이다. 또한 동법 위반행위의 정지는 피해자의 구제가 될 뿐 아니라 경쟁질서의 회복에도 도움이 된다.

우리 공정거래법상 사인에 의한 정지청구제도는 인정되지 않으며, 공정거래위원회의 시정조치명령이 그에 대신하는 기능을 하고 있다. 그러나 시정조치는 행정기관의 처분으로서 법 위반행위에 대한 제재로서는 충분치 못할 수도 있고, 그 위반행위로 인한 손해의 발생 또는 확대를 저지할 수 없는 경우가 적지 않다. 또한 누구든지 공정거래법 위반 사실을 공정거래위원회에 신고할 수 있지만, 신고가 있더라도 공정거래위원회가 해당 사실에 대한 조치를 취하지 않을 경우 신고인은 그 조치를 요구할 수 없다는 것이 판례453)의 입장이므로 법위반으로 인한 피해구제가 이루어지지 않을 수도 있다.

따라서 공정거래법 위반으로 인한 피해자의 구제수단을 더욱 강화하고 충실하게 하기 위해서는 사인의 정지청구권 제도를 도입할 필요가 있다. 최근 실무계를 중심으로 그 도입에 관한 논의가 진행되고 있다.454)

453) 서울중앙지방법원 2006. 1. 31. 선고 2005카합4494 판결.

454) 장승화, 『공정거래법상 금지청구와 손해배상청구』, 대외경제정책연구원, 2001, 23면 이하 참조.

# 제3절 형사적 제재

## I. 형벌

### 1. 필요성

공정거래법 위반행위에 대해서는 행위의 유형을 불문하고 형사적 제재가 부과된다(법 제14장). 공정거래법 위반행위에 대한 규제로서는 위반행위자에 대한 형사상의 처벌 외에 민사상의 손해배상책임 부과와 시정조치명령 및 과징금의 납부명령과 같은 행정상의 제재가 있다.

그러나 사인에 의한 손해배상청구 소송은 활성화 되어있지 못하다. 그 이유는 법원이 확정심결에서의 사실인정의 추정력을 낮게 평가하는 경향이 있다는 점, 피해자 개개인의 손해는 소액인 것이 보통이므로 장기에 걸친 소송은 경제적으로 도움이 되지 않는 점, 기업으로서는 배상액에 상당하는 금액을 필요경비로서 가격에 전가시킬 수 있는 점 등에 있다. 따라서 이런 문제를 해결할 수 있는 획기적인 방안이 나오지 않는 한 손해배상청구의 활성화를 기대하기는 어렵다.

그리고 위반행위에 대한 과징금 부과도 상당한 제재효과가 있는 것이 사실이다. 그러나 과징금의 억제효과에는 일정한 한계가 있다. 즉, 과징금의 목적이 위반행위에 의한 부당이득을 환수하고 그 행위자를 제재함으로써 사회적인 공정을 실현하는 것이라면, 법 위반행위가 적발될 경우에는 위반행위자가 위반행위에 의하여 무엇인가 얻는 것을 억제할 수는 있지만, 적발되지 않으면 무방하다고 생각되는 카르텔과 같은 위법행위에는 억제력을 기대할 수 없는 것이다. 또한 과징금은 이론상 평균적인 매출의 경상이익률을 기준으로 산정되므로 그 상한이 있다. 따라서 과징금의 억제력이 미치지 않는 부분에 대해서는 형사벌로서 보충적으로 제재를 가할 수밖에 없다.

이상과 같이 형사제재의 필요성이 인정되지만 형사벌은 엄격한 제재수단임으로 그 역할과 한계를 명확히 하여야 한다. 경제법규는 일반적으로 사적 재산의 처분 자체를 일정한 경제정책에 기하여 제한하는 것이므로, 공정거래법 위반에 대한 형벌의 사용은 동법의 목적을 더욱 효과적으로 실현하려는 것이다. 공정거래법의 목적은 공정하고 자유로운 경쟁의 촉진과 사업자의 창의력 발휘를 통하여 소비자의 이익확보 및 국민경제의 민주적이고 건전한 발전을 도모하는데 있다(법 1조). 따라서 형사제재의 역할도 공정거래법의 직접적인 목적에 비추어 파악해야 하며, 공정하고 자유로운 경쟁시장이라는 새로운 가치형성에 대한 침해나 위협을 처벌하는 것으로서 이해해야 한다. 다만 일반원칙에 따라 형벌의 최소성의 요구에 합치되도록 하여야 할 것이다.

### 2. 형벌의 종류

형벌의 종류로는 징역과 벌금이 규정되어 있는데, 법 위반행위의 유형에 따라 그 정도가 다르다. 그 종류에는 ① 시장지배적 지위남용행위, 기업결합제한 위반행위, 지주회사의 행위제한 위반, 경제력집중 규제에 위반하는 대부분의 행위, 부당공동행위, 사업자단체의 금지의 경우 3년 이하의 징역 또는 2억원 이하의 벌금(여기서 징역과 벌금은 병과할 수 있음 - 법 66조), ② 불공정거래행위, 사업자단체의 금지행위의 일부, 재판매가격유지행위, 부당한 국제계약의 체결, 공정거래위원회의 시정조치 또는 금지명령에 대한 불응 등의 경우에는 2년 이하의 징역 또는 1억 5천만원 이하의 벌금(여기서 징역과 벌금은 병과할 수 없음 - 법 67조), ③ 지주회사 설립전환의 신고의무위반, 지주회사 행위제한의 일부, 경제력집중 규제 위반행위의 일부, 위반행위의 조사에 대한 허위감정의 경우 1억원 이하의 벌금(법 68조)이 있다.

### 3. 양벌규정

법인 또는 법인격이 없는 단체의 대표자나 법인 또는 개인의 대리인, 사용인, 그 밖의 종업원이 그 법인 또는 개인의 업무에 관하여 법 제66조부터 제68조까지의 어느 하나에 해당하는 위반행위를 하면 그 행위자를 벌하는 외에 그 법인 또는 개인에게도 해당 조문의 벌금형을 부과한다. 그러나 법인 또는 개인이 그 위반행위를 방지하기 위하여 해당 업무에 관하여 상당한 주의와 감독을 게을리 하지 아니한 경우에는 그러하지 아니하다(법 70조).

사업자가 법인 또는 법인격 없는 사단인 경우에는 임원, 종업원 등의 자연인을 통하여 행위를 하게 된다. 법위반행위에 대한 시정조치를 명령하는 경우와 달리 공정거래법 위반행위를 형사벌에 처하는 경우에는, 우선 실행행위자인 임원, 종업원 등의 자연인의 행위를 공정거래법 위반행위인 범죄행위로 특정할 필요가 있다. 그리고 그 감독의무자 또는 대표·대리를 받는 본인으로서 해당 법인 등에도 형사처벌을 하는 것이다. 한편 법인의 경우에는 성질상 징역형이 처벌로서 적당하지 않으므로 벌금형만을 부과하는 것이 합리적이다.

시정조치 위반의 경우에는 법위반의 주체가 되지 않는 자에 대해서도 공범으로 처벌할 수 있다. 또한 법인기업에서 법위반의 계획 또는 위반행위를 알면서 그 방지 또는 시정에 필요한 조치를 취하지 않은 법인기업의 대표자, 임원, 대리인 등에 대해서도 벌금형을 부과하게 되는 경우에는 해당 법인, 그 법인의 대표자 등 법 위반행위를 실행한 임원·대리인 모두가 처벌되는 3중 처벌의 가능성도 있다.

## II. 고발

### 1. 공정거래위원회의 전속고발권

공정거래법을 위반한 범죄에 대하여 형벌을 청구하기 위한 공소를 하는 것은 검사이지만 주요한 공정거래법 위반 범죄에 대해서는 공정거래위원회의 고발이 있어야만 기소할 수 있도록 하는 공정거래위원회의 전속고발제도가 시행되고 있다. 즉, 법 제66조 및 제67조에 규정된 죄에 대하여 공소를 제기하려면 공정거래위원회의 고발이 필요하다(법 71조 1항). 이는 공정거래법 위반 범죄에 있어서 공정거래위원회의 전문적 판단을 존중하려는 취지이기도 하다.

전속고발제도에 따라 검찰의 공소제기에는 공정거래위원회의 고발이 필요하다. 그러나 검찰이 그 고발에 구속되는 것은 아니며 검찰은 기소편의주의의 원칙에 따라 고발내용을 참고하여 독자적인 판단에 의하여 기소여부를 결정하게 된다. 공정거래위원회의 고발 이후 검찰이 공소를 제기하기 전에는 공정거래위원회가 고발을 취소할 수 있지만, 일단 공소가 제기된 후에는 고발을 취소하지 못한다(법 71조 4항).

그동안 공정거래법 위반에 대한 형사제재가 드물었던 원인 중 하나는 공정거래위원회의 전속고발제도의 존재였다. 검찰이 공정거래법 위반을 적발하여 형사제재를 가하려고 하여도 공정거래위원회의 고발을 기다려야 하기 때문이다(법 71조 1항). 이는 공정거래법의 목적인 '공정하고 자유로운 경쟁'을 침해했는가 여부가 고도의 기술적 판단을 수반하는 것이므로, 검찰보다는 공정거래위원회의 판단을 존중하려는 취지라고 해석된다.[455] 그렇다면 공정거래위원회의 고발의무(법 71조 2항)는 훈시규정이라고 보아야 하는데, 공정거래위원회의 조사절차가 그 성질상 행정절차이기 때문에 형사소추를 할 것인가 여부에 관한 재량권을 공정거래위원회에 부여한 것은 적당치 않다고 볼 여지도 있다. 그러나 범죄라고 하더라도, 시정조치나 과징금 등의 행정적 조치에 의하여 그 위반상태의 시정이나 억제가 가능하다는 점, 공정거래위원회가 일단 고발하더라도 검찰의 공소제기 전이라면 고발을 취하할 수 있는 점(법 71조 4항의 반대해석) 등을 고려하면 고발에 관한 공정거래위원회의 재량권을 부정할 필요는 없을 것이다.

오히려 문제가 되는 것은 고발할 것인가 여부의 판단의 전제가 되는 증거에 관한 공정거래위원회의 조사능력이 충분하지 못하다는 점이다. 이 점을 보완하여 형사고발을 적극적으로 하려면 공정거래법에 자본시장법 등의 위반사건 조사절차(자본시장법 426조, 427조)를 도입하여 공정거래위원회에도 강제처분권한을 부여할 필요가 있다.

## 2. 의무적 고발

법 제66조 및 제67조에 규정된 죄에 대하여는 공정거래위원회의 전속고발권이 인정되고 있으므로, 그러한 범죄를 고발할 것인가는 전적으로 공정거래위원회의 판단에 달려있다. 공정거래위원회가 그 고발권을 행사하지 않는 것은 헌법소원 심판청구의 대상이 된다.[456] 그러나 공정거래위원회는 법 제66조 및 제67조의 죄 중 그 위반의 정도가 객관적으로 명백하고 중대하여 경쟁질서를 현저히 저해한다고 인정하는 경우에는 검찰총장에게 고발하여

455) 헌법재판소 2003. 7. 24. 선고 2001헌가25 결정; 이기수·유진희, 앞의 책, 380면; 권재열, 앞의 책, 268면.

456) 헌법재판소 1995. 7. 21. 선고 94헌마191 결정.

야 한다(법 71조 2항).

그리고 검찰총장은 의무적 고발요건에 해당하는 사실이 있음을 공정거래위원회에 통보하여 고발을 요청할 수 있다(법 71조 3항). 이 규정은 의무적 고발요건이 충족되는 위반행위가 발생하였음에도 공정거래위원회가 재량으로 그 고발을 하지 않는 경우가 종종 발생하였으므로 이를 시정하기 위한 것이다. 따라서 검찰총장의 고발요청이 있을 경우에는 공정거래위원회는 반드시 고발해야 한다고 보아야 한다.

고발의 대상이 되는 사건의 유형 및 기준은 "공정거래법 등의 위반행위의 고발에 관한 공정거래위원회의 지침"[457]에 열거되어 있다.

---

457) 개정 2011. 3. 3. 공정거래위원회 예규 제87호.

# 제 12 장 보칙

## I. 비밀엄수의 의무

공정거래법에 의한 직무에 종사하거나 종사하였던 위원, 공무원 또는 협의회에서 분쟁조정업무를 담당하거나 담당하였던 자는 그 직무상 알게 된 사업자 또는 사업자단체의 비밀을 누설하거나 동법의 시행을 위한 목적 외에 이를 이용하여서는 아니된다(법 62조). 이 의무를 위반한 자는 2년 이하의 징역 또는 200만원 이하의 벌금에 처한다(법 69조 2항).

## II. 경쟁제한적인 법령제정의 협의 등

### 1. 사전통보

관계행정기관의 장은 사업자의 가격 및 거래조건의 결정, 시장진입 또는 사업활동의 제한, 부당한 공동행위 또는 사업자단체의 금지행위 등 경쟁제한사항을 내용으로 하는 법령을 제정 또는 개정하거나, 사업자 또는 사업자단체에 대하여 경쟁제한사항을 내용으로 하는 승인 기타의 처분을 하고자 하는 때에는 미리 공정거래위원회와 협의하여야 한다(법 63조 1항). 관계행정기관의 장은 경쟁제한사항을 내용으로 하는 예규와 고시 등을 제정 또는 개정하고자 하는 때에는 미리 공정거래위원회에 통보하여야 한다(동조 2항).

### 2. 사후통보

관계행정기관의 장은 공정거래법 제63조 제1항의 규정에 의한 경쟁제한사항을 내용으로 하는 승인 기타의 처분을 행한 경우에 당해 승인 기타의 처분의 내용을 공정거래위원회에 통보하여야 한다(법 63조 3항).

### 3. 공정거래위원회의 의견제시

공정거래위원회는 법 제63조 제2항의 규정에 의하여 통보를 받은 경우에 당해 제정 또는 개정하고자 하는 예규나 고시 등에 경쟁제한사항이 포함되어 있다고 판단하면, 관계행정기관의 장에게 당해 경쟁제한사항의 시정에 관한 의견을 제시할 수 있다. 공정거래법 제63조

제1항의 규정에 의한 협의 없이 제정 또는 개정된 법령과 통보 없이 제정 또는 개정된 예규나 고시 등 그리고 통보 없이 행하여진 승인 기타의 처분에 관하여도 또한 같다(동조 4항).

## III. 업무협조

공정거래위원회는 공정거래법의 시행을 위하여 필요하다고 인정할 때에는 관계행정기관 기타 기관 또는 단체장의 의견을 들을 수 있으며(법 64조 1항), 관계행정기관 기타 기관 또는 단체의 장에게 필요한 조사를 의뢰하거나 필요한 자료를 요청할 수 있다(동조 2항). 또한 공정거래위원회는 공정거래법의 규정에 의한 시정조치의 이행을 확보하기 위하여 필요하다고 인정하는 경우에는 관계행정기관 기타 기관 또는 단체의 장에게 필요한 협조를 의뢰할 수 있다(동조 3항).

## IV. 권한의 위임

공정거래위원회는 공정거래법의 규정에 의한 그 권한의 일부를 대통령령이 정하는 바에 의하여 소속기관의 장이나, 특별시장 · 광역시장 또는 도지사에게 위임하거나, 다른 행정기관의 장에게 위탁할 수 있다(법 65조).

## V. 포상금의 지급

공정거래위원회는 공정거래법의 위반행위를 신고 또는 제보하고 이를 입증할 수 있는 증거자료를 제출한 자에 대하여 예산의 범위 안에서 포상금을 지급할 수 있다(법 64조의2 1항). 포상금의 지급대상이 되는 공정거래법상 위반행위 및 포상금 지급대상자의 범위, 포상금 지급의 기준·절차 등에 관하여 필요한 사항은 대통령령으로 정한다(동조 2항).

포상금의 지급대상이 되는 법 위반행위에는 ① 부당한 공동행위, ② 신문업에 있어서의 불공정거래행위, ③ 불공정거래행위 중 부당한 고객유인, ④ 불공정거래행위 중 부당한 구입 · 판매강제, ⑤ 대규모소매점업의 불공정거래행위, ⑥ 불공정거래행위 중 부당지원행위, ⑦ 사업자단체의 금지행위가 있다(령 64조의6 1항). 포상금 지급대상자는 위의 행위를 신고하거나 제보하고, 이를 입증할 수 있는 증거자료를 최초로 제출한 자로 하되, 그 법 위반행위를 한 사업자를 제외한다(동조 2항). 각 행위유형별 구체적인 포상금 지급기준은 법 위반행위의 중대성 및 증거의 수준 등을 고려하여 공정거래위원회가 정하여 고시한다(동조 5항). 포상금의 지급에 관한 사항을 심의하기 위하여 공정거래위원회에 신고포상금 심의위원회를 둘 수 있으며, 심의위원회의 설치·운영에 관한 사항, 그 밖에 포상금의 지급에 관하여 필요한 사항은 공정거래위원회가 정하여 고시한다(동조 6항, 7항).

## VI. 벌칙 적용에서의 공무원 의제

공정거래위원회의 위원 중 공무원이 아닌 위원은 「형법」이나 그 밖의 법률에 따른 벌칙의 적용에서는 공무원으로 본다(법 65조의2 1항). 법 제48조의3부터 제48조의9까지의 규정에 따른 분쟁의 조정업무를 담당하거나 담당하였던 자는 「형법」 제129조(수뢰, 사전수뢰)부터 제132조(알선수뢰)까지의 규정에 따른 벌칙의 적용에서는 공무원으로 본다(동조 2항).

# 찾아보기

**(ㅅ)**

**(ㅈ)**

**(ㅊ)**



**(ㅋ)**



**(ㅌ)**



**(ㅍ)**



**(ㅎ)**

# 판례/심결례 찾아보기

**(대전고등법원)**



**(서울중앙지방법원)**



**(서울지방법원)**



**(서울행정법원)**

**(공정거래위원회)**

# 공정거래법

초판 인쇄 2011년 8월 20일
초판 발행 2011년 8월 30일

지은이 ▪ 김동훈 · 김은경 · 김봉철
펴낸이 ▪ 박 철
펴낸곳 ▪ 한국외국어대학교 출판부
130-791 서울특별시 동대문구 이문동 270
전화 02)2173-2495, 2496
팩스 02)2173-3363
홈페이지 http://press.hufs.ac.kr
전자우편 press@hufs.ac.kr
출판등록 제6-6호(1969. 4. 30)
편집 · 디자인 ▪ (주)이환디앤비 02)2254-4301
인쇄 · 제본 ▪ SM C&P 02)468-6100

ISBN 978-89-7464-680-6 93360 정가 30,000원

* 잘못된 책은 교환하여 드립니다.

불법복사는 지적재산을 훔치는 범죄행위입니다.
저작권법 제136조(권리의 침해죄)에 따라 위반자는 5년 이하의 징역 또는
5천만 원 이하의 벌금에 처하거나 이를 병과할 수 있습니다.